목포 태생인 광주광역시민이 정리한

인민 만세

인민 만세

초판 1쇄 발행 2025년 3월 10일

지은이 최익주
펴낸이 장길수
펴낸곳 지식과감성#
출판등록 제2012-000081호

ISBN 979-11-392-2449-8(03340)
값 35,000원

- 이 책의 판권은 지은이에게 있습니다.
- 이 책 내용의 전부 또는 일부를 재사용하려면 반드시 지은이의 서면 동의를 받아야 합니다.
- 해당 도서는 자비 출판된 도서이며, 저작권은 저자에게 있으며 저자의 의도로 출간된 도서로 문제가 있다면 저자와 직접 연락하기 바랍니다.
- 잘못된 책은 구입하신 곳에서 바꾸어 드립니다.

목포 태생인 광주광역시민이 정리한

인민 만세

최익주 지음

우주의 최고 걸작품은 생각하는 인류의 출현이고,
인류사에서 가장 훌륭한 합작품은
민주주의와 자본주의이며, 그중에서도 민주주의다.

Ⅰ. 책을 시작하면서

조선민주주의 인민 만세
중화 인민과 러시아 인민 만세

이 책의 취지·내용·특징·핵심을 압축하면

첫째, 모든 인민을 진심으로 격려·응원하는바 적극적으로 분발해서 만세를 외치길 바라고, 이 책을 통해서 모든 사람(인민·민중·대중·국민)이 획기적으로 의식을 향상하길 바라며, 다 함께 지구촌을 낙원으로 만들어 가는 미래의 주역이 되길 바란다.

둘째, 책의 내용(98~99%)은 필자가 최단 25년에서 최장 30년 이상 연구한 내용과 그간의 저서들을 종합한 것이며, 여러분의 머리를 무겁게 만들 수 있다는 점에서 널리 양해 바란다.

대신에 여기 내용을 통해서 대한민국 국민들의 의식 향상은 물론이고 1·2차 세계대전 이후에 또다시 한계에 봉착해서 극단으로 대립 중인 국제사회(민주주의·공산주의)와 지구촌이 해결되고, 비약적으로 건강·향상·도약하길 기원·기대한다.

셋째, 국제사회에서는 대한민국을 민주주의에 성공한 모범 사례로 여긴다. 하지만 아직도 가야 할 길이 멀다. 왜냐면 그러한 평가는 한동안의 발전·번영·유행 등 외양적인 면들이고, 내부적(의식·문화·관행 등)으로는 민주화조차 제대로 마무리하지 못했으며, 오히려 민주화가 잘못됨으로써 민주주의가 위협받는 연속이기 때문이다.
실제로도 오늘날 대한민국은 악화(퇴보·역행·몰락·도태)하는 비인간적·반민주적·부정적인 요소들과 국제사회에서 두각을 나타낼 정도로 한 차원 진화(향상·발전·도약)하는 긍정적·고무적인 요소들이 동시에 병행 중이고, 중차대한 과제들이 수두룩하게 널려 있다.

넷째, 책의 제목에서 '인민'은 인류·인간('인')과 민주주의·자본주의('민')의 약어다.
이는 138억 년 우주 역사를 통틀어서 가장 정교한 걸작품은 생각하는 인류이고, 인류 역사를 통틀어서 가장 위대한 합작품은 민주주의·자본주의이며, 그중에서도 민주주의라는 의미다.
다시 말해서 자본주의의 물질문명(산업혁명·첨단산업·정보통신·양자 역학·양자 컴퓨터·AI 등)은 심오한 우주 이치와 그에 파고든 천재들의 합작품이다.
하지만 민주주의는 지혜롭고 현명했던 사람들과 이들을 적극적으로 존중·지원·협력했던 사람들에 의한 수많은 개념의 종합 곧 인간들이 인간들을 위해서 만든 순수한 합작품이다.

그래서 민주주의와 자본주의는 인류사에서 가장 수준 높은 천상의 제도이고, 인간이면 누구나 당연히 지니는 본능·감각·감정·생계·인연·정분·게임·유흥·이념 수준으로 살아가는 사람들은 민주주의와 자본주의를 절대 만들 수 없고, 똑바로 이해·적응·유지·관리하기도 어렵다.

따라서 이 책을 통해서 민주주의(자유)를 체계화·활성화하고, 공산·사회·독재 국가를 포함한 지구촌이 민주주의를 위한 민주화를 시작하도록 합당한 원리와 밑바탕을 제공했다.

다섯째, 인간다운 삶과 민주주의·자본주의를 가능케 하고, 계속 발전·확대해 가는 필수 요소 두 가지가 있다.

이는 생각과 자유다. 그런데 생각과 자유는 민주주의 구성원이면 누구든지 생각할 수 있고, 자유로울 수 있다.

그래서 생각은 좀 더 인간다운(인간적인) 생각, 훨씬 더 인간다운 생각, 총체적(유기적·협력적)으로 인간다운 생각, 적극적·열정적·집중적으로 인간다운 생각으로 진화(변화·향상·발전)해서 차원을 높여야 한다.

그런데 인간은 본능·감각·감정·무의식이 시작된 이후에 생각이 뒤늦게 활성화되고, '인류'든 '민주주의'든 갖가지 문제·한계를 지닐 수밖에 없었으며, 구시대에 생겨났던 종교·진리, 독재·민주화, 보수·진보, 민주·자본주의, 공산·사회주의의 연장선에서는 한계들과 부작용조차 감당·극복하기에 역부족이다.

다시 말해서 그간 인류는 생각으로 발전했지만 제대로 생각할 수 없었고, 생각을 잘못(부족·나쁘게·소극적으로)하는 사람들을 제대로 감당할 수 없었으며, 오히려 이리저리 시달리면서 고통받는 연속이었고, 이제는 획기적인 대전환점을 만들어야 한다.

또한 자유는 각자의 고유한 자유, 법으로 보장받는 사회적인 자유, 스스로 판단·선택·책임지는 자율적인 자유, 세상을 믿고 함께하면서 인간·인류를 위하는 적극적인 자유로 진화·도약해야 한다.

이처럼 생각과 자유가 제대로 뒷받침되지 않으면 인간도 개인도 인류도 민주주의도 자본주의도 절대 잘될 수 없고, 공산·사회·독재·신권·후진국들을 바로잡아 줄 수 없으며, 오히려 그것들에 시달리고 힘들어지고 고통스러워진다.
이는 지금까지 인류 역사가 그랬고, 앞으로도 잘될 수 없으며, 생각과 자유에 대한 체계를 업그레이드해야만 그간에 잘못되고 뒤틀렸던 문제와 한계를 바로잡아 가면서 지구촌을 낙원으로 만들어 가는 것도 기대·가능할 수 있다.

여섯째, 이 책은 최장 138억 년의 심오한 우주부터 최단으로는 필자의 수십 년 인생과 혼이 고스란히 함축되어 있다. 그래서 마치 속독처럼 줄거리나 요점을 파악하는 시험용처럼 접근하면 이해가 쉽지 않다. 왜냐면 주입용·암기용·이해용·시험용·취업용처럼 수박 겉핥기 방식들로는 유기적·복합적인 관계와 장기적·거시적인 영향과 파생적인 현상들에 접근할 수 없기 때문이다.
그래서 항상 맑고 초롱초롱한 정신을 집중해서 모두의 것으로 만들어야 한다.

일곱째, 우주는 전체가 정교하게 엮여 일체형으로 진행 중이고, 그런 과정에서 인류가 출현·생존을 반복 중이며, 몇 단계·한 차원 향상·도약하려면 합당한 대가들을 적극적으로 치러야 한다.
왜냐면 그간에 인류는 복잡하게 얽히고설킨 인과(운명·숙명)들로 인해서 어떤 형태로든 크고 작은 충격과 격변기를 대가로 치를 수밖에 없고, 오히려 적극적·인간적·자발적·능동적으로 차원을 높여야만 해결·도약이 가능하기 때문이다.

여덟째, 국제사회는 앞으로 새로운 체계를 확립해야 한다.
'우주·지구', '인류·인간', '사회·문화', '생각·자유', '민주주의·자본주의', '현실·인생', '무의식·의식', '미래·완성'을 최고의 밑천과 진리와 축복과 가치로 여겨야 한다.

이러한 열여섯 가지 체계와 질서는 불과 몇백몇십 년 전만 해도 감히 꿈꿀 수조차 없었다.

그래서 앞으로는 위의 열여섯 가지를 위한 관심·분야·학문이 필요하고, 전통적·개인적인 인생·외모·신분·지위·권위·이념·종교·진리·신·문화·관행·유행보다 훨씬 더 존중하고 정성을 쏟아야 한다.

아홉째, 특별히 당부하는 점은 책을 접하는 지금 순간부터 마지막 책장을 덮은 이후에도 그간에 여러분이 알고 있었던 어떠한 사상과 진리와도 여기 내용과 필자를 함부로 단정·규정 짓지 말고, 순수하고 진실한 마음을 오래 유지해 주길 바란다.

열째, 부디 138억 년 우주의 최고 걸작품인 인간들이 모여 사는 기적적인 지구촌을 우주에서 가장 아름답고 살기 좋은 낙원으로 꾸며 가야 당연하고, 대한민국이 국제사회와 인류 미래를 안내·인도하는 중심축이 되도록 국민들이 앞장서길 바라며, 지구촌 구성원들이 분발해서 생겨날 결실과 보람은 모두의 역할과 몫으로 남겨 놓았다.
더 이상의 내용은 책의 앞뒤 날개에 소개된 필자의 저서들(2023년 8월 출판)을 소개하는 것으로 대신한다.

제1권, 《우리의 실체·실상에 대한 이해와 반성》
제2권, 《대한민국의 짱짱한 국운과 찬란한 미래》
제3권, 《대한민국의 획기적인 대전환점》
제4권, 《하나뿐인 세상에 합당한 인류 공통의 세계·우주관》
(※ 제4권은 영작 진행 중)

II. 책을 시작하면서

이 책의 원고를 완성해서 출판사에 발송(2024. 11. 27.)하고, 1차 교정이 진행 중이었다. 그런데 비상계엄(2024. 12. 3.)이 선포·해제되었고, 내란죄 및 탄핵 몰이가 시작되었다. 이에 필자는

첫째, 탄핵에 반대하는 애끓는 애국민들을 위해서 제1장에 주제 몇 개를 추가했다.

나라와 국민을 사랑하고 걱정하는 애국민들은 박근혜 대통령의 탄핵을 시작으로 지금까지 수명이 단축될 정도로 심한 걱정·스트레스·분노·좌절감·화병·우울증·불면증에 시달렸을 것으로 생각한다.
더구나 윤석열 대통령의 비상계엄에 대해서 여야 국회와 경찰·검찰·공수처·군·법원·헌법재판소 등 중요 기관들과 거의 모든 언론의 불법적·초법적·반국가적·반민주적·비인간적·패륜적인 짓들을 국민들이 맨몸으로 저항하면서 애

간장을 끓이고 녹이고 태울 수밖에 없었다.
이에 필자는 대한민국의 자유민주주의에 대한 사랑과 열정과 책임으로 수고와 희생을 자처하는 애국민들을 위로·응원하기 위해서 제1장에 주제 몇 개를 추가했다.

둘째, 비상계엄·탄핵·내란죄 몰이·공작과 부정선거를 추가했다.

제12장의 원고를 새롭게 추가했다. 주요 내용은
No. 1)~27) 부정선거와 비상계엄·내란죄·탄핵 몰이·공작에 대해서
No. 28) 윤석열 대통령께 면담 요청(2024. 4. 25, 책의 저술 동기)
No. 29)-1. 헌법재판소 재판관들에게 1차 서신(2024. 12. 5.)
No. 29)-2, 헌법재판소 재판관들에게 2차 서신(2025. 1. 10. 작성, 책이 출판되면 함께 발송할 예정으로 대기 중)

셋째, 책을 저술하게 된 동기(No. 28) 소개

필자는 반국가 세력이 당연히 저지를 수밖에 없는 역적 짓들(탄핵·난동·음모 등)을 일찌감치 예감·확신·걱정했고, 윤석열 대통령에게 면담을 제안하는 서신을 발송(2024. 4. 25.)했었다.
이어서 필자라도 대책을 마련해야 한다는 절박함으로 5월 초부터 집필을 시작했고, 11월 말경에 이 책의 원고를 완성했으며, 2025년 2월 초중순 출판될 예정이다.
책이 출판되면 헌법재판소 재판관들과 윤석열 대통령과 주요 선진국의 주한 대사들에게 발송할 예정이다.

책을 시작하면서 Ⅰ, Ⅱ 4
양해 사항 19
책의 제목인 《인민 만세》를 좀 더 보충하면 20
필자의 사죄 겸 반성문 22
2025년 1월 10일 현재 대한민국의 참담한 실상 28

01 철부지들(독재)과 망나니들(민주화)이 헤맸던 대한민국의 민주주의

1. 대통령이 전쟁을 위해 총사령관을 임명한다면 32
2. 보수와 진보 중 하나를 선택하면 키워 주겠다는 정체불명의 그림자 35
3. 역사학자들이 떠안아야 할 부담과 의무와 반성 40
4. 대한민국의 민주주의와 민주화에 대한 필자의 잘못된 인식 45
5. 과거·현재·미래가 차지하는 비중 49
6. 대한민국의 미래를 위한 역사·현대사의 복습 53
7. 대한민국의 현대사가 잘 될 수 없었던 이유 56
8. '국민'과 '우리'의 진정한 의미·가치와 한계 60
9. 대한민국에 대한 올바른 접근과 이해와 당부 62

02 대한민국의 현대사와 대통령들

1. 대한민국의 역대 대통령들이 모두 훌륭·성공했다면 68
2. 대통령들이 모두 훌륭·성공했다면 어떻게 달라졌을까? 71
3. 대통령들에 상관없이 대한민국에 중요한 핵심들을 정리하면 72
4. 대한민국의 현대사에 대한 당연한 질문 73
5. 해방·6.25 당시 주변 정세와 국내 상황 83
6. 똥판지들(이승만·박정희)의 출현 87
7. 제3의 똥판지 윤석열의 등장 92
8. 윤석열이 제3의 똥판지인 이유 및 힘겨운 여정 94
9. 윤석열 대통령에게 아쉬운 점과 탄핵 가능성 102
10. 윤석열·김건희와 조미연과 한덕수 등에 진심으로 감사 108
11. 13명의 대통령 중에서 가장 외롭고 고달픈 윤석열 112
12. 대통령에 대한 윤석열의 자신감·확신과 현대사에서의 비중 118
13. 제3의 똥판지인 윤석열을 국민들이 적극 도와야 122
14. 윤석열의 등장에 내포된 의미와 가치 127
15. 참담했던 과거·실체를 점검·반성하지 않았던 대통령들 129
16. 더불어민주당을 진보로 착각했던 지지자들이 반성할 차례 134
17. 문재인으로 끝나지 않고 이재명까지 연결된 이유 137
18. 대통령(12명) 중 일부를 현대사에서 지워 버린다면 140

03 대통령들이 실패와 악순환의 연속인 이유

1. 나라·국민·대통령들을 망쳤던 핵심 세력의 변화 146
2. 김영삼과 김대중만 비극을 면했던 이유 166
3. 대한민국에서 법과 상식과 양심이 망가진 과정 171
4. 대깨문과 개딸들과 개아들에 대해서 국민들이 명심할 사실 181

5. 대한민국은 법·상식보다 이념·돈이 지배 184
6. 국민이 현대사 내내 이념조차 극복하지 못한 이유·증거 187
7. 대한민국에 치명적이었던 학생 운동권 190
8. 국제사회와 대한민국에 중요한 네 가지 195
9. 대통령들 주변의 불법·월권·부정·비리 197
10. 오래전 공산주의자들과 오늘날 공산주의자들의 차이·비교 203

04 민주주의와 공산주의가 생겨난 우주·인간의 이치

1. 크게 세 가지로 나눠지는 인간의 부류 208
2. 우주·인류의 공통된 핵심 진리인 엔트로피법칙(무질서도의 증가 법칙) 213
3. 무질서도와 질서도가 동시에 증가해서 생겨난 끝판왕 218
4. 민주주의가 공산·사회·독재·특권·세습을 해결하려면 220
5. 기이·모순·고약한 세상과 인류의 이치 226
6. 진화·악화라는 극단적 양면성의 세상과 인간 228
7. 노벨 평화상·문학상 수상자·작품에 대한 논란 237
8. 인간의 무의식·인성·존엄성의 밑바탕 형성 245
9. 무의식, 의식, 생각, 인생, 세상, 인간의 관계 248
10. 무의식에서 나눠지는 공산·독재, 민족주의, 민주주의 251
11. 국가의 흥망성쇠를 좌우하는 세 가지 유형·부류 265

05 무의식(문화·관행)에 지배받아서 형성되는 인간

1. 품안이와 요람이의 무의식 형성 과정 270
2. 품안이 부모와 요람이 부모 277
3. 홍익인간(弘益人間)의 모순과 위선 283
4. 홍익인간에 잘못 영향받아서 굴절된 인간성·민족성·국민성 285

5. 홍익인간을 천황(일본) 사관과 황제(중국) 사관에 비교하면 288
6. 세계관·인생관·가치관의 종류 293
7. 가치관의 함정 294
8. 오늘날 존재하는 세계관들의 문제와 한계 297
9. 홍익인간의 잠재력과 가능성을 살려 내려면 299
10. 무질서해지는 엔트로피법칙과 지구의 종말과 인류의 멸망 305
11. '우리'라는 민족 정서가 생겨난 배경과 과정 307
12. '우리에 합류'하려는 증상과 '우리를 거부'하려는 증상 316

06 기적과 모순의 극치인 이승만·박정희

1. 대한민국의 현대사에 기적적으로 등장한 이승만 326
2. 이승만·박정희의 등장과 시대 상황 329
3. 이승만·박정희의 공과에 대한 이해 333
4. 대한민국의 현대사에서 이승만과 박정희를 삭제한다면 335
5. 우리 국민이 직접 이승만과 박정희가 되어 보면 337

07 대한민국 국민에게 격려와 분발을

1. 연약하게 태어난 (대한) 민국이의 건강과 장래 342
2. 망하고 실패할수록 오히려 행운이었던 대한민국 346
3. 기적의 연속이었던 대한민국의 국운 352
4. 잔챙이 인물들과 현안들에 일희일비할 필요 없어 355
5. 남북한의 자유·평화 통일방안 362
6. 대한민국은 어떤 나라인가? 367
7. 남한 덕분에 버티다 남한(문재인·주사파·노조) 때문에 몰락 중인 북한 정권 371

8. 김정은의 파멸에 일등 공신은 삶은 소 대가리 문재인과 그 세력 375
9. 불순세력의 '선빵' 날리기 수법 383
10. 통일부의 북한방송 허용 발표에서 얻을 교훈 389

08 자유와 자율

1. 부모와 국가가 자유를 보장하면 안 되는 경우 400
2. 산만하고 난잡한 자녀를 위한 대처 403
3. 자녀를 위한 자유의 양면성과 완벽한 자유 411
4. 자율과 자유와 책임의 관계 415
5. 자유의 종류 422
6. 자율과 자유의 관계 432
7. 자유의 진정한 가치와 고질적인 후진성 437

09 자유와 민주주의

1. 민주주의와 민주화가 하나로 일치·병행된 선진국들 444
2. 자유가 갈수록 난해·방만·위험해지는 이유 446
3. 민주주의·자본주의 개척자들과 생각 448
4. 천재와 수재(영재·인재)의 차이 450
5. 민주주의와 자본주의가 병행해야 하는 이유 454
6. '자유·평등·정의·인권·복지'의 관계 455
7. 인간도 과정(2비트 이치)에 충실해야 457
8. 2비트 이치에 무지·역행하는 공산주의 등 458
9. 민주주의와 자본주의의 장점과 매력 460
10. 민주주의 국민들은 질적 가치관으로 향상해야 461
11. 인·존·치·자·향의 연속 과정 466

10 개발도상국들의 민주화를 위하여

1. 개발도상국에서 '민주화·자유화·선진화'의 힘겨운 여정 476
2. 개발도상국의 법치주의와 그 한계 481
3. 국민들이 대통령을 똑바로 판단·선출하는 분별력 486
4. 민주주의와 민주화를 어렵게 만드는 요소들 489
5. 민주화의 다섯 가지 대분류 494
6. 민주화로 위장해서 민주주의를 방해·악용하는 경우 496
7. 민주주의에 역행했던 대한민국을 참고해야 499
8. 대한민국의 국민들이 과거·실체를 반성했다면 502
9. 개도국들은 대한민국의 장단점을 똑바로 이해해야 508
10. 개발도상국들이 오랜 인류사에서 얻어야 할 교훈 512

11 참담했던 역사·문화·민족성에 대한 반성

1. 세상·국가·인류·인간·자신·개인들이 계속 좋아지려면 518
2. 인간에 관련된 세계관(종교·진리)들과 자유의 한계 520
3. 총체적인 한계를 극복할 대안은 인류 공통의 우주관 524
4. 후손들이 역사를 똑바로 이해하고 풀어 가는 핵심 526
5. 대한민국이 역사 내내 절대 잘될 수 없었던 이유 529
6. 대한민국의 뿌리·실체·실상 535
7. 힘겹게 살아가는 후손들을 무수히 괴롭혔던 조상들 537
8. 어른 공경으로 망가진 민족성·역사·사회·문화 539
9. 차별과 학대로 망가진 인간성과 민족성 544
10. 친일파들보다 훨씬 더 비열·잔악한 친일파·적폐 청산론자들 549

12 윤석열 대통령의 비상계엄·내란죄·탄핵·여론 몰이 및 부정선거

No. 1)~27) 부정선거와 비상계엄·내란죄·탄핵·여론 몰이·공작 564

No. 28) 이 책을 저술하게 된 동기

　　　　(윤석열 대통령께 상소문 겸 면담 요청, 2024. 4. 25) 608

No. 29-1) 헌법재판소 재판관들에게 1차 서신(2024. 12. 5) 628

No. 29-2) 헌법재판소 재판관들에게 2차 서신

　　　　(2025. 1. 10., 출판 대기 중) 630

No. 30) 박정희 대통령 당시와 윤석열 대통령의 비교 640

대한민국에서 자유민주주의 혜택을 누리는 국민의 서약 641
책을 마치면서 644

※ 양해 사항

이 책의 총 113개 주제(제11장까지) 중 아래 나열된 22개는 책의 앞뒤 날개에 소개된 1~4권의 주제와 일치하거나, 흡사한 내용이다. 이점 미리 양해·참고해서 책을 주문·구매해 주길 부탁한다.

이 책의 장과 주제 no. (앞뒤 날개의 1~4권, 장, no)

제5장. no. 1~3, 11, 12 (1권 1장 no 3·11·4)   5개 주제
제7장. no. 1~5 (2권 8장 no. 1-4·8)
       no. 6 (2권 9장 no. 1)
       no. 7·9·10 (3권 14장 no. 24·29·30)   9개 주제
제8장. no. 5, 6 (2권 11장 no. 10·11)   2개 주제
제9장. no. 5 (2권 11장 no. 3)   1개 주제
제10장. no. 1, 4~6 (2권 11장 7·12~14)   4개 주제
제11장. no. 10 (1권 4장 no.1)   1개 주제

앞뒤 날개에 소개된 1~4권

제1권(제1~6장, 총 48개 주제 중 4개 겹침)
제2권(제7~11장, 총 47개 주제 중 13개 겹침)
제3권(제12~14장, 총 52개 주제 중 3개 겹침)
제4권(제15~20장, 총 112개 주제는 없음)

책의 제목인 《인민 만세》를
좀 더 보충하면

당초에 공산주의는 노동자·농민의 혁명·폭동에 의존했고, 참담한 모순과 실체와 실상이 드러나면서 공산·사회주의 진영이 몰락·붕괴했다.
이후에 국제사회(자유세계)는 공산주의가 자유 진영에 합류하도록 우호의 손길을 뻗쳤고, 자유세계의 아량과 지원과 교류 덕분에 시장경제와 저임금과 노동력 착취에 힘입어서 살 만해졌다.
그러자 공산·사회주의는 완전·완벽할 수 없는 인간·국민과 민주주의(법규·제도·정책)의 허술한 점들을 교활·집요하게 파고들었고, 무지몽매한 군중(인민·민중·대중 등)을 이념이라는 그릇에 쓸어 담아서 선전·선동으로 유혹·이용하면서 또다시 자유세계를 위협하기 시작했다.
하지만 자유세계의 국민들은 무한경쟁으로 바빠졌고, 일부는 문명의 급격한 발전에 도취·안주했으며, 또 일부는 방만해진 자유를 감당하지 못한 채 나태·타락·통속화되었다.
이에 공산·사회주의 세력은 이러한 빈틈과 약점을 돈과 미인계 등으로 유혹·회유해서 하수인들로 전락시켰다. 하지만 '인민', '인민 민주주의'라는 표현은 감히 사용하지 못했고, '민중', '민중 민주주의'로 위장해서 허술한 민주주의의 법과 체제의 약점들에 파고들었으며, 급기야 '민주주의'라는 이름까지 사용했다. 이에 불안해진 국민들은 '자유민주주의'라고 자유를 추가했다. 그러자 공산주의 세력은 헌법과 민주주의에서 자유를 빼 버리려고 안달했다. 자유를 빼버린 민주주의는 민중 민주주의나 인민 민주주의(공산주의)로 바꿔치기가 쉽다고 생각했기 때문이다. 그러한 시도는 한동안 국민들에게 먹혀들었고, 심지어 이를 방지해야 할 공안 당국(경찰·검사·판사들)조차 무대책·무방비였다. 물론 이에 대한 직접적인 잘못과 책임은 악질적인 공산·사회주의 국가와 그에 놀아나는 하수인들에게 있다. 하지만 더 큰 잘못과 책임은 방만해진 자유(문명의 발달·유행·유흥·여행·게임·취미 등)에 취해서 진정한 민주주의의 확립·강화에 소홀·나태했던 국민들에게 있다. 왜냐면 공산·사회주의가 얼마나 교활·비열·집요·위험한지 무지·무관심·방심·방치했기 때문이다.

이에 총체적으로 한계에 봉착한 민주주의와 악질적인 공산주의를 국민이 똑바로 해결하자는 취지로 '인민 만세'로 결정했다.

레닌(공산주의, 이념으로 좌경화된 좌파)의 실체

* "거짓말을 창조하지 못하는 자는 위대한 혁명가가 될 수 없다."
* "거짓말은 클수록 좋다."
* "거짓말은 혁명을 위한 가장 강력한 수단이며, 거짓말을 백번 하면 참말이 된다."
* "목적은 수단을 정당화한다. 혁명을 위해서는 거짓말해도 괜찮다."
* "민주주의가 망할 때까지 민주주의를 외쳐라."
* "투표는 너희가 하고, 개표는 우리가 한다." (스탈린)

필자의 사죄 겸 반성문

필자는 아래 사항에 대해서 진심으로 반성하고, 사과·사죄한다.

첫째, 대한민국은 역사·현대사를 통틀어서 육칠십 세대가 가장 많이 배웠고, 어렸을 때 보리밭 고개를 기억으로 잘살았으며, 필자 세대(58년생)는 100만 명을 넘었을 정도로 가장 많았다.
그런데도 우리 세대는 대한민국의 참담했던 역사와 후진 문화와 불합리한 관행들·민족성·국민성·인간성과 차별적인 인간관계들에 대해서 단 한 번도 점검·반성·정리하지 않았다.
이에 대해서 가장 많이 배웠던 세대인 필자가 조상들과 애국자들과 선후배들과 후세대에 진심으로 반성·사과·사죄한다.

둘째, 필자는 저서를 통해서 이승만·박정희에 대해서 "우리 국민은 누구든지 M16(총)으로 쏴 죽여야 한다."라고 잘못 평가했던 사실이 있었다. (이제는 바꿔 봅시다. 1997년, '이제는 대통령을 김대중으로 바꿔 보자.'라는 내용)
하지만 김대중에게 실망했고, 우연히 이승만과 박정희에 관련된 역사적 사실들을 접했으며, 이승만·박정희 대통령이야말로 인류사를 통틀어서 국가와 국민의 실질적(양적·질적)인 삶을 가장 근본적·획기적으로 변화·향상·발전시켰음을 깨닫게 되었다.
더구나 이승만이 민주주의를 시작할 당시에 우리는 조상 답습이 고작이었고, 주변 정세와 국내 상황은 극도로 위험했으며, 국민의 2/3는 공산주의에 오염된 상태였고, 필자는 이를 뒤늦게 깨달았으며, 밑바닥에서부터 다시 연구하기 시작했다.
이에 필자가 학창 시절과 젊은 시절 내내 무지몽매했음을 인정하고, 이승만·박정희를 조금도 존중·이해하지 못한 채 극단적으로 무시·부정했던 점을 진심으로 반성·사죄한다.

셋째, 필자는 우리 현대사를 겪어 보면서 참담하고 후진적이었던 대한민국의 역사·문화·관행·민족성·국민성·인간성·인간관계로는 수준 높은 민주주의에 절대 성공할 수 없고, 민주화조차 불가능함을 확신했다.
그래서 김대중이 대통령에 당선되자마자 동교동으로 90~95% 민주주의 성공 불가능함을 내용증명으로 발송했고, 노무현은 98%, 이명박은 99.98%, 박근혜는 3,000% 성공 불가능을 세 차례나 발송했으며, 특히 노무현에게는 "비참한 말로(자살·감옥·정신병원·해외도피 중 하나)는 숙명적"임을 경고하는 연속이었다.
하지만 지금까지 대한민국의 상황과 대통령들의 실패를 훤히 알고 보면서도 실제로는 아무 역할(방지)조차 하지 못했다는 점에 대해서 진심으로 사과하고 사죄한다.

넷째, 필자는 '우리에 합류하는 증상'과 '우리를 거부하는 증상'을 오락가락했다. '우리'의 일부였던 이승만·박정희에게 실망해서 '우리이기를 거부'했고, 또 다른 '우리'의 일부인 민주화(김대중)를 지지(합류)하면서 '우리에 합류'했다.

하지만 이후에 민주화(김대중)에 극도로 실망했고, '우리'(김대중)를 거부했으며, 또 다른 '우리'인 진보(노무현)를 지지했다. 하지만 '우리'의 일부인 진보(노무현)에 더욱더 실망·거부했고, 또 다른 '우리'인 보수(이명박·박근혜)에 합류(지지)했으며, '우리'의 일부인 보수(이명박·박근혜)에도 실망했다.

그간에 필자는 아무런 대안·책임·반성 없이 '우리'에 대한 거부·합류 증상을 오락가락함으로써 결국은 최악으로 망가진 도적·역적 범죄자 문재인이 등장했고, 조작·선동·포퓰리즘으로 나라와 민생을 급격히 망치는데도 속수무책으로 당했다.

이처럼 필자는 오래 헤매고 헷갈렸으며, 백지 몇 장 차이에 불과했었던 '우리'를 이리저리 쪼개고 또 쪼개는 등 합류 증상과 거부 증상을 오락가락 반복했던 사실들에 대해서 진심으로 반성·사과·사죄한다.

다섯째, 대한민국은 민주주의를 시작해 놓고 한동안 독재로 홍역을 치렀고, 어렵사리 민주화가 시작되었다.

홍역을 치른 이유는 민주주의는 인류사에서 가장 수준 높은 법과 제도이고, 다양한 밑바탕과 성숙한 과정이 필요하기 때문이다. 하지만 대한민국은 역사·문화·민족성·관행이 참담했었고, 민주주의는 모든 면에서 역부족이었으며, 민주주의를 위한 전 단계 과정으로 민주화가 절실했다.

따라서 전국적으로 민주화 물결이 일어났고, 대표적인 것이 광주 5.18이었으며, 이 역시도 민주주의를 위한 과정이다.

하지만 대한민국도 민주화도 광주 5.18도 진정한 자유민주주의에 실패·역행해서 또다시 퇴보했고, 좌경화로 삐뚤어졌으며, 또다시 우리끼리 대립·분열·자멸하면서 역사에서처럼 원한의 한풀이와 저주의 악순환을 반복·재현하고 있다.

그런데도 광주 5.18 단체만 성역화·특권화·세습화되었고, 급기야 5.18을 문제 삼는 사람들을 처벌하는 악법으로 성벽화했으며, 당연히 공개해서 자랑해야 할 명단을 은폐한 채 복마전 통속으로 전락했다. 한마디로 5.18단체가 성역화된 5.18 뒤로 숨어서 복마전 통속을 만든 꼴이다.
그뿐 아니라 민주주의로 위장해서 민주화로 무장해 버린 5.18 단체를 흉내 내서 대한민국에서 가장 공정·투명·선명해야 할 선거관리위원회까지 성역화·특권화로 망가졌고, 대한민국과 민주주의를 망치면서 성벽화·세습화로 복마전 통속이다.
하지만 세상천지 어디서도 성역화·특권화·성벽화·세습화는 정상조차 유지 불가능했고, 당연히 파멸과 망국의 지름길이다.
이에 필자는 최초에 자유민주주의를 구상해서 실현해 냈던 선구자들과 대한민국의 자유민주주의와 기적적인 발전에 희생·공헌·헌신했던 애국자들과 국민 여러분과 국제사회에 광주시민의 한 사람으로서 진심으로 반성하고 사죄한다.

여섯째, 필자는 한동훈과 이원석의 인물됨과 정체성을 전혀 알지 못했고, 윤석열에게 인정받아서 기용됐다는 사실만으로 대한민국을 짊어질 인재들로 착각·호평했다. 물론 당시는 절체절명의 상황이었고, 민주주의의 명맥을 이어 주고 지켜 줄 참신한 인물들과 신진 세력을 학수고대했었으며, 한동훈과 이원석에게 기대를 걸었었다.
그래서 이 책의 앞뒤 날개에 소개된 필자의 저서 중 제3권('대한민국의 획기적인 대전환점', 2023년 8월)에서 "대한민국은 윤석열에 이어서 한동훈과 이원석 등 청렴하고 유능한 엘리트 집단이 활짝 꽃 피우기 시작했고,"라고 심경을 피력했다.
어떻든 필자가 한동훈과 이원석을 깊이 있게 살펴보지 않고, 너무 쉽게 착각하고 호평했다는 점을 진심으로 반성·사죄한다.

일곱째, 북한 인민들에게 깊이 사죄한다.
대한민국은 생면부지였던 미국과 유엔의 희생과 도움으로 기적적으로 나라를 두 차례나 되찾았다. 하지만 그런 사실을 망각·외면한 채 동족인 북한 인민들에 대한 구제(독재로부터 해방, 통일·자유·인권)에 소홀·외면했고, 인민들은 굶주림과 추위와 강제 노동과 감옥과 고문과 죽음의 지옥에 방치되고 있다. 이에 대해서 북한의 인민들과 미국을 비롯한 국제사회에 진심으로 사죄하고, 조금만 더 참고 분발하길 기도한다.

여덟째, 필자는 중차대한 시기에 대한민국의 대통령으로서 최선을 다하는 윤석열·김건희 부부를 도와주지 못했고, 심지어 동네북처럼 일방적으로 두들겨 패는 모습들을 훤히 보고 알면서도 속수무책이었다. 이런 사실들에 대해서 국민으로서는 물론 인간으로서도 정말 미안하게 생각한다.
물론 윤석열이든 김건희든 잘못하거나, 죄를 지었을 수도 있다. 하지만 반드시 법에 따라 절차대로 진행되어야 한다. 그런데 대한민국의 대통령인 윤석열과 영부인 김건희는 일방적으로 악마화되었고, 일반 국민들과 파렴치한 범죄·전과자 이재명과 감정은의 간첩들에게조차 당연히 적용·보장되는 무죄추정의 원칙과 죄형법정주의가 무시되었으며, 내란과 내란죄라는 조작된 억지 결론에 꿰 맞춰진 상태에서 탄핵 몰이가 시작되었고, 오히려 정치권과 국가 기관이 총동원해서 불법·반란을 저지를 정도로 역적 짓들을 반복했다.
따라서 필자는 대한민국의 대통령인 윤석열·김건희 부부와 이보다 먼저 부당하게 탄핵당한 박근혜 대통령에게 실질적으로 도움이 되지 못했던 점에 대해서 진심으로 미안하고 사죄한다.

아홉째, 필자는 단 하나의 몸뚱이와 단 한 번뿐인 인생이지만 모든 인류가 당하고 겪었던 불행·고통·행복, 좋고·나쁜 감정·경험·인생·진리·깨달음·죄악 등을 샅샅이 섭렵·터득·정리하기로 작심했고, 역사적·시대적·문화적·사회적·인간적인 문제·한계·갈등을 모두 해결·책임진다는 일념으로 살아왔다. 하지만 현실적으로 해놓은 것이 없음에 대해서 진심으로 사과·사죄한다.

열째, 대한민국은 망국에서 국제사회로부터 도움받아서 오늘날에 도달했다. 하지만 민주화(김대중·노무현)에서 민주주의에서 멀어졌고, 문재인·이재명 같은 불량(저질·악질·역적) 세력에게 장악당했으며, 대한민국이 또다시 미국과 국제사회에 실망을 끼친 점 진심으로 사과·사죄하며, 머잖아서 보답하도록 최선을 다할 것을 약속한다.

부디 이미 오래전부터 총체적으로 한계에 봉착한 민주주의와 공산주의·사회주의·독재주의와 개발도상국들까지 이 한 권의 책으로 종합·해결되어 가길 바란다.

"138억 년의 우주나, 46억 년의 지구에 비교하면 100년 남짓의 인간 수명은 순간이나 찰나에 불과하다.

그런데 인간의 일생은 결코 짧지도 길지도 않고, 간단치도 않다. 왜냐면 태생(선천·후천)적으로 많은 한계를 지니고, 본능과 감각과 감정과 생계를 해결해야 하며, 사회·문화 등 복잡한 여정을 거치고, 부단히 노력해도 쉽지 않으며, 한동안의 활동기와 전성기를 지나면 늙고 병들고 죽음에 이르는 것이 우주 이치이기 때문이다.

그렇게 인간·자신은 사라지지만 인류는 우주의 존재 목적·이치에 의해서 전혀 다른 차원의 환경과 인생을 반복해서 연장하게 된다.

그래서 계속 반복되는 인류인 우리 인간·자신은 매번 전혀 다른 삶을 살아야 하고, 부단히 변화·향상·발전해야 하며, 이미 존재했던 시대·환경·역사·사상·문화·사회·관행·이념에 연연·급급하지 말아야 하고, 심오·정교한 우주·인류의 참된 미래·완성에 적극적으로 합류해야 하며, 오히려 과거의 것들(영향 등)을 적극적·근본적으로 승화·극복·도약해야 한다.

이렇든 저렇든 우리는 광활·기이·심오·무한한 우주의 지극히 미세하면서도 최고의 걸작품이고, 시야를 우주로 넓혀야 하며, 적극적으로 우주를 존중해야만 우주를 거역하지 않고, 함께해 갈 수 있다." (필자)

2025년 1월 10일
현재 대한민국의 참담한 실상

국회에 의해서 탄핵 : 대통령, 국무총리, 법무부 장관, 국방부 장관, 행정안전부 장관, 감사원장, 방송통신위원장, 서울중앙지검장, 서울중앙지검차장, 서울중앙지검 반부패부장, 대통령 경호처장(체포 및 사퇴), 경호차장(체포 영장)

기타 탄핵·직무정지·구속으로 공석 중인 대한민국의 주요 기관장과 군을 대표하는 수장들 명단 : 경찰청장, 서울경찰청장, 육군참모총장, 방첩사령관, 수방사령관, 특전사령관, 정보사령관, 방첩사 1처장, 방첩사 수사단장

이미 탄핵당한 명단

김현숙 여성가족부 장관 : 탄핵
이동관 방송통신위원장 : 탄핵을 앞두고 방통위 마비를 방지하기 위해 자진 사퇴

김홍일 방송통신위원장 : 탄핵에 대비해 자진 사퇴
이진숙 방통위원장 : 탄핵 이후에 헌재 심판 중
이상민 행정안전부 장관 : 탄핵 후 헌재의 무효 판결로 복귀했으나 또다시 탄핵 압박에 자진 사퇴
이재명(양아치·범죄자·정치인)을 수사하던 검사들(손준성·이정섭·이희동·임홍석·김영철·강백신·박상용·엄희준·조상원·최재훈) : 줄줄이 탄핵

이런 지경이면 헌법재판소는 도대체 무엇을 왜 언제 어디까지 어떻게 누구를 위해 존재하고, 존재할 필요가 있는가?

대한민국에 가장 위험한 적대 국가인 북한·중공·러시아는 대한민국을 적화하든지, 종속·부속으로 삼든지, 하수인들이 장악하게 하든지, 차라리 망하게 하려고 안달한다.
이런 지경에서도 대한민국의 국민들이 정신 차리지 못하면 민주주의도 민주화도 나라도 망국일 뿐 더 이상 미래는 없다.
급기야 대한민국의 대통령을 상대로 온갖 불법·조작·선동으로 내란죄 몰이도 탄핵 몰이도 여론 몰이에 이어서 체포 몰이할 정도로 심각하다.

※ 우리는 의사가 건강을 파괴하고, 변호사가 정의를, 대학이 지식을, 언론이 정보를, 종교는 도덕을, 은행이 경제를 파괴하는 나라에 살고 있다. (마음에 와닿아서 퍼온 글)

※ 필자의 해설 : 대한민국의 민주는 민주를 파괴하고, 정치가 정치를 망치고 있다. 이는 레닌이 "민주주의가 망할 때까지 민주주의를 외쳐라."라고 했던 실천이고, 민주주의 나이 80인 대한민국의 참상이다.
이는 필자가 "우리는 결국 자기 앞가림조차 하기 버겁다.", "결국은 자기들

발등에 스스로 도끼질해 대는 수준들에 불과하다."라고 주장해 왔던 이유 겸 증거다.

이는 '수신제가·입신양명·호의호식·부귀영화·치국·평천하'라는 일직선상의 양적·팽창적 문화권의 총체적 특징 겸 한계다.

※ 대통령이 탄핵당하고, 나라가 이런 지경인데 그를 이용해서 조기 대선이나, 대통령 중임제나, 내각제 개헌 등 자신들의 꿍꿍이를 챙기려는 기회주의적인 행태들은 민족 분단의 비극을 이용해서 노벨상을 도적질한 짓과 같다.

01 철부지들(독재)과 망나니들(민주화)이 헤맸던 대한민국의 민주주의

『대한민국이 중진국의 함정에서 벗어난 최초의 국가이고 동시에 마지막 국가라고 한다. 이는 중진국에서 벗어나기가 매우 어렵고, 앞으로는 더욱 불가능하다는 이야기다.

하지만 대한민국은 중진국의 함정에서 벗어난 것으로 끝나지 않고, 국가적·국민적인 대전환점을 통해서 대도약 할 것이며, 머잖아서 개발도상국들과 공산·사회·독재 국가들이 민주화와 민주주의를 시작·성공하도록 획기적인 역할들을 해야 하고, 결국은 그렇게 될 것으로 기대한다.

실제로도 윤석열 대통령의 비상계엄 선포·해제와 동시에 시작된 내란죄 몰이와 탄핵 몰이와 여론 몰이와 체포영장 몰이를 계기로 국민들이 급격히 깨우치면서 변화 중이고, 나라·위기의 방향과 중심을 똑바로 잡아 나가고 있다.

동시에 국민들은 자유민주주의의 소중함을 절실하게 깨닫게 되었고, 반국가 세력(종북주사파·중공몽 사대주의 등)이 얼마나 위험하고 구제 불능한 저질·악질인지 확인·확신했으며, 철부지였던 대한민국의 민주주의가 왕성하게 활동·성장하는 청·중년기로 급성장했고, 국민 의식이 대폭 향상하는 계기이며, 국가적·국민적인 대전환점을 통해서 남북한이 자유·평화 통일될 것이고, 국제사회에 이바지하게 될 것이다.』(필자)

1. 대통령이 전쟁을 위해 총사령관을 임명한다면

질문) 만일 자신이 대한민국의 대통령으로서 조만간 시작될 전쟁을 진두지 휘할 총사령관을 임명한다면 이재명과 한동훈과 윤석열 중에서 누구를 선택할 것이며, 이유는 무엇인가?
답변) 인간 됨됨이와 인생 전반을 보고 선택할 것이다.

이재명을 총사령관으로 임명할 경우

첫째, 이재명이 몸담았거나, 소속했거나, 함께했던 사람들을 살펴보면 패가망신하거나, 막대한 부채를 떠안거나, 배신당하거나, 갖가지 비리·범죄·소송에 휘말려서 경찰·검찰·법원에 불려 다니거나, 감옥에 가거나, 억울하게 죄를 뒤집어쓰거나, 자살 또는 자살을 당하게 될 것이다.
이재명의 집안은 몰락했고, 그가 몸담았던 성남시·경기도는 막대한 부채·부실·비리·사건·소송에 휘말렸으며, 공무원들이 경찰·검찰·법원에 불려 다니면서 다양한 죄목들로 줄줄이 구속·처벌받았고, 깊이 연루된 자들은 인생을 망치고 신세를 종 쳤다.

심지어 더불어민주당은 사당화되고, 막대한 대통령 선거 자금을 환수·몰수 당할 것이며, 위헌 정당 해산심판 청구 대상으로 전락하는 등 문 닫는 판이고, 이재명을 총사령관으로 임명하면 군대에 이어서 정부까지 무력화해서 나라를 망친다.

둘째, 이재명은 전쟁·훈련·병사들을 위한 비용·물자들을 도적질해서 치부·축적하고, 하수인들에게 나눠줘서 코를 꿰어 놓고, 도적질이 적발될 것에 대비해서 주요 기관들과 관계자들을 몽땅 뇌물로 매수해 놓고, 도적질이 발각되면 전임자나 제삼자나 경쟁 상대에게 뒤집어씌우고, 조사가 시작되면 부하들의 잘못으로 책임을 전가해서 죽게 하거나 감옥에 보내고, 자신에게 절대 복종·충성하는 범죄자·하수인들로 참모진을 꾸려서 노예처럼 부리고, 옳고 바른 장교들과 간부들은 한직으로 좌천하고, 부하들이 감옥·타살인지 자살인지 죽어나면 "나는 죽이지 않았다.", "나는 그들을 알지 못한다."라고 시치미 떼고, 소송이 시작되면 위증을 종용·협박하고, 총부리를 거꾸로 들어서 조사를 방해·조작·위협·공격하고, 아예 경찰·검찰·법원을 공격·마비시키고, 적들의 편에 서서 나라와 국민을 궁지와 파멸로 몰아넣고, 결국은 나라도 부하들도 몰살시키면서도 자기만 살아 보려고 안달하고, 그처럼 막돼먹은 인성으로 대통령까지 되어 보려고 난동과 난장판을 꾸밀 것이 훤하다.

셋째, 이재명은 남녀노소·지위고하·빈부·유무식에 상관없이 누구나 당연히 누리는 소박한 인생과 평화와 행복과 가정조차 관리·유지하지 못한 채 최악으로 망가진 말종·악종인 셈이다.

특히 이재명이 총사령관이 되거나, 대통령이 된다면 정의로운 병사들과 애국민들이 무수히 암살·의문사 당하거나, 감옥에 가거나, 쥐도 새도 모르게 행방불명될 것이 자명하다.

한동훈

한동훈은 총사령관으로 임명해 준 대통령을 곧바로 배신하고, 심지어 대통령을 쫓아내고 정권을 장악·찬탈하려고 안달하고, 가족을 동원해서 대통령을 비난하고, 여론을 조작하고, 문제가 되면 "나는 하지 않았다."라고 자기 발뺌에 급급하고, 유불리에 따라 중대사를 독단으로 결정하고, 대의도 명분도 없이 갈팡질팡·좌충우돌하고, 자기 때문에 대통령이 감금되고 부하들이 죽고 다쳤는데도 "내가 전쟁을 일으켰냐?", "내가 전투했냐?", "내가 죽고 다치라고 했냐?"라고 망발하고, 수시로 적과 내통·야합·저울질하고, 적이 흘리는 가짜 뉴스에 속았는지 또는 속고 싶었는지 아니면 속은 척했는지 총부리를 거꾸로 들어서 대통령을 겨냥해서 끌어내리고, 적에게 합세해서 내부 반란과 역적모의도 불사할 것이기 때문이다.

윤석열

윤석열은 검찰총장 시절에도 청렴·대담했고, 비상계엄 선포에서 보았듯이 나라와 국민에 대한 사랑과 책임과 신념이 투철하고, 대의를 위해서 자신을 희생할 정도로 포용적·인간적이다.
예를 들면 윤석열은 비상계엄을 준비·선포했음에도 비서실장과 청와대 수석들과 부처 장관들조차 정확히 알지 못했고, 매우 짧은 시간에 국무회의를 긴밀하게 진행·추진했으며, 누구도 다치지 않도록 필수 인원을 동원해서 성동

격서식으로 진행했다.

따라서 윤석열이 총사령관이면 모든 면에서 훌륭한 명장(名將)·덕장(德將)·용장(勇將)·지장(智將)이고, 윤석열과 시대를 함께하는 사람들(가족, 친구, 동료, 국민, 국제사회)에게는 행운과 축복이며, 그야말로 순수파·실력파·정의파·의리파·열정파·정통파의 자질을 갖춘 훌륭한 지도자다. 또한 난관과 위기를 만나면 의연해지고, 부당한 상황에서는 대담해지고, 설사 혼자 남거나 죽게 되더라도 꿋꿋하게 올바른 길을 걸어갈 정도로 진정으로 참된 알짜배기 인간과 지도자며, 국민들은 반드시 윤석열을 대통령으로 선출해서 존경하고 본받아야 한다.

※ 윤석열 대통령에 관해서는 제2장, No. 7~14와 제12장 1)~27) 윤석열의 비상계엄·부정선거·내란죄·탄핵·여론 몰이·공작 참고.

2. 보수와 진보 중 하나를 선택하면 키워 주겠다는 정체불명의 그림자

여기서는,
첫째, 대한민국과 국민들이 어떻게 이토록 허약해졌고 무기력해졌고, 무방비 상태로 좌경화되었는지 확인해 보고,

둘째, 중공·북한·러시아 등 불순하고 위험한 세력이 어떻게 대한민국의 경찰·검찰·법원·지방자치단체·의회 등 주요 기관과 고위직에 침투했으며, 여·야 정치인들·지식인들·언론인들··패널들이 어떻게 포섭되어서 하수인들로 전락했는지 대표적인 원인을 정리한다.

정체불명의 그림자

언젠가 정체불명의 사람이 필자에게 만남을 요청했다. 그는 "보수와 진보 중에서 하나를 선택하면 밀어주고 키워 주겠다."라고 제안했다.
그와의 이야기보다 먼저 시대적 상황 겸 배경부터 언급한다.

* 이승만·박정희는 이미 무의식과 성장 환경에서 봉건왕조의 영향을 절대적으로 받았으며, 신식 교육에도 불구하고 사실은 수준 높은 민주주의는 역부족일 수밖에 없었다. 그래서 독재로 빗나갔다.
하지만 이승만·박정희는 참담했던 5천 년을 민주주의·자본주의 체제로 전환했고, 대한민국을 양적·질적으로 획기적으로 바꿔 놓았다.

* 김영삼은 과감하면서도 획기적인 조치를 통해서 하나회를 정리했고, 금융실명제를 실시함으로써 군부의 고리와 고질적인 비리의 일부를 차단했다. 하지만 IMF를 초래했다.

* 이후에도 대한민국은 수준 높은 민주주의 지도자로서 합당·적합한 인물과 대안이 없었고, 저항과 투쟁으로 일관했던 김대중이 정계 은퇴 선언을 번복했으며, 대통령 선거에 출마·당선되었고, 이때부터 민주화로 위장한 좌경 세력이 총출동·활개 쳤으며, 민주주의와 민주화에 역행·악화하면서 망치기 시작했다.
김영삼·김대중·노무현은 대한민국을 총체적으로 수렴·승화·포용해서 국민의식을 대폭 계몽·향상하는 것이 의무와 역할이었다. 하지만 정반대로 자유민주주의에 역행·퇴보·악화했다.
당시에 필자는 김대중과 노무현은 물론 핵심 측근들이 총체적(민주주의·민주화·인류애·자질)으로 열악·열등하다는 사실을 실감했고, 그러한 연장선에서는 망국이 기정사실일 수밖에 없음을 확신했으며, 각계에 호소하면서 다양하게 노력했고, 하지만 무용지물이었고, 한계를 절감한 상태였다.

밀어주고 키워 주겠다는 정체불명의 그림자(유혹·마수)

그러던 어느 날(2003년경 노무현 정권) 모르는 사람으로부터 만나자는 전화가 왔고, 카페에서 대화를 나눴으며, 여기에 요약한다. 그는 필자에게
"나의 신분은 말할 수 없으니 묻지 말아 달라."라고 전제했다.
이어서 그는 "우리는 선생님이 작성한 글들을 모두 읽어 봤고, 검증이 끝났으며, 앞으로 선생님을 밀어주고 키워 주기로 했다. 대신에 님은 보수와 진보 중에서 한쪽을 선택해야 한다. 그러면 나머지는 우리가 다 알아서 할 것이며, 어느 쪽을 선택하든 적극적으로 지원하겠다."라고 했다.

필자는 그에게
"서양의 보수·진보는 물론 대한민국 역시도 민주주의도 민주화도 보수·진보도 제대로 된 뿌리와 기반이 없고, 보수와 진보로는 절대 성공할 수 없다. 단지 우리는 서양을 모방해서 민주주의니, 민주화니, 보수·진보니 쪼개져서 대립할 뿐이고, 이런 수준으로는 절대 민주주의에 성공할 수 없다.
이는 내가 수년 동안 비리 사건을 기회로 정부와 청와대와 경찰·검찰·법원과 언론과 시민단체(박원순의 '시민사회단체연대회의')와 피해자 단체까지 직접 쫓아다녀 본 결론이다.
사실상 우리는 5천 년을 조상 답습으로 일관했으며, 여러 차례 나라를 망해 먹었고, 결국은 빼앗겼으며, 또다시 동족 전쟁까지 치렀다. 하지만 단 한 번도 우리의 실체와 실상을 반성·점검·정리하지 않았고, 그러한 연장선에서는

민주주의가 불가능하며, 나 같은 사람이 보수나 진보를 선택한들 무용지물이다. 오히려 우리는 보수와 진보를 적극적으로 극복해야 한다."라고 주장했고, 합의점 없이 끝났으며, 더 이상의 접촉은 없었다.

이후부터 필자는 대한민국의 모든 상황을 지켜보고, 냉정하게 판단·분석하고, 오랜 세월 탑을 쌓고, 총체적으로 해결하기로 작심했고, 오늘에 이르렀다.

필자가 그의 요청에 승낙하지 않았던 이유와 그 이후

첫째, 그가 공명정대하다면 소속한 단체와 취지와 주요 활동과 자기 직책과 임무 등을 밝혀야 했다.

둘째, 그의 말대로 필자를 검증했다면 다양한 의견과 질문과 대화를 진행해야 했고, 당장은 아니더라도 추후의 계획이나 일정·만남·예정을 약속·안내해야 했고, 이외에도 주고받을 내용이 많았다. 하지만 그는 그러한 기약도 자세도 태도도 아쉬움조차 없었고, "밀어주고 키워 주겠다."라는 기본과 절차와 상식에 맞지 않은 밑밥만 던졌기 때문이다.

이후에 지금까지

첫째, 많은 국민이 그러한 유혹 겸 마수에 넘어가서 코가 꿰였을 것으로 생각했고, 우리 사회 곳곳이 포섭·장악되었을 것이며, 날이 갈수록 확신하는 연속이었다.

둘째, 필자는 그런 세력과 코가 꿰인 사람들을 어떻게 구제·해결할 것인지 오래 많이 고민하고 준비했다.

아마도 우리 국민은 물론이고 국제사회가 감탄·감격할 정도로 절묘한 방법으로, 감히 아무도 반박·거부할 수 없도록 대한민국을 정리해야 하고, 당연히 할 수 있다고 생각한다.

셋째, 그래야 남북한이 안정적·발전적으로 자유·평화 통일을 실현하고, 자유민주주의 국가들이 똘똘 뭉쳐서 한 차원 도약하고, 대한민국은 물론 지구상에서 다시는 공산·사회주의가 발붙이지 못하게 될 것으로 기대·기원한다.

넷째, 필자는 당시에 모든 면에서 힘든 상황이었다. 하지만 장기전을 각오했고, 인생을 맨 밑바닥에서 다시 시작했다.
이후부터 필자는 드러난 대한민국의 외양보다는 눈에 보이지 않는 이면과 내면을 보려고 노력했고, 냉정하게 원인 분석하기 시작했으며, 결정적인 상황에서 총체적·근본적으로 해결하기로 작심했다.

다섯째, 어떻든 대한민국은 필자의 확신대로 악순환에서 헤어나지 못한 채 대안 부재였고. 백병전까지 거치면서 최악의 위기와 위험에서 벗어나는 중이고, 생각하면 할수록 기적의 연속이다. 왜냐면 외부의 위험 세력과 내부의 불순 세력의 협잡과 난동은 사실상 자기들 발등에 스스로 도끼질해 대면서 자멸하는 짓들에 불과하고, 이는 대한민국이 획기적인 대전환점을 통해서 더욱 성숙해지고 완벽해지면서 대도약하는 밑바탕과 원동력으로 작용 중이기 때문이다,

여섯째, 앞으로는 불투명하고 불순하고 위험한 저질·악질 세력의 유혹과 마수에 현혹되거나, 흔들리는 사람이 없길 바란다.
또한 그러한 유혹과 마수에 이미 넘어간 사람이 있다면 반드시 대오각성·개

과천선·양심고백을 통해서 새롭게 태어나길 바라고, 때가 되면 과감하게 용서받아서 참답고도 의연하게 애국애족의 삶을 펼쳐가길 바란다.
필자 역시도 최대한 도움이 되겠음을 약속하고, 이하는 생략한다.

3. 역사학자들이 떠안아야 할 부담과 의무와 반성

오래전 과거일수록 시대도 사람도 미개했고, 불과 백 년여 전의 조부모·부모들과 몇십 년 전의 우리(기성세대)들도 어둡고 답답하긴 마찬가지였다. 아마도 현대인들 역시도 머잖아서 후세대들이 답답하고 어리석었다고 평가할 것이다.

이처럼 역사에서는 당연히 후진적·비인간적·비민주적이었던 사람들과 사건들이 많았고, 국민의 삶과 사회상은 복잡·혼란·잔악했으며, 좋고 나쁜 영향들과 잔재들이 지금까지도 전해지고 행해지고 있다.
그래서 역사학자들이 해야 할 일들이 많을 수밖에 없었다.
예를 들면 열악한 환경에서 성장했던 자신들의 후진성·열등함에 대한 반성, 스스로 짊어져야 했던 사명과 부담, 더 나은 사회문화와 인류 미래와 후손들에 대한 의무 겸 희망을 발굴·개척하는 노력과 책임이 필수적이었다.
왜냐면 역사학자들도 과거의 잔재들을 지니고 태어나서 성장했고, 특별히 좋아지고 개선할 기회와 여건은 없었거나, 턱없이 부족했기 때문이다.

역사학자들이 의무와 부담을 짊어지지 않으면

여기서는 대한민국의 역사학자들을 예로 든다.

대한민국은 역사 내내 변화를 모른 채 조상들을 답습했고, 민족성과 문화와 인간관계와 인간성은 봉건적·후진적·차별적이었으며, 위기와 망국의 연속인 채 나라를 망해 먹다가 빼앗겼고, 백성들은 빈곤과 차별과 착취로 삶이 피폐하고 암울했다.

그러다가 갑자기 해방되었고, 서양을 모방했으며, 천상의 민주주의와 자본주의로 바뀌었고, 여전히 국민들은 과거 조상들을 답습한 채 문화와 관행 등은 후진성을 면치 못했다.

그래서 학생·국민들은 역사(과거)를 연도와 시대와 왕과 사건과 인물을 위주로 공부했고, 시험과 성적을 통해서 당락과 진로가 결정되었으며, 사회로 진출했다.

그중 일부는 역사를 전공했고, 대학에서 교수(역사학자)가 되었다. 그렇게 역사학자들은 과거를 지식으로 배우고 전문가가 되었고 살 만해졌다.

물론 자신들이 직접 시대의 변화와 민주주의의 생성·발전에 실질적으로 공헌·관여한 바는 없었다.

그런데 똑같은 후배들이 뒤를 따라서 성장·진출했고, 후배들과 비교해서 특별히 내세울 것이 없거나 오히려 뒤떨어졌으며, 자칫하면 밀려나는 지경이었다. 이때 대한민국의 역사학자들은 몇 가지 선택 중에 최악을 선택했다고 할 수 있다.

몇 가지 선택이란

첫째, 역사학자들이 대한민국을 총체적·입체적·유기적 시스템(역사·문화·관행·민족성·국민성·인간성·현실 등 다양한 관점)으로 이해·접근·포용하고, 대한민국의 총체적인 문제점과 역사적인 한계와 근본적인 해결 방안을 찾아서 민주화(점검·반성)를 진행하고, 수준 높은 천상의 민주주의에 적응·정착하는 방법이었다. 물론 이는 역사학자들만의 몫일 수는 없고, 전체적인 민족성과 국민성과 인간성에도 관련된다고 봐야 한다.
그런데 역사학자들은 그렇게 하지 못했고, 어차피 봉건적·후진적·차별적이었던 조상들의 후손들에 불과했다.

둘째, 만일 역사학자들이 대한민국을 입체적·유기적 시스템(역사·문화·관행·민족성·국민성·인간성·현실 등 전체 분야)으로 이해·접근·포용했다면 어떻게 달라졌을까?
그랬다면 허약했던 역사와 후진적이었던 문화와 잔악했던 민족성과 차별적이었던 인간관계와 불합리한 관행들에 대해서 총체적인 점검·반성과 함께 민주주의에 합당한 밑바탕과 발판을 마련했을 것이다.
다시 말해서 해방 후에 이승만과 박정희가 했던 역할들을 역사학자들과 다양한 분야의 전문가들이 분담·주도해서 뒷받침했을 것이고, 우리의 현대사와 자유민주주의는 성공적으로 정착되었을 것이다.
하지만 그간에 민족성과 문화와 역사로 보았을 때 역사학자들에게서 그러한 자질과 실천과 능력과 의지와 열정과 집중력과 가능성은 생겨나지 않았고, 오늘날에 이르렀다.

셋째, 역사학자들이 총체적인 관점을 확보·접근하지 못함으로써 전통적·후진적인 연장선(문화·관행·타성·특권의식 등)에서 현대사가 진행되었고, 국민들도 과거 자신의 연장선에서 전통적인 가치관을 고수했으며, 대한민국은 처절했던 과거와 참담했던 실체·실상을 단 한 번도 점검·반성할 기회를 가져보지 못했고, 이후의 문제들과 오늘날의 한계는 이미 현대사 출발부터 예약되고 확정되었다고 봐야 한다.
'전통적인 선상'이란 서당에서 중국 서적들을 공부하고 암기해서 과거에 급제하고, 이어서 '호구지책·수신제가·호의호식·입신양명·치국·부귀영화·평천하'

라는 개인·가족·가문을 위한 일직선상의 전통 습성·코스(가치관)를 의미한다. 그래서 역사학자들은 후배들에게 뒷전으로 내밀리지 않고, 현실에서 헤게모니를 쥐고, 대한민국의 흐름과 분위기를 좌우하고, 주도권을 확보해서 기득권과 특권을 유지하는 방식으로 삐뚤어지는 연속이었다고 할 수 있다.

물론 역사학자들도 역사 인식 부족과 수준 높은 민주주의에 대한 이해 부족과 자질 부족이 원인이었다.

다시 말해서 역사학자들은 해방 전후에 우리 국민의 75%를 차지했던 공산주의자였거나, 수준 높은 천상의 민주주의와 자본주의를 똑바로 이해·적응·소화하기에 벅찬 의식·수준이었거나, 심지어 북한·중공의 유혹에 쉽게 넘어가서 코가 꿰였을 가능성이 농후했다. 왜냐면 대한민국의 현대사와 국민성 전반을 보노라면 역사학자들이 존재해야 할 가치와 이유가 도대체 무엇인지 궁금할 정도로 엉망이기 때문이다.

설사 민주주의를 신봉하는 학자들도 이미 공산주의에 교육·세뇌된 동료 역사학자들과 크게 충돌·반감을 사지 않도록 원만히·무난히·적당히 인간관계·직장생활하고, 무리·피곤하지 않게 요령껏 관계했을 수도 있으며, 그것이 민주주의에 반대·역행하는 소심하면서도 소극적·봉건적·후진적·망국적인 민족성·인간성이었다.

그런 가운데 독재가 장기간 계속되었고, 유명무실했던 민주주의 세력은 위축되었으며, 6.25남침 이후로 한동안 움츠러들었던 공산주의자들과 잔당들이 다시 살아났고, 코가 강력하게 꿰인 하수인들이 활개 치기 시작했다.

그래서 역사학자들은 미국·대한민국보다 위협적인 중국(유교·공산주의·유혹)과 북한은 감히 거슬리지 못하고, 오히려 비위를 맞췄으며, 적극적인 표현·학문·사상의 자유를 보장·존중하는 미국은 조금도 조심·걱정하지 않았고, 오히려 미국에 대한 폄훼·비방을 자기를 과시하는 기회로 활용했으며, 남한의 잘못된 독재·특권·기득권·차별·인권·비리 등을 과거(양반·탐관오리들)에

빗대서(연장선에서) 동일시했고, 일방적으로 비난·매도했으며, 그것을 정의로 착각·위장했고, 아무런 걸림돌이 없었다.

그것이 먹혀들면서 대한민국의 정통성과 민주주의 체제를 흔들어서 약화·무력화·허물어뜨리고, 근현대사에 공헌했던 인물들이 친일파 청산이라는 쓰레기통에 버려졌으며, 저주와 함께 매장당했다.

이처럼 역사학자들은 참담했던 역사와 나라와 민족성에 총체적으로 접근하지 못했고, 수준 높은 민주주의가 버거울 수밖에 없었던 대통령·공직자·정부·법규·대중의 약점을 비난해서 자신들의 입김·입지를 강화했다. 이에 더불어서 불순한 좌경화 세력이 정치와 정부와 요직으로 진출·장악했고, 세력을 확대했으며, 급기야 헌법에서 자유를 삭제하려고 안달했고, 공식 행사에서 애국가를 생략·거부하는 지경에 이르렀다.

심지어 자유민주주의 대한민국에서 엄청난 혜택을 받아서 출세하고 대통령까지 도달한 저질·악질 문재인 세력은 정율성·김원봉·신영복·김일성·정일·정은 등 양아치·역적들을 칭송했고, 그런데도 역사학자들과 지식인들은 그에 참여·두둔·침묵으로 일관했다.

대한민국은 이런저런 이유와 과정에 의해서 민주주의 세력과 순수한 민주화 세력과 애국적인 진보·보수·중도 세력이 진보좌파에게 수없이 농락당했고, 복잡하게 뒤섞이고 뒤엉킨 채 쉰내 나는 잡탕밥이 되었다.

따라서 소시민이 정리한 이 책의 내용들을 참고해서 역사와 역사학자들의 사명과 역할과 책임 등을 재조명하고, 대오각성·석고대죄·개과천선하되 앞으로는 그간에 낡은 사고와 식상한 방법들을 삼가고 자중해야 한다.

4. 대한민국의 민주주의와 민주화에 대한 필자의 잘못된 인식

여기 주제는 필자가 오랜 세월 잘못된 인식을 지녔었던 내용이고, 사과·사죄와 함께 이러한 현상을 바로잡기 위한 내용이다.

필자의 단순·무지했던 인식

필자는 불과 15년여 전까지만 해도 대한민국을 '독재 세력'과 '민주(화) 세력'으로 극단적으로 양분했다. 하지만 그러한 양분은 필자가 민주주의에 무지했던 착각과 오류였다. 이후 오랫동안 많은 대가를 치르고서야 깨달았다.

독재 시대에 필자는 대한민국을 어용(꼭두각시, 보수, 특권, 기득권) 세력과 민주주의를 열망하는 애국(민주화, 개혁, 진보) 세력으로 양분하는 오류에 빠져 있었다.
심지어 재야 세력과 운동권·노동자·종교인(성직자·신앙인)·농민·시민단체·전교조 등에 대해서 민주주의를 위한 진정한 애국 세력들이고, 독재(북한 독재와 남한 독재)를 혐오하는 순수한 민주주의 국민으로 착각했었다.
왜냐면 자유대한민국에 몸담은 국민 중에서 악질적인 북한의 독재자들을 추종(찬양, 두둔 비호)하는 정신병자들과 사기꾼들과 머저리·저능아들이 있을 것이라고는 상상조차 하지 못했기 때문이다.
그로 인해서 필자는 독재자·추종 세력을 제외한 모든 국민이 자유대한민국을 위하는 충성심과 열정으로 가득하다고 생각했고, 다양한 세력과 주장들은 단지 표현과 방법과 이해관계의 차이가 일부 있을 뿐으로 이해했다.
심지어 국민 간에 적대적인 지역감정도 '독재 세력이 순진한 국민들과 민주화 세력을 분열시키기 위해서 날조해 낸 교활한 와해 공작'으로 오해했다.
또한 필자는 학창 시절에 대한민국의 국민은 누구든지 기회만 되면 '박정희를 쏴 죽여야 한다.'라고 했을 정도로 이승만과 박정희를 혐오하고 증오했다.
이후에 필자는 나이가 들어가면서 민주화 대통령들과 재벌들과 정치인들과 언론인들과 법조인들과 시민단체들과 지식인들과 전문가들과 일반 국민들과 성직자들과 노조·전교조 등을 보면서 엄청난 충격과 실망의 연속이었고, 심각해졌다.
그래서 그간에 잘못되었던 벌칙을 겸해서 힘든 노동으로 대가를 치렀고, 원점에서부터 하나씩 다시 확인·정리하기 시작했다.

필자가 대한민국과 민주주의를 착각했던 이유

필자는 민주주의와 민주화를 구분하지 못했고, 거의 동일시했었다. 그래서 '민주화'가 진행되면 '민주주의'가 당연히 실현될 것으로 이해·기대했었고, '선진화'가 시도되면 당연히 '선진복지 국가가 실현'될 것으로 착각했었다.
하지만 '민주주의와 민주화', '자유'와 '자유화', '선진국'과 '선진화'는 전혀 다르거나, 결과적으로 정반대일 수도 있음을 깨달았다. 다시 말해서 민주화를 통한 민주주의 정착은 불가능에 가깝고, 단지 민주주의의 흉내·시늉에 불과하고, 오히려 민주주의에 역행하기 쉽다는 사실을 깨달았다.

필자가 민주주의든 민주화든 너무 쉽게 생각했던 이유

필자가(우리 국민이) 민주주의와 민주화, 자유와 자유화를 동일시했던 이유는 이승만이 너무 쉽게 민주주의를 시작했고, 박정희는 자본주의 시장경제와 경제개발계획을 짧은 시간에 성공했으며, 이를 너무나 당연하게 여겼기 때문이었다.

다시 말해서 대한민국이 이승만·박정희 덕분에 역사와 시대를 몇 단계 훌쩍 건너 뛸 정도로 천지개벽했지만 당연하게 생각했었다. 왜냐면 '우리는 위대한 민족', '동방의 등불'로 착각했고, 참담했던 우리의 과거·실체를 솔직하게 인정하지 않았으며, 사실은 최소한의 점검·반성·정리조차 하지 않았을 정도로 우리의 실체와 수준에 대한 인식조차 없었기 때문이다. 정리하면

첫째, 민주주의는 인류사에서 가장 수준 높은 의식과 밑바탕과 자질과 과정이 필요하고, 최고급 개념들로 구성되며, 법과 제도와 정책을 통해서 실현되는 천상의 시스템이다.

둘째, 박정희가 자본주의(경제개발계획)를 획기적으로 성공해서 궤도에 올려놓았고, 필자는 민주주의도 자본주의처럼 쉽고 간단하게 생각했으며, 민주주의가 정착되지 않은 모든 책임을 이승만과 박정희에게 전가했다.

심지어 우리는 위대한 민족이고, 이승만과 박정희만 없어지면 민주주의는 물론 경제가 훨씬 더 발전하고, 살기 좋은 선진국이라고 착각했을 정도로 답답·무지했다.

그래서 필자는 이승만과 박정희를 미워하고 저주하고 무너뜨려야 한다고 생각했고, 이처럼 무지·단순한 생각 역시도 양반·상놈이라는 잔악했던 역사에서 물려받은 감정적인 흑백논리와 양비론과 비인간적이고 비민주적인 정서(원망·비난·저주·반항·부정·공격)의 대물림이었다.

이는 필자가 학교에 다녔음에도 훨씬 더 중요한 우리(민족, 문화, 역사, 관습 등)의 주제와 분수와 실상과 실체를 전혀 이해하지 못했다는 증거다.

필자는 북한에 대해서도 마찬가지로 생각했다.

필자는 '김일성만 없어지면 북한의 인민이 해방되고, 곧바로 통일된다.'라고

쉽게 생각했다.

이 역시도 무지했던 인민들과 한심한 민족성과 열등한 문화(아부·아첨, 중상 모략 등)는 무시·무지했고, 모든 잘못과 책임을 김일성에게 전가했다.

셋째, 필자는 민주주의가 얼마나 월등한 밑바탕(인류애, 존엄성 등)과 인간적인 자질과 합리적인 사회의식이 필요한지 몰랐다.

역시 우리의 민족성과 역사와 문화와 사회와 관행과 근대사와 인간관계와 학교 교육(목적, 제도, 방법, 효과 등)이 민주주의에 얼마나 무관·역행했는지 인식조차 없었다.

특히 필자는 스스로 선하고 착하고 정의롭다고 착각했고, 엉망이었던 우리(조상, 민족성, 역사, 문화, 관행, 인간관계 등)의 후진성에 대한 반성·인정은 상상조차 하지 않았으며, 우리의 잘못과 문제들을 오히려 청나라와 러시아와 중공과 일본과 미국과 봉건왕조와 탐관오리와 양반·상놈과 친일파와 이승만·박정희에게 몽땅 떠넘겨 버릴 정도로 무지하고 열등하고 배타적이고 의존적이고 비인간적이고 비겁했다.

넷째, 필자는 서양은 다양한 변화 과정(시대사조)을 거쳤음을 배웠을 뿐 민주주의가 생겨나기까지의 진지하고 존엄한 과정을 알지 못했다.

역시 필자는 우리가 선진국들보다 얼마나 단순하고, 획일적이고, 차별적이고, 폐쇄적이고, 감정적이고, 즉흥적인지 몰랐다.

우리는 지금도 비난과 분열과 반목과 적개심과 적대감으로 가득하고, 민주주의에서 기초적이면서도 필수적인 자질들(포괄적인 인류애, 인간의 존엄성, 자율적인 자유의 구현, 자기 가치관의 확립 등)은 안중에 없다.

인식의 변화

필자는 젊은 시절(청·중년기) 내내 이승만과 박정희와 전두환에 대한 미움과 저주와 원망이 가득했다.

그러던 중 우리 역사에서 후진적이었던 조상들의 비인간적인 습성들이 필자에게도 고스란히 대물림되었다는 사실을 깨달았다. 역시 필자가 곧 역사적·민족적 비극(후진성, 혼란)의 화신(주범, 원인)이고, 차이가 있더라도 백지장 몇 장 차이뿐임을 깨달았다. 그런데도 필자는 여전히 이승만과 박정희를 좋게 생각하지 않았다.

하지만 민주화 시대·세력들을 장기간 겪어 보면서 놀라고 의아했고, 생각이 깊어졌으며, 생각이 바뀌기 시작했다.

왜냐면 인간과 사회와 국가와 국민이 진정으로 변화·향상·발전·도약하는 것이 얼마나 어려운지 통감했고, 나라와 국민을 획기적인 변화와 개혁과 도약으로 이끌어 간다는 것이 얼마나 훌륭한지 실감했기 때문이다.

필자는 그런 이후에야 이승만과 박정희에 대한 실망과 미움이 사라졌고, 그간에 두 대통령을 혐오하고 질시했던 점들에 대해서 진심으로 반성하고 사죄하고 감사하고, 마음과 자세를 낮추게 되었다.

지금도 우리는 자유민주주의라는 적극적·필수적인 자질(인류애·존엄성 등)에서는 지위고하·남녀노소·빈부·유무식에 상관없이 도토리 키 재기 차이에 불과할 수도 있다.

5. 과거·현재·미래가 차지하는 비중

과거·역사의 중요성을 강조하는 이야기

"역사를 모르는 민족은 미래가 없다."라고 한다.

"미래를 잘 결정하려면 과거(역사)를 알아야 한다."(공자)
"역사를 모르면 과거를 다시 살게 된다."(이인호 교수)

과거와 현재와 미래를 아우르는 양자 역학

"양자 역학을 모르는 사람은 금붕어와 조금도 다를 바 없다."
"양자 역학을 아는 사람과 모르는 사람의 차이는 양자 역학을 모르는 사람과 원숭이의 차이보다 더 크다."(머리 겔만, 노벨상)

이는 완전·완벽하지 못한 인간들에 의해서 전개된 과거(역사·문화·사회·사건·인물·종교·진리·신 등)를 아무리 많이 알아도 우주의 핵심 이치(양자 역학)를 알지 못하면 붕어나 원숭이와 다름없다는 의미다.

우주의 중요성

"아무것도 없는 상태에서 사과파이를 만들려면 먼저 우주를 만들어야 한다."(칼 세이건)

이는 세상·인간의 만물·만상·만사는 모두 우주의 이치·사건이라는 이야기다.

이를 모두 반영해서 필자가 과거·현재·미래를 종합·연결하면,

    과참반교(過參反教) : 과거는 참고하고 반성하고 교훈으로 삼고,
    현승포협(現昇包協) : 현재는 승화하고 포용하고 협력하고,
    미고실책(未苦實責) : 미래는 고민하고 실현하고 두루 책임져라.

첫째, 오래전 과거(사건·인물들)의 잘못을 공격해서 현실에서 주도권과 권력을 장악하거나,

둘째, 과거·역사의 중요성을 지나치게 강조하는 지식인·세력들은 자신들에게 유리하게 과거를 단정·해석하거나,

셋째, 현실과 미래보다 사후세계로 건너뛰어서 사람들을 일정한 틀과 장소와 분위기 등 방식에 익숙해지도록 가두고, 자신들 위주로 세상과 인간을 꿰맞추거나,

넷째, 지나간 인물들이 몸담았던 시대와 실체와 실상은 외면·소홀한 채 무작정 악마화하거나, 반대로 일방적으로 미화·찬양해서 의존·연명·출세하기도 했다.

이렇게 되면 과참반교와 현승포협과 미고실책과는 반대로 혼란과 소모전과 악순환의 연속일 수밖에 없고, 경쟁력을 확보할 수 없으며, 복잡다단한 현실을 감당·극복할 수 없고, 기이·난해·심오·무한한 우주에 접근·이해·집중할 수 없으며, 결국은 국민도 국가도 사회문화도 후대도 망치게 된다. 이런 이유와 증거는 무수히 많다.

따라서 여기서는 우주를 지배·가동하는 핵심 이치를 적용해서 과거·현재·미래의 중요성(비중)을 필자의 방식으로 정리한다.

과거·현재·미래의 바람직한 비율

인간은 과거(역사)의 비중(중요성)을 4%, 현재의 비중을 23%, 미래의 비중

은 73%가 바람직하고, 필요에 따라 각각 ±2~5%라고 생각한다.

첫째, 과거에 대한 비중

원자 구조의 물질·만물(별들·무생물·생물·인간 등)은 우주가 138억 년 동안 만들어 놓은 과거에 해당한다. 이러한 원자 구조(별들·은하·동식물·인류)의 만물은 우주(전체)에서 4%를 차지한다.

둘째, 현재에 대한 비중

은하·항성·행성·위성 등의 형상·간격을 유지해 주는 힘을 암흑물질이라고 하고, 우주 전체에서 23%를 차지한다.
이는 현실 세계(사실은 순간에 불과한 현재)를 유지해 주고, 동시에 과거와 미래를 연결해 주는 에너지인 셈이다.

셋째, 미래를 위한 비중

우주를 가속 팽창시키는 힘은 암흑에너지이고, 우주의 73%를 차지한다.
이는 우주가 인류를 동반해서 목적(미래·완성)을 이루기 위해서 매 순간 현재를 밀어 내면서 부단히 미래로 나아가는(미래를 끌어당기는) 강력한 에너지이자 기이하고 심오한 이치다.

인간의 시간(과거·현재·미래)과 우주 이치를 정리하면

사실상 우리 인간이 이해하는 과거·현재·미래는 우주 이치와는 전혀 다르다. 우주에 과거는 없고, 현재는 순간·찰나에 불과하며, 미래가 찰나(인간의 현재)를 강력하게 과거로 밀어 내면서 무한히 변화·진행하는 연속이다.

다시 말해서 과거는 우주가 오래 변화(진화)한 흔적이고, 현재는 끊임없이 강력하게 진행 중인 증거이며, 미래는 우주·인류의 완성·미래를 위하고·향해서 부단히 진행 중인 연속(활의 사위를출발해서 머나먼 과녁을 향해서 날아가는 화살)이다.

이때 우주에서 변화·진화와 악화·도태 중에서 과거와 미래에는 없고, 변화·진화는 재합성·반복되면서 현재를 미래로 연결해 준다. 그러면 또다시 미래는 변화·진화의 연장선에서 진행된다.

한편으로 우주는 태초부터 굵직한 것들은 완벽하게 설계된 상태이고, 그러한 큰 틀에서 개인도 인간도 국민들도 인류도 미미한 변화·변수·가능성이 허용된다고 봐야 한다.

물론 우주의 입장에서는 미약한 변화·변수·가능성이다. 하지만 섬세하고 정교한 인류·인간·개인에게는 어마어마한 긍정적·희망적인 변화·변수·가능성·행운·기적으로 느껴지거나, 반대로 지극히 부정적·비관적인 저주·악순환·재난·재앙·참화로 작용하기도 한다.

6. 대한민국의 미래를 위한 역사·현대사의 복습

과참반교 : 과거는 참고하고 반성하고 교훈으로 삼고,
현승포협 : 현재는 승화하고 포용하고 협력하고,
미고실책 : 미래는 고민하고 실현하고 두루 책임져라.

막스 뮐러(독일의 철학자)는 "하나만 알면 아무것도 모르는 것이다."라고 했다.

세상(우주)은 광대하고, 이치는 기이하고 심오하다. 그래서 말이 없는 우주

속에서 천차만별한 지질·환경·지역·대자연·현상·만물이 동시에 존재하고, 다종다양한 사람들이 곳곳에서 제각각의 사회·문화를 이루면서 복잡다단한 삶들을 살아간다.
그런데 오래전 사람들은 천차만별한 세상과 다종다양한 인간과 복잡다단한 이치들을 알지 못했고, 태어난 고향에서 가까운 동네를 오가다가 죽었다.
그래서 구시대의 사람들은 '하나만 아는 사람들'처럼 자기 조상들이 물려준 생존 방식과 전통문화를 자자손손 답습했고, 사실상 우물 안 개구리와도 같았다.

과거 복습

대한민국의 조상들은 세상과 인간을 모르는 정도가 아니라 훨씬 더 심각했다. 왜냐면 역사 내내 똑같은 인간과 동족을 갖가지로 쪼개 놓고 차별·착취·학대했고, 나라를 망해 먹다가 빼앗겼을 정도로 허약했으며, 상처받은 아픔·울분·원한·피해의식·열등감·특권의식으로 가득했을 정도로 문화와 민족성이 잔악·단순·무지했기 때문이다.

그로 인해서 역사 내내 '우리'라는 민족성으로 왜곡되고 굴절되고 삐뚤어지는 연속이었다.
'우리는 위대한 민족', '우리민족끼리', '민족의 자주·자결' 등 '우리'를 미화·자화자찬했고, '동방예의지국', '동방의 등불' 등 외세의 막연하고도 무책임한 평가들에 솔깃·착각했으며, 그러한 민족성과 인간성에 안주·합리화했다.
이처럼 우리는 세상에 대해서도 우리에 대해서도 똑바로 몰랐고, 사실은 우리조차 제대로 가누지 못했으며, '우리 앞가림'조차 하기 힘들었다.

도저히 역부족이었던 대한민국의 민주주의·현대사

대한민국은 해방·6.25남침을 전후로 민주주의라는 전혀 다른 세상을 마주했다. 하지만 국민의 75%는 공산주의였다.
그래서 너와 나를 따질 것조차 없이 온 국민이 생소한 민주주의에 막 태어난 갓난아기들이나, 자기 동네밖에 모르는 철부지들이나, 천방지축으로 날뛰는 말썽꾸러기들이나, 어디로 뛸지 모르는 청개구리들이나, 엉덩이에 뿔 난 망아지 수준이었다.

대한민국의 실상과 국민들의 실체에 대한 점검과 반성

첫째, 대한민국은 현대사를 시작했던 전후로 참담했던 역사와 문화와 민족성과 관행과 인간관계 등에 대해서 인간적·민주적인 점검·반성이 필수였다.

둘째, 일본에 침략·수탈당했던 점에 대해서도 졸렬한 친일파 청산(외세와의 관계와 개개인의 잘못)보다 우리의 열등·열악·허약했던 봉건 왕조·역사·민족성·문화 등에 대한 실체와 실상을 점검·반성·향상하는 것이 우선이었다.
하지만 친일파 청산을 전후로 우리에 대한 점검·반성은 없었고, 반면에 중공에 대한 사대주의와 매국적인 종북 등 역적 짓들은 더욱 심해졌다.

셋째, 선진국들로부터 민주주의를 받아들였을 때도 참담했던 우리의 과거·실체·실상을 점검·반성했어야 했다.

넷째, 우리 스스로를 점검·반성·향상하지 않음으로써 현대사 내내 과거(역사)와 독재·민주화와 민주주의·공산주의와 진보·중도·보수가 온통 뒤범벅되어서 심하게 엉클어졌다.

다섯째, 참담했던 역사와 처절했던 근대사와 뒤섞인 현대사의 연장선에서는 대한민국이 절대 잘될 수 없었고, 앞으로도 잘될 수 없으며, 총체적인 대전환점을 통해서 점검·반성·향상하지 않는다면 우리는 조상들과 똑같은 후손들일 수밖에 없고, 저주와 원한과 증오와 보복과 분열의 악순환을 극복할 수 없으며, 어떤 인물도 세력도 정책도 절대 성공할 수 없고, 자유민주주의는 요원하다.

7. 대한민국의 현대사가 잘 될 수 없었던 이유

우리 현대사가 잘 될 수 없었던 이유는 여기 주제와 제3장 7(대한민국에 치명적이었던 학생 운동권)로 나눠서 정리한다.

첫째, 그간에 국민들은 참담했던 우리의 과거·실체·실상(역사·민족성·문화·관행 등)을 단 한 번도 점검·반성하지 않았다.

둘째, 인류사에서 최고급 개념들(자유·평등·정의·인권·복지)로 구성되고 법치로 진행되는 민주주의를 너무 쉽게 생각했다.

셋째, 민주화로 불리는 투사(세력)들도 사실은 민주주의를 모른 채 투쟁과 시위로 일관하는 망나니들에 불과했고, 나라도 국민도 민주주의도 민주화도 망치면서 자신들도 망가졌다.

민주주의 초기에 철부지들

민주주의를 시작했던 당시의 철부지들은 독재로 삐뚤어졌다. 이어서 등장했던 민주화 세력은 출세와 권력 장악과 대통령이 목적이었고, 나라와 국민을 위한 준비도 의지도 능력도 자질도 없이 설쳐 댔던 망나니들에 불과했다.
따라서 철부지였던 민주주의 세력은 독재했고, 망나니(민주화) 세력은 역사에서의 상놈들처럼 양반(독재)과 대립했고, 민주화 역시 시작부터 성공 불가능했으며, 오히려 민주화를 망쳤다.
결과적으로 대한민국은 80년여 현대사에서 42년은 독재였고, 33년째 민주화를 마무리하지 못했으며, 그간에 진정으로 인간답고 순수했던 소수의 민주주의·민주화 세력은 위축·무기력의 연속이었다.
심각한 점은 이러한 전후에 북한의 독재정권과 중공몽으로 연결된 불순세력이 집요하게 대한민국에 침투했고, 권력을 장악할 정도로 위기와 위험이 가중되었다.
더구나 최근에는 저질·악질·양아치에 불과한 범죄자들이 대거 정치와 국회로 진출·장악했으며, 공산화와 망국을 걱정하는 국민들이 많아지고 있다.

민주주의에 역행했던 대한민국의 최고 엘리트들과 상류층

여기서는 대한민국이 현대사 내내 민주주의에 성공하지 못했던 사례 겸 증거로 한 가지만 소개한다.

대한민국의 현대사 초기(민주주의)에 최고 영리한 인재들과 상류층·지도층·특권층은 사법·행정 고시에 합격자 판검사들과 고위층들이다.
민주주의를 시작했던 초기에는 이들이 부임지에 발령받으면 한 지역에서 오래 근무했고, 일반 공무원들과 교사들도 마찬가지였다.

그런데 판검사들은 지역 상황에 익숙해지면 토착 세력과 유착되었고, 비리와 인맥에 휘둘렸으며, 수사·기소·판결이 공정하지 못했고, 부작용이 심각했으며, 좀처럼 바로잡아지지 않았다.

이는 역사에서 애경사 수준에서 유유상종하면서 풍류·음주·가무를 즐겼던 조상들(습성·문화·관행·처세·연줄)의 연장선에서 겉옷만을 민주주의로 바꿔 입었던 셈이다.

그래서 한 지역에 오래 근무·익숙해지면 망치고 몰락하는 민족성·인간성·인간관계·관행들을 재현했고, 수준 높은 민주주의에 절대 성공할 수 없었다는 조짐과 증거였다.

이들은 올바르고 정의롭게 국가에 이바지하고, 국제사회를 선도해야 할 머리와 최고 학력을 갖춘 인재들이었다.

하지만 2년 이상 근무할 수 없도록 규정을 바꿨고, 일반 공무원들도 2년 이상 같은 보직이나 부서나 지역에 머물 수 없으며, 교사들은 부임한 학교에서 4년 근무하면 이동해야 하고, 한 시군에서 8년 이상 근무하지 못하도록 했다.

그로 인해서 매년 수많은 공무원과 교사와 가족들이 이사하게 되었고, 대국민 신뢰는 물론 전문성과 안정성에서 손해가 막대했으며, 매년 불필요한 국가적·개인적·재정적·사회적 지출이 천문학적이다. 이는 개인적으로 얄팍하고 이기적인 국민성과 문화가 전체적으로 얼마나 열등하고 망국적인지 여실히 입증해 주는 증거들이다.

특히 해마다 많은 국민이 살 집을 사고·얻기 위해서 이사함으로써 부동산(매매·전세·월세 등) 수요와 거래와 가격이 계속 폭등하거나, 불안정하거나, 춤추는 연속이었다.

그래서 필자는 대한민국의 민족성·국민성·인간성·인간관계·문화·관행·타성·인생관·가치관에서는 갈수록 고질적인 비리·연줄·특권·기득권·세습·타성이 만연하고, 결국은 앞가림조차 힘들다고 주장·경고해 왔다.

실제로도 그토록 기득권·특권을 비난·성토·공격했던 노동자·노조·위원장들은 특권은 물론 이념화·황제화·세습화로 망가졌다.

역시 어차피 대한민국의 일부일 뿐인 5.18단체도 성역화에 이어서 특권화·세습화·성벽화로 무장했으며, 선관위가 똑같은 행태를 따라가면서 복마전 통속으로 전락했고, 국회도 공수처도 법원도 헌법재판소까지도 온갖 불법과 편법과 기행으로 급격히 망가지면서 발악 중이다.

어떻든 대한민국을 대표할 정도로 영리하고 유능한 판검사들이 정의와 양심과 나라와 국민보다도 범죄자들과 폭력배들에 대한 변호는 물론이고 그들에게 끌려다니거나, 이념과 정치와 돈으로 타락해서 판결을 뒤집거나, 재판과 판결을 무한정 미루거나, 솜방망이로 처벌하는 등 역사에서의 망국적인 행위들로 나라와 국민을 망치는 중이다. 또 다른 판검사들과 법조인들과 학계와 비평가들도 정치권에 놀아나서 내로남불·적반하장의 연속이다.

따라서 대한민국은 한동안 특권·특혜·기득권·세습 등을 모두 없애야 하고, 차라리 새롭게 다시 시작해야 한다.

그와 동시에 국회의원들과 판검사들과 노조와 언론 등은 권한과 특권을 대폭 축소·삭제해야 하고, 분야마다 한시적·단계적으로 감사·감시·처벌·불이익을 자처해야 하고, 공정성과 투명성을 대폭 확보·보강해야 하며, 진행 상황과 성과에 맞춰서 단계적으로 재조정·완화해야 한다.

필자는 이승만·박정희의 독재는 인정하면서도 독재자라는 표현은 사용하지 않는다. 왜냐면 이승만·박정희는 스탈린·마오쩌둥·김일성·문재인·이재명 같은 저질·악질 독재자들과는 근본과 차원이 다르고, 당시에 우리는 모든 면에서 민주주의가 부적합·불가능했으며, 독재라도 하지 않았다면 오늘날의 발전·번영·한강의 기적은 불가능했기 때문이다. 이에 대한 증거는 윤보선·장면·최규하와 김영삼·김대중·노무현·문재인·이재명과 80년여 기회에도 불구하고 말단의 좌경화로 망가지는 노조·전교조·지식인 등이 증거다.

8. '국민'과 '우리'의 진정한 의미·가치와 한계

대한민국의 남녀·노소·지위고하와 유식·무식과 빈부와 너·나와 혈연·지연·학연과 대통령들과 독재·민주화·보수·진보·중도 세력을 모두 합해서 한두 단어로 표현하면 무엇일까?
답은 '우리', '국민', '우리 국민'이다.

역시 대한민국의 역사에서 왕들·양반·탐관오리·상놈·백성들을 한두 단어로 표현하면 무엇일까?
답은 '조상', '우리 조상'이다.

위의 두 가지 답변을 한 단어로 표현하면 무엇일까?
답은 '우리'다.

그래서 대한민국에 관련되는 모든 것은 어떻든 우리에 관한 일들이고, 모든 문제와 잘못도 결국은 국민 곧 우리의 책임이고, 우리가 해결해야 한다.

그런데 '우리'의 잘못과 원인을 분석하기보다 기어코 상대방의 잘못을 물고 늘어지고, 원망·비난하면서 목청을 돋우는 사람들과 세력들이 지금까지 대한민국을 좌지우지했다.
그래도 신기하고 대단하고 모순적이고 기적적인 현상은 대한민국이 '국민'과 '우리들'에 의해서 명맥을 유지해 왔다는 사실이다.

만일 오늘날 우리 국민이 해방 직후의 북한 인민들과 비슷한 수준이었다면 이미 문재인·이재명과 핵심 측근들의 파렴치하고 추악한 범죄·정치·횡포를 못 견디고 몰락했거나, 정권이 이재명까지 연장되어서 독재와 망국의 공산화로 곤두박질쳤을 것이다.

따라서 대한민국의 오늘날을 종합·요약하면

* 저질·악질 범죄 정치인들과 그 패거리들이 외부 위험 세력과 결탁해서 하수인들로 전락했고,
* 정치·정부·언론·노조·시민단체·문화예술계 등을 장악했으며,
* 자유민주주의와 정부와 헌법에 대한 무력화를 진행했고,
* 막대한 불법 자금을 조성해서 중요 기관·요직을 매수했으며,
* 상당 부분 모습을 드러내 놓고, 몰락 중이다.

이에 대한민국의 주권자인 국민들의 역량으로 대전환점을 마련할 수 있는 행운과 기적이 펼쳐졌음을 이해하고 분발해야 한다.

말이 나온 김에

필자가 학교에서 역사를 배우고, 우리 문화에 적응하고, 선후배·동료들과 인간관계하고 사회생활 하는 내내 정말 이해하기 힘들었고, 이해하기 싫었던 사실들이 많았다. 그중에 하나는 무난하고 원만한 성격·인품에 대해서였다. 우리는 역사 내내 침략당하고, 차별받는 등 엉망이었다.

그런 속에서 지금의 상류층과 지식인들이라고 할 수 있었던 양반들과 유림들은 물론 상놈들은 더욱더 무난하고 원만한 삶을 강조했고, "모난 돌이 정에 먼저 찍힌다."라고도 했다.

이에 대해서 필자는 도대체 누가 어떻게 그처럼 소극적인 태도나, 비겁함을

무난함과 원만함으로 위장·합리화했지? 하는 의문이 들었고, 참으로 소심하고 비겁했다는 생각을 지울 수 없었다.

이에 대해서 우리 국민은 물론 특히 지식인들에게 부탁하고 싶다.
자유민주주의 국가인 대한민국에서 종북좌파·주사파·중공몽 사대주의자들이 나라와 국민을 망치고, 날뛰는 지경이다.
그래서 지식인들과 상류층들은 무난함과 원만함을 위주로 살아가면 안 되고, 성명서만 낭독해도 안 되며, 훨씬 더 적극적이어야 한다고 생각한다.
이에 필자는 무난함과 원만함과 점잖음은 개인적인 인간관계일 때만 적용할 것이고, 대한민국이 진정한 자유민주주의 국가가 되기까지나, 지구상에서 공산·사회·독재가 없어질 때까지는 지성·지식·교양·인품·인격·품위·방송용 언어 등 점잖음과 소심함과 위선 등은 포기하고 무시하겠음을 약속한다.

9. 대한민국에 대한 올바른 접근과 이해와 당부

대한민국의 현재 상황을 제대로 접근·이해해야만 이후가 쉬워지고 밝아진다. 여기서는 언제 어디서나 모든 인류에게 당연히 적용되는 역사·문명의 흐름·원리를 포괄적·함축적·상징적으로 요약한다.

첫째, 언제 어디나 좋고 나쁜 사람들이 있기 마련

시대와 사회와 때와 장소에 상관없이 언제 어디나 좋은 사람들이 있고, 나쁜 사람들도 있으며, 그저 그런 사람들도 있게 마련이고, 대한민국도 마찬가지다. 이러한 세 가지 유형은 남녀노소·지위고하·빈부·유무식에 상관없이 적용된다. 그래서 어른들도 어린이들도 지식인들도 정치인들도 법조인들도 언론인들도 목사·스님·신부들도 교수·교사·노동자·농어민들도 가난뱅이·거지·범죄자들도 좋은 사람들과 나쁜 사람들이 있다.

문제는 수많은 분야와 부류에서 좋고 나쁘고 그저 그런 사람의 비중에 의해서 해당 국가·사회·국민의 양적·질적 수준과 미래 운명이 모두 좌우·결정된다.

둘째, 잠시도 편안할 날이 없는 세상과 인생

인간이 존재한 이래 인간 세상은 편안할 날이 없었다.

나쁜 사람들에 의해서는 물론이고 잘잘못으로 명확하게 판단·구분하기 곤란한 사건·사고와 전쟁과 재난과 재앙과 불운도 겪기 마련이고, 그때는 좋은 사람들도 나쁜 사람들도 위대·현명한 사람들도 무지몽매한 사람들도 휩말리고, 불행과 고통을 겪거나, 회복하기 힘든 피해나 희생을 당하기도 한다.

셋째, 인간은 우주 이치와 시대·문명을 거스를 수 없어

인간은 대자연의 지구·태양계·은하계·우주 이치에서 벗어날 수 없고, 심지어 시대·문명의 흐름·변천을 거스를 수 없다.

그래서 고대는 힘이 센 사람들에게 유리했고, 중세는 칼·창·방패를 잘 사용하는 사람들에게 유리했으며, 근대는 총·대포·탱크·군함·비행기·폭탄 등 좋은 무기가 유리했고, 현대는 지능·지식·응용력·천재성 등 머리가 유리하다.

넷째, 갈수록 난해해져서 세상·현실을 감당·극복하기 힘든 인류

이상의 내용들을 적용·종합해서 작금의 대한민국을 함축·요약하면 머리(지능·암기·응용력 등)가 좋은 사람들이 좋은 성적과 학교와 직업과 신분·지위에 올랐다. 하지만 언제 어디나 좋고 나쁜 사람들이 있다는 의미는 이들도 세상과 현실을 감당·극복하기 어렵다는 이야기다.

특히 세상은 갈수록 복잡·난해 해진다. 그래서 인간은 좋고 나쁨, 지능·배움에 상관없이 됨됨이(환경·무의식·성장·인성 등)에 의해서 기나긴 인생이 좌우·결정된다.

반대로 됨됨이가 잘못되면 영리하고 배우고 지위가 높아질수록 오히려 사악·위험해지고, 심지어 기나긴 인생에도 불구하고 결국은 조·부모가 지어 준 자기 이름 석 자조차도 똑바로 관리·유지하지 못한 사람들도 부지기수다.

그래서 인간은 힘이 세든, 체력이 좋고 재빠르든, 지식이 많고 기술과 무기가 좋든, 머리가 영리하고, 성공해서 재산이 많든, 똑똑하든 상관없이 인생을 오래오래·끝까지 살아봐야 진면목을 알 수 있다.

그래서 대한민국도 수많은 장점과 기나긴 인생을 똑바로 살리지 못한 채 말단·말종의 이념·비리·권력·범죄를 감당·극복하지 못한 채 나라와 국민을 힘들게 하거나, 회복 불가능한 깊은 수렁으로 빨려드는 철부지·머저리·망나니·저질·악질들이 많다.

다섯째, 기적일 정도로 상서로운 대한민국의 지정학적 위치

대한민국의 역사와 현대사를 통틀어서 드디어 긍정적·희망적인 점들이 생겨나고 있다. 드디어 국민들이 자유민주주의의 소중함을 깨닫기 시작했고, 역사에서 생겨난 무의식적인 소심함·비겁함의 일종인 원만함·무난함·적당함을 깨부수고 적극성을 발휘하기 시작했다.

역시 그러한 적극성을 통해서 대한민국이 오래전에 치렀어야 할 내부 전쟁을 시작했고, 이는 너무나 당연하고 동시에 지극히 다행이며, 오히려 최고·최대·최상의 기회·행운이고, 온 국민이 용기와 협력과 지혜를 발휘해서 제2의 기적을 위한 발판을 만들고 있다.

여섯째, 국제사회에 양해·협력·응원을 부탁

미국을 비롯한 국제사회와 자유 진영은 대한민국을 믿고 기대하고 지켜봐 주길 바라고, 작금의 상황과 위기와 난관을 극복할 수 있도록 적극적으로 응원·기도·협력해 주길 바라며, 이후에 대한민국이 그간에 진 빚과 은혜를 갚도록 최선을 다할 것을 약속한다.

인류가 존재한 이래로 자기 뜻대로 살았던 사람은 단 한 명도 없다. 부처도 예수도 소크라테스도 신들도 귀신들도 자기 뜻을 이루지 못하고 생이 끝났다.
그런데 무지몽매한 대중이나, 권력에 눈이 먼 저질·악질들은 쥐 꼬리 같은 힘을 마치 무소불위의 권력처럼 착각하고, 나락으로 빠져든다.
예를 들면 문재인·조국·이해찬 패거리들은 20·30·50년 집권을 호언장담했다. 하지만 5년 만에 죄인 신세로 전락했다.
무소불위였던 네로도 진시황도 히틀러도 스탈린도 김일성도 시진핑도 푸틴도 김정은도 예외는 없다.
심지어 최악의 저질·악질 범죄자 이재명은 자신이 대통령처럼 착각하고 법석·난동을 부리지만 이미 오래전에 극단적인 몰락·비극·비운으로 꺾어진 지 오래다.
반대로 윤석열은 난관에 봉착하고 수모를 겪으면 더욱 최선을 다하고, 급기야 목숨까지 내걸고, 과정에서 의인들을 만나서 함께하고, 운이 절정에 도달하면서 무한한 영광과 보람을 만끽한다.
그런데도 윤석열은 "인덕이 지지리도 없다."라고들 아쉬워하거나, "주변에 배신자들이 너무 많다."라고 안타까워한다.
과연 인덕이 없는 이유와 영향은 왜이고, 무엇이라고 생각하는가? 당연히 인덕이 없는 점에는 훨씬 더 깊은 이치가 내포되어 있다.

02

대한민국의
현대사와 대통령들

1. 대한민국의 역대 대통령들이 모두 훌륭·성공했다면

여기서는 대한민국의 역대 대통령들이 모두 훌륭했고, 나라와 국민과 국제 사회의 문제들을 추켜들어서 해결·성공했다고 가정한다. 예를 들면 이승만과 박정희는 독재하지 않았고, 다른 대통령들도 모두 훌륭하게 성공했다고 가정하는 것이다.

이승만과 박정희가 독재하지 않았다면

만일 이승만과 박정희가 독재하지 않았다면
첫째, 이승만은 민주주의를 성공적으로 정착시키는 대업적으로 존경받을 것이고,
둘째, 박정희의 경제개발계획 역시 획기적인 대업적으로 존경받을 것이다.
셋째, 다른 대통령들도 아래처럼 대단한 업적들을 세웠을 것이고, 국제사회

에서 대한민국을 배우려고 혈안이었을 것이다.

역대 대통령들이 모두 훌륭한 업적들을 세웠다면

대한민국의 역대 대통령들이 이뤄 놓았을 훌륭한 업적들을 확인해 보자.

이승만 대통령 : 이승만은 역사 내내 참담했던 대한민국에 인류사에서 가장 수준 높은 민주주의를 성공적으로 도입·실시·정착시켰을 것이다.

박정희 대통령 : 박정희는 이승만의 민주주의를 밑바탕 삼아서 경제개발계획을 수립·추진·성공했고, 국제사회는 대한민국을 '한강의 기적', '아시아의 용'으로 칭송하고 부러워했으며, 5천 년 역사를 통틀어서 국민의 양적·질적 삶을 획기적으로 향상한 주인공으로 인정받을 것이다.

전두환·노태우 대통령 : 이승만·박정희가 민주주의와 자본주의를 성공적으로 정착시켰다면 전두환·노태우는 아예 나올 필요가 없는 인물들이어서 생략한다.

김영삼 대통령 : 김영삼은 이승만·박정희가 민주주의와 자본주의에 부족·소홀·간과했던 점을 보완했고, 주변의 불량 국가들(북한·중공)이 대한민국의 민주주의와 국민들과 기업들을 위협·유혹·침투하지 못하도록 철저히 조치·보호·단속했을 것이다.

김대중 대통령 : 김대중은 초중고 교과서와 자유 시민의 핵심·공통 교양서를 제작해서 민주주의 체제와 질서로 현대사의 정립과 정통성을 확립했고,

민주주의와 대한민국이 맞닥뜨릴 위기와 한계와 지향해야 할 미래를 연구·대비해서 밑바탕을 튼튼하게 조성했을 것이다.

노무현 대통령 : 노무현은 대대적인 국민의 의식 향상을 통해서 우리민족끼리·자자손손 주고받았던 피해·울분·설움·원한과 그 찌꺼기들을 다양한 방법으로 포용·위로·치유했고, 그간에 인간적·민주적으로 불합리했던 후진성(역사·문화·민족성·관행·인간관계·부정부패 등)을 대대적으로 수렴·점검·반성·개선했다.

덕분에 국민들은 포괄적인 인류애의 확보, 인간·자기 존엄성의 인식·신장, 질적인 자기 가치관의 추구·확립, 각자의 자유에 대한 자율적인 구현, 인류가 공통으로 추구·실현해야 할 미래·가치 지향점 설정, 삶의 질 향상과 선진국 진입을 준비·시도·실현했을 것이다.

이명박 대통령 : 이명박은 훌륭한 인물들과 참신한 인재들이 나라와 국민과 국제사회와 인류 미래를 위해서 무한히 발전하고 앞서가도록 튼튼한 밑바탕을 구축했고, 치안과 안보와 국방과 외교를 획기적으로 강화했으며, 기업들이 세계적인 일류 기업으로 성장·발전·도약하도록 여건을 조성했을 것이다.

박근혜 대통령 : 박근혜는 개발도상국들의 민주화와 민주주의를 위한 국제사회의 관심·협력·지원·공조·연대를 앞장서서 주도했고, 자유 진영의 통합 추진에 이어서 국제사회가 나아가야 할 미래와 비전을 제시·안내·유도했을 것이다.

문재인 대통령 : 문재인은 북한 인민의 인간다운 삶과 인권 보장 등에 대한 장·중·단기 종합 대책을 마련했고, 이어서 북한의 독재 세습 정권의 종식에 성공했으며, 남북한의 자유·평화 통일을 준비·실현했고, 반민주적·반인륜적·

반인권적·패도적인 중공이 대한민국과 우리 기업들과 주변국들을 호시탐탐 하지 못하도록 국제사회와 협력·대응했을 것이다.

윤석열 대통령 : 윤석열은 지구촌의 번영은 물론 인류 미래와 우주의 연구· 개척 등 다양한 과제들을 추진 중일 것이다.

2. 대통령들이 모두 훌륭·성공했다면 어떻게 달라졌을까?

만일 대통령마다 나라와 국민에게 절실한 과제들을 차례대로 추켜들어서 체계적으로 추진·성공했다면 대한민국은 지금과는 비교할 수 없을 정도로 좋아졌을 것이다.

첫째, 국민들은 훌륭한 대통령들과 성공적인 업적들을 보고 배우고 자긍심을 지니는 등 의식이 대폭 향상했을 것이고, 참담했던 서로의 조상·과거·실체·실상을 인식·점검·반성·포용했을 것이며, 피차 도토리 키 재기였던 잘잘못들에 급급·비난·투쟁·시위·공격하지 않았을 것이고, 모두 함께 협력해서 훨씬 더 건강하고 아름다운 사회문화를 만들었을 것이다.

둘째, 투쟁·시위·선동·타도·처단이라는 비인간적·비민주적인 민주화·자유화·선진화의 소모전이 없었을 것이고, 적대적인 용어들과 부정적인 혼란·대립·분열·희생·피해는 없었을 것이다.

셋째, 민주화 과정에서 훌륭한 대통령들과 지혜로운 국민들이 제대로 역할했을 것이고, 망국적인 이념화·특권화·성역화·세습화·성벽화로 삐뚤어지지 않았을 것이다.

넷째, 지금까지보다 훨씬 더 청렴·유능·훌륭한 인물들이 두각을 나타냈을 것이고, 참신·유능한 인물들이 중요 직책·임무들을 수행했을 것이며, 난제들을 무난히 해결했을 것이고, 대한민국이 국제사회에 공헌하면서 부러움과 존경을 받게 되었을 것이다.

3. 대통령들에 상관없이 대한민국에 중요한 핵심들을 정리하면

앞(주제)의 내용이 사실이었다고 전제하고, 여기서는 대통령들에 상관없이 현대사에서 중요했던 점들을 다시 나열해 보자.

① 인류사에서 가장 수준 높은 민주주의의 도입·실시·정착
② 자본주의 시장경제를 위한 경제개발계획 수립·추진·성공
③ 생소한 민주주의와 자본주의에 부족·소홀·간과했던 점 보완
④ 국민의 의식 향상을 통해서 역사 내내 착취·학대·차별·울분·설움·원한과 그 찌꺼기들을 수렴·점검·반성·포용·위로·치유·개선
⑤ 역사에서의 후진적인 문화와 민족성과 국민성과 인간성과 인간관계와 식민지 시절의 피해의식과 열등감을 자유·평등·정의·인권·복지라는 월등한 개념들을 통해서 근본적으로 변화·향상·해결
⑥ 민주주의 체제와 질서로의 현대사 정립과 대한민국의 정통성 확립(교과서 등에)
⑦ 초중고 교과서와 국민의 필수·공통 교양서의 제작을 통해서 민주주의와 대한민국이 맞닥뜨릴 한계와 지향해야 할 미래를 연구·대비
⑧ 치안과 안보와 국방과 외교와 경제와 산업을 획기적으로 강화하는 밑바탕의 마련·추진

⑨ 훌륭한 인물들과 참신한 인재들이 나라와 국민과 국제사회와 인류 미래를 위해서 튼튼한 밑바탕 구축
⑩ 기업들이 세계적인 일류로 성장·발전·도약하도록 여건 조성
⑪ 주변의 불량 국가들(북한·중공 등)이 대한민국의 민주주의와 국민들을 훼손·위협·회유하지 못하도록 철저한 조치·보호·단속
⑫ 국민들의 포괄적인 인류애의 확보, 인간·자기 존엄성의 인식·신장, 질적인 자기 가치관의 추구·실현, 각자의 자유에 대한 자율적인 구현, 인류가 공통으로 추구·실현해야 할 미래·가치 지향점의 설정을 통한 삶의 질 향상과 사회문화의 수준 향상
⑬ 북한 인민에 대한 장·중·단기 종합 대책 마련과 남북한의 자유·평화 통일 준비·실현
⑭ 북한의 독재 세습 정권의 종식
⑮ 개발도상국들의 민주화를 위한 국제사회의 관심·협력·지원에 앞장
⑯ 자유 진영의 통합 추진과 국제사회가 나아가야 할 미래와 비전의 제시·안내·유도
⑰ 지구촌의 번영과 인류 미래와 우주의 연구·개척 등 다양한 과제들을 추진

4. 대한민국의 현대사에 대한 당연한 질문

질문 1) 대한민국의 대통령들이 민주주의와 민주화에 성공하지 못했던 이유, 이승만·박정희가 혁혁한 업적을 세워 놓고도 독재했던 이유, 민주화(김영삼·김대중)가 인간답고 진지하고 성숙한 모습과는 반대로 투쟁과 반대와 시위로 일관했던 이유, 이후에도 불량·불순한 좌경화로 악화했던 이유는 무엇인가?

답변 1) ③④⑤⑥ 때문이다.

③ 생소한 민주주의와 자본주의에 부족·소홀·간과했던 점을 보완하지 않았고,

④ 국민의 의식 향상을 통해서 역사 내내 착취·학대·차별·울분·설움·원한과 그 찌꺼기들을 수렴·점검·반성·포용·위로·치유·개선하지 않았으며,

⑤ 역사에서의 후진적인 문화와 민족성과 국민성과 인간성과 인간관계와 식민지 시절의 피해의식과 열등감을 자유·평등·정의·인권·복지라는 월등한 개념들을 통해서 근본적으로 변화·향상·해결하지 않았고,

⑥ 민주주의 체제와 질서로의 현대사 정립과 대한민국의 정통성 확립(교과서 등에)을 하지 않았기 때문이다.

질문 2) 위(①~⑰)의 내용 중에서 제대로 이행한 대통령은?

답변 2) 박정희의 ② 자본주의 시장경제를 위한 경제개발계획 수립·추진·성공은 도저히 불가능한 여건과 수많은 반대와 방해와 비난에도 불구하고 100% 이상을 이뤄 낸 위대한 업적이다.

질문 3) 위(①~⑰) 중에서 절반의 성공은 무엇인가?

답변 3) 첫째, 시작이 절반이라고 하듯이 ① 인류사에서 가장 수준 높은 민주주의를 최초에 도입·시작한 이승만이다.

하지만 이승만이 독재함으로써 절반의 성공으로 끝나야 한다.

그래도 어떻든 그간에 감히 상상조차 하지 못했던 천상의 민주주의를

이승만 덕분에 도입·시작했고, 국민들에게 민주주의는 참담했던 5천 년 역사와 삶의 방식이 근본적으로 바뀌게 되었던 최고의 기회 겸 행운과 기적이었으며, 늦게나마 이승만에게 진심으로 감사해야 한다.

더구나 이후에 대통령들은 민주화조차 마무리하지 못했고, 오히려 대한민국은 해방 전후의 좌경화로 치달았으며, 위기와 망국을 오락가락하고 있다는 점에서 이승만에 대한 업적과 평가는 총체적인 관점에서 다시 진행되어야 한다.

다시 말해서 이승만의 독재는 사실이지만 이후부터 지금까지를 모두 고려하면 우리 국민 중에서 이승만을 일방적으로 매도·비난할 자격을 가진 사람은 한 명도 없다고 봐야 한다.

둘째, ⑩ 기업들이 세계적인 일류 기업으로 성장·발전·도약하도록 밑바탕을 구축한 것 역시도 '시작이 절반의 성공'이라고 하듯이 이승만이 민주주의와 자본주의 체제를 도입했던 덕분이고, 박정희에 이어서 다른 대통령들도 크고 작은 역할들을 했다고 봐야 한다.

질문 4) 위(①~⑰) 중에서 전혀 이행·개선되지 않은 것은?

답변 4) ④ 국민의 의식 향상을 통해서 역사 내내 착취·학대·차별·울분·설움·원한과 그 찌꺼기들을 수렴·점검·반성·포용·위로·치유·개선
⑤ 역사에서의 후진적인 문화와 민족성과 국민성과 인간성과 인간관계와 식민지 시절의 피해의식과 열등감을 자유·평등·정의·인권·복지라는 월등한 개념들을 통해서 근본적으로 변화·향상·해결
⑥ 민주주의 체제와 질서로의 현대사 정립과 대한민국의 정통성 확립(교과서 등에)

⑦ 초중고 교과서와 국민의 필수·공통 교양서의 제작을 통해서 민주주의와 대한민국이 맞닥뜨릴 한계와 지향해야 할 미래를 연구·대비
⑧ 치안과 안보와 국방과 외교와 경제와 산업을 획기적으로 강화하는 밑바탕의 마련·추진
⑨ 훌륭한 인물들과 참신한 인재들이 나라와 국민과 국제사회와 인류 미래를 위해서 앞서가도록 밑바탕 구축
⑪ 주변의 불량 국가들(북한·중공 등)이 대한민국의 민주주의와 국민들과 기업들을 훼손·위협·회유·침투하지 못하도록 철저한 조치·보호·단속
⑫ 국민들의 포괄적인 인류애의 확보, 인간·자기 존엄성의 인식·신장, 질적인 자기 가치관의 추구·실현, 각자의 자유에 대한 자율적인 구현, 인류가 공통으로 추구·실현해야 할 미래·가치 지향점의 설정, 삶의 질 향상과 사회문화의 수준 향상
⑬ 북한 인민에 대한 장·중·단기 종합 대책 마련과 남북한의 자유·평화 통일 준비·실현
⑭ 북한의 독재 세습 정권의 종식

질문 5) 위(①~⑰)에서 대한민국(현대사·장래·국운·국민성·경쟁력 등)에 가장 중요·절실한 것은 무엇이며, 이유는 무엇인가?

답변 5) 가장 중요하고 동시에 절실한 것은 대내적인 면과 대외적인 면으로 나눌 수 있다.

첫째, 대내적으로는 ④⑤⑥이다.

④ 국민의 의식 향상을 통해서 역사 내내 착취·학대·차별·울분·설움·원한과 그 찌꺼기들을 수렴·점검·반성·포용·위로·치유·개선하는 일이다.

⑤ 역사에서의 후진적인 문화와 민족성과 국민성과 인간성과 인간관계와 식민지 시절의 피해의식과 열등감을 자유·평등·정의·인권이라는 월등한 개념들을 통해서 근본적으로 변화·향상·해결하는 일이다.

⑥ 민주주의 체제와 질서로의 현대사 정립과 대한민국의 정통성을 확립(교과서 등에)하는 일이다.

왜냐면 ④와 ⑤와 ⑥이 결핍되면 물과 모래와 시멘트만으로 고층 빌딩을 지으려는 것과 같기 때문이다. 다시 말해서 설계도 없이, 기초공사도 하지 않고, 철근도 빠뜨린 채 고층 빌딩을 흉내 내서 지으려는 것과 같다.

따라서 ④⑤⑥이 결핍되었던 대한민국은 민주주의를 시작할 때부터 이미 잘못이었고, 한계 봉착은 받아 놓은 밥상이었으며, 잘 먹고 살게 되었을 뿐 앞으로·미래로 나아갈 수 없었고, 혼란·대립·분열·억지·궤변·술수·부정·조작·역적짓하는 등 역사에서의 악순환이 반복될 수밖에 없으며, 절대 잘될 수 없었다.

둘째, 대외적으로는 ⑪이다.

⑪ 주변의 불량 국가들(북한·중공 등)이 대한민국의 민주주의와 국민들과 기업들을 훼손·위협·회유·침투하지 못하도록 철저한 조치·보호·단속하지 못했다.

질문 6) 위 질문에서 대한민국의 조상들과 역사와 문화와 민족성과 인간성 등을 싸잡아서 부정적으로 취급한 경향이 있다. 그렇다면 과연 무엇이 어떻게 잘못되었다는 것인가?

답변 6) 첫째, 대한민국의 조상들과 역사와 문화와 민족성에 대해서는 어떤 것에 기준을 세우느냐, 무엇을 목적하느냐에 의해서 긍정과 부정이 달라질 수 있다.

그래서 우리(조상들·역사·문화·민족성·인간성 등)는 감히 상상조차 하지 못했던 서양의 수준 높은 민주주의에 비춰 봤을 때 대한민국은 지극히 부정적·소극적·비관적이었다는 이야기다.

둘째, 우리가 과연 무엇이 어떻게 잘못되었는지 역사와 현대사와 사회문화와 민족성을 지배했던 것을 확인하면 이해가 쉽다.

봉건왕조, 양반·상놈 신분제도, 당파·당쟁, 중상모략, 권모술수, 탐관오리, 사대주의, 쇄국정책, 권위주의, 관료주의, 가렴주구, 혹세무민, 식민지, 차별, 학대, 착취, 버르장머리, 건방진, 싸가지, 덕석몰이, 울화병, 홀아비·홀어미 자식, 열녀·화냥년, 병신(장애인), 절룩배기·절뚝배기(소아마비), 빈곤, 공산주의, 사회주의, 군사 독재, 아부·아첨, 무사안일, 복지부동, 낙지부동, 기득권 의식, 특권의식, 전관예우, 유전무죄·무전유죄, 유전면제·무전입대, 학교폭력, 조상 모시기, 어른 공경, 부귀영화, 청탁, 압력, 갑질, 금품수수, 부정부패, 비자금 조성, 부정 축재, 뇌물, 상납, 접대, 향응, 리베이트, 위·불·편법, 인맥·연줄(혈·지·학연), 정경유착, 민주화(저항·투쟁·시위), 국론분열, 공산주의·사회주의, 계파(상도동계·동교동계), 친위대(친노무현·친이명박·친박근혜), 주도권 장악, 패권주의, 종북좌파·주사파, 이념(보수·진보) 대립, 분노, 적폐, 악플, 포퓰리즘, 독선, 궤변, 위선, 조작, 거짓, 은폐, 각종 게이트, 부정선거, 비인간적·반민족인 보복(친일파 청산, 적폐 청산), 유권무죄·무권유죄, 대깨문·개딸·개아들 등 헤아릴 수 없이 많다.

만일 이견이 있다면 나열해 보길 바란다.

셋째, 대한민국의 역사·현대사·사회문화·민족성·인간성·관행 중에서 민주주의에 적합했던 것이나, 긍정적·희망적·적극적·인간적인 요소·단어들을 나열해 보길 바란다.

넷째, 참담했던 역사에 이어서 현대사도 이런 지경이었다. 그런데 총체적(국가적·국민적·시대적·역사적·문화적·경제적·가치 지향적·미래 지향적)인 관점으로 점검도 반성도 접근도 관심조차 없었을 정도로 조상들은 물론 대통령들부터 서민들까지 모순과 위선의 연속이었다.

질문 7) 대한민국이 ④⑤⑥의 과정을 성숙(진지·진실·충실)하게 거쳤다면 어떻게 달라졌는가?

답변 7) 그간에 우리가 점검·반성을 통해서 위(①~⑰)의 과정을 성숙하게 거쳤다면

첫째, 국민들이 당연하게 여겼던 인연(혈연·지연·학연) 중심의 좁다란 인간관계, 유유상종의 계 모임, 당연한 애경사와 허례허식, 비리·유착·청탁·관행·관습·생활 방식 등이 획기적으로 변화·업그레이드되었을 것이다.

둘째, 백지 몇 장 차이에 불과한 서로의 잘못을 붙들고 공격하는 비합리적인 소모전을 겪지 않았을 것이고, 저항·투쟁·시위·청산·처단·타도처럼 극단적·비인간적·반민족적·비민주적·야만적인 짓들은 없었을 것이다.

셋째, 허약했던 역사와 민족성과 문화는 외면한 채 그로 인한 과거 사건들(식민지 시절의 위안부와 강제노역과 친일파 등)을 이유로 또다시 비인간적인 짓들을 저지르지 못했을 것이고, 모두 함께 미래를 향해서 나아갔을 것이다.

넷째, 만일 국민들이 인간적으로 성숙(진지·진실·충실)한 과정을 거쳤다면 긍정적·고무적·생산적·건설적·협력적·진취적인 가능성(인물·시도·분위기)이 살아나서 활성화되었을 것이다.

따라서 세상사와 인생사는 항상 인간이 문제이고, 결국 인간이 대안이다. 그래서 인간은 인간다워야 하고, 좀 더 인간다워야 하고, 훨씬 더 인간다워야 하고, 적극적으로 인간다워야 한다. 그래야만 복잡다단한 세상사와 인생사를 감당·극복하면서 앞으로·미래로 뻗어 나갈 수 있다.

※ 세상과 인류를 우주라는 관점에서 크고 넓고 깊게 본다면 인간다움에 관련된 생각·정보들이 다종다양해지는 차원과 더욱더 고급화되는 차원이 반복되는 진화·재합성의 과정이고, 우주·인류가 공통의 목표(완성·미래)를 위하고 향해서 나아가는 연속이다.
그래서 인간은 단순한 인연·정분으로 시작해서 다양한 관계로, 복잡다단한 사회문화로, 더 나은 것을 위한 협력으로, 또 다른 변화로, 한 차원 월등한 가치로, 더 높은 단계의 도약 등의 연속 과정이라고 할 수 있다.

질문 8) 위(①~⑰)의 내용은 국민성이나, 민심이나, 국민의 눈높이와는 어떻게 관련되는가?

답변 8) 첫째, 다수 대중(국민·민심·민중·인민·민족·사람 등)에 초점을 맞춘 용어들은 당연한 상식이나, 단순한 생계나, 필수적인 안전이나, 모두를 위한 공공질서나 등에 관련될 때 호소력과 설득력과 타당성을 지닌다.

둘째, 반대로 다수 대중(관심사·생활방식·능력·인간관계·일생 등)은 수준 높은 민주주의의 난해한 법과 정책이나, 고난도의 첨단산업·문명의 신소재·신기술이나, 난해한 학문이나, 심오한 우주나, 위대한 발견·발명이나, 뛰어난 예술성과는 무관하거나, 오히려 정반대다. 그래서 국민들은 관심사와 인간관계를 통해서 사회문화를 밝고 건강하고 아름답게 조성해야 하고, 훌륭한 인물들과 참신한 인재들을 지원해야 하고, 사회에 봉사하는 삶을 위주로 살아야 한다. 특히 국민을 기만·선동하는 공산주의나, 선심성 포퓰리즘 정책을 남발하는 짓들이나, 비난·투쟁·조작·매도·왜곡·거짓 등에 속지 말아야 하고, 그들이 활개 치지 못하게 해야 한다.

질문 9) 만일 누군가(지도자)가 다수 대중을 뜻하는 '민심'이나, '국민'이나, '국민의 눈높'이나, '인민'이나, '사람 사는 세상'이나, '우리민족끼리' 등을 들먹이면 어떻게 이해해야 하는가?

답변 9) 그런 지도자를 믿고 지지하고 방심하면 안 된다. 오히려 참다운 지도자인지 아니면 형편없이 무능한지 또는 잠재적 독재자나 공산주의자는 아닌지 똑바로 확인해야 한다.

첫째, 참다운 지도자는 다수 대중을 상대로 격려·호소·계몽·안내·촉구하되 입버릇처럼 "민심"을 들먹이면서 비위를 맞추지 않는다.

둘째, 위선적인 지도자나 무능한 지도자는 입버릇처럼 '민심', '국민', '인민', '국민의 눈높이'를 들먹인다.

셋째, 만일 지도자가 잠재적 독재자이거나 공산주의자라면 선전·선동에 익숙하고, 친위대 세력이나 홍위병들을 거느리는 등 전혀 대중적이지 못한 세력과 친밀해지거나 둘러싸여 지낸다.
반대로 불특정 다수인 국민들을 상대로는 임기응변이나, 사탕발림이나, 눈속임용의 단어들로 국민들을 선동질·충동질한다.
결국 독재자나 위정자는 무지몽매한 다수 대중을 평등·혁명·폭동·포퓰리즘 등에 써먹다가 가치가 떨어지면 노예로 전락시켜 버린다.

질문 10) 위(①~⑰) 내용들을 대통령들이 추진하지 않았는가 아니면 추진하지 못했는가?

답변 10) 추진하지 못했다는 것이 타당하다.

첫째, 대한민국은 뿌리(역사·조상·사회·문화·관행들)부터 민주주의에 무관·역행한 상태였었고, 조상 답습(조상 모시기·어른 공경)과 생계 해결과 호의호식과 입신양명과 부귀영화와 치국평천하의 연장선에서 공부하고 경쟁하고 처세하고 비리를 저질렀으며, 성공·출세하기에 여념이 없었고, 대통령들 역시도 참담했던 영향들을 절대적으로 영향받아서 성장했다.

둘째, 역시 국민들은 민주주의라는 생소한 세상에 막 태어난 갓난아기들에 불과했다. 그래서 수준 높은 민주주의를 쉽게 생각했고,

민주주의를 진행할 자격·자질에서 현저히 미달이었다.

셋째, 지식인들 역시 먹고 살기에 급급했고, 난해한 제도와 까다로운 규정보다 자본주의가 관심이었고, 자본주의보다도 잘 먹고 사는 것에 혈안이었으며, 애당초부터 성공 불가능했다.

넷째, 민주주의에 올인을 해도 불가능·역부족이었던 상황에서 일찌감치 독재로 빗나갔고, 또다시 민주화로 위장해서 비인간적·비민주적인 저항·반대·방해·투쟁·시위로 일관했으며, 민주화조차 마무리하지 못한 채 좌경화로 망가졌고, 위기와 망국을 걱정할 정도다.

질문 11) 위의 내용(①~⑰) 대부분이 제대로 진행되지 못했다면 그에 대한 진짜 이유와 잘못과 책임은 솔직히 누구에게 있다고 생각하는가?

답변 11) 당연히 국민 모두에게 있다.
앞으로도 우리의 실체인 국민성을 점검·반성·향상하지 않으면 안타까운 희생자(가해자·피해자)들이 부지기수로 많아질 수밖에 없고, 인재들이 탁월한 능력과 잠재력을 발휘할 수 없으며, 참담하고 처절했던 악순환을 쳇바퀴 돌 수밖에 없다. 왜냐면 행운과 기적과 기회는 영원할 수 없고, 항상 일시적·한시적이며, 기회를 놓치면 정반대의 상황이 기다리기 때문이다.

5. 해방·6.25 당시 주변 정세와 국내 상황

대한민국은 현대사(해방, 6.25, 민주주의)를 시작할 당시에 공산·사회주의(북한·중공·소련)에 둘러싸여 있었고, 국제정세와 주변 정세와 국내 사정을 들여다보면 북한에 이어서 공산화되었을 가능성이 절대적이었다고 할 수 있다.

첫째, 소련 외무부의 문서(1945.9)에서

- 제주도를 소련의 점령 지역으로 둬야 한다고 했다.
- 조선은 4개국의 신탁통치 영토가 되어야 한다고 했다.
- 더불어 3개의 전략 지역(부산, 제주도, 인천)의 할양이 이루어져야 하고, 이 지역은 소련군 사령부에 의해 통제되어야 했다.

둘째, 유엔은

- 제2차 총회(1946. 11. 14.)에서 결의안을 채택했고, 한반도에서 인구 비례에 따른 총선거를 결정했다.
- 1948. 1. 22. 소련은 유엔 대표단(한국 임시위원단)의 남한 입국을 거부했다.
- 1948. 2. 28. 유엔 소총회는 가능한 지역(남한)에서 선거를 치르도록 결정했다.
- 1948. 5. 10. 이승만 정부는 대한민국(남한)에서 자유 총선거를 결정했고, 198명의 의원을 선출했다.
- (이승만 정부는 한반도 전체를 대한민국에 포함했다. 그런데 북한은 총선거를 거부했고, 대한민국은 총 300명의 의원 중 북한 몫으로 100명을 남겨 뒀다. 그런데 북한에 동조한 남로당 등 공산주의자들은 제주도 4.3 사건을 일으켜서 총선을 거부했고, 제주도 몫인 2명도 선출하지 못했으며, 제주도를 제외한 198명의 의원이 선출되었다.)

셋째, 당시에 국내 정세

- 1948. 4. 3. 제주에서 4.3 사건
- 1948. 5. 10. 자유 총선거
- 1948. 10. 19. 여순 사건(제주 4.3사건 진압에 반대)
- 1950. 6. 25. 북한의 남침 전쟁

넷째, 제주 4.3사건과 일본의 관계

- 무장대의 활동 근거지는 일본군이 주둔했던 군사 시설이었다.
- 무장대의 무기는 일본이 숨겨 둔 무기였다.
- 4.3사건을 폭로한 것은 재일 교포다.
- 무장대의 두목 이덕구는 놀랍게도 일본군 장교 출신이었다.

다섯째, 남로당 이덕구

- 제주도의 인민 유격대 사령관이었다.
- 일본 리쓰메이칸대 경제학과 4학년에 일본 육군에 입대한 친일파였다.
- 광복시의 소위로 제대했다.
- 조천중학교 교사였다.
- 인민 유격대에 합류했다.

여섯째, 제주 4.3 사건 진압을 지휘한 박진경

- 오사카 외국어대 영어과 졸업
- 일제 말기에 제주도에서 일본군 38군단 소위, 해방 후 조선경비대, 국방경비대

총사령부 인사국장, 제주도 9연대 연대장
- 1948. 6. 18. 대령 승진 축하연을 마치고, 숙소에서 잠자던 중 부하 문상길에게 암살당했다.

해방 전후로 대한민국의 공산화는 받아 놓은 밥상이었던 상황

위처럼 해방과 6.25남침 전후의 국내외 상황을 종합하면,

첫째, 대한민국에서 민주주의는 불가능에 가까웠고, 공산화는 받아 놓은 밥상과 같았다.

둘째, 국민의 절대다수는 무지·무식·답답했고, 남녀노소·지위고하·유·무식·빈부에 상관없이 모순적·차별적·후진적인 조상·역사·문화·관행·의식구조를 답습했으며, 차이가 있어 본들 오십보백보에 불과했다.

셋째, 남한 국민의 절대다수는 민주주의에 무지했고, 북한은 남한보다 훨씬 더 잘 살았으며, 국민 대부분은 봉건왕조와 양반·상놈 신분제도의 피해자였고, 당연히 국민의 2/3는 공산주의였으며, 북한을 적극적으로 추종·충성·찬양하는 사람들이 많았다.

넷째, 주변 정세(소련·중공·북한)와 국내 상황을 고려·종합하면 공산주의가 당연한 상황이었다. 하지만 불행 중 다행으로 남한 내의 공산주의자들은 북한·소련·중공의 6.25남침 전쟁으로 명분과 대세를 잃고 움츠러든 상태였다. 덕분에 대한민국이 민주주의를 모방·도입·시작할 수 있는 행운 겸 기적이었다.

다섯째, 당시에 민족성과 사회문화는 남한과 북한이 똑같았다.
왜냐면 김일성이 6.25남침 전쟁을 일으키면서 남한의 공산주의자들과 지식인들은 대거 월북했고, 이미 북한에서 김일성을 겪어 본 북한의 지식인들과 인민들은 대거 월남했다.
하지만 남한에서 월북한 지식인들 대부분은 끔찍한 대우와 비참한 인생을 살았고, 북한에서 월남한 지식인들과 인민들은 민주주의와 자본주의 체제 속에서 안전하고 안정되고 행복하고 발전하고 성공하고 번영을 누리는 삶을 살아갔다.

6. 뚱딴지들(이승만·박정희)의 출현

제1~2의 뚱딴지인 이승만·박정희

앞에도 언급되었듯이 대한민국은 역사·문화·민족성·인간관계 등이 봉건적·후진적·배타적·차별적·폐쇄적이었고, 해방·6.25남침으로 공산주의에 둘러싸여 있었으며, 나라는 초토화되었다.
그런데 대한민국이 처해 있었던 운명과 참담했던 국내 상황을 모두 반전·역전시켜 버리는 뚱딴지 겸 기적적인 인물들이 등장했다. 바로 이승만과 박정희였다.
이승만과 박정희는 우리의 참담했던 역사와 이후에 무지·답답했던 국민들과는 전혀 다른 뚱딴지나 돌연변이 같은 인물이다.

제1의 뚱딴지인 이승만은 난세의 영웅)과 백마 탄 왕자

제1의 뚱딴지 이승만은

당시에 공산화될 가능성이 절대적으로 높았던 대한민국이었음에도 인류사에서 가장 수준 높은 천상의 민주주의·자본주의를 모방·도입·실시함으로써 나라를 구한 난세의 영웅이라고 할 수 있다.

하지만 이승만이 결국 독재했다는 점에서 '시작이 절반'인 50%만 난세의 영웅으로 인정해야 한다.

그런데 이승만은 '여순 14연대 반란 사건'의 주모자로 붙잡힌 박정희(소령)를 살려 줬고, 덕분에 군대 내의 공산주의자들을 발본색원했으며, 처벌(사형)을 면한 박정희는 훗날 '한강의 기적'이라는 위대한 업적을 세웠다. 그래서 이승만의 공로(50%)에 박정희를 살려준 공로 50%를 추가해서 100%로 평가해야 한다.

그런데 이후에 대통령들은 민주화조차 마무리하지 못했고, 오히려 대통령들조차 좌경화되었다는 점에서 이승만에 대한 상대(정당하고 합리적인) 평가가 진행되어야 하고, 이는 역사를 종합적으로 지켜본 후손들의 도리와 의무다.

제2의 풍딴지 박정희는 백마 탄 왕자(100%)

박정희는 극심한 반대와 방해를 무릅쓰고 경제개발계획을 수립·추진했고, 기적적으로 성공했으며, 자본주의 시장경제 체제를 확고하게 정착시켰다. 이를 통해서 대한민국은 5천 년 역사에서 가장 긍정적으로 변화·발전했고, 국민들의 삶이 양적·질적으로 획기적으로 향상되었으며, 박정희는 나라와 국민과 후대에 기적과 행운을 선물했던 백마 탄 왕자(100%)에 해당한다.
이는 세계사에서 사례가 없는 신기하고 기이하고 기적적인 업적과 인물이다.

박정희의 오류 겸 판단 착오(?)

박정희는 만주군관학교를 졸업(수석 입학·졸업)했고, 이어서 일본 육사를 졸업함으로써 일본(군국주의·전체주의·단결력·공중 질서 등)의 영향을 많이 받았을 것으로 생각된다.

그래서인지 박정희는 당시에 대한민국 국민들의 무질서한 자유 곧 이승만의 민주주의를 적극적으로 수용하기보다는 오히려 질서정연하고 단결력이 강하고 일사불란했던 일본(국민성)을 부러워했거나, 닮고 싶었거나, 모델로 삼고 싶었을 수도 있다.

그렇다고 박정희가 임기 동안 일본과 친해지려는 흔적은 없고, 일본을 매우 싫어했다는 말이 전해진다. 하지만 일본의 장점은 장점대로 인정하고 부러워했던 듯싶다.

어떻든 박정희는 공산주의(사상·서적 등)에 관련된 것들(사상·서적·정보 등)을 판매 금지했고, 언론과 국민을 통제했다.

그로 인해서 박정희는 국내외의 공산주의(위협·선전·선동·동조)로부터 서투른 민주주의와 공산주의에 물들었던 순진·답답한 국민들을 보호한 측면이 있었다.

하지만 당시는 국민들이 독재(이승만·박정희)에 심한 반감을 지닌 상태였고, 일반 국민과 대학생들은 생계와 취업을 위해서 바쁘게 살았으며, 김일성 주체사상에 현혹된 운동권과 재야 세력은 집요하게 이승만·박정희를 반대·비난·공격·매도·선동했다.

그러한 연장선에서 학생 운동권은 소련에서조차 '악독한 저질 독재자'로 무시당했던 스탈린을 영웅시했고, 학생운동권 역시 똑같은 저질·악질들로 전락하는 모양새였다.

이미 북한의 인민들도 레닌과 똑같은 저질·악질 김일성을 추종했고, 그로 인해서 인민들은 남한의 재야와 학생 운동권보다 먼저 감옥과 죽음과 지옥의 노예들로 전락했다.

심지어 박정희의 공산주의 폐쇄 정책으로 인해서 소련과 중공을 찬양하는 불온서적(한양대 리영희의 우상과 이성, 8억 인과의 대화)과 김일성 주체사상(강철서신)이 지하 운동권에서 확산하는 역효과를 가져온 측면도 없지 않다.

※ 당시에 만일 박정희가 공산주의를 폐쇄·고립하지 않았다면 대한민국은 제2의 제주 4.3 사건과 여순반란이 반복되었다고 봐야 한다. 왜냐면 종북좌파·주사파들이 얼마나 악랄하고 집요하고 저돌적인지 수없이 겪어 보았기 때문이다.

심지어 언론 탄압이 극에 달했던 전두환 대통령 시절에 언론인들(송건호 등)을 국민들의 후원(창간 주주 2만 7천 명, 창간 기금 50억)을 받아서 한겨레신문을 창설했다.

하지만 오늘날 한겨레신문은 좌파 이념에 매몰·편향이 심각하고, 정상적인 민주주의 언론으로 볼 수 없을 정도로 실망의 연속이다.

특히 이런 점들을 고려하면 당시에 박정희가 언론을 탄압했던 사실에 대해서 일방적으로 잘못으로만 몰아 버릴 일은 아니라고 생각된다. 왜냐면 당시에 이승만이나 박정희를 비난하고 공격했던 언론인들 역시도 사실은 민주주의를 전혀 몰랐고, 오히려 공산주의자였거나, 공산주의에 미련을 가졌거나, 전통적인 관행들과 인간관계로 봤을 때 언론인들도 그들에게 유혹당했거나, 똑바르고 냉정하고 단호할 수 없었을 것이기 때문이다.

이승만·박정희 이후의 대한민국

결국 이승만과 박정희는 독재로 삐뚤어졌다.

첫째, 그로 인해서 6.25남침 전쟁으로 한동안 움츠러들었던 공산주의 반골들이 살아났고, 반독재 투쟁을 위한 민주화로 위장할 수 있었으며, 북한·중공과 불순한 세력에게는 절호의 기회가 되었다.
그래서 인류사에서 가장 수준 높은 민주주의를 위한 진지하고 성숙한 민주화와는 정반대로 극단적일 정도로 비인간적·선동적·공격적인 저항·투쟁·시위·타도·청산·처단·대립·분열을 조장하면서 삐뚤어졌고, 조직·세력을 확장하면서 승승장구했다.

둘째, 어차피 수준 높은 민주주의 자질에 무관·반대였던 국민 역시도 장기 독재를 혐오했고, 독재자의 축출은 곧 민주주의의 정착·성공으로 잘못 이해·지지했으며, 민주화(인물·투쟁·시위·세력)가 곧 민주주의인 것으로 착각했다.

셋째, 민주화로 위장한 반골들(불순한 정치인·운동권·노조·전교조·언론·종교인·시민단체 등)은 정부와 정치와 지식인 사회와 대중에 침투해서 세력을 넓혔고, 좌파(김대중·노무현·시민단체) 세력이 주요 기관을 침투·장악하기 시작했으며, 끼리끼리 챙겨 주고 나눠 먹으면서 승승장구했고, 민주주의를 약화·무력화하기 위한 법과 규정과 조직들을 만들었으며, 애국적인 국민들(진보·보수·중도)은 요직에서 쫓겨나기 시작했다.

넷째, 설마설마하는 가운데 불순세력은 북한과 중공 편에서 일방적으로 활동했고, 거꾸로 대한민국을 위협하고 위험에 빠뜨렸다. 실제로도 대한민국의 건국과 민주주의 체제와 주요 정책과 중요 인물들(애국자와 대통령 등)에 대한 반대·왜곡·비난·방해·파괴·매도·친일파·적폐 몰이에 혈안이었고, 역사 내내 실망과 반발심으로 가득했던 국민들에게 그러한 공작과 술수가 먹혀드는 연속이었다.

다섯째, 장기적·종합적으로는 이러한 모든 잘못과 책임은 국민 모두에게 있고, 한 단어에 압축하면 '우리'에게 있다.

7. 제3의 뚱딴지 윤석열의 등장

대한민국은 현대사에서 이승만·박정희라는 영웅 겸 독재자 겸 제1·2의 뚱딴지 출현, 또 다른 독재(전두환·노태우)의 출현, 민주화(노태우·김영삼·김대중)와 진보(노무현)와 보수(이명박·박근혜)의 출현, 종북·중공몽·반미 노선의 극좌파·범죄자들·역적들(문재인·이재명 등)이 출현함으로써 선진국도 민주주의도 민주화도 멀어졌고, 나라는 극도로 위태롭고 허약해지고, 국민들은 무기력해지고, 살기 힘들어졌다.
그러한 가운데 아무도 예상하지 못했던 제3의 뚱딴지인 윤석열이 전면에 등장했다.

윤석열이 등장하기 전후에 대한민국의 상황

대한민국은 현대사 내내 민주주의와 민주화가 고난의 연속이었다. 그로 인해서,

첫째, 보수는 지리멸렬했고, 사실상 몰락했다.
문재인 세력은 국민을 기만·선동·조작해서 보수 대통령들(이명박·박근혜)을 탄핵과 감옥에 몰아넣고, 부정과 조작으로 대통령을 탈취했다.

둘째, 문재인이 대통령에 당선되면서 대한민국은 망국적인 위기로 바뀌었다.
문재인 세력은 대한민국의 행정·입법·사법·지방자치단체·의회·언론·여론까

지 대거 장악했고, 노골적으로 반국가적인 본색을 드러냈으며, 대한민국의 국운과 미래는 암울하고 암담한 지경이었다.

하지만 천만다행으로 진보좌파로 불리는 문재인(좌경화) 세력은 스스로 몰락했고, 그 이유는 보수가 강해서가 아니라 '진보좌파 스스로 자기들 발등에 도끼질해 대면서 결국은 자기 앞가림조차 못할 정도로 참담한 실체와 수준들'이었기 때문이다.

셋째, 국민들도 정신을 차리지 못함으로써 문재인으로 끝나지 않고 또다시 이재명이 더욱더 극성을 부리게 되었다.

대한민국은 야당인 더불어민주당과 이재명과 개딸들과 개아들들이 난장판을 만드는 연속이고, 심지어 이재명·문재인 가족은 모두가 범죄자로 기네스북에 등재되어야 할 정도다.

문재인 가족은 추악한 범죄들(합산 40여 건의 굵직한 사건)에도 불구하고 제대로 조사 한 번 받지 않았다.

이재명·김혜경은 구속은커녕 집도, 의원실도, 당 대표실도, 휴대폰도, 자동차 블랙박스도 압수수색 한 번 당하지 않았을 정도로 무소불위의 독재 권력이었다.

이는 세상에 나쁜 놈들과 무지몽매한 대중은 항상 있기 마련이지만 그들이 멋대로 설치면서 공정과 정의로 행세하는 것은 절대적으로 보수와 국민이 무능하고 무기력하기 때문이다.

요약하면

* 고등교육까지 받은 국민들이 구시대 조상들처럼 상부상조를 위한 애경사·계 모임·동창회·향우회·종친회 수준에 머물렀고,

* 머리가 영리해서 명문고와 명문대학을 나온 인재들은 나라·국민·후대를 위하기보다 민주주의의 빈틈(법·제도·정책)을 이용해서 지방의 토착 세력과 범죄자들을 변호하기 위한 브로커 노릇에 혈안이었으며,

* 그렇게 해서 민주주의가 허약해지자 불순세력이 빈틈을 파고들었고, 민주주의 세력과 순진한 국민들을 밀어내면서 세력을 확장했으며, 본격적으로 대한민국을 장악하기 시작했다.

* 그간에 대한민국은 껍데기는 민주주의였지만 사실은 관계(인연·연줄·청탁·압력·아첨·브로커·비리) 민주주의의 연속이었고, 최종적으로 돈과 한 자리 뒷거래로 마무리되었다.
그에 대한 증거는 유전무죄와 전관예우에서 유권무죄까지 추가되었다는 점이며, 이처럼 참담한 인간들과 권한과 기회와 시도와 생각은 서민들로서는 상상조차 할 수 없는 짓들이다.
그래서 혹자는 오늘날 대한민국(운명)은 "망국으로 곤두박질쳤던 구한말과 같다."라고 걱정할 정도로 또다시 불투명·암울한 연속이고, 정치인들도 전문가들도 지식인들도 언론인들도 공직자들도 비평가들도 종교인들도 국민들도 대안일 수 없었으며, 오히려 속수무책으로 오염되고 망가졌다.

* 그런 속에서 예상을 뒤엎고 윤석열이라는 제3의 뚱딴지가 갑자기 두각을 나타냈고, 대한민국은 상황이 급격히 반전되었다.

8. 윤석열이 제3의 뚱딴지인 이유 및 힘겨운 여정

대한민국은 윤석열이라는 제3의 뚱딴지가 갑자기 두각을 나타냈고, 급격히

상황이 반전되었다.

이는 망국으로 곤두박질쳤던 구한말의 상황과는 정반대로 매우 긍정적·고무적·기적적인 조짐과 새로운 변화 가능성이었다.

그런데도 국민들이 절호의 기회를 살려 내지 못한다면 두 번 다시 기회가 없을 수도 있고, 국민들도 자유와 행복과 번영을 누릴 자격이 없음을 명심해야 한다.

첫째, 만일 윤석열이 대한민국에서 정치인들과 고위직들이 출세했던 방식(혈연·지연·학연, 연줄, 청탁, 뇌물)으로 살아왔거나, 기존의 관행들에 편승해서 출세해 왔던 정치인이었다면 국민들에게 지지받지 못했을 것이고, 대통령에 당선되지 못했을 것이며, 대통령 선거에 출마조차 하지 못했을 것이다. 어떻든 윤석열이 대통령이 될 것이라고는 아무도 예상하지 못했었고, 윤석열·김건희 부부조차 감히 생각하지 못했었다.

하지만 "보수 궤멸"에 이어서 "20·30·50년 집권"을 장담하던 더불어민주당을 제치고 윤석열이 대통령에 당선되었고, 갑자기·홀연히 역사의 전면에 등장한 제3의 똥딴지가 분명하다.

다시 말하면 윤석열은 막연·막막했던 대한민국을 단기간에 전혀 다른 모습으로 뒤바꿔 놓은 도깨비방망이라고 할 수 있다.

둘째, 좌파들로서는 '다 된 밥에 윤석열이 재 뿌린' 꼴이 되었으며, 윤석열 부부를 끌어내리려고 안달했다.

그간에 그들은 대한민국(정통성·현대사·대통령들·민주주의 질서·헌법·법률 등)을 약화·주물럭거리면서 승승장구했고, 벌써 수십 년째 권력의 단맛을 원 없이 맛보고 즐겼으며, 윤석열을 또다시 무너뜨릴 수 있다고 착각할 정도로 대한민국의 민주주의와 국민들을 무시하는 연속이었다.

셋째, 윤석열은 '대한민국의 세일즈맨'을 자처했고, 풍전등화였던 재정·경제·산업·외교·안보·국방·치안과 국가의 이미지·신인도·위상·경쟁력 확보와 국제사회와 연대 강화 등을 개선·해결했으며, 국내외로 동분서주함으로써 나라와 국민을 망국의 위기에서 구한 난세의 영웅이다.

넷째, 윤석열은 동맹인 미국과 국제사회와 민주주의의 가치 동맹·외교를 확고히 구축했고, 위험천만했던 대한민국의 물꼬를 정반대로 돌려 놓았으며, 상식과 자유와 법치와 번영의 발판 구축과 선진국 대열로 진입하기 위해서 최선을 다한 난세의 영웅과 백마 탄 왕자에 동시에 해당한다.
따라서 윤석열은 제1·2의 똥딴지였던 이승만·박정희가 완성하지 못했던 진정한 민주주의와 자본주의 선진국을 동시에 실현 중인 제3의 똥딴지로의 등극이 초읽기인 셈이다.
다시 말해서 윤석열은 대한민국의 현대사를 한 차원 업그레이드시킨 훌륭한 대통령이고, 홀몸으로 뛰어들다시피 악전고투·산전수전·백병전까지 감당하면서 국내외로 동분서주하는 등 제2의 기적으로 물꼬를 돌려놓았다.

브로커들이 판 치는 대한민국의 정치판

대한민국의 역사·근대·현대사와 민족성·관행·인간관계를 함축하면 브로커 민족성과 곗방 민족성과 관계 민주주의라고 할 수 있고, 정치판·선거판에서는 크고 작은 돈을 들고 각종 자리를 노리는 선거·당선 기획팀들(지지자·유권자·관계자·알바)이 바글거린다. 심지어 "선거철에 정치부 기자들은 최소한 집 한 채는 당연하고 잘하면 세 채까지도 챙길 수 있다."라는 말이 있을 정도다.
실제로도 문재인과 이재명과 김만배에게 언론인들과 검찰들(박영수 등)과 대법관들(권순일 등)과 판검사들과 종사자들이 무수히 코가 꿰여서 하수인·

범죄자들로 전락했다.
그래서 그간에 대한민국은 혈연·지연·학연·연줄·처세·청탁·압력·상납·향응·접대·리베이트·부정·축재·비자금 등이 넘쳐 났고, 유전무죄, 전관예우, 유권무죄, 좌파무죄로 악화 중이다.
심지어 "나랏돈은 먼저 보고 빨리 먹는 놈이 임자"라고 말할 정도로 비리 천국이기도 하다.
반대로 미국은 선거철이면 지지자들로부터 다양한 행사들과 함께 엄청난 기부금이 쏟아진다. 이는 모두는 아닐지라도 미국의 정치를 주도하는 사람들은 대한민국처럼 브로커·공짜·선물·날 파리 근성과는 반대로 진정한 주권자와 유권자라는 이야기다.

물이 맑았던 대통령들은 지지율과 세력이 미약해

'맑은 물에는 고기들이 많지 않다.'라는 속담이 있다.
이는 물이 너무 맑으면 그만큼 먹을 것이 없다는 이야기다.
물이 맑았던 대통령은 이승만·박정희·박근혜였고, 지금의 윤석열이다.
이승만과 박정희는 부정·비리를 저지를 겨를이 없었고, 상상조차 하지 않았으며, 관심사가 온통 나라와 국민과 안정과 행복과 발전과 번영이었다. 역시 박근혜는 박정희를 닮아서인지 결벽증에 가까울 정도로 청렴했다.
윤석열 역시 검사 시절부터 부정·비리와는 완전히 거리가 멀었고, 검찰총장 임기와 대통령 선거에서 여러 차례 탈탈 털렸지만 전혀 먼지가 나지 않았으며, 대한민국을 통틀어도 그처럼 청렴한 인물들을 찾기는 쉽지 않다.
그래서 물이 맑은 윤석열에게 기웃거려 본들 얻어먹고, 나눠 먹을 것이 없고, 검사 시절에는 동료 직원들의 술값을 내 주기에 바빴으며, 재산이랄 것도 없을 정도로 빈털터리였다.

어떻든 물이 맑은 후보자나 대통령 옆에서 얼씬거려 봤자 생기는 것이 없고, 한자리 얻어 보려고 돈을 써 볼 기회조차 허용되지 않는다. 왜냐면 유능한 인물들을 발탁하고, 모든 과정이 공정·투명하기 때문이다.

따라서 이승만·박정희·박근혜·윤석열처럼 권력·돈에서 물이 맑으면 주변에 사람들이 모이지 않고, 그럴듯한 세력들도 구축할 수 없다.

그래서 윤석열은 시작부터 지지율이 저조하고, 쉽게 오르지도 않으며, 오히려 대한민국과 국민을 대표한다는 대통령 부부가 동네북처럼 일방적으로 비난·매도·공격당해도 적극적으로 막아 주고 도와줄 세력과 국민들과 분위기조차 기대하기 어렵다.

그뿐 아니라 문재인이 천문학적으로 늘려 놓은 국가 부채를 건전 재정으로 바꾸기 위해서 나라의 곳간을 조이고 줄여야 했고, 심지어 윤석열을 지지했던 사람들 역시 지원이 끊기거나 줄었으며, 원망과 원성이 높아졌고, 지지율은 답보 상태를 오락가락하거나, 더는 좋아질 수 없었다. 물론 여론조사의 정확성에 대한 불신·의혹·의구심에서는 정당한 지지율을 기대할 수 없는 것도 사실이다.

비리로 악취가 심했던 대통령들

반대로 구정물처럼 악취가 심했던 대통령들은 국회의원·자치단체장·의원 등을 공천할 때나, 기관장을 임명할 때 공식적인 금액이 정해지도 했고, 일부 대통령은 노골적으로 요구하지 않았을 뿐 자발적으로 가져다 바쳐야 공천·임명해 주기도 했다. 그러던 중 망국의 역적 짓들이 극에 달한 것은 문재인 때다. 이는 문재인의 임기 말 지지율이 35~40%로였을 정도로 선심성 포퓰리즘이 계속되었음을 짐작해 볼 수 있다.

왜냐면 임기 시작과 동시에 원전 가동을 중단시켜서 태양광(사업·이권)을 좌파들에게 몰아줬고, '소득주도성장'이라는 사기용·포퓰리즘 정책을 강행했으며, 그들 세력이 굵직한 사업들을 따냈고, 떡고물들을 줍는 사람들이 많았으며, 태양광 사업에서의 비리가 1조 원에 육박·능가할 정도로 천문학적이고, 심지어 건국 이후 60년 동안 590조였던 국가 부채가 문재인 임기 5년 만에 1,100조 원에 육박했으며, 500조를 5천만 인구로 나누면 국민 1일 당 1천만 원씩에 해당한다.

이는 자기를 지지하는 세력들을 위해서 선심성 정책을 통해서 서로 쪼개 먹고 얻어먹고 돌려 먹고 빨아먹고 빼먹었음을 짐작할 수 있다.

따라서 문재인의 지지율이 임기 말에도 35~40%를 유지했고, 여론조사 조작 가능성도 의심해 볼 수 있으며, 머잖아서 밝혀질 것으로 기대한다.

윤석열의 지지율을 역대 대통령들과 비교하면

역대 대통령들은 임기 초 지지율이 턱없이 높았다. 하지만 임기 중에 최저 지지율은 형편없이 낮았다.
(대통령들의 지지율은 통계마다 달라서 일부 차이가 있음을 양해·참고해 주길 바란다.)
김영삼(83%, 6%) 격차 77%, 김대중(71%, 24%) 격차 47%, 노무현(60%, 5%) 55%, 이명박(52%, 23%) 29%, 박근혜(60%, 6%) 54%, 문재인(81%, 35%) 46%였다.

대통령들의 턱없이 높았던 임기 초 지지율과 현저히 낮아진 임기 말 지지율이 나타내는 바는 무엇일까?
이는 국민들이 매번 대통령의 실체(자질·자격·능력)를 제대로 몰랐고, 그런 만큼 기대감은 엄청나게 높았으며, 임기 초에는 무작정 지지·기대했고, 임기 중후반에는 실망이 컸음을 뜻한다.
다시 말해서 대통령에 대한 국민들의 기대감과 대통령의 실제 인물됨과 대통령의 능력·성공은 매번 잘못 판단과 착각의 연속이었다는 이야기다.

문재인의 임기 말 높은 지지율(35~40%)이 의미하는 바

문재인의 임기 말 높은 지지율은 대한민국에서 기이한 현상일 수밖에 없다. 왜냐면 문재인은 물론이고 가족이 모두 파렴치한 범죄의 연속이었고, 핵심 측근들 역시 대다수가 범죄자들과 하수인(방조자)들에 불과했으며, 문재인은 인간이라고 말하기조차 수치스러울 정도로 반인륜적·비민주적·반인권적·비양심적인 범죄들과 비굴한 하수인·간첩질·역적 짓들을 저질렀기 때문이다.
그런데도 임기 말에 35~40%라는 높은 지지율이었고, 이재명에게까지 연결되었으며, 이는 그간에는 볼 수 없었던 기이한 현상이고, 의문일 수밖에 없다.

그렇다면 다른 대통령들과 달리 문재인의 임기 말 지지율 35%는 과연 무엇을 의미할까?

첫째, 원래는 여론조사 기관이 30개였는데 문재인 정권에서 60여 개가 증가해서 총 90여 개라고 한다.
어쩌면 이들이 유기적인 협력을 통해서 지지율을 조사할 때마다 표본·추출이 조작되는 방식으로 항상 일정 수준 또는 그 이상을 확보했을 수 있다. 왜냐면 대통령 당선부터 임기 중에도 부정과 조작의 연속이었기 때문이다.

둘째, 이는 문재인 정권 5년 동안 좌파 세력들이 살판났었음을 알 수 있다. 그래서 모금을 시작하면 당일에 거액이 쏟아질 정도로 좌파 동네는 풍요롭고 풍성했다.
역시 좌파 세력이 또다시 집권해야만 이권과 재미를 연장·보장받을 수 있고, 높은 지지율을 기록할 수 있었으며, 이는 서로의 속셈이 맞아떨어진 현상 겸 증거이기도 하다.

셋째, 설상가상으로 국민(지지자)들은 선심성 포퓰리즘과 선전·선동에 놀아났고, 지도자를 선택하는 판단력에 심각한 하자가 있었으며, 대한민국은 언제든지 이들 세력이 활개 칠 위험은 물론이고 나라의 운명과 미래가 순탄치 못할 것을 암시하는 징조였을 수도 있다.

윤석열의 임기 후반과 말기 지지율은 고공행진이 확실

윤석열의 임기 말 지지율은 다른 대통령들의 임기 말에 비해서 월등히 높을 것임을 짐작·확신할 수도 있다.

윤석열이 진행 중인 대한민국의 개혁과 위대한 업적

역사에서 위대한 사건·개혁이나, 진짜 중요한 업적이나, 가치 있는 일들이나, 엄청난 기적은 대수 대중이 쉽게 예상·이해할 정도로 쉽고 간단하게 진행되지 않는다.
오히려 아무도 예상하지 못한 상태에서 참으로 어렵게, 가까스로 진행된다.
심지어 치명적인 전쟁과 천재지변의 대재앙·재난·혼란이 시작·진행·해결될 때는 무지몽매한 다수 대중이 가장 크게 휘말리거나, 피해당하거나, 희생양으로 전락하기 쉽다.
반대로 다수 대중이 현명했다면 치명적인 전쟁이 터질 리 없고, 난해한 개혁이든, 훌륭한 업적이든 다수 대중에 의해서 쉽게 성공했을 것이다.
이처럼 엉망진창인 대한민국의 해결도 국민들이 생각하는 방법으로는 어림없다.
따라서 윤석열 대통령은 위태위태하고 간들간들하고 아슬아슬한 길을 걷는 중이고, 국민들이 대통령을 적극적으로 믿고 존중하고 함께 해야만 모두 함께 쉽고 빠르게 좋아질 수 있다.

9. 윤석열 대통령에게 아쉬운 점과 탄핵 가능성

여기서는 윤석열이 대통령에 당선된 전후와 임기 중의 아쉬움을 살펴본다.
윤석열의 경력은 유일하게 검찰(검사와 검찰총장)이었다.
그로 인해서 대통령 선거에 출마와 당선을 전후로

첫째, 대한민국의 역사·문화·민족성·국민성·현실에 대한 뿌리 깊고 폭넓은 이해가 부족했고, 심각한 문제들에 대한 체계적인 분석과 해결 방안의 연구와 준비가 부족했다.
따라서 윤석열은 대통령 선거 출마·당선을 전후로 앞 주제에서의 ④⑤⑥과 ⑪을 준비하지 못했다. 다시 소개하면,
④ 국민의 의식 향상을 통해서 국민들이 역사 내내 착취·학대·차별·울분·설움·원한과 그 찌꺼기들을 수렴·점검·반성·포용·위로·치유·개선하기 위한 방안과 노력
⑤ 역사에서의 후진적인 문화와 민족성과 국민성과 인간성과 인간관계와 식민지 시절의 피해의식과 열등감을 자유·평등·정의·인권·복지라는 월등한 개념들을 통해서 근본적으로 변화·향상·해결하기 하기 위한 노력과 방안
⑥ 민주주의 체제와 질서로의 현대사 정립과 대한민국의 정통성 확립(교과

서 등에)
⑪ 주변의 불량 국가들(북한·중공 등)이 대한민국의 민주주의와 국민들과 기업들을 훼손·위협·회유·침투하지 못하도록 철저한 조치·보호·단속

물론 대통령을 욕심 내지 않았던 윤석열에게 이것까지 요구하기는 무리다. 설사 요구할 수 있다고 해도 그렇게 되면 국민들은 무책임한 구경꾼들에 불과하고, 철부지 어린이들에 불과한 셈이 된다. 왜냐면 수많은 국민이 대통령 한 사람만을 쳐다보고, 대통령이 모두 알아서 해결해 주길 바라는 꼴이기 때문이다. 그렇더라도

만일 윤석열이 ④⑤⑥⑪처럼 대한민국의 과거·후진성(역사·문화·관행·민족성·국민성·인간성·인간관계 등)에 대해서 점검·반성·포용·승화·용서·처벌·단합·협력이라는 국가적·국민적인 대전환점을 마련했다면 거시적·거국적·총체적인 명분을 확보해서 대세를 주도할 수 있었고, 대다수 국민을 주체와 주역과 주인공으로 삼아서 훨씬 더 합리적·효율적·효과적으로 국정을 운영했을 것이라는 아쉬움이 크다.
물론 아직도 임기 중반이어서 최소한 ④⑤⑥⑪의 발판을 깔아 놓을 수는 있고, 나라와 국민과 국제사회를 적극적으로 위한다면 남은 임기 중에도 중요한 것들을 추켜들 수도 있다.

둘째, 만일 윤석열 대통령이 이승만·박정희·박근혜에 이어서 또다시 비극(탄핵 등)을 당한다면 고스란히 자기 잘못과 책임이다. 왜냐면 위(첫째)에 소홀했고, 설사 윤석열이 생각하는 것이 있었더라도 국민에게 전혀 전달되지 않았기 때문이다.

셋째, 또한 윤석열이 대통령 선거에 출마할 당시 보수 세력은 사실상 붕괴 상태였고, 유명무실한 보수 세력을 권력 기반으로 삼아서 임기를 시작하기는 힘들었다. 왜냐면 보수 세력은 자중지란의 연속이었고, 대안이 전혀 없었으며, 심지어 김병준·김종인·이준석이 비상대책위원장·혁신위원장을 지낼 정도로 사실상 유명무실했고, 그런저런 이유로 정치 초짜였던 윤석열이 보수 인물들을 제치고 대통령까지 당선되었기 때문이다.

넷째, 더구나 윤석열·김건희 부부 역시 애당초 진보·좌파였거나, 그에 가까웠다. 그래서 대통령에 당선되어서도 진보·좌파적인 잔재들(인연 등)이 어느 구석엔가 남아 있었을 수밖에 없었고, 심지어 진보 좌파에 대한 배신자로 공격·매도당하는 촌극의 연속이었으며, 김건희는 그러한 인연들과 인간관계를 연장했던 소박함이 오히려 발목 잡히는 말썽의 원인이었다.
특히 윤석열 부부는 다른 대통령들과는 달리 대통령 임기 중에도 원래 휴대폰을 그대로 사용했을 정도로 소박하고 결백하고 인간적이었고, 그것이 치명적인 화근으로 작용했다.
하지만 윤석열은 대통령직을 수행하면서 비로소 정국의 상황을 파악하기 시작했고, 좌경화된 좌파들이 얼마나 막강하고 악질적·망국적인지에 대한 심각성을 인식하게 되었다.
어떻든 윤석열은 대한민국 정치판의 실상과 좌경 세력에 대한 파악이 늦어짐으로써 제대로 된 준비·대응·조치를 하지 못했던 잘못과 책임을 부인할 수 없다.
반대로 비극(탄핵)을 당하지 않고 임기를 마무리한다면 제3의 똥딴지로서의 사명을 완수한 셈이 되고, 대단한 업적으로 인정받을 것이며, 국제사회에서 훌륭한 대통령의 반열에 오를 수 있다.
이미 모든 이치와 기운이 한반도에 집중되어 있고, 기적이 함께해 줄 정도로 짱짱하고 창창해서 저질적인 기회주의자들과 악질적인 공산주의와 연계 세력들은 급격히 거꾸러질 수밖에 없으며, 진정한 애국민들의 적극적인 지혜와 지지가 필수다.

다섯째, 윤석열은 초대 법무부 장관과 검찰총장을 잘못 선택·임명한 잘못과 책임이 크다. (이는 사실로 입증되었다.)
윤석열 대통령의 임기 초에 검찰과 법원의 역할과 책임이 막중했으나 지금까지 이재명 구속과 문재인 수사조차 하지 못했으며, 이는 한동훈 법무부 장관과 이원석 검찰총장의 잘못과 책임이기 때문이고, 어쨌든 윤석열은 그들의 실체와 정체성과 인간 됨을 알아보지 못한 잘못과 책임이 크다.

여섯째, 윤석열의 한동훈·이원석 기용은 한편으로 정말 다행인 점도 부인할 수 없다.
윤석열에 의해서 미래의 치명적 위기와 위험이 해결된 측면이 있고, 사이비·위장 우파 지지들이 한동훈에게 대거 몰리면서 그들의 실체와 수준을 고스란히 드러났기 때문이다.
이는 결과적으로 대한민국과 국민으로서는 머잖아서 닥쳐올 위험과 망국을 일찌감치 방지한 셈이 되었고, 그야말로 대한민국은 행운과 기적이 함께해 주는 연속이고, 윤석열은 임기 후반을 새롭게 출발할 수 있게 되었으며, 어떻든 이는 윤석열 대통령에 의한 기막힌 행운이라고 할 수 있다.

일곱째, 부정선거에 대한 논란이다.
국민의 상당수가 심히 의심·걱정하고, 국내외의 권위 있는 통계학자들이 부정선거를 의심·확신까지 하는데도 대통령인 윤석열은 가타부타 말이 없다. (이는 비상계엄으로 오해가 풀렸다.)

더구나 부정선거로 의심받거나, 확신하는 사건들과 증거들이 계속 제시되었고, 국가적·국민적으로도 중차대한 사안이며, 더구나 선관위가 해킹에 노출된 상태였고, 노출된 사실조차 몰랐거나 알면서도 기어코 부인했을 정도로 의문·의심·의혹투성이였으며, 선관위 내부(인사·행정·운영 등)는 복마전 통속이었다.
이는 대한민국의 역사와 문화와 민족성과 현대사와 국민성과 관행들을 통틀어서 청정 지역과 성역을 스스로 주장하거나, 국민들에게 성역을 인정받을 자격·대상은 있을 수 없고, 선관위와 5.18도 마찬가지라는 이야기다.
왜냐면 청정 지역과 성역으로 인정받으려면 스스로 투명하고 공개적이어야 하지만 사실은 정반대로 복마전 속이기 때문이다.
이런저런 상황들과 사정들을 고려했을 때 5.18 단체와 선관위는 절대 정상적으로 관리·운영되지 못했을 것이고, 앞으로도 마찬가지라는 사실이 확연하게 드러낸 셈이다.

여덟째, 만에 하나라도 대통령이 임기를 채우지 못하는 비극이 발생한다면 적극적으로 지지하지 않았던 국민들의 책임이 절대적이고, 이어서 윤석열 본인의 책임일 것이다.
다시 말해서 대통령이 나라와 국민을 위해서 최선을 다하고, 대단한 능력을 발휘하는 것과 대한민국의 대통령으로 성공하거나, 비극을 극복하는 것은 별개라는 이야기다. 물론 이런저런 것은 조만간 낱낱이 밝혀지고 확인될 것이다.
하지만 대통령이 대한민국을 획기적인 대전환점의 기회로 연결하지 못했다는 점에서 아쉽지만 당장 해결해야 할 현안·과제들이 산적할 수도 있는 점에서 이해하지 못할 바는 아니다.

아홉째, 윤석열은 나라와 국민을 위해서 대통령 선거에 출마했고, 자기 이익과 편리를 도모하거나, 누군가와 타협하거나, 아쉬운 소리를 하거나, 자리에 연연할 생각은 추호도 없고, 대통령으로서 할 수 있는 일들과 해야 할 것들을 당당하고 의연하고 소신껏 수행 중이다.

열째, 이는 윤석열의 인성 자체가 조잡·조악하지 않고, 불의와 타협하지 않으며, 부당한 압력·회유·유혹에 넘어가지 않는다는 점에서 나라와 국민에게는 최고의 행운과 기회다.
당연히 대통령 임기 중에 명분 없는 짓과 무리한 시도는 상상하지 않을 것이고, 어떠한 상황과 조건에서도 자유와 헌법과 정의와 공정과 소신에 충실하고 끝까지 최선을 다할 것이다.
다시 말해서 윤석열의 태도와 행보와 표정과 대처 방법들을 모두 고려했을 때 대통령 선거에 출마·당선될 때부터 이미 나라와 국민을 위한 최상의 결과에 대한 자신감 확보부터 만약에 모를 최악의 상황까지 모두 각오했을 것이라는 이야기다.

윤석열 탄핵에 관련된 두세 가지 가능성

첫째는 탄핵을 강행하고 헌법재판소에서 인용할 경우다.
야당과 한동훈이 한 패거리로 대통령 탄핵을 강행하고, 설상가상으로 헌법재판소에서 탄핵을 인용하는 경우다.
물론 이는 현실적으로 가당치 않은 발상과 강행이다.
그래도 탄핵당한다면 자신의 업보로 알아야 하고, 절체절명의 위기에서 나라와 국민을 구해 냄으로써 애국했다는 것에 의미를 둬야 한다.
물론 대한민국은 윤석열의 탄핵을 기회로 국민들이 대거 정신들을 차릴 것이며, 지금까지와는 정반대로 국민들이 민주주의에 훨씬 더 적극적으로 바뀔 것이다.

어떻든 윤석열은 머잖아서(윤석열이 살아생전에) 대한민국에서 수여 가능한 최고의 훈장을 가슴에 달게 될 것으로 예상·확신한다.

둘째는 탄핵당해서 헌법재판소에서 무한정 대기 상태가 되거나, 아니면 헌재의 이진숙 방통위원장에 대한 심판처럼 재판이 진행되어서 탄핵이 기각당하는 경우다.
그런 경우 윤석열은 복귀하겠지만 한동훈 등은 비극의 극점에서 급격히 추락할 수밖에 없고, 진정한 애국 세력이 비로소 하나로 통합할 것이며, 획기적인 조치들을 통해서 대한민국이 대전환점을 맞을 것이다.

셋째는 만일 윤석열이 획기적인 대책을 추켜들면 탄핵에 상관없이 대한민국은 완전히 새로운 국면을 맞게 된다. 그뿐만 아니라 아마도 윤석열은 국제사회에서 가장 훌륭한 명품 K-대통령으로 존경받게 될 것이고, 대한민국은 개혁의 모범·모델이 될 것이다.
따라서 대한민국의 현대사는 역사에서의 악전고투와 현대사에서의 산전수전에 이어서 윤석열의 백병전까지 두루 거친 셈이고, 국민의 의식 향상과 함께 짱짱한 국운과 함께 창창한 국면으로 돌입하게 될 것이다.

10. 윤석열·김건희와 조미연과 한덕수 등에 진심으로 감사 (박종준·김성훈 등도)

필자가 생생하게 기억하고 감사하는 사건·인물이 많지만 여기서는 대표적인 세 사람을 소개하고, 용감한 애국자·충신·멋진 의리를 지닌 김용현 국방부 장관과 박종준 대통령 경호처장은 다음에 기회가 되면 소개한다.

첫째, 김건희

윤석열이 대통령에 당선되어서 나라와 국민을 구할 수 있었던 가장 직접적이면서도 소중한 인연이 김건희다.
김건희는 당초에 정치인의 부인이나, 영부인은 상상하지 못했다. 김건희는 미모나 보유 재산과는 다르게 비교적 평범했고, 정(소박함과 소탈함과 순진함)이 많은 서민에 가까웠으며, 그렇게 저렇게 윤석열과 인연이 되었으며, 당초에 정치색은 진보였거나, 진보에 가까웠다.
당시에 대한민국의 국운은 절체절명의 위기로 달음박질치는 상황이었고, 김건희는 빈털터리였던 윤석열이 대통령 선거에 출마·당선되는 전후에 절대 없으면 안 되는 인연이었다.
그래서 김건희는 그것만으로도 존재 가치와 획기적인 역할을 충분히 했다고 할 수 있고, 필자는 물론 국민들이 감사하고 보호하고 존중하고 함께해야 옳았다. 하지만 불순한 세력과 언론들로부터 동네북 신세가 되었고, 일거수일투족에 시비가 걸림으로써 민주주의 시민으로서나 대한민국의 국민으로서 가장 자유롭지 못하고 불편부당한 꼴들을 당하는 연속이며, 앞으로 국민들은 김건희에 대해서 진심으로 감사하고 미안하게 생각해야 하고, 보호·존중해야 하며, 대내외 활동들을 적극적으로 보장해야 한다.
아마도 윤석열·김건희 부부는 사람들이 쉽게 이해할 수 없는 우주의 심오하고 기이한 이치와 대한민국의 짱짱한 국운과 상서로운 정기에 의해서 인연이 되었고, 대통령에 당선시켰다고 봐야 한다.

둘째, 조미연 부장판사

추미애(법무장관)는 윤석열 검찰총장에 대해서 직무집행정지를 명령했다.

이에 윤석열 검찰총장은 직무집행정지 처분 취소 소송과 동시에 직무집행정지 명령의 효력 정지 소송을 제기했고, 서울행정법원의 조미연 부장판사(광주광역시 출신, 사법연수원 27기)에게 배당되었다.

조미연 부장판사는 2020년 12월 1일 오후 4시 30분에 "검찰총장이 법무부 장관에 맹종하면 검사의 독립성과 정치적 중립성은 유지될 수 없다."라고 검찰총장의 손을 들어 줬다.

이처럼 윤석열은 최고의 위기를 넘겼고, 이후에도 갖은 먼지 털기와 비난과 협박과 매도와 조작 등 고비들을 극복했으며, 결국은 대통령에 당선되었고, 악랄하고 집요한 비난과 조작과 공작은 지금도 계속되고 있다.

그러한 일련의 상황들에 대해서 필자는 법의 날(4월 25일) 외에도 매년 12월 1일을 '정의의 승리일'로 선포하고 기념해야 한다고 생각한다. 왜냐면 그 순간에 대한민국은 절망과 망국에서 기적적으로 벗어났고, 새로운 국면으로 접어들었기 때문이다.

만일 당시에 조미연 판사가 윤석열 총장의 직무집행정지 명령의 효력 정지 소송을 인용하지 않고, 기각했다면 이후에 대한민국은 급전직하의 망국으로 치달았을 것은 불 보듯이 훤했다.

이처럼 조미연이 직무집행정지 사건을 맡게 되었고, 자유·정의·진실의 역사가 그렇듯이 윤석열 검찰총장을 인용해 줌으로써 기적적인 상황을 연출해 낸 훌륭한 판사 겸 중차대한 시대적 소임을 똑바로 수행한 주인공이다.

셋째, 질적인 가치관과 정의에 입각·충실한 판사와 검사들

필자는 법조인이 아니지만 공정하고 정의롭게 판결했던 임상기 판사와 이창수 지검장과 신진우 부장판사 한성진 부장판사 등 훌륭한 법조인들을 발굴해야 하고, 각 분야에서도 국민들이 본받고 존경하고 기념하는 모델들과 방안들을 마련해야 함을 제안한다.
여기서는 극소수의 판검사만을 언급했으며, 추가로 파악해서 정의의 승리일(12월 1일)에 훈포장하고, 매년 12월 한 달은 우리 사회의 공정과 정의를 점검하고 기념해야 한다고 생각한다.

넷째, 한덕수 국무총리

망국적인 위기에서 윤석열 대통령과 함께했던 한덕수 국무총리에게 국민들이 진심으로 감사하고 존경해야 한다.
한덕수는 문재인이 국가 부채 천조국을 만들어 놓은 망국적인 위기에서 국무총리를 맡았으며, 총력을 다해서 파산을 면했고, 재도약의 밑바탕을 다지고, 발판을 구축해 놓았으며, 대통령 탄핵이라는 망국적인 파국에서 나라와 국민을 안정적으로 버텨 가고, 윤석열 정부는 물론이고 나라와 국민에게 없으면 절대 안 되는 핵심적인 주인공으로 등극했으며, 윤석열 대통령의 성공에 핵심 파트너이고, 대한민국의 위기 해결과 성공을 위한 밑바탕과 발판을 튼튼하게 구축해 놓은 최고의 지도자다.

설상가상으로

만일 제3의 풍딴지인 윤석열이 전면에 등장하지 않았거나, 등장했지만 대통령 선거에서 이재명에게 패했거나, 어떻든 이재명이 대통령에 당선되었다면 어땠을까? 이미 대한민국은 회복할 수 없는 망국으로 급속도로 추락 중일 것이 자명하다.
따라서 조미연 판사를 비롯한 공정과 정의와 자유민주주의에 확고한 소신으로 가득한 법조인들과 한덕수 국무총리와 박종준 경호처장은 앞으로도 대한민국을 위해서 좀 더 많이 오래 일했으면 한다.

질적인 가치관과 정의에 입각·충실한 판사와 검사들

필자는 법조인이 아니지만 공정하고 정의롭게 판결했던 임상기 판사와 이창수 지검장과 신진우 부장판사 한성진 부장판사 등 법조인들을 국민들이 본받고, 기념하는 방안을 마련해야 한다고 생각한다.
여기서는 극소수의 판검사만을 언급했으며, 추가로 파악해서 정의의 승리일(12월 1일)에 훈포장하고, 매년 12월 한 달은 우리 사회의 공정과 정의를 점검하고 기념했으면 한다.

11. 13명의 대통령 중에서 가장 외롭고 고달픈 윤석열

그간에는 대한민국과 국민이 힘들어지면 당연히 대통령의 잘못과 책임이었고, 정권이 교체되었으며, 그것은 당연한 일이었다.
하지만 윤석열은 임기 중이나 임기가 종료한 후에도 나라와 국민이 힘들어지거나, 국가경쟁력이 떨어지면 이는 전적으로 국민들의 잘못과 책임이고, 국민들은 이러한 사실을 이제라도 깨달아야 한다. 왜냐면 국민들과 언론들은 윤석열의 참모습(능력·열정·의지·성과)은 안중에 없고, 전혀 힘이 되어 주지 못했으며, 오히려 동네북처럼 두들겨 패는 연속이었고, 언론들은 윤석열의 활약과 활동조차 제대로 보도해 주지 않았기 때문이다.
이와는 반대로 국민들은 대한민국을 망가뜨리고, 참담하게 실패한 더불어민주당의 실체·수준·조작·공작·왜곡·매도 등 범죄들과 역적 짓들에 대해서는 방조·두둔했다.
이런 점에서 윤석열은 13명의 대통령 중에서 가장 외롭고 고달픈 대통령이다. 왜냐면 그간에 대통령들은 임기 초에 국민들에게 전적으로 지지받으면서 출범했고, 사실은 대통령의 실제 자질과 능력과 가능성에 상관없이 높은 지지율로 허공에 붕 떠서 임기를 시작했기 때문이다. 하지만 대통령들은 높은 지지율에 도취했고, 갈수록 지지율이 떨어졌으며, 임기 말에는 형편없이 곤두박질했다.

하지만 윤석열은 임기 중후반에는 정당한 평가를 받을 것이고, 국민들과 국제사회와 후대로부터 존경받게 될 것으로 짐작·기대하며, 만일 그렇게 되지 못했다면 나라가 힘들거나, 망해 가는 셈이고, 전적으로 국민의 잘못과 책임이다. 왜냐면 국민들이 제대로 일할 수 있도록 여건을 전혀 만들어 주지 않았고, 오히려 방해와 매도로 일관했으며, 그러한 지지율과 방해와 무시 속에서는 능력도 힘도 발휘할 수 없었고, 그러한 결과조차 윤석열의 잘못과 책임으로 뒤집어씌울 수는 없기 때문이다.

한동훈과 이원석에 대해서

한동훈·이원석은 결과적으로 지능 덕분에 암기·공부를 잘했던 셈이고, 그러한 방식으로 법무부 장관과 검찰총장까지 비약적으로 출세했으며, 국가와 국민에게 봉사·공헌해야 할 상황과 위치에서 정반대로 실망의 연속이었다. 이는 대한민국의 역사와 환경과 특성상 공부만 잘하면 마치 자신이 최고인 줄로 착각했던 본보기였고, 단순히 '민심', '국민의 눈높이', '법과 원칙'을 반복할 정도로 우둔했다.

다시 말해서 한동훈과 이원석은 나라와 국민과 국제사회와 역사와 인간과 현실에 중요하고 시급한 것이 무엇인지 알지 못했고, 인간의 됨됨이와 최소한의 도리조차 무관·역행하는 연속이었으며, 지도자로서의 자기 의지·소신·능력·정책은 단 한 번도 제시하지 못했고, 정체성조차 의심받을 정도로 얄팍하고 편파적이었으며, 외양이 급급했고, 기회주의적으로 일관했다.

한동훈·이원석이 기용된 것은 나라와 국민에게 다행

결과적으로는 윤석열이 한동훈과 이원석을 발탁했던 것 역시 나라와 국민에게는 지극히 다행이었다. 왜냐면 한동훈과 이원석은 그간에 국민들이 미처 알지 못했던 좌파의 실체와 한심한 인간성까지 고스란히 드러냈고, 순수한 애국 시민들은 한동훈·이원석과 같은 불순한 진보·좌파나 극좌파의 면면을 속속들이 확인하는 기회가 되었으며, 비로소 대한민국이 민주화를 마무리하면서 본격적으로 민주주의로 도약·번영으로 향할 수 있게 되었기 때문이다.

너무나도 답답할 수밖에 없는 윤석열·김건희 부부

지금까지의 국민성으로는 어떤 인물도 더 이상 할 수 있는 것이 없으며, 몇 십 년의 고비를 끝으로 또다시 망국적인 역사와 습성의 반복이 끝이고 답인 상황이었다.

그런데 윤석열은 털어도 먼지가 나지 않아서 포기했고, 대신에 김건희는 오죽이나 건수가 없었으면 이미 끝나 버린 사건 그것도 오래된 도이치 모터스와 간첩의 공작에 의한 디올 백을 트집잡아서 반복된 특검법 발의는 물론 악마화까지 했다.
이에 대해서 필자는 오히려 김건희가 얼마나 인간적이고 정직하고 깨끗한지를 입증해 주는 증거들이라고 생각한다.
왜냐면 만일 김건희가 실제로 비리들을 저질렀다면 이미 엄청난 사건과 파장으로 정권을 무너뜨렸을 것이기 때문이다.

문재인·김정숙과 이재명·김혜경을 예로 들면

문재인·김정숙은 대통령과 영부인이라고 되뇌기조차 수치스럽게 파렴치한 범죄들과 추태들을 저질렀다.
그에 대해서 문재인과 청와대와 해당 기관들은 물론이고 더불어민주당과 언론들과 야당이었던 국민의 힘과 경찰·검찰과 시민단체들과 일부 국민들도 범죄들 대부분을 알고 있었다.
하지만 모두 무대책·무대응이었고, 비위 맞추기에 급급했다.
더구나 문재인 부부와 가족은 임기 후에도 조사를 질질 끌었으며, 결국은 묵비권을 행사했고, 지금도 당당하고 멀쩡하다.

역시 성남시장과 경기도지사였던 이재명과 김혜경이 저질렀던 추태들과 범죄들도 계속 문제되고 있다. 하지만 제대로 처벌받지 않았고, 제대로 수사도 받지 않았으며, 압수수색조차 당하지 않았고, 지금까지 그러한 특권과 특혜는 없었다.

그런데 대한민국의 현직 대통령과 영부인은 별별 꼴들을 당하는 연속이고, 심지어 영부인인 김건희는 수사까지 받았으며, 무혐의로 결론 내려져도 또다시 반복 특검법으로 몰아붙이는 등 대한민국은 법도 정의도 정부도 상식도 양심도 무용지물로 전락했다.
다시 한번 윤석열·김건희 부부에게 국민과 인간과 시대인으로서 미안하고, 진심으로 감사한다.

국민들이 정말 정신 차려야

이미 우리 국민들은 대한민국의 민주주의와 자본주의의 상징인 이승만과 박정희를 시궁창에 밀어 넣었던 전과가 있다.
그런데 아슬아슬하게 출범해서 나라와 국민을 구한 윤석열까지 말아먹는 일은 없어야 한다.

단도직입적으로 말하면

"대한민국에서 이승만과 박정희와 윤석열을 시궁창으로 밀어 넣을 자격이 있는 사람은 누구인가?
과연 그대들은 얼마나 유능하고 깨끗하고 완벽한가?"

"나라가 이런 지경이고, 국민이 이런 수준이라면 구태여 대학까지 가르칠 이유가 없지 않은가? 장기간 학교에 다닐 필요 있는가? 도대체 국민들이 배운 것과 배우지 않는 차이가 무엇인가? 나라 경제가 좋아진들, 한강의 기적을 만들어 놓든, 애국선열들이 희생하든 결국에 무슨 의미와 가치와 필요인가?"

"국민들은 대한민국의 진정한 민주주의와 국제사회에 모범을 보이고, 교훈을 줄 수 있는 참다운 선진국 실현은 안중에 없는가? 포기했는가?"

"참담했던 역사와 조상들의 삶과 인생을 훤히 알면서도 우리 후손들까지 또다시 벼락 맞아 죽을 짓들을 반복하면서 '저주의 비극과 망국의 악순환'을 반복·재현하는가?"

"국민들은 우주 이치가 두렵지 않은가?
138억 년 우주를 통틀어서 최고의 걸작품인 인간과 인류사에서 최고의 합작품인 민주주의가 감사하고 소중하지 않은가?"

"지금까지의 연장선에서 인공지능 시대를 어떻게 감당하려는가? 인공지능 시대의 의미와 가치와 문제가 무엇인지 아는가?"

"인간은 자기 생각과 자기 자유와 자기 일생을 걸고 신성하고 엄숙하고 진지하게 우주·인류와 함께 미래로 적극적으로 나아가려는가? 아니면 정체·퇴보·역행·몰락·도태·악순환의 혹독·살벌한 인과의 죗값들을 수없이 반복하려는가? 그러한 모든 원인과 과정과 책임과 선택과 결과는 모두 인과응보·자업자득·사필귀정이라는 사실과 이치를 아는가?"

"도대체 국민들은 인간적으로든 시대적으로든 국가적으로든 종합적으로든 무엇을 얼마나 잘하고 살았기에 이승만·박정희에 이어서 윤석열까지 망가뜨리지 못해서 안달이고, 반대로 저질·악질들조차 알아보지 못한 채 오히려 보호·방치·두둔해 주는가? 그토록 무지하고 차갑고 살벌한 인간성의 결과와 결말은 무엇이라고 생각하는가?"

"국민들은 노무현·문재인을 대통령으로 선출해 놓고, 다수당까지 밀어줬던 일이 있었다.
만일 국민들이 윤석열에게 다수당을 밀어줬다면 지금쯤 대한민국은 어땠을까? 아마도 윤석열은 난해한 개혁들에 성공하고, 대한민국을 몇 단계든 한 차원이든 업그레이드했을 것이다.
국민들은 윤석열의 임기 중후반부터라도 전폭적으로 힘을 실어 줘야 한다."

필자와 내기할 사람들은 용감하게 나서길

대한민국 국민들은 의식 향상과 적극적인 인간미 발휘와 진정한 단합과 협력이 중요하고 시급하다.

이를 위해서 아래에 해당하는 사람들은 필자와 목숨이나, 전 재산을 모두 걸고 내기하길 바란다.

만일 문재인과 이재명과 조국과 그들 세력과 일당들이 나라를 망치는 역적이나, 파렴치한 범죄자들이나, 나라와 국민과 민주주의를 해치는 것이 아니거나, 진정으로 인간다운 애국자라고 확신·장담하는 사람이나, 윤석열·김건희 부부가 파렴치한 범죄자이거나, 나라와 국민을 망친 저질·악질이라고 확신·장담한다면 자기 명예는 물론 목숨과 전 재산을 내놓기로 필자와 내기하길 바란다. 내기하지 못한다면 진정으로 반성해야 한다.

12. 대통령에 대한 윤석열의 자신감·확신과 현대사에서의 비중

대한민국은 역사 내내 봉건왕조 국가였다가 일제강점기가 시작되었고, 다시 일제강점기가 끝났으며, 6.25남침으로 나라를 거의 빼앗겼고, 6.25가 끝났으며, 민주주의 체제가 본격화되었다.

그런데 만일 아직도 국민들이 봉건왕조를 숭배하거나, 일제강점기에서의 피해의식에 머물거나, 6.25를 일으킨 김일성과 공산주의와 전쟁 중이거나, 당시에 김일성에게 나라를 빼앗겨서 추종하고 살아간다면 대한민국과 국민들은 어떤 꼬락서니일까?

아마도 죽음과 감옥과 지옥의 연속이었을 것이다.

그렇다면 국민들은 허약한 역사와 민족성과 인간성과 문화와 관행과 사회환경 등을 적극적으로 극복해야 당연하다. 그렇지 못하면 당연히 망국이거나, 여전히 후진국이거나, 민주주의는 정착 불가능하다. 왜냐면 인류사에서 가장 수준 높은 제도가 민주주의이고, 향상된 국민 의식이 필수이기 때문이다. 민주주의는 자유·평등·정의·인권·복지를 추구하고, 법과 제도와 정책을 통해 실현하면서 더욱 향상·발전·도약하는 취지이며, 국제사회와 함께 더 나은 사회문화와 인류 미래를 위해서 부단히 나아가야 한다.

그런데 대한민국은 또다시 독재(이승만·박정희·전두환·노태우)했고, 민주화(노태우·김영삼·김대중·노무현)했으며, 진보(노무현)했고, 보수(이명박·박근혜)했으며, 좌경화(문재인)까지 했다.

그러던 중에 풍딴지(윤석열)가 등장해서 어렵사리 좌경화를 중단했고, 힘들게나마 앞만 보고 진행 중이다.

하지만 윤석열의 등장과 좌경화의 중단은 겨우 시작에 불과하고, 대한민국의 민주주의는 갈 길이 멀고 험하다.

다시 말해서 무엇이든지 초기가 중요하기 때문이다. 그런데 껍데기만 민주주의였을 뿐이고, 그나마 시작하자마자 독재에 이어서 민주화와 진보와 보수에서 터덕거렸으며, 좌경화까지 악화했다.

하지만 도대체 무엇을 위하고, 어디를 향하고, 누가 주체인지조차 상관없이 속수무책의 연속이다.

다시 말해서 윤석열만으로 그런저런 것을 모두 감당하고 끌어가기는 어림없고, 국민들이 적극적으로 함께해야 한다는 이야기다. 하지만 대다수 국민들은 아직도 무시와 실망과 포기 상태이고, 현실은 진보와 보수로 극단적으로 분열되어 있으며, 어느 한쪽이 득세하든 결국에 긍정적이고 고무적인 가능성은 절대 또 절대 기대할 수 없다.

특히 윤석열은 불순한 좌경 세력이 '보수 궤멸', '20·30·50년 집권' 호언장담하는 속에서 감히 홀몸으로 뛰어들었고, 가능해서가 아니라 속수무책인 상황에서 어렵사리 당선되었다.

역시 윤석열은 짧은 기간이지만 적극적으로 대통령 수업을 마쳤고, 나라와 국민에게 공헌할 방안과 성공에 대한 확신까지 있었다. 하지만 국민들은 속수무책인 채 투정꾼들과 방해꾼들로 바뀌었다.

이를 솔직하게 표현하면 윤석열을 대통령이라는 비극의 절벽으로 밀어서 올려놓고, 함께해 주거나 도와주거나 제대로 기회도 주지 않았으며, 작심하고 아래로 밀어뜨려 버리려는 모양새다.

그간에 국민들은 윤석열을 적극적으로 믿고 존중하고 지지했어야 했다. 하지만 문재인과 이재명보다 훨씬 더 지지율이 저조하다 못해 참담한 지지율의 연속이었고, 이준석에 이어서 한동훈조차도 적군이고, 차라리 제거해 버리면 끝나는 적군들보다 훨씬 더 위험하고 심각했다.

물론 이에 대한 원인은 당초에 30곳이었던 여론조사 기관이 문재인 정부에서 60여 개가 더 늘어나서 90곳이나 되었고, 지금도 특별한 변화가 없으며, 여론조사를 도저히 믿을 수 없는 상황이고, 이를 관리·감독하는 선거관리위원회 역시 복마전 속이어서 도저히 믿을 수 없다. 하지만 대통령도 보수도 국민들도 너무나 힘이 없고, 집중력을 기대할 수 없다.

이런저런 것을 종합하면 결국은 국민성이라는 사실을 지적하지 않을 수 없다. 왜냐면 대한민국은 공짜 민주주의에 이어서 평화가 당연해졌고, 자유는 방만해졌으며, 국민들의 관심사는 이익과 게임과 놀이와 여행과 유행 등 흥행 문화로 바뀌었기 때문이다. 그로 인해서 마음에 들지 않고 까다로운 법과 정치는 무관심해졌고, 실망과 좌절과 패배 의식을 조장해 왔던 저질·악질·불순세력이 마음껏 활개 치는 저질 국가로 바뀌었다.

물론 이는 미국을 비롯한 선진국들과 국제사회도 마찬가지이며, 인간과 자유와 평화와 민주주의가 총체적인 한계에 봉착한 원인 겸 결과다.

이처럼 대한민국을 좌우하는 가장 큰 세력은 헌법과 법률과 양심과 상식과 질서와 정부 기관들을 짓밟고, 마음껏 주물럭거리는 좌경화 세력(국회)이 차지했고, 반대로 민주주의 세력은 허술해진 규정과 개인의 양심·상식으로 어렵게 버텨 가는 중이며, 속수무책으로 당하는 연속이다.

따라서 대한민국의 좌경화 세력은 인간과 민주주의의 허점을 악용해서 무지몽매한 대중을 다양한 미끼들로 유혹·회유·압박·선동했으며, 집요한 이권 카르텔로 거대해졌고, 막다른 골목으로 내몰린 민주주의 세력은 또다시 양분된 채 속수무책이었다.

심지어 좌경화 세력은 보수 세력에 대거 침투했고, 윤석열이든 김건희든 만신창이를 만들고, 기어코 탄핵으로 몰아서 정권을 재창출하려고 안달할 정도로 망동의 연속이다.

물론 좌경화 세력들로는 당연히 그럴 수밖에 없다. 왜냐면 만일 윤석열을 제거하지 못하면 자신들의 범법이 드러나고, 무수히 감옥에 가야 하며, 불순세력이 급격히 몰락할 수밖에 없음을 스스로들 잘 알기 때문이다.

따라서 거대한 이권 카르텔로 유혹·회유·압박·선동하는 불순세력을 국민들이 감당·극복하지 못하면 국민도 나라도 민주주의도 국제사회도 인류 미래도 급속도로 악화(퇴보·역행·도태)할 수밖에 없다.

정리하면 우리는 현대사 내내 인류사에서 가장 수준 높은 국민 의식과 자질이 필수적인 천상의 민주주의에 무관·실패·역행까지 두루 해 보았고, 그런저런 과정에서 또 다른 국민들은 희생·활약해서 대단한 업적들을 세웠다.

물론 그간에 국민들도 할 만큼 했고, 결과는 이런 지경이라는 사실을 모두 함께 인정해야 하고, 원점으로 돌아가고·돌아와서 새롭게 다시 만나고 시작해야 하며, 국민들은 더 이상 과거(독재·민주화·진보·보수)에 국한·연연하지 말아야 하고, 오히려 그간에 대한민국의 민주주의가 실패와 악순환의 연속이었고, 그러한 배후·동력이었던 지금까지의 자신과 우리를 기꺼이 양보하고 버려야 하며, 대전환점을 만들어서 상황을 극복하고, 개발도상국에 모범을 보이고, 국제사회에 교훈이 되어야 하며, 이것이 역사와 근현대사에서 악전고투도 산전수전도 백병전까지 두루 거쳤던 이유다.

13. 제3의 똥딴지인 윤석열을 국민들이 적극 도와야

대한민국의 국민들이 각성·명심해야 할 점

대한민국의 현 상황을 가장 잘 대변해 주는 이야기가 있다.
정진석 비서실장은 얼마 전에 청와대 직원들에게 "백병전할 각오로 임해 달라."라고 호소했다. 이것이 대한민국과 국민들의 총체적인 실상을 간절하게 표현·증명해 주는 현주소다.

이승만과 박정희와 윤석열은 대한민국(현대사·국민·망국)에 결정적인 역할들을 해냈다. 역시 박근혜가 대한민국 최초의 여성 대통령에 당선되자 국제사회는 대한민국에 대해서 '진정한 민주주의 국가이며 동시에 대단한 국민의식을 가졌음'을 인정했고, 나라도 국민도 위상이 획기적으로 상승했다.
하지만 순수하고 선량하고 청렴했던 박근혜를 국민들이 제대로 지켜 주지 못했고, 온갖 오물들을 뒤집어씌워서 악마화하는 불순 세력에게 고스란히 속아 넘어갔으며, 이제는 윤석열과 검찰(특수활동비 전액 삭감)의 무력화를 도모하는 등 위태한 상황이다.

대한민국의 5천 년 역사를 통틀어서 가장 청렴하고 획기적인 변화와 업적을 가져다준 이승만·박정희에 이어서 이명박·박근혜를 국민들이 받쳐 주지도 지켜 주지도 못했고, 윤석열조차 비극으로 내몰아 버린다면 도대체 국민이 주권자일 이유가 무엇인가? 도대체 나머지 대통령들은 무엇을 얼마나 잘했는가? 국민들이 자문해야 하고, 진정으로 진실해져야 하며, 이런 지경이라면 자유가 무슨 필요와 가치이고, 과연 무엇을 위해서 국민이 필요하고, 언론이 필요하고, 정치가 필요한가?

국민들이 윤석열을 적극적으로 도우면서 함께해야 할 이유

윤석열이 대한민국의 현대사에서 제3의 똥판지로 등장했을 때 지지기반인 보수는 사실상 궤멸된 상태였다. 그래서 12명의 선배 대통령에 비하면 윤석열은 출발부터 지지기반과 지지 세력이 미약했고, 심지어 철부지 겸 망나니 수준의 이준석에게조차 별꼴들을 당할 정도로 힘도 세력도 하찮았다.

지금도 윤석열은 기존의 이해관계 집단·세력과 연결 고리가 없고, 보호해 줄 세력이 턱없이 부족하며, 동네북처럼 공격·매도당해도 오직 대통령으로서 해야 할 일들에 집중할 수밖에 없고, 이런저런 잡음들에 대응할 여유도 필요도 없으며, 할 일이 수두룩하게 널려 있다. 하지만 최소한의 힘조차 쏟을 수 없을 정도로 시비꾼들과 방해꾼들과 구경꾼들로 넘쳐 난다.

박근혜를 탄핵할 때 그 많던 군중은 어디에서 무엇들을 하는지 궁금하다.

제1·2의 똥판지였던 이승만·박정희 역시 밀접한 이해관계로 엮인 이해관계 집단을 거느리지 않았고, 민심에서 멀어졌으며, 그로 인해서 소수의 아첨꾼에 놀아나다가 독재로 빗나갔고, 이뤄 놓은 업적들에 비해서 뒤끝은 초라했고 좋지 못했다.

이는 이승만·박정희·이명박·박근혜·윤석열은 갖가지 이해관계(연줄·청탁·비리·보직·공천 등)로 얽히고설켰던 김영삼·김대중·노무현·문재인과는 정반대라는 이야기다.

마찬가지로 갑자기 등장한 윤석열 부부는 비빌 언덕조차 없이 시작했고, 온통 기대하고 요구하는 사람들뿐이었으며, 잡을 수 있는 지푸라기조차 기대하기 힘들었고, 소속 정당에서조차 동네북이었다.
그로 인해서 당연히 좌경화된 불순세력으로부터 악랄·집요하게 매도·왜곡·공격당하는 연속이었고, 국민들은 이것도 저것도 아니거나, 이것에도 저것에도 오락가락하는 등 있으나 마나일 정도다. 이러한 상황에서 과연 윤석열이 방해와 무관심의 위기와 난국을 헤쳐 나갈 수 있을지 노파심을 가질 수밖에 없고, 대한민국의 전반적인 상황을 다시 한번 살펴봐야 한다.

첫째, 보수(이명박·박근혜)는 연거푸 궤멸당한 상태였고, 윤석열은 세력과 지지기반이랄 것조차 없이 대통령 임기를 시작했다. 하지만 이념을 아우르는 참다운 세력은 기대하기 어렵다.

둘째, 이미 행정부도 입법부도 사법부도 자치단체도 의회도 언론도 여론도 노조도 지식인들도 좌경화된 좌파(종북좌파·주사파·중공몽) 세력에게 장악당한 상태였고, 국회 의석도 1/3에 불과하며, 쉽게 상황을 반전시킬 가능성 역시 희박하고, 불순·무능한 좌경 세력이 스스로 몰락하는 것을 다행으로 여기고, 지켜볼 수밖에 없는 지경이다.

셋째, "장기 집권하겠다."라고 장담했을 정도로 착각·무능했던 좌경 세력은 윤석열에게 대통령을 빼앗겼다고 생각한다.
그래서 대통령을 끌어내리기 위해서 사사건건 악랄하게 매도·왜곡·방해·거짓 뉴스를 날조하고, 악감정과 보복심리로 가득하다.

하지만 윤석열은 도와줘도 부족할 수밖에 없는 상황이고, 그처럼 비인간적이고 야비한 짓들에 일일이 대응할 여유도 시간도 필요로 느끼지 않을 정도로 바쁘다.

넷째, 그나마 문재인이 국가 부채를 천문학적으로 늘려 놨으며, 곳곳을 약화·허물어뜨려 놓았고, 자칫하면 국가가 부도 날 상황이었으며, 윤석열은 무엇부터 어떻게 해야 할지 난감했고, 웬만큼 잘 해도 성공과 성과는 불투명했다.

다섯째, 더구나 윤석열은 역대 대통령 중 임기 초반·중반의 지지율이 가장 저조했고, 또다시 어떤 변수들로 인해서 위기가 생겨나고 가중될지 장담할 수 없으며, 지금의 연장선에서는 대한민국의 국운과 미래가 보통으로 심각하지 않고, 무엇보다 주권자로서 힘이 되어 줘야 할 국민들이 무관심하거나, 조작과 선전·선동에 놀아나는 안타까운 상황이다.

여섯째, 윤석열은 대통령으로서 성공하더라도 개인의 운명·말년은 확신·장담할 수는 없는 비극·비운의 역사가 반복되었다.
그렇든·어떻든 윤석열은 이승만과 박정희처럼 대단한 업적을 세우는 연속이고, 역시 이승만과 박정희처럼 비극적인 말로·말년으로 끝나서는 안 되며, 그러한·저러한·이러한 모든 가능성과 결과는 전적으로 국민들에게 달렸고, 윤석열 대통령에 대한 국민들의 절대적인 신뢰와 적극적인 지지가 필수적이다.

일곱째, 윤석열은 문재인 정부로부터 탄압받으면서 대한민국의 심각성을 깨달았고, 나라와 국민을 위한 책임과 소명을 짊어지고 발휘했으며, 목숨도 인생도 명예도 기꺼이 걸어야 하고, 당연히 그러고 있다는 사실은 의심할 여지가 없으며, 대중적인 인기에 연연할 필요가 없고, 의연하고 당당하게 헤쳐 나가는 중이다.

여덟째, 이미 대한민국은 인류사를 주도해 가기 위한 굵직한 명분과 대세라는 대로에 들어섰고, 국민들은 국내외로 외롭지만 긴박하고 과감하게 동분서주하는 윤석열 대통령을 무시하고 헐뜯고 짓밟는 짓들은 결국에 용납받을 수 없고, 먹혀들지도 않을 것이며, 불순세력들이 대로를 벗어나거나 억지와 오기를 부릴수록 치명적인 죗값들을 치를 수밖에 없음을 각오해야 한다.

아홉째, "똥개도 주인이 애지중지하면 이웃들이 함부로 취급하지 못하고, 훌륭한 진돗개도 주인이 발길질 해 대면 이웃들도 함부로 취급한다."라는 속담이 있다.

국제사회는 문재인을 만나 보고 지켜보면서 너무나 실망했고, 그런 역적과 속물을 대통령으로 뽑아 놓은 국민에 대해서도 놀라고 실망했다. 당시에 트럼프가 방한해서 국회에서 했던 연설이 바로 그러한 국민들에게 보낸 충고 겸 걱정이었고, 문재인이 국민들에게 해야 했던 말들을 트럼프가 대신해 준 셈이었다. 그런데 윤석열이 대통령에 당선되었고, 국제사회는 열화와 같은 환호와 박수를 보냈으며, 특히 윤석열의 미국 방문과 의회 연설에서 의원들이 보여 준 최고의 예우와 환대는 뭉클할 뿐만 아니라 대한민국의 국민이라는 사실에 자부심까지 느꼈을 정도다.
그런데 우리 국민들과 언론들은 윤석열을 존중하고 애지중지하기보다는 함부로 취급하고 내팽개치는 연속이었다.

대한민국은 왜 인물들을 키우지 못하는가?
대한민국은 역사부터 지금까지 충신들과 영웅들을 왜 꺾어 버리는가?

왜 국민들은 자기 수준으로 역사를 바라보고, 시대를 살아가고, 인물들을 무시하는가? 왜 자기 수준 이상은 존중도 인정도 하지 않는가? 도대체 무슨 억하심정인가?

사람들을 만나서 보고 듣노라면 참으로 한심 답답한 서민들이 대통령을 무작정 부정하고 비난하고 매도하는 것을 보노라면 '저런 사람에게는 자유와 평등과 민주주의는 적합하지 않고, 봉건왕조나 독재나 식민지가 적격인데' 하는 아쉬움과 걱정과 좌절감으로 한동안 힘들다.

14. 윤석열의 등장에 내포된 의미와 가치

첫째, 대한민국의 현대사에서 독재·민주화에 이어서 진보·보수의 등장·몰락과 좌경화된 극좌파의 등장·몰락은 어떤 의미이고, 윤석열의 등장은 과연 어떤 의미인가?

둘째, 왜 지구상에서 지극히 작은 나라인 대한민국이 최단기간에 그토록 최악부터 최고(?)까지 생생하게 진행 중인가?

셋째, 세계사에서 사고뭉치였던 일본과 공산·사회주의 중공과 그보다 훨씬 더 열등·악랄한 북한의 독재 세습 정권과 대한민국은 왜 이웃 국가들로 함께 하고 있는가?

넷째, 왜 대한민국은 참담했던 역사와 파란만장했던 근대사를 거쳐서 전혀 다른 차원의 현대사로 복잡다단하게 진행되었으며, 남북한의 분단과 통일은 대한민국의 국운·사명과 국제사회와 인류 미래에 어떻게 연관되는가?

다섯째, 그러면서도 대한민국은 왜 지금까지 완전히 망하지 않았으며, 왜 진정한 민주주의 선진국에도 진입하지 못했는가?

여섯째, 인류사에서 찾아 볼 수 없는 초강대국인 미국과 대한민국은 과연 어떤 관계이고, 그 이유는 무엇인가?
서로의 관계와 역할은 무엇이었고, 이후에 어떻게 될 것이며, 어떻게 되어야 한다고 생각하는가?
앞으로 대한민국은 미국을 어떻게 도와야 한다고 생각하는가?

일곱째, 어떻든 대한민국은 미국과 주변국들과 국제사회와 인류 미래와 밀접하게 연관되어서 미래가 진행되고, 나라의 운명이든 선진국이든 국민의 삶이든 결국에는 공짜일 수 없으며, 악전고투·산전수전·각개전투·백병전을 통해서 민주주의의 소중한 가치를 지켜 내고 강해짐으로써 갈수록 국제사회의 단결과 인류 미래에 두각을 나타내게 된다는 점이 핵심이다.
이와 반대되는 견해를 지녔다면 무엇이라고 생각하는가?

여덟째, 대한민국의 국민들이 이승만·박정희에 이어서 윤석열까지 무너뜨릴 정도로 부정적·비인간적이라면 다시는 자유와 번영과 행복과 후대와 안정은 기대하지 말아야 한다. 왜냐면 그간에도 국민들은 이승만이 도입한 민주주의와 박정희가 이뤄 놓은 경제 발전의 최고 수혜자들이었기 때문이다.
예를 들면 남미와 동남아 등 여타 국가들의 지도자들이 이뤄 놓은 업적들과 국민들이 누리는 혜택과 인간다운 삶의 변화는 어디서도 찾아 볼 수 없고, 비교할 수조차 없다.

아홉째, 대안 없는 비난은 모두에게 치명적인 해악과 독약이고, 급변하는 미래에 적응하기도 어렵다는 사실을 국민들은 명심해야 한다.

예를 들면 138억 년의 우주 역사에서 가장 늦게 출현한 인류는 생각이라는 정교한 도구를 사용하기 시작했다. 하지만 생각이 본격적으로 활성화·극대화되기 전까지는 전혀 성숙하지 못했고, 지구의 초·중반기에는 인간이 우물 안 개구리들에 불과했다.

그러다가 원자 이하의 미시 세계(전자공학과 양자 역학 등)를 발견·연구·응용한 100년여 만에 지구와 인류는 상상하지 못했던 모습과 차원으로 달라졌고, 인공지능 시대가 도래했다.

이는 불과 이삼십 년 전만 해도 감히 예상·상상하지 못했을 정도의 급격한 변화와 발전이었고, 앞으로는 더욱 급격하게 변화될 것이며, 인류는 낡아 빠진 체제·이념·종교 전쟁과 민족 분쟁이 아니라 인류·우주·미래로 눈을 돌려야 하고, 적극적으로 인류와 우주의 미래를 개척·협력하도록 심혈을 기울이고, 초집중해야 한다.

15. 참담했던 과거·실체를 점검·반성하지 않았던 대통령들

여기서는 대한민국의 국민들이 과거·실체를 점검·반성하지 않고, 미화함으로써 현대사와 민주주의가 어떻게 진행되고 실패했는지 부정적인 측면을 간략하게 확인해 보자.

첫째, 이승만·박정희의 실패

이승만은 조선의 봉건왕조에 저항했다가 최초에 사형 선고를 받았을 정도로 유일한 저항 운동가였고, 사실상 운동권의 최고 원조였으며, 당대에 최고의 지식인이었고, 현대사의 양대 축인 민주주의와 자본주의를 대한민국에 최초로 도입·시작했던 주인공 겸 원조다.

물론 가정의 아버지들이나, 회사의 사장들이나, 자치단체장들이 모두 훌륭하고 뛰어날 수 없듯이 이승만도 장점·단점을 동시에 지닌다.

박정희는 자본주의 시장경제를 위한 경제개발계획을 수립·추진·성공했고, 세계사를 통틀어서 나라와 국민에게 가장 획기적인 변화를 가져다준 주인공 겸 영웅이다.

그런데 아이러니하게도 두 사람 모두 독재했고, 민주주의에 역행했다는 모순을 지닌다.

다시 말해서 당시에 이승만은 국민들에게 절대적으로 지지 받았고, 최고의 지식인이었다. 그런데도 실패했다면 애당초부터 대한민국은 수준 높은 민주주의에 성공할 수 있는 인물이 없었다는 사실을 깨달았어야 했고, 이승만의 독재를 계기로 지식인들을 필두로 우리의 과거·실체·실상을 총체적으로 점검·반성했어야 했다.

왜냐면 당시에 국민들은 남녀노소·지위고하·유·무식·빈부를 막론하고 민주주의에 무지·답답했다는 증거였기 때문이다.

다시 말해서 갓난아기들과 철부지들과 말썽꾸러기들과 청개구리들과 망나니들이 수준 높은 민주주의를 공짜로 얻었지만 무엇을 어떻게 해야 할지 헤매는 연속이었다.

그래서 막강했던 이승만·박정희는 나라와 국민과 5천 년 역사를 획기적으로 변화시켜 놓고도, 독재로 몰락했다.

둘째, 민주화의 실패

민주화 역시도 우리에게 얼마나 난해하고 힘겨웠는지 사례를 들어 보자.

당시는 김대중 정부 초기(집권 1·2년)였다. 그런데 모 국제단체에서 이렇게 발표했다.

"민주화를 상징했던 저항 운동가들이 대통령에 당선되어서 실제로 성공한 인물은 만델라뿐이다."라고 했다.

당시에 민주화를 통해서 대통령에 당선된 인물들은 김영삼과 바웬사(폴란드)와 만델라(남아프리카공화국)와 김대중 네 사람이었고, 만델라만 제대로 평가받고, 나머지는 실망·실패라는 이야기였다.

이처럼 민주화 역시 절대 쉽지 않음을 말해 주는 사례다.

김영삼·김대중이 대통령에 당선될 당시는 28년의 독재에 환멸을 느꼈던 국민이 민주화를 간절히 열망했고, 지지했었다.

그래서 독재에 저항했던 김영삼·김대중은 민주화의 상징이었다. 하지만 대통령이 되어서 민주주의에 실패했다. 왜냐면 김영삼·김대중 역시도 수준 높은 민주주의에 무관·무지하게 성장했고, 더구나 독재의 실패를 유도·기생·편승해서 대통령에 당선되었으며, 나라와 국민과 민주주의를 위한 능력과 자질에서 현저히 미달이었기 때문이다.

따라서 이승만·박정희는 민주주의에 역행·독재했고, 김영삼·김대중은 민주화에 실패했으며, 사실은 민주화를 망쳐 버린 주범들이다.

이는 어떠한 인물과 세력도 대한민국을 성공으로 이끌 수 없음을 입증한 셈이었다. 다시 말해서 어차피 민주주의에 갓난아기였던 김영삼·김대중은 권력 잡기·암투에 혈안이었고, 대한민국과 국민은 점검·반성할 기회를 또다시 잃었으며, 그때부터 민주주의와 민주화에서 동시에 벗어나고 멀어지기 시작했다. 왜냐면 적극적으로 인간답고 진지하고 성숙하게 진행되어야 할 민주화(노태우·김영삼·김대중)가 민족적인 한계와 굴레를 벗지 못한 채 비인간적·비민주적인 투쟁·시위·비난·매도의 연속이었고, 사실상 민주화의 상징이었던 김영삼·김대중은 권력과 주도권 장악이 목적이었다.
그로 인해서 대한민국은 민주주의는커녕 민주화 세력조차 급격히 몰락해서 움츠러들었고, 좌경(종북좌파·중공몽·반미) 세력이 살아나서 활개 치기 시작했다. 이처럼 민주화(노태우·김영삼·김대중) 역시도 참담했던 조상들의 후손들에 불과했고, 마치 역사(현대사)에서 양반·관리(독재)에 반발했던 상놈들에 불과했다.

셋째, 진보의 실패

대한민국의 현대사를 역사에 비교하면 독재(이승만·박정희·전두환·노태우)는 양반·관리·탐관오리에 해당하고, 민주화(노태우·김영삼·김대중)는 독재(양반·관리)에 반항했던 투사·반골(상놈)들에 해당한다.
그런데 이어서 등장한 노무현 역시도 민주주의에 무지·무관·역행했고, 대한민국은 더 이상 좋아질 수 없었으며, 더는 할 것이 없었다. 왜냐면 비교적 젊었던 노무현이 선배들의 실패를 점검·반성·포용·승화·계몽·용서·변화·향상·도약해야 했지만 실제로는 능력도 의지도 자질도 없었기 때문이다.
노무현은 민주주의에 대한 특별한 방안·준비·이해조차 부족했고, 그런데도 감히 시대의 주체와 개혁의 주인공처럼 교만·도도하게 행세했다.
노무현은 대한민국에 대한 총체적인 점검·반성·포용·승화·단합과는 정반대로 애국자들과 독재 세력을 싸잡아서 친일파와 청산(척결·타도) 대상으로 매도·전락시켰고, 스스로 진보를 표방해서 민주화(김영삼·김대중)와의 차별화를 시도했으며, 진보라는 의미와는 반대로 나라와 국민과 시대를 거슬러서 과거(일제)로 역행·퇴보했다.
그러한 과정에서 독재의 후배들과 자식들은 저절로 보수가 되었고, 여차하면 꼴통·극우·일베로 매도·공격당했다.

노무현은 나라와 국민을 멀쩡한 현대사에서조차 증오와 보복과 대립과 분열로 몰아넣었고, 진보는 민주주의와 민주화에 심하게 역행하면서 좌경화된 좌파로 악화했다.

따라서 대한민국(현대사)은 독재가 민주주의에 역행했고, 민주화는 민주화를 망쳤고, 진보는 진보를 망쳤다.

다시 말해서 민주화와 진보를 거치면서 역사를 거슬러서 해방·6.25남침 전후에 공산주의자가 대부분(75%)이었던 상황으로 역사와 나라와 국민을 되돌려 놓았다.

넷째, 여전히 갓난아기와 철부지였던 보수

독재와 민주화에 이어서 진보가 나라와 국민을 인간적·민주적으로 점검·반성·승화·포용하지 못함으로써 대한민국은 총체적으로 한계와 위기에 봉착했다.

하지만 보수 역시 역사와 문화와 나라와 국민을 총체적으로 접근·수렴·점검·반성·포용·승화·단합할 자질·능력·의지가 없었다. 단지 민주화와 진보에 연거푸 환멸을 느낀 국민들의 반사·반발 심리(구관이 명관, 미워도 다시 한번)를 등에 업고 현대사의 전면에 재등장했다.

하지만 이유와 과정이 어떻든 두 대통령은 모략과 조작과 선동에 내몰려서 감옥에 갔고, 보수는 사실상 와해·붕괴했다.

너무나 중요해서 명심할 사실

필자는 대한민국의 역사·문화·민족성·국민성·인간성·인간관계·관행들로는 수준 높은 민주주의에 절대 성공할 수 없었음을 계속 강조했다.

* 대한민국에 민주주의를 최초에 도입·시작했던 이승만·박정희는 독재함으로써 몰락했다.
* 김영삼·김대중은 민주주의에 무지했고, 민주화를 망쳤다.
* 그런데도 감히 노무현은 교만·도도·건방지게 등장했고, 민주주의와 민주화에 무지·역행했고, 이념화와 좌경화로 비뚤어졌다.
* 순수하게 대한민국을 사랑했던 애국적·양심적·상식적인 국민들은 초반에 독재·세력에 움츠러들었고, 이어서 민주화·세력에게 내밀렸으며, 진보 세력에게 내쫓겨서 급격히 위축되었다.
* 진보의 실패와 국민들의 실망을 기회로 재등장했던 보수 역시 실패·몰락·붕괴했고, 사실상 보수는 독재의 후배뻘과 자식뻘에 불과했다.
* 순수한 애국민들(민주주의·민주화·중도층)은 또다시 어리둥절해지면서 어찌할 바를 몰랐다.
* 그를 악용해서 민주화로 위장했던 이념(종북좌파·주사파·중공몽) 세력이 본색을 드러냈고, 권력을 장악했으며, 노골적(저질적·악질적)으로 좌경화 겸 망국으로 나라 곳곳을 망치면서 자신들은 더욱더 망가졌다.

16. 더불어민주당을 진보로 착각했던 지지자들이 반성할 차례

만일 더불어민주당이 문재인의 참담한 실패와 역적질들을 기회로 대대적으로 반성·점검하고, 문제점들을 바로잡아서 전열을 가다듬었다면 지지자들이 계속 더불어민주당을 지지해도 당연할 수 있었다. 하지만

첫째, 문재인은 단 5년 만에 참담하게 실패함은 물론 비인간적·비민주적·반민족적·망국적인 범죄들과 역적 짓들을 너무 많이 저질렀다. 이는 바로 뒤에

서 다시 보충한다.

둘째, 문재인은 물론 핵심 세력과 대깨문들은 그간에 자신들이 저질렀던 역적 짓들과 추악한 범죄들에 대해서 조금도 반성하지 않았고, 단 한 번도 사죄나 사과조차 없었다.

셋째, 문재인과 대깨문들보다 훨씬 더 뻔뻔하고 사악·위험한 이재명과 개딸들과 개아들들이 더불어민주당을 장악했고, 더불어민주당은 사당화에 이어서 일인 독재가 완성되었으며, 이는 망국의 초읽기와 공산독재의 전 단계와 같다.
만일 이재명이 지난 대선에서 대통령에 당선되었다면 이미 대한민국은 망했거나, 늦게나마 국민들의 저항으로 난장판이 되었을 것이다.
그런데도 국민들이 여전히 진보(더불어민주당)를 지지한다면 어둠과 감옥에 갇혀 사는 북한 인민들보다 훨씬 더 구제 불능이라는 이야기가 성립된다.

문재인의 악행만을 간략하게 언급하면

아마도 이승만부터 박근혜까지 모든 대통령이 잘못했던 것을 모두 합한 것에 10을 더 곱해도 저질·위선자·망나니·쓰레기·양아치·역적·패륜아·반인권·반인륜·몰상식·비인간적인 악질 범죄자 문재인에 비하면 새 발의 피에 불과하다.

역시 문재인을 김정은과 단순히 비교하면 인민들을 무수히 때려죽이고, 감옥에 가두고, 굶겨 죽인 김정은이 훨씬 더 악질이다.
그런데 만일 문재인이 자유대한민국의 국민이고, 정치인이며, 대통령이라고 했을 때는 김정은보다 훨씬 비열·교활·잔악·추잡한 저질·악질이다.
왜냐면 민주주의에서 절대 생겨날 수 없는 말종이고, 상상하기조차 쉽지 않은 역적이기 때문이다.
그래서 진보 지지자들은 망가질 대로 망가진 진보(더불어민주당·진보당 등) 세력에 대한 지지를 진작 철회했어야 했고, 문재인을 대통령으로 지지·선출했던 자신들의 치명적인 잘못을 후회·사죄했어야 했으며, 그간에 문재인의 됨됨이를 오판했던 자신들을 적극적으로 반성하고 버리고 바꿔야 했고, 앞으로는 정반대로 바뀌어야 한다.

더불어민주당 지지자들이 완전히 달라져야 할 이유

첫째, 대한민국의 현대사와 민주주의와 자본주의는 이승만·박정희를 빼 버린 채 더불어민주당(민주화·진보)으로는 언급 자체가 불가능하다.
이는 이제라도 이승만·박정희를 존중할 것은 해야 하고, 중요한 업적은 인정하고, 제대로 평가해야 한다는 이야기다.

둘째, 반평생을 독재에 대한 반대·저항·투쟁으로 살았던 민주화(김영삼·김대중) 세력은 물론 노무현과 친노 세력 역시도 이승만의 민주주의와 박정희의 경제개발을 존경·존중·지원·협조·응원·보완하지 못했고, 집요하게 반대·왜곡·방해·매도·무시·공격했던 자신들의 수많은 잘못을 단 한 번도 사과도 반성도 하지 않았다.
이는 김영삼·김대중·노무현과 그 세력이 인간적으로도 국가적으로도 민주적으로도 도의적으로도 실제적으로도 잘못했음을 인정해야 한다는 이야기다.

셋째, 그간에 민주화·진보 세력과 지지자들은 이승만·박정희의 흔적조차 지워 버리려고 했고, 언급하는 것조차 거부·싫어했다.
이는 손가락으로 하늘을 가리려는 몹쓸 짓들이었고, 더불어민주당 지지자들이 북한 정권으로 연결된 좌경화된 극좌파들을 전혀 감당하지 못한 채 일방적으로 놀아난 증거들이다.

넷째, 대한민국의 국민이라면 이러한 일들이 왜 어떻게 계속되었는지, 앞으로 무엇을 어떻게 할 것인지, 일련의 상황에 내포된 뜻과 이치는 무엇인지 고민해야 하고, 이러한 모든 잘못과 원인과 과정과 대안과 해결과 책임과 결실과 보람은 고스란히 우리 국민 모두의 몫이라는 사실을 명심하고, 기존의 자신부터 버리고 바꿔야 자신도 우리도 나라도 세상도 바뀌고 좋아질 수 있다.

17. 문재인으로 끝나지 않고 이재명까지 연결된 이유

대한민국 정치와 더불어민주당이 문재인으로 끝나지 않고, 이재명으로까지 연결된 이유는 무엇일까?

첫째, 결국에 대한민국은 대통령들이나, 정치인들에 의해서 운명이 좌우되지 않는다. 왜냐면 국제사회와 민주주의의 발전과 인류 미래까지 복합적·유기적으로 연결되어 있기 때문이다.
그래서 이 책에는 인간과 민주주의를 우주 이치로까지 확대했고, 138억 년 우주를 통틀어서 가장 정교한 걸작품은 생각하는 인간이고, 인류사를 통틀어서 최고의 합작품은 민주주의라고 전제했다.

※ 우주 이치에 관해서는 《하나뿐인 세상에 합당한 인류 공통의 세계·우주관》 참고

둘째, 문재인과 이재명은 민주주의와 정치와 법과 질서와 윤리와 인권과 정

의 등으로는 도저히 이해·상대·용납할 수 없는 저질·악질들에 불과하고, 국민들이 당연하게 여기는 양심과 상식으로도 이해할 수 없는 말종들이다.

셋째, 문재인·이재명을 제대로 이해하려면 두 가지 세상(우주) 이치를 참고해야 한다.
하나는 인류의 발전·진보·진화이고, 다른 하나는 퇴보·역행·몰락·악화·도태다.
그런데 문재인·이재명이 하는 짓들을 종합하면 당연히 퇴보·역행·몰락·악화·도태의 이치에 해당한다.
그래서 지지자들은 물론 국민들도 반성·점검해야 하고, 인간다운 과정을 통해서 의식 향상으로 이어져야 하며, 이는 발전·진보·진화하는 기회와 이치에 해당한다.
반대로 말하면 문재인·이재명이 대통령에 당선되고, 나라와 국민의 대표가 되고, 정치를 주도하면 당연히 망국이다. 하지만 그렇게 되지 않았고, 문재인의 실패로 끝났다는 점이 핵심이다.

넷째, 이는 그간에 문재인·이재명과 함께했거나, 이들의 참담한 실체를 몰라보고 속았던 지지자들이나, 그동안 훤히 알고 의심하면서 계속 방조·방치했던 국민들이 대오각성·개과천선을 통해서 발전·진보·진화하는 이치·기회로 탈바꿈하라는 의미·이치다.
그래야만 대한민국이 짱짱한 국운과 찬란한 미래를 주도해 갈 자질과 능력과 자격을 확보하고, 국제사회에 모범을 보이면서 획기적으로 이바지할 수 있으며, 인류 미래를 안내하는 국운과 사명을 수행할 수 있다.
그런데 과거에 우리는 민족성·역사·문화가 무지·단순·참담·후진적이었고, 인류 문명·문화의 변화·발전에 무관·역행했으며, 그런 자질과 수준으로는 특별한 사명을 수행하기 역부족이다.

그래서 심오한 우주 이치에 의해서 대한민국과 답답한 국민들이 최악의 문재인·이재명 일당(대깨문·개딸·개아들)과 범죄자(방조자·구경꾼) 집단에 불과한 더불어민주당과 정치인들에게 한동안 수모를 당하면서 시련을 겪었고, 이런저런 대가들을 치르면서 깨어나고 반성하고 새롭게 시작하는 기회로 삼아야 한다.

다섯째, 이제야 좌파·우파, 진보·보수에 상관없이 모든 국민이 대한민국의 현대사를 제대로 이해할 수 있게 되었다.
다시 말해서 민주주의를 도입·시작한 주체가 결국 독재했고, 민주화(김영삼의 상도동계·김대중의 동교동계)의 상징들이 계파 정치로 민주화를 망쳤으며, 진보(친위대인 친노)는 역사를 거꾸로 되돌림으로써 진보를 망쳤고, 보수(친이명박·친박근혜)는 허약해서 보수를 망쳤다.
이처럼 길고도 지루하고 역겨운 과정을 통해서야 국민들은 야비한 대깨문에 이어서 최악의 개딸·개아들로 이어졌던 흐름과 이유를 알게 되었고, 그런데도 대한민국은 망하지 않았다는 기이한 사실까지 이해하게 되었다.

여섯째, 대한민국의 국민들은 한동안 반성하고 점검하면서 숙연해지고 엄숙해져야 하며, 민주주의를 훨씬 더 적극적으로 보완·강화·효율화해야 한다.
그러면 인간답고 유능한 인물들과 참신한 인재들이 대거 탄력을 받아서 두각을 나타낼 것이고, 참다운 민주주의 선진국이 실현될 것이며, 국제사회에 혁혁하게 이바지하면서 인류 미래를 이끌어 가게 될 것이라는 사실도 깨닫게 되었다.

따라서 혹시라도 앞으로도 추악한 역적 범죄자에 불과한 문재인 가족과 이재명 가족과 개딸들과 개아들들이 설쳐 대는 모습들을 훤히 보고 알면서도 그들과 그들에 관련된 세력들과 하수인들을 지지·동조·묵인·외면·방치하는 국민들이 있다면 다시는 자유·평등·정의·인권·복지는 물론이고 민주주의도 역사도 문화도 사회도 세상도 미래도 희망도 꿈도 국제사회도 인간도 진실도 진리도 들먹이지 않아야 한다.

18. 대통령(12명) 중 일부를 현대사에서 지워 버린다면

※ 필자는 대한민국을 다양한 관점으로 연구하면서 국민들을 깨우칠 방법들을 고민했다. 그런 과정에서 아래 질문들을 개발했고, 기회가 있을 때마다 사람들에게 물어보았다. 그런데 질문을 받은 사람들로부터 참으로 신중·당황·진지·놀라워하는 다양한 표정과 눈빛을 발견했다. 하지만 놀랍게도 대부분의 대답이 일치했고, 여기에 소개한다. 물론 아래 문답은 필자와도 일치한다.
필자는 사람들의 일치된 답변을 들으면서 희망을 발견했고, 탄력을 받아서 연구에 박차를 가할 수 있었다.
아마도 아래 질문을 처음으로 접하는 사람들이 대부분일 것이다.
대한민국과 국민들과 후대까지 최대한 책임지겠다는 각오로 순수·진지·진실하게 답변해 보길 바란다.

대한민국의 역대 대통령 : 이승만, 윤보선, 박정희, 최규하, 전두환, 노태우, 김영삼, 김대중, 노무현, 이명박, 박근혜, 문재인, 윤석열(현직 대통령은 제외)

여기서는 대한민국의 역대 대통령 중에서 현직인 윤석열을 제외한 12명을 대상으로 한다.
첫째, 12명의 대통령 중에서 한 명만을 골라서 현대사에서 통째로(출생부터 업적과 흔적까지) 지워 보자.
둘째, 추가로 한 명을 더 지워 보자.

셋째, 이번에는 12 대통령 중에서 두 명만 남겨 놓고 나머지를 모두 지워 보자.

질문 1) 12명의 대통령 중에서 지워 버리면 절대 안 되는 한 명이 있다면 누구라고 생각하는가?

답변 1) 박정희다.
왜냐면 역사 내내 '목구멍이 포도청'이었던 나라와 국민이 박정희로 인해서 빵이 해결되었고, 나라 경제와 국민의 삶이 양적으로도 질적으로도 획기적으로 변화·발전했기 때문이다.
더구나 당시에 정치인들(김영삼·김대중)과 대다수 국민은 박정희의 경제개발을 지지·협조·참여하기보다 반대·방해·무관심했다. 그런 속에서 박정희는 추진·성공했고, 5천 년 역사에서 가장 획기적이고 긍정적으로 나라와 국민을 양적·질적으로 동시에 변화·발전시켰다.

질문 2) 지우면 안 되는 또 한 명의 대통령을 추가한다면 누구라고 생각하는가?

답변 2) 이승만이다. 왜냐면 해방될 당시에 대한민국은 인류사에서 최고 수준의 민주주의는 그림의 떡에 불과했고, 상상조차 하는 사람이 없었기 때문이다. 그런데 이승만 덕분에 수준 높은 민주주의를 도입·시작이나마 할 수 있었고, 시작만으로도 절반은 성공한 셈이었으며, 이후에 이승만이 독재했던 것은 차후의 일이다.

질문 3) 왜 독재했던 이승만·박정희 대통령을 지워 버리면 안 되는가?

답변 3) 첫째, 대한민국의 양대 축은 민주주의와 자본주의이고, 이승만을 지워 버리면 민주주의는 언급 자체가 불가능하기 때문이다.

역시 자본주의(시장경제와 경제개발)는 박정희가 주역이고, 박정희를 지워 버리면 대한민국의 경제와 발전은 언급 자체가 무의미하기 때문이다.

둘째, 이승만이 없었다면 우리 앞에 놓였던 밥상(운명)은 공산주의였고, 박정희가 경제개발이라는 밥상을 준비하지 않았다면 우리는 여전히 빈곤했거나, 후진국들과 비슷했을 것이기 때문이다.

셋째, 2차 대전 후에 160여 신생 독립국 중에서 후진국에서 벗어나서 선진국 반열에 도달한 나라는 대한민국이 유일하고, 이는 이승만과 박정희가 없었으면 불가능했다는 증거들이 널려 있으며, 국제사회가 인정하고 부러워하고 본받는 본보기이기 때문이다.

넷째, 나머지 대통령들은 민주화조차 마무리하지 못했기 때문이다.

※ 대한민국 현대사의 양대 축인 이승만과 박정희에 대해서는 다시 정리된다.

대한민국의 현대사를 압축·정리하면

* 민주주의·자본주의 주인공들(이승만·박정희)은 독재로 몰락했다.

* 민주화(김영삼·김대중·노무현) 세력은 반대·비난·투쟁·시위로 일관한 채 수준 높은 민주주의에 무지·역행했고, 민주화를 망쳤다.

* 진보(노무현) 세력은 진보와는 반대로 친일과 청산 등으로 역사도 나라도 국민의 관심사와 정서도 거꾸로 후퇴시켰다.

* 보수(이명박·박근혜) 세력은 진보의 실패 덕분에 등장했고, 보수조차 유지하지 못한 채 허약·무기력하게 몰락했다.

* 좌경화(문재인·대깨문) 세력은 건국 이래 가장 막강한 권력(행정·입법·사법·지방자치단체장·의회·언론·여론)을 장악했다. 하지만 조작·거짓·비리·궤변·역적 짓들로 일관했고, 북한(김정은)과 중공(시진핑)에 비굴했으며, 스스로 자기들 발등에 도끼질해 대면서 참담한 범죄자들로 전락했고, 심지어 인간 말종에 불과한 이재명·개딸·개아들조차 해 보지 못한 채 일당·일인 독재로 전락했다.
그런데도 진보(종북좌파·주사파·중공몽) 세력은 사과도 반성도 없이 또다시 대권까지 꿈꿀 정도로 주제·분수를 벗어난 지 오래다.

* 이러한 일들은 대한민국의 기운과 정기가 상서롭고, 국운이 짱짱하며, 미래가 창창하기 때문에 거치는 과정이다. 그래야 봉건적·후진적·비인간적·비민주적·악질적인 사람들·세력들이 계속 몰락하고, 순진한 국민들은 악전고투·산전수전·백병전을 대가로 치러야만 의식 향상을 통해서 대도약하는 기이하고도 심오한 이치다.

03

대통령들이
실패와 악순환의
연속인 이유

1. 나라·국민·대통령들을 망쳤던 핵심 세력의 변화

여기 주제는 이승만·박정희·전두환·노태우에 대해서 독재와 독재자라는 단순하고도 극단적인 평가에 비해서 실체가 정반대로 인식되는 김영삼·김대중·노무현·문재인 등을 위주로 정리한다.

이승만과 박정희의 몰락 : 이승만의 몰락을 생각하면 이기붕이 떠오르고, 박정희의 몰락은 차지철이 결정적이었다. 이기붕과 차지철은 독실한 기독교 신자였다. 하지만 종교나 진리보다 권력에 빠져서 나라와 국민을 망쳤고, 비극적인 최후를 맞았다.

전두환·노태우의 몰락 : 이승만·박정희에 이어서 무리하게 등장했던 군인 (전두환·노태우) 정권은 무력과 돈(부정 축재·비자금 조성)으로 몰락했다.

민주화를 빙자·위장해서 등장한 김영삼·김대중 대통령

인간은 완전·완벽할 수 없고, 인간에 관련된 사회문화와 세상사와 인생사는 훨씬 더 불완전하며, 편안할 날이 없을 정도로 사건·사고와 위험과 변수들로 가득하다.
그래서 누군가가 개인적으로 최선을 다해서 집중하고 헌신하고 희생해도 합리적인 문화와 인간다운 사회와 가치 있는 인생을 살아가거나, 훌륭한 업적을 이루기는 쉽지 않다.

이러한 이치를 생각하면서 그간에 국민들에게 민주화의 상징으로 여겨졌던 김영삼·김대중을 살펴본다. 김영삼과 김대중은 같은 시대와 나라에서 태어났고, 전혀 다른 가정 환경에서 성장했다. 김영삼은 부유한 집안에서 아버지의 은덕을 많이 보았다.
김대중은 하의도 부둣가에서 주막을 운영하는 엄마와 이름만 양반(김해 김씨)인 동네 건달 사이에서 서자 자식으로 태어났고, 심한 차별과 천대 속에서 자랐으며, 이를 알았던 담임선생의 도움으로 밤 봇짐 해서 목포로 빠져나왔다.
이는 개인사라고 치고 대한민국의 현대사와 관련해서 살펴보자.

첫째, 김영삼·김대중의 젊은 시절과 인생의 상당 부분은 저항·투쟁의 연속이었다.
그래서 자기 내면과 존엄성과 능력과 잠재력에 심혈을 기울인 과정·흔적이랄 것이 없다. 좀 더 냉정하고 솔직하게 표현하면 김영삼·김대중은 나라와 국민을 위해서 최선을 다하는 박정희(쿠데타·독재, 경제개발계획)를 문제(반대·방해·비난·투쟁) 삼아서 자신들을 돋보이는 삶의 연속이었다.

둘째, 김영삼·김대중은 투쟁으로 일관했던 만큼 수준 높은 민주주의에 합당한 지도자(대통령)의 자질(포용력, 통솔력, 통찰력, 인류애, 가치관 등)을 갖출 기회가 없었다.

그래서 박정희가 피살되었을 때 김영삼·김대중은 지도자로서의 준비된 모습들이 전혀 나오지 않았고, 두 사람 모두 나라와 국민과 민주주의에는 관심이 없었으며, 이후에도 서로 대통령이 되려고 분열·대립·경쟁했고, 결국 민주화조차 망쳤으며, 이미 10.26 당시에도 당당하게 나서지 못했고, 오히려 김영삼·김대중은 군부의 눈치를 살폈으며, 대통령이 되어서도 나라와 국민을 포용하기보다 겨우 계파(김영삼은 상도동계, 김대중은 동교동계)를 위주로 궁색하게 정치했다.

이는 두 사람 모두 민주주의도, 당시 국민들의 염원과 기대도 안중에 없었다는 이야기다.

셋째, 그래도 국민들은 두 사람을 지지할 수밖에 없었다. 왜냐면 독재에 너무 오래 시달렸고, 김영삼과 김대중을 제외하면 별다른 대안이 없었기 때문이다. 물론 영남과 호남과 충청(김종필)을 제외한 지역은 울며 겨자 먹기로 지지할 수밖에 없었다.

그로 인한 결과는 지역 갈등(대립·분열)과 민주화의 역행·실패였고, 이는 저주의 역사를 또다시 재현한 셈이었으며, 그러한 수준과 분위기로 인해서 대한민국은 현대사 정립과 정통성 확립은 어림없었고, 골이 깊어진 지역 갈등으로 인해서 국민 정서는 복잡·허술해졌으며, 공산주의에 발판을 둔 좌경화(종북좌파·주사파·중공몽) 세력이 대거 활개 치는 기회가 되었고, 기회랄 것도 없이 김영삼은 절반의 좌파였고, 김대중은 확실하게 좌경화된 좌파였다.

넷째, 김대중은 교활·위험·집요한 김일성·조총련의 유혹·공작을 이겨 내지 못했고, 본인의 사상조차 의심받는 지경이었으며, 불순한 공산·사회주의 추종자들을 대거 중책에 기용했고, 몰락했던 북한의 김정일에게 극비리에 거액을 줘서 살려 냈으며, 북한에서 활동 중인 남한 요원들의 명단을 김정일에게 넘겼고, 요원들이 모두 숙청당했다.

심지어 김대중은 대통령이 되어서 "북한은 핵을 개발한 사실이 없고, 개발할 능력도 없다. 내가 책임진다."라고 핵 개발 사실을 감춰 줬으며, 일본과는 신한일어업협정을 진행하면서 독도가 아닌 울릉도를 경계선으로 설정했다. 그로 인해서 국제사회에서 최초로 독도 영유권에 대한 오해와 분쟁을 초래했고, 국제사회가 독도를 분쟁지역으로 착각하는 계기가 되었으며, 당시에 노무현(부총재)은 김대중의 발표에 대환영의 뜻을 밝혔다.

말이 나온 김에 노무현(대통령)은 제주도에서 한일 정상회담을 진행하면서 독도를 "다케시마"(죽도)로 표현했고, 일본 언론들은 "노무현 대통령이 다케시마를 인정했다."라고 보도했다.

그런데 좌파들은 이후에 이명박(대통령)이 독도를 방문하자 "조용한 외교를 하자."라고 비난했고, 문재인(대통령)은 평창올림픽 때 한반도기에서 독도를 지웠으며, 그랬음에도 뻔뻔한 정도가 아니라 적반하장으로 매도·비난했다.

다섯째, 김영삼과 김대중은 평생을 통틀어서 주변의 불량·불순 국가들의 유혹·압력·회유·위협으로부터 나라와 국민들을 보호할 어떠한 방지책과 해결책도 마련하지 않았고, 오히려 졸속으로 문호를 개방해서 자본시장을 활짝 열어 놓았으며, 천문학적인 국부가 단기간에 해외로 빠져나갔다.

이는 김영삼과 김대중이 수신제가·호의호식·입신양명·부귀영화·치국평천하라는 개인적인 야욕을 위한 연속선상의 인생이었다는 증거이기도 하다.

여섯째, 김영삼·김대중은 독재에서 생겨난 문제점들을 보완·개선하기보다는 비난·공격·투쟁하는 방식으로 정치했고, 나라도 국민도 혼란·분열·대립이 더욱 심해졌으며, 사실상 민주화를 빙자했을 뿐 유유상종의 패거리(상도동계·동교동계라는 계파) 정치에 의존했고, 두 사람 모두 조기에 레임덕에 빠져서 임기를 지루하고 실망스럽게 마쳤다.

일곱째, 정치인도 대통령도 지식인도 전문가도 모두 인간이다.
참다운 인간성과 지도자의 훌륭한 자질·자격·업적은 책을 많이 읽거나, 서고에 책을 가득 쌓아 놓은 방식으로는 가능하지 않다. 다시 말해서 책이 많지 않았던 시대나, 책을 많이 읽지 못한 사람들도 훌륭한 업적들을 남기거나, 난제를 해결한 사례들이 많다. 예를 들면 오래전 시대에 철학자들과 과학자들은 학문·지식·교육·스승은 물론 책조차 없는 열악한 환경에서도 훌륭한 업적들을 이뤄 냈다.

김영삼·김대중에 대해서 국민들이 명심·각성해야 할 사실

이렇든 저렇든 그랬다고 치자.
하지만 국민들이 김영삼·김대중에 대해서 반드시 명심·각성해야 할 중요한 핵심이 있다.
만일 김영삼·김대중이 선진국을 실현했거나, 민주주의를 정착시켰거나, 최소한 민주화라도 마무리했다면 이승만·박정희는 영영 독재자로 취급당했을 수 있었고, 그래도 어쩔 수 없었다.
하지만 김영삼과 김대중은 선진국도 민주주의도 민주화도 마무리하지 못했고, 오히려 김영삼과 김대중과 노무현까지 겪어 본 국민들은 '구관(이승만·박정희)이 명관', '미워도 다시 한번'을 떠올렸을 정도로 실망했고, 이명박·박근혜를 대통령으로 선출했다.

따라서 김영삼·김대중은 민주주의에 역행했고, 사실은 민주화를 망쳐 버린 당사자 겸 주범들이며, 이를 이해하지 못하면 대한민국은 현대사를 정립할 수 없고, 정통성도 확립할 수 없다.

노무현 대통령의 등장

국민들은 42년이나 지속된 독재(이승만·박정희·전두환·노태우)에 신물 난 상태였다.
그래서 민주화를 강력하게 열망하고 지지했고, 김영삼을 대통령으로 선출했다. 하지만 결과는 실망이었고, 김대중에게 기대를 걸고 또다시 대통령으로 선출했다. 하지만 김대중 역시 실망했고, 젊은 노무현을 대통령으로 선택했으며, 힘을 실어 주기 위해서 다수당까지 만들어 줬다.
따라서 노무현은 젊은 나이로 보나, 망국적인 당파·당쟁의 연속이었던 역사로 보나, 당시 상황으로 보나, 국민들의 여망으로 보나 당연히 범국가적·범국민적인 포용·계몽·반성·점검·용서·승화·단합으로 나아가야 했다. 그런데 노무현·세력은,

첫째, 민주화(김영삼·김대중)와 차별화해서 '진보'로 명명했다.

둘째, 하지만 국민과 국제사회를 향하고 위해서 활짝 열지 못한 채 계파 정치보다 훨씬 더 못한 '친노'(친위대, 친목 수준)로 졸아들었고, 속된 말로 "될 성부른 나무는 떡잎부터 알아본다."라는데 싹수부터 노란 셈이었다.

셋째, 노무현과 친노 세력은 임기 시작 전후에 적극적인 방안은 상상도 하지 않았고, 마치 친일파들만 청산하면 민주주의도 선진국도 모두 가능할 것처

럼 착각·무지했다.

넷째, 당시는 국민들이 통합·단합해서 적극적으로 변화해도 힘겨운 상황이었다. 그런데 노무현은 임기 시작과 동시에 선배 공직자들을 퇴물로 취급해서 내쫓았고, 진보라는 말이 무색하게 시대와 역사와 나라 분위기와 국민의 관심사를 과거('친일파 청산', 민족문제연구소의 친일파 인명사전 제작 등)로 퇴보·역행했으며, 이는 노무현 스스로 역사의 저주로 꼬라박았을 정도로 한심·비열·교활·무능했다는 증거였다.

다섯째, 노무현은 1년도 지나지 않아서 국회에서 탄핵당했고, 일찌감치 참담했던 과거·역사의 저주·함정과 민족적 한계와 운명적인 비극·자멸·몰락으로 치달았다.

당시에 노무현과 핵심(친노) 세력이 '진보'를 표방했던 것은 순진한 국민들과 정치권에 먹혀들었다. 하지만 '진보'라는 이름과는 달리 앞을 보고 미래로 나아갈 준비와 능력과 자질과 의지조차 없었고, 오히려 시대를 역행해서 친일파 청산으로 회귀해서 만행들을 저질렀으며, 그러면서도 마치 정의로 착각·행세할 정도로 도도·교만·무지·답답했고, 임기 시작부터 절대 성공할 수 없었다.
이처럼 노무현·세력은 김영삼·김대중의 계파 정치보다 훨씬 더 좁다란·막다른 '친노'로 좁아들어서 삐뚤어졌고, '친'은 '친근', '절친'의 의미도 있지만 사실은 '친위대'였으며, '진보'와는 반대로 권력과 세력과 돈이 관심이었고, 친위대 세력(문성근·명계남·유시민 등)은 대중적인 민주화(투쟁·선동·유행)의 연장선에서 국민의 즉흥적인 정서 겸 일시적인 정의감을 이용했고, 궤변에 능했다.

예를 들면 유시민은 누군가를 공격할 때 "왜 당신은 잘못을 인정하지 않는 가? 당신은 100% 완벽한가?", "당신이 신이 아니라면 당연히 잘못할 수 있고, 잘못을 인정해야 하지 않는가?"라는 식으로 궤변을 늘어놓았다.

반대로 유시민은 자신이 잘못해서 추궁당하면 "내가 어떻게 100% 완벽할 수 있겠는가?", "당신은 100% 완벽한가?"라고 초점을 흐리고, 궤변으로 빠져나갔다.

하지만 궤변으로 무장·일관하는 친위대의 임기응변과 대중적인 선동에서는 포괄적인 인류애와 합리적인 방안과 적극적인 능력과 미래 비전은 불가능했고, 사실은 민주주의에 필수적인 자질과 밑바탕조차 결핍되었음을 보여 줬다. 그처럼 친위대 세력의 중심이었던 노무현은 집권과 동시에 적대시 정책을 앞세웠고, 장기적인 국가 비전과 진정한 인간다움과 적극적인 능력 발휘와 참신한 인재 발굴과 미래 지향점에 위배·소홀·역행했으며, 제대로 할 수 있는 일이 없었고, 실제로 집권 초기에 "대통령 노릇을 못 해 먹겠다."라고 투정 부렸으며, 결국은 임기를 1년도 버티지 못한 채 탄핵으로 내몰렸다.

당연히 국민들의 실망·환멸은 극에 달했고, 노무현은 말장난으로 버텼으며, 형편없는 지지율로 어렵고도 지루하게 임기를 마쳤다. 하지만 친위대 세력은 권력의 단맛을 알아 버렸고, 더욱더 이권화·조직화·세력화되었으며, 똘똘 뭉쳐서 권력의 언저리에서 특권·기득권 세력으로 자리 잡았다.

필자는 노무현을 지켜보던 집권 초기에 "노무현이 1년을 무사히 넘기면 내 콧대를 부러뜨려도 좋다.", "노무현의 비참한 말로는 숙명적(자살, 감옥, 정신병원, 해외 도피, 산골 은둔 중 하나)", "노무현은 변호사 출신답게 안 걸리고 받아먹는 방법으로 당선되었고, 교묘하게 빠져나가는 연속이다. 하지만 되로 받을 죗값을 임기가 끝나면 말로 받게 될 것이다."라고 경고했다. 이후에 필자가 예견·확신했던 대로 모두 사실이 되었다.

다시 정리하면 당시에 얄팍·비열했던 노무현과 그 세력이 진보를 표방·위장했던 목적은,

첫째, 자신들의 모태였던 민주화(주축) 세력과는 차별화를 시도했고, 민주화의 주축(김영삼·김대중 세력의 핵심들)을 떼어 내고 견제하기 위함이었으며, 대세·권력의 축을 자기 세력으로 대체하기 위함이었다.
둘째, '민주화'와 '진보'에서 제외되는 나머지 세력은 '독재', '극우 보수', '꼴통 보수', '일베'로 비하했다.

독재의 후배뻘인 이명박과 자식뻘인 박근혜 대통령의 등장과 몰락

노무현에 이어서 이명박과 박근혜가 등장했을 때는 이미 실패할 수밖에 없는 실패의 대로와 악순환의 전철이 넓어지고 깊어지고 굳어진 상태였다.
그래서 이명박과 박근혜는 당연히 독재(이승만·박정희·전두환·노태우)와 민주화(노태우·김영삼·김대중)와 위장 진보 겸 친노(노무현) 세력과 적극적인 차별화를 시도했어야 했다.
왜냐면 그간에 대통령들이 모두 실패했던 민주주의와 민주화를 위해서 자신은 물론 대한민국의 모든 역량을 올인해야 했고, 그래도 역부족이었기 때문이다.
그래야만 실패와 악순환에서라도 벗어나는 새로운 통로를 뚫을 수 있었고, 모두 함께 나아가는 넓은 도로로 확장할 수 있었으며, 동시에 진정한 민주주의의 정착과 선진국의 발판을 마련할 수도 있었다.
그러려면 이명박과 박근혜는 나라와 국민을 상대로 총체적(역사적·문화적·민주적·인간적)으로 접근·포용·수렴해야 했고, 국가적·국민적인 점검·반성·승화·용서·처벌·통합·도약을 위한 장·중·단기 대전환점을 만들었어야 했다.

하지만 이명박과 박근혜 역시 민주주의에 부적합한 문화와 환경에서 성장했고, 역부족일 수밖에 없었다.

실제로도 이명박·박근혜와 핵심 세력은 민주화(김영삼·김대중)와 진보(노무현)의 실패·실망으로 인해서 생겨난 '구관(이승만·박정희)이 명관', '미워도 다시 한번'이라는 기대감에 편승해서 대통령에 당선되었다.

그래서 총체적인 관점과 체계적인 개혁에 무관·무능했고, '친노'(친위대)처럼 '친이'·'친박'으로 불리는 막연한·얼치기 세력이 기반이었다. 물론 노무현의 친위대 세력과는 질적으로 달랐다. 왜냐면 이름만 '친이', '친박'으로 불렸을 뿐 허약했을지라도 밑바탕과 뿌리와 뼈대와 목표는 대한민국의 민주주의와 번영이었기 때문이다.

하지만 대한민국은 친이·친박 정도로는 민주주의에 어림없었고, 친이와 친박은 무엇이 중요하고 우선해야 할지 몰랐으며, 자중지란으로 허약해졌고, 저질·악질들에게 너무나 허망하고 무기력하게 당해서 몰락했다.

결과적으로 이명박은 독재의 후배뻘에 머물렀고, 박근혜는 독재의 자식뻘에 그쳤으며, 순진·허약했던 보수(이명박과 박근혜) 정권은 이유와 과정이 어떠했든 노무현(친노)보다 훨씬 더 비열·교활해진 문재인·대깨문에 의해서 감옥으로까지 내몰렸다. 물론 비인간적이고 비민주적이고 불법적인 음모와 조작과 선동으로 탄핵당한 것은 반드시 재점검·정리되어야 하되 대한민국도 국민들도 반드시 미래를 향해서 적극적으로 나아간다는 전제 아래서 진행되어야 한다.

대한민국은 이명박과 박근혜가 연거푸 몰락하면서 어렵사리 명맥을 유지해가던 보수 세력은 사실상 붕괴·와해했고, 자유 진영의 많은 사람이 '적폐'라는 오명을 뒤집어썼으며, 대거 직장을 잃고 자리에서 쫓겨났고, 감옥살이와 자살로 내몰렸으며, 또다시 역사와 근대사에서의 망국적인 위기를 오락가락했다.

보수(정권·세력)에 대해 국민이 명심·각성해야 할 사실

첫째, 대한민국에서 이승만·박정희에 이어서 김영삼·김대중(민주화) 역시도 민주주의와 민주화를 성공·마무리하지 못했다. 그렇다면 지식인들도, 비평가·평론가들도, 고위공직자들도, 정치인들도, 법조인들도, 경제인들도, 언론인들도, 종교인들도, 재야도, 운동권들도, 기타 전문가들도, 전체 국민들도 모두 똑같은 수준이거나, 오히려 훨씬 더 무능하다는 점을 인식했어야 했고, 총체적(국가적·국민적)으로 단합해서 점검·반성하는 등 인간적·민주적인 과정들을 적극적으로 밟아 나갔어야 했다.

둘째, 독재(이승만·박정희)와 민주화(김영삼·김대중)에 이어서 진보(노무현)까지 실패했을 때 이명박·박근혜는 물론 보수 세력과 중도 세력은 기존의 연장선에서는 더 이상으로 할 수 있는 것이 없음을 깨달았어야 했다.
역시 박근혜가 실패했을 때라도 한계 봉착을 깨달았어야 했다.
그런데 보수(중도·진보)는 여전히 자신·우리의 한심한 실체·주제·분수를 몰랐고, 궁여지책의 연속일 수밖에 없었다.
더욱 답답·암담한 사실은 막다른 내리막으로 곤두박질치는 좌파 세력과 보수 세력이 마치 '적대적 공존·협력관계'처럼 수년째 좋지 않은 사건들(이념·생각·말들)을 반복·대립·분열 중이고, 나라와 국민과 후대를 위한 적극적이고 실질적인 대안 마련에 무책임할 정도로 소홀하다.
박정희가 피살당했을 때를 예로 들어 보자.
그동안 독재를 맹렬하게 비난·투쟁했던 김영삼·김대중과 민주화 세력과 지식인 사회에서는 실질적인 방안과 최소한의 대안조차 나오지 않았다. 왜냐면 김영삼도 김대중도 대통령이 목적이었고, 자칫하면 군부에 찍혀서 꿈이 무산될 위험이 있었기 때문이다. 그래서 김영삼과 김대중은 고개 수그린 채 몸을 사렸고, 한 달 보름이 지나서 전두환이 치고 나왔다.
오늘날 보수가 이런 지경의 연속이면 어느 날 좌파 세력이 순식간에 몰락해서 없어져도 대한민국은 진정한 대안이 생겨날 수 없다.

문재인의 등장

문재인은 대한민국의 문제점들을 연구·분석하고, 수많은 아픔과 잘못을 포용·수렴·종합·승화하고, 나아갈 미래와 비전을 안내·매진해도 절대 성공할 수 없는 상황이었다. 왜냐면 박근혜를 무너뜨리고 대통령에 당선되기 위해서 선전·선동·조작까지 해서 대통령에 당선되었기 때문이다.
심지어 문재인은 여세를 몰아서 행정·입법·법원·검찰·지방 자치·의회·언론·여론까지 대부분을 장악했을 정도로 막강한 권력을 확보했었다.
이는 문재인이 대한민국과 국민과 국제사회와 후대를 위해서 획기적으로 공헌할 수 있는 절호의 기회였다는 이야기다.
하지만 문재인은 저질적인 종북좌파·주사파·중공몽·반미 세력을 대거 기용했고, 대한민국의 정치·문화·경제·국방·안보·외교와 국가경쟁력과 대외 신임도를 급격히 약화·추락시켰으며, 미국(트럼프)과 국제사회로부터 "김정은의 대변인", "북한의 간첩"으로 무시·비웃음 받으면서도 태연하고 당당하게 역적질까지 했고, 중국 방문 때는 혼밥 신세로 무시당했으며, 북한으로부터는 "삶은 소 대가리"라는 조롱거리로 전락했고, 가만 놓아둬도 자기들 발등에 스스로 도끼질해 대면서 파멸과 자멸의 길로 곤두박질치는 머저리 짓들로 망가졌으며, 이러한 모든 것은 문재인 스스로가 열등한 공산주의자이거나, 하수인에 불과했기 때문이었다.
결국 문재인은 대한민국의 12명 대통령 중에서 가장 막강한 권력을 장악하고서도 불과 5년 만에 정권을 빼앗겼을 정도로 망나니·역적 짓들의 연속이었고,

일가족을 포함해서 말년에 가장 비극적이고 추잡한 말로를 예약·확정했다.

문재인 세력의 핵심 겸 특징은 대깨문

'대깨문'은 '대가리가 깨져도 문재인을 지지한다.'라는 의미다.
대가리가 깨져도 문재인을 지지한다는 말은 대한민국에서 보편적인 상식과 양심을 지닌 사람들은 도저히 이해할 수 없는 이야기다. 왜냐면,

첫째, 정상적인 대한민국의 국민들은 자신들이 지지하는 인물일지라도 잘못했을 때는 지적하거나, 반대하거나, 정도가 심하면 끌어내렸기 때문이다.

둘째, 그런데 대깨문 세력은 문재인이 공산주의자이든, 대한민국을 무너뜨리든, 민주주의를 약화하든, 나라와 국민에게 역적 짓을 자행하든, 김정은에게 복종·충성하든 무조건·그럴수록 더욱더 문재인을 지지할 정도로 몰상식하고, 안하무인의 연속이었다.

셋째, 대깨문은 문재인이 나라를 망치고 있을 때도 막무가내로 보호·두둔하기 위해서 상대방을 비난·공격했고, 대한민국의 정서와 국민 의식과는 정반대였다.

따라서 대깨문 세력의 정체는 의문과 의혹으로 가득했다.
이렇게 본다면 대깨문들의 배후에서 조종·선동하는 정체가 북한·중공·조선족이 아닌지 의심된다. 이는 중국 공산당과 협약 관계를 체결한 양정철과 북한을 추종하거나 퍼 줬던 저질들이 증거다.
역시 대깨문은 문재인이 대한민국을 망치고, 가져다 바치고, 기어코 망해 먹

을 때까지 굳건하게 지지·보호하고, 떼거리로 동원되어서 언론·여론을 왜곡·조작·호도한다는 의미일 수도 있다. 그렇지 않고서야 대한민국 국민들은 대가리가 깨져도 불가능한 짓들을 그토록 당당하게 해 대지는 못했을 것이다. 실제로도 문재인은 '대깨문'들의 비인간적·비민주적·몰상식한 작태들에 대해서 한 번도 단속·견제하지 않았고, 거리를 유지하려고도 하지 않았다.

문재인·대깨문이 저질렀던 비인간적·반민주적·망국적인 역적 짓들

문재인·대깨문이 저질렀던 망국적인 역적 짓들은 헤아리기 힘들 정도로 많지만 여기서는 굵직한 것들을 무순으로 나열한다.

* 문재인은 좀처럼 찾기 힘들 정도로 청렴·결백한 박근혜를 "경제 공동체", "묵시적 청탁"이라는 등 새빨간 거짓·궤변·조작·선동·불법을 총동원해서 무너뜨리고 대통령을 탈취했다.
하지만 박근혜는 대통령에 당선되어서 자기 가족의 청와대 출입을 금지했고, 임기 동안 관계를 끊었다. 이는 가족들을 청탁·부정·비리·유혹으로부터 보호하기 위함이었고, 박정희처럼 결벽증일 정도로 청렴했기 때문이다.

* 문재인은 대통령 취임식에서 아무런 의견수렴과 사전 준비도 없이 "지금까지 단 한 번도 경험해 보지 못한 나라를 만들겠다."라고 일방적으로 선언함으로써 독재(종북)를 강력하게 암시·선언했고, 이후에도 그에 대한 설명과 안내와 홍보도 없이 막무가내로 밀고 나갔다.

* 문재인은 애당초에 대한민국의 현대사와 민주주의에 전혀 도움 되지 않았었고, 퇴물 쓰레기들(종북좌파·주사파·중공몽·반미 세력)을 대거 기용했으며,

상식·몰상식과 양심·비양심과 합법·불법과 진실·거짓이 완전히 뒤바뀐 그야말로 저질·쓰레기에 불과했다.

* 실제로 문재인은 약속과는 반대로 국민과의 소통을 끊었고, 망국적(반민족적·비민주적·비인간적)인 적폐 청산을 꺼내 들었으며, 무고한 사람들을 무자비하게 쫓아내고, 감옥에 보내고, 죽음으로 몰아넣었다.

* 문재인(이해찬)은 너무도 당연·당당하게 "보수를 궤멸시키겠다.", "20년 집권", "30년 집권", "50년 집권"을 호언장담했다.
이는 이승만(12년 집권)과 박정희(18년 집권)보다 훨씬 더 장기 독재와 영구집권을 목적한 것이다.

* 문재인과 그 세력은 대한민국의 헌법에서 '자유'를 삭제하려고 했다.

* 졸속 탈원전으로 한전을 엄청난 빚더미로 내몰았고, 국가경쟁력을 떨어뜨렸다.

* 졸속 태양광 사업으로 국고를 축냈고, 그들 세력이 각종 이권에 개입했다.

* 퍼주기 포퓰리즘으로 나라 곳간을 거덜 냈다.

* 국방과 안보를 급격히 무력화했다.

* 김정은과 시진핑에게 일방적으로 굴종하거나 역적 짓들을 저질렀다.

* 북한을 방문해서 국적 불명인 '남쪽 대통령'으로 스스로 격하·전락했다.

* 서해 공무원을 월북으로 조작해서 사망케 했고, 사실상 지옥으로 몰아넣었다.

* 어선으로 탈북해서 동해안으로 입국한 젊은이들의 손을 뒤로 묶고, 눈을 가려서 판문점에서 북한의 손아귀로 넘겨줬고, 이는 사지로 내몰아 버린 최고의 악질·쓰레기라는 증거다.

* 이 외에도 각종 통계 조작, 부동산 실책, 코로나 대응, 코로나 백신과 치료제, 사위의 타이 이스타젯 취업, 김정숙의 타지마할·앙코르와트·샤넬 재킷 등 너무 많아서 기억·나열하기 힘들 정도다.

문재인·대깨문 세력에 대해서 국민들이 명심·자각해야 할 사실

문재인 세력의 핵심 겸 특징은 노무현의 친위대(친노) 세력과는 비교할 수 없을 정도로 저질적·악질적·공격적·망국적이었다는 점이다.
대한민국은 문재인과 대깨문의 등장으로 독재(이승만·박정희·전두환)와 계파(상도동계·동교동계)와 친위대(친노)와 막연하고 어설펐던 친이·친박보다 훨씬 더 위험하고 비열하고 교활하고 악랄한 비인간·비민주·망국적인 막장 국가로 바뀌었고, 수많은 국민이 그에 휘말려서 아직도 제정신을 차리지 못하고 있다.
'대깨문'은 '친노'보다 훨씬 더 똘똘 뭉쳤고, 수단·방법을 가리지 않고 대한민국을 장악했으며, 자유대한민국과 국민들에게 적대감을 품고 막 보기 했고, 자유 세력을 탄압했으며, 공공기관의 장들을 무자비하게 내쫓아서 자기 사람들로 바꿔치기했고, 갖가지 악법들로 독재·장기·영구 집권·좌경화로 치달

앉으며, 퍼주기 포퓰리즘으로 국가 부채와 가계 부채와 국고 손실을 급격히 증가시켰으며, 국민을 극단적으로 분열시켰으며, 막무가내로 해 먹었다.

※ 문재인에 관해서 점잖게 표현하려고 노력했다. 하지만 문재인 일당(김경수·조국·임종석 등)처럼 비인간적이고 위선적이고 비열하고 교활하고 야비하고 몰상식하고 몰염치한 저질·악질·쓰레기·양아치 수준은 대한민국에는 물론 세상에 다시는 태어나지 않아야 한다.

대깨문에 이어서 개딸들의 등장

대한민국은 수준 높은 목표(민주주의 정착)에 독재(일인 체제)가 실패했고, 민주화(계파)와 친위대(친노)와 막연한 친이·친박이 실패했으며, 대깨문은 자신들의 참담한 실체와 수준이 얼마나 한심한지 적나라하게 드러냈다.
그런 동안에 대한민국은 악화 일로였고, 국민들은 정상적인 판단력을 잃었으며, 자유 진영의 상당 부분은 몰락하거나 오락가락했다.
그런데 문재인·대깨문보다 훨씬 더 저질·악질적인 '개자식들·개새끼들'인지, '개혁의 딸들'인지 '개딸'(동물 떼거리)인지 황당한 세력까지 등장했고, 대한민국은 속수무책이었다.
물론 '개혁의 딸들'보다는 '개의 딸들'이 더 적합하다. 왜냐면,

* 지구 역사를 통틀어서 '개혁'에 딸들이 주체였거나, 딸들이 관여했거나, 딸들이 전면에 나서서 설쳐 댄 일은 없었기 때문이다.

* 개딸들은 개혁의 목적과 대상과 주체와 비전과 단계적 방안과 최소한의 내용조차 없었고, 개혁에 관련된 어떠한 호소도 안내도 조짐조차 없었기 때문이다.

* 실제로도 개딸들은 개의 새끼들처럼 떼거리로 몰려다니면서 몰상식한 짓들을 자행했기 때문이다. 하지만 사실상 개혁 대상은 범죄자 이재명이고, 이재명은 개혁 대상일 수조차 없을 정도로 구제 불가능한 악종이며, 관계자들을 부정한 돈으로 코를 걸어 놓고, 그것을 담보로 끝까지 비열한 저질·악질 범죄자 짓을 반복 중이다.

* 개딸들은 아예 이성도 양심도 상식도 체면도 염치도 없고, 필요하면 누구든지 언제든지 얼마든지 비난하고 위협하고 물어뜯고 공격했다. 개딸들은 개혁으로 위장해서 이재명을 가로막는 방해물들을 공격·제거하는 것이 목적이었다.
따라서 개딸들의 호칭은 '개의 딸들'이 훨씬 더 타당·적합하고, 머잖아서 실체와 배후가 낱낱이 밝혀질 것으로 기대하고 확신한다.

* 그래도 만일 개딸들의 원산지가 국내산이라면 아마도 대통령이 되고 싶은 야욕으로 환장병에 걸린 집단이거나, 정상적인 판단력이 상실된 저능아 집단이거나, 이성과 상식을 잃고 망가질 대로 망가진 쓰레기·양아치 집단이거나, 아니면 중공과 북한으로 연계된 불순한 세력 중 하나이거나, 이러한 종합일 가능성이 크다. 왜냐면 그들의 행태를 보면 과연 그들이 소양과 양심과 상식을 갖춘 현대인인지, 무엇을 하자는 것인지 이해할 수 없고, 하는 짓마다 망나니짓의 연속이기 때문이다.

'개딸들'의 정체·원산지·배후가 북한, 중공, 조선족이거나 이러한 짬뽕이라면

하필이면 개딸들은 왜 이재명을 '개'로 명명·취급했을까? 하는 의문이 생길 수밖에 없다.

'개딸'들은 이재명을 '누군가의 개'정도로 취급하는 모양새다.

다시 말해서 문재인·이재명을 비롯한 더불어민주당이 꼼짝달싹하지 못하는 상전은 민노총이고, 민노총의 상전은 북한에 연계된 경기동부연합이며, 개딸들의 배후는 민노총과 경기동부연합과 북한·중공으로까지 연결된 의혹이 짙다.

그래서 개딸들은 자신들의 최고 상전인 주인(김정은·시진핑)에게 충성하려는 이재명을 에워싸고 키워 주고 보호하고 감시한다는 의미일 수 있다.

만일 그렇다면 개딸들은 여물을 공급받는 가축들이나, 끼니를 배급받는 노예들처럼 주인(중공·북한)의 뜻대로 이재명을 대통령에 당선시키고, 이재명이 주인(김정은·시진핑)을 상전으로 받들어 모시고 충성하는 그날까지 개떼처럼 함께하는 적대 세력이 원산지와 배후일 수도 있다.

개아들들의 등장

어떻든 국민들은 몰상식한 개딸들에 대해서 무지몽매한 떼거리 집단 정도로 인식했었다.

그런데 개아들들은 개딸들을 보면서 부러웠거나, 개딸들에게 당할 것이 두렵거나, 잘 보이려고 안달하거나, 아니면 이재명에 관련된 1조 3·4천억이라는 거액에 직접·간접으로 재미를 보았거나, 잘못해서 코가 확실하게 꿰였거나, 그것도 아니면 국회의원 공천에 환장했거나, 아예 불순한 사상을 지닌 공산주의자이거나, 하수인들일 수도 있다.

왜냐면 몰상식한 개딸들(국민들)에 이어서 개아들들까지 출현해서 이재명을 아버지로 모셨고, 대한민국의 민주당을 사당화했으며, 나라까지 사유화하려고 안달했고, 걸림돌인 검찰을 압박·탄핵하고, 그것으로도 부족해서 특수활동비를 전액 삭감하려 했으며, 이재명에 관련된 법들을 무용화하려고 안달했고, 파렴치한 범죄자 이재명의 지시에 복종·충성하는 하수인·사병 집단에 불화했기 때문이다.

개아들들은 개딸들에 비교하면 대한민국이 훨씬 더 심각하게 망가졌다는 증거다.

왜냐면 개아들들의 정체와 배경은 대한민국에서 고위층·특권층·기득권층에 속하는 입법(국회의원), 사법(판사·검사·경찰), 행정(중앙·지방 정부, 자치단체·의회), 변호사·군 장성·지식인·언론인·종교인·운동권·노조·시민단체·농어민 등을 망라할 정도로 광범위하기 때문이다.

다시 말해서 '개딸'들에게서는 대한민국에 몸담은 국민(양심·상식·인성·내력)으로는 도저히 이해도 생각도 할 수 없는 불순세력의 냄새가 짙게 풍긴다.

그런데 이재명을 아버지로 모시는 개아들들(국회의원들)은 그야말로 대한민국에서 내로라하는 사람들이 두루 포함되어 있다는 점에서 참으로 심각하다.

물론 대깨문들과 개딸들과 개아들들의 출현과 작태는 공산·사회주의 국가들에서나 가능하고, 아마도 대한민국에서는 최초이고 동시에 마지막일 것으로 생각한다.

어떻든 이들 세력이 존재하는 동안에는 민주주의는 절대 불가능하고, 갈수록 법과 상식과 양심이 짓밟힐 수밖에 없으며, 망국의 지름길일 수밖에 없다.

하지만 다행히도 개딸들과 개아들들과 대깨문들은 위층과 아래층에 극단적으로 몰려 있고, 중간은 텅 비었을 가능성이 크다. 왜냐면 위쪽은 1조 3·4천억에 직간접으로 연관되었거나, 코가 꿰인 소수의 상류층이고, 아래(몰려다니는 떼거리)는 중공·북한의 하수인(조선족)들일 가능성이 농후하며, 우리 국민들이라면 절대 몰상식하고 비양심적이고 몰염치한 떼거리 집단에 가담할 리가 없을 것이기 때문이다.

만일 개딸들의 정체와 배후가 모두 국내산이라면 대한민국은 이미 망한 것으로 생각하고, 국민들도 전혀 다른 자세와 각오가 필요하다.

※ 꿈 같은 상상 : 만일 문재인·이재명과 대깨문들과 개딸들과 개아들들이 진정으로 대한민국을 위하고, 국민을 위하고, 후대를 위하고, 국제사회를 위하고, 인류 미래를 위해서 그토록 적극적이었다면 대한민국은 얼마나 좋아졌을까, 지금도 얼마나 좋을까, 앞으로는 얼마나 더 좋아지게 될까?
이와는 반대로 도대체 대한민국은 왜 이런 지경이고, 도대체 무엇을 어떻게 해야 하는가?
하지만 국민들이 고민하고 걱정할 필요조차 없는 것이 사실이다. 왜냐면 문재인·이재명과 대깨문들과 개딸들과 개아들들은 가만 놓아둬도 스스로 자기들 발등에 도끼질을 해 대면서 자멸하는 수준들이기 때문이다. 그렇게 되면 나머지 국민들에게 모든 잘못과 책임이 돌아온다. 정말 정신 차리고 반성해야 한다.

2. 김영삼과 김대중만 비극을 면했던 이유

이승만·박정희·전두환·노태우(38년)는 독재함으로써 국민들에게 극단으로 내몰렸고, 더 이상 함께해 줄 세력과 돌봐 줄 세력이 없었으며, 제각각 대가들을 치렀다.

여기서 중요한 핵심을 하나 짚고 가야 한다.
앞장에도 언급되었듯이 이승만과 박정희는 독재했음에도 비리가 전혀 없었다. 다시 말해서 '너무나 물이 맑아서' 패거리(세력)들을 거느리지 않았고, 떼거리들이 모여들지 않았다.
그래서 임기가 끝나도 보호해 줄 세력이 없었고, 심지어 함께했던 사람들이 책임을 전가해서 살아남기에 급급했으며, 이승만·박정희를 비롯한 극소수가 잘못을 뒤집어썼고, 나머지는 빠져나갔으며, 그에 대한 공은 이후에 김영삼·김대중의 몫으로 돌아갔다.

만일 이승만·박정희가 여느 나라 독재자들처럼 천문학적인 부정·비리로 재산을 축적해 놓고, 철수하려는 미군을 내버려두고, 막대한 자금을 풀어서 하수인 세력과 이해관계 집단들을 거느렸다면 어땠을까?

아마도 대한민국 역시도 북한처럼 독재에 성공했거나, 막강해진 그들 세력을 국민들이 감당하지 못한 채 망국으로 곤두박질쳤을 수도 있다.

설사 이승만·박정희가 독재에 실패했더라도 대한민국은 또 다른 독재 국가로 전락했거나, 망국으로 치달았거나, 훨씬 더 끔찍한 국가적·국민적인 고통과 비극을 대가로 치러야 했을 수도 있다.

하지만 이승만·박정희는 물이 맑았고, 대한민국이 골고루 좋아졌으며, 그러한 결실은 기업들과 국민들에게 돌아갔다.

이처럼 이승만·박정희의 청렴함과 공정함과 투명함은 언론과 정치인들과 야당을 상대할 때도 똑같았고, 이승만·박정희로 인해서 특별히 재미를 보거나, 특혜받는 사람과 세력은 없었다.

반면에 전두환은 대한민국의 민주주의와 자본주의에 특별한 업적이 없었다. 하지만 군대라는 막강한 무력이 있었고, 무력으로 정권을 잡았다. 물론 군복을 벗은 이후로도 군부를 장악했으며, 하지만 무력을 사용할 수는 없었으며, 군대 방식으로는 대통령 노릇이 쉽지 않았다. 그래서 막대한 비자금을 조성해서 사용했고, 그렇게 안 되면 강력하게 탄압·통제했다.

그런데 전두환이 조성한 비자금을 상속받아서 탄생한 정권이 노태우와 김영삼이었고, 김대중도 20억+α다.

다시 말해서 노태우와 김영삼은 전두환의 적자인 셈이고, 김대중은 차별받은 서자인 셈이었다.

김영삼과 김대중이 살아남은 이유

위의 내용에서 왜 김영삼과 김대중이 비극을 당하지 않고 살았는지 짐작했을 것으로 생각한다.

첫째, 김영삼과 김대중은 장기간 반독재 투쟁과 민주화로 뭉친 평생 동지들이 많았고, 자신들이 거느렸거나, 빚을 졌거나, 직간접으로 연결되었던 크고 작은 다양한(재야, 언론, 지식인, 종교인, 노동자, 농민 등) 세력들이 있었다. 그들 중 상당수는 김영삼·김대중을 배신하면 오갈 곳이 없는 나그네 수준이었다. 하지만 김영삼·김대중은 대통령에 당선되었고, 측근들과 동지들은 살판 난 세상과 신분으로 바뀌었으며, 김영삼·김대중을 은인으로 받들어 모시고 기념할 사람들과 세력들로 넘쳐났다.

둘째, 김영산·김대중 세력은 임명할 수 있는 기관장 등 자리들이 많았다. 그래서 민주화 세력과 관계자들이 쏠쏠하게 재미보면서 출세하고, 부자도 되고, 이권에 개입할 수 있었고, 막대한 국가 재정을 주무를 수 있게 되었으며, 특별히 문제만 없으면 살판 난 세상의 연속이었다.

셋째, 김영삼과 김대중은 임기가 끝난 뒤에도 대를 이을 사람들로 넘쳐 났고, 그들에게 김영삼과 김대중은 이용 가치가 있었으며, 누구도 두 사람을 함부로 배제·배척할 수 없었다.
두 사람과 친해야만 권력과 정치가 쉽고, 대통령에 당선될 수도 있었기 때문이었다. 그래서 대한민국의 정치판은 이합집산과 합종연횡 등이 반복되었다.

양극화 현상의 시작과 부작용

이러한 과정에서 파생적으로 생겨난 현상이 양극화다. 물론 역사에서의 착취·뇌물·청탁 등의 민족성과 관행들로 봤을 때는 공정한 분배가 계속될 가능성은 애당초 희박했다. 왜냐면 국민들은 공짜와 접대와 뇌물에 익숙했던 후진적인 민족성과 관행 등에 머물렀기 때문이다.

그럼에도 청렴하고 정직했던 이승만·박정희 시절에는 국가와 국민에게 모든 역량과 혜택이 맞춰져 있었다. 그래서 다양한 분야와 국민과 농민에게 좋은 일들이 많았다.

그런데 양극화 현상이 시작되었다.

첫째, 대한민국은 경제가 발전하면서 산업 현장을 주도하는 기업들이 좋아졌고, 이어서 공무원들이 좋아졌으며, 점차 국민들에게도 분배가 확대되는 상황이었다.

그러던 중에 이승만·박정희 독재는 종식되었고, 전두환 정권에서는 대기업들이 권력에 거액을 뜯기거나, 상납하기 시작했다. 덕분에 기업들에는 다양한 방식으로 대가들이 있었다.

반면에 중소기업과 종사자들을 위한 정책과 관심과 돌아갈 몫은 중단되거나, 소홀해졌으며, 양극화가 시작된 원인이다.

둘째, 김영삼과 김대중은 물론 노무현 역시도 함께했던 동지들을 챙겨야 했고, 신세를 갚아야 할 사람이 많았다. 그래서 일자리를 만들기 위해서 행정부의 고위직을 일반에 공개했고, 자기 사람들을 심었다.

그로 인해서 정부와 정치권의 언저리는 비약적으로 풍요로워졌고, 이어서 정치권력을 뒷받침하는 민주화 세력과 노조 세력과 시민단체들이 신진 세력으로 등장했으며, 금품과 연줄과 인맥을 이용해서 자리들을 따냈고, 본전을 뽑기 위해서 이권에 개입하고, 비리를 저질렀으며, 마치 출세를 입증하듯이 금품이 오고 가면서 양극화 현상이 광범위하게 확산·심해졌다.

당연히 한때 중산층과 중소기업과 중소 상인들에 대한 분배는 중단되거나, 계속되는 물가 인상과 경기 침체로 소득은 줄어든 셈이었다.

더구나 서민들은 할부로 집과 자동차를 장만해서 할부 인생을 살아가거나, 무리한 욕심으로 투자해서 손해와 재산을 잃거나, 사업에 실패해서 나락으로 떨어지거나, 호황일 때 서명했던 연대보증 채무로 쫄딱 망하거나, 다급한 마음에 다단계 판매와 고리대금의 사채로 신용불량과 자살로 내몰리기도 했다. 이런저런 원인과 결과로 더욱 심해진 양극화는 급기야 저출생으로 나타났고, 막대한 재정을 쏟았다. 하지만 근본적인 이해와 접근 없는 단방약 처방들에 불과해서 해결이 어렵다.

노무현이 비극적인 운명으로 끝난 이유

노무현은 임기 중에 박연차에게 거액의 뇌물과 고가의 명품 시계 한 쌍을 받았고, 자식들이 미국에 주택을 구매했다.

이후에 노무현은 거액 수수 사실을 부인했지만 검찰 조사 과정에서 이미 박연차가 사실대로 진술했음을 알았고, 안색이 흑색으로 변했으며, 비극적인 선택으로 최후를 맞았다.

그로 인해서 김영삼·김대중과는 전혀 달리 비극으로 생을 마감했다.

※ 김대중·노무현·문재인에 대한 분석은 책의 앞뒤 날개에 소개된 필자의 저서 중 제1권《우리의 실체·실상에 대한 이해와 반성》참고

3. 대한민국에서 법과 상식과 양심이 망가진 과정

정상적인 국가와 조직과 사람은 개인적인 권리와 이익과 주장에 앞서서 양심과 상식과 법을 존중하고, 그에 맞춰서 살아가기 마련이다.
그런데 반대로 법과 상식과 양심을 무시하는 일들이 일반적·자연스러운 현상이라면 망국의 조짐과 암시일 수도 있다.
대한민국은 문재인 정권 5년 만에 급격히 법과 상식과 양심이 무시되고 무너지는 연속이었다. 이에 관해서 인간적인 측면으로 살펴보자.

이승만·박정희·전두환·노태우 시대

이승만(박정희·전두환·노태우) 시대에는 양심과 상식에 기반해서 헌법과 법률이 생겨났고, 이후에도 계속 중시되었다.
역시 이승만이 독재자가 된 것도 헌법과 법률과 상식과 양심에서 벗어났기 때문이다. 박정희의 쿠데타 역시 헌법과 법률에 어긋났고, 독재자로 낙인찍혔다. 그간에 공직자들과 정치인들은 법을 위반하거나, 양심과 상식에서 벗어나거나, 잘못을 은폐했다가 밝혀지면 부끄러워했고, 곧바로 사과·사죄했으며, 당연히·기꺼이 자리에서 물러났고, 명예나 양심이 심하게 손상되면 법적인 처벌보다 자살을 선택하기도 했다.
어떻든 이승만·박정희는 독재로 명분을 잃었고, 결국 대세에서 벗어난 채 인생이 끝났다.

민주화(노태우·김영삼·김대중) 시대

민주화 역시 민주주의 정착과 민주화에 동시에 실패했고, 국민에게 극도로 실망을 끼쳤다.
하지만 김영삼과 김대중은 대한민국의 맥(정통성)을 이어 갈 명분과 대세와 책임에서 특별히 연관될 것이 없었다. 왜냐면,

첫째, 김영삼·김대중은 대한민국의 민주주의와 자본주의를 직접 도입·실시한 주체가 아니었고, 오히려 수혜자였으며, 민주주의를 만든 주체가 아님으로써 나라든 국민이든 독재든 책임·포용할 자격·필요가 없었고, 독재에 대한 투정(비난·저항·투쟁·반대·공격)을 당연하게 여겼다.
다시 말해서 김영삼·김대중의 투쟁은 이승만·박정희가 나라와 국민을 책임지고 해결하려는 밑바탕이나 의지나 철학이나 인간성에서 대통령의 자질과 자세와는 무관·반대였다.

둘째, 당시에 국민들의 관심사 역시 독재(이승만·박정희)의 축출이었고, 당연히 민주화를 지지했으며, 김영삼과 김대중의 민주화는 이렇든 저렇든 문제가 될 것이 없었다.

김영삼·김대중의 치명적인 한계와 문제점

김영삼과 김대중은 지금까지 알려지지 않았던 치명적인 한계 겸 잘못이 있었다. 하지만 지금까지는 묵과되었다.
당시에 대한민국(국가적, 국민적, 역사적, 인간다운 삶 등)에서 가장 중요한 과제와 당면한 목표는 민주주의·자본주의였다.
그런데 김영삼·김대중의 관심사와 목표는 진정한 민주주의·자본주의가 아니었고, 투쟁을 통해서 대통령 당선을 위한 주도권 장악이 관심이었으며, 두 사람은 민주화(저항·투쟁)를 명분으로 대통령이 되었다.

분명한 점은 김영삼·김대중은 이승만의 민주주의 도입·실시에 대한 부족함이나, 진행상의 문제점 보완이나, 독재로 인해서 민주주의가 역행·위험해진 점들에 대해서 어떠한(국가적·국민적·역사적·인간적·시대적) 측면으로든지 실질적·적극적으로 건의·보완·개선하려는 대책과 시도가 없었다.

역시 김영삼·김대중은 박정희의 경제개발계획에 대해서도 일방적인 매도·반대·비난·공격을 통해서 방해하기에 혈안이었고, 김영삼과 김대중의 라이벌 의식과 과도한 경쟁으로 독재에 대한 비난과 공격은 훨씬 더 심각했다.

하지만 두 사람 모두 민주주의와 지도자로서 전혀 준비되지 않음으로써 10.26부터 12.12까지 움츠러들었을 뿐 감히 기조차 펴지 못했고, 전두환에게 대한민국의 주도권 장악과 대통령 기회를 빼앗겼다.

다시 말해서 민주주의에 실패한 잘못과 책임은 독재(이승만·박정희·전두환)에 있지만 민주화에 실패한 잘못과 책임은 전적으로 김영삼과 김대중에게 있다.

이는 나라와 국민에게 중차대한 시점에서 김영삼과 김대중이 당연히 뭉치고 협력하고 목숨도 걸어야 했지만 몸을 사렸고, 나라와 국민과 민주주의의 실질적인 주체가 아니었으며, 오히려 민주주의와 민주화를 망친 주범들이라는 이야기다.

그래서 김영삼·김대중은 특별한 능력과 업적도 없이 민주화(반독재 투쟁)라는 명분과 대세에 차례로 올라타서 대통령을 해 먹기에 혈안이었고, 나라와 국민이 어떻든 책임질 것이 없었으며, 임기 후에도 감옥에 가지 않고 안전하게 노후를 보냈다.

따라서 김영삼과 김대중 덕분에 대한민국이 민주주의의 헌법과 법률과 인간다운 면모(존중·포용·아량·양심·상식)를 갖추기보다 대통령이 되려는 야심을 위해 수단·방법을 가리지 않는 저질적·악질적인 정서가 국민들의 무의식에 익숙해졌고, 사회 분위기로 확대되었으며, 나라는 계속 악화했다.

설상가상으로 대한민국은 민주주의와 민주화에 올인을 해야 했음에도 김대중은 연방제 통일론에 이어서 김정일과의 사기 쇼 회담에서 고려연방제를 합의하는 등 엇박자를 냈고, 자본주의에 대해서도 '대중 경제론'이라는 '협잡 경제론'을 주장했을 정도로 대한민국의 민주주의와 자본주의를 수렁으로 몰아넣고, 오히려 북한에 동조·지원하는 망국적인 행보의 연속이었으며, 이미 그때도 국민들은 속수무책으로 놀아났다.

친위대(노무현) 시대

노무현은 독재에 대한 국민들의 분노와 민주화(김영삼·김대중)에 대한 실망 겸 아쉬움의 연장선에서 새로운 기대감을 등에 업고 대통령에 당선되었고, 노무현은 진보를 표방했다.
하지만 진보라는 이름과는 달리 독재로 인한 문제들의 보완, 민주주의 실현을 위한 대안, 인간다운 사회문화와 국가적 비전에 대한 제시와 실현 방안은 물론 실질적인 능력과 의지와 포용력은 기대할 수 없었다.
아마도 이는 노무현이 평생 단순한 지능과 암기에 의존해서 사법고시에 합격하고, 대통령까지 당선되었던 한계(교만함)인 셈이며, 이런 현상은 지금까지도 계속되고 있다.
설상가상으로 노무현은 집권과 동시에 정년이 남은 공직자들을 퇴물로 취급해서 내쫓았고, 친일파 청산과 친일 인명사전이라는 반민족적·반시대적·비민주적·비인간적·적대적인 만행들을 저질렀다.
이는 비교적 젊은 정치인·노무현이라고 했을 때 너무나도 실망스럽고 비열한 짓이었다. 왜냐면 당시에 대한민국은 수준 높은 민주주의를 실현하기 위해서 대통령과 국민들이 총체적으로 단합·반성·점검해도 부족한 상황이었기 때문이다.

그처럼 진보(노무현·친노) 세력은 나라와 국민을 참담했던 과거(일제시대)로 후퇴시켜 놓았고, 그러한 수준과 자질로는 수준 높은 민주주의는커녕 정상적인 현상 유지조차 불가능했다.

이때부터 국민은 부정적인 정서(과거·원한·악감정·보복)가 민주주의·법치·상식·양심·미래보다 우선하는 현상들이 생겨났고, 심지어 그러한 자신들을 상식과 양심과 공정과 정의로 착각했다.

물론 이는 누구도 알지 못한 채 무의식에서 저절로·당연히 진행되었던 시대적·민족적·문화적·국민적·인간적인 한풀이 겸 비극적·망국적인 속성이었고, 조상들로부터 대물림된 저주의 반복이었다.

※ 이는 현대사 정립과 정통성 확립과 인간다운 사회문화를 위한 체계 정립을 위해서 참으로 중요한 내용이며, 좀 더 실질적·체계적인 접근과 분석과 연구가 진행되어야 한다.

명분과 대세를 잃고 속수무책이었던 이명박·박근혜 시대

국민들에게 명분과 대세를 상실해 버린 독재의 후배뻘 겸 자식뻘인 보수(이명박과 박근혜)는 사실상 할 수 있는 일이 없었다고 봐야 한다.

그래서 두 사람은 죽기 살기로 신념과 의지를 초집중해서 민주주의에 올인을 해야 했고, 대한민국을 총체적으로 접근해야 했으며, 국민들에게 대대적으로 호소·설득·계몽했어야 했다.

그래야만 참담했던 실체와 후진적인 실상들에 대해서 국가적·국민적·총체적인 점검·반성·포용·수렴·승화·용서·처벌·단합·향상·발전·도약으로 연결해서 명분과 대세를 확보하고, 주도해 갈 수 있었다.

물론 이는 이승만도 박정희도 김영삼도 김대중도 노무현도 문재인도 생각하기 힘든 내용이었고, 동시에 민주주의에 실패했던 이유였으며, 이명박과 박근혜의 성패가 좌우되는 유일무이한 원인과 해법과 갈림길이었다. 물론 이는 지금도 앞으로도 마찬가지다.

그래도 어떻든 이명박·박근혜는 잘못되고 망가진 대한민국과 민주주의와 국가의 안정과 발전과 번영을 목적했다. 하지만 이명박·박근혜는 너무나 순진했고, 이미 대한민국은 종북좌파와 김일성 주체사상파와 중공몽과 반미 세력이 나라 곳곳을 장악한 상태였고, 도저히 역부족인 채 속수무책으로 당할 수밖에 없었다.

대한민국은 이명박·박근혜가 무너지면서 민주주의도 민주화도 법도 상식도 양심도 정의도 공정도 모두 무시·짓밟혔고, 아예 조작과 불법과 궤변과 선동과 내로남불과 몰상식과 몰염치와 포퓰리즘과 역적 짓들이 활개 쳤다.

이제는 국민들이 대오각성해야

대한민국은,

* 민주주의를 도입해 놓고서 결국 독재했던 일당 독재·군사 독재는 오래전에 끝났다.

* 민주주의와 민주화로 위장해서 대통령을 목적했던 계파 정치도 오래전에 끝났다.

* 민주주의와 민주화는 안중에 없이 집권과 동시에 나라와 국민의 정서를 참담했던 과거와 부정적인 분위기로 몰아간 사이비 진보도 오래전에 끝났다.

* 독재·민주화·진보가 실패함으로써 국민들의 반사적인 기대 심리(구관이 명관, 미워도 다시 한번)를 등에 업고 등장했던 보수도 사실상 몰락했다.

* 문재인의 조작·불법·선동으로 보수가 무너졌을 때 대한민국은 총체적으로 정상 궤도에서 이탈했다. 왜냐면 대한민국은 거짓과 조작과 술수와 모함과 음모와 궤변과 억지와 내로남불과 적반하장과 거짓 뉴스에 의해서 법과 상식과 양심과 체면과 정의와 공정이 무참하게 짓밟혔기 때문이다.

대깨문들과 개딸들과 개아들들의 원리·원산지·정체·배후에 대해서

개딸들의 원산지 겸 배후가 민노총과 경기동부연합(이석기 등)과 북한·중공이라는 자명한 의혹은 이미 언급되었다. 물론 이석기와 그 일당은 두 번 다시 대한민국 땅에서 활동하지 못하게 조치해야 하고, 반드시 그렇게 될 것으로 생각하며, 그렇지 않으면 대한민국은 선진국 실현과 민주주의 정착이 불가능하다.
여기서는 중공·북한의 색채가 짙게 풍기는 점을 보충한다.

'2024 파리 올림픽' 여자 탁구 결승전에서 중국의 쑨잉샤와 천명이 맞붙었고, 천명이 우승했다.
그런데 경기 내내 중국 관중들은 일방적으로 쑨잉샤를 응원했고, 천명에게는 야유를 보내고 비난했으며, 천명이 승리해서 금메달을 땄는데도 마찬가지였다.
언젠가 배드민턴 경기에서 관중들은 천위페이를 일방적으로 응원했고, 상대(중국) 선수에게는 심한 야유와 비난을 퍼부었다.
이처럼 자기편을 일방적으로 두둔하고, 상대방은 배타적·공격적인 나라와 국민이 중국이다. 그래서 중국은 영토만 대국일 뿐 민족성은 소국에 불과하고, 그렇게 만들어진 것이 중국의 기이한 팬덤 문화다.
그래서 중국은 주변국들을 호시탐탐하면서 속국으로 만들었고, 심지어 자기들끼리 영토·패권 전쟁했던 횟수가 전 세계가 전쟁한 횟수보다 많다고 한다. 그러한 중국인들·관중들을 지켜보는 우리는 너무나도 어리석고 우둔하고 괴상망측 짓들로 보이겠지만 중국인들에게는 당연한 팬덤 문화다.
북한은 한술 더 떠서 김일성·정일·정은에게 절대 충성·복종해야 하고, 그렇지 않으면 숙청된다. 역시 축구 경기도 전쟁일 정도로 폭력적이고, 적대적이다.
이것이 바로 '대가리가 깨져도 문재인'이라는 대깨문 세력과 이재명의 '개딸' 세력과 '개아들' 세력이 생겨나서 존재하는 원리와 형태다. 그래서 이들의 정체·배후가 바로 중공·북한·조선족이 뒤섞인 짬뽕밥으로 의심되는 이유 겸 증거라고 할 수 있다.

중공·북한과는 전혀 다른 대한민국의 관람·관객·응원 문화

말이 나왔으니 이태원 압사 사건을 추가한다.
이태원에서 진행된 핼러윈 축제에서 비극적인 압사 사건이 발생했다. 당시 사건을 일반적인 국민성과 객관적인 관점으로 비교해서 확인해 보자.
2002년 한일 월드컵 당시에 붉은 악마가 보여 준 관람·관객·응원 문화는 지금도 국민들이 생생하게 기억할 것이며, 국제사회가 놀랄 정도로 열광적이면서도 질서가 정연했다.
당시에 수많은 국민이 붉은 셔츠 차림으로 넓은 광장과 운동장 등 다양한 공간에서 열광적으로 응원했다. 하지만 압사 사건은 물론 단 한 건의 불미스러운 사고가 없었고, 그야말로 축제의 연속이었다.
그런데 핼러윈 축제 때 이태원에서 좀처럼 이해할 수 없는 압사 사고가 터졌고, 제2의 세월호 참사로 악용하는 등 정권 전복 시도들이 재현되었다. 실제로도 압사 사고와 동시에 일방적으로 정부의 잘못으로 책임을 전가했고, 정부를 공격해서 약화·무력화를 시도했으며, 정권을 전복하려는 제2의 세월호처럼 위험한 상황으로 몰아가는 연속이었다.

따라서 이태원 압사 사고도 대한민국에서는 도저히 있을 수 없는 사건이었고, 반드시 불순한 배후가 있을 것으로 짐작되며, 머잖은 시기에 진상이 낱낱이 드러날 것으로 기대해 본다.

사실은 이 역시도 그간에 국민들이 당연하게 여겨 왔던 질서와 상식과 규칙이 망가진 현상 중 하나다.

1980년 광주 5.18에서 무기고와 APC 장갑차와 화순 탄광의 다이너마이트 탈취 사건

과거에 국민들이 당연하게 여겨 왔던 질서와 상식과 규칙과 법이 완전히 망가진 사례를 하나 더 소개한다.

오늘날보다 훨씬 더 국민들이 순진·순박했던 1980년 5.18 당시에 광주시민들(?)이 아시아자동차를 습격해서 장갑차를 탈취하려고 했고, 역시 파출소들을 습격해서 총기류로 무장했으며, 화순 탄광을 습격해서 대량의 다이너마이트를 탈취해서 전남도청이 날아갈 정도로 막대한 양의 폭약을 도청 지하에 설치했다.

필자는 당시에도 지금도 대한민국의 국민과 광주시민으로 살아왔으며, 대한민국에서는 물론 우리 국민 중에서 감히 그러한 짓들을 시도하는 것은 불가능하다고 생각한다.

따라서 필자는 진상규명을 통해서 5.18 당시의 전후 사정을 소상하게 밝혀야 한다고 생각한다.

말이 나온 김에 대한민국은 민주주의를 표방한 국가다.

그래서 대한민국의 목표와 우리 국민들의 목표와 민주화의 목표는 당연히 민주주의다.

그런데 민주주의를 위해서 당연히 거쳐야 할 과정인 민주화(광주 5.18)를 성역화해서 각종 특혜를 받고, 불법으로 또 다른 가짜 유공자들을 양산하고, 그것으로도 부족해서 성벽화까지 시도해서 성벽 밖을 적대적인 관계로 만들어 놓고, 여차하면 공격 대상으로 삼아서 처벌하고 있다.

이처럼 외부에서 성벽 안을 감히 넘보지 못하도록 차단해 놓고, 여차하면 법으로 처벌까지 한다는 것은 민주주의 체제와 질서와 표현의 자유와 민주화·자유화·선진화의 취지 등에 모두 위배·역행되는 악법이며, 법도 양심도 상식도 짓밟아서 짓뭉개 버리고, 인간적으로 악종들과 말종들이 아니고서는 감히 누구도 상상할 수 없는 짓들이다.

다시 말해서 5.18 성역화에 이어서 성벽화로 무기화했고, 악법을 통해서 국민들의 기본권과 양심과 상식과 민주주의까지 모두 짓밟아서 짓뭉개 버리는 폭력적인 법이며, 법을 개정하지 못한다면 위헌법률 소송을 진행해야 한다.

따라서 이제는 현대사에서 있었던 갖가지 문제들에 대해서 범국가적·범국민적인 의견을 수렴·정리하고, 민주주의를 위한 특별법을 마련해서 현대사를 똑바로 정립해야 하며, 자유대한민국의 정통성을 확립해야 한다.

이를 위해서는 차라리 양심과 상식이 살아 있고, 법을 존중하는 보수와 중도가 대오각성하고 개과천선해야 하며, 더는 똑같은 비난과 걱정과 생각과 말들을 되풀이하면 안 된다.

"민주화란 민주주의를 위한 과도기적인 현상이다. 그래서 민주화의 진정한 시작과 과정과 목표는 진상조사를 시작으로, 가해자의 처벌, 피해자의 보상·

배상, 시민의 명예 회복이어야 한다.

그런데 만일 민주화만으로 성역화하고, 유공자로 대우받고, 가짜 유공자들을 무수히 만들어도 깜깜이일 정도로 복마전 속이고, 성벽화를 통해서 얼씬거리거나 거슬리는 사람들을 처벌하는 짓들은 독재나 공산주의에서나 가능하고, 민주주의 국가에서는 상상할 수 없는 짓들이며, 다수결주의를 악용한 폐단이다.

애당초에 광주 5.18 진상조사는 '민주화'라는 과도기적·이념적·투쟁적인 측면으로 지나치게 편협한 환경과 조건에서 무리하게 진행·강행되었다. 그로 인해서 민주주의적인 관점과 순수한 광주시민의 입장에서는 제대로 진행된 것이 없다. 이제는 광주 5.18이 민주주의와 순수한 광주시민의 애국심과 명예 회복이라는 관점으로 다시 진행되어야 한다."

4. 대깨문과 개딸들과 개아들들에 대해서 국민들이 명심할 사실

여야·이념을 떠나서 정상적인 국민들은 대깨문들과 개딸들과 개아들들의 몰상식과 몰염치와 역적 짓들과 인간 말종 짓들을 보면서 참으로 놀랐고, 어안이 벙벙했으며, 설마설마했었다. 하지만 갈수록 의혹과 의구심이 짙어졌고, 불과 몇 년 만에 확신으로 바뀌었으며, 실상은 훨씬 더 심각했다.

이제라도 대깨문들과 개딸들과 개아들들에 대한 놀라움·우려·의혹·의심·불안·확신의 이유와 전후 사정을 반드시 국민들이 알아야 한다.

첫째, 이들 세력은 참으로 한심한 저질·악질·말종 집단이다.

이들은 거짓말이 밝혀져도 절대로 책임도 인정도 하지 않고, 사과조차 하지 않는 초법적·몰상식·비양심·몰염치한 집단이다. 적폐 몰이든 특검이든 탄핵이든 무작정 몰아붙이고, 누구도 책임지지 않고, 또다시 거짓과 못된 짓을 진실처럼 조작해서 매도·비난·공격하는 상습범들로 전락했다.

둘째, 이들은 이미 권력과 특권의 단맛을 알아 버렸다. 그래서 대한민국을 먹어 버리든지, 누군가에게 바쳐 버리든지, 못 먹을 호박이라면 아무도 먹지 못하도록 쐐기를 박아서 망쳐 버리려는 속셈이다.
어차피 대한민국은 자기들 것이 아니었고, 공짜나 다름없었으며, 자신들이 차지하지 못할 바에는 북한이나 중공에 줘 버리든지 아니면 국민들이 힘을 쓰지 못하도록 망쳐 버리는 것이 좋다고 생각할 수도 있다.
더구나 내외에 도사리고 암약하는 불순세력들은 단기용 바지 사장들을 고용해 놓고, 순진한 국민들을 선동하는 것만으로도 성공하는 연속이었고, 미련을 버릴 수 없으며, 아니면 죽음과 감옥과 패가망신이어서 끝까지 발악할 수밖에 없다.

셋째, 이들 세력의 정체·배후·핵심은 중공과 북한으로 연결되었을 것이라는 점이다. 왜냐면,

* 대한민국이 잘 될수록 북한(김정은)과 중공이 가장 위험해지기 때문이다.

* 소수의 바지 사장들을 고용하면 천문학적인 비용 없이도 대한민국을 좌지우지하거나, 망치거나, 난장판을 만들어 놓을 수 있기 때문이다.

* 이들의 발언·시도·행위를 보노라면 우리 국민을 위하거나, 나라를 위하는 마음은 찾아 볼 수 없고, 권력에 환장·안달인 머슴들을 고용해서 사유화·사당화하거나, 아니면 선심성의 포퓰리즘으로 망가뜨리는 것이 관심이다.

* 이들은 중공이나 북한이 무슨 짓을 하든지 감히 '찍'소리조차 못하고, 오히려 지시를 받들어서 신속하게 이행하거나, 몰상식한 짓들로 비위를 맞추기에 여념이 없다.

넷째, 북한과 중공으로 연계된 하수인들은 당연히 대한민국이나 국민들을 안중에 둬서는 안 된다. 오히려 국민들에게 공분을 사야 하고, 반국가적·비민주적·비인간적인 짓들을 끊임없이 저질러야 북한·중공에 대한 충성으로 인정받고, 계속해서 이쁨을 것이기 때문이다.
물론 은밀하고 치밀하게 진행되는 내용이어서 웬만한 힘과 정보력으로는 밝혀낼 수 없을 것이라고 착각함으로써 자행하는 역적 짓들일 수 있다.

대깨문들과 개딸들과 개아들들에 대한 충고 겸 경고(참담한 실패와 죗값 각오)

첫째, 대한민국은 시작과 과정이 어떻든 엄연히 민주주의 체제이고, 결국에 민주주의는 절대 호락호락하지 않으며, 더구나 지극히 비민주적이고 비인간적인 공산·사회주의·독재·세습에 당할 리 만무하고, 결국에는 대깨문들과 개딸들과 개아들들 수준으로는 참다운 민주주의 세력·능력과는 상대도 비교도 되지 않는다.

둘째, 오늘날 대한민국과 국제사회에서 공산·사회주의가 설치는 것은 능력이 대단해서가 아니라 민주주의가 여유로워지면서 사람들이 나태해지고 방만해지고 복잡해지고 허약해지는 등 집중력이 현저히 떨어졌기 때문이다. 역시 불순세력이 순진한 사람들과 무능한 사람들을 다양한 수법들로 유혹해서 코를 걸어 놓았고, 민주주의 국가들은 이를 예상·대비하지 못했기 때문이다. 하지만 이제는 상황을 파악했고, 전열을 가다듬기 시작했으며, 망나니들은 절대 용서받을 수 없다.

셋째, 공산주의·독재·세습은 사실상 오래전에 망했다. 그런데 이후에 자본주의 국가들 덕분에 살 만해졌다. 그러자 마치 자신들의 순수한 자력과 뛰어난 능력처럼 착각했고, 또다시 비열한 짓들로 자멸의 길로 곤두박질치는 중이다. 원래 인생사든 세상사든 적극적으로 노력하고 협력해도 쉽지 않다. 그런데 당신들은 민주주의(인간과 사회와 법규와 정책 등)의 약점·잘못에 기생하는 비열한 방법들로 불순한 목적을 달성하려고 혈안이며, 절대 잘될 수 없다.

넷째, 국제사회와 인류 미래가 잘 되려면 모든 구성원이 적극적으로 협력해야 한다.
그래서 당신들처럼 수단과 방법을 가리지 않으면 지구촌의 장래는 멈칫거리고 터덕거릴 수밖에 없다. 반대로 여러분처럼 구제 불능들이 석고대죄하고 대오각성하고 개과천선하면 국제사회와 인류 복지와 번영은 훨씬 더 쉬워지고 빨라진다.

5. 대한민국은 법·상식보다 이념·돈이 지배

대한민국을 가장 크게 좌우·지배하는 이치는 무엇인가?
민주주의와 법인가, 종교와 진리인가, 상식과 양심인가, 홍익인간의 정신인가? 물론 국민들은 이것들도 중요하게 여긴다. 하지만 대한민국과 국민을 가장 크게 좌우·지배하는 원리는 이념에 이어서 권력과 돈이고, 다음은 인맥이다.

첫째, 대한민국을 지배하는 진리는 이념

민주주의는 법과 제도로 운영되고, 법의 최후의 보루는 법원과 판사들과 대법원과 대법원장과 대법관들과 종사자들이다.
그런데 대한민국의 법원과 판사들과 대법원과 대법원장과 대법관과 종사자 상당수가 민주주의를 위한 파수꾼 역할에 소극적이다.
그래서 인연·청탁·압력·금품이 개입되면 엿장수처럼 판결을 멋대로 하는 장사꾼이나 장사치들로 전락했다. 그러다가 갈수록 불순세력에 코가 걸리거나, 스스로 이념화·좌경화된 불순세력에 합류했다. 심지어 이념에 따라 징역·벌금과 구속·불구속과 유죄·무죄가 반대로 바뀌고, 형량도 달라졌다.
이는 대한민국은 정의도 양심도 상식도 종교(부처님·하나님)도 민주주의도 이념과 돈과 인연 앞에서는 무기력해졌고, 매국적·망국적인 현상이다.
이로써 대한민국은 망했다고 생각해야 하고, 국민들이 대오각성·개과천선해야 한다.

둘째, 정치·지역·종교·시민단체도 이념이 우선이고, 좌우한다

보았듯이 대한민국은 이념이 지배하고, 다음은 다수결 패거리에 의한 정치·정당 권력과 부정한 돈이고, 지역이다.
이미 우리보다 먼저 이념에 매몰되어서 공산화와 우상화·신격화를 통해서 노예와 굶주림과 죽음과 지옥으로 전락한 사례가 우리 민족의 절반인 평양·북한이다.
물론 이념은 전국적인 현상이지만 호남을 예로 들면 이해가 훨씬 쉽다.
광주와 호남(전남·북)에서는 국회의원과 시·도지사·군수·의원들을 선출할 때 후보자의 능력과 경력과 인성보다 이념(정당)을 우선한다. 이념이 일치하면 사기꾼도 양아치도 불량배도 전과자도 따지지 않고, 자신과 진리(하느님, 부처님, 진리 등)가 달라도 무조건 선출한다. 왜냐면 사회 정의도, 인간의 양심도, 일반 상식도 무너진 지 오래이기 때문이다. 그래서 "호남에서는 막대기나 고양이를 후보로 내놔도 당선될 것"이라고 한탄하는 사람들이 있다.

이러한 연장선이라면 호남에서는 막대한 국가 재정을 투입해서 선거할 필요가 없고, 민주주의 역시 필요 없으며, 더불어민주당이 곧바로 임명해도 될 정도다.

앞에서도 언급했듯이 이념(좌경화)으로 삐뚤어져서 노예와 짐승으로 전락한 사례가 북한(평양)이다.

해방 후에 북한·평양에는 남한·서울보다 기독교와 신자들이 10배 20배는 더 많았다고 한다. 그런데 김일성 같은 위선자·사기꾼·역적조차 알아보지 못한 채 이념(김일성 주체사상)의 졸개들과 노예들로 전락했다.

셋째, 법조인들조차 이념에 매몰된 망국적인 저주의 반복

북한처럼 끔찍한 일이 대한민국에서 일어나지 말라는 법은 없다.

왜냐면 민주주의의 최후 보루여야 할 법원에서 좌편향 판사들이 이념이 일치하면 무죄로 판결하거나, 재판을 차일피일 미루거나, 결정적인 순간에 사표를 던져 버리거나, 병가를 떠나 버릴 정도로 처벌·진행을 방해하고, 민주주의를 방해·역행하기 때문이다.

물론 저질·악질들이 별별 짓을 해 본들 한동안 나라와 국민이 힘들 뿐 이념(공산주의 등)이나 추악한 범죄자들이 대한민국과 국민들과 민주주의를 근본적으로는 전복·정복할 수 없다.

그나마 다행인 점은 미국과 국제사회가 대한민국과 함께해 주고, 역시 중공·북한의 야욕과 만행을 확고하게 견제해 주는 점이다.

6. 국민이 현대사 내내 이념조차 극복하지 못한 이유·증거

벌써 80년여째 민주주의를 표방해 왔던 대한민국은 독재 세력, 계파(민주화) 세력, 친노(진보) 세력, 친이·친박(보수) 세력, 대깨문(대가리가 깨져도 문재인) 세력에 이어서 이재명(개딸·개아들) 세력이 날뛰면서 요지경의 연속이다. 더구나 갈수록 이념화가 심해지면서 비인간적이고 비민주적이고 망국적인 저질·양아치·악질·역적들이 난장판을 만들고 있다.
만일 국민들이 이런 패거리들과 상황을 계속 방치하면 망국적인 역사를 반복할 수밖에 없다.
왜 우리는 독재·민주화·진보·보수를 지나면서 이념조차 극복·감당하지 못하는가?

첫째, 단 한 번도 반성하지 않았던 국민성·인간성

대한민국은 참담했던 우리의 실체(역사·문화·민족성)와 실상(권위·청탁·압력·비리·차별·학대)을 단 한 번도 점검·정리·반성하지 않았고 현대 민주주의에서도 답습했다.
이는 남녀노소·지위고하·유·무식·빈부를 막론하고 밑바탕(무의식)이 똑같았고, 민주주의에 자질미달이었다는 증거이며, 독재·민주화·진보·보수가 민주주의에 무관·역행했다는 증거다.

둘째, 우리를 기어코 합리화하는 인간성·국민성

우리는 인류사에서 가장 수준 높은 민주주의를 너무나 쉽게 생각했다. 그로 인해서 봉건왕조에 익숙했던 민족성·문화의 연장선에서 또다시 독재했고,

이후에 민주화(투사들)도 민주주의에 무지했고, 자신들을 합리화·강화·미화하기에 급급했다.

그래서 도토리 키 재기에 불과한 민주화(투사·국민)는 대한민국의 민주주의와 자본주의의 원조인 제1·2의 똥딴지들(이승만·박정희)을 악마화했고, 북장구처럼 무수히 두들겨 팼으며, 국민들은 그것을 민주화로 착각·위장했고, 똥딴지들이 힘겹게 이뤄 놓고 차려 놓은 잔칫상을 즐겼으며, 더 오래 많이 차지하려고 혈안이었고, 이념과 황금만능이 성행하면서 민주주의에서 멀어졌다. 물론 일반 국민들의 실체와 수준도 마찬가지였다.

국민들도 민주주의에 무지했고, 민주화에 놀아났으며, 마치 국민들이 민주주의와 민주화의 주체로 착각했고, 악마화된 독재를 일방적으로 원망·비난·매도했으며, 모든 잘못과 책임을 떠넘겼고, 자신들에 대한 변화와 반성과 점검은 없었다.

셋째, 공산주의·이념조차 알지 못한 채 계속 놀아난 국민성

국민들은 "김일성만 없어지면 북한이 해방되고, 북한에 민주주의가 가능할 것"으로 학교에서 배웠고, 실제로 그렇게 생각했다.

역시 "이승만과 박정희만 없어지면 남한은 민주주의가 실현된다."라고 배웠고, 그렇게 생각했다.

하지만 대한민국은 한동안 독재가 계속되었고, 북한은 지금까지 공산독재·세습이 진행 중이며, 김정은 일가가 없어져도 인민들의 수준으로는 민주주의는 상상하기도 힘들며, 남한의 도움이 절대적이다.

이는 우리 국민들이 수준 높은 민주주의는 물론이고 인류사에서 가장 수준 낮은 공산주의·이념과 위정자·사기꾼들조차 제대로 알아보지 못한다는 증거다. 그뿐 아니라 대한민국의 지식인들과 명문대 학생들이 너무 쉽게 이념화되면서 공산주의로 삐뚤어졌을 정도로 어리석었다.
하지만 사실은 우리 국민이 인류사도 인간도 세상도 제대로 몰랐다. 왜냐면 5천 년 동안 봉건왕조의 연속이었고, 더 이상을 다양하고 깊이 있게 생각해 볼 기회가 없었기 때문이다.
다시 말해서 봉건왕조에서는 왕이 죽으면 새로운 왕이 등장한다. 그래서 국민들은 독재자들(김일성·이승만)만 없어지면 모든 것이 바뀌고 해결될 것처럼 착각·순진했다. 대한민국은 이승만이 대통령이 되어서 완전히 체제가 변화했고, 박정희가 국민의 삶을 양적·질적으로 대폭 업그레이드했기 때문이다. 만일 국민이 옳은 판단을 내렸다면 대한민국은 이미 최고의 선진국이 되었을 것이다.

넷째, 끼리끼리 뭉치지만 결국은 앞가림조차 못한 민족성

역사에서 양반들은 유유상종하면서 음주·가무를 즐기거나, 당파·당쟁했다. 백성들은 계 모임을 통해서 애경사에 상부상조하거나, 품앗이했다.
이는 '자기를 위해 우리'가 필요했고, '우리 속에서 자기를 보호하고 키우는' 방식이었다.
사실 그런 방식의 상호관계는 자칫하면 서로 비교·시기·질투·대립·분열하기 쉽고, 관심사(민족성과 문화와 역사)가 '전체'와 '협력'과 '미래'로 나아가기 어려우며, 갈수록 자기 앞가림조차 쉽지 않고, 결국은 망국으로 삐뚤어지기에 십상이다.

그런데 현대에서도 국민들은 벌써 80년째 조상들의 문화(어른 공경, 조상 모시기)를 고수한 채 외양으로는 민주주의 국민이고, 민주화를 진행했다.
결과는 독재에 이어서 민주화·자유화·선진화조차 마무리하지 못했고, 북한과 중공으로 연계된 망나니·역적·하수인들이 민주화로 위장해서 민주화도 나라도 망쳤으며, 역적 세력이 곳곳을 장악해서 서로 밀어주고, 쪼개 먹고, 나눠 먹었다.
반대로 순진한 국민들과 순수한 보수·진보·중도·지식인·공직자들은 계속 움츠러들었다.

7. 대한민국에 치명적이었던 학생 운동권

대한민국의 현대사(민주주의·자본주의)와 국민들의 의식 향상과 인간다운 삶과 국가 발전에 가장 치명적이었던 세력은 민주화로 위장했던 학생 운동권이었다. 여기서는 핵심적인 몇 가지만 짚고 넘어간다.

대한민국은 지극히 개인적인 길흉화복·수복강녕·호구지책·수신제가, 출세 지향적인 입신양명·부귀영화, 황당하기 그지없는 치국평천하·영웅호걸이라는 팽창적인 가치관과 뻥튀기 문화권의 연속이었다.

이를 달성했던 방법들

첫째, 역사에서는 양반들이 과거시험에 급제하는 방법이었다.
이후 과거에 급제하면 뇌물 상납과 처세와 당파·당쟁으로 유유상종하면서 출세를 도모했다.

둘째, 현대(민주주의·자본주의)에서는 사법·행정·입법 등 고시를 통해서 출세했고, 하위직은 공무원 시험을 통해서 능력을 발휘·발탁되었으며, 국가·경제 발전에 편승해서 능력과 운이 잘 맞아떨어진 사람들은 비약적으로 성공해서 부자가 되었고, 재산을 축적·투자해서 대기업을 경영하거나 재벌이 되기도 했다.

셋째, 농민들과 노동자들의 삶
반면에 여전히 하늘·땅에 의존하는 농민들과 과거 머슴의 연장선으로 인식·착각되었던 노동자들은 근로 조건과 작업 환경과 처우와 인간다운 삶에서 지극히 열악했고 불리했다.
그렇더라도 역사에서는 철저한 신분제도였고, 반항·반발하면 죽은 목숨과 같았으며, 불만을 지녀도 어쩔 수 없었다.

넷째, 대한민국은 법과 규정으로 운영되는 민주주의 국가로 바뀌었다. 하지만 국민성과 문화와 사회적 관행은 민주주의에 무관·반대·역행했고, 사실상 역사의 연장선이었다.
그런데 노동자·농민·소상인·서민들의 자식 중에도 머리가 영리하고, 공부를 잘하는 학생들이 많았다. 이들은 잘 사는 사람들을 보면서 상대적인 박탈감과 무력감과 불만이 생겼으며, 역사에서의 반발심을 바탕으로 저항·투쟁으로 삐뚤어졌다.

다섯째, 물론 이들도 다양한 성향과 방법들로 살아갔지만 여기서는 치명적이었던 사실 하나만으로 압축한다.
당시에 무력감과 박탈감과 반발심을 지닌 저항·투쟁 세력 곧 운동권 학생들은 또 다른 출세 방법들을 모색했다. 왜냐면 당시는 민주주의와 자본주의에 서툴렀던 초기였고, 장점들과 단점들이 공존할 수밖에 없었기 때문이다.
하지만 학생 운동권들은 민주주의의 우수한 장점들은 자신들로서는 무관·요원했고, 잘못된 문제들을 공격하는 야비한 방식들을 선택했다.

그러던 중에 이승만·박정희에 이어서 전두환까지 독재했다.
그러한 과정에서 북한은 남한을 적화하기 위해서 집요하게 침투·유혹했고, 학생 운동권은 학교에서의 암기 실력 등 단편 지식 외에는 지극히 무지·단순·근시안이었으며, 너무 쉽게 공산주의 이념이나 김일성의 유혹·포섭에 동조해서 이념화되었다.
역시 반독재 투쟁과 민주화로 위장했고, 대한민국을 조직적으로 장악하면서 세력을 넓혀 갔다.
문제는 독재가 오래 지속될수록 이러한 모든 것이 국민들에게 당연하게 인식되었고, 의인을 넘어서 투사와 열사로 인정받을 정도였다.
반대로 나라와 국민을 위한 실질적인 자기 경쟁력과 능력 확보와 냉철한 자기반성은 찾아볼 수 없었다.
실제로 이들은 주야장천 친일파 청산 타령과 독재자와 대통령들과 재벌들을 원망·투쟁·타도·처단·청산하자는 부정적·비인간적·비민주적·반민주적인 주장·선동 등 망국적인 짓들의 연속이었고, 돌아설 수 없는 막장으로 내달렸다.
왜냐면 무한 경쟁 시대에 무능해지고 삐뚤어진 자신들이 소속하고 활약할 곳은 있을 수 없었기 때문이다.
그래서 자신들을 견제하거나 상대되는 사람들과 세력들을 죽기 살기로 악마화하고, 국민들을 기만·선동해서 세력을 확대했다.

요약하면,
자신들이 출세하고 부자가 되는 방식을 고시와 기업이 아닌 인간의 약점과 민주주의·자본주의의 문제들에 기생(비난·공격)하는 방식을 선택했다.
대한민국은 저질·악질 세력에 의해서 민주주의는커녕 민주화에 실패했고, 이승만·박정희·전두환의 독재와 경제의 성장 덕분에 차려진 잔칫상을 먼저 차지하고, 많이 차지해서 즐기는 꼬락서니로 전락했으며, 실질적인 성장과 동력은 점차 잃어 갔다.
이것이 바로 공산·사회주의나 북한·중공을 동조·찬양하면서도 본인과 자식들은 미국에서 유학하고 시민권을 획득하려고 안달하는 종북좌파·주사파들과 강남 좌파들의 실체다.

여기서 다시 한번

우리는 현대사·민주주의·민주화·진보·보수라는 그럴듯한 용어들이 무색할 정도로 안타까운 사건들과 인물들이 많았다.
이는 나라를 대표하고 국민을 이끌어 가는 대통령들부터 최고의 지성인·지식인들과 마음껏 목청 높였던 시민단체들과 노조와 전교조와 종교인들과 가엾은 서민들까지 우리 국민 모두의 잘못과 책임이다.
왜냐면 그간에 국민들이 "우리는 위대한 민족", "동방의 등불", "한겨레 한민족", "우리민족끼리", "동방예의지국", "민족의 자주·자결"을 자랑·강조했지만 실제로는 인류사에서 최악·저질인 공산주의와 최고 악질인 김일성 일가조차 감당하지 못한 채 너무 쉽고 당당하게 현혹·기만당했으며, 멀쩡한 지식인들과 종교인들과 법조인들과 노동자·농민들과 서민들까지 장장 세월 선동당했기 때문이다.
하지만 그럴듯한 구호들에도 불구하고 제대로 된 것은 없었고, 책임을 전가하고, 원망하고 공격하고 주도권을 장악하는 연속이었다.
그로 인해서 우리는 '미워도 다시 한번' 지지, '구관이 명관', '혹시나에서 역시나', '울며 겨자 먹기 지지'에서 '3무(무조건·무작정·무턱대고) 지지'와 '대깨문·개딸' 지지로 삐뚤어졌고, 과거·현재·미래, 국내 문제·국제 정세, 독재·민주화, 보수·진보, 심지어 공산주의·민주주의까지 온통 뒤범벅으로 섞이고 꼬이고 엉켰으며, 이를 똑바로 정리·해결하지 못하면 진짜 망국을 각오해야 하고, 이러한 모든 것이 결국 주권자였던 국민의 잘못으로 귀결되었고, 국민이 해결해야 할 몫과 책임으로 돌아왔다.

이러한 국민과 대한민국과 현실에 대해서 어떤 생각들을 지녔으며, 어떠한 해결 방안들을 가지고 있는가?
지금 자신이 지닌 생각과 방안이면 대한민국은 민주주의 정착과 선진국이 실현되겠는가?

대한민국의 현대사 초기에 등장했던 재야와 노조와 학생 운동권들(송영길·김민석·안희정·오세훈·유시민·유상호·임종석·임수경·이석기·정청래·최민희·김현·이인영·강기정·조국 등)은 결과적으로 엉덩이에 뿔 난 망아지들과 귀때기에 제대로 피도 마르지 않은 채 날뛰면서 망동을 부렸던 망나니들에 불과했고, 지금도 위험하기는 마찬가지다.
만일 오늘날 대학 재학생들이 그러한 주장들을 펼치면서 망동을 부린다면 어떨까? 당연히 오늘날 대학생들은 감히 상상조차 하지 않는 짓들이다.
그래도 오늘날 대학생들은 보고 듣고 배우고 아는 것이 많고, 당연히 지식과 정보들이 넘쳐 난다. 그에 비교하면 당시에 운동권 학생들은 시대적으로나 국가적으로나 민주주의로나 인간적으로 거의 모든 면에서 깜깜한 어둠에서 겨우 벗어난 철부지들에 불과했고, 나라와 국민을 위해서 해야 할 일들과 할 수 있는 일들이 얼마든지 많았으며, 대학생들이 진지하게 논의하고 협력해서 만들고 개척해도 수준 높은 자유민주주의와 자본주의를 따라가기에 역부족일 수밖에 없었다.
그런데 대한민국을 '미국의 식민지', '미국의 경제식민지', '매판자본', '투쟁·타도·처단' 등 너무나 쉽게 매도했을 정도로 소아적·비인간적·반민주적·반민족적·극단적이었고, 그렇게도 똑똑하고 적극적으로 공격적·폭력적·저돌적인 사람들이 북한의 독재 세습 정권에는 찍소리조차 하지 못할 정도로 참담했으며, 현대사 내내 나라를 망치고 자신들도 망가지는 연속이다.

8. 국제사회와 대한민국에 중요한 네 가지

대한민국은 자본주의 시장경제와 경제개발계획은 획기적으로 성공했다.
하지만 민주주의는 독재와 이념에 가로막혀서 너무 오래 삐뚤어지고 멀어지고 망가졌다.
만일 대한민국이 앞으로도 서로를 원망·비난·공격한다면 망국적인 북한을 따라갈 수도 있다.
북한은 조상들이 수천 년 동안 저질렀던 악행들에 의한 저주의 벌도, 서로 간에 주고받았던 인과의 벌도, 하늘로부터의 천벌까지 받는 연속이다. 이를 바로잡기 위해서는,

첫째, 국가적·국민적인 대전환점을 마련해야

운동선수가 되려는 아이는 자세가 중요하고, 초반에 자세를 잘못 배우면 좋은 실력·기록을 발휘할 수 없으며, 이후에 좋은 코치를 만나도 훌륭한 선수가 되기 어렵다. 왜냐면 한번 익숙해진 자세와 습성들을 바꾸기가 쉽지 않고, 차라리 처음부터 새롭게 배우는 것보다 자세와 습관을 바로잡기가 훨씬 더 어렵기 때문이다.
이처럼 대한민국도 계속 기회를 놓쳤고, 민주주의에서 심하게 벗어났다.
이는 대한민국 역시 5천 년과 80년여째 익숙해진 습성들과 문제들을 바로잡기가 갈수록 난해해짐을 뜻한다.
그래서 필자가 김대중 95% 성공 불가능을 시작으로, 노무현 98%, 이명박

99.98%, 박근혜 3,000% 성공 불가능에 이어서 문재인은 절대 또 절대 성공 불가능함을 확신·경고했던 이유다.

둘째, 민주주의를 국제적·국내적으로 대폭 보완·강화해야

국제사회는 국제조약과 국제기구와 특별법 등을 통해서 한시적으로나마 민주주의를 대내외적으로 대폭 강화해야 하고, 대내외적인 적들로부터 체제와 국민을 철저히 보호해야 하며, 나라와 국민과 체제를 위협·파괴·역행하는 불순세력과 흉악한 범죄자들과 사기꾼들에 대해서는 민주주의의 법과 권리와 혜택들을 끔찍하고 가혹할 정도로 차단·제한해야 한다.

예를 들면 불순세력과 악질 범죄들에 대해서는 구속을 원칙으로 하거나, 변호사 선임을 제약·제한하거나, 법정 최고형을 적용하거나, 최고형을 대폭 올리거나, 프라이버시와 명예 손상과 개인 정보 등을 중단하거나, 신상 정보를 모두 공개하거나, 인간·국민으로서의 기본권과 존엄성을 일시적·한시적·단계적으로 박탈하거나, 죄질에 따라서는 상당한 압박과 무력을 동원하는 것까지 검토해야 한다.

셋째, 질적인 가치관으로 의식을 향상·확대해야

대한민국의 홍익인간처럼 국제사회가 '인간과 세상을 널리 이롭게 한다.'라는 질적인 가치관을 확보·확대해야 한다. 또한 그러한 인물들과 사상들과 사례들을 모아서 정리·배포해야 한다.

이렇게 되면 '중진국의 함정'(마틴 울프)에서 벗어나는 국가들이 생겨날(?) 것이고, 대한민국은 국제사회가 본받고 싶은 진정한 선진국의 모델이 되어줄 수도 있다.

왜냐면 나라와 사회문화가 정상을 유지하거나, 행복과 번영과 발전을 지속하거나, 수준 높은 민주주의가 진행되거나, 수많은 위협과 방해와 유혹과 변수들을 감당·극복하려면 주체인 국민들이 인간다워야 하고, 그래도 안 되면 좀 더 인간다워야 하고, 그래도 안 되면 훨씬 더 인간다워야 하고, 그래도 안 되면 적극적으로 인간다워야 가능하기 때문이다.

그렇게 되면 지구상에서 공산·사회주의를 없앨 필요조차 없이 저절로 사라질 것이다.

넷째, 국제사회와 인류를 총체적으로 해결하는 방법은 생각

여기서 제시하는 '생각'은 이 책은 물론 인류사와 미래를 통틀어서 근본적이고도 유일무이한 해결(극복·정리) 방안이라고 할 수 있다. 왜냐면 인간의 가장 큰 특징(장점·단점, 치명적·희망적)은 생각이기 때문이다.

이는 '무의식'과 '생각'과 '인간'과 '의식'을 새로운 분야와 학문으로 체계화해야 한다는 이야기다.

여기에 추가해서 우주의 핵심적인 이치인 '순간', '2비트', '현재 진행', '미래 완성', '무질서도의 증가', '질서도의 증가'라는 여섯 가지 이치를 포함해서 총 10개를 인류 미래를 위한 공통된 우주관으로 정립해야 한다.

※ 이에 대해서는 책의 뒷날개에 소개된 네 권의 저서 중 제4권, 《하나뿐인 세상에 합당한 인류 공통의 세계·우주관》 참고

9. 대통령들 주변의 불법·월권·부정·비리

나라를 대표하고 국민을 책임지고 끌어가야 하는 대통령들과 주변인들은

법·양심·상식·공정·정의·청렴에 모범을 보여야 당연하다. 하지만 온갖 특권 속에서 탈법과 월권과 부정·비리를 저지르는 경우가 많았다.

여기서는 독재(이승만·박정희)보다 훨씬 더 젊은 민주화(김영삼·김대중)와 진보(노무현)와 보수(이명박·박근혜)와 종북좌파·주사파·중공몽(문재인)과 윤석열과 이재명과 주변인들을 살펴보자.

이승만·박정희와 그 주변인들

이승만은 임기 중에 도덕성과 청렴도에서 하자가 없었고, 말년에는 하와이의 평범한 주택에서 근근이 연명하는 정도였으며, 초호화생활했던 필리핀의 마르코스와 비교되기도 했다.

박정희도 도덕성과 청렴도에서 하자가 전혀 없었고, 공과 사의 구분이 엄격했으며, 박정희로 인해서 친인척들과 지인들이 오히려 어려움을 겪었던 일화들이 소개되고 있다.

예를 들면 박정희의 사망 확인을 위해 시신이 국군수도통합병원으로 이송되었을 당시다.

박정희는 얼굴이 가려진 상태에서 사망 확인이 진행되었다. 당시에 사망을 판단했던 의사는 훗날 법정에서 "환자는 수건으로 얼굴이 가려진 채 실려 왔고, 그가 박정희라고는 상상조차 하지 못했다. 왜냐면 착용한 허리띠의 버클과 가죽이 닳아 있었고, 넥타이핀은 미세하게 금이 나서 갈라져 있었으며, 넥타이는 해진 상태였기 때문이다. 그래서 사망을 확인하면서도 그가 박정희 대통령일 줄은 상상조차 하지 못했다."라고 증언했다.

또 하나 예로, 박태준은 포항제철이 보험에 가입했고, 리베이트 명목으로 현금 6천만 원이 생겼고, 박정희에게 들고 갔다.

박태준은 "이 돈은 회삿돈이 아니라 공적으로 생긴 돈이니 안심하고 통치 자금에 보태 쓰세요."라고 건넸다. 하지만 박정희는 "임자가 알아서 써라."라고 그 자리에서 돌려줬다고 한다.

박태준은 이 돈에 회삿돈을 보태서 임직원 자녀들을 위한 제철장학회를 설립했고, 그렇게 세운 학교만 포항과 광양에 모두 27개이며, 한국 기업 최초로 임직원 자녀들을 대상으로 전액 대학 장학금 제도와 한국 최초의 연구 중심 대학인 포항공대를 설립했다.

천하위공(天下爲公, 천하는 개인의 사사로운 소유물이 아니라 모든 이의 것)이 박태준의 인생철학이었다고 한다.

그를 군대 생활 중에 일찍감치 알아본 박정희가 포항제철을 맡겼고, 전권을 위임했다. 그들은 오늘날 대한민국을 존재케 했던 혁혁한 영웅들이다.

※ 친일파·적폐 청산론자들은 그처럼 훌륭한 인물들을 존경하지 않았고, 닮으려고도 하지 않았으며, 심지어 끌어내리지 못하고, 죽이지 못해서 왜 안달이었을까?

김영삼과 그 주변인들

김영삼은 수십 년째 금고지기로 일했던 집사 장학로가 비리로 구속되었고, 아들 김현철이 국정에 전방위적으로 개입함으로써 '소통령'으로 행세하다가 대통령의 친인척으로는 대한민국 최초로 구속됐으며, 한보그룹(정태수)과의 비리로 극심한 레임덕에 빠졌고, IMF로 국정 운영의 동력을 상실했다.

김대중과 그 주변인들

김대중은 일본에서 김일성의 지령을 받은 조총련의 간부로부터 거액을 수수했다. 역시 김대중이 대통령에 당선되자 동교동계의 핵심이었던 권노갑이 감옥에 갔으며, 《누군가에게 버팀목이 되는 삶이 아름답다》라는 저서를 통해서 그의 일생 겸 심경을 토로했다.

그뿐 아니라 김대중은 세 아들이 비리·게이트로 차례로 구속됐다.

김대중과 이희호는 너무나 돈을 좋아했고, 핵심 측근들은 "후광과 이 여사의 손에 한 번 들어간 것은 다시는 나오는 법이 없다."라고 불평 겸 푸념했다고 한다.

노무현과 그 주변인들

노무현은 대통령에 당선되자마자 핵심 측근의 상당수가 비리로 감옥에 갔고, 그의 친형인 노건평의 비리가 반복되었다.

하지만 결국은 노무현도 거액의 뇌물(태광실업 박연차 회장)을 수수했고, 권양숙은 박연차로부터 시가 1억을 호가하는 고가의 명품 시계 2개를 받았다. 임기가 끝나면서 노무현은 검찰에서 조사를 받았고, 초반에는 뇌물 수수 사실을 부인했다. 하지만 검찰에서 태광실업 박연차 회장의 진술을 보여 주자 당황했고, 어쩔 수 없이 뇌물 수수 사실을 시인했다.

하지만 고가의 명품 시계 수수 사실을 조사하자 노무현은 검사에게 "그건 너무 쪽팔리잖아요? 시계는 좀 뺍시다."라고 부탁했다. (당시에 노무현의 조사 책임을 맡았던 이인규 부장검사의 회고록에서)

어떻든 노무현은 뇌물을 수수했던 증거들이 낱낱이 밝혀졌고, 막다른 길을 선택했다.

이명박과 그 주변인들

이명박은 김경준과의 BBK 사건으로 대통령에 당선되기 전부터 시끄러웠고, 대통령 당선 후에는 형인 이상득이 비리로 구속되었으며, 결국은 본인도 임기 후에 구속됐다.

이에 대해서는 거짓과 진실에 대한 공방이 오래 계속되었고, 지금까지도 명료하게 규명된 것이 없으며, 더 이상의 언급은 생략고, 언제인가 명명백백하게 진실이 밝혀질 것으로 기대한다.

박근혜와 그 주변인들

박근혜는 대통령에 당선되자 가족(근영과 지만 등)이 비리나 청탁에 조금도 연루되지 못하도록 청와대 출입을 금지했다.

아마도 박근혜는 박정희를 닮아서였는지 결벽증일 정도로 청렴했고, 자칫하면 없는 죄도 뒤집어씌우는 나라라는 사실을 대통령 당선 전부터 잘 알고 있었다고 할 수 있다.

그런데 문재인 정권·검찰과 JTBC(손석희) 등이 뇌물죄와 온갖 누명과 오물을 뒤집어씌워서 탄핵하고 감옥까지 보냈다.

최근에 국과수에서 최순실의 태블릿 PC를 조사한바 국정농단의 흔적을 발견하지 못했고, 음모와 계략이었다는 보도가 있었으며, 머잖아서 소상하게 밝혀질 것으로 기대한다.

문재인과 그 주변인들

문재인은 김정숙과 자식들과 사위(서창호)까지 저지른 범죄들이 한두 건이 아니고, 특별검사를 선임해서 철저히 밝혀야 할 정도다.

문재인의 죄명과 형량은 11명의 대통령이 잘못한 것을 모두 합친 것보다도 훨씬 더 많고 심할 것이며, 아마도 몇 곱절을 해야 할 정도로 심각하고, 이미 밝혀진 것만 가족 합산 40건에 육박하며, 훨씬 더 추가될 것으로 짐작한다.

※ 윤석열은 앞에서 언급되었기에 생략한다.

이재명과 민주당

이재명은 너무나 뻔뻔하고, 마치 자신이 대통령처럼 행세해서 여기에 추가한다.
"될성부른 나무는 떡잎부터 알아본다.", "싹수가 노랗다."라는 말이 있다.
이는 인간에게 가장 중요한 것은 됨됨이라는 의미다.
이재명은 어린 시절부터 미담이라고는 없었고, 동네에서의 소문은 설마 할 정도로 지저분하다. 역시 가족과의 관계는 막장의 연속이고, 일생이 가식과 거짓과 모순과 위선과 사기 쇼가 총집합된 저주와 악마의 화신으로 생각될 정도다. 물론 어린 시절은 그랬다고 치자.
하지만 출세한 이후부터 대통령 선거 과정에서 이재명의 주변에서 죽어난 사람들이 벌써 일곱·아홉 손가락이다. 또한 이재명에 관련된 사건들로 검찰에서 조사받은 사람들은 예외 없이 구속됐다. 그런데도 이재명은 비겁하고 교활하게 수사와 재판을 회피하고 방해하고 지연했고, 그러면서도 무죄를 주장하는 뻔뻔함의 극치다. 아마도 시정잡배들이나 양아치들도 이재명보다 더 낫다고 할 수 있고, 이재명의 뻔뻔함과 죄질에 비교하면 웬만한 범죄자들은 사면해 줘야 할 정도다.
특히 언론과 국민 앞에서는 거짓말들을 밥 먹듯이 해 대고, 사건 관계자들의 사망과 구속에 무관한 척 시치미 떼고, 최소한의 책임감과 양심조차 기대할 수 없으며, 같은 지도자는커녕 인간이라고조차 생각하기 역겨울 정도다.
만일 실제로 검찰이 사건을 조작해서 이재명에게 죄를 뒤집어씌웠다면 지금쯤 난리가 났을 것이다.
또한 이재명과 민주당의 말대로 무죄라면 모든 사실과 과정을 명명백백하게 밝혔을 것이고, 수사와 재판을 확실하게 준비하고 대처했을 것이며, 조사든 재판이든 판결이든 빨리 진행하자고 항의·독촉했을 것이며, 재판 생중계를 요청하는 등 법석을 떨었을 것이다.
이재명은 스스로 영리하다고 착각하겠지만 사실은 약아빠진 잔머리와 잔재주에 능한 머저리나, 파렴치한 사기꾼이나, 추악한 악질 범죄자에 불과하다.

※ 어쩌면 세계 대백과 사전에 "인류사에서 좀처럼 찾아볼 수 없을 정도로 위선·모순·거짓·조작·사기가 총집합된 비열하고 잔인하고 뻔뻔한 저질·악질"이라는 의미로 '이재명', '이자이명'이라는 이름이 등재될지도 모른다. 역시 문재인도 마찬가지로 기네스북에 머저리, 하수인이라는 의미까지 추가해서 등재되어야 할 것으로 생각된다.

10. 오래전 공산주의자들과 오늘날 공산주의자들의 차이·비교

오래전 시대의 사람들은 공산주의든 사회주의든 자본주의든 민주주의든 전체주의든 귀족이든 서민이든 인민이든 종교인·신앙인이든 지식인이든 지금처럼 심하게 오염되거나 타락하거나 망가지진 않았다. 왜냐면 그때는 그런저런 것들이 생겨난 초창기였고, 세계가 어떻게 돌아가는지 정보에 어두웠으며, 얼마나 좋은지 나쁜지 왜 그런지 알 수 없었기 때문이다.
그래서 당연히 이런·저런·그런 사람들이 있었고, 이것도 저것도 가능했으며, 이렇든 저렇든 어쩔 수 없었고, 피차 당연했을 수 있다.
물론 모든 것이 투명해진 오늘날 역시도 국제사회든 국가들이든 개인들이든 얼마든지 실수도 잘못도 할 수 있고, 실제로도 수많은 잘못과 실수가 생겨나고 있다.
하물며 오래전 과거처럼 모든 면에서 열악하고 열등하고 무지하고 어리석었던 사람들이야 오죽했겠는가.

오래전에 죽은 공산·사회주의 추종자들이 그대로 살아난다면

만일 6.25남침부터 최근까지 남한과 북한에서 사망했던 공산주의자들이나, 6.25 당시에 자진해서 남한에서 월북·사망했던 공산주의자들이 모두 살아났다고 해 보자.
또는 자유대한민국을 거부하고 기어코 북한으로 돌아가서 남북한을 모두 경험했던 막캥이(비전향 장기수)들을 상대로 확인해도 된다.
아마도 공산주의자들은 오늘날 국제사회와 공산주의 국가들(중공·북한)과 민주주의 국가들(미국·캐나다·유럽·호주·뉴질랜드·일본·대한민국 등)을 똑똑히 보게 되고, 제대로 알게 될 것이다.
그랬을 때 그들이 여전히 공산주의를 고집하거나, 남한을 버리고 또다시 월북할 사람들이 있을까? 아마도 단 한 명도 없을 것이다.

이미 죽은 공산·사회주의자들과 그들의 후손들

이미 죽은 공산주의자들의 후손 중에는 물론이고 남한이 국적인 국민들도 종북좌파와 김일성 주사파와 중공몽 사대주의자로 살아가는 사람들이 꽤 있다. 이들은 국제사회와 유럽·미국·대한민국과 중공·북한을 훤히 보고 겪고 알면서도 여전히 최악의 공산주의·독재·세습을 추종하거나, 하수인 짓들로 일관하면서 민주주의를 약화·무력화·장악하려고 호시탐탐하는 저질·악질들이다.

앞으로는 이들에 대해서 어떻게 이해해야 하고, 상대해야 하고, 처리해야 할까?

첫째, 판단력이 떨어지는 바보·머저리들로 취급·조치해야 할까?
둘째, 정상과 비정상, 옳고 그름을 정반대로 헷갈리는 저능아·정신병자들로 취급해야 할까?
셋째, 적들에게 강력하게 코가 꿰여서 벗어나지 못하는 순진하고 우매하고 가엾고 타락한 저질들로 취급·조치해야 할까?
넷째, 권력에 눈이 멀어서 수단·방법을 가리지 않고 정권을 장악하려는 사악한 범죄자 겸 역적과 악질들로?
어떻든 지금보다 훨씬 더 적극적이고 근본적이고 정교하고 치밀하게 대응·조치해야 한다.

이제부터라도 좌경화된 세력들은 정신 차려야 한다.

첫째, 그간에 중공이나 북한에 자신과 가족과 친지들이 밀접하게 관련되었거나,

둘째, 좌파적 진보주의나, 변형 민주주의나, 낮은 단계 연방제를 들먹이고 기웃거렸거나,

셋째, 민주주의를 해치는 불순한 활동들을 해 왔거나, 그들과의 관계가 밀접했거나, 그들을 혐오하지 않았던 사람들은 당분간 대한민국의 대통령 선거에 출마하지 말아야 하고, 국민들도 당선시키지 말아야 하며, 중요 보직을 수행하지 못하도록 경각심을 가져야 한다.

"시간이 조금만 더 지나면 이재명·문재인과 그들의 자녀·손주들은 물론이고 대깨문들·개딸들·개아들들과 지지자들조차도 당당하게 고개 들기 어려울 것이고, 나라와 국민과 민주주의에 대한 자신들의 치명적인 잘못과 한심한 실체와 지나온 과거가 부끄러워서 통째로 숨겨 버리거나, 잊어버리고 싶을 것이다."

"대한민국은 23대 국회에서 특별법을 제정해야 하고, 다시는 민주주의 체제(교육·의식 향상·국가경쟁력 등)를 훼손하지 못하도록 대폭 강화해야 하며, 한시적으로 극좌파·종북·주사파·중공몽(공산주의) 세력이 꿈틀거리지 못하도록 조치해야 하고, 개과천선할 수 있도록 적극적인 방안들을 마련·구제해야 한다."

"한동안 좌파·종북·주사파·중공몽 세력은 각종 선거에 출마하지 않아야 하고, 정치의 언저리에서 서성거리지 말아야 하며, 국민들도 공산주의 불순세력(인물·정당)과 그들을 지지·방치·방조했던 잔당 패거리들은 지원하지 말아야 한다."

"대한민국의 제18·19·20대 대통령 선거에서 문재인과 이재명에게 투표했거나, 지지했던 사람들은 지도자를 판단·선택했던 분별력에 대해서 진심으로 반성하고, 새롭게 거듭나야 한다.
이것이 그간에 헛발질했던 자기 자신을 위하고, 자녀와 후대를 위하고, 우리 모두를 위해서 절대적으로 필요한 자세다."

04 민주주의와 공산주의가 생겨난 우주·인간의 이치

우주·세상·만물·인간은 도대체 어떤 이치로 만들어졌는가?
인간의 성질과 성격은 어떻게 형성되며, 공산주의와 민주주의는 어떠한 무의식을 통해서 어떠한 부류의 사람들에 의해서 만들어지고, 갈수록 악화되거나 번성하는가? 그러한 끝은 어디이고 무엇인가?

세상만사와 인간사는 왜 생각대로 되지 않고, 수많은 실수와 잘못과 실패와 시행착오를 거쳐서 서서히 조금씩 진행·완성되며, 적극적으로 변화·향상하지 않거나, 정체되면 곧바로 퇴보·역행·몰락·도태 등으로 악화하게 될까? 도대체 세상이 그렇게 만들어지고 진행되는 원리와 이유는 무엇인가?

여기서는 우주 만물이 생겨난 핵심적인 이치를 시작으로 인간의 무의식과 존엄성과 최고의 민주주의와 최악의 공산주의가 생겨난 이치들을 정리한다.

1. 크게 세 가지로 나눠지는 인간의 부류

세상과 만물과 사회문화가 만들어진 근본 이치

우주는 빅뱅을 시작으로 미시세계의 기이한(양자적인, 量子) 현상들을 통해서 원자(물질의 최소단위) 구조의 만물(물질들)이 생겨났고, 만물(별들·동식물·인간 등)은 우주의 4%를 차지한다.
이처럼 우주의 만상·만물·만사는 미시(양자, 量子) 세계에서의 무수한 합성·재합성이 반복된 결과물들 곧 우주의 과거라고 할 수 있다.
물리학자들이 밝혀낸 우주를 지배하는 힘은 중력·전자기력·약한 핵력(약력)·강한 핵력(강력) 네 가지이고, 우주를 구성하는 궁극적인 초미세 입자인 초끈이론은 연구 중이며, 우주의 23%를 차지하는 암흑물질(우주의 간격·형태 유지)과 73%를 차지하는 암흑에너지(우주의 가속 팽창) 역시 연구 중이다.
그러한 가운데 138억 년 역사의 우주에서 맨 마지막에 출현했던 가장 정교한 걸작품이 인간이고, 인간의 천성·성질은 세상과 부모와 임신 중에 태아의 환경(유전·영양·사건) 등이 합성되면서 각자 태어날 때 지니게 되고, 성격은 출생 이후의 환경과 인연과 생활과 경험과 교육과 사건 등을 통해서 제각각 형성·변화한다.

여기서는 선천적인 성질과 후천적인 성격을 포함·반영해서 크게 세 가지 부류로 나눈다.

첫째, 세상과 인간에 부정적·마이너스적인 부류

부정적·마이너스적인 부류란 세상과 인간과 사회문화를 망치고 해롭게 하면서 결국은 자신들도 퇴보·역행·몰락·도태로 악화하는 부류를 말한다. 예를 들면 남의 인생이나, 공공질서나, 나라의 운명과 장래를 해치고 망치는 흉악범들과 고의적·악의적·계획적 범죄자들과 이념·정치·권력에 매몰된 공산주의자들과 그들의 추종자들이라고 할 수 있다.

이는 우주의 핵심 이치 중에서 '무질서도가 증가하는 엔트로피법칙'(물리학)에 의해서 생겨날 수밖에 없고, 그중에서도 극단적으로 망가진 사람들이 이에 해당한다,

하지만 이런 부류는 한동안 세상을 어지럽힐 뿐 결국은 자기 발등에 스스로 도끼질해 대면서 세상과 인류를 거역·역행·타락·퇴보·몰락·도태로 악화한다.

둘째, 세상과 인간에 긍정적·플러스적인 부류

세상·국가·사회·타인들에 대해서 긍정적·플러스적인 부류는

* 세상과 인간에 관련된 것들을 거시적·미래 지향적인 안목에서 두루 포괄·

섭렵·승화·포용하는 사람들을 말한다. 이는 스스로 포괄적인 인류애(휴머니즘)와 인간·자기 존엄성을 확보하고, 세상과 인간과 사회문화를 위해서 자기 존재·인생의 가치를 발휘하는 등 적극적으로 인간다움을 실천·협조·실현하는 사람들이라고 할 수 있다.

* 험난한 세상사와 복잡한 인생사를 마주해서 적극적으로 감당·극복함으로써 세상과 나라와 국민과 이웃들이 인간답고 아름답고 진취적으로 살아가도록 노력하는 민주주의가 해당한다.

* 남들이 생각해 내지 못했던 것들을 최초에 구상·도전·실현해서 세상과 인류에 공헌했던 사상가들과 개척자들과 발명가들과 도전자들과 탐험가들과 열정가들과 훌륭한 인물들과 인재들을 뒷받침해 주는 사람들과 시스템을 만드는 사람들이 해당한다.

* 몸담은 사회문화를 개선하고, 함께하는 사람들의 인간다운 삶을 존중·보장하고, 힘겨운 난제들에 대해서 사명을 짊어지고 해결하고, 세상과 인간에 대해서 성심성의껏 책임을 다하는 참다운 사람들도 해당한다.

이는 우주의 핵심 이치 중에서 '무질서도가 증가하는 엔트로피법칙'(물리학)과는 반대로 '우주의 질서도가 증가해서 더욱 정교해지는 이치'에 의해서 생겨날 수밖에 없다,
하지만 이런 부류 역시 세상을 발전시키더라도 세상과 인류에게 결정적인 영향을 끼칠 수 없고, 늙고 병들어서 죽게 된다.
만일 자신이 긍정적·플러스적인 사람이 되려면 수시로 마주하는 사소한 순간·상황·현실을 진실·솔직·진지·충실하게 관계해야 하고, 오랜 세월 정성을

다해서 헌신·희생·집중해야 한다.

셋째, 어중간·애매한(후진적·민족적인) 부류

※ 필자의 연구를 종합·요약하면 광대하고 심오한 우주가 가장 중요하게 여기는 대상은 절대다수인 어중간·애매한 부류이다. 어쩌면 어중간·애매한 부류의 의식 향상이 우주가 원하고 기대하는 정보이고, 인류가 존재하는 이유이기도 하다.
왜냐면 어중간·애매한 다수 대중이 무질서도의 증가 이치에 편승해서 세상과 나라와 국민을 힘들게 하면서 퇴보·역행·몰락·도태로 악화하느냐, 반대로 질서도가 증가하는 정교도의 이치에 맞춰서 세상과 인류를 두루 포괄·섭렵·승화·포용해서 인류·우주 미래로 향상·도약하느냐가 좌우·결정되기 때문이다.
그래서 어중간·애매한 부류는 뒤에서 다시 세 가지로 나눠서 정리된다.

어중간·애매한 부류는 세상과 인생을 무난·원만·두루뭉술하게 살려는 사람들이다.
그래서 이것이기도 저것이기도 하지만 동시에 이것도 저것도 아닌 채 오락가락하게 된다. 하지만 복잡·위험·험악한 세상사와 인생사를 무난·원만하게 살아가기는 생각과 말처럼 쉽지 않고, 이리저리 휘말리거나, 이것도 저것도 아닌 채 어중간·애매하게 살아가기 쉽다. 왜냐면,

* 세상과 인생에 적극적이지 못한 채 가족의 생존·생계·안전에 급급하거나, 전통적인 관행·문화·관습을 고집하거나, 복잡다단한 문제들과 첨예한 사안들에 무관심하면 절대 정상을 유지할 수 없으며, 원만·무난한 인생은 불가능하기 때문이다. 더구나 복잡·험악·위험한 세상과 사악한 인간들은 이런 부류(순진·순박한 사람들)를 먹잇감으로 여긴다. 그래서 이처럼 소극적인 태도나, 의식

이 건강하지 못한 사람·사회·나라는 사기꾼들에게 당하지 않아도 악질적인 공산·사회주의에 노출되고, 아차·여차하면 하수인과 노예로 전락하며, 한번 코가 걸리면 쉽게 빠져나올 수 없고, 이성도 양심도 상식도 지킬 수 없게 된다.

* 이처럼 소극적인 태도의 사람들은 심오한 세상과 무궁무진한 인생과 무한한 미래에 상관없이 조상에게 물려받은 전통·문화·예법들로 살아갈 정도로 소아적·근시안적이다.

결정적인 사례 한 가지를 소개하면

첫째, 대한민국에서 최고 상층부에 속하는 대통령·행정부·입법부·사법부·언론·지식인(전교조)·종교계·대기업에 의해서 진행된 민주주의는 그간에 좌경화된 좌파 세력에 반복해서 전복·장악당했고, 당시에도 주요 기관들과 종사자·관계자들이 좌파 정권에 의해서 홍위병으로 전락했을 당시에도 '자체 극복 능력'과 '자기 정화 의지'는 엄두 내지 못했다.

둘째, 최고 하부 조직인 노동자(노조)·농민(전농)·서민들로 보면 대한민국은 이미 공산주의나, 적화나, 고려연방제나 낮은 단계 연방제 등으로 역행·퇴보·몰락했다고 봐야 한다.
왜냐면 이들 중에는 이념으로 삐뚤어졌거나, 권력·뇌물·인간관계 등에 강력하게 코가 꿰인 사람들이 많으며, 내부를 향한 똑바른 목소리는 눈곱만큼도 찾아 볼 수 없기 때문이다.

셋째, 하지만 일방적으로 당하고 내몰리던 어중간·애매한 중간 계층의 일부가 민주주의를 위해서 적극적으로 나섰고, 많은 국민이 호응하고 지원했으며, 함께해 줌으로써 망국의 위험과 위기들을 넘기고 있다.

이와는 반대로 중국은 결정적인 상황에서 인민들이 판단과 선택을 잘못했고, 권력과 돈을 좇거나 무관심했으며, 급격히 몰락하는 대가를 치르게 되었다.

2. 우주·인류의 공통된 핵심 진리인 엔트로피법칙 (무질서도의 증가 법칙)

※ 필자는 이 내용을 가장 먼저 소개하고 싶었다. 여기 내용을 제대로 이해하면 138억 년 우주·이치를 쉽게 접근하는 것은 물론이고 인류사의 한 도막에 태어나서 존재 중인 우리 현대인들이 처할 수밖에 없었던 다양한 한계를 합리적·효율적·과학적으로 이해·극복해 갈 것으로 생각한다. 여기 내용은 정신이 가장 맑고, 장시간 초집중할 수 있는 휴일 새벽이나 이른 아침에 신성·신선한 마음가짐과 똑바른 자세로 엄숙하고 진지하게 정독해 주길 권유한다.

"한번 엎질러진 물은 다시 주워 담을 수 없다."라는 속담이 있다.
이는 물이 엎질러지면 "엉망이 되어 버린다."라는 의미이고, "세상도 인간도 갈수록 무질서해지고, 어지럽혀진다."라는 의미가 담겨 있다.
이는 구태여 강조·언급할 필요가 없을 정도로 당연한 상식이다.
그런데 당연한 속담 겸 상식이 사실은 우주에서 최고의 핵심 이치 중 하나였다.
이는 바로 세상사와 인생사가 다시는 돌이킬 수 없이 복잡해진다는 물리학에서의 '무질서도의 증가 법칙' 곧 '엔트로피법칙'이다.

'엔트로피'란 모든 물질과 에너지는 오직 한 방향으로만 바뀌며, 질서화한 것에서 무질서화한 것으로 변화한다는 열역학 제2 법칙에 관련된 이야기다.

※ 만일 상식처럼 간단한 '무질서도의 증가 법칙'(엔트로피법칙)을 이해하고, 동시에 아래에서 필자가 정리하는 '세상이 더욱 정교해지는'질서도의 증가 이치'까지 이해하면 세상 이치를 상당 부분 이해할 수 있다. 여기 내용이 그만큼 중요하다.

무엇이든지 이치와 연유를 풀어 내는 심오한 우주 이치

'엎질러진 물은 다시 주워 담을 수 없다.'라는 상식이 우주의 핵심 이치였듯이 우리 눈에 어마어마하게 보이거나, 지극히 사소하게 보이는 것들에도 우주에 관련된 연유와 이치가 있다.

이는 과거에 만들어진 구태의연한 고정관념들에서 과감하게 벗어나야 하고, 세상과 인간을 훨씬 더 깊이 있게 존중·접근·이해해야 한다는 의미 겸 진리다. 예를 들어서 공산주의와 민주주의라는 상반된 제도가 생겨난 것은 인류사적인 연유와 과정이 있다. 하지만 그보다 먼저 우주의 핵심적인 이치에 의해서 상반되게 진행된 것이고, 그에 관해서도 정리할 것이다.

그래서 뭔가가 좋아지기 위해서나, 잘못을 바로잡기 위해서는 반드시 연유와 이치를 이해해야만 부작용을 최소화하면서 근본적으로 해결할 수 있고, 계속 발전해 갈 수 있다.

'세상이 정교해지는 질서도의 증가 법칙'(필자의 견해)

필자는 '무질서도가 증가하는 현상'이 존재하는 이유는 동시에 질서도를 증가·향상 시켜서 세상을 정교하게 만들어 가기 위함이라고 확신한다.

'세상을 정교하게 만드는 질서도의 증가'란 세상과 인류가 갈수록 좋아지고 발전하고 치밀해지고 성숙해지고 완전해지고 완벽해지는 이치라고 할 수 있다. 예를 들면 우주는 138억 년이라는 세월 동안 엄청난 과정을 거치면서 다양한 현상과 수많은 물질을 생성했다. 그러한 과정에서 세상은 엔트로피법칙처럼 천차만별·다종다양·복잡다단해졌다.

하지만 우주의 모든 내력을 함축하는 정교한 이치들에 의해서 식물과 동물이 생겨났고, 이어서 생각하는 인간이라는 훨씬 더 정교한 걸작품이 출현했다. 물론 그간에 우주의 무질서도는 엄청나게 증가했다.

이는 천국과 지옥, 하느님과 적그리스도가 별도의 이치로 존재하는 것이 아니라 똑같은 이치에서 나눠지는 양 갈래라는 이야기다. 다시 말해서 세상이 곧 천국인 것이 아니라 우리가 생각·상상하는 모든 것이 동시에 존재·공존하는 것이 우주 이치라는 이야기다.

그래서 인간의 생각·상상·환상·몽상·공상·망상과 음·양과 선·악과 남·여와 너·나와 동·서양이 모두 인간과 우주의 원료이고 재료다.

질문) 무질서도의 엄청난 증가에 맞춰서 질서도 역시 증가했고, 그에 의해서 정교한 인간이 태어났다면 인간보다 더 정교한 존재도 생겨날 수 있는가?

답변) 인간은 생각하는 존재이고, 자기 스스로 변화·발전·향상해서 진화하든지 아니면 악화해서 도태당하든지 선택·좌우할 수 있는 영장류다. 그래서 생각하는 인류의 출현이 마지막일 수 있고, 특별한 변수가 생기지 않는 한 더 이상으로 정교한 존재의 출현은 없다고 봐야 한다. 왜냐면

첫째, 길고도 짧은 세월이지만 인류도 문명도 엄청나게 정교해졌기 때문이다.

둘째, 인간이 정교한 이유는 우주의 모든 내력이 반영·함축되어 있기 때문이다.

셋째, 인간은 생각을 활용해서 세상 만물을 이용하고, 정교한 작품들을 만들기 때문이다.

넷째, 우주가 인간을 생성하기까지 138억 년이 걸렸으며, 더욱 정교한 존재를 출현하는 것은 쉽지 않기 때문이다.

물론 외계인과 외계 문명의 존재에 대해서는 다양한 가능성을 염두에 둬야 하고, 이후에 존재와 특징과 수준을 알아야만 그에 맞춰서 똑바로 판단할 수 있을 것이다.

질문) 인류의 완전한 종말이나, 문명의 완전한 종말 가능성에 대해서는 어떻게 생각해야 하는가?

답변) 태양계를 위주로 생각한다면 인류의 완전한 종말이나, 문명의 완전한 종말은 없다고 봐야 한다. 왜냐면 인류와 문명의 종말이 온다면 우주가 138억 년 동안 헛고생해 버린 꼴이기 때문이다.

그래도 만일 종말이 온다면 이미 외계 어딘가에 인류나 문명의 연장선에서나, 한 차원 월등한 대안(세상과 문명)이 있다는 의미 겸 증거일 수 있다. 왜냐면 양자의 얽힘 현상이나, 평행·다중우주 이론처럼 은하계 어딘가와 우리 태양계(지구·인류·문명)가 연동되어서 동시에 작용 중일 수도 있기 때문이다.

아마도 그런 과정이라면 외계 문명은 지구와 인간보다 훨씬 더 정제되고 월등할 가능성이 높고, 지구·인류의 종말을 무서워할 것은 없으며, 오히려 의연하고 화통하게 살아갈 필요가 있다.

그런데 만일 우주에는 무질서도가 증가하는 이치뿐이라면 종말이 당연할 수밖에 없다.

하지만 무질서도의 증가보다 질서도의 증가 이치가 우주의 존재 목적에 훨씬 더 타당하고, 우주와 인류의 존재 이유라고 봐야 한다.

왜냐면 인류의 출현과 인류 문명도 질서도의 증가 이치에 의해서 생겨났으며, 이런 사실까지 고려하면 생각하는 인류와 고급 문명이 우주에 얼마나 중요한지 짐작·이해할 수 있고, 인류와 문명이 참으로 소중함을 확신할 수 있기 때문이다.

우주와 인간의 관계를 요약하면

첫째, 인간에게는 138억 년 우주의 모든 내력이 반영·집약되었고, 식물(성분)과 동물(성질)에 이어서 정교하게 생각하는 기능이 추가되었으며, 인류는 생각을 통해서 더욱 정교해지고 섬세해지면서 우주와 함께 미래로 나아가고 있다.

둘째, 인간은 생각을 통해서 매사·만사·진로·인생을 선택하고, 결과에 책임져야 하며, 그러한 과정에서 더욱 복잡다단·천차만별해질 수밖에 없고, 모든 인간이 골고루 잘 사는 만민평등은 불가능하다.

만일 만민평등을 주장하거나, 쉽게 먹혀드는 사람은 세상 이치에 무지·무관·방해·역행하면서 세상과 인간과 사회문화를 망치고, 자신들도 망가지게 된다. 공산·사회주의와 추종자들이 해당한다.

그래서 다양한 사람이 모여 사는 사회와 국가와 국제사회는 모든 면에서 최악부터 최선까지, 최상부터 최하까지, 최고부터 최저까지 동시에 존재·병행되고, 그것이 정상이고 진리다.

셋째, 인간이 컴퓨터라는 정교한 제품을 만들기 위해서는 뛰어난 천재들과 석학들과 무수한 물질과 연구와 개발이 필요하고, 곳곳이 오염되고 환경이 파괴되고, 다양한 산업 쓰레기들이 생겨난다.
하지만 그러한 결과로 세상과 인류는 더욱 발전하고, 정교해지면서 미래로 나아간다.

'질서도가 증가하는 현상·법칙'에 대한 명명·호칭은 물리학의 몫이어서 그냥 넘어간다.
따라서 '무질서도가 증가하는 엔트로피법칙'과 '질서도가 증가하는 정교한 법칙'은 우주가 빅뱅을 시작으로 138억 년 동안 무수한 현상·물질·식물·동물·인간들을 연거푸 생성해 내면서 더욱더 다종다양·천차만별·복잡다단해지는 이유 겸 원리이며, 그간에 풀지 못했던 의문들과 골치 아픈 문제들에 쉽게 접근·해결할 수 있는 우주와 인류에게 너무나도 중요한 핵심 이치다.

3. 무질서도와 질서도가 동시에 증가해서 생겨난 끝판왕

'세상'(대자연)과 '인류'가 만난 부정적이고 긍정적인 끝판왕

첫째, 부정적인 끝판왕

생각하는 인류가 존재한 이후로 지구에서는 무질서도가 급격히 증가했다. 예를 들면 인간이 대자연을 연구·개척·개발하면서 자연의 파괴와 훼손, 환경오염, 탄소배출, 오존층 파괴, 지구 온난화, 산업 폐기물, 산업 재해, 무수한 쓰레기 등이 생겨났고, 세상이 엄청나게 어지럽혀졌다.

둘째, 긍정적인 끝판왕

세상과 인간이 만나서 생겨난 끝판왕은

* 천재들의 태어남이다. 왜냐면 천재들은 부모의 유전이나, 스승의 가르침이나, 학교 교육으로는 불가능한 능력을 발휘하기 때문이다. 그래서 구시대에 태어난 천재들의 업적도 현대인들에게 난해하다.

* 생각하는 인간이 세상에 파고들어서 만들어 낸 끝판왕은 수많은 발견과 발명과 탐험과 개척과 산업(혁명)과 자본주의와 과학 문명과 첨단산업 등이고, 더욱 정교하게 발전하고 있다.

인간들끼리 만났을 때 긍정적·부정적인 끝판왕

첫째, 인간들이 만들어 낸 긍정적인 끝판왕

인간 중에는 질서도의 증가에 의해서 적극적으로 인간답고 성실하고 아름답고 정의롭고 지혜롭고 훌륭하고 실천력이 뛰어난 사람들이 생겨난다. 이들은 모두의 인간다운 삶을 실현하기 위해서 민주주의를 구상·실현했다.
그래서 민주주의는 적극적으로 인간답고 지혜로운 사람들이 만나서 수많은 인간의 삶의 질을 대폭 향상·증가시켰던 긍정적인 끝판왕이다.

둘째, 인간들이 만나서 더욱 망치고 악화한 부정적인 끝판왕

인간 중에는 무질서도가 증가하는 이치에 의해서 자의든 타의든 결과적으로 역행·퇴보·몰락·도태로 악화하는 끝판왕들이 있다. 이들은 공산주의·사회주의 독재자들과 악질적인 추종자들, 독재와 세습을 정당화하는 머저리들, 잔악한 흉악범들, 악의적인 사기꾼들과 범죄자들이다.

역시 악질들의 선전·선동과 포퓰리즘에 현혹되고, 이용당할 정도로 우매한 다수 대중도 부정적인 끝판왕과 함께 세상을 망치고 자신들도 망가질 위험이 있다. 다시 말해서 다수 대중에 해당하는 사람 중에서 대중적인 의미들(유행, 유흥, 폭동, 선전·선동, 포퓰리즘, 국민, 인민, 민중, 대중, 민심, 국민의 눈높이, 사람 사는 세상, 한겨레 한민족, 한 핏줄, 평등 등)에 현혹·추종·지지하거나, 자신을 무방비로 노출해서 이용당하고 놀아나는 사람들도 인간끼리 만나서 난장판을 만드는 무질서도의 증가 이치의 끝판왕일 수 있다.

4. 민주주의가 공산·사회·독재·특권·세습을 해결하려면

너무나 중요한 앞 주제들(1~3)을 요약하면

우주는 인류를 생성·출현시키는 과정에서 138억 년 동안 무수히 엔트로피(무질서도)가 증가했고, 그와 동시에 질서도·정교도가 증가하면서 생각하는 인류를 생성·출현시켰다.
그런데 인간도 가장 중요한 특징인 생각을 이용해서 무질서도와 질서도를 급격히 증가시켰다.

첫째, 생각을 적극적으로 잘했던 사람들은 심오한 우주·대자연에 정교하게 파고들어서 물질문명(산업혁명·자본주의·첨단산업 등)이라는 질서도의 증가에 이바지했다.
역시 생각을 적극적으로 인간답게 했던 사람들은 민주주의를 도출해서 인간다운 삶과 의식의 변화·향상에 이바지했다.

둘째, 생각을 나쁘게 했던 망나니(사기꾼·범죄자·위정자)들은 이웃과 사회를 해롭게 했고, 생각을 사악하게 했던 사람들은 공산·사회·독재·특권·세습으로 삐뚤어져서 나라와 국민을 망치고, 스스로들 망가지고 몰락하는 연속이었다.

셋째, 생각을 적당히(어중간·애매하게) 했던 사람들은 이리저리 휘말렸다. 하지만 사실은 이들에 의해서 전체(나라·국민·역사·사회·문화·관행)적인 상황과 운명이 결정되었다.
왜냐면 인간이 나쁘든 좋든, 사악하든 훌륭하든 첫째와 둘째는 소수·극소수지만 강력한 힘은 대중에게서 나오고, 이들이 어떤 의식과 태도와 자세로 살아가고, 왜 누구를 선택하는지에 의해서 나라의 모든 것이 좌우·결정되기 때문이다.

우주·이치·인류는 왜 이러한 이치로 진행되는가?

우주의 최고 걸작품인 '인류'와 인류의 최고 합작품인 '민주주의·자본주의'는 그 자체(생성·출현)로 끝나지(완성되지) 않았다. 다시 말해서 또다시 선·악, 불의·정의, 빈부, 민주주의·공산주의처럼 극단적으로 양분·양극화되었고, 이는 컴퓨터처럼 2비트(0·1, 음·양, 남·여, 대립·포용, 투쟁·승화, 발전·퇴보, 악화·진화 등) 방식의 우주 이치에 의해서 생겨난 양극화다.
그래서 인간의 포용·승화·발전·진화의 결실과 보람인 민주주의·자본주의에 기반을 둔 인류·국제사회는 겨우 소극적인 전쟁 방지나, 당연한 자유·행복·평화 등에 안주·급급하지 말아야 한다.
왜냐면 인류는 부단히 나아가야 하고, 멈추면 퇴보·역행·몰락·도태로 악화하기 때문이다.

그래서 인류는 우주·인류의 미래·완성을 위하고 향하는 의식 향상을 통해서 공산·독재에 시달리는 인민들을 적극적으로 계몽·인도해야 하고, 모두 함께 아름다운 지구촌과 인간다운 국제사회·문화와 차원 높은 우주·미래·완성을 위하고·향해서 나아가야 한다. 왜냐면 우주 역시도 태초 이래 한순간도 똑같지 않았고, 엄청난 에너지를 쏟아 내면서 변화하는 연속이었기 때문이다. 인류 역사 역시 문명·문화의 흥망성쇠를 반복하면서 오늘날에 이르렀고, 급속도로 변화·발전하고 있다.

하지만 구성원(지도자·국민)이 어리석으면 교활·사악한 사람들이 활개 치면서 각종 범죄에 노출되고, 공산·사회·독재로 악화하고, 혼란·불행·전쟁·죽음·고통으로 대가를 치르게 된다.

반대로 구성원들이 적극적으로 인간미를 확보·발휘하여 어리석고 교활·사악한 무리를 감당·극복하면 민주주의·자본주의는 더욱 향상·발전하면서 더 나은 사회문화와 인간다운 세상을 펼쳐 갈 수 있다.

이는 자기·인생을 걸고 우주·인류와 함께 미래·완성으로 나아가느냐 아니면 진화를 방해·재촉·독촉하는 악역·악화로 퇴보·역행·몰락하느냐의 차이라고 할 수 있다.

그래서 인간은 인간다워야 하고, 좀 더 인간다워야 하며, 훨씬 더 인간다워야 하고, 더욱더 인간다워야 하며, 적극적으로 인간다워야 한다.

공산·사회·독재·특권·세습이 민주주의·자본주의를 추월·지배할 가능성

공산·사회·독재·특권·세습이 민주주의·자본주의를 추월·지배할 가능성은 없다고 봐야 한다. 왜냐면 그렇게 되면 우주도 인류도 존재할 이유가 없을 것이기 때문이다.

이를 이해하기 위해서는 또다시 우주의 핵심 이치 겸 중요한 특징을 살펴보면 이해가 쉬울 수 있다.

우주 전체를 구성·차지하는 비율과 특성

우주 전체에서 원자로 구성된 물질·만물(별들·대자연·동식물·인간 등)은 4%에 불과하고, 서로의 간격을 유지해 주는 암흑물질은 23%를 차지하며, 우주를 가속 팽창하는 암흑에너지는 73%를 차지한다.
여기서 4%는 이미 만들어진 과거를 의미한다. 23%는 서로 잡아당겨서 현실·현상을 유지해 주는 힘 곧 순간을 유지·연결하는 힘이라고 할 수 있다. 73%는 우주를 멀리·널리 확장하면서 무한히 뻗어 가는 미래의 에너지라고 할 수 있다.

암흑물질과 암흑에너지를 공산·사회·독재·특권·세습과 민주주의·자본주의에 대입하면

두 가지 우주의 핵심 이치(특징·역할)를 공산·사회·독재·특권·세습과 민주주의·자본주의에 대입해 보자.
전자(암흑물질)는 서로 끌어당기는 힘 곧 침략하고 괴롭히고 충돌하고 차지하고 장악하는 원리가 23%다.
후자(암흑에너지)는 서로 밀어주고 넓어지고 공개하고 뻗어 나가는 원리가 73%다.
그래서 전자(공산·독재)는 후자(민주·자본)의 1/3에도 미치지 못한다. 그래서 전자는 독자적인 사상과 체계를 확보하지 못했고, 후자가 부단히 발전·번영·미래로 뻗어 나가는 특성과 과정에서 당연히·한동안 생겨날 수밖에 없는 문제점과 완벽·완전할 수 없는 한계들에 기생해서 태어났고, 존재·생존·성장하는 것이 고작이다.

실제로도 공산·사회·독재·특권·세습은,

첫째, 민주주의·자본주의의 허술한 점과 순진·순박한 인간의 나약한 점을 비난·원망·투쟁·매도·공격·선동해서 기생해 왔고, 더욱더 조작·매도·궤변·거짓으로 버틸 수밖에 없다.

둘째, 공산·사회·독재·특권·세습은 독자적인 생존·발전 능력이 없음으로써 자신들이 매도·공격했던 자본주의(시장경제와 경제구조)에 편승할 수밖에 없었다.

셋째, 그러면서도 인민들에게는 민주주의에서의 '자유·평등·정의·인권·복지'와 '국민들의 인간다운 삶'에 대해서는 감히 찍소리조차 하지 못한 채 은폐하고 차단했다.

공산·사회·독재·특권·세습을 해결하려면

극단적으로 악화한 악질적인 범죄자들과 공산·사회·독재·특권·세습과 그러한 세력이 결국에 대오각성·개과천선할지 의문이다.

이는 네 가지로 접근해야 한다.

첫째, 현존하는 세계관들은 수천 년 전에 만들어진 것들이어서 인류가 원시적이고 미개한 과정들을 두루 거칠 수밖에 없었고, 절대 잘될 수 없었다는 점이다.
그래서 그전에도 폭군·폭정, 봉건·왕조, 후진·문화, 신분·계급(양반·상놈, 노예·귀족) 등 별별 일들을 두루 겪었고, 막바지에 공산·사회·독재·특권·세습도 생겨날 수 있었다고 봐야 한다.

둘째, 인류 모두에게 공통적·사실적인 우주관이 확립된다면 인간도 국제사회도 제대로 방향을 잡을 것이고, 공산·사회·독재·특권·세습은 더 이상 설 자리가 없어질 것이라는 가능성을 기대해 볼 수 있고, 시기가 급격히 빨라질 수도 있다는 점이다.

셋째, 이는 인류의 절대다수를 차지하는 어중간·애매한 부류의 적극적인 변화와 의식 향상이 선행·동반되어야 해결이 가능하다.

넷째, 이를 종합하면 인류가 단결·협력하면 무엇이든지 해결이 가능하다. 왜냐면 이제는 인과적·운명적·숙명적·필연적·시기적으로 일치했기 때문이다.

예를 들면 과거에 지구는 어마어마하게 크고 넓었다. 그런데 오늘날은 '지구촌'으로 불릴 정도로 좁아지고 빨라지고 가까워졌고, 지금까지의 연장선에서는 총체적인 위기와 한계와 파국을 피할 수 없기 때문이다.
다시 말해서 "세상은 하나, 진리도 하나"라는 상식적인 이치가 확연히 실감나게 되었고, 인류는 하나뿐인 세상에 합당한 세계관 겸 우주관으로 향상·도약해야 하며, 도약할 수밖에 없게 되었다.
그래서 인류는 생각을 극대화·효율화해서 현존하는 세계관들을 우주관으로 확장해야 하고, 그렇게 되면 공산·사회·독재로 망가지고 악화하는 사람들 대부분을 인간다운 민주주의로 유도·안내할 수 있다.

따라서 어둡던 시대에 미개한 조상들이 믿고 따랐던 세계관들보다는 훨씬 더 차원이 월등하면서도 사실적인 우주관이 필수적이고, 그래야만 인류사회와 국제사회가 진정한 자유·평화로 향상·번영·발전·진화하면서 지구촌을 아름답고 살기 좋은 낙원으로 엮어 가면서 우주로 뻗어 나갈 수 있다.

5. 기이·모순·고약한 세상과 인류의 이치

세상과 인류에 적용되는 이치는 참으로 기이하면서도 냉혹·고약하다. 왜냐면 138억 년의 우주가 무질서도의 증가와 함께 질서도가 증가함으로써 생각하는 인간을 출현시켰고, 또다시 질서도의 증가에 맞춰서 인간이 우주의 완성·미래를 위해 스스로 진화하면서 함께 나아가든지 아니면 무질서도의 증가로 더욱 나빠지면서 악화·도태당하든지, 우주의 이치가 매우 극단적이고 살벌하기 때문이다.

이처럼 극단적으로 악화하는 이치는 인간이 대자연을 이용해서 정교한 컴퓨터를 만들어 내는 과정에서(엔트로피법칙에 의해서) 어쩔 수 없이 쏟아 내는 부산물인 쓰레기나 오염물질보다 인간에게 훨씬 더 위험하고 치명적이다. 왜냐면 생각하는 인간은 생각을 적극적으로 잘하면 대자연보다 훨씬 더 정교해지고 좋아지나 반대로 생각을 나쁘게 하면 대자연(동식물)보다 훨씬 더 망가지고 해롭기 때문이다.

이것이 민주주의가 적극적인 인간 진화의 합작품 곧 인간다운 반성·승화·향상·포용·협력을 통해서 생겨났고, 국민들이 진정으로 인간다워야 하며, 훨씬 더 인간다워야 하고, 적극적으로 인간다워야 하는 이유다.

이와는 반대로 남의 잘못에 기생해서 비난·투쟁·공격하는 비인간적인 공산주의가 동시에 존재하면서 갈수록 역행·퇴보·몰락·도태로 악화하게 되는 이유 겸 이치다.

요약하면,

첫째, 인간은 제각각 생각하는 덕분에 적극적인 인류애를 발휘해서 더 나은 사회문화를 만들어 가고, 동시에 만상·만물(컴퓨터·반도체·인공지능 등)을 주도하면서 우주·인류의 진화·완성·미래로 나아가는 부류가 있고,

둘째, 생각을 잘못하거나 나쁘게 해서 세상·인간·사회·역사의 부정적인 측면에 집중·기생하고, 문제들을 뻥튀기해서 우주·세상·인류·역사·문화·미래를 쓰레기장과 난장판과 지옥으로 만드는 부류가 있고,

셋째, 또 일부는 세상과 인간과 자신의 실체와 실상에 무관심·방해·역행·퇴보하면서 악화·도태에 이용당하는 부류가 있다.

질문) 세상과 국가와 사회가 실질적·획기적으로 발전하는 원리에 대해서 긍정적인 부류를 연관시켜서 설명해 보자.

답변) 세상과 국가와 사회가 실질적·획기적으로 발전하는 원리를 쉽게 이해하기 위해서 대한민국을 예로 들어 보자.
물론 누구나 언제 어디에나 잘못은 있기 마련이다. 그래서 여기서는 잘못에 상관없이 대한민국을 발전시켰던 흐름과 맥을 위주로 살펴본다. 그간에 질서도의 이치에 의해서 대한민국을 실질적으로 발전시킨 주역들은,

첫째, 최악으로 참담·빈곤했던 대한민국에 민주주의와 자본주의를 도입해서 튼튼하게 밑바탕을 구축했던 이승만과 박정희가 해당한다.

둘째, 최악으로 열악했던 역사·시대·환경·여건에서 독일에 파견 나가서 가정과 나라와 경제 발전에 디딤돌이 되었던 광부들과 간호사들이 해당한다.

셋째, 베트남전쟁에 참전해서 죽음과 부상 등 희생했던 파병 용사들이 해당한다.

넷째, 열악한 환경과 조건과 대우에도 아랑곳하지 않고 다양한 분야와 요소요소에서 적극적으로 종사·헌신·희생했던 관계자들이 해당한다.

다섯째, 이런저런 과정에서 국내외로 동분서주했던 전문가들과 기업인들과 공직자들이 해당한다.

여섯째, 고난의 역사·시대·환경·여건에서도 자신에 아랑곳하지 않고 국가와 더 나은 사회와 후대를 위하는 마음으로 정성과 열정과 책임을 다해 준 국민들이 해당한다.

6. 진화·악화라는 극단적 양면성의 세상과 인간

여기서는 홍익인간처럼 진화에 관련되는 현상들과 홍해(弘害) 인간처럼 악화에 관련되는 현상들을 비교 설명하는 방식으로 정리한다.

진화(홍익인간)와 악화(홍해인간)에 의한 특징·현상의 비교

인간이 홍익인간의 정신처럼 널리 인간 세상을 이롭게 하면서 진화로 향하거나, 홍해인간들처럼 스스로 악화(역행·퇴보·도태)하는 현상은 그에 관련되는 연유와 특징들을 지닌다.

* 우주 역사(138억 년)와 지구 역사(46억 년)를 통틀어서 최고의 걸작품(진화)은 생각하는 인류의 출현이다. 왜냐면 우주는 138억 년의 결실로 생각하는 인류를 출현시켰고, 생각하는 인류에게는 우주의 모든 내력이 고스란히 함축·집약되어 있으며, 인류를 동반해서 미래(완성)로 나아가는 중이기 때문이다.

* 인류의 기원은 수백만 년에서 수십수만 년이다. 그런데 험악·험난했던 인류 역사를 통틀어서 최고의 합작품은 자본주의와 민주주의이고, 그중에서도 민주주의다. 민주주의가 최고의 합작품인 이유는 자본주의는 민주주의를 밑받침해 주는 토양이고, 민주주의를 통해서 더욱 발전하기 때문이다. 이를 간략하게 요약하면,

첫째, 가내수공업이 발달하면서 자원·노동·지식·기술·자본·교역이 활발해졌고, 산업혁명이 일어났다.
둘째, 산업혁명으로 기계화·거대화·자본화되면서 다양한 연구와 막대한 투자가 가능했고, 과학 문명이 추가되면서 자본주의로 발달했다.
셋째, 과학 문명을 주도했던 주역들은 천재들과 석학들이었다. 과학 문명을 주도했던 천재들과 석학들의 출생과 천재성과 능력과 업적은 유전(부모)에 상관없이 우주의 기이한 이치에 의해서였다. 그래서 천재들과 석학들은 스스로 대자연의 만물과 현상들에 집중했고, 그전에 아무도 생각하지 못했던 업적(발견·발명)을 해냈다.
넷째, 민주주의는 인류가 존재하면서부터 생각을 적극적으로 인간답고 아름답고 정의롭게 했던 사람들이 이뤄 낸 결실과 보람이라고 할 수 있다. 적극

적으로 인간답고 아름답고 정의로운 사람들이 자신과 가족에 국한되지 않고, 더 나은 인생과 바람직한 사회와 합리적인 문화와 국가·세상·미래를 고민·구상·연구했으며, 그간에 악전고투·산전수전을 겪으면서도 적극적으로 인간다운 사람들이 협력해서 일궈 낸 결실이다.

따라서 민주주의와 자본주의는 무수한 혜택을 누리는 다수 대중(관심사·태도·능력·인생)이 감히 예측·상상할 수 없었던 과정(인류애·열정·시간·생활·자유·용기·헌신·의지력·희생·협력)이 누적된 결실이다. 다시 말해서 현재로써 민주주의와 자본주의는 우주와 인류가 존재하는 최고의 결실 겸 실질적인 이유인 셈이다.

외계 문명이나 생명체의 존재 가능성

첫째, 외계 어딘가에 생명체와 문명이 있거나, 인류가 멸종하고 더 진화된 존재가 출현할지는 알 수 없다. 만일 인류가 멸종하거나, 외계에서 생명체와 문명이 발견된다면 그때 알게 될 것이고, 그에 맞춰서 다시 정리될 것이며, 그동안은 실존하고 확인되는 인류가 최고의 걸작품이라고 전제해야 한다.

둘째, 모든 인간의 생각들(현실·꿈·상상·환상·공상·망상 등)은 사실 우주와 인간 모두의 재료다. 그래서 한때는 상상에 불과했던 것들이 훗날 현실로 실현되면서 향상·발전해 왔다. 물리학자들이 주장하는 평행우주나 다중우주가 존재할 가능성도 있다.

셋째, 지구·인간과 똑같거나, 비슷한 세상·문명이 은하계마다 있을 수도 있고, 모두 연결(중첩·얽힘)되어 있을 수도 있다. 언제인가는 그중에 가장 인간다운 이치들(정보·사람)만 살아남고 나머지는 또 다른 진화·악화를 위한 재합성의 과정으로 돌아갈 수도 있다.

넷째, 모든 은하계의 정보들이 또 다른 어딘가에서 수집되면서 한 차원 월등한 문명이 진행 중일 수도 있다.

인류의 멸종에 관해서

인류는 쉽게 멸종되진 않을 가능성이 크다. 왜냐면 생각하는 인류가 없거나, 멸종으로 끝나 버리면 우주(존재 사실)를 인식해 줄 존재가 없고, 우주는 더 이상 진화할 수 없으며, 있으나 마나이기 때문이다. 다시 말해서 생각하는 인류가 멸종으로 끝나면 우주는 138억 년 동안 헛짓거리와 헛고생만 해 버린 꼴이 된다.

138억 년 우주·진화의 결실인 생각하는 인간이 선악, 이념 등 극단적으로 나눠지는 이유

이는 대자연·인간의 생성·출현과 인류가 주도하는 세상·현실을 나눠서 살펴봐야 한다.

첫째, 원래 세상(대자연)과 인간이 생성·출현한 이치와 과정은 상반된 것들이 조화와 균형을 이루는 관계다. 예를 들어보자.
앞·뒤와 좌·우가 2차원의 평면(사방팔방)을 만들고, 위·아래가 추가되어서 3차원의 공간이 확보된다. 이어서 열·냉이 합쳐져서 조화로운 온화함(환경)이 생겨난다.
만물과 인간과 남·여가 생성된 과정도 이처럼 조화와 균형을 통해서였다.

둘째, 인간·인생은 훨씬 더 복잡해진다.

무질서도가 증가하는 엔트로피법칙처럼 인간의 인생은 환경·인연·본능·감각·감정·생각·성장·이해·관계·능력·사회·문화·사건 등이 복잡하게 얽히고설키면서 진행된다.

역시 인간(연인·가족·친구·이웃·이념·이해관계 등)이 대립·충돌하면 불행·고통·위협·이별·이혼·소송 등에 휘말리기 마련이다.

이처럼 인간이 극단적이고 적대적으로 쪼개지는 현상 역시도 우주와 인류의 동시 진화를 위해서 어쩔 수 없이 진행되는 인과적·운명적·숙명적·필연적인 이치와 과정이다.

하지만 극단적·적대적으로 삐뚤어지는 사람들은 한계·함정에 빠질 수밖에 없다. 왜냐면 모든 인간이 스스로 생각하고 행동하고 선택하고 책임지는 이치(자유)이고, 반드시 진화(반성·향상·발전·도약)나 악화(역행·퇴보·도태) 중 하나로 재합성되기 때문이다. 그래서 각자 알아서 생각하는 영장류인 인간이 잘못하면 결국은 자기가 대가를 치르게 된다.

인간·사회·역사가 상반되게 진행되거나, 극단적·적대적인 과정들을 거치는 현상

우주는 생각하는 인간을 출현시킨 이후에 우주만으로는 더 이상의 목적을 수행하기 어렵다고 봐야 한다. 그래서 인류를 동반해서 더 이상(완성·미래)으로 나아가는 중이다.

그럼에도 우주와 인류는 먼 미래·완성에 비교하면 완전·완벽하지 못하다. 그래서 우주는 생각하는 인류를 동반·주체로 삼아서 알 수 없는 미래·완성으로 나아가는 중이라고 할 수 있다.

다시 말해서 우주의 138억 년이 집약된 생각하는 인간이 우주의 진화(미래·

완성)를 급격히 가속하는 셈이고, 극단적·적대적인 관계를 통해서 나태·정체·안주·역행하면 악화·도태당하는 이치로 볼 수 있다.

그간에 인류의 진화는 제대로 진행되었는지

우주 이치상 인류는 원자를 시작으로 단세포, 동식물의 성분·성질·골격·기능·본능 등에 근거해서(연장선에서) 생성·출현했다.
그래서 초기 인류는 동물 수준의 미개한 원시인으로 출발했다. 당시에 미개했던 사람들은 지구도 인간도 우주도 이해할 수 없었고, 본능·감각·감정·습성과 생존·생계·활동에 관련된 생각이 전부였다고 할 수 있다.
그래서 그간에 인류의 진화는 천재들이 주도했던 과학 문명의 발전에 끌려가는 방식이었다. 그러한 진화는 인류의 대다수가 아닌 극소수·소수가 어렵사리 주도했고, 다수가 적극적이지 못함으로써 무질서도의 증가(엔트로피) 법칙을 적용받는 사람들이 활개 치면서 역사를 주도했고, 폭정과 침략과 전쟁 등 엉망진창이었다.
예를 들면 고대의 폭군들과 중세의 신권·철권 정치에 이어서 근대에는 전체주의도 공산·사회·독재주의와 독재자들이 생겨났고, 그러한 과정에서 수반되는 인과적·운명적·숙명적인 코스를 필연적으로 겪었다. 그로 인해서 수많은 인간이 부상·장애·죽음·불행·고통·생이별·후유증 등으로 대가와 죗값들을 무수히 치렀다.
하지만 오늘날은 세상이 좁아지고 밀접하게 연결되었으며, 정보통신의 발달로 비약적으로 투명·신속·정확·가까워졌으며, 독재는 갈수록 급격히 위축·몰락·악화·도태할 수밖에 없다.
그렇더라도 인간의 진화를 장담하거나, 마음을 놓기는 어렵다.
왜냐하면 인간은 수고로운 존재이고, 마음을 놓아서는 안 되기 때문이다.

실제로 인간은 매사·만사·일생 동안 적극적으로 노력·변화·발전·향상·도약해야 하고, 한 상태에서 오래 정체되면 곧바로 퇴보하게 되고, 퇴보하면 순식간에 나쁜 놈들이 활개 치면서 저절로 역행·악화하는 악순환으로 빨려 들기 때문이다.

따라서 지금부터는 '하나뿐인 세상에 합당한 인류 공통의 우주관'으로 대다수 인류가 진화(향상·발전·도약)할 수 있으며, 여기 내용 역시 중요한 지침서가 될 것으로 기대한다.

천재들의 천재성과 범인들이 타고나는 성향·기질·능력의 차이

천재들은 스스로 능력을 발휘해서 스승·배움으로는 불가능한 것들에 도전·개척·발견·발명한다.
그런데 수재들은 천재처럼 스스로 도전·개척할 수 없고, 천재들의 업적을 배우고, 현실에 적용·응용해서 다수 대중에게 일반화·상품화시킨다.
하지만 평범한 사람들은 열심히 배우고 이용할 뿐 천재나 석학들처럼 세상에 없는 것을 최초에 도전·개척·적용·응용·실현·개발·성공하기 어렵다.
그래서 천재나 석학이 아닌 사람들은 도토리 키 재기에 연연·급급·안주하지 말고, 적극적으로 좋은 마음·생각·관계를 발휘해서 합리적인 문화와 바람직한 사회와 인간다운 분위기를 조성·협력·관리하고, 진행과 결과에 책임져야 한다.
물론 일반 사람들도 각자 타고난 재능과 끼를 살리면 인생에 유리하고, 성공이 수월할 수 있다.
하지만 일반 사람들은 더 나은 사회문화와 인간다운 분위기를 조성·책임지려고 노력해야 한다.
이런 점에서 천재성과 재능과 기질은 역할이 다르다.

악화는 진화를 위한 과정이나 도구인지

악화는 진화를 위한 과정이나 도구인 점도 부인할 수 없다.

왜냐면 '진화'를 통해서 점차 성숙·완벽·완전해지고, 그러한 과정은 악화에 연관될 수밖에 없으며, 심지어 죽음보다 더 고통스럽고 처절한 과정들을 치러야 하기 때문이다.

하지만 진화는 악화와는 달라서 단순히 죄와 벌이 아니라 심오한 우주에 맞춰서 부단히 변화·향상·발전해야 하는 인과적·우연적·운명적·숙명적·필연적인 이치와 변수들까지 모두 적용·진행되고, 더 이상의 차원을 위해서는 유기적·복합적·총체적으로도 진행되고, 심지어 비관적이거나, 기적적으로 진행될 수도 있다.

하지만 이는 고차원이어서 인간들에게는 난해하고, 자칫하면 실망·좌절·포기하게 된다.

그래서 인간은 과정 하나하나에 충실하게 최선을 다하면 고비마다 나아갈 길이나 방법이 펼쳐지게 된다. 그래서 순수함과 의지와 인내와 희생과 각오가 필수다.

진화와 악화의 특성

진화(점검·반성·향상·발전·도약·차원)의 이치는 공개적이고 확장적이며, 서로 만나서 협력하면 힘이 생겨서 맥이 이어지고, 탄력받아서 더욱더 연구·투자·개척·앞서나갈 수 있다.

반대로 악화(역행·퇴보·멸종·도태)의 이치는 음흉하고, 끼리끼리 뭉치며, 뭉칠수록 몰락이 빨라져서 맥이 끊기고, 종말이 앞당겨진다.

예를 들면 인간을 포함한 만물은 원자 구조로 되어 있고, 원자는 만물·물질의 최소 단위이며, 우주에 존재하는 원자는 총 10^{82}개이며, 절대 없어지지 않고 무수한 상호 작용을 하면서 만물을 만들어 낸다.

그래서 우주에서 생겨나는 물질들은 역할(보완·대립)이 다를 뿐 결국은 진화로 향하는 셈이다. 하지만 한시적·단편적인 시각으로는 역할이 단순하면서도 복잡·기이해서 난해하게 느껴진다. 다시 말해서 세상과 인류가 더욱 정교해지는 과정에서 수많은 악화(역행·퇴보·멸종·도태)가 수반되고, 이것들은 이어받기보다는 재순환·재합성을 반복하면서 인류의 진화에 수반된다.

그래서 사람이나 가족이나 사회나 국가가 진화에 해당하면 그에 맞춰서 맥을 계속 이어 가는 사람들이 생겨난다.

반대로 악인들(김정은·문재인, 문재인·시진핑, 김정은·시진핑, 김정은·푸틴)이 만나면 한쪽이 무시당하거나, 동반 몰락·패망이 가속화된다.

물론 앞에서도 언급했듯이 대한민국의 국민 대부분은 질서 의식이 뛰어나고, 머리가 영리하며, 성실하다.

이런 점에서 대한민국의 민주주의와 자본주의 경제 발전은 이승만·박정희를 비롯해서 홍익인간의 정신처럼 자기 삶에 최선을 다함으로써 인간 세상을 이롭게 하는 건전 다수 국민에 의해서 진행되었고, 국민이 의식을 향상하면 능력과 잠재력을 무한한 가능성으로 실현·진화해 갈 수 있다.

대한민국 국민 중에서 악화에 해당하는 사람들과 그 뿌리

대한민국은 민주주의 국가이고, 이를 사랑하고 지키고 발전시키려는 다수의 국민들은 홍익인간이라는 정신을 이어 가면서 진화해 가는 순수파·열정파·정통파들이라고 할 수 있다. 이는 한반도의 상서로운 정기와 관련이 깊을 것으로 생각한다.

하지만 역사와 현대사를 망친 사람들 역시 많다.

그렇더라도 종북좌파·주사파·중공몽 세력처럼 극단적으로 망가진 사람들이나, 모순·궤변·위선·거짓·조작으로 일관할 정도로 뻔뻔하고 비열·교활한 세력은 이해하기 어렵다.

그렇다면 홍익인간과는 정반대인 악화(퇴보·역행·도태)의 뿌리는 도대체 어디이고 누구일까?

첫째, 어쩌면 암울·참담했던 시대에 악랄하게 망가진 조상들의 유전자를 대물림한 후손들이거나,

둘째, 허약했던 역사에서 수없이 침략당하고 조공을 바쳤던 과정에서 중국·일본의 피가 섞였거나,

셋째, 태생적인 공산주의자이거나, 북한 정권에 강력하게 코가 꿰였을 수도 있다.

7. 노벨 평화상·문학상 수상자·작품에 대한 논란

세상과 인간에 긍정적·우호적·플러스적인 사람들과 부정적·마이너스적인 사람들에 대해서 대자연에 관련된 물리학·화학·생리의학·경제학상은 대단한 인물들과 업적들이 많아서 특별한 이견이 없다.

하지만 노벨평화상과 노벨문학상은 객관적인 기준과 공정한 평가가 힘들어서 잡음들이 생길 수밖에 없다.

몇 마디 거들면

최근의 노벨문학상에 대한 잡음들이 많아서 엔트로피나 정교도의 관점으로 연결해서 몇 마디 거든다.

인간이 험난한 세상사와 복잡한 인간사와 참담한 사건들을 보고 듣고 느끼면서 그것들을 상대로 자기·전문 분야의 시각을 들이밀면 나름대로 할 말이 있을 수 있고, 많을 수도 있다.

더구나 그러한 세상사와 인생사들에 대해서 좋고 나쁨이나, 옳고 그름이나, 법적·사회적·인간적인 잘못과 문제들을 따지고 가리기는 쉽다. 왜냐면 세상과 인간과 역사와 현실은 무질서도가 증가하는 엔트로피법칙이 대부분이고, 잘못된 사람들과 문제들이 훨씬 더 많고, 쉽게 드러나기 때문이다.

하지만 세상과 인간이 좋아지고 발전하는 이유는 소수·극소수가 힘겨운 환경과 조건과 상황에서도 직접 최선을 다함으로써 질서도를 정교하게 증가시키기 때문에 가능하다.

따라서 앞으로 노벨위원회는 무질서도를 다룬 작가들과 작품들보다는 세상과 인류를 위해서 적극적으로 공헌하는 사례나, 직접 희생하는 본보기들을 찾아서 문학상과 평화상 후보로 심사하길 권유한다.

예를 들면 영화나 드라마에서 훌륭한 영웅·위인이나, 나쁜 악당·폭군을 연기하는 주인공(탤런트)은 실제 인물들보다 훨씬 더 실감 나게 연기한다. 그렇다고 해서 탤런트에게 노벨상을 주거나, 악마화해서 처벌하는 일은 없다. 단지 영화에 관련된 시상식의 주인공이 될 수 있고, 그렇더라도 평화와 문학의 실제 영웅·악당인 것은 아니다.

이러한 원리만 적용해도 노벨 평화상·문학상의 잡음은 훨씬 더 줄어들 것으로 생각된다.

실제 사례를 예로 들면

첫째, 마리아 테레사 수녀는 성직자로서만이 아니라 인간·인류 모두에게 직접 모범과 교훈이 되어 줬다.

그런데 아이러니한 일이 발생했다. 교황청에서는 수녀를 복자에 이어서 성인으로 추대했다.

그런데 사실은 테레사 수녀만을 허공(신과 인간 사이)에 붕 띄워 놓은 셈이 된다. 다시 말해서 교황청과 성직자들과 신앙인들은 테레사를 본받기 위해서 힘들여서 희생·수고하지 않아도 되고, 원래의 자기대로 살아갈 수 있게 된다. 역시 테레사(복자·성인)를 알현하려는 발길이 이어지고, 교단은 호황을 누릴 수도 있다.

만일 테레사 수녀를 모든 인간이 본받아야 할 본보기로 삼았다면 당장 성직자들과 신앙인들이 힘들어지고 고통스러울 수밖에 없다.

그래서 마리아 테레사 수녀가 노벨평화상을 수상한 것은 당연하고, 노벨위원회 역시 선택을 잘했다.

둘째, 김대중의 노벨평화상은 테레사와는 전혀 다르다.

"자유를 누리는 사람은 자유를 모르는 사람들과 자유를 빼앗긴 사람들에게 자유를 알게 해 주고, 되찾아 줘야 하는 의무를 지닌다."라는 말이 있다.

이는 남북한 분단이라는 민족적인 비극을 해결하기 위한 시도나 노력은 일단 당연하게 여겨야 하고, 노벨상으로 연결하는 것은 시기상조다.

특히 남북 분단의 가장 큰 피해자와 희생자는 북한 인민들이고, 남북 평화는 인민들에게 집중되어야 하고, 집중되지는 못하더라도 인민들에게 돌아가는 혜택과 결과는 계속 지켜보고 판단해야 한다.

반대로 인민들이 완전히 제외된 평화나 회담은 조작이나 거짓일 가능성을 미리 의심·조심·대비·확인까지 해야 한다.

하지만 김대중은 인민들에 대한 방안이 전혀 없었고, 남북 분단의 민족적 비극을 이용해서 오직 김정일과의 평화 쇼에 혈안이었으며, 김정일을 끌어들이기 위해서 국제사회를 기만했고, 비밀리에 거액의 쪼개기 송금으로 막대한 자금을 퍼 줬다.

국가정보원을 동원한 김대중의 노벨평화상 로비

당시에 국가정보원의 고위직이었던 김기삼과 한반도 전문 언론인 겸 작가인 도널드 커크는 공동 저서 《The hunt for the Nobel peace prize》('노벨평화상 사냥', 2016년 12월. 노르웨이에서 출판)를 통해서 일련의 과정을 낱낱이 폭로했다. (이에 대해서 스카이데일리는 '김대중의 노벨평화상 프로젝트'라는 제명으로 무려 50회에 걸쳐서 소상하게 보도했다.)

※ 김기삼은 서울법대를 졸업하고, 국가정보원에서 총 8년을 근무했으며, 김대중의 노벨평화상 수상을 위한 국정원(이종찬·김한정)의 로비 사실을 폭로했고, 생명에 위협을 느끼고 2011년 미국으로 망명했으며, 현재 뉴욕주 변호사로 활동 중이다.

책에서 김기삼은 "김대중은 국가 기관인 국가정보원(NIS)에 '대외협력 지원실'이라는 별도의 팀을 만들어서 '노벨 프로젝트'를 가동했고, 이후에는 청와대로 옮겨서 대통령의 개인 보좌관으로 프로젝트를 지휘했으며, 로비 대상은 노벨위원회에 영향력이 있는 군나르 스톨세트(노벨위원, 오슬로 주교)와 가이어 룬데스타트(노벨위원회의 사무총장, 노벨 연구소 소장) 두 사람이었고, 당시에 막 사임한 노르웨이 전 총리인 셀 마그네 본데빅을 이산가족 상봉 현장에 초대했다. 역시 김대중은 현대를 통해서 김정일에게 4억 5천만 달러를 전달했다고 알려졌다. 하지만 사실은 15억 달러에 가깝다. 이를 폭로하자 이종찬·김한정은 관련 문건들을 모두 없애 버렸다."등 로비 과정을 소상하게 밝혔다.

이에 관한 기사가 노르웨이 언론에도 보도된 바 있었고, 언론은 스톨세트와 룬데 스타트와 본 데빅과의 인터뷰 기사가 소개되었다.

역시 노르웨이 국영방송인 NRK의 와일드 헬레 센 기자는 이 책을 소개하면서 "한국의 망명자(김기삼) 우리는 노벨위원회를 속였다."라는 장문의 기사를 게재했고. "노르웨이 사회의 지도자들이 세계에서 가장 권위 있는 상을 좇는 게임에서 체스의 말처럼 사용되었다."라고 보도했다.

김정일과의 평화 회담은 김대중의 노벨상 수상을 위한 치밀한 각본에 의한 쇼였고, 평화 회담의 실질적인 성과는 전혀 없었으며, 오히려 김대중이 건넨 거액으로 김정일은 핵무장을 가속했다.

심지어 김대중은 북한의 핵폭탄에 대해서 "북한은 핵을 개발한 사실이 없고, 핵을 개발할 능력도 없다. 내가 책임진다."라고 전 세계를 기만했다.

김대중으로 인해서 다 망한 상태였던 김정일은 살아났고, 망할 것에 대비해서 일가족을 모두 해외로 빼돌렸다가 다시 북한으로 복귀시켰으며, 핵 개발에 박차를 가했다. 오늘날 대한민국은 물론 국제사회와 세계평화를 심각한 위협에 빠뜨린 위선자·사기꾼·역적·국제법 범죄자다.

그런 김대중이 참담하게도 노벨평화상 수상자라는 이야기니, 노벨상을 만든 노벨이 일련의 과정을 지켜본다면 어떻겠는가?

결과적으로 김대중은 최고의 악질 김정일과 평화 쇼를 통해서 국민들과 정의와 양심과 상식과 노벨과 노벨상과 노벨위원회와 국제사회를 동시에 기만했던 교활한 범죄자에 불과하다.

이는 노벨위원회가 대오각성해야 하고, 노벨평화상과 노벨문학상의 기준과 차원을 대폭 업그레이드해야 한다는 이야기다.

노벨위원회에 기대하는 김대중에 대한 후속 조치

김대중의 노벨평화상은 사기 쇼를 통해서 국제사회와 세계인들을 기만하고, 오히려 국제사회와 세계 평화를 위험에 빠뜨린 노벨상의 취소를 검토하길 건의하고, 규정이 없다면 예외적으로라도 불명예 수상자로 재정리·관리하길 바라며, 직장을 포기하면서까지 이를 폭로한 김기삼과 도널드 커크에게 감사함을 표하길 권유한다.
특히 노벨위원회는 김대중의 평화 쇼에 기만당함으로써 북한이 핵을 개발·완성하게 되었고, 대한민국의 안보와 세계 평화를 위험에 빠뜨렸으며, 몰락의 초읽기였던 김정일이 막강해졌고, 김정은 악질에게 대물림되었으며, 북한은 영양실조와 아사와 고문과 죽음과 질병과 감옥과 지옥으로 악화했다.
앞으로 노벨위원회는 정치인들보다 아프리카 오지에서 박정희 대통령의 새마을 운동을 전파 중인 새마을운동가들을 노벨평화상 후보·수상을 검토할 필요가 있다.
역시 대한민국의 IMF 사태 때 최초로 금 모으기 운동을 시작했고, 태안반도의 대규모 원유 유출 사고 때도 기름 제거 운동을 시작했던 새마을 부녀회의 정신을 국제사회에서 진정으로 본받도록 평화상 후보로 검토하길 권유한다.

어떻든 앞으로 노벨위원회는 역사적인 비극과 잘못된 사건들과 망가진 부분들을 상대로 한 도막을 끊어서 자기 것으로 만드는 말단·말초적인 시도나 작품들은 평화상과 문학상 후보군에 포함되지 않도록 각별히 유의하길 바란다.

셋째, 노벨평화상과 노벨문학상을 위해 한 가지를 추가하자면,

노벨평화상과 노벨문학상에 대해서 종합·정리하는 의미에서 무질서도가 증

가하는 사람과 질서도를 증가시키면서 정교하게 만들어 가는 사례를 하나 더 소개한다.

세상사와 인생사는 무질서도가 증가하는 엔트로피법칙을 적용받는다.

그래서 자유와 평화와 인권이 원초적으로 억압·탄압받았던 폭정이나, 전쟁과 차별이 난무했던 시대나 국가에서는 그에 짓눌렸던 아픔과 원한들을 표현할 수 있었고, 충분히 가치를 발휘하거나, 인정을 받을 수도 있었다.

그래서 세상도 인간도 현실도 암울하고 막막했던 시대에는 그러한 작품들도 무질서한 세상을 상대로 질서도를 증가하는 이치였다고 할 수 있고, 덕분에 인류는 무수한 과정들을 거치면서 오늘날 민주주의에 도달했다.

예를 들면 만일 누군가가 인류의 안전에 심각한 위협이나, 세계대전의 원인을 예감했고, 그것을 작품화해서 위험을 예방·축소했거나, 또 다른 업적을 세웠다고 해 보자. 이런 사람은 해당 시대나 사건이나 상황을 직접적·획기적으로 예방·공헌한 실질적인 공로자이고, 훌륭한 작품과 수상자에 해당한다.

반대로 오래전에 있었던 사건이고 그나마 사안의 중대성에 비해서 주인공은 실질적인 공로와 역할이 전혀 없었으며, 사건에 직접 연관되지도 않았고, 오히려 먼발치에서 간접적으로 듣고 보고 느꼈을 뿐이며, 더구나 아무런 희생과 수고도 없이 단지 부정적인 사건과 문제들과 인물들을 왜곡·뻥튀기까지 해서 자기 것(작품)으로 만들었다면 어떻겠는가? 물론 그것도 작가의 인생이고 작품과 업적일 수는 있으며, 노벨문학상이라는 점에서 자랑스러운 점도 사실이다. 하지만 노벨위원회는 평화상과 문학상 후보군을 선정할 때 그런저런 관점과 시각을 모두 확보·반영해야 한다고 생각한다.

지금의 연장선이라면 노벨 물리학·화학·생리의학·경제학상을 제외한 평화상과 문학상은 전혀 엉뚱한 변수들이 작용해서 수상자가 결정될 가능성을 배제하기 어렵고, 지금까지의 잡음과 논란이 그러한 증거일 수 있으며, 그럴 바에는 차라리 평화상과 문학상은 없애는 것을 검토할 필요가 있다고도 생각한다. 인류 역사는 물론 각국의 역사 역시 처절했고, 오랜 세월 동안 수많은 사람이 고통과 죽임과 고문과 숙청 등 비극을 겪었으며, 지금도 그런 나라들과 사람들이 많다.

하지만 결국에 자유와 인권과 평화는 직접 희생과 고통과 아픔을 대가로 치르거나, 그러한 현장에 뛰어들어서 불행과 고통을 같이 하면서도 기어코 승화·포용했던 인간다운 의인들에 의해서 가능해졌다.

이와는 반대로 먼발치에서나, 세월과 시대가 한참이나 지난 훗날에, 다분히 자기(목적·작품)를 위해서나, 감정에 젖었던 기억을 뻥튀기해서 독자들과 관련자들을 분노·증오하게 하거나, 울고 비꼬아 대고 풍자하고 악마화하는 것은 상을 받을 일이라기보다는 오히려 망가진 증상·흔적·증거일 수도 있다.

역시 제삼자들과 구경꾼들과 독자들에 의해서 가능해진 자유·인권·평화는 없고, 앞으로도 없을 것으로 생각해야 한다.

다시 말해서 그러한 현상과 부류 역시도 세상과 인간의 무질서도가 증가하는 법칙에 편승한 사람들일 수밖에 없다는 이야기다.

그렇다면 자유와 인권과 평화를 위해서 지금도 다양하고 실질적으로 관여·관계하면서 피땀 흘리는 사람들이 많지 않겠는가?

그리고 그처럼 훌륭한 사람들을 존경하고 추적해서 작품으로 엮어 냄으로써 교훈과 본보기가 되어 주고 심금을 울려 주는 작가들이 있지 않겠는가?

그런 사람들이야말로 세상과 인간과 사회문화의 질서도를 계속 증가시키면서 더욱 정교하게 다듬어 가는 주인공과 주역들이지 않겠는가?

대한민국의 국민들이 자각하고 명심할 사항

첫째, 가치 있는 역사와 시도들은 올바른 사람들과 쉬운 길을 따르고 좇아서 편안하고 편리하게 진행되지 않았고, 오히려 위험하거나 아슬아슬한 과정을 무수히 거쳤다.

또한 세상사와 인간사에는 선도 악도 있고, 선과 악의 축도 있으며, 선을 몸소 실천하거나 반대로 악에 기생하기도 하고, 악에 오염되거나 분노하거나 이용하는 사람들도 있다.

하지만 한 시대와 인생을 앞서서 경험했던 기성세대는 이런저런 꼴들에 대해서 결국은 승화·포용해서 때로는 냉정해지고 때로는 따뜻해지는 것이 중요하다.

그렇지 않고 잘못된 수상이나, 논란 많은 수상을 평가(칭송·비난)하는 것에 그치면 누군가는 또다시 그들의 뒤를 따라가는 꼴이 재현될 수도 있다.

둘째, 대한민국은 한시적·단계적인 특별법을 통해서 그간에 숨겨졌던 진실들을 모두 밝혀내야 하고, 특히 김대중·노무현·문재인에 대해서 은폐되었던 사건들을 샅샅이 밝혀야 하며, 그들의 대통령 예우를 모두 박탈할 것을 검토해야 한다.

그들이 아니어도 국가 재정을 투입해야 할 인재들과 사안들과 난제들이 수두룩하다.

8. 인간의 무의식·인성·존엄성의 밑바탕 형성

"세 살 버릇 여든까지 간다."라는 속담이 있다.

그런데 아기(인간)의 무의식은 물론이고 사회문화와 역사와 인생과 장래를 좌우해 주는 무의식의 밑바탕은 세 살보다 훨씬 더 빠른 영유아기 때부터 시작된다. (필자)

"아기는 태어나서 불과 몇 개월 동안에 부모·형제에게 영향받은 그대로가 무의식의 밑바탕에 자리 잡는다. 그런데 자칫하면 아기의 무의식과 밑바탕이 동시에 오염·훼손되고, 존엄성에서 멀어지게 된다.
반대로 의식이 월등한 부모는 영·유아기 때를 놓치지 않고, 아기의 무의식이 훼손되지 않도록 잘 대처하고, 덕분에 아기는 무의식의 밑바탕이 똑바로 형성되고, 이어서 두세 살쯤이면 존엄성의 인식·확보·신장으로 연결된다."(제5장, '품안이와 요람이의 무의식 형성 과정' 참고)

이처럼 아기의 무의식(밑바탕)은 영·유아기에 형성된 '무의식(밑바탕)'과 서너 살에 직접 경험하는 것들(주로 실수)에 의해서 '인간·자신의 존엄성'으로 연결될 수도 있고, 손상·훼손될 수도 있다.
물론 '존엄성'으로 연결되기는 쉽지 않다. 왜냐면 '존엄성'은 내면 깊은 곳에 꼭꼭 감춰져 있고, 다양한 과정을 진지하고 진실하게 오래 거쳐야만 연결 통로가 생겨나고, 모습이 서서히 드러나며, 진지하게 잘 가꿔야 존엄성의 인식과 신장이 가능하기 때문이다.
다시 말하면, 작품이든 인간이든 존엄성이든 무의식이든 망치기는 쉽고 빠르게 가능하다. 반대로 훌륭한 작품을 창안·제작하거나, 자신이 존엄해지려면 오랫동안 정성을 쏟아서 손질하고 다듬어야 한다.
이처럼 아기도 단지 세상에 태어났을 뿐이고, 한동안은 세상도 부모도 인간도 인생도 사회도 문화도 미래도 알 수 없으며, 단지 무의식(본능·감각·감정)이 전부일 수밖에 없다. 그래서 부모와 인연에 의해서 무의식의 밑바탕이 어떻게 영향받느냐에 의해서 아기의 무의식과 성격과 습성과 인생이 좌우되고, 사회문화와 역사와 후대까지 영향을 끼친다.
그런데 악영향은 가만 놓아둬도 저절로 받게 되고, 자자손손 이어진다는 사실이 끔찍하고, 존엄성은 태어난 아기마다 개별적으로 진지·진실·충실한 과정과 시행착오를 두루 거쳐야 한다는 점에서 정반대다.
따라서 부모는 아기의 육아와 안전에 신경 써야 함은 물론이고 무의식(밑바탕) 형성을 통해서 인간의 존엄성으로 연결되도록 일찌감치 준비되어 있어야 한다.
그렇지 않으면 부모의 무의식과 인성과 인생은 물론이고 아기(무의식·인생) 역시도 기존의 문화와 타성(관습·관행·관념·인연·감정·감각·본능·충격·충동·타성·유행·비리 등)을 맴돌기 쉽고, 심하게 잘못되면 비겁해지고 교활해지고 사악해질 수도 있다.

사회·문화의 질적 수준은 구성원들의 무의식(밑바탕)과 존엄성에 의해서 결정·좌우돼

아기들의 무의식이 무엇에, 어떤 식으로 영향받고 형성되는지에 의해서 존엄성과 인간성과 인간관계와 성격과 사회성과 국민성이 좌우·결정되고, 그러한 연장선에서 문화·역사·사회의 질적 수준과 미래 가능성까지 결정된다.

이를 세 가지로 요약하면,
첫째, 무의식의 밑바탕이 잘못 영향받으면 무의식과 존엄성과 인간성이 상처받고, 사회·문화가 망가지고 악화한다.
둘째, 무의식의 밑바탕이 엉성하면 존엄성과 사회·문화가 본능·감각·감정·인연·유행·정서 수준에 머문 채 중심을 잡지 못하고, 수시로 흔들린다.
셋째, 무의식이 제대로 형성되면 존엄성 확보에 이어서 합리적인 사회·문화와 국가와 세상과 미래가 양적·질적으로 향상·발전하게 된다.

9. 무의식, 의식, 생각, 인생, 세상, 인간의 관계

무의식, 의식, 생각, 인생, 세상, 인간의 관계를 함축하면,

첫째, '무의식'은 땅 밑의 다양한 층으로 복잡하게 뻗어 가는 뿌리와 겹겹이·곳곳에 스며든 광물·자원·물처럼 지하(어둠, 미개척 등)의 세계다. 그래서 없으면 안 되지만 잘못되면 좀처럼 바로잡기 힘들다. 역시 무의식은 자신과 직접적인 관계는 없지만 사실은 자신에게 절대적으로 영향을 끼치는 거의 모든 것이 해당한다. 예를 들면 역사, 문화, 관행, 관습, 전통, 본능, 천성, 감각, 감정 등 자기도 모르게 형성·존재·관계되는 모든 것이다.

둘째, '의식'은 땅 위에 드러난 부분(줄기, 잎, 꽃, 열매, 밝음, 어둠, 하늘, 저수지 등)으로 다양한 과정을 통해서 깨끗하게 정제된 것이다. 예를 들면 정분이 아닌 포괄적인 인류애(휴머니즘)의 확보, 자신의 성질·성격보다는 인간의 존엄성의 인식·신장, 누구나 가능한 삶보다는 질적인 가치관의 추구, 자유를 낭비하기보다는 자유의 자율적인 구현, 인류 공통의 미래 지향점의 추구·실현, 국가와 국민의 자유·평등·정의·인권·복지의 추구·실현, 국제사회와 가치의 공유·연대, 인류 미래와 우주에 도전·개척, 세상과 인간을 위하는 동기 부여·사명·열정·집중력의 발휘 등 적극적으로 인간다운 생각이다.

셋째, '생각'은 인간의 무의식과 의식을 모두 포함한다.

넷째, '인생'은 각자·서로의 상황·순간·사정·인연·개성·능력·취향·편리·문화 등에 따라 제각각 행동·관계·생활·활용·선택·관리해 가는 시작과 과정과 결과의 종합이다.

다섯째, '세상'은 대자연과 우주라고 할 수 있다.

여섯째, '인간'은 이를 모두 종합하고 이용하는 주체와 주인공과 주역이라고 할 수 있다. 물론 인간은 세상(대자연)과 무의식으로부터 절대적으로 영향·지배받는다. 하지만 인간은 생각을 이용해서 협력하고, 무의식은 잘 조화·감당·극복하고, 세상과 인간을 어떻게 합리적이고 효율적으로 이용·운영·관리하는가에 의해서 인생은 물론 사회문화와 국가의 운명과 국민의 질적 수준과 미래가 모두 결정·좌우된다.

'무의식'에 대한 사전적인 의미

1. 자신의 언동이나 상태 따위를 스스로 깨닫지 못하는 일체의 작용.
2. 지각이 없는 의식의 상태. 정신 분석에서는 의식되면 불안을 일으키게 되는 억압된 원시적 충동이나, 욕구, 기억, 원망 따위를 포함하는 정신 영역을 말한다.

※ 프로이트는 무의식이 정신의 대부분을 형성하며, 인간 행동을 결정하는 주된 원인으로 보았다.

무의식이 인간에게 끼치는 결정적인 영향

인간의 인생·일생은 자기 자신도 모르게 익숙해진 무의식과 의식이 복합된 생각들로 진행된다. 그래서 인간은 자신도 모르게 형성·익숙해진 무의식을 모르면 인생이 훨씬 더 난해하고, 고단할 수밖에 없다.
더구나 인간은 태어나서 본능·감각·감정이 먼저 시작되고, 생각은 가장 늦게 가동·활성화되고, 그래도 부족함이 너무나 많다.

그래서 인간은 생각하기 전에 이미 주변으로부터 영향받아서 무의식이 형성되고, 무의식은 습관화·습성화되어서 인간의 밑바탕이 천차만별하게 다양해진다. 다시 말해서 일란성쌍둥이도 전혀 다른 사람으로 성장하고, 성장할수록 더욱더 다른 사람이 되어가는 이유는 무의식이 다르기 때문이다.

자신이 뭔가에 익숙해지는 것이나, 특별히 생각하지 않고서도 평생을 살아가는 이유는 무의식이라는 신기한 현상이 있기 때문이다.

이처럼 인간은 생각이 본격적으로 가동된 이후에도 자신(인간)이 집중해서 생각·목적·계획·행동·제작·경험·도전·집중하는 등을 제외하면 인생의 대부분은 본능적·무의식적·습관적으로 생각하고 관계하고 행동하고 살아간다.

예를 들면 태어나자마자 본능적으로 엄마 젖을 찾아서 빨거나, 판단력이 전혀 없는 영유아기 때 자신도 모르는 환경·문화·관계·습관·관행·습성 등을 무의식적으로 받아들여서 익숙하게 살아간다.

그래서 인간의 무의식은 그야말로 무의식적으로 전해지는 문화, 역사, 사회, 환경, 지리, 본능, 감각, 감정, 습성, 관행, 인연, 분위기 등을 수용·형성·적응·변화되고, 인생(생각·의식·생활·관계)의 대부분도 무의식적인 영향·관계·사건·흐름 속에서 진행된다.

무의식이 인간·자신의 존엄성으로 연결되려면

무의식의 밑바탕

무의식 형성은 물론이고 형성된 무의식의 밑바탕은 스스로 만들 수 없고, 영·유아기 때 외부 요인들에 의해서 세 가지 형태로 만들어진다. 구체적인 사례는 다음 주제에서 정리된다.

첫째는 순간적·강압적인 조건에서 즉흥적으로 만들어져서 익숙해지고,

둘째는 정분을 위주로 순진·순박하게 만들어져서 익숙해지고,
셋째는 안정적인 상태에서 차분한 판단과 솔직한 대처를 통해서 존엄성의 인식·신장과 인간다움의 향상으로 발전한다.
이는 너무나 사소한 상황을 인간들이 어떠한 마음가짐으로 감당·극복하는가에 의해서 인생과 장래와 사회문화와 국가의 형태까지 달라지는 셈이다.

반대로 만일 인간의 무의식이 완전·완벽·철저하게 만들어진다면 경험도 배움도 필요 없게 된다. 왜냐면 무의식이 고정불변이나 절대 진리처럼 확정적이고, 변화할 여지가 없기 때문이다.
그래서 각자의 무의식은 자기 부모가 자신에게 영향들을 끼쳤던 것과 그전에 이미 부모가 조부모와 사회로부터 영향받았던 것들(환경·인연·문화·관행·습성·교육·배움·경험 등)이 복합되어서 자신(자녀)에게 전달된다.
그러한 무의식은 복잡할 뿐 아니라 완전·완벽할 수 없고, 인생에서 수많은 기회와 다양한 과정과 변수들을 거치면서 제각각 살아가게 된다.
그래서 인간의 무의식은 수천수만 년 동안의 수많은 요인과 현상들이 대를 이어서 전해지고, 당장은 타고난 인연으로부터 전해지며, 오래전부터 전해지는 문화 등은 변화가 쉽지 않고, 이것들이 어우러져서 사회문화가 복잡다단해지고, 나라의 형태가 결정되고, 국운이 좌우된다.

10. 무의식에서 나눠지는 공산·독재, 민족주의, 민주주의

공산·독재주의와 민족주의와 민주주의를 달리 표현하면 세상·인간에 부정적·마이너스적인 무의식과 어중간·애매한 무의식과 긍정적·플러스적인 무의식으로 나눌 수 있다.

원래 인류는 동서양을 막론하고 똑같이 무지했다. 그런데,

첫째, 최초에 인간답고 현명한 극소수(부류)가 합리적인 사회문화를 구상했고, 역시 극소수 국가에서 인간성과 의식이 뛰어난 사람들이 논의·협력해서 수준 높은 민주주의를 도출·실현해 냈으며, 다른 나라들은 감히 엄두도 상상도 하지 못했다.

둘째, 자신들도 뭐가 뭔지 모르는 가운데 무의식의 밑바탕(문화·관행·인성·관계 등)이 심하게 훼손된 사람들은 저질·악질·범죄자로 망가지거나, 폭정·독재·공산주의로 삐뚤어졌다.

셋째, 대한민국은 오랜 세월 어중간·애매한 민족주의였다.
오래전 조상들은 순진·순박·답답·어리석었고, 당연히 후진적·봉건적·차별적·폐쇄적인 민족성과 역사와 문화의 연속이었으며, 그럼에도 어느 하나로만 삐뚤어지지 않았고, 나름대로 다양한 가능성을 내포한 상태였으며, 종교만을 보더라도 유교·불교·대종교·천도교·천주교·기독교 등 온갖 종교가 공존해 왔다. 현대사에서도 국민들은 공산주의도, 민주주의도, 민주화도, 보수도 진보도, 공산주의에서 민주주의로, 민주주의에서 공산주의로, 보수에서 진보로, 진보에서 보수로 오락가락했고, 지금도 최악의 북한·중공으로 연계된 저질·악질적인 극좌파의 선전·선동과 포퓰리즘성 국민지원금과 조작과 궤변에 놀아나거나, 민주주의를 직접적으로 위협·훼손·파괴하려는 세력에게 동조하는 국민들이 함께하고 있다.

물론 민주주의 국가의 국민이 모두 긍정적·플러스적인 부류일 수는 없고, 개발도상국들 구성원이 모두 어중간·애매한 부류인 것도 아니며, 공산·독재주

의 국가의 인민들이 모두 부정적·마이너스적인 부류라는 것은 아니다.
왜냐면 어떤 세상이나 시대나 국가나 사회나 단체에도 좋은 사람과 나쁜 사람과 어중간한 사람은 항상 있기 때문이다.
다만 어떤 부류의 비율이 높은지, 어느 정도로 적극적인지, 국제정세는 어떤지에 의해서 민주주의나 공산·독재주의나 개발도상국 중 하나로 결정되고, 원래는 민주주의였지만 공산·독재로 바뀔 수 있으며, 원래는 공산·독재 국가였지만 민주주의로 바뀔 수도 있다.

무의식에서 생겨나는 공산주의와 민족주의와 민주주의

무의식이 자녀(성장·인생)에게 결정적으로 끼치는 영향·과정

여기서는 누구나 당하고 겪는 일상에서의 사례를 통해서 무의식의 밑바탕 형성과 존엄성의 인식·확보 과정에 이어서 공산·독재와 다양한 가능성을 지닌 민족주의와 민주주의가 만들어지는 무의식의 밑바탕과 그 차이를 살펴본다.

자녀가 부모에 의해서 무의식의 밑바탕이 형성되는 사례(비교)

외출할 때마다 당연하게 부모 품에 안겼던 세 살 아들에게 앞으로는 외출할 때 직접 걸어 다니기로 약속을 받았다.
그렇게 약속하고 엄마와 아들은 시골의 할머니 집에 가기로 했고, 아들을 새 옷으로 갈아입혔다. 얼마 후에 할머니 집 입구에 도착해서 차를 주차하고, 비포장 골목길을 아장아장 걷기 시작했다.
엄마는 아들에게 "길이 좋지 않으니 넘어지지 않도록 조심해서 걸어야 한다."라고 당부했고, 아들은 "예"라고 대답했다.

하지만 그것도 잠시 아들이 돌부리에 걸려서 좀 세게 내동댕이쳐졌다. 아들은 순간에 놀라서 당황함과 동시에 어찌해야 할지 모른 듯 엎어진 채 잠시 멈칫했고, 동시에 아픈 손바닥을 쳐다봤다.
엄마도 놀랐으며, 땅을 짚은 아들의 손바닥에 상처가 나고, 새로 산 옷의 무릎 부위가 손상되었음을 동시에 확인했다.

엄마들의 반응과 상황을 처리하는 방식

이때 엄마들의 반응·표현이나, 상황을 처리하는 방식은 다양할 것이다. 여기서는 서로 다른 세 명의 엄마와 자녀를 예로 들어서 아기의 무의식이 어떻게 작용하고 형성되는지 살펴보자.

엄마 1(자기 성질·위주) : (넘어진 아들을 보고 엄마는 놀라고 당황해서) "조심하라고 했잖니? 봐라. 손에 상처가 나고, 옷도 찢어졌겠다. 왜 엄마 말을 안 듣니? 빨리 일어나 봐."라고 화를 내고 꾸짖었다.
이는 아들이 직면한 순간·상황에 엄마가 즉각적으로 자신을 표출하면서 끼어들었고, 자기감정(성질)을 위주로 개입했으며, 아들은 또다시 곤란·당황하고, 혼쭐 나는 상황이 연출되었다.
이는 엄마와 아들이 함께 걷다가 좋지 않은 사건·순간을 마주했고, 사건 발생과 동시에 엄마와 아들의 몸과 마음은 서로 분리되었으며, 엄마는 분위기와 상황을 주도·해결하는 주인공과 심판자(가해자)가 되었고, 아들은 실수와 사고와 잘못을 초래한 피해자와 범죄자와 꾸중·비난·징벌 대상으로 전락했다.

엄마 2(일방적인 과보호·온정) : (엄마는 놀라고 당황했으며) "괜찮니? 다치지 않았니?"(곧바로 아이를 안아서 일으켜 주고, 다친 상처를 닦아 주고,

옷에 묻은 흙을 털어 주고, 품에 안아서 할머니 집으로 향했다.)
이 엄마는 아들을 꾸짖거나 화를 내지 않았다. 하지만 엄마가 상황을 주도해서 적극적으로 처리했고, 아들은 넘어진 것 외에는 특별한 것 없이 그렇게 상황이 마무리되었다.

엄마 3(존엄성의 존중·인식·신장) : (넘어진 아들을 보고 엄마는 놀라고 당황했다. 하지만 아무런 반응도 하지 않는다. 오히려 자신은 무관한 듯 아들을 물끄러미 지켜보고 있다. 자기 아들이 무엇을 어떻게 하는지 지켜보려는 듯하다.)

세 아들이 보일 수 있는 반응

넘어진 아들들은 놀라고 당황하기 마련이다. 동시에 멈칫하면서 무엇을 어떻게 해야 할지 순간적(무의식)으로 생각(판단·선택·행동)하게 된다.

아들들은 제각각 반응한다.

아들 1 : 엄마의 성질과 꾸중에 어찌할 바를 몰라서 절반은 놀라고 당황했고, 절반은 울음을 터뜨리면서 안절부절 일어난다. 물론 아무렇지 않게 곧바로 일어난 아이도 있을 것이다.

아들 2 : 울음을 터뜨렸거나, 울지 않았다. 아들은 자신이 넘어짐과 동시에 엄마가 즉각 개입해서 상황을 처리했고, 오히려 엄마 품에 안겨서 편하게 할머니 집에 갔으며, 약속은 하나 마나가 되었다.

아들 3 : 놀라서 당황했고, 이런저런 상황이 순간에 머리를 스쳤다. 그런데 엄마에게서 어떠한 반응도 느껴지지 않았고, 아들은 자신이 울어야 할지 말아야 할지, 어찌해야 할지 멈칫했으며, 동시에 다친 상처나 옷의 상태나 엄마의 반응을 다시 생각했다. 그런데 여전히 엄마는 조용하고 반응이 없고, 그대로 있을 수는 없어서 엉거주춤 일어났으며, 다친 상처를 닦았고, 옷을 살피면서 흙을 털었다.

세 아이가 부모에게 영향받은 무의식

아들 1 : 아들은 넘어져서 놀라고 당황했고, 순간에 엄마는 화를 내고 꾸짖었으며, 아들은 자신이 처한 상황보다 엄마(꾸중)를 크게 의식했고, 어찌할 바를 몰라서 울음을 터뜨렸거나, 엄마가 무서워서 울음을 터뜨리지 못했다. (여기서는 엄마가 일으켜 줬든 아니면 스스로 일어났든 중요하지 않고, 아기의 무의식과 움직임이 중요하다.)

아들 2 : 아들은 자신이 넘어지자마자 엄마가 놀라는 것을 느꼈고, 어찌해야 할지 애매했으며, 자신을 걱정해 주는 엄마를 느꼈고, 어리광이 발동되었으며, 겸연쩍은 울음을 터뜨렸거나, 울지는 않았다. 동시에 엄마가 자신을 일으켜 줬고, 상황을 모두 정리했으며, 엄마의 품에 안겨서 할머니 집으로 향했다.

아들 3 : 아들은 놀라고 당황하면서 순간 엄마를 의식했다. 하지만 엄마는 아무 반응이 없었고, 도와주지도 반응도 하지 않았으며, 아들은 자신이 처한 상황으로 생각(무의식)이 돌아왔고, 아들은 넘어진 채로 있을 수는 없었으며, 스스로 알아서 해결해야 함을 알았으며, 혼자 일어나서 옷을 털고 긁힌 상처를 닦고 어루만지면서 상황을 정리했다.

세 엄마의 비교

엄마 1 : 엄마는 아들이 마주한 상황을 자기 성질로 표현·처리해 버린 셈이다. 이후에도 엄마는 아들의 생각과 생활과 인생에 개입해서 간섭하는 시비꾼이나, 방해하는 역할들을 할 수도 있다. 더 심한 부모는 넘어져서 다친 아들을 때리고 벌을 주거나, 손바닥의 상처보다 새 옷을 망치고 더럽혔다는 점을 크게 문제 삼기도 한다.

엄마는 아들이 처한 상황(순간, 판단)에 대해서 존중하지도 맡겨 두지도 믿지도 않았다. 아들에게 문제가 발생하자 그것을 기회로 자신(성질·방법)을 강하게 개입시켰고, 아들을 당황·주저하게 함으로써 아들의 존엄성의 씨앗을 꺾어 버리거나, 뿌리를 심지 못하도록 훼손해서 내팽개쳐 버린 셈이 된다.

이런 부모는 불합리한 문화에서 성장하면서 신경질적이 되었거나, 자신도 약자(자녀)에 대해서 고압적·강압적·일방적인 관계와 습성을 당연하게 여기는 무의식에 익숙해졌을 수 있다.

※ 이런 부모나 아이는 마주한 상황(순간·상대방)에 진지·진실·충실하기 어렵다. 왜냐면 주어진 상황·생각·성질·관계의 주체로서 충실하기보다는 엉뚱한 것들에 영향받아서 길들어지고 익숙해진 대로 움직여지고 관계하기 때문이다.

다시 말해서 엄마는 상황·인생·인연 등에 대한 태도·관계·처리하는 방식이 영향받은 그대로 고정관념화(확정·고정)되었다고 할 수 있다.

이를 확장하면 문화적·전통적·본능적·감정적·충동적·반사적 등으로 무의식에 길들어지고 익숙해진 습성들이 모두 해당한다.

역시 예절·예의나, 성공·출세나, 호구지책·호의호식이나, 입신양명·부귀영화나, 길흉화복·수복강녕·만수무강이나, 수신제가·치국평천하 등 고정적·확정적인 관념들이 무의식에 영향을 미치거나, 종교적 진리(선·악, 완전·완벽, 전지전능, 절대자 등)에 영향받을 수도 있다.

그래서 자신의 생각·믿음이 곧 세상·인간·인생·관계하는 방식이고, 벗어나면 흥분·분노·비난·타도·처단·응징하거나, 악마화하기도 한다. 이는 계속 연구되어야 할 무의식의 분야다.

엄마 2 : 엄마는 자녀에게 나쁜 일이 일어나지 않길 바라고, 건강하고 밝고 맑게 자라면서 행복하길 바라는 부모라고 할 수 있다.

엄마는 자기 아들이 성장하는 동안에나, 기나긴 인생에서나 누구든지 얼마든지 마주할 수 있는 일조차 아들에게 맡겨 놓지 못하고 직접 알아서 처리한 성격일 수 있다.

엄마는 생활 속에서 아들의 존엄성 고취·신장이나, 믿고 존중하고 맡겨야 한다는 생각과 역할은 안중에 없었던 셈이다.

단지 자녀를 자신(부모)의 마음과 정으로 관계하고, 안전하게 보호하고, 정성스럽게 키우는 방식이다. 좀 더 유별난 부모는 자녀를 왕자나 공주처럼 귀하게 키우려고 할 수도 있다. 역시 이를 부끄럽게 여기기보다는 부모로서 당연하다고 여길 수도 있다. 하지만 오히려 아들·딸을 망치는 어리석음인 줄은 알지 못한다. 왜냐면 자신(마음·정성·사랑)이 중요하고, 자신이 잘하면 모두가 좋아진다고 생각하며, 세상도 인간도 인생도 합리적으로 관계하고, 잘 관리해야 함을 모르기 때문이다.

그래서 아들로서는 스스로 처리할 수 있는 절호의 상황에 마주했음에도 존엄성으로 연결될 기회를 빼앗겨 버린 셈이다. 이런 아이는 자칫하면 부모의 영향과 그늘에서 벗어나기가 쉽지 않고, 마마보이처럼 연약하게 자랄 수도 있다.

엄마 3 : 엄마는 자신이 젊었을 때나, 임신했을 때 자녀에게 바람직한 영향을 끼칠 방법들을 많이 생각하고, 자신이 자녀를 진정으로 사랑하고 위해 주려면 무엇을 어떻게 해야 하는지 깨달았을 것이며, 많은 시간을 할애해서 준비했을 것이다.

그래서 사랑하는 자녀가 인생에서 마주할 수 있는 일들에 대해서 우왕좌왕·방해받지 않고, 오히려 솔직·진실·진지·충실하게 관계·처리함으로써 자기·인간 존엄성을 인식·신장하는 기회가 되도록 역할을 했다.

역시 부모는 자녀가 인생에서 마주하게 될 다양하면서도 험난한 문제와 힘겨운 난제에 도전·개척해서 세상과 인류에 이바지하면 좋겠다는 바람을 가졌을 것이고, 의연하고 호탕하고 강하게 키우려고 했을 수도 있다.

그래서 자기 자녀뿐 아니라 어린이들이 당연히 마주할 수밖에 없는 상황들을 예상했고, 아들이 존엄성을 확보하도록 다양한 상황들에 맞춰서 준비와 연습까지 해 놓았다.

그런데 실제로 아들이 넘어졌고, 엄마는 자신을 드러내지 않았으며, 아들이 내면에 깊이 감춰져 있는 자기 존엄성에 스스로 접근·접촉·처리·인식·확보·신장하도록 믿고 기다리고 유도했다.

아들은 엄마 덕분에 누구나 당연히 겪을 수밖에 없는 사소한 실수를 기회로 존엄성에 접근할 수 있는 씨앗(밑바탕과 통로와 뼈대까지)을 손에 쥐었고, 실제로 자신의 무의식에 직접 심었으며, 앞으로 마주할 모든 상황과 인생으로 연결해 놓았다.

세 자녀에게 전개될 인생과 미래에 대한 비교

아들 1 : 자신이 넘어졌을 때 엄마는 즉각 꾸짖고 화를 냈고, 자신이 넘어진 사실과 다친 상처보다도 엄마(성질·꾸중·매질)를 더 크게 의식하게 됐다.
아이는 엄마에게 처한 사건과 직면한 분위기와 상황·처리의 주도권을 모두 빼앗김으로써 자신이 저지른 실수와 마주한 상황에 집중·충실할 수 없었고, 주인공과 주체로서 의연할 수 없었다. 이는 자신의 상황과 생각과 무의식과 행동이 불일치했고, 엄마에게 자신·주도권을 방해받고 빼앗겼다.

엄마의 성질이 강할수록 아들은 잘못될 때마다 엄마에게 얻어맞거나, 욕먹을 것을 걱정하는 등 무의식에서 엄마의 반응을 더 크게 의식한다.

그래서 엄마에게 당할 것과 당하지 않는 방법에 신경이 집중된다. 이후에 아들은 엄마에게 당하지 않으려고 거짓말하거나, 사건이나 피해를 은폐·축소하거나, 뭔가를 끌어들여서 원망하거나, 누군가에게 책임을 전가하거나, 적당히 얼버무릴 핑곗거리를 찾거나, 심하면 가출을 해 버릴 수도 있다.

그뿐 아니라 엄마와 친구들과 이웃이 자신(이재명·문재인처럼)에게 잘 속아 넘어가면 거짓말과 못된 짓과 잔머리 술수에 재미를 붙이거나, 그러한 자신을 영리하고 똑똑한 것으로 착각할 수도 있다.

이렇게 성장한 아이들은 나쁜 짓과 사기꾼 짓과 역적 짓을 당당하고 뻔뻔하게 저지른다. 그래서 인류사에서 최악으로 저질·악질적인 공산주의·독재·세습 등은 이런 부류에서 생겨나고, 악질들로 악화한다.

역시 이런 사람의 주변이나 함께했던 사람들은 갖가지 사건에 연루되어서 범죄자나 노예나 졸개들로 전락하고, 지저분한 사건·사고·소송에 휘말리며, 억울하게 죽는 사람들도 있다.

당연히 이런 사람과 그 주변에서는 아름다운 미담이나, 본받을 교훈이나, 훌륭한 사례들은 찾아 볼 수 없다.

대한민국에서 이런 부류에 해당하는 저질·악질들과 머저리들이 누구인지 생각해 봐야 하고, 국민들이 이들조차 해결하지 못하거나, 알아보지도 못하거나, 오히려 지지해 준다면 수준 높은 민주주의는커녕 법과 원칙과 상식과 양심이 통용되는 정상적인 사회문화조차 불가능함을 명심·각오해야 한다.

아들 2 : 아들은 자신이 처한 상황을 제대로 느끼고 생각할 겨를도 없이 곧바로 엄마에게 주도권도 분위기도 빼앗겼다.

엄마는 아들과 아들이 마주한 상황 사이에 거의 본능적·반사적으로 끼어들어서 개입했고, 엄마가 알아서 처리해 줬으며, 아들은 한 것이 없다.

아들은 자신이 겪은 사고·사건에서 직접 처리한 것이나 배운 것이 없고, 부모의 품에서 안겨 지냈던 원래 상태로 돌아갔으며, 절호의 기회를 살리지 못함으로써 의존성이 심해졌다.

아들은 이후에 똑같은 일이나 비슷한 일을 겪더라도 자신의 독자적인 시스템·능력이 부족하고, 엄마를 떠올리거나 의존하는 응석받이나 마마보이에 머물 수도 있다.

이렇게 성장한 아이는 좋고 나쁜 일들에 마주하면 소극적이 되거나, 난해·위험·복잡하면 주저·외면·회피할 수도 있다.

만일 이런 사람들이 공산·독재에서 태어나고 살아간다면 불행하고 고통스러운 병졸들과 노예들에 불과하고, 천상의 민주주의에서 태어나서 살아가면 원만하고 무난하고 정직한 사람이거나, 적당히 눈치껏 요령껏 살아가는 사람이거나, 졸렬하고 비겁하고 무책임하고 무능하고 무기력한 사람이 될 수도 있다.

아들 3 : 철부지인 아들로서는 엄마 앞에서 처음으로 당하는 실수 곧 사건·사고였다. 그런데 자신이 마주한 상황에서 당황했음에도 아무에게도 간섭·방해받지 않았고, 마주한 상황에 집중·충실할 기회 겸 행운이었으며, 사소한 일을 알아서 감당·처리했을 뿐인데도 어딘지 모르게 뿌듯함을 느꼈다.

아들은 자신이 마주한 상황을 순수한 자기 판단과 역량으로 해결했고, 자신을 지켜보는 엄마의 눈빛과 표정과 언행에서 어딘지 모르게 자신을 믿고 존중하고 맡겨 놓았고, 흐뭇하게 여긴다는 느낌도 받았다.

이러한 인연과 인간관계와 방식으로 성장한 아들은 인생에서 어렵고 위험한 문제에 직면해도 똑바른 정신으로 대처하고, 잔머리·술수·압력을 동원하지 않을 것이며, 마주한 순간·상황·사람에게 집중·충실하고, 과정과 결과에 성심과 책임을 다할 것이며, 경험이 축적될수록 자기 존엄성을 인식·발휘·신장할 것이고, 이웃과 사회와 세상에 이바지하는 훌륭한 인물이 될 수도 있다.

이러한 부류에 의해서 인류사에서 최고급 개념들(휴머니즘·존엄성·가치·자율·자유·평등·정의·인권·복지 등)로 구성·진행되는 수준 높은 민주주의가 만들어지고 실현되었다고 할 수 있다.

1과 2와 3이 대한민국에 끼쳤던 영향들

1(엄마·아들)이 대한민국에 끼친 영향들

엄마·아들 1은 자신에게 기회(권한, 자유)가 생기면 남에게 긍정적·인간적·적극적인 활력소가 되어 주기보다는 화를 내고, 비난하고, 원망하고, 위협하고, 다투고, 움츠러들게 만든다.

다시 말해서 자신이 하고 싶은 대로 해 버리고, 주변 사람들은 기세가 꺾여 버리고, 분위기가 위축되고, 남을 고통스럽게 하고, 사회·문화를 엉망으로 만들 수도 있다.

이런 사람은 자기 성질이나 의도가 사람들에게 잘 먹히면 수단·방법을 총동원해서 영향력을 강화하고, 뜻대로 안 되면 상대방을 궁지나 사지로 몰아넣고, 힘이 생기면 강권과 강압과 독재로 악화한다.

역시 이러한 환경(문화·부모)에서 성장하는 순진·우매한 다수 대중은 한동안 도마 위에 놓인 안타깝고 억울한 희생양들을 "처단·청산하자."라는 등 홍위병 노릇을 자처하거나, 선전·선동 대열에 합류하는 등 사회·문화를 망치고, 자신들도 망가진다.

또 무지몽매한 대중은 강자에게는 자존심도 체면도 팽개친 채 한없이 나약해지고, 약자는 짓밟고 빼앗고 군림하려고 한다.

이런 사회·문화에서는 이중삼중의 위선자들이나 다중인격 범죄자들이 생겨나고, 위·불·편법·거짓·조작이 원칙·양심·정의·상식을 지배한다.

왜냐면 저질들과 악질들이 주도권 쟁탈·장악에 혈안이고, 사람들은 소심해지고 무기력해지고 두려워하고 회피하고 무관심해지기 때문이다.

더욱 암울하고 암담한 사실은 사회·문화를 바로잡아야 할 사람들이 엉뚱하게도 자기 내면, 마음 수양, 인격 도야, 소박한 행복, 알뜰한 삶, 현실 도피(진리·산골 은둔), 원만함과 무난함, 사후세계, 사람 사는 세상 등 비현실적이고 추상적이고 대중적인 관심사와 유행(흥행·유흥·게임·놀이·여행 등)에 스스로 갇힌다는 점이다.

2(엄마·아들)가 대한민국에 끼친 영향들

엄마·아들 2는 전 세계 모든 국가와 모든 사람이 일단 해당한다고 할 수 있다. 왜냐면 수많은 사람 중에서 저질·악질들(1)은 많지 않고, 진정한 지성인(3) 역시 소수 또는 극소수에 불과하며, 순진·순박한 사람들(2)이 대부분이고, 언제 어떻게 왜 변하고 오락가락할지 알 수 없기 때문이다.

대한민국은 역사·문화·민족성은 봉건적·차별적·권위적이었다. 그래서 백성의 2/3는 (1)에 가까웠고, 1/3은 (2)에 가까웠다고 할 수 있다. 왜냐면 역사 내내 각종 차별과 착취와 학대의 연속이었고, 어른 공경이라는 미덕을 명분 삼았지만 실제로는 '버르장머리 없는 놈', '건방진 놈', '싹수없는 놈'이라며 무한한 가능성을 지닌 청소년들을 비난·매도했던 가해자(어른, 양반)들과 비난·매도당했던 피해자(어린이, 상놈)에 불과했기 때문이다.

또한 현대사에서는 국민의 1/3이 (1)에 가깝고, 2/3는 (2)에 가깝다고 할 수 있다.

왜냐면 앞에서처럼 한심한 역사에 머물다가 갑자기 민주주의와 자본주의를 도입·실시했지만 사실상 엉망진창이었던 역사·문화·민족성에 대다수 국민들이 절대적으로 영향받았기 때문이다. 심지어 현대사가 80년여인데도 독재(38년)와 민주화(37년)에서 터덕거리고 있고, (3)에 해당하는 국민을 찾기가 쉽지 않다.

이는 마냥 조상들을 답습하다가 갑자기 서양의 민주주의를 모방했고, 우리가 직접 만들지도 변화하지도 않음으로써 국민들은 민주주의의 주인과 주체와 주인공의 자격·자질에서 현저히 미달일 수밖에 없었으며, 직접 논의·협력해서 만들기보다는 공짜로 답습해서 잘 먹고 살기에 급급했고, 답습과 모방에서는 책임감이 생겨날 수 없었기 때문이다.

그래서 대한민국은 현대사 내내 후진적·비인간적·비민주적인 비난·투쟁·시위·청산·대립·분열·조작·억지·위기의 연속이었다.

3(엄마·아들)이 사회·문화·후대에 끼치는 영향

위(1)처럼 세상·사회·문화·역사·인간·현실은 짧은 시간에도 망할 수 있다.
반대로 세상과 인간(실체·현상·깊이·이치)을 똑바로 이해하고, 적극적으로 대응·개발·개척하기는 실로 오랜 세월 정성·열정·집념·집중력·협력·희생·책임까지 짊어지는 월등한 의식이 필수다. 그래서 위(3)처럼 어린이가 인간의 존엄성에 접근·인식해서 발전적·도전적·개척적인 인생과 훌륭한 업적과 교훈을 남겨 주기까지는 쉽고 간단하지 않으며, 어쩌면 엄청난 과정과 난관과 고비들을 겪어 내야 하고, 죽음까지 각오하고 초집중해야만 성공적인 결실과 보람을 일궈 낼 수 있다.

이러한 점들을 생각하면서 여기서는 (3)에 해당하는 국가나 인물들을 크게 세 가지로 나눠 볼 수 있다.

첫째, 최초에 민주주의와 자본주의를 구상한 인물들과 그들의 구상을 현실에서 사상적·제도적·법적으로 도출·실현해 낸 인물들이다. 이는 대한민국에서 불가능했다.

둘째, 역사적·문화적·민족적·시대적·국민적으로 보았을 때 열악·열등한 수준으로는 민주주의와 자본주의를 도저히 상상·시작할 수 없었음에도 기어코 도입·추진해서 나라와 국민을 양적·질적으로 급상승시켜 준 전 세계 각국의 훌륭한 지도자들이다.
이는 이승만·박정희를 비롯해서 다양한 분야에서 최선을 다해서 종사한 전문가들이다.

셋째는 완전하지 못하고 완벽할 수 없는 세상과 인간과 사상과 사회와 제도와 법적인 수많은 한계와 방해와 부작용 속에서도 민주주의와 자본주의를 위해서 적극적으로 노력하고 발전시킨 국민들이다.
역시 공산·독재 등의 교활·집요한 위협·유혹에 굴하지 않고, 용기와 희생과 사명을 발휘해서 민주주의와 자본주의를 굳건하게 지켜 낸 애국자들이다.

11. 국가의 흥망성쇠를 좌우하는 세 가지 유형·부류

여기서는 앞 주제의 (1) (2) (3)을 예로 들어서 대한민국을 살펴본다.
대한민국이든 선진국이든 개발도상국이든 반드시 세 가지 유형의 부류 (1) (2) (3)이 존재하고, 어떤 부류가 사회문화를 주도하는지에 의해서 국가의 운명과 미래까지 모두 좌우·결정된다.

다시 한번 요약하면

(1)은 자기 성질·위주로 무의식이 형성된 부류이고,
(2)는 자녀를 무작정 과보호·온정으로 관계하는 부류이며,
(3)은 자녀의 존엄성을 존중·신장하려는 부류다.
(가능하면 앞 주제의 내용 전체를 다시 한번 차분하게 소화하길 권유한다.)

(1)은 잘못된 무의식의 영향으로 후진성에 이어서 불합리한 문화·인간·관행·악행들이 고착되고, 세상과 인간에 부정적·마이너스적인 폭군·독재·공산·사회주의나 망나니들이 생겨나는 이치와 과정(씨앗과 뿌리와 줄기)이다.

(2)는 인간이 정분·인연에 머문 채 복잡다단한 세상과 인생을 어중간·애매하게 살아가는 민족주의 등이 생겨나는 이치다.

(3)은 인간의 가장 중요한 특징인 다양하고도 깊이 있는 생각들을 통해서 세상과 인간에 긍정적·플러스적으로 활용하고, 서서히 진화하면서 인류에게 필요한 최고급 개념들을 시작으로 결국은 민주주의·자본주의를 도출해 낸 이치다.

개발도상국들은 (1)이나 (2)에 해당하는 사람들이 절대다수이고, (3)에 해당하는 사람들은 많지 않다. 그래서 개도국들은 소수의 (3)이 다수인 (1) (2)에게 인정·뒷받침받기 어렵고, 능력을 발휘할 수도 없으며, 자칫하면 독재나 무력으로부터 탄압·숙청당할 정도로 위험하고 무기력하다.
설상가상으로 개도국들에서 독재와 폭정에 저항했던 민주화·투사들이 정말 (3)에 해당하는 인물들인지조차 알 수 없다. 왜냐면 그들이 성장했던 열악한 문화와 역사와 환경과 과정과 부모와 조상을 깊이 살펴보면 (1)이나 (2)에 불과한 경우가 대부분이고, 선진국에서 유학했더라도 무의식의 밑바탕은 개도국의 사람일 수밖에 없다.

이는 대한민국의 현대사에서 민주화의 주역(김영삼·김대중·노무현과 그 측근)들 역시 무의식의 밑바탕은 이미 후진적·고질적인 한국인에 불과했고, 그들의 생애와 실질적인 업적이나 참다운 능력에 관련된 특별한 점들을 찾아볼 수 없으며, 그들은 마치 민주주의·민주화의 투사처럼 앞장섰지만 실제로는 대한민국의 민주화를 엉망으로 망친 주역들이고, 특히 김대중은 김정일에게 막대한 자금을 퍼 줌으로써 악질적인 정권을 연장해 주고, 핵 개발을 감춰 준 역적이며, 더욱 나쁜 점은 대한민국 내부에서 좌경화된 극좌파 세력이 활개 칠 수 있도록 모든 통로를 열어 줬다는 점이다.

다시 말해서 개발도상국·공산국·후진국들은 독재자·폭군이었든, 일반 국민이었든, 저항·투쟁하는 열사·투사였든, 전문 분야 종사자들(언론 등)이었든, 진리와 함께하는 종교인들이었든, 고학력의 지식인들이었든, 공직자들이었든, 해외에서 공부한 유학파들이었든 이미 무의식(수준·영향)은 열악·열등했던 조상·부모·역사·문화·국민성·인간관계·인간성의 판박이들과 연장선일 수밖에 없고, 이는 앞 주제들에서 소개했던 무의식이 사례 겸 증거다.

따라서 대한민국의 참담·열악·열등했던 역사·문화를 고려했을 때 인류사에서 가장 수준 높은 민주주의와 관련해서 똑바로 짚어 봐야 점이 있다.

대한민국이 민주주의를 도입한 배경과 정착에 실패한 원인

앞에서도 언급했듯이 대한민국은 역사에서 백성의 2/3는 (1)에 가까웠고, 1/3은 (2)에 가까웠으며, (3)에 해당하는 사람은 극소수에 불과해서 있으나 마나였다.

역시 현대사에서는 국민의 1/3이 (1)에 가깝고, 2/3는 (2)에 가까웠으며, (3)도 있었겠지만 나라와 국민을 좌우할 정도에는 턱없이 미달이었고, 오히려 (1) (2)에게 가로막히기 일쑤였다.

이는 대한민국(역사·문화·현대사·국민)이 모든 면에서 민주주의와는 무관·역행이었고, 민주화조차 힘들었다는 증거다.

하지만 어떻든 대한민국은 민주주의를 채택·실시했고, 수준 높은 민주주의에 관해서는 물론이고 공산주의에 대해서도 이제라도 정확하게 이해하고, 철저하게 대비해야 한다.

05

무의식(문화·관행)에
지배받아서
형성되는 인간

1. 품안이와 요람이의 무의식 형성 과정

※ 여기 주제는 필자가 우리 민족성·문화가 형성된 뿌리와 영향을 추적하기 위해서 아기들이 엄마 뱃속에서 '응애'하고 태어난 순간부터 동양과 서양의 차이를 정리한 내용이다.

"세 살 버릇 여든 간다."라는 속담이 있다. 하지만 실제로는 아이가 태어나서 불과 5·6개월 만에 무의식이 엉클어지거나, 훼손될 수도 있다. 왜냐면 아기의 감각과 감정이 미약했을 때 외부(가족들)로부터 일방적으로 전해지는 자극이 무의식적인 습성(성질·성격)과 인간관계 방식·형태와 국민 정서와 나라 장래까지 두고두고 영향을 미치기 때문이다.
이와는 반대로 아기가 존엄성의 과정에 들어서려면 부모는 물론 사회문화가 합리적이어야 하고, 결국에는 자기 스스로 진지한 과정을 거쳐야 한다.
아래 내용을 통해서 자기 자신은 품안이(품에서 자란 아이)와 요람이(요람에서 자란 아이) 중에서 어느 쪽에 가까운지, 훗날 부모가 되면 자녀를 품안이로 키울 것인지 또는 요람이로 키울 것인지, 그에 따라 자신이 고쳐야 하거나, 바꿔야 할 것이 무엇인지 점검하고 연구하는 기회가 되길 바란다.

품안이 무의식의 밑바탕

가족들은 품안이가 태어나자 마치 눈에 넣어 버릴 것처럼 예뻐한다.
품안이는 엄마·아빠와 할머니·할아버지와 친지들과 이웃들이 품에 안아서 흔들어 주고 달래 주고 놀아 준다.
품안이는 오감(시각, 청각, 후각, 미각, 촉각)이 형성되기 전에 "까꿍", "쥐암쥐암", "곤지곤지", 웃음소리, 장난감 소리에 접촉되면서 미약한 감각과 감정에 계속해서 자극받는다.
품안이는 주변의 누군가가 흔들어 주고 웃어 주고 달래 주고 맞춰 주는 자극에 반사적으로 반응하면서 익숙해지고, 때로는 외부 자극을 기대하고, 때로는 칭얼거림으로 주위의 반응을 요구하고 기대한다.
이 정도만으로도 품안이의 일생을 좌우해 줄 무의식이 감각과 감정을 위주로 인성의 밑바탕이 형성된다.

요람이 무의식의 밑바탕

요람이의 가족 역시 요람이가 예쁘기는 마찬가지다. 하지만 부모(어른)의 생각과 정서를 위주로 요람이를 상대하지 않으려고 세심한 주의를 기울인다. 그래서 아직은 갓난아기에 불과한 요람이지만 하늘의 심오한 이치와 고귀한 선물과 신성한 인격체로 여기고, 최대한 진지한 관계와 분위기를 유지하려고 노력하면서 요람이의 움직임과 특성 등을 살펴본다.

그래서 요람이는 평소에 혼자 있는 시간이 많고, 잠도 아기용 침대에서 혼자 재워진다.

덕분에 요람이는 주변에서 들리는 크고 작은 소리와 흐릿한 사물들을 찾아서 두리번거린다. 역시 가족들의 다양한 접촉에 눈과 귀를 쫑긋 기울여 본다. 요람이는 주변의 사물과 소리와 움직임들에 타율적·반사적으로 접촉·반응할 기회들이 적으며, 오히려 자신이 움직임을 쫓아다니거나, 소리에 귀를 쫑긋 기울이거나, 어렴풋하게나마 생각하는 방식으로 무의식이 형성된다.

품안이와 달리 요람이는 누군가가 곁에서 재잘거리거나, 깔깔거리거나, 이리저리 어루만지는 등 현란한 자극들에 익숙하지 않고, 외부 자극에 즉각적·반사적으로 반응하는 기회가 적다.

이는 요람이의 감각과 감정이 외부(자극)에 의해서 반사적·피동적·수동적·감각적으로 반응하는 횟수가 많지 않고, 정도가 심하지 않으며, 그만큼 무의식이 생각하는 지적 기능으로 연결·가동된다는 이야기다.

품안이의 무의식과 성격

* 품안이는 자신이 타고난 다양한 기능이 제대로 형성되기 전부터 외부 자극을 많이 받았고, 외부 자극에 반응하는 것에 익숙해진다. 어떤 자극들에는 반사적·즉각적으로 반응할 정도로 재빠르다. 그래서 외부 자극에 민감해지고, 익숙하게 반응(표현)하는 품안이는 곧잘 재잘거리거나, 짜증 내거나, 울부짖거나, 깔깔댄다. 왜냐면 자신이 감각과 감정을 발동하면 누군가가 맞춰 주고 달래 주고 흔들어 주기 때문이다.

이처럼 품안이도 부모가 되면 자녀와 어린이들을 똑같이 상대할 가능성이 크다.

* 이후 품안이는 인간관계에서 감정(기분)을 앞세울 수도 있다. 줄곧 누군가와 웃고 울고 짜증 내고 칭얼거리는 기회와 관계에 익숙해져 있기 때문이다. 역시 누군가가 함께해 주면서 감정의 교류가 있어야 안심하고 편안해진다. 반면에 혼자 있기를 싫어하고, 짜증 내고, 무서워하고, 외로워하고, 우울해할 가능성도 있다.

* 품안이는 감각과 감정에 익숙해진 무의식과 성질로 인해서 진지한 사고력과 끈질기게 파고드는 집중력이 부족하거나, 서로 협력해서 해결해야 하는 사회성과 사회의식에 취약하거나, 사회적응에 어려움을 겪을 수도 있다. 오히려 사람들과의 관계에서 자주 삐치거나, 쉽게 토라질 수도 있다. 왜냐면 누군가와의 관계에서 깊이 생각하기보다는 곧바로 자기감정이나 성질을 드러내는 것에 익숙해져 있기 때문이다. 반면에 자신과 무관한 상대에게는 무관심하거나, 싫어하는 상대에게는 냉정·통명·쌀쌀·혹독해질 수도 있다.

* 품안이는 정분 위주로 성장했기 때문에 낯선 지역에서 혼자 견뎌야 하는 유학·이민은 부적합할 수도 있다. 유학·이민을 떠나도 친구들과 어울려 다닐 수도 있고, 도전적·개척적인 면에서 뒤떨어질 수도 있다.

* 품안이는 상대방이 자신을 사랑해 주고, 맞춰 주고, 채워 주고, 양보해 주고, 희생해 주길 바라는 등 이기적일 수도 있다. 반대로 상대가 품안이의 마음에 들면 온갖 애정을 쏟아 주는 기분파일 수도 있다.

* 품안이는 자기감정에 어긋나면 쉽게 상처받거나, 배신감을 느낄 수도 있다. 왜냐면 일상에서 주고받는 정분을 사랑과 혼동하거나, 일시적인 감정을 사랑으로 착각할 수 있기 때문이다.

역시 반사적·감각적·감정적 수준에서 품안이의 생각과 관계가 오락가락한 나머지 깊은 교감과 진정한 사랑에 접근하지 못할 수도 있다. 상대가 마음에 들지 않으면 짜증을 내거나, 감정을 격하게 표출하거나, 적대감까지 노출해서 심하면 상대를 해치는 가해자나 범죄자로 바뀔 위험도 있다.

* 품안이는 정분의 틀에서 좀처럼 벗어나지 못할 수도 있다. 누군가에게 사랑받고 싶거나, 관심(호감)받고 싶거나, 밉게 보이지 않으려고 하거나, 따돌림당할 것을 걱정할 수도 있다. 반면에 세상 전반에 대한 폭넓은 관심과 이해와 접근과 대화와 교류에 무관심해지거나, 부질없고 사소한 정분·교감에 치중·집착할 수도 있다.

* 품안이는 세상(사람, 사물, 현상, 현실 등)과 순수하게 관계하지 못하거나, 관계를 지속하기 어려울 수도 있다. 왜냐면 매사를 자기(기분·흥미·감정·이익·사랑·소유·행복·인생)에 관련시키기 때문이다.

* 품안이는 자신에 연관되는 것에는 애정과 헌신과 희생을 마다하지 않을 정도로 적극성을 보일 수도 있다. 하지만 너무 단순한 관계와 사소한 것에 관심을 쏟아 버린 나머지 크고 넓고 장기적인 것들에는 소홀해질 수도 있고, 개인사를 벗어난 사회적 관심과 협력은 외면하거나, 무시해 버릴 수도 있다.

* 품안이의 무의식과 성격과 인생은 수동적이고 소극적이고 의존적일 수 있다. 왜냐면 스스로 노력하지 않고도 자신이 원하는 것을 다른 누군가가 해결해 주길 바라는 것에 익숙해져 있기 때문이다. 그래서 자신이 걸어갈 수 있는데도 부모의 품에 안기려고 하거나, 등에서 떨어지지 않거나, 어리광을 부리거나, 언어 대신 짜증으로 대신할 수도 있다. 역시 마마보이가 되거나, 부

모의 그늘을 당연하게 여기거나, 그러한 사람들을 부러워하거나, 그렇지 못한 자신과 가족에게 불만을 가질 수도 있다.

* 품안이는 관계(정분 등)를 위주로 인간미를 발휘할 것이다. 하지만 복잡한 이해관계와 갈등이 생기면 부적응, 부조화에 빠질 수도 있다. 이때 자기 방식이 먹히지 않으면 현실이든 인간이든 세상이든 원망, 부정, 외면, 기피, 도피, 대립, 공격해 버릴 수도 있다. 익숙해진 감각과 감정에 어긋나면 곧바로 싫어지고 미워지는 등 상황을 감당(판단)하기 힘들기 때문이다.
이는 품안이가 성질(기분, 감정)에 치우친 나머지 합리적인 의식구조, 보편 타당한 판단력, 상식적인 객관성이 결핍된 것이다. 그뿐 아니라 고통스러운 속세와의 인연(정분, 애정, 인과관계)을 끊기 위해서 자살하거나, 은둔할 수도 있다.
심지어 눈앞의 현실·관계조차 감당·극복하지 못하면서 갑자기 사후세계, 초월적인 경지, 대각, 초인, 도통 등 심각한 모순에 빠질 수도 있다. 역시 '현실 기피 증세'와 '자기 집착 증세' 등 크고 작은 정신질환들을 지닐 수도 있다.

* 품안이는 교육과 사랑을 명분으로 자기 자녀나, 소중한 인연을 심하게 간섭하고 통제하고 감시할 수도 있다.
역시 상대방이 자신에게 소홀하다고 생각되면 화를 내거나, 악감정을 표출할 수도 있다. 그러고서도 자신을 합리화하기 위해서 상대방을 불행과 고통으로 더욱더 몰아넣을 정도로 잔인해질 수도 있다.

요람이의 무의식과 성격

* 요람이는 태어나서부터 자기 감각과 감정이 심하게 자극당하지 않았다. 그

래서 짜증, 울음, 깔깔거릴 기회가 많지 않았고, 오히려 그러한 자극과 분위기에 어색하다.

반면에 이것저것을 두리번거리거나, 귀 기울여 보거나, 미약한 감각들과 주변 상황들을 생각으로 연결하는 것에 익숙하다. 그래서 외부에 대한 호기심, 자발적으로 찾아가는 자율성, 물끄러미 살펴보는 관찰력, 상황을 듣고 지켜보는 냉철함과 인내심, 다양하게 생각해 보는 사고력과 판단력과 집중력으로 발전할 수도 있다.

설사 외부에서 자극이 있더라도 즉각적이고 감정적으로 반응하지 않는다. 외부 자극을 곧바로 자기감정으로 연결하는 것에 서툴기 때문이다.

오히려 외부로부터 자극받으면 무엇을 어떻게 할지 생각부터 하게 된다. 그래서 외부의 것들을 있는 그대로 보고 듣고 끝나거나, 호기심이 생기면 주의 깊게 살펴보거나, 구체적으로 접근해 본다.

요람이는 누군가에 의해서 반응하는 객체(대상)가 아니라 자발적으로 생각하고, 대응하는 주체적인 성격과 자질과 여유가 무의식에 확보된 셈이다.

* 요람이는 사물, 사람, 현상, 관계 등을 상대로 감정개입이 적은 만큼 대상(실체, 본질)에 객관적으로 접근하기 쉽다. 그래서 실체와 본질에 대한 현상, 원리, 주제, 개념에 충실하고 집중하고 분석하는 데 수월할 수 있다.

* 요람이의 생각은 감각과 감정에 심하게 흔들리지 않음에 따라 집중력과 상상력과 창의력의 씨앗이 싹을 트거나, 최소한 손상·침해받지는 않는다.

요람이는 이런저런 생각(관심, 호기심, 궁금증, 흥미, 열정 등)이 요람이 자체(자신)인 셈이다. 그래서 요람이의 내부(마음)를 외부로 연결해 주는 것은 감각과 감정이 아닌 생각이다. 그래서 자기 생각을 자연스럽고 자유롭고 편안하게 표현하게 되고, 진지한 대화로 이어지고, 자기와 다를 경우에도 상대를 존중해서 질문하게 된다.
역시 다른 사람과의 대화가 수월해서 의견일치가 쉬워진다. 설사 의견이 차이 나거나, 반대되더라도 감정(성질)으로 연결하지 않는다. 그래서 그것들을 진지하게 확인하고 논의하고 조정하기에 수월하다. 더 나아가서 공통의 관심사와 목표를 향해서 협력하거나, 보람을 나눌 일들도 생겨난다.

* 요람이는 정분 관계에 휘말려서 비틀거릴 일들이 많지 않다. 왜냐면 자신(무의식·생각·환경·관계·성장·인생)이 이런저런 것들에 휘말리거나 휩쓸리거나 손상되지 않았고, 잘 보호·유지·안정되었으며, 그만큼 인생살이와 인간관계가 부담 없이 편안하고 자연스럽기 때문이다.
그래서 요람이는 '자기 자신과 인생'에 진지하고 충실하고 적극적이고, 남들과의 경쟁심과 비교 의식과 열등감과 우월감에 시달릴 요인 자체가 없거나 가볍다.
또한 요람이는 '자기 여력'(시간, 정신, 체력, 인생)의 소모와 낭비가 적으며, 인간관계에서도 마주한 순간·상황·사람에게 집중함으로써 우호적·협조적·긍정적일 수 있다.
역시 함께하는 사람들도 감각과 감정에 휘말리지 않고, 당면한 상황에 충실함으로써 서로의 관심사와 여유와 능력을 능동적·자발적·도전적·개척적으로 활용하면서 비약적으로 발전하고 앞서갈 수 있다.

2. 품안이 부모와 요람이 부모

품안이 부모

엄마와 아빠는 품안이가 무난하게 성장해서 원만하게 살아가길 바란다. 이런 마음을 담아서 품안이를 지극정성으로 보살피면서 모든 관심과 정성과 사랑을 아낌없이 쏟아 준다. 또 품안이가 조상들의 은덕과 지혜에 감사하는 마음을 간직하길 바란다. 역시 품안이가 남을 해치지 않고, 예의와 예절이 바르고, 부모에 효도하고, 도덕과 윤리를 중시하고, 전통과 미덕을 따르고, 어디서나 겸손하고, 항상 건강·명랑하고, 공부를 열심히 잘하고, 매사에 긍정적이고, 아들딸 낳아서 잘 살기를 바란다.

요람이 부모

요람이 가족은 저녁 식사가 끝나면 요람이의 성격 형성과 장래에 관해서 대화하길 좋아한다.

요람이는 독자적인 존재

"요람이는 우리(부모)의 애완용도, 장난감도, 소유물도 아니다. 그래서 장난감처럼 데리고 놀려고 하거나, 애완용처럼 귀여워하거나, 소유물처럼 부모 마음대로 해서는 안 된다.
우리는 요람이가 독자적인 존재로서 자기 나름대로 살아가도록 양육해 주고 보호해 주는 최소한의 관계에 그쳐야 한다. 그러면 요람이는 사회로 진출해서 더 넓은 세상과 인류 미래로 연결될 것이다."

요람이에게 세상을 그대로 선물해 주자

"요람이가 기왕에 세상에 태어난 바에 사소한 실수를 시작으로 세상만사를 두루 경험하면서 스스로 존엄성을 인식·접근·신장해야 한다. 역시 요람이는 현실과 진실을 순수하게 바라보고 판단하고 선택해서 책임지고 살아가야 한다. 그렇게 되려면 우리(부모, 어른)로 인해서 요람이에게 불순물이 생기면 안 된다. 그래서 우리가 요람이에게 기존의 것들(환경, 역사, 시대, 사회, 문화, 신앙)을 주입하거나, 답습(예절, 예의, 종교, 효도, 관계, 도덕)을 강요하면 안 된다."

요람이를 믿고 적극적으로 존중하자

"만일 우리가 요람이의 존엄성을 믿고 존중한다면 최대한 자율과 자유를 보장해야 하고, 요람이를 우리 가족의 염려와 불안과 소심함과 노파심에 붙들어 두면 안 된다. 또 요람이를 훈육, 통제, 감시, 간섭, 참견으로부터 보호해야 한다. 한편으로 인생을 가치 있게 살려면 실수와 역경과 고난과 위험의 연속이어서 요람이 역시 수많은 과정과 난관과 혼란을 겪을 것이다.
그래서 우리는 진실하게 대화해야 하고, 대화가 곤란하면 요람이에게 맡겨 둬야 하며, 요람이를 사랑하면 할수록 믿고 존중해야 한다. 어떻든 요람이의 인생이기 때문이다. 그래서 요람이 스스로 알아서 해 가도록 현실에서도 인생에서도 미래에 대해서도 긍정과 희망과 자신감을 잃지 않도록 가족부터 요람이를 믿고 존중하자."

요람이는 스스로 자기를 완성해야

"요람이는 살아가면서 수많은 시행착오를 거쳐야 한다. 요람이 스스로 세상과 어우러지면서 고민·방황·갈등·좌절해 봐야 한다.
역시 요람이는 자신이 원하는 삶과 난관들을 도전·극복·개척·관리·발전시켜 나갈 기회와 자질과 질서와 체계를 갖춰야 한다.

그래야만 다양한 시행착오 속에서 자신과 세상에 대한 이해가 깊어지고, 원숙한 자신과 인생을 완성해 갈 것이다.
역시 요람이도 우리가 전해 준 세상과 사회문화를 더욱 아름답게 가꿔서 후손들에게 넘겨주도록 의무를 지니고, 사명을 완수하도록 역할들을 해 주자. 요람이가 자신의 인생에서 세상을 두루 껴안고 잘 소화하고 향상하도록 우리가 적극적으로 보장해 주고 지원해 주고 지켜보고 존중해 주자."

요람이가 무의식에서 자기 부모에게 받은 최고의 선물

엄마와 아빠는 요람이가 두 발로 겨우 섰을 때(생후 1년경) 아기를 테이블 끝에 올려서 세워 놓는다. 그러고는 양팔을 요람이에게 내밀고 안겨 오도록 신호를 보낸다. 요람이는 잠시 망설이다가 엄마(아빠)의 팔에 자기 몸을 내맡긴다. 그러고는 자지러지게 소리 내어 웃고 좋아한다.
요람이로서는 세상에서의 첫 모험이면서 동시에 자기감정의 절정에 도달하는 경험을 맛본다. 가족들은 요람이에게 똑같은 동작을 몇 번 반복시킨다. (여기까지는 품안이네도 똑같다.)
그런데 요람이가 안심하고 안겨 오자 내밀었던 손을 재빨리 치워 버린다. 요람이는 바닥으로 떨어져서 울음을 터뜨린다. 물론 바닥에는 푹신한 담요들을 두껍게 깔아 놓았기 때문에 다치지는 않는다.
엄마(아빠)는 우는 요람이를 달래 준다. 그러고는 다시 시도한다. 요람이가 다시는 품으로 안겨 오지 않을 때까지 손을 치워 버린다. 요람이는 빠르면 한두 번, 많아도 서너 차례 당하면 더는 안겨 오지 않는다.
요람이는 자신이 자지러지게 좋아하거나, 감정의 절정에 도달하거나, 자신을 남에게 내맡긴 뒤끝이 얼마나 당황스럽고 참담한지 무의식에 각인하게 된다.

다시 말해서 자신이 누군가에 의존하거나, 극한 감정·쾌감에 내맡김과 동시에 심한 놀라움과 충격을 몸과 마음으로 동시에 경험했다.

요람이의 엄마·아빠는

* 요람이의 엄마·아빠는 어린 요람이를 무의식에서부터 독립시킨 셈이다. 다시 말해서 부모의 품에서 훨씬 더 넓고 험난한 터전(세상)으로 보내 준 것이다. 이는 요람이를 인연(부모와 가족)의 품에 가둬 두지 않고 훨씬 더 무한하고, 가치 있는 세상(터전)을 존중하고, 세상에 요람이를 맡긴 것이다.
역시 요람이가 남(부모)에게 의존하지 않고, 인생을 자립적·독립적으로 생생하게 경험·터득·개척해 가도록 무의식에 튼튼한 밑바탕을 마련해 준 것이다.

* 요람이가 부모 품에서 세상 품에 안긴다는 것은 부모와의 당연한 관계(인연, 정분, 행복, 사랑 등)에서부터 자유로워져야 한다는 의미가 담겨 있다. 인간의 진정한 인간미와 사랑과 행복과 자유는 아픔이 동반되고 충격을 감당해야 하지만 이내 극복해 낼 수 있는 성숙한 자기 과정이라는 심오함이 담겨 있다.
요람이는 누구나 당연히 지니고 관계하는 흔하디흔한 인연과 정분과 관념에 붙들리지 않고 훨씬 더 자유로운 환경과 능동적인 조건에서 적극적인 인생을 영위해 갈 것이다.
또한 요람이 친구들은 피차 불완전한 인연(부모)과의 관계(정분, 사랑, 행복)에서 터덕거리지 않음으로써 어디에 가든지, 어떤 일이든지 빠르게 적응할 것이고, 각 분야에서 탁월한 역량을 발휘할 수도 있다.

품안이와 요람이를 통해서 얻을 수 있는 교훈

인간은 심오한 우주가 오랜 세월에 걸쳐서 마지막에 생성해 낸 정교하고 예민하고 섬세한 영장류다. 그래서 어렸을 때 주변에서 잘못 전달받은 무의식이 습성화되면 자칫 성질도 관계도 인생도 사회문화도 역사까지도 엉클어지고, 저차원에서 엉망진창이 된다.

그렇게 되면 구성원들은 존엄성을 인식·접근·발휘·신장할 수 없게 되고, 제각각의 환경과 인연과 문화와 사회 분위기와 관행과 사건과 기억으로 살아가게 된다. 더구나 아기의 무의식이 잘못된 영향들을 심하게 받으면 아기가 하늘로 연결된 신성한 기운과 섬세한 연결 체계가 흐트러지기 쉽고, 힘겨운 인간관계와 후진적인 사회문화와 처절한 인생과 역사의 연속일 수도 있다.

그래서 무의식에 한 번 잘못 영향받은 사람은 천차만별한 인간과 복잡다단한 현실을 감당할 수 없고, 갈수록 악에 물들거나, 결국은 사악해지거나, 모두에게 위험해질 수도 있다.

우리가 과거처럼 소극적인 미사여구·생색·정분·감동·처세·적당·무난·원만·합리화·미화·두루뭉술보다는 아기가 신성하게 태어나서 존엄해져야 하는 인격체로 존중·보호해야 하고, 성장하면서 좋은 마음씨들을 적극적으로 발휘해서 서로 협력하는 공감대와 분위기를 조성해 가도록 해야 한다.

이는 인간과 인생이 절대 만만하지 않으며, 매우 인간적이고 적극적이어야 한다는 이야기다.

인간이 서로를 존중하고 협력하는 적극적인 태도가 과거에는 대단함과 위대함이었고, 오늘날은 인간다움과 행복과 아름다움이었다면, 이제부터는 현대인이 당연히 지녀야 하는 의무와 숙명으로 여겨야 한다.

3. 홍익인간(弘益人間)의 모순과 위선

여기서는 어린이들이 홍익인간을 최초에 접했을 때 받게 되는 무의식적·심리적인 부담과 그로 인해서 생겨나는 부정적인 현상을 살펴본다.

'널리 인간 세상을 이롭게 한다.'라는 홍익인간(弘益人間)

이는 대한민국의 건국이념 겸 교육이념이다.
그런데 '널리 인간 세상을 이롭게 하기란' 쉽지도 간단하지도 않다.
왜냐면 인간은 태생부터 나약한 존재이고, 출생한 이후에 신체·본능·감각·감정·생각이 서서히 성장하게 되며, 비약적으로 성공·출세해도 절대 완전·완벽할 수 없기 때문이다.
그래서 인간은 끊임없이 자신의 모든 것을 점검·반성·변화·향상해야 하고, 오래전 시대에 불완전한 인간들에 의해서 만들어지고 전개되었던 역사·사회·문화에 휘말리지 않고, 똑바로 감당·극복하면서 더 나은 사회문화와 미래를 적극적으로 만들어 갈 수 있게 된다.
더구나 복잡다단한 세상사와 인생사에는 예기치 못했던 수많은 문제와 위험과 변수들이 존재하고, 자기 실수·잘못에 상관없이도 자칫하면 휘말리고 휩쓸리게 되며, 인류사를 돌아보면 거의 모든 문명·시대·권력·통치자들이 결국에 자기 앞가림조차 못했던 사례들이 널려 있다.
실제로도 인간은 아무것도 모른 상태에서 연약한 부모로부터 훨씬 더 미약한 신체·본능·감각·감정·생각(기능·구조)을 밑천 삼아서 세상에 태어나고, 제각각의 환경과 인연 속에서 서서히·조금씩 성장하며, 그나마 인생(인연·성장·인생)의 대부분은 무의식적으로 살아가게 된다.
그래서 세상과 인간과 인생에 대한 이해와 경험이 부족한 철부지 때나, 청소년기나, 젊은 시절에는 그럴듯한 것들에 휘말리거나, 연연하지 말아야 하고, 매사에 진지·신중한 자세와 태도가 중요하며, 반대로 홍익인간처럼 그럴듯한 의미들에 심취하면 실수·잘못·실패하기 십상이다. 왜냐면 인생은 생각처럼 쉽지 않고, 어른이 되어서도 세상과 인간을 이해·감당하기가 쉽지 않기 때문이다.

그래서 '널리 세상을 이롭게'하기는 생각과 말처럼 쉽지 않고, 간단하지 않다.

그렇다면 우주는 왜 지구와 인류(인간·자신)를 이러한 이치·구조·과정·반복으로 만들었을까?
자신이 곧 우주라는 생각으로 그 이유와 목적에 대해 생각하면서 내용으로 넘어가자.

이상적이고 막연한 '홍익인간'

홍익인간의 의미와 취지는 좋다. 하지만 대한민국의 역사와 근대사는 홍익인간과는 정반대로 진행되었다.

첫째, 홍익인간(이념·정신)은 마치 생각 장난과 말장난에 불과했다. 대한민국은 역사 내내 신분제도였고, 양반들은 상놈들을 차별·착취·학대했으며, 양반·상놈의 대부분은 한없이 무지몽매했고, 홍익인간들보다 비인간적인 홍해인간(弘害人間)들이 많을 수밖에 없었다. 그래서 '홍익'의 수혜자여야 할 백성들은 생계조차 힘들었고, 참담한 삶의 연속이었으며, 민족성과 사회문화는 시기·질투·아부·아첨·당파·당쟁·중상모략·권모술수로 엉망이었다.

둘째, 왕·양반·관리들은 홍익인간을 생계·출세·권력·부귀영화 등 수신제가·

입신양명·호의호식·치국·평천하의 연장선으로 착각·이용했다. 그런 만큼 홍익인간은 엉망이었던 민족성과 인간성과 문화 등을 그럴듯하게 위장하는 장식용·미화용·선전용으로 사용된 측면이 있다.

셋째, 아마도 '홍익인간'에 관련된 단체들도 있을 것이다. 하지만 국민들은 '홍익인간'에 필요한 자질·태도를 알지 못하고, 공감대 형성에 대한 논의·협력·실천·실현 방안도 들어 보지 못했으며, 홍익인간들에 대한 실상과 원인분석 역시 알려진 것이 없다. 또한 홍익은 무엇이고, 무엇은 홍익이 아닌지 정리된 것이 없고, 각자 알아서 이해·적용하게 된다.

4. 홍익인간에 잘못 영향받아서 굴절된 인간성·민족성·국민성

'홍익인간'을 맨 처음 접할 때 자신이 홍익인간이라고 생각하는 사람은 없다. 또한 홍익인간이 되기 위한 구체적인 방안도 없다.

첫째, '홍익인간'은 무의식에서 부담이 될 수 있다.
왜냐면 자신(내면, 현실, 진심, 실체)에게 솔직·충실하기보다 불확실한 장래·외양·외형(큰 사람, 난 사람, 든 사람 등)을 의식하기 때문이다.
특히 삼국지(무협지) 문화권의 남자들은 사내대장부, 입신양명, 부귀영화, 영웅호걸, 치국평천하, 천하통일 등에 영향받아서 무의식이 오염된 상태이고, 일부는 자기강화로 치닫고, 또 일부는 열등감·우월감·비교·시기·질투·모략·비방하는 등 심하게 영향받는다.

둘째, '홍익인간이 되겠다.'라고 생각하면 크고 작은 것을 따지게 된다.

자신(홍익인간)은 소소한 일에 신경 쓰면 안 되는 것으로 생각하고, 자기 가족과 가정사에 소홀해지며, 늦게 귀가하는 것을 당연하게 여기고, 외양·체면·겉치레로 치우치기 쉽다.
실제로도 과거에 선비들은 손에 흙과 물을 묻히지 않으려고 했다. 농사일은 상놈들 몫이었고, 부엌일은 여자들이 하는 자잘한 짓으로 여겼다. 몇십 년 전만 해도 남편이 집에서 손가락 하나 까딱하지 않거나, 배우자와 자녀들을 재떨이·담배·물잔 등을 심부름시켰다.
그러면서도 홍익인간이 되기 위해서는 어쩔 수 없다고 합리화·변명하거나, 홍익인간이 되면 지금보다 훨씬 더 잘할 수 있다고 했다.

셋째, '홍익인간'이 되기 위해서는 현실적으로 그만한 조건(능력)을 갖춰야 한다고 생각한다. 하지만 조건(능력)을 갖추기가 쉽지 않다. 그런데도 홍익인간이 되고 싶은 마음으로 외부로부터 뭔가(지식, 학벌, 연줄, 뇌물 등)를 가져다가 채우거나, 강해지려고 무리하거나, 부모에 의존한다.
역시 홍익인간이 되겠다는 생각으로 배경과 인맥과 처세를 수단 삼거나, 출세와 권력에 혈안이거나, 접대와 뇌물과 상납 등 비인간적·반사회적인 짓들도 저지른다.

넷째, 인간은 '홍익인간'이라는 의미처럼 크고, 훌륭하고, 위대하고, 잘나고, 잘되고, 된 사람, 난 사람, 든 사람을 의식(목표)하면 안 된다. 왜냐면 무의식(밑바닥)이 부실해지고, 마주한 상황과 당면한 현실과 과정에 충실할 수 없기 때문이다.
심하면 오히려 인간미를 잃고, 목적을 위해서 수단을 합리화하거나, 현실과의 부조화와 스트레스로 열등감, 우월감, 경쟁의식, 좌절감, 무기력, 우울증, 화병, 자살에 이를 수도 있다.

다섯째, 홍익에 연연·집착하면 세상(대자연)의 심오하고 다양한 이치와 복잡다단한 현실(사회·문제)에 깊이 파고들기 어렵고, 열정과 집중력을 발휘할 수 없다. 왜냐면 자기 수준에 맞는 삶에 충실하지 못한 만큼 비교와 소유와 돈과 답습과 모방과 겉모습 꾸미기와 통속적인 유행을 우선하거나, 그것들로 인생을 대신·대체하게 되고, 도전적·창의적·개척적인 인생(도전, 탐험, 개척 등)과 참다운 인간관계에서 멀어지기 때문이다.

여섯째, '홍익인간'이 불가능하다고 생각되는 사람들은 처세와 인맥과 뇌물 등 비굴한 행위로 빗나가거나, 사돈네 논밭 사면 배 아픈 심리를 가지거나, 아부·아첨이나, 뇌물·접대나, 부정·비리를 저지른다. 또는 누군가에게 무시당한다는 생각으로 스스로 열등감과 자격지심과 혐오감에 사로잡힌다.
자기 자리를 보존하기 위해서나, 더 높이 올라가기 위해서 인맥(연줄)을 형성하거나, 끼리끼리(유유상종) 문화를 만들어 간다.

일곱째, 현실감당 능력을 잃어 간다.
심각한 문제들이 터져도 자신의 역할과 책임을 훗날로 미루거나, 남에게 떠미는 등 현실 감각이 떨어진다. 왜냐면 개인 목표(홍익인간)를 더 중요하게 생각하고, 매사·만사에 자기(홍익인간)를 연관시켜서 내면으로 굽어지기 때문이다.

차라리 '소익'(小翊, 작은 도움을 주는)으로 바꾸면

만일 홍익(弘益, 더할 익)보다 서로에게 작은 이로움을 주는 소익(小翊, 도울 익)을 더 중시하면 어떨까?

첫째, 아마도 화병과 속상함과 열등감과 우월감과 비교·경쟁이 대폭 줄어들 것이다. 왜냐면 국민들이 작은 것에 충실함으로써 비교와 겉치레와 체면에 연연하지 않게 되고, 마주한 현실·상황·사람에 최선을 다할 것이며, 서로의 소중함을 깨닫게 될 것이고, 아름답고 소중하고 훌륭한 미담들이 넘쳐 날 것이기 때문이다.

둘째, 현실에 충실한 사람들이 두각을 나타낼 것이고, 참다운 지도자의 자질·자격·능력을 갖춘 인재들과 인물들이 검증·인정받게 될 것이며, 훌륭한 업적과 인물이 많이 나올 것이다. 왜냐면 출세와 성공과 신분과 학벌과 인연과 돈보다는 바로 눈앞에 충실하고 진실해짐으로써 잡것들이 끼어들 여백과 기회가 없어지고, 건전하고 순수한 사람들이 오순도순 협력하면서 함께할 것이기 때문이다.

5. 홍익인간을 천황(일본) 사관과 황제(중국) 사관에 비교하면

세상과 국가와 개개인이 동시에 좋아지려면

세상과 국가와 개인이 동시에 좋아지려면 그 주체인 인간에게 합당하도록 '세계관'과 '인생관'과 '가치관'이 인간적·공통적·상식적·미래 지향적이어야 한다. 왜냐면 세상·국가·사회문화·인생의 주체는 인간이고, 세계관·인생관·가치관도 인간을 위해 필요하며, 인간이 동시에 주체·객체·대상이 되어야 하고, 혜택(소득·분배)은 직접적인 인연 관계에 국한(한정·집중)되지 않아야 하며, 다양한 부가가치를 창출한 과정·결과에 따라 공정·투명한 경로로 합리적·효율적으로 배분되어야 한다.

이와는 반대로 특정한 인물·세력·계층·진리가 세상·국가·국민을 자기들 방식으로 이끌거나, 무력·금권과 술수들을 동원해서 궤변과 거짓과 조작과 선동으로 현상을 급격히 변화시키면 결국은 수많은 사람이 휘말려서 희생양들(제삿밥·잿밥·노예·병졸·구경꾼)로 전락하는 대가 겸 죗값들을 치른다.

일본과 중국의 천황(天皇) 사관과 황제(皇帝) 사관

세계관에 대해서 이해가 쉽도록 이웃 나라인 일본의 천황 사관과 중국의 황제 사관과 북한(김일성·정일·정은)의 우상화·신격화를 확인해 보자.
첫째, 일본의 세계관은 '천황(天皇) 사관'이고, 일본(시조)이 '하늘의 왕'과 동시에 '하늘 아래도 왕'인 셈이다.
둘째, 중국의 세계관은 '황제(皇帝) 사관'이며, 중국(시조)이 '하늘 아래 왕'인 셈이다.
셋째, 북한의 세계관은 김일성·정일·정은이의 우상화·신격화이고, 인류사에서 가장 저질·악질들이 김가 놈 일가족이다.

'천황 사관'과 '황제 사관'은 인류가 동시에 몸담고 살아가는 세상에 대한 세계관이 자기들 중심으로 삐뚤어졌다는 공통성을 지닌다.
아마도 일본의 시조나 중국의 시조가 오늘날 세상을 알았다면 '천황'이나 '황제'라는 의미는 감히 꿈꾸지 못했을 것이다.
북한의 세계관은 인간이 보여 줄 수 있는 최악의 가능성과 요소들을 동시에 내포하고, 다시는 존재하지도 태어나지도 않아야 하는 말종들이어서 이하는 생략한다.

일본과 중국은 자신들이 세상의 주인으로 착각하고, 세계에서 최고·최강을 꿈꾸며, 일본은 힘을 최고로 여기고, 중국은 돈을 최고로 여기며, 강해지면 (힘과 돈이 생기면) 세상을 지배하려고 무리하는 등 사고뭉치로 바뀐다.
그로 인해서 중국은 거대한 대륙임에도 역사 내내 장점을 살리지 못했고, 거꾸로 2차원적인 영토확장을 위한 땅따먹기 전쟁에 혈안이었으며, 주변의 약소민족들을 괴롭히고 빼앗으려고 안달했고, 결국은 패권주의와 패도국가로 치닫다가 망국으로 곤두박질치고 있다. 한마디로 중국은 유럽처럼 수십 개의 나라들이 평화롭게 살아가는 모습과는 정반대다.
일본은 기다란 국토와 거대한 해양에 둘러싸여서 똘똘 뭉치는 기질이 강하며, 중국과는 문화와 국민성이 정반대라고 할 수 있고, 그로 인해서 단점·장점의 격차가 극단적일 정도로 심하게 공존한다.
어떻든 일본·중국은 잘 살고 강해질수록 위험해지고, 결국은 사고뭉치가 되기 쉽다. 왜냐면 천황과 황제의 자손인 자신들이 곧 세상의 시조 겸 주인이기 때문이다. 그래서 국내에서는 살육과 전쟁의 연속이었고, 대외적으로는 약소민족들을 상대로 침략·전쟁하는 등 엄청난 피해와 불행과 고통을 줬다.
한 마디로 자기들 위주로 삐뚤어진 세계관은 오래전 시대에 미개했던 조상들에 의해서 만들어졌고, 그러한 세계관은 생존하는 내내 모두에게 불행과 고통이어서 차라리 세계관이 없는 것만 못하다.
따라서 일본·중국의 구성원(정부·국민·인민)들은 기존의 세계관과 습성들에 연연하지 말고, 아래 내용(홍익인간)을 참고해서 가치 지향적인 우주관으로 획기적인 변화와 향상을 시도해야 한다.

대한민국의 홍익인간

대한민국은 세계관다운 세계관이 없지만 굳이 내세우면 단군 신화다.
왜냐면 홍익인간은 대한민국의 건국이념 겸 교육이념이고, 대한민국의 시조와 건국에 관한 최초의 시작을 다루는 내용이며, 세계관 겸 국가관과 교육관과 인생관과 가치관이라고 할 수 있기 때문이다. 그래서 단군 신화(제세이화·홍익인간)를 최초에 제시한 조상들은,

첫째, 수천 년 전 시조와 사건을 세계관으로 단정·입증하기 애매한 면이 있었다.
그래서 단군 신화를 엮어 낸 조상들이 살던 시대도 세상에 어둡고 무지했지만 사실로 입증할 수 없는 시조(단군)를 신화로 표현함으로써 조작·억지를 부리지 않았다.
그래서 대한민국의 선조들은 일본과 중국처럼 무리할 필요가 없었고, 그로 인한 단점은 애매한 세계관으로 인해서 산만한 민족성과 부실한 문화와 허약한 역사의 연속이었다.
이는 대한민국은 단군(시조)을 인식하는 방법·자세에 거짓·억지가 없었고, 오히려 순수·순진했으며, 국민들은 똘똘 뭉쳐서 단결력을 발휘하지 못한 채 수없이 침략당했고, 파란만장한 역사를 지나면서 아픔과 상처로 가득했다.
하지만 그간에 당했던 수많은 피해와 불행과 고통에도 불구하고 외부 세계를 상대로는 전쟁을 일으키지 않았고, 피해를 주지 않았으며, 그러한 유전자로 명맥이 유지되었다.
다만 우리가 부실·허약했던 나머지 국제정세의 변화로 해방되었고, 6.25남침 전쟁에서도 거의 빼앗겼던 나라를 미국과 유엔의 도움으로 가까스로 되찾았다.

둘째, 홍익인간은 주체와 대상이 자국민에게만 국한되지 않고, 모든 인간에게 적용된다.
다시 말해서 인간 세상을 이롭게 하는 주체가 모든 인간이고, 그 대상(혜택)

도 모든 인간이며, 기회가 되면 모든 인간이 홍익인간으로서의 자질을 갖춰야 하고, 혜택을 주고받게 된다.
그래서 당장은 대한민국의 국민이 홍익인간의 주체와 대상(수혜자)이지만 결국은 전 세계 모든 인간과 미래 인류에게까지 적용된다.
물론 그렇게 되기까지는 수많은 과정을 거쳐야 하고, 잠재력을 축적해서 저력을 발휘해야 모든 인류에게 적용되게 된다.

셋째, 인간 세상을 널리 이롭게 하는 홍익인간은 질적인 인생관과 가치관이다.
이미 5천 년 전에 자기 앞가림조차 어렵던 시절에 감히 질적인 인생관과 가치관을 가졌다는 사실은 참으로 놀랍고 대단하고 기이하다.
왜냐면 뒤에서 언급되지만 '널리 인간 세상을 이롭게 한다.'라는 질적인 인생관·가치관이 수천 년 동안 조상 대대로 무의식에 잠재되었고, 그것이 오늘날 '정'으로 표현되는 정직함·인간애·인류애로 나타나서 진행 중이기 때문이다.
사실상 이는 역사 내내 시대와 역사와 법과 제도와 형편에 상관없이 적극적으로 인간답고 순수하고 깨끗한 백성들과 국민들이 '정'으로 승화해서 홍익인간의 명맥을 이어 왔다고 할 수 있다.
하지만 체계적(국가적·국민적)으로는 발전하지 못했고, 오히려 앞(주제)에서처럼 다양한 요인들로 인해서 홍익이 정체·변질·퇴보하는 등 모순적·위선적·망국적인 면이 없지 않았다.
특히 인간(동족)을 양반·상놈 신분으로 쪼개 놓았고, 비인간적인 짓들을 무수히 저질렀다. 물론 이는 어차피 거칠 수밖에 없는 산전수전·악전고투의 필연적(숙명적·운명적·인과적)인 동시 과정이라고 봐야 한다.

6. 세계관·인생관·가치관의 종류

세계관·인생관·가치관에는 양적, 팽창적, 감상적, 질적, 종교적 세계관·인생관·가치관이 있다. (여기서 가치관으로 총칭한다.)

* 팽창적 가치관 : 팽창적 가치관이란 수신·제가·치국·평천하, 호구지책·입신양명·호의호식·부귀영화·영웅호걸처럼 초라한 개인으로 출발해서 더욱 강화된 개인으로 치닫는 것을 의미한다. 이는 인간에게 필수적인 최하의 생존·생계 해결을 시작으로 부자와 출세와 권력 등 자신을 계속 확대·강화하려는 허황된(욕망적인) 세계관·인생관·가치관이다.

* 양적(외양적) 가치관 : 자신이 원하는 직업, 지위, 신분 등을 목표하는 가치관이다. 이는 자신이 대통령, 정치인, 의사, 군인, 연예인, 금메달 등을 목표하는 가치관이다.

* 감상적(의미형) 가치관 : 외적인 조건·신분이나, 자신이 부러워하는 특정한 상태를 목적하는 가치관이다. 예. 돈이 많은, 유명한, 훌륭한, 아름다운, 정의로운 등 그러한 사람이나 직업이나 평판을 위하는 가치관이다.

* 질적 가치관 : 자신이 언제 어디서 어떤 일을 하든 세상과 인간에게 도움이 되려는 가치관이다. 그래서 인간은 생존(안전)·생계가 해결되면 최대한 질적인 가치관으로 향상해야 한다.
이는 세상과 인류(이웃·정의·자유·인간다운 삶)를 위해서 봉사·후원·활동·공헌·희생·연구·발명·도전·개척하고, 바람직한 사회문화와 더 나은 미래로 나아가고, 결과에 책임지는 가치관이다.

물론 인간은 생존(안전)과 생계의 해결이 최우선이다. 그런데 만일 질적인 가치관으로 향상하면 이후에는 자신의 안전과 생계에 지장이 있더라도 오히려 그것을 당연하게 여기거나, 기꺼이 감수·감당·극복하고, 더욱 질적인 가치관에 매진하게 된다.
그래야 세상과 인류와 과거의 문제들과 한계들을 감당·극복할 수 있고, 지구를 낙원으로 만들어 갈 수도 있다.

7. 가치관의 함정

나라가 발전하고, 국민이 살 만해지면 빠져서 헤어나지 못하는 '중진국의 함정'이 있듯이 가치관에도 함정이 있다.

'가치관의 함정'이란 자기 목표를 달성했음에도 질적인 가치관으로 향상하지 못함으로써 정체·쳇바퀴 도는 인생을 말한다.
사람들은 흔히 좋은 일을 하려면 "돈이 있어야", "먹고살 만해야"라고 말한다. 하지만 돈이 많고, 먹고살 만해도 전통적(팽창적·양적·감상적)인 가치관에 머무는 사람들이 많다.
여기서는 일반인들에게 부러움을 받는 법조인·언론인·의사 등 전문가들을 예로 들어 보자.
법조인들·언론인들·의사들은 서민들과는 비교할 수 없을 정도로 여건(생계·돈·여유·기회·자격)이 월등하고 유리하다.
이때 만일 질적인 가치관이 확보되어 있다면 시대적·국가적·인류사적·학문적·장기적 차원의 굵직한 문제·난제 해결이나, 숙원 사업들에 관심·여력·활동·협력하게 된다.

만일 전문가들이 돈과 이익에 연연·급급하면

만일 전문가들이 권력·돈·이념에 놀아나면

법조계는 죄를 지은 범죄자들을 위한 브로커·하수인들(무죄·인권·솜방망이 처벌 등)로 전락하고, 유전무죄·전관예우·좌파무죄 등으로 삐뚤어진다.
이런 법조인들은 위정자들·사기꾼들·역적들이 뿌리는 돈과 권력과 이념에 코가 꿰이거나, 뭔가의 눈치를 살피거나, 공정하게 수사·판결하지 않는다.
언론인들 역시 사건(범죄·정부·기업·행사 등)을 홍보·은폐·축소·왜곡하는 브로커들로 전락한다.
의사들은 정부·제약사들·환자들 사이에서 이익(리베이트 등)은 적극적으로 챙기고, 질적인 가치관은 물론 필수 의무조차 외면·역행하는 현상들이 생겨난다.

상류층은 대중화되면 절대 안 돼

얼마 전에만 해도 "멀쩡한 사람들이 예비군복만 입으면 개들로 바뀐다."라는 말이 있었다.
이는 인간이 특정한 묶음(예비군)으로 엮이면 하향 평준화에 이어서 '무리', '떼거리' 수준으로 전락한다는 의미다.
그래서 상류 문화는 일반 서민들을 따라가면 안 되고, 대중화·집단화(시위·투쟁 등)되면 안 되며, 제각각 지역·사회·나라·후대에 공헌하는 마음으로 모범을 보이고, 교훈이 되어야 한다.

만일 상류층이 대중화되면

반대로 상류층이 대중화되면 나라는 갈수록 퇴보·역행·몰락의 위기로 악화하게 된다. 왜냐하면 상류층은 평생 모범생과 엘리트 코스만을 밟았고, 상류층이 대중화되면 집단화될 수밖에 없으며, 집단화가 반복되면 조직화에 이어서 갈수록 세력화·세속화·통속화·노조화로 단순해질 수밖에 없기 때문이다. 하지만 그렇게 되면 반드시 불량·불건전·불순한 사람들과 세력이 파고들고, 상류층은 이들을 좀처럼 감당해 낼 수 없으며, 이용당하다가 자신은 물론 자기 분야와 국민과 나라를 망친다.

왜냐하면 상류층은 평생 악질적인 불량배·불순세력을 겪어 보지 않았고, 불순한 세력과 함께하면 무조건 놀아나고 휘말릴 수밖에 없으며, 자칫하면 코가 꿰이기 때문이다.

역시 상류층이 집단화·세력화에 이어서 대중화·세속화·통속화·노조화되면 공격적인 강경파들의 목소리가 강해지고, 저항과 무책임한 반대와 막무가내 투쟁이 난무할 뿐 순진하고 점잖은 사람들은 불순하고 악의적인 사람들을 상대하거나 벗어나거나 되돌아오기 어렵다.

이와는 반대로 국민들이 대중화되더라도 상류층의 전문가들이 똑바로 역할 하면 나라는 안정되고, 결국은 올바른 길로 유도할 수 있다.

따라서 의사협회와 의대생들은 나라와 국민과 국제사회와 인류사에서 최고 상류층·특권층에 해당하는 전문가(법조인·언론인·의사) 집단이다. 그래서 시대적·국가적·인류사적·학문적·장기적 차원의 굵직하면서도 전문적인 영역에서 다양한 문제·난제 해결과 숙원 사업들을 위하고 향해서 적극적으로 **활약·공헌**해야 한다.

반대로 집단화·세력화로 똘똘 뭉쳐서 파업·휴학하면 투쟁적·대립적·폐쇄적·고립적·망국적인 집단으로 퇴보·역행·악화한다.

만일 이런 와중에 설상가상으로 남북전쟁이나, 지진과 화산폭발이나, 치명적인 바이러스 등 재난·재앙이 발생해서 환자들이 부지기수로 발생하면 대한민국의 최고 상류층인 의사들이 오히려 투쟁적·공격적으로 정부와 국민을 원망·비난하고, 망국을 앞당기게 된다.

따라서 국민들이 질적인 세계관·인생관·가치관을 확보하지 못하면 후진성에서 벗어나기 어렵고, 나라는 '중진국의 함정', '가치관의 함정'에 빠져서 터덕거리게 된다.

8. 오늘날 존재하는 세계관들의 문제와 한계

무의식을 가장 심하게 오염·훼손시키는 요인은 불합리한 세계관이다. 이를 단적으로 설명해 주는 명언이 있다.

"양자 역학을 아는 사람과 모르는 사람의 차이는 양자 역학을 모르는 사람과 원숭이의 차이보다 더 크다."
"양자 역학을 모르는 사람은 금붕어와 조금도 다를 바 없다."이는 머리 겔만(노벨물리학상 수상)의 이야기다.

머리 겔만의 이야기를 전제하면,
지금까지는 지구도 인류도 절대 잘될 수 없었다.

첫째, 오늘날 세상에 존재하는 세계관들(종교, 진리 등)은 우주나 지구나 인간을 전혀 몰랐던 구시대에 생겨났던 것들이다. 그래서 우주·세상·인간에 대한 설명이 어설프거나, 비현실적이거나, 추상적이거나, 황당하다.

더구나 현존하는 세계관들은 우주와 원자와 양자 등에 관해서 언급·상상조차 하지 못했다.

둘째, 오늘날 세계관들로는 세상과 인간과 미래와 우주를 조금도 이해할 수 없다. 왜냐면 현존하는 세계관들은 미개했던 조상들이 세상도 인간도 태초도 진리도 너무 쉽게 규정하고 설명한 것들이기 때문이다.

셋째, 참다운 진리는 하늘·땅·공기·물처럼 모든 인간에게 동시에 적용되고, 감히 누구도 부인할 수 없고, 충돌할 필요가 없을 정도로 필수적이면서도 공통적인 이치여야 한다.
그런데 현존하는 세계관들은 자신들과 다른 분야(과학·학문·주장 등)는 탄압·파문·단두대·화형·전쟁했을 정도로 세상에 대한 설명과 설득력이 없었고, 어떤 종교들은 현대에서도 테러와 악행과 사고뭉치의 연속이다.

넷째, 앞으로 세계평화를 위해서는 차라리 세계관이 없는 것이 좋을 수도 있다. 왜냐면 언제든지 공통적·사실적인 세계관이 생겨나면 모든 나라와 인간이 곧바로 수용·적응·향상·도약할 수 있을 것이기 때문이다.

다섯째, 과학은 물질의 최소 단위인 원자보다 훨씬 더 작은 미시 세계(양성자·중성자·전자 같은 소립자)와 훨씬 더 미세한 쿼크·나노와 궁극적인 초미세 입자인 초끈이론과 블랙홀과 암흑물질과 암흑에너지에 관한 연구와 AI와 양자통신과 양자컴퓨터로 급변하고 있다.
하지만 현존하는 세계관들은 첨단의 과학 문명과 급격한 변화에 무지·무관·역행할 수밖에 없다.
그래서 지금부터 제대로 된 세계관을 정립하려면 우주관으로 확대해야 한다.

※ 세계관·우주관에 관해서는 책의 뒷날개에 소개된 《하나뿐인 세상에 합당한 인류 공통의 세계·우주관》 참고

9. 홍익인간의 잠재력과 가능성을 살려 내려면

앞장에서 앞으로 인류는 모두에게 공통적·필수적으로 적용되는 우주관으로 업그레이드해야 세상과 국가와 국제사회와 인류가 동시에 좋아질 수 있음을 강조했다.

외국인들은 대한민국 사회와 국민들의 질서 의식 등을 보면서 부러움을 나타내기도 한다.
이는 어렸을 때부터 무의식에서 당연하게 받아들였던 '홍익인간'과 깊은 관련이 있음을 정리한다.
그래서 여기서는 사람들이 홍익인간을 최초에 접했을 때 무의식에서 일어나는 긍정적인 현상 겸 스스로 향상 발전해 가는 진화의 초기 단계를 살펴본다.

홍익인간은 진화의 씨앗·뿌리·원동력

홍익인간은 사람이 인간다워지는 진화의 토양·씨앗·뿌리·동력이라고 할 수 있다.
하지만 대한민국은 지정학적·인구통계학적·역사적·문화적·민족적·정서적인 불리함과 위협감과 고립감에서 벗어나기 힘든 여건의 연속이었고, 봉건적·후진적인 요인들에 절대적으로 영향받았으며, 절대 잘될 수 없었다.
특히 인간이 진화(선·정의감·정의·인류애, 도전·탐험·개척, 발견·발명·결실·보람·공유 등)하는 과정은 오랜 세월 최선을 다해서 진지·열정·인내·의지·집중·

협력해야 조금씩·느리게 진행된다.
그래서 홍익인간은 인간다움(진화)의 토양·씨앗·뿌리·동력이 분명했다. 하지만 그간의 대한민국은 결실(열매)을 거둘 수 없었고, 모든 면에서 악전고투·산전수전의 연속이었다.

그러한 가운데서도 홍익인간이 국민들이 진화할 수 있는 토양·씨앗·뿌리·원동력이었던 무의식의 흐름을 살펴보면,

첫째, '인간 세상을 널리 이롭게 한다.'라는 홍익인간을 접하는 사람들은 무의식에서 선(善)으로 연관시키게 된다. 그래서 무의식적·의식적으로 자신이 선한 사람인지 확인한다.
이는 홍익인간이 선이라는 형태로 각자의 무의식 깊은 곳에 최초로 자리를 잡는 것이다. 무의식은 얇고 투명한 필름과 같아서 최초에 자신이 무엇을 보고 느꼈는지, 그것이 어떤 식으로 저장되었는지에 의해서 인간성과 존엄성과 사회성과 정체성과 인류애의 형성 등의 형태(패턴)로 저장되고, 두고두고 영향을 미친다.

둘째, 인간은 성장하면서 천차만별한 세상·사회·사람과 감동적·충격적인 인물·사건들을 통해서 긍정적·부정적인 점들을 무수히 보고 듣고 느끼고 경험하는 등 직간접적인 영향들을 받게 된다. 이때 선(善)에 이어서 생겨난 것은 정의감(감정)이다. 선은 자기 내면(상태)이며, 그대로 내면에 머문다. 그런데 정의감은 자기 내면(선)이 외부의 뭔가에·누군가에 접촉·자극되어서 생겨나는 반응 겸 감정이다.

셋째, 선과 정의감이 제대로 방향을 잡으면 현실에서 모두가 적용·실현할 수

있는 더욱 다양하고도 복잡한 과정(반성·변화·향상·발전·도약)으로 나아갈 추진력을 얻게 된다.
이것이 '널리 인간 세상을 이롭게 하려는' 진화(홍익인간)의 과정 겸 추진력·원동력이다.
다시 말해서 진화는 결론을 내려놓거나, 정답을 정해 놓고 경쟁하고 달성하는 성공·출세 방식과는 다르고, 순수한 마음씨와 열정과 집념으로 과정에 진실·충실하면 심오(기이하고 기적적이고 무진무궁)한 세상(우주)에 의해서 나아갈 길이 펼쳐지고 만들어지고 개척되는 이치다.
이는 선에 이어서 정의감이 제대로 방향을 잡아서 정의·규범·제도 등으로 향상·도약·추진하는 원동력이다.
물론 대한민국에서 정의는 체계적(국가적·국민적·인간적)으로 진행될 수 없었다. 왜냐면 역사 내내 백성들이 고난의 연속이었고, 현대사에서는 민주주의가 제대로 정착되지 못했기 때문이다.

넷째, 진화에 해당하는 국민들을 살펴보자. 국민들은 험난·험악·참담했던 역사와 문화와 전쟁의 참화 속에서 엄청난 희생과 고통과 불행을 겪었다. 하지만 증오·저주·원한에 붙들리지 않고, 오히려 승화해서 인간적·의식적·무의식적·유전적으로 진화(홍익인간)의 명맥을 이어 왔다. 그래서 조상(선구자)들이 선·정의감에 이어서 '정의'로 방향을 잡았을지라도 실제로 실현하기에는 모든 면에서 불가능에 가까웠다. 하지만 심오한 우주 이치의 하나인 유전자(잠재력)와 무의식으로 전해 받은 국민들이 선·정의감에 이어서 자타가 인정하는 '정'(情)이라는 포괄적인 인류애·휴머니즘을 정의로 여기고 실천했다. 물론 '정'은 '정분'과는 많이 다르거나, 정반대다.

'정분'은 주로 인연(가족·친지·동료·연인 등) 간에 발휘되고, 서로의 조건과 이해관계와 형편에 의해서 달라지며, 상처나 후유증을 남기는 경우가 많다는 점에서 '정'과는 다르거나, 오히려 정반대다.

하지만 '정'은 마치 '널리 인간 세상을 이롭게 한다.'라는 의미의 실천처럼 서로의 형편과 조건과 이해관계와 대가를 따지지 않고 언제 어디서나 누구에게나 곧바로 적용·발휘한다.
그래서 피차 후유증을 남기지 않고, 평소에 잘 준비·승화·능숙하게 진화된 친절함(인간애·인류애)으로 나타난다.
따라서 '정'은 홍익인간이라는 무의식(씨앗)이 뿌리를 내리고, 줄기들이 뻗어난 성장·승화·향상에 해당하고, 함께 살아가는 시대·사회·인간이 마주하는 생활의 장애물들을 순간적·일시적이나마 감당·감소·극복해서 서로에게 생기와 활력을 불어넣으며, 또 다른 협력·저력을 발휘하는 예약이며, 잠재력의 축적으로 연결된다.
이처럼 우주의 핵심 이치인 무질서도가 증가하는 세상과 인간들에도 불구하고 또 다른 누군가와 어디선가는 인간 세상의 질서도를 증가(현상·이치)시키고, 더 나은 사회문화와 인류 미래를 정교하게 꾸며 가는 진화의 주체로서의 과정을 수행하게 된다.

이해가 쉽게 진화와 악화를 요약해 보자

* 진화에 해당하는 사람은 자신을 확인해 보는 개인적인 선으로 시작해서 사회를 향한 정의감이 무의식에 뿌리내린다. 하지만 이때의 정의감은 복잡·난해·험난한 세상·사회·문화·현실·인간·인생·상황들에 대한 단순한 자기감정에 불과하다. 왜냐면 정의감은 마음 깊은 곳에서 누구나·당연히 생겨나고, 그밖의 요인들은 파악하지 못한 상태의 마음 작용이며, 개인적인 정의감에 머

무르면 자기 생각에 머무는 셈이기 때문이다. 그래서 정의감에 계속 머무는 사람은 갈수록 고정관념화되고, 모순과 위선과 거짓과 변명과 궤변과 원망과 대타용의 희생양을 만드는 등 스스로 역행·퇴보·도태로 악화하게 된다.

반대로 정의감에 머물지 않고, 서로 협력·실천·실현해서 사회적 정의로 향상(진화)하는 사람들은 월등한 개념과 다양한 경험과 과정을 밑바탕으로 또 다른 단계와 차원으로 나아갈 수 있다. 그래서 진화하는 사람들은 모순·위선·거짓·변명·궤변·원망·희생에 서로의 소중한 시간·관계·인생을 낭비하지 않고, 세상과 인간에 대한 섭렵·관조·포용·승화를 통해서 반성·발전의 기회로 삼으며, 모두를 위한 진실한 여정(고민·연구·사명·열정·봉사·헌신·도전 등 가치관)으로 들어간다.

기나긴 여정으로 들어가면 정의감과는 오히려 정반대인 현상들이 일어난다. 왜냐면 자신만으로는 턱없이 미달·부족하기 때문이고, 잘못에 연연할 필요 없이 더욱더 진지·진실·충실해지기 때문이다. 그래서 항상 자신에 대한 모든 것(실수·잘못·과거·성질·감정·환경·성장·인연 등)을 점검하고, 자신이 너무나도 부족·미달·초라·나약함을 깨닫게 되며, 생활 태도와 인생 자세를 업그레이드한다.

이는 국가의 구성·운영 주체인 국민들도 마찬가지다. 그래서 자신·국민이 좋아지면 반드시 자기 점검과 반성과 승화와 포용이 필수적이고, 그래야 현실을 감당·극복하면서 모두 함께 좋아지고, 더욱 발전해 갈 수 있다.

이처럼 진화는 자기(감정·이익·수준)에 빠지거나 붙들려서 허우적거리지 않고, 한때의 실수·잘못·경험·기억·충격에 연연하지 않으며, 오히려 수많은 의문과 고민을 지니고, 자신의 한계를 인식·극복하는 자기 과정에 충실하게 된다. 또한 자신(개인적인 선·정의감 등)이 한동안 보고 듣고 느끼고 겪은 것들을 객관적(인류사적·인류애적·종합적·포괄적)으로 살펴보려고 노력하고, 불특정 다수(이웃·인간·인류·후대·세상)나 더 이상의 향상·발전·진화·미래를 위한 기회·반성·발판으로 삼으며, 이처럼 인간답고 진지하고 성숙한 과정에서 모두에게 합당한 사회·국민·인류 의식으로 진화(변화·향상·발전·도약)하게 된다.

* 악화하는 사람들은 세상·인간·인류사·인생에 담긴 심오함·신성함·신선함·기이함·무한함에 상관없이 수시로 마주하는 부정적인 것들(충격적인 사건·사고나 흉포한 범죄자)에 대해서 정의감이라는 자기감정(함정)에 빠져서 터덕거리거나, 퇴보·역행·몰락으로 악화한다.

* 이처럼 진화하는 사람들은 널리 세상·인간과 천차만별한 인생과 충격적인 사건·사고들을 두루 관조·포용·섭렵·승화하고, 모두를 위하는 진실하고도 인간다운 고민과 함께 기나긴 여정으로 들어가고, 더욱더 자신에 대한 점검·반성을 통해서 스스로 향상·발전·도약한다.

* 악화(퇴보·역행·도태)하는 사람은 정의감이라는 개인적인 함정(자기감정)에 빠져서 뭔가·누군가에 대한 혐오·증오나 투쟁 등으로 대신(악화)하게 된다. 그래서 정의감에 깊이 빠진 사람은 포괄적·포용적인 인류·변화·발전·차원·도약·진화 등에 대해서 진실·냉철하게 판단할 수 없고, 무엇인가 어딘가의 한 도막을 잘라 내서 잘 포장한다. 그를 통해서 자신·인생을 합리화하거나, 그럴듯하게 뻥튀기를 잘해서 작품을 만들어서 성공과 출세와 명성을 얻기도 한다.

* 국가를 구성하는 국민들도 자기 감정·합리화에 빠지면 더 이상 좋아질 수 없고, 독재나 민주화나 보수나 진보 중 어딘가에 오래 머물면서 기어코 고수·고집하며, 오래전에 겪었던 잘못·피해·아픔·충격·상처·나약함·비겁함을 극복하지 못한 채 악화하게 된다.

이는 자기·국민 스스로 정화(점검·반성)하는 능력·의지와 자기를 극복(반성·점검)하려는 능력·의지가 없거나, 미약하거나, 소홀하거나, 무관심한 대가 겸 죗값이다.

10. 무질서해지는 엔트로피법칙과 지구의 종말과 인류의 멸망

'널리 인간 세상을 이롭게 하는 홍익인간'에 역행하거나, 무관하게 살아가는 사람들도 많을 수밖에 없다.

그래서 홍익인간에 역행·퇴보·악화(퇴보·역행·타락·위기·파멸·망국·도태)하는 사람들이나, 이것도 저것도 아닌 채 무관·어중간·애매(원만·무난·적당)하게 살아가는 사람들은 갈수록 무질서도가 증가하는 엔트로피법칙에 해당한다. 왜냐면 진화는 오래 세월에 걸쳐서 조금씩 느리게 진행된다. 왜냐면 진화는 우주가 인류를 동반해서 더욱더 완전해지고 완벽해지고 성숙해지는 과정이고, 수많은 시행착오 겸 다양한 검증을 거쳐야 하기 때문이다.

반대로 악화(역행·퇴보·도태)는 수단·방법을 총동원해서 성과(성공·권력·부자·출세·명예 등)를 서두르고, 얄팍한 속임수나 선전·선동 등을 동원한다.

우주를 예로 들면 우주는 빅뱅과 동시에 잠시도 멈추지 않고 순간을 진행(진화) 중이며, 무려 138억 년에 걸쳐서 생각하는 인류를 출현시켰다.

이처럼 진화는 오랜 세월 정성을 쏟아야 하고, 잠시라도 멈추면 그만큼 엔트로피법칙에 의해서 진화에 지장을 초래하고, 심해지면 악화의 먹잇감(병졸·노예·하수인)으로 전락(퇴보·역행)한다.

그래서 인간은 남녀노소·지위고하·유·무식·빈부에 상관없이 무의식(씨앗)이 손상되거나, 잘못 심기거나, 뿌리를 잘못 내리거나, 진지·진실·충실하게 최선을 다하지 못하면 저절로·당연히 엔트로피법칙을 적용받는다.

다시 말해서 인간다움이든 더 나은 사회문화든 저절로 만들어질 수 없고, 설사 만들어졌다고 해도 영원한 공짜는 없으며, 구성원들이 인간다운 마음씨들을 적극적으로 집중·협력하고, 더욱 적극적으로 수고하고 관리해야 하며, 이는 개인의 우월감과 이기심과는 반대로 합리적·효율적인 사회·인간 의식이 필수다.

역시 구성원들이 적극적·자발적으로 수고하면 위기·위험·변수들을 감당·극복할 수 있고, 그러한 과정에서 또 다른 개념과 차원으로 향상·발전하는 등 파생적인 효과들이 생겨난다.

반대로 악화는 쉽고 빠르게 진행되고, 순진하고 나약하고 막연한 선과 무지와 정의감 등을 잿밥과 제삿밥으로 삼아서(갈수록 무질서도가 증가하는 엔트로피법칙처럼) 급속도로 확대·팽창하면서 퇴보와 악화로 치닫는다.

더구나 악화는 시대가 흐르고 경험이 많아지면 더욱 지능화·조직화·세력화·규모화되어서 교활·악랄해진다. 그래서 진화에 적극적이지 못한 사람들이 악화의 먹잇감이 되거나, 악화의 병졸들과 노예들로 전락해서 크고 작은 죗값들을 치르게 된다.

예를 들면 오늘날의 지구와 인류와 문명 역시도 대멸종이 반복되지 않았다면 생겨날 수 없었다.

만일 또 다른 대멸종으로 인류가 사라진다면 지구나 다른 어딘가에는 한 차원이나 몇 차원 월등한 외계인과 문명이 생겨날지도 모른다. 이는 기이한 미시·양자 세계의 얽힘 현상이 증거이고, 평행우주나 다중우주에 관한 주장 역시 적용될 수 있다.

이와는 반대로 만일 외계인과 문명과 평생·다중 우주가 없다면 우주는 또다시 복잡해진다. 왜냐면 우주는 지구와 인류를 138억 년의 내력을 통해서 생성·출현시켰고, 지구와 인류가 멸망·멸종하면 또다시 또 다른 세상을 통해서 수백수십억 년을 지나서야 문명다운 문명을 만들어 낼 것이기 때문이다.

다시 말해서 지구의 대멸종마다 월등한 생명체가 출현했고, 이후에 대멸종에서는 해당 생명체는 사라지고, 전혀 다른 존재가 먹이사슬의 최고봉에 올랐다는 이야기다.

그런데 그러한 대멸종은 생각하는 인류가 출현하기 전의 일이었고, 그러한 대멸종의 반복은 인류를 출현시키기 위한 대멸종이었다고 봐야 한다.

그렇게 전제하면 인류의 대멸종은 절대 쉽게 일어나지 않을 것이고, 그렇다고 인류가 지금까지 살아왔던 연장선에서 계속 존속할 수는 없을 것이며, 어떤 경우에도 지금까지처럼 참혹한 일들이 반복되면 안 된다는 각오가 필요하다.

11. '우리'라는 민족 정서가 생겨난 배경과 과정

여기서는 '우리', '민족', '우리(민족)끼리', '우리는 하나'라는 졸렬한 정서와 선동적인 구호들에 대해서 살펴본다.

이 글은 필자도 독자들도 애절한 감정으로 빠져들지 않고, 진지한 이성으로 냉철하게 소화하도록 준비했음을 참고·양해해 주길 바란다.

'우리'라는 동병상련의 정서

우리는 참담한 세월과 고단한 인생과 고난의 역사 속에서 '우리'라는 동병상련의 정서를 지니게 되었고, 어렵사리 버텨 오다가 갑자기 최고급 개념들(자유 등)로 구성·진행되는 '민주주의'를 모방해서 실시했다.

하지만 '우리'라는 소극적인 정서(후진성)로 인해서 진정한 민주주의에 실패했고, '민주화'에서 너무 오래 정체된 나머지 오히려 민주주의에 역행하는 지경이 되었으며, 모순으로 가득하다. 실제로 우리는 세계 10대 강국에 포함될 정도로 열심히 살았음에도 삶의 질과 행복지수는 꼴찌를 맴돌고, '자살률 1위 국가'일 정도로 한심하다.

다시 말해서 고난의 세월을 버텨 내기 위해서는 '우리'가 중요했지만 이후 '우리'를 단 한 번도 점검·반성하지 않았고, 과거와 현재가 뒤범벅되었으며, 또다시 '우리'(민족)에게 발목이 잡혀 버렸다.

'자기'에서 '우리'로 발달한 서양

'서양은 혼자 있으면 독서나 사색하고, 둘이 만나면 대화하고, 셋이면 스포츠하고, 넷이 모이면 음악한다.'라는 말이 있다.

혼자(독서)는 자유롭고 한가할 때 자신에게 충실하고,
둘(대화)은 각자 생각한 것을 교감·교류·협의하고,
셋(스포츠)은 대화·교감·협의했던 것을 행동·실천하고,
넷(음악)은 행동·실천을 통해서 조화롭고 아름다운 결실(작품)을 실현해 낸다는 의미다.

이는 자신과 상대가 서로 믿고 존중하는 등 생활과 인간관계에 진지·진실·충실할 때 가능하다.

그래서 철학과 과학과 의학과 학문과 산업과 예술과 대학 설립과 탐험과 도전과 개척과 문명과 자선(봉사)단체와 후원회(기부활동) 등은 최초에 서양에서 시작했다.

이는 내실 있는 자기를 시작으로 우리가 만나서 활발해지고, 곳곳이 활성화되면서 계속 좋아지고, 전체가 비약적으로 발전해 가는 체계(긍정, 우호, 협

력)적인 프로그램(밑바탕, 원리, 시스템)인 셈이다.

'우리'로 시작해서 '우리'와 '자기'까지 망쳐 버린 '우리'

'우리는 혼자 있으면 빈둥대거나 잠자고, 둘이 만나면 흉보고 잡담하거나 힘을 겨루고(장기, 바둑 등), 셋이면 삼각관계로 갈등을 겪고, 넷이 모이면 술 마시고 노래 부르거나, 고도리 쳐서 따 먹어 버리거나, 여러 사람이 혼자에게 피박에 독박까지 씌워 버린다.'라는 의미다.

그로 인해서 대한민국과 우리 국민은 민주주의 나이 80을 바라보는데도 유유상종으로 계 모임(먹고, 마시고, 잡담하고, 화투치고, 노래방, 여행 등), 애경사, 인맥·연줄·계파·이념으로 이합집산, 세력·패권 다툼, 대립과 분열과 역적 짓의 연속이다.

이는 '우리'가 모여 본들 긍정적·건설적·생산적·고무적인 결과는 나오지 않고, 오히려 '우리'도 '자기'도 낭비하고, 서로를 힘들게 하고, 망치는 사례 겸 증거들이다.

열등감과 우월감으로 진행된 '우리'

백성(상놈)들은 조정(국가)으로부터 보호받지 못한 채 평생·자자손손 차별과 학대와 착취당했고, 탐관오리(양반, 관료)들에게 굽실거렸으며, 굶주림과 추위에 시달리면서 불행과 고통과 심한 열등감과 피해의식과 비극적인 인생을 숙명처럼 대물림했다.

그래서 상놈일수록 초라하고 허약하고 부실한 '우리'라는 보호막이라도 필요했고, 강하게 붙들 수밖에 없었다. 그래서 상놈들에게 '우리'는 대소사(애경사)를 치르기 위한 상부상조(계 모임)와 고난과 위기를 버텨 내는 동병상련의 구심점이었고, 양반들에게 '우리'는 유유상종으로 뇌물과 향응을 누리는 패거리였으며, 비인간적인 만행이 드러났을 때 서로를 지켜 주는 보험이었고, 출세를 위한 연줄과 인맥이었으며, 이런 문화와 관행과 정서와 사회 분위기가 현대사에도 심하게 영향을 끼쳤다.

'우리'는 '관계 문화'로 이어져

우리는 어릴 때부터 '자기'보다 '우리(관계)'를 중시했다. '자기'(마음)를 솔직하게 드러내기보다 일단 '우리'에 합류하려고 노력했고, '우리'로 살아가는 것을 '미덕'으로 여겼다. 그래서 '자기'를 위주로 하는 '개인주의'는 곧 '이기주의'로 취급했고, '자신'(진심, 형편, 진실, 존엄성)은 뒷전이었다.

물론 '자신'에게 충실한 다음에 향상된 '자기'를 가지고 '우리'로 합류해야 정상이다. 하지만 곧바로 '우리' 위주가 되면서 '함께', '서로', '더불어'라는 관계 위주의 문화가 당연해졌고, 결국은 패거리·떼거리로 전락·몰락하는 악순환이 반복되었다.

이처럼 몰지각한 더불어·패거리·떼거리(대깨문·개딸들·개아들들) 문화가 자멸·몰락할 수밖에 없었던 이유는 '자기'(소신, 철학, 능력)가 허약한 사람들이 내부에서는 고분고분 예의 바른 사람이나 함께하는 동지로 인정받았고, 윗사람의 말을 무조건 잘 듣는 사람이 발탁되었으며, 약점이 또 다른 약점으로 이용되는 저질 수준에 맴돌았기 때문이다.

그래서 정의롭거나, 소신이 뚜렷하거나, 개성이 뚜렷하거나, 끼가 많거나, 자유분방한 사람은 경거망동하고, 버르장머리 없고, 경솔하고, 현실에 적응하지 못하는 사람으로 취급당했다.

무의식이 심하게 뒤틀려서 굴절돼

'우리'가 중요해질수록 '우리'속에서 '자신'은 더욱 위축되고 초라해졌고, 그래도 '우리'(보호막)를 거부(거역)할 수 없었다. '우리'는 삶의 버팀목이었고, 생활의 기반이었으며, 인생의 터전이었기 때문이다.

* 많은 '자기'들이 당연히 '우리'에 합류했고, 그럭저럭 '우리'에 적응했다. 이를 위해서 적당히, 원만히, 무난히, 모나지 않게 살아가는 방법과 인생을 중시했다. 어디를 봐도 고무적인 조짐들은 보이지 않고, 결국은 마찬가지였으며, 피차 도토리 키재기 차이에 불과했고, 기어코 모나거나 날카롭게 각질 필요가 없었다.

* 일부 '자기'들은 위축된 자기를 만회하기 위해서 열등감과 비교 의식과 경쟁의식과 피해의식을 숨겨 둔 채 인간적이고 정의로운 사람으로 위장하고 수시로 변신했다. 그래서 유불리에 맞춰서 배신도, 유유상종도, 아부·아첨도, 시기·질투도, 중상모략도, 이합집산에도 가담했다.

* 억울한 꼴들을 당한 '자기'들은 무의식에서 불안·불만·원망이 쌓이면서 반항심, 적개심, 보복심리가 생겼다. 그래서 도둑도 의적이라는 이름을 붙여서 의인으로 여겨 주고, 자신들의 불순함과 불량함을 합리화·정당화했으며, 이러한 불만과 분노와 증오가 서로의 무의식에 꿈틀거리면서 현실과 체제에 부정적인 정서로 형성되었고, 독재에 반항하거나 당하기만 해도 투사로 영웅시했으며, 현대에서조차도 민주주의에 무관·역행한 채 민주화만으로도 '우리'를 성역화했고, 심지어 성벽화까지 해 버릴 정도로 망가지고 악화했다.

* 서민들은 유행과 호화 사치와 퇴폐문화에 반감을 지녔고, 그러면서도 무의식에서는 그런 사람들에 대한 부러움과 호기심을 가졌으며, 서민들에게 기회가 생기면 마치 성공하고 출세한 증거처럼 똑같은 습성들을 반복하거나, 심지어 기득권·특권에 이어서 세습으로 빗나갈 정도로 심하게 망가졌다.

'우리'에서 뒤늦게 '자기'를 찾아 놓고도 결국 사고뭉치 노릇

'우리'가 곳곳에 많았음에도 더 나은 '우리'로 향상하지 못했다. 그래서 기회가 생기면 '우리'중 일부는 초라해지고 위축되었던 '자기'를 회복·강화하려고 혈안이었다. 그래서 세력(모임, 단체, 그룹)을 형성하거나, 위계질서를 세워 놓거나, 세력 강화로 빗나갔다. '우리' 안에서 '자기(세력)강화'를 통해서 '우리'를 쥐락펴락한 것이다. 그래서 '우리' 중 누군가는 반드시 위세를 떨쳤고, 누군가는 위축되고 망가졌다.

이는 선진국들처럼 자기 - 우리 - 모두 - 전체로 발전해 가는 순서가 아니라 우리 - 자기 - 자기강화(부, 권력, 연줄) - 자기 세력(독점, 독재, 군림) - 자기 일가(세습)로 삐뚤어지고 좁아지다가 망치고 몰락했다.

'우리'와 '자기'가 더 큰 사회와 나라에 공헌은커녕 사고만 치다가 '자기'와 '우리'와 '전체'를 파국과 파멸로 몰아가는 참담한 프로그램이다.

실제로 '우리'는 42년의 독재와 33년여를 민주화에 머물다가 악화해서 5년의 좌파 독재로 역행했다.

수없이 잘게 쪼개져서 부서지는 '우리'

또 다른 '우리'인 '저들', '그들', '이것들', '그 자식들', '저놈들', '그 새끼들'이 곳곳에 존재했다. 수많은 '우리'들은 월등한 개념도, 나아갈 지향점도 없었다.

그래서 '우리끼리', '끼리끼리' 어울리면서도 모래알처럼 산만했고, 작은 유혹과 압력이라도 생기면 '우리'는 쉽게 허물어졌으며, 작은 동기만 있어도 다시 모였다.

'우리'와 '자기'는 피해의식에 의한 상부상조에서 관계 문화로, 이어서 패거리 형성과 세력 강화로, 주도권 다툼을 위한 이합집산으로, 패권 장악과 독선과 독재와 신격화와 세습으로 악화 일로였다. 그야말로 개천의 흙탕물에서 위대한 신과 거대한 용들이 생겨날 리 없고, 역겨운 냄새와 구토와 배설물이 난무·오염되어서 망가졌다.

더욱더 망가지는 '자기'

수많은 '자기' 곧 '우리'는 이해득실 계산과 주도권 다툼의 향배에 따라 자의 반 타의 반으로 이리저리 휩쓸리고 휘둘렸다. 이 과정에서 뇌물과 아부·아첨과 변절과 권모술수와 중상모략과 당파와 당쟁과 착취와 위·불·편법과 부정부패와 이념까지 기승을 부렸다.

이런저런 과정에서 우리 스스로 서로(인간)를 "개 같은 놈들", "개만도 못한 놈들", "대깨문들", "개딸들", "개아들들"을 자처하거나, 산천초목(사군자, 소나무)보다 못한 속물로 개탄하거나, 애완 동물에게 지극정성을 쏟으면서도 함께하는 인간(이웃, 국민, 민족)은 방치·외면·비난·매도하게 되었다.

'우리'는 앞으로·미래로 곧게 뻗어 가지 못했고, 엉망진창인 관계에 한두 번 휘말리면 '자기'를 유지하기조차 힘들었다. 그래서 전체적으로도, 장기적으로도 부실해지고 허약해질 수밖에 없는 의식구조와 국민 정서와 사회문화의 연속이었다.

실제로도 우리 국민은 세상도, 사회도, 문화도 자기 자신도 제대로 이해할 수 없는 어린 시절부터 예절, 도리, 윤리, 도덕, 공경 등 관계적이고 차별적이고 권위적이고 소아적인 것들에게 생각과 표현과 행동을 간섭받고 강요당하고 세뇌당했다.

이러한 영향으로 피해의식과 열등의식과 비교 의식과 우월경쟁에 사로잡혔으며, 사랑하는 자기 자녀조차 가만 놓아두질 못하고 학원으로 몰아내고, 갖가지 부담을 안겨 주고, 임의로·억지로·인위적으로 만들어 내려고 안달했다. 이는 평생 함께 살아갈 친구들을 몽땅 경쟁자로 취급한 머저리 짓이고, '우리'는 건전하고 참신하고 건설적인 조짐들을 만들어 낼 수 없게 되었다.

설상가상으로 열등한 민족성을 이용해서 인민들을 통제와 폐쇄로 고립·악화한 북한은 우상화와 신격화와 독재 세습으로 자멸의 길로 들어섰다. 이처럼 '우리'는 인륜으로 천륜을 속박했고, 오염된 환경(문화, 사회, 민족성)으로 인해서 '자아'(자기)가 바르게 싹틀 수 없었고, 싱싱하게 뻗어 갈 수 없었다.

온 국민이 '자기 집착증세'로 더욱 심각해져

부실한 '우리'에 의존하고, '더불어' 뭉쳐서 합리화해 대는 열등한 '자기'는 태생적, 문화적, 사회적, 가정적, 유전적으로 '자기 집착증'으로 더욱 심해졌다. '우리'가 흔들려서 불안해지면 어떻게든 '자기'를 지켜 보려고 '자기'를 강하게 붙드는 집착증세가 생겨났고, 결국은 '자기'도 '우리'도 문화도 역사도 악화 일로였다.

이는 '자신'의 출발점이 '우리'였지만 결국에 최종 귀착점은 '자기'라는 이야기다. 이처럼 결국에는 '자기'이지만 '진정한 자기 실체'가 아닌 자기 이익, 자기 명예, 자기 출세, 자기 입장, 자기 인연, 자기 생각, 자기 행복, 자기 사건, 자기 자존심, 자기 체면, 자기 생존, 자기 해탈, 자기 구원, 자기 사후, 자기 자랑 등 온갖 자기들로 잘못 연결되면서 삐뚤어진 '자기'로 악화한 셈이다. 이런 현상과 증상은 유달리 '우리'(관계, 끼리, 민족)에서 심해진다.

역시 '우리' 속에서 망가진 '자기'일수록 무엇이든지 '자기'에게 연결·귀결시키려고 안달하고 무리한다.

그래서 '자기'도 '우리'도 소모적인 잡념들로 가득하고, 발생한 상황과 개념과 주제에 진실해지고 충실해지기 어렵고, 문제가 발생하면 기어코 누군가(뭔가)와 비교하거나, 잘못을 따져서 원망하고 비난해서 끌어내리거나, 어떻게든 '자신'의 이익(기득권)을 고수하면서 합리화하기에 급급하다. 그로 인해서 더 나은 인간관계와 사회문화와 미래로 나아가지 못하게 되었고, 오히려 무책임해지고 무능해지고 비인간적으로 바뀌어 갔다.

이는 그간에 소홀하고 빼앗겼던 '자기'를 만회하려는 무의식적인 본전 생각에 사로잡힌 것이다. 이렇게 되면 죽을 때가 되어서도 자신과 현실을 내려놓기보다 끝까지 초라한 '자신'을 붙들어 잡게 되고, '자신'에 집착해서 더욱 자신에게 뭔가(진리)를 가져다 채우거나, 거창한 허영심(해탈, 극락, 영생, 천국 등)으로 자신의 사후까지 보장받으려는 극단적인 이기심을 당연하게 여긴다.

극단적인 이중성과 양면성으로 심각해진 '우리'와 '자기'

'우리'는 조상 대대로 모순적인 현실과 이율배반적인 자아로 인해서 이중성과 위선과 억지와 궤변이 심해지고 고착되었다. '우리'끼리는 친밀한데 외부에는 배타적이다. 약자에게는 강한데 강자에게는 비굴할 정도로 저자세로 인간적이고 친절하다. 정이 많으면서도 지나치게 감정적이다. 영리하지만 중상모략에 능하다. 작은 계산에 빠르지만 큰 머리는 부족하다. 개인적으로는 정이 넘치는데 사회문화는 엉망이다. 개인은 똑똑한데 다수는 오합지졸이다. 평소에 서로 싸우고 죽여서 망하는가 싶으면 위기에는 강하다. 동창회·향우회·종친회·계 모임 등 먹고 놀다 끝나는 모임은 많은데 자선단체나 장학단체나 연구단체는 턱없이 부족하고 봉사와 후원에 인색하다. '민족',

'우리끼리'를 강조했던 사람들이 반민족적인 짓들을 가장 많이 저질렀고, 인권과 표현의 자유와 공정을 들먹이는 사람들이 비열하고 잔악한 짓들은 수없이 저질렀다.

12. '우리에 합류'하려는 증상과 '우리를 거부'하려는 증상

이런 현상들이 계속되면서 '자기'는 아무 곳('우리')에나 가져다 붙였다가 다시 빼내는 만능 공구와 같다. 좋은 일이 생기면 '자기'를 재빨리 그곳에 끼워 넣어서 '우리'에 합류하거나, '우리'를 만들어 낸다. '우리 감독', '우리 남자', '우리 축구', '우리 여왕', '우리 음악가', '우리 발명품', '우리 대한민국'이라고 호들갑을 떤다. 이는 '우리에 합류하는 증상'이다.

하지만 나쁜 일이 터지면 '상대방'이나 '자기' 중 하나를 '우리'에서 빼낸다. 그리고는 '상대방'이나 '우리'를 외면하거나, 짓밟거나, 원망하거나, 비난하거나, 이민을 떠나거나, 속세를 등지거나, 산골로 숨어 버린다.

특히 좋지 않은 사건이 발생하면 그곳에는 합류하지 않고, 당사자에게 잘못과 책임을 전가해 버린다. 이는 '자기'가 '우리'에 포함해서 생겨날 수 있는 손해와 수고와 피곤과 부담을 털어 버리는 '우리를 거부하는 증상'이다.

열등감이 심한 '자기'가 유리할 때는 재빨리 '우리'에 합류해서 단맛(우월감)을 느끼지만 여차하면 뱉어 버리는 얄팍한 속물근성이다. 이 모든 것이 '자기' 하나만 가지면 얼마든지 자유자재다. 그래서 세월이 흐르고, 시행착오가 반복되어도 근본적인 대안과 저변의 원인분석과 진정한 반성과 새로운 출발과 전환점은 불가능하고, 실패와 악순환을 극복해 내기조차 너무나 어렵다. 왜냐면 지극히 어리석은 '우리'와 '자기'로 인해서 '모두'와 '전체'는 안중에 없고, 얄팍한 심리와 잔재주 계산이 고작이기 때문이다.

※ 탈북민 중 일부는 "우리 대한민국"이라고 단맛을 즐기면서 조금 전의 우리(인민의 참상)는 방치한 채 독재자의 잘못·비난·원망으로 몽땅 떠넘긴다. 이 역시 '우리에 합류 증상'이고 동시에 '우리를 거부하는 증상'이다. 물론 당연하다. 하지만 더 이상의 생각과 노력과 시도를 고민할 필요가 있다.

인생에서 큰 충격과 아픔과 고통을 당했거나, 획기적인 대반전과 대역전과 행운을 경험해 본 사람 중에는 자기 이상을 찾아서 존중·후원하거나, 도전·개척·헌신하기도 한다. 그리고 자기보다 힘든 대상을 위해서 크든 작든 인간적·사회적·시대적·도의적인 책임과 의무를 해 보려고 노력하기도 한다.

그럴수록 몸담은 사회와 세상에서 안 좋은 것은 줄어들고 해결되거나, 월등한 점은 탄력을 받아서 더욱 좋아지고 발전할 수 있다.

모순과 위선이 진화·악화한 변종 바이러스(부정·비리 사건)들

초기에 '우리'는 주로 생존(생계, 안전)을 위해 혈통(인연)과 지역(고향)에 기반을 뒀다. 그래서 다양한 '우리'가 존재했음에도 함께할 수 있는 일들이 많지 않았다.

하지만 근대화·현대화되면서 '우리'가 생존하는 방법과 인간관계 하는 형태가 법과 정책과 지식과 학문과 산업과 권력으로 다양해졌다. 그래서 수많은 '우리'가 다양한 분야와 직책과 역할과 이해관계와 협력관계와 경쟁관계로 연결되었고, 훨씬 더 바빠지고 복잡해지고 밀접해졌다.

이때라도 우리는 소아적이고 지엽적이었던 '우리'에서 거시적이고 장기적인 '모두'와 '전체'로 발전해야 했다. 그런데 삐뚤어진 '우리'임을 증명이라도 해주듯이 정치권과 고위층으로 올라갈수록 기득권 의식과 특권의식과 청탁과 압력과 비리와 부정 축재와 비자금 규모가 천문학적으로 커졌다.

이는 그간에 후진적이었던 '우리'를 고수한 채로 지식과 학벌과 법과 정책을 동원함으로써 비리와 범죄는 계속 진화하며 교활해지고 치밀해졌고, 우리의 실체와 현실은 오히려 악화(지능화, 조직화, 세력화, 기득권화, 특권화) 일로였다.

또한 줄곧 열등했던 '자기'(노동자, 교사)나, '우리'(운동권, 노조, 전교조)도 처지가 바뀌어서 힘(지위, 부, 기회, 권한)이 생기면 기득권과 특권으로 삐뚤어지고 심지어 특권을 세습했고, '우리'를 사유물이나, 호주머니 용돈이나, 하수인처럼 취급(갑질)하는 등 물의를 일으켰으며, 또다시 '우리끼리' 허약해지고 망가지면서 불명예와 자멸의 길로 내달렸다.

'자기'로 인해서 평생 소모전을 치르기도

'자기'는 자아가 형성되지 않은 철부지 때부터 '자기'도 모르게 '우리'에게 붙들려 버린다. 너무 일찍부터 '자기'에 소홀하고, '우리'에 익숙해진 것이다. 그래서 '자기'도 '우리'도 무엇이 왜 얼마나 어떻게 문제이고 잘못인지 알지 못한다.

어떤 사람들은 '자기'를 떨쳐 내고 '자아'를 찾겠다고 깊은 산 속으로 '자기'를 데리고 들어간다. 그러고는 물질도 육신도 버렸고, 마음을 비웠다고 한다. 분리할 수 없는 '자기'를 육체와 정신으로 쪼개 놓고 정신만을 '자기'라고 착각·주장하거나, 정신만으로 자기(인생, 일생)를 해결하겠다고 삐뚤어지거나, '자기'를 현실과 차단·봉쇄·폐쇄해 놓고 '자기'를 해결했다고 자랑한다.

역시 물질과 육신을 천박한 것으로 비하하거나, 경계 대상(번뇌)으로 삼는다. 이는 분리될 수 없는 '자기'를 대충 떼어 놓고 기나긴 일생을 모순과 착각 속에서 살아가는 우둔함이다.

만일 실제로 '자기'를 버렸다고 해 본들 '자기'는 태어날 때와 비슷한 알몸에 불과하다. 왜냐면 당초에 제대로 입은 옷이 없었고, 잘못 걸쳤던 누더기를 겨우 벗었기 때문이다. 그래서 알몸으로 살 수는 없으며, 뭔가를 또 입어야 한다. 하지만 다시 입을 옷 역시 제대로 된 옷인지, 잘 맞는지 알 수 없다. 이는 '자기'로 인해서 '자기'가 불필요한 소모전을 평생 치렀고, 그런 자기를 사후로까지 연결할 정도로 기막히고 안타깝고 가소롭다는 의미다. 불행히도 이처럼 무능한 '자기'들이 아무리 많아도 그런 '자기'와 '우리'로부터는 작은 역량도 만들어 내기 어렵다.

너무 많이 쪼개져서 온당한 '우리'를 찾아 보기 어려워

'우리'는 달면 빨아 먹는 사탕이고, 불안할 때는 함께 버티는 버팀목과 울타리이며, 한가할 때는 어울려서 먹고 놀고 마시는 유유상종의 패거리이고, 쓰면 뱉어 버리는 독약이고, 자칫 잘못하면 서로를 해치는 무기와 사약이며, 함께 빠져서 헤어 나올 수 없는 오합지졸들로 뭉쳐진 함정이고, 모두 함께 마약처럼 같은 정서에 중독된 무리와 같다.

'우리'는 너무 오래 자주 이합집산하다가 지쳐 버렸다. 더는 어떻게 쪼갤 것인지 또 어떻게 합칠지 애매하다. 너무나 많이 쪼개져서 더는 쪼갤 수가 없고, 뭉쳐도 뭉친 것이 아니다.

애당초 토양과 기반이 부실했던 '자기'와 '우리'

'자기'와 '우리'가 무수히 많았는데도 토양과 기반은 허약하고 부실했다. 그래서 좁은 땅덩어리인데도 세계 곳곳의 종교와 사상과 이념과 주장들이 모두 들어와서 쉽게 먹혀들었다. 한겨레 한민족을 주장하면서도 신분, 지위(위아래), 서열, 나이, 남북, 동서, 지역, 학교, 이념, 남녀, 아들딸, 장·차남, 출신·성분, 혈통까지 구별하고 차별했다. 그럴수록 반성도 화합도 소통도 협력도 대화도 절실하다. 하지만 아집과 교만과 독선과 독재로 삐뚤어져서 실패와 악순환의 골만 깊어졌다.

심지어 '우리'는 단순하고 극단적인 양면성에서조차 벗어나지 못했다. 선과 악, 정의와 불의, 옳고 그름, 좋고 나쁨, 잘잘못, 천국과 지옥, 흑백논리, 양비론, 보수·진보 등 대립적이고 극단적인 요소들로 가득하다.

'자기'와 '우리'가 극단적으로 망가져서 구제 불가능한 증거

지극히 지역적·지엽적인 정치를 심오한 세상의 주체인 종교·하느님·부처님·진리보다 우선할 정도로 '자기'와 '우리'가 극단적으로 망가져서 구제 불능한 연속이다.

실제로 대통령과 국회의원과 지방자치단체장을 뽑는 선거에서 후보자와 유권자가 똑같은 하느님을 믿거나, 똑같은 부처님을 믿거나, 똑같은 종교를 믿는 신앙인이어도 오직 이념과 지역에 맞춰서 투표한다.

어떤 지역은 공산당의 감시·공개 투표보다 훨씬 더 못할 정도로 자질이 떨어진다. 왜냐면 비밀 투표인데도 특정 정당에서 당선자를 100% 독식해 버리고, 지역을 특정 정당이 모두 장악해 버리기 때문이다.

좀 더 솔직하게 표현하면 우매하고 사악한 '자기'와 '우리'가 천상의 민주주의를 농락당한 지 오래여서 차라리 공산주의가 적합하다고 생각될 정도다. 왜냐면 벌써 수십 년째 변화의 가능성이 없고, 조짐조차 없기 때문이다.

심지어 오직 특정 정당만을 지지하고 선출하는 특정 지역에서는 범죄자든 역적이든 폭력배든 따지지 않고 무조건 지지해서 당선시킨다. 그래서 상대 정당에서 아무리 유능하고 정직한 후보자를 내놔도 당선은 불가능하다.

사실상 막대한 국가 재정을 투입해서 투표하는 자체가 무의미할 정도다.

적극적인 '자기', '우리', '모두', '전체'로 진행해야

앞으로 '우리'는 쪼개지는 '우리'나, '우리끼리 우리'가 아니라 서로 끌어안고 포용하고 승화하는 향상된 개념(인류애, 세계관, 인생관, 가치관)으로 보강해야 한다. 어차피 이제는 '자기'와 '우리'로는 버티기 어렵다.

이제는 '자기'가 뒤집어썼던 '자기'라는 가면, 국민이 뒤집어쓴 '우리'라는 가면을 세세하게 뜯어 보고 점검·반성해야 한다. 인간답지 못한 '자기'와 '우리'가 아니라 인류사회에 대한 포괄적인 휴머니즘, 역사에서 희생한 분들에게 죄송함과 고마움, 후손에 대한 사명과 책임, 세상과 대자연에 감사와 공헌, 인간다운 삶을 통한 흐뭇한 눈빛과 보람을 주고받는 '자기', '우리', '모두', '전체'로 발전해야 한다.

이처럼 열등한 국민성으로 인해서 민주주의도 민주화도 성공할 수 없었고, 오히려 패도적인 중공과 북한의 독재 세습 정권의 대남 침투와 교활하고 집요한 공작·선전·선동에 당했으며, 많은 국민이 너무 쉽게 유혹(미인계, 뇌물)에 코가 꿰였다.

그런데도 지금까지 대한민국은 완전히 망하지 않았고, 오히려 역적(종북좌파·주사파·중공몽) 세력을 정리할 기회와 행운과 마주하게 되었으며, 국민이 대한민국에 꽉 들어찬 기운과 찬란한 국운을 제대로 준비해야 한다.

'자기'와 '우리'에게 가장 중요하고 시급한 것

탈북민들이 남한(새로운 세상)에 정착할 때 북한에서의 자신(사고방식, 인간관계, 관행, 습성 등)을 고수하면 할수록 적응이 힘들어지고, 그래도 자신을 끝까지 고집하면 따돌림당할 수밖에 없다.

이와는 반대로 대한민국에 대한 자신의 부정적인 생각들(오해, 의심, 감시,

무시 등)을 내려놓고, 오히려 자신의 수준과 선입견과 습성을 버리고 깨뜨리고 벗어나고, 남한을 적극적으로 존중해서 배우기로 작정하면 훨씬 더 적응·정착이 빠르고, 계속 발전할 수 있다.

이처럼 '자기'와 '우리'에게 가장 시급하고 중요한 것은 기존의 우리를 최대한 버리고 바꾸는 일이다.

앞에서 진화와 악화의 원리

식물도 동물도 살아남으려면 혹독한 겨울과 추위도, 홍수와 가뭄도, 이런저런 시련들을 견뎌 내야 하고, 그래야 아름다운 꽃을 피우게 된다. 동물들 역시 강하게 성장해야 험난한 세상과 인생에서 생존·적응·발전할 수 있다.
인간도 귀여움을 받고 성장하면 시련과 고난을 감당하기 어렵고, 큰일을 추진하기 어려우며, 크게 성공할 수 없다.

이승만·박정희는 대한민국의 열악·열등했던 과거(역사·문화·관행·민족성)와 당시의 국민성으로는 특별히 할 수 있는 것이 없었고, 선진국들을 보고 모방해서 흉내라도 내는 것이 최선이었으며, 덕분에 천만다행으로 대한민국의 5천 년 역사와 참담했던 국민의 양적·질적 삶이 획기적으로 발전·향상하는 기적이 연출되었다.
따라서 이승만은 무지와 공산주의자들로 가득했던 대한민국을 위기와 위험에서 구해 낸 난세의 영웅이고, 박정희는 나라와 국민에게 가장 획기적인 변화를 가져다준 백마 탄 왕자가 확실하다.
하지만 지금까지의 과정과 결과로는 이승만·박정희 모두 너무나 안타까운 영웅들이고, 지금부터는 대한민국에서 위험한 세력을 극복·정리하고, 가장 소중한 것을 실현한 진정한 영웅들로 현대사를 재정립하고 정통성을 확립해야 한다.

더욱 분명하고 확실한 사실은 기적이란 다수 대중이나, 법과 지식과 학문으로는 절대 만들어 낼 수 없다는 점이다.
반대로 누군가는 대중적인 인기나 명예나 지식이나 학문이나 법으로는 불가능한 열정과 의지와 신념을 발휘해서 결과에 책임까지 져야 하고, 그래야만 수많은 난관을 헤쳐 나갈 수 있으며, 그러한 과정에서 기적으로 연결된다.

06

기적과 모순의 극치인 이승만·박정희

1. 대한민국의 현대사에 기적적으로 등장한 이승만

대한민국은 역사 내내 변화를 외면·거부했고, 나라가 지극히 허약해졌으며, 나라를 망해 먹고 빼앗겼다가 해방되었고, 또다시 북한의 김일성 공산정권의 6.25남침으로 동족 전쟁을 치렀으며, 나라와 민생과 국토와 경제는 만신창이가 되었고, 국민들은 한글조차 읽지 못하는 사람들이 90%라고 했을 정도로 무지했으며, 극심한 가난과 피난살이에 노출된 상태였다.

그런데 이와는 정반대로 미국 명문대 출신(조지 워싱턴대 학사, 하버드대 석사, 프린스턴대 정치학 박사)인 이승만이 있었고, 당시에 대한민국의 국민 중에서 미국 명문대의 박사학위라는 학력은 기적에 가까웠다.

당시에 이승만은 혈혈단신으로 미국으로 건너갔으며, 미국을 비롯한 국제사회로 뛰어다니면서 독립운동했고, 제헌국회 의장을 거쳐서 초대 대통령에 당선되었으며, 유엔의 승인하에 합법적으로 대한민국을 건국했다.

그렇게 해서 대한민국은 그간에 상상하지 못했던 천상의 민주주의와 자본주의 시장경제를 모방·도입해서 흉내 내기 시작했다. 하지만 또다시 독재가 진행되다가 종식되었고, 민주화라는 과도기가 시작되었다.

이는 대한민국이 천지개벽에 버금가는 변화와 기적적인 행운이었지만 한편으로는 독재에 뒤이은 민주화라는 과도기를 거치면서 치렀던 대가들이 만만치 않았다는 이야기다.

* 이승만은 신식 교육(보성학교, 연희전문대 중퇴)을 받았고, 조선의 봉건왕조에 반기를 들었다가 사형이 확정되어서 집행 대기 중이었다. 이는 이승만이 조선의 봉건왕조를 상대로 저항·투쟁하다가 사형을 선고받았던 최초의 저항 운동가였고, 사실상 대한민국 운동권의 원조·선구자·대선배였다.

※ 의문점 : 이승만은 봉건왕조에 반기를 들었고, 그야말로 유일무이했던 운동권(저항)의 원조 겸 대선배였다. 그런데 이후에 386 운동권(재야·종북좌파·주사파·중공몽) 세력은 왜 이승만을 운동권의 대부로 여기지 않았으며, 왜 친일파로 왜곡·매도했을까?

반대로 운동권 세력은 국내에서 이승만·박정희·전두환을 독재자로 맹비난·투쟁했음에도 반대로 소련의 지령을 받는 가짜 김일성인 김성주의 독재와 우상화·신격화와 독재에는 왜 절대 복종·충성하는 하수인 노릇에 혈안이었을까?

이에 관해서 명료하게 답변하지 못하는 사람은 원점에서부터 대한민국을 다시 배우고, 양심과 상식을 지닌 인간과 민주주의 국민으로 새롭게 태어나야 한다.

* 당시에 대한민국에 진출했던 미국의 18개 선교사 단체는 돈을 모아서 이승만의 사형(무기징역)을 태형 100대로 감형을 받아 냈고, 다시 돈을 걷어서 형식적인 태형으로 쉽게 풀려나게 해 주었으며, 또다시 돈을 걷어서 미국으로 유학을 보내 줬다.

미국인들 그것도 선교사들이 뇌물(비리)까지 저질러서 이승만을 살려 냈고,

유학까지 보내 준 사실도 참으로 기적적인 일이다. 이승만이 사형을 면하거나, 반죽음·반신불수가 되는 태형(곤장) 100대를 모면했거나, 감옥에서 멀쩡하게 살아 나왔던 이유는 바로 조선의 부정부패와 미국인 선교사들의 뇌물이 맞아떨어진 덕분이었고, 이 또한 대한민국의 현대사가 기적적이면서도 아이러니했다는 증거다.

* 미국인 선교사들은 또다시 돈을 모아서 이승만을 미국으로 유학을 보내줬고, 이 또한 아이러니다. 왜냐면 조선인들은 동족이고 이웃이고 애국자고 선구자인 이승만을 탄압하거나 무관심했고, 지금까지도 종북좌파·주사파·중공몽 세력은 이승만을 무조건 독재자와 친일파로 만신창이를 만들었기 때문이다. 그런데 당시에 우리 민족도 아닌 미국인 선교사들은 돈을 모아서 이승만을 살려 주고, 또다시 구해 주고, 유학까지 보내 줬으며, 이는 우리 역사와 민족성이 얼마나 비인간적이고 몰인정하고 무지·답답했었는지 보여 주는 증거이기도 하다.

* 이런저런 덕분에 지구상에서 최악의 빈곤·후진국이었던 대한민국은 어느 날 갑자기 천상의 민주주의를 횡재할 수 있었고, 외형과 외양으로나마 민주주의와 자본주의를 시늉하기 시작했다.

대한민국은 기적적이면서도 아이러니한 일들이 계속되었다.

* 이승만은 미국 명문대의 정치학 박사인데도 자신이 직접 도입해서 시작한 민주주의에 역행해서 독재하는 모순이 발생했다. 역시 이승만의 업적은 통째로 무시되고 지금까지 오직 독재자와 친일파로만 매도당하는 점도 모순이다. 물론 이는 앞으로 대한민국의 현대사가 정교하게 정립되어야 할 내용 중 하나다.

* UN이 6.25남침 전쟁에 참전하게 된 과정 역시 기적이다. 소련·중공의 지시·지원을 받았던 김성주(김일성 사칭)는 6.25남침이라는 동족 전쟁을 일으켰다. 그래서 UN에서는 총회 마지막 날 유엔의 한국전 참전에 대한 표결이 예정되어 있었다. 그런데 유엔 주재 소련 대사가 필리버스터를 신청·진행했고, 회의 종료까지 발언해서 총회의 표결을 방해하는 상황이었다. 그런데 회의 종료 16분을 남겨 놓고 소련 대사가 갑자기 졸도해서 실려 나갔고, UN 회원국들은 남은 16분에 6.25남침 전쟁에 대한 UN의 참전을 만장일치로 결정했으며, 이는 놀라움이나 감탄사 정도로는 설명할 수 없는 진짜 기적이었다.

※ 이후에 박정희는 경제개발계획을 수립·추진했고, 자본주의 시장경제를 성공적으로 정착했으며, '한강의 기적'으로 불릴 정도로 천지개벽에 가까운 변화와 발전을 이뤄 냈고, 이는 인류사에서 전무후무한 기적이라고 할 수 있다.

* 이처럼 대한민국은 국민들이 알든 모르든 현대사에서 기적 같은 일들이 반복되었고, 이는 인류사와 국제사회에서 좀처럼 찾아 볼 수 없는 기이하고 신령스러운 일들이다.

2. 이승만·박정희의 등장과 시대 상황

인간은 이웃이나 친구에게 크고 작게 영향받는다.

첫째, 만일 이웃·친구·동료·선후배가 우호적이지 못하면 신경 쓰이거나, 피곤하거나, 거리를 두거나, 만약에 대비할 것이다.

둘째, 만일 이웃·친구·동료·선후배가 자신과 가족을 비난하거나, 공격한다면 경찰에 신고하고, 법적 다툼도 생길 것이다.

셋째, 만일 이웃·친구·동료·선후배가 불량배거나, 폭력배거나, 도둑이거나, 살인자라면 자신과 가족이 불안하고 위협을 느끼고, 이사를 고민하고, 정당방위도 하게 될 것이다.

넷째, 반대로 이웃·친구·동료·선후배가 인간적·우호적이어서 항상 친절하거나, 도와주려고 하거나, 유쾌한 일들이 반복되면 서로 믿고 도와주면서 더욱 가까워질 것이다.

다섯째, 이웃·친구·동료·선후배가 인품이 넘치는 교양인·지성인이라면 자신과 가족이 실수하지 않으려고 조심하거나, 배우려고 할 것이며, 지지·존중·존경도 하게 될 것이다.
이러한 점들을 염두에 두고 당시 상황을 살펴보자.

당시에 이승만·박정희를 둘러싼 국내 상황

해방과 6.25남침 직후에 대한민국의 민주주의는 이승만이 아니면 감히 생각할 수 없었고, 자본주의의 성공은 국제사회를 통틀어서 박정희와 비교될 사람이 없는 기적적인 업적이었다.
그래서 앞에서 나열했던 것처럼 당시에 이승만과 박정희가 나라와 국민을 지켜보는 심정은 참으로 한심·답답했을 것임을 짐작해 볼 수 있다.

첫째, 이승만이 민주주의를 시작할 당시는 공산주의자들이 대부분이었고, 나라도 국민도 처참했다.

둘째, 박정희가 경제개발계획을 추진할 당시 대한민국은 극심한 가난과 굶주림과 추위에 시달렸다.

셋째, 국민의 절대다수는 봉건왕조와 일제강점기에 익숙해진 습성들과 피해의식과 열등감과 반발심으로 가득했고, 모두 함께 평등하게 살자고 주장하는 공산주의에 솔깃·간절할 수밖에 없었으며, 세상이 어떻게 돌아가는지, 국제사회가 어떤 상황인지, 인류 역사의 흐름은 어떤지, 민주주의나 자본주의가 뭔지 까막눈이었을 정도로 무지몽매했다.

넷째, 당시에 대한민국은 정치인들과 국민들이 이승만과 박정희를 적극적으로 도와줘도 역부족인 상황이었다. 그런데 자신들의 야심과 이권을 위해서 이승만·박정희를 무작정 반대·방해·매도해서 끌어내리려고 안달했다.

다섯째, 당시에 착하고 영리하고 인간적인 국민들도 있었을 것이다. 하지만 이승만·박정희를 도와주고 힘을 보태 줄 지식과 전문성과 능력에는 어림없었다.

다시 한번 강조하면

첫째, 당시에 국민들과 지식인들과 공무원들과 정치인들과 종교인들과 야당(김영삼·김대중)은 민주주의와 자본주의와 국제정세를 몰랐고, 한반도는 소련과 중공의 영향을 절대적으로 받고 있었던 상태였다.

둘째, 국민들은 얼마 전까지만 해도 상놈들에 불과했고, 양반·관리들에 대한 반감이 극에 달한 상태였으며, 공산주의·사회주의에 당연히 현혹되었고, 어떻든 먹고사는 생계와 돈을 중시했을 뿐 자본주의에 대한 이해가 부족했고,

"미국의 식민지", "미국의 경제식민지", "매판자본" 등 공산당 방식의 황당하고 터무니없는 생각·주장들이 난무했으며, 국민들에게 먹혀들었다.

셋째, 이는 이승만·박정희의 진정한 동기와 뛰어난 능력·애국심·충성심과 참담했던 민족성(과거·잘못)과 변화의 중요성과 나아갈 목표와 장래 비전에 대해서 제대로 이해·확신하고, 국민들에게 적극적으로 설명·설득해 줄 지식인들과 모범적인 상류층과 뒷받침해 줄 전문가들이 아예 없었다는 증거다.

넷째, 무지·답답한 국민들과 정치인들·지식인들·언론인들은 이승만·박정희의 민주주의와 자본주의에 수동적으로 끌려가면서 비난하는 열등한 방해꾼들과 무책임한 구경꾼들에 불과했다.

다섯째, 또 하나의 증거는 지구 반대편의 미국이 생면부지였던 대한민국을 일방적으로 구해 주고 도와줬음에도 오히려 "남한은 미국의 식민지(이승만 때)", "미국의 경제 식민지(박정희 때)", "코쟁이 놈들", "양키 고우 홈"을 외쳤다.

여섯째, 온 국민이 무지·한심·답답한 속에서 이승만은 민주주의를 시작했고, 박정희는 선진국들에 구걸해서 장사 밑천을 마련했으며, 모든 역량을 총집중해서 경제개발을 독단으로 추진·강행했고, 성공에 대한 자신감도 확신도 의지도 집념도 있었다.
(이는 대통령 선거에 출마·당선·임기 전후의 윤석열도 똑같다.)

다시 말해서 민주주의·자본주의·법·자유·평등·정의·인권·복지·정책에 상관없이 오직 이승만·박정희의 개인적 동기(인성·자질·의지·열정·책임·인생)에 의해서 추진되고 가능했던 일들이다.

그래서 전무후무할 정도로 유일무이한 기적적인 업적이었다. 반면에 이승만·박정희는 부정·비리·축재는 상상에도 없었고, 헛된 잡념들이 없었기에 대한민국과 국민들과 후대를 위해 올인을 할 수 있었다.

일곱째, 당시에 김영삼과 김대중이 경부고속도로 건설을 얼마나·어떻게 방해하면서 망발을 쏟아 냈는지를 보면 참으로 가관이고 가소롭지 않을 수 없다. 그랬음에도 이후에 김영삼·김대중은 단 한 번도 이승만과 박정희에게 반성·사과하지 않았다.
이는 김영삼·김대중이 국제정세와 민주주의·자본주의와 후대에 무지했고, 관심도 없었으며, 인간적으로도 수준·자질 미달이었고, 지도자(대통령) 자격에 어림없었다는 증거다.

3. 이승만·박정희의 공과에 대한 이해

지구촌을 예로 들면

지구촌의 오늘날과 과거를 예로 들어 보자.
과거와 오늘날을 비교하면 공(업적, 장점)도 과(잘못, 단점)도 동시에 존재하고, 이것들이 서로 앞서거니 뒤서거니 하면서 복잡하게 병행된다.
그것을 공이라는 관점으로 보면 전 세계 곳곳이 몰라보게 좋아졌고, 비약적으로 발전했다.
과라는 관점으로는 지구촌의 오염, 환경 파괴, 갖가지 재난·재앙이 가속화되고, 국가 간 격차와 빈부 격차가 심해지고 있다.

대한민국도 마찬가지

대한민국의 오늘날은 과거에는 없었던 수많은 분야와 전문가와 종사자들이 생겨나서 활동 중이고, 그만큼 발전하고 살기 좋아졌다.
반대로 보면 이념 대립과 국민 분열 등 수많은 문제와 악순환이 반복되고 있다.

이때 국민들은 무엇을 어떻게 할 수 있고, 무엇을 어떻게 해야 하는가?

국민들이 민주주의와 자본주의를 원망·비난·책임을 전가하고, 나라를 뒤집어엎어 버려야 하는가?
또는 민주주의를 도입·시작한 이승만과 자본주의를 정착시킨 박정희에게 몽땅 책임을 떠넘겨서 무덤을 파내고, 흔적들을 없애고 지워 버려야 하는가?
또는 민주주의와 자본주의를 통째로 내버리고, 공산·사회주의·독재로 노선을 변경하거나, 독재자들을 상전으로 모시고 '쎄쎄'하면서 살아야 하는가?
당연히 총체적(종합적·구체적)으로 살펴봐야 하고, 실질적으로 대책을 세워야 한다.

그래서 대한민국의 국민들은 민주화 시절에 진정으로 인간다워야(진지해야) 했다. 그런데 그렇지 못했다.
역시 진보·보수의 극성기·전성기·쇠퇴기에는 훨씬 더 인간다워야 했다. 하지만 그렇지 못했다.
그러면 이제부터는 적극적으로 인간다워야 한다.
왜냐면 국가와 역사와 문화 등 세상사와 인생사는 인간이 주체이고, 국민들이 생각을 인간답게 하느냐, 적극적으로 하느냐, 대충 하느냐, 비인간적으로 하느냐, 빌어먹게 하느냐에 의해서 나라도 국민도 미래도 모두 좌우·결정되기 때문이다.
이는 인간과 세상과 우주에 동시에 적용되는 필수 이치다.

4. 대한민국의 현대사에서 이승만과 박정희를 삭제한다면

여기서는 이승만과 박정희를 대한민국의 현대사에서 통째로 삭제해 보자. 왜냐면 이승만과 박정희는 독재자로 낙인찍혀 있고, 그간에 다양한 전문가들과 수많은 국민이 존재했으며, 두 인물을 삭제하면 어떻게 되는지 확인해 보기 위해서다.

물론 독재·독재자를 삭제해 버린 민주화(28년)만으로는 대한민국의 현대사와 민주주의와 자본주의를 언급조차 할 수 없다.

이는 대한민국의 민주화는 독재자·독재의 잘못에 기생했을 뿐이고, 만일 독재를 삭제해 버리면 민주화(실체·인물·과정) 자체는 무용지물이고, 불가능하다는 이야기다.

다시 말해서 김영삼·김대중·노무현으로는 오늘날 민주주의와 자본주의는 불가능했고, 대한민국의 민주화도 민주화 세력도 진보도 보수도 있으나 마나라는 이야기다.

역시 독재도 그랬지만 민주화 역시도 역사와 문화와 나라와 국민을 총체적으로 점검·반성·포용·정리하지 못했고, 특히 민주화 세력은 투쟁·시위로 일관한 채 권력 장악에 혈안이었으며, 민주화로 위장해서 현대사 내내 북한의 독재 세습 정권에 퍼 주려고 안달했고, 민주화(대통령들과 정치인들과 시민단체)가 결국은 민주주의와 민주화에 실패한 채 기득권·특권 대열에 합류·안주한 것이 고작이었다.

그뿐 아니라 문재인(5년) 정권은 아예 종북과 중공몽에 안달이었고, 대한민국을 허물어뜨리고 약화·악화하면서 위기와 망국으로 치달았다.
역시 최근(윤석열 정부) 2~3년은 75년의 후유증과 반국가·이념 세력을 상대하고 해결하고, 4대 개혁을 위해서 안간힘을 쓰고 있다.

이승만·박정희에 대한 재평가는 필연적

물론 이승만·박정희의 단점이나 폐단이 없지 않다.
왜냐면 이승만·박정희는 대한민국의 후진적인 요소들(국민성, 무의식, 관행, 타성, 문화, 가치관, 인간관계 등)을 바꾸지 못했고, 사실은 겨를도 인식도 없었기 때문이다.
이는 온 국민이 근본적(무의식·문화·민족성 등)으로는 똑같았음을 뜻한다.
그런데도 다른 나라들에서는 이승만과 박정희 같은 인물들은 감히 꿈꿀 수조차 없었고, 앞으로도 출현할 가능성은 없다고 봐야 한다. 그래서 많은 나라가 대한민국에 찬사를 보내고, 부러워하고, 본받으려고 한다.

이처럼 이승만은 5천 년의 길고 어두운 터널에서 나라와 국민을 구출했고, 교활하고 집요한 공산주의의 위협과 적화로부터 대한민국을 구해 낸 '난세의 영웅'이다.
하지만 결국에 독재했고, 그에 관해서는 세세하게 연구해서 재평가해야 한다.
역시 박정희는 국제사회에서 대한민국을 '천지개벽'과 '아시아의 용'과 '한강의 기적'으로 표현·칭송하면서 부러워하고, 본받을 정도로 5천 년 역사를 통틀어서 국민의 양적·질적 삶을 가장 획기적으로 향상·도약해 준 '백마 탄 왕자'라고 할 수 있다.

5. 우리 국민이 직접 이승만과 박정희가 되어 보면

우리 현대사의 인물들은 참으로 이해할 수 없는 연속이다.
첫째, 이승만·박정희가 독재했고, 이는 좀처럼 이해하기 힘들다. 왜냐면 두 사람 모두 대한민국이 암담했을 때 획기적으로 이바지했고, 굳이 독재할 필요가 없었기 때문이다.

둘째, 대한민국이 모든 면에서 암담하고 열악했던 시대·상황에서 김영삼·김대중이 이승만·박정희를 존중도 도와주지도 않았던 점 역시 도저히 이해할 수 없다.

셋째, 이후에 국민들이 이승만과 박정희에 대해서 업적과 잘못을 구분해서 정당하게 평가하지 않고, 존중도 감사도 최소한의 이해조차 외면·거부했으며, 단지 독재자·쿠데타·친일파로 매도·공격했다는 사실 역시도 이해할 수 없는 점이다.

만일 우리 국민 개개인이 대통령이었다면 어땠을까?

만일 우리 국민 개개인이 당시에 대통령(이승만·박정희·김영삼·김대중)이었다면 무엇을 어떻게 했을지 생각·비교해 볼 필요가 있다.
대한민국은 참담했던 역사로 인해서 국민성과 문화가 무지·답답·망가지는 연속이었다.
그래서 자신이 훌륭한 지도자였다면 후진 문화와 관행들을 적극적으로 포용·계몽함으로써 국민의 의식 향상에 최선을 다했을 것이다. 더구나 참다운 민주주의는 비난과 투쟁과 반대가 아닌 진정한 인류애와 존엄성 확보와 질적 가치 추구와 자유의 자율적인 구현과 모두 함께 이뤄 나갈 공통의 지향점을 추구·실현해야 함을 국민들에게 천명하고, 적극적으로 홍보·호소·설득·계몽했을 것이다.

하지만 당시에는 나라도 국민도 너무도 한심·답답했고, 말과 생각처럼 쉽지 않았다.

그래서 만일 우리 국민 개개인이 당시에 이승만·박정희였다고 해도 수많은 반대와 방해와 공격을 받았을 것이고, 별별 생각들을 했을 것이다.

우리 국민이 이승만·박정희의 독재를 오히려 존중·이해하기로 작정한다면

당시에 필자가 대통령(이승만·박정희)이었다고 해도 독재했을 것이라는 사실을 뒤늦게야 깨달았다.

깨달은 이후에 필자는 어쩌면 이승만과 박정희보다 훨씬 더 심하게 독재했을지도 모른다고 생각되었다. 왜냐면 당시는 나라와 국민에게 중차대한 시점이었고, 김영삼과 김대중은 나라와 국민과 민주주의와 자본주의와 자유와 인간다운 삶을 위한 인생의 과정이 아예 없었고, 그에 대한 실질적·구체적인 준비·방안·의지가 전혀 없었으며, 민주주의에 필요한 참다운 자질도 교육도 환경도 없었고, 조금이라도 존중·이해·협력하는 모습은 아예 없었으며, 일방적으로 반대·방해·비난했기 때문이다.

이는 당시에 이승만·박정희로서는 김영삼·김대중이 오직 대통령에 대한 야욕뿐이라는 점이 훤히 보였을 것이라는 이야기다.

그래서 필자가 대통령이었다면 김영삼과 김대중을 훨씬 더 강력하게 단속하고 처벌했을 가능성이 컸으며, 나라와 국민을 위해서는 반드시·당연히 그렇게 했을 것이다.

왜냐면 당시에 대한민국은 0점이나 마이너스(-)라는 표현으로도 설명할 수 없을 정도로 최악으로 빈곤했었고, 수준 높은 민주주의와 자본주의가 우리에게 모든 면에서 버거웠으며, 김영삼·김대중이 도와줘도 힘든 상황이었고, 더구나 처절했던 역사에 이어서 여전히 공산주의에 둘러싸여 있었을 정도로 위험했기 때문이다.

심지어 이승만은 소련(스탈린)·북한(김일성)의 치밀한 공작과 국내 공산당들의 악질적인 방해(대구폭동·제주 4·3·여순반란 등)에도 불구하고 참으로 어렵고도 지혜롭게 대한민국을 건국했고, 가까스로 민주주의 정부를 수립했으며, 박정희 역시 엄청난 방해 속에서 기어코 경제개발계획을 추진해서 획기적으로 성공했다.

설사 김영삼·김대중이 이승만·박정희를 반대·방해했을지라도 이후에 대한민국의 엄청난 변화와 기적적인 발전에 대해서 감사와 존중과 진심 어린 사과를 했어야 했다.

만일 김영삼·김대중이 없는 인간미라도 발휘해서 대한민국과 국민들을 민주주의로 유도하고 안내했다면 대한민국은 전혀 다른 현대사가 되었을 것이다. 그렇게 했더라도 역부족이었던 상황에서 김영삼·김대중은 정권욕에 불이 붙어서 이승만·박정희를 비난·공격·매도했고, 쫓아내려고 혈안이었다.

아마도 이승만·박정희는 재야 세력과 김영삼·김대중의 야욕과 수준과 속내를 훤히 들여다봤을 것이고, 그들이 정권을 차지하면 대한민국을 얼마나 어떻게 이끌고 망가뜨릴지 걱정했을 것이다.

따라서 필자처럼 이승만·박정희가 두 사람을 훨씬 더 강력하게 단속·처벌했어야 옳았다고 생각한다.

하지만 사실상 이승만도 박정희도 더 이상의 능력과 통찰력은 미달이었고, 겨를도 없었다.

만일 우리가 최초에 민주주의를 만든 주체·주역이었다면

만일 이승만과 박정희와 국민들이 선진국에서 태어났고, 민주주의와 자본주의를 최초에 직접 만든 주인공들이라고 해 보자.

그랬다면 민주주의와 자본주의를 위해서 국민들에게 얼마나 적극적인 의식과 자질이 필요한지 몸과 마음으로 체득되었을 것이고, 독재는 아예 필요 없었을 것이며, 핵심 측근들 역시 이승만·박정희에게 독재를 종용하지 않았을 것이고, 국민과 역사와 후대를 위해서 모든 구성원이 똑바로 역할 했을 것이다.

다시 한번 대한민국의 현대사에서 이승만·박정희가 없었다면

첫째, 대한민국은 정상적인 해방과 독립이 불가능했을 수 있다.
둘째, 미군과 유엔사가 6.25남침 전쟁에 즉각적으로 참전하지 않았을 수도 있다.
셋째, 참전했더라도 이미 늦어서 패전했거나, 제대로 싸워 보지도 못한 채 김일성에게 나라를 빼앗겼을 수도 있다.
넷째, 당시에 버텼더라도 이후에 공산화되었을 수도 있다.
다섯째, 휴전 후에 미군이 철수했을 것이고, 소련·중공의 속국이나, 북한에 적화나, 한시도 편안하지 못했을 수 있다.
여섯째, 경제개발계획과 기적적인 성공은 불가능했다.

따라서 만일 대한민국의 현대사와 대통령이 전두환·노태우나, 김영삼·김대중부터 시작되었다면 지금쯤 어떠한 대한민국이었을지 구태여 설명이 필요 없을 것이다.

07 대한민국 국민에게 격려와 분발을

어느 시대나, 어떤 사회나 훌륭한 인물들과 저질·악질적인 범죄자들과 양아치들은 항상 있다. 그래서 훌륭한 사람들이 한동안 역할들을 잘해서 대단한 업적들을 이뤄도, 나쁜 놈들이 한동안 난장판을 꾸며도 결국은·근본은 변하지 않고 마찬가지가 된다. 왜냐면 그들은 한동안 활약하거나, 설치고 망치다가 죽으면 끝나기 때문이다.

그래서 가정과 사회와 나라가 근본적으로 좋아지려면 절대다수 국민이 어떤 자세와 태도를 보이느냐가 중요하다. 그에 의해서 불행과 고통과 망국으로 악화할 수 있고, 행복과 안정과 발전과 번영으로 좋아질 수도 있고, 나라와 국민의 운명과 미래도 다수 대중에 의해서 모두 좌우·결정된다.

지금까지는 그랬다고 치더라도 이제는 국민들이 훨씬 더 인간답고, 적극적으로 인간답기 위해서 정신들을 바짝 차려야 한다.

1. 연약하게 태어난 (대한) 민국이의 건강과 장래

(문재인 정권 때 작성했던 내용 중 일부를 그대로 소개한다.)

우리 민국이가(대한민국이) 오래 아파서 많이 힘들어하고 심하게 위축되어 있다.

민국의 출생과 과거와 현실

민국이는 태어날 때부터 왜소한 체구에 온순한 성격이었고, 삼면이 바다로 둘러싸여서 대륙의 영향을 심하게 받았으며, 이웃들에게 수시로 얻어터졌고, 내부에서는 심한 차별과 착취와 궁핍에 시달렸으며, 피해의식과 열등감으로 짜증이 심해졌다.

민국이가 처한 상황과 나약해진 심리와 심각해진 피해의식

민국이는 끊임없는 외부의 침략과 내부의 차별과 궁핍한 삶으로 마음 편할 날이 없었다. 그런데도 황당하게 민국이는 태평성대와 무탈한 인생살이를 꿈꿨고, 민국이의 일부는 "지상낙원을 만들어 주겠다."라는 황당한 말에 너무 쉽게 속아 넘어갔으며, 힘을 가진 공무원과 폭력배와 부자들에게는 찍소리도 하지 못하고 저자세로 일관했고, 참담함으로 인해서 외부 세계에 방어적·부정적·폐쇄적이면서도 비굴했으며, 만약에 모를 괘씸죄가 무서워서 일상생활과 인간관계에서 극도로 몸을 낮추고 언행을 조심했고, 그러면서도 '겸양의 미덕', '원만한 인품', '무난한 인생', '모나지 않은 성격'이라고 합리화·착각·미화했으며, 눈에 보이지도 않은 누군가를 먼발치에서나 등 뒤에서 흉보는 것을 용기로 여겼고, 여차하면 비난하고 공격하고 분노하고 적개심을 품었으며, 이를 선과 정의와 의리와 열사와 의인과 애국으로 착각했다.

민국이의 건강 상태

민국이는 정신 건강도 육체 건강도 인생 건강도 사회문화도 계속 나빠졌고, 온몸에 크고 작은 종양들이 생겨나서 일부는 악성화되기 시작했다.
그런데도 순진한 민국이네는 종양들에 무지·무관심했고, 종양들이 온몸으로 퍼져 나갔으며, 급기야 고질적인 종양 일부가 악성과 악질로 바뀌어서 본색을 드러냈다.
하지만 민국이는 본색을 드러내는 악성종양(종북좌파·주사파·중공몽 세력)을 똑바로 알아보지 못한 채 박수갈채를 보내거나, 반신반의하고 지켜보거나, 수수방관한 채 무방비로 당하거나, 일부는 악성종양에 오염되어서 하수인 노릇에 급급하거나, 훤히 보고 알면서도 해외 도피(이민)하거나, 속세를 떠나서 은둔하거나, 하늘에 기도하는 연속이었다.

그래도 민국이의 일부는 종양의 실체와 위험성을 깨달았고, 갖가지로 경고음을 보냈으며, 아예 호응과 관심을 받지 못했다. 그로 인해서 순진하기 그지없는 숱한 사람들이 고생하고 희생하고 무너졌고, 그래도 남의 일처럼 여겼다.

왜냐면 사실은 역사에서도 후진적인 종양들이 민국이와 함께해 왔고, 이미 민국이의 곳곳을 크고 작은 종양들이 차지했을 정도로 허약했으며, 스스로를 지키기도 힘들었고, 서로 협력해서 사회문화를 직접 만들고 바꾸고 발전시킨 경험이 아예 없었으며, 너무 오래 상놈으로 살아왔던 나머지 몸담은 나라와 사회문화에 대한 책임감이 없었기 때문이다.

이처럼 복잡하고 처절하고 난해하고 난감한 것이 민국이의 과거였고, 오늘날 현실이다.

긍정(희망)과 부정(비관)이라는 민국이의 극단적 처지

이처럼 민국이네는 참담했던 역사처럼 또다시 뼈아픈 대가 겸 처절한 죗값을 치르게 될 부정적·비관적인 가능성과 지금부터 대오각성·개과천선해서 새로운 희망과 긍정적인 비전 가능성을 동시에 안게 되었다.

민국이의 운명과 장래가 부정적·비관적·비극적일 가능성

민국이의 운명과 장래는 겉보기와는 달리 부정적·비관적·비극적일 가능성을 배제하기 어렵다. 왜냐면 이미 민국이는 수천 년을 단순한 봉건왕조와 차별적인 양반·상놈에서 벗어나지 못했을 정도로 체제극복 능력과 자기 정화 능력을 상실했기 때문이다. 이는 참으로 못마땅하고 가엾은 일이지만 부인할 수 없는 증거들이 널려 있다.

* 일본의 식민 지배에서 벗어나지 못하다가 연합군의 승리 덕분에 해방되었음에도 허약한 실체를 단 한 번도 반성·점검해 보지 않았고, 오직 일본에 대한 원망과 비난으로 일관했다.

* 심지어 6.25남침 전쟁을 일으켜서 수많은 동족을 죽이고, 인민들을 노예와 고문과 감옥과 죽음과 지옥으로 몰아넣는 등 일본인들과는 비교조차 할 수 없을 정도로 악질적인 3대째 독재 세습 정권에는 찍소리 하지 못했다. 그러면서도 우리 국민들을 상대로는 '친일파 청산'으로 위장해서 또다시 비인간적·반민족적으로 야비한 짓들을 저질렀다.

* 민주주의를 실시하면서도 지식인도 언론도 법조계도 민주화 세력도 국민도 42년이나 독재를 해결하지 못했었고, 30년 동안 민주화에 실패해서 오히려 민주주의에서 멀어지고 위험해졌다.

* 심지어 지식인들과 언론인들과 성직자들과 시민단체들조차 북한 정권에 코가 꿰였고, 어느날 갑자기 태도가 정반대로 바뀌었다.

* 그전에도 민국이네는 양반·상놈, 좌익·우익, 독재·민주화, 보수·진보로 분열했고, 또다시 대립과 혼란과 위기로 거꾸러질 위험을 배제할 수 없다.

* 특히 민국이네는 벌써 몇 번씩 망해 먹었음에도 잘못한 사람은 없었고, 반성하거나 책임지려는 사람도 없었으며, 반평생 자신이 모시면서 함께했던 대통령들에게 책임을 몽땅 떠넘겼으며, 또다시 정치할 정도로 비겁하고 뻔

뻔하고 교활해졌다.

* 이렇게 전제하면 또다시 민국이는 6.25남침 전쟁에 버금갈 정도로 난리가 나거나, 동북아와 인도·태평양의 불안정한 정세의 여파로 비극이 초래될 위험성을 배제할 수 없다.

민국이의 운명과 장래가 긍정·낙관·희망일 가능성

민국이는 오래전에 총체적으로 한계에 봉착했고, 막다른 골목길로 내몰린 외통수 신세라고 해도 과언이 아니다.
그런데 이러한 고난과 위기가 현대사 내내 나라를 망치고 분열시켰던 저질·악질들의 실체가 낱낱이 드러나는 기회가 되었으며, 우리 내부를 총정리할 수 있는 절호의 기회가 되었으며, 국민의 역량을 모아서 거국적이고 거시적인 정책들을 수립하고, 과거의 아픔과 상처와 후진성을 말끔하게 씻어 내면서 획기적으로 도약하는 계기와 전환점일 수도 있다.
특히 민국이는 인류 역사에서 전례가 없었을 정도로 단기간에 문명국가로 올라섰고, 각 분야에서 괄목할 만한 성과들을 거두고 있으며, 초강대국인 미국이 버텨 주고 있다는 점에서 너무나도 긍정적·낙관적이고, 그간에 드러나지 않은 인물들과 인재들이 무엇이든지 성공해 내고, 미래를 이끌어 갈 정도로 잠재력과 저력을 축적해 왔다고 할 수 있다.

2. 망하고 실패할수록 오히려 행운이었던 대한민국

대한민국의 역사와 현대사를 되돌아보면 나라가 망하고 빼앗겼던 사실(경험)도, 왕권·정권의 실패도, 특권·기득권의 몰락도 사실은 기적에 가까운 행운의 연속이었다는 사실을 알 수 있다.

1) 만일 조선왕조가 지금까지 계속되었다면 지금쯤 우리는 어떤 수준과 모습일까?

2) 독재(이승만, 박정희, 전두환, 노태우)가 계속되었다면 어땠을까?

3) 저항·투쟁·시위가 고작이었던 민주화(노태우, 김영삼, 김대중, 노무현) 정권이 계속 중이면 지금쯤 우리는 어떤 모습일까?

4) 진보(친노 강경, 386) 세력이 계속 집권 중이라면 어땠을까?

5) 보수(이명박, 박근혜) 세력이 계속 집권 중이라면 어땠을까?

6) 지금의 문재인 좌파 독재(종북좌파·주사파·중공몽·586운동권)정권이 그들의 계획과 장담대로 장기·영구 집권했다면 어떻게 될까?

7) 좌파 독재가 무너진 이후에 그간에 반성도 점검도 없었던 잔챙이 보수 세력이 영구히 집권하면 어떻게 될까?

※ 잔챙이 보수 세력이란 보수(박근혜, 이명박) 세력이 참담하게 몰락했음에도 총체적인 대안 마련도, 원인분석도, 최소한의 점검·반성조차 없는 막연하고 무능한 보수를 뜻한다.

질문) 만일 우리 왕들과 대통령들이 모두 영구 집권했다면 우리도 서양처럼 다양한 변화·사조들(고전주의·자연주의·낭만주의·심미주의·사실주의·현실주의·초현실주의·인상주의·계몽주의 등)이 생겨났을까?
또는 형이상학적인 최고급 개념들(휴머니즘·자유·평등·정의·인권·복지 등)을 끌어내고, 민주주의와 자본주의(법, 제도, 정책들)를 만들어 낼 수 있었을까?

답변) 우리 왕들과 대통령들이 장기(영구) 집권했다면 지금쯤 재기 불가능한 망국이거나, 참담한 독재 국가이거나, 주변국의 속국에 불과했을 것이다. 이는 북한이 증거다.

동서양의 근본적 차이를 이해하는 방법

질문) 민주주의를 만든 서양과 봉건왕조의 연속이었던 동양(대한민국)의 근본적인 차이점을 이해하는 가장 좋은 방법은 무엇일까?

답변) 시대를 거꾸로 거슬러서 첨단의 정보통신부터 차례대로 하나씩 제거(제외)하다가 최초에 동서양이 똑같았던 시대(상태)로 돌아가면 이해가 쉽다.

최근에 생겨난 것들부터 제거하면서 시대를 거슬러 가 보자

스마트폰과 정보통신을 모두 없애 보자. 이어서 컴퓨터와 비행기와 자동차와 기차도 없애 보자.
민주주의와 자본주의와 공산주의와 사회주의와 과학과 산업과 학문과 지식도 없애 보자.

6.25와 식민 지배와 봉건왕조와 사색당파도, 기독교와 천주교와 불교와 유교와 철학도 없애 보자. 조상 모시기와 어른 공경도 없애 보자.
이처럼 하나씩 제거하면 과거 언제쯤인가, 어디쯤에선가 전 세계가 똑같이 어둡고 무지했던 원시·미개 상태가 될 것이다.

이제는 서양과 우리를 비교해 보자.

서양에서는 우리의 역사 내내 불가능했고, 상상조차 하지 못했던 수많은 것을 어떻게 만들어 냈으며, 과연 우리와 다른 점은 무엇인지 생각해 보자. 물론 서양도 우리처럼 무지와 빈곤과 차별(노예제도)과 착취와 신분과 전쟁 등을 두루 겪었다.
하지만 서양에서는 다양한 개념과 사조들을 통해서 끊임없이 변화했다.

* 서양에서는 세상과 인간에 대해 끝없이 의문을 품었던 철학적인 과정이 있었다.

* 의문들이 풀어지면서 철학을 받쳐 주는 과학적 사고와 과학(천문학 등)이 생겨났고, 천재들과 석학들은 세상에 담긴 더 많은 현상과 이치에 접근했으며, 인류애를 지닌 훌륭한 인물들과 총명한 인재들이 다양한 분야를 개척했다.

* 인간의 존엄성과 다양성과 창의력을 통해서 월등한 개념들을 도출해 냈으며, 인간다운 삶을 위한 사회와 문화와 제도로 반영해 냈다.

* 그들은 인간(자신)의 무한한 가능성과 세상(대자연)의 무궁무진한 가치를 확신·터득했고, 세상과 인간에게 긍정적이고 우호적이고 협력적인 휴머니즘

(포괄적인 인류애)의 중요성을 실감했으며, 가치 있는 자아와 열정적이고 도전적인 인생을 추구했고, 후대에 아름다운 세상과 바람직한 사회문화를 넘겨주는 것을 삶의 목표와 인생의 가치로 삼았다.

* 이러한 과정에서 도전적인 개척정신과 탐구적인 과학 정신과 냉철한 비판 정신과 합리적인 사회의식의 중요성을 깨달았고, 진실하고 진지하고 충실한 인간관계를 유지했으며, 모두 함께 인간다운 삶을 살기 위한 자유와 평등과 정의와 인권과 복지 등 형이상학적인 고급개념들을 도출해 냈다.

서양과는 반대로 우리는 인생의 관심사가 무엇이었는지, 서로 만나서 무엇을 도모했는지, 세상과 인생을 어떻게 생각했는지, 세월이 흐르는 동안 무엇이 어떻게 좋아지고 달라졌는지 체계를 잡을 수 없다.
단지 우리는 왕이 바뀐 줄거리와 사건과 연도가 역사이고, 자체적으로 변화했던 흔적들은 찾아 보기 어렵다. 수천 년을 조상 답습으로 살아왔다는 이야기다.

만일 우리가 원점에서 역사를 새롭게 다시 시작한다면

질문) 만일 우리가 원점(구시대)부터 역사를 다시 시작한다면 똑같은 민족성과 문화와 사회와 역사를 되밟을 것인가?

답변) 당연히 아닐 것이다. 만일 우리가 5천 년 역사를 다시 시작하게 된다면

* 우리(역사, 문화, 민족성)의 실체와 실상을 분석·정리·반성하지 않을 수 없다. 왜냐면 분석·정리·반성하지 않으면 또다시 망국의 역사를 반복할 수밖에 없기 때문이다.

* 그간에 관념화되고 습성화된 우리(실체)를 깨닫고, 깨뜨리고, 버리고, 바꾸고 승화하면서 서로 소통하고 포용하고 용서하고 단합하게 될 것이다.

* 함께 추구하고 이뤄 내고 나아가야 할 공통의 지향점을 설정하고 체계적·효율적인 방안들을 마련하게 될 것이다.

* 문제와 부작용과 잘못이 생겼을 때 비난과 원망이 아닌 서로를 보완해 주는 등 성숙한 사회의식과 사회 질서를 확보하게 될 것이다.

* 남(정부, 정당)의 잘못에 기생해서 반대와 시위와 투쟁으로 또다시 망치거나, 소모적인 유흥과 유행에 인생을 허비하지 않을 것이고, 훌륭한 사람들과 모범적인 사례들과 합리적인 모델들을 발굴해서 존중하고 밀어주게 될 것이다.

* 세상과 인간에게 긍정적이고 우호적이고 협력적인 관계, 어린 시절부터 포괄적인 인류애(휴머니즘) 확보, 존엄성의 존중·확보·신장, 질적인 가치관 확보, 자율적인 자유의 구현, 모두 함께 추구·실현해 낼 공통의 목표(미래 지향점), 탐구적이고 도전적이고 개척적인 태도, 약자들에 대한 봉사와 후원, 인재들에 대한 지원과 육성, 훌륭한 인물들을 발굴해서 존중·존경, 긴급·위급 상황에 대처하는 정책과 국민 의식을 만들어 가게 될 것이다.

이는 절대 불가능한 일이 아니다. 역사가 발전하고, 민주주의가 생겨나고, 갓난아기를 잉태해서 출산하고 양육하고 교육해서 인간다운 삶을 살게 하는 것처럼 국민 개개인이 훨씬 더 진지하고 충실하고 진실하고 인간다워지면 해내지 못할 것이 없다.

3. 기적의 연속이었던 대한민국의 국운

대한민국은 역사도 현대사도 순탄치 못했고, 백성들의 삶은 말로 표현하기 어려울 정도로 궁핍하고 처절했다.
그랬는데도 대한민국은 5천 년 동안 완전히 망하지 않았고, 갈수록 국운이 짱짱해지고, 미래가 창창하다는 점에서 신기하지 않을 수 없다.
이는 기적에 가깝고, 이미 '한강의 기적', '아시아의 용'으로 부러움을 받았다. 하지만 당시의 기적은 극소수(대통령, 기업인)에 의한 경제적 기적이었다.
그런데 지금부터는 국민적·국가적 대전환점이라는 진정한 기적을 국민의 역량으로 이뤄 내야 한다.

대한민국의 기이한 모순

웬만한 나라들은 지도자들이 연거푸 실패하면 당연히 나라가 몰락하고, 국민들은 비참해졌다. 그런데 대한민국은 대통령(정치인)들이 현대사 내내 실패와 비운을 반복했음에도 나라와 국민이 무사했고, 오히려 국운이 짱짱하게 유지되었다.
이처럼 기이한 현상은 대한민국이 찬란한 국운을 맞이하기 위한 진통(산전수전)의 과정(연속)이라는 이유 외에 다르게 설명할 방법이 없다.

첫째, 대통령들이 실패해서 무너질 때마다 대한민국(국운)은 오히려 좋아졌다. 그간에 대한민국은 독재(몰락) - 민주화(몰락) - 진보(몰락) - 보수(몰락)로 바뀌었고, 지금은 '진보'로 위장한 종북좌파·주사파·친중(사대주의) 세력이 참담한 실체를 고스란히 드러내면서 급격히 몰락 중이다.

물론 보수 세력은 "문재인·이재명 일당의 역적 짓들로 망국의 위기인데 어떻게 대한민국이 좋아진 것이냐?"라고 반문·반박할 수도 있다. 하지만 문재인·이재명 세력의 몰락이 기정사실(100%)인데도 신기하게도,

* 대한민국은 상서로운 일들과 비전으로 가득하다.
* 우리의 은인과 동맹과 우방인 미국이 확고하게 버텨 주고 있다.
* 사실은 그간에도 문재인이 국방과 안보를 망가뜨리려고 안달했음에도 오히려 김정은은 멸망과 붕괴의 초읽기에 들어갔다.
* 문희상과 노영민의 '만절필동'(중공몽)에도 불구하고 시진핑 역시 중국을 망치면서 버티기에 급급한 채 몰락은 기정사실이다.

그간에,
* 독재가 연거푸 무너졌을 때도 독재(이승만, 박정희, 전두환)의 입장에서는 좋아진 것이 아니다. 하지만 독재가 몰락하면서 대한민국은 민주화 시대가 펼쳐졌다.
* 민주화(노태우, 김영삼, 김대중)가 실패하자 무능한 진보(노무현, 386) 세력이 득세했다가 또다시 무너졌다.
* 민주화와 진보가 연거푸 무너지자 또다시 무능한 보수(이명박, 박근혜)가 득세했고, 엉망인 우리 내부를 반성도 점검도 해 보지 않았으며, 아예 지지층까지 몽땅 붕괴시켜 버림으로써 대한민국의 보수는 독재를 뒤따라서 사실상 끝났다.
* 무능한 보수를 불법(조작과 선동)으로 내쫓은 종북좌파·주사파·중공몽 세력이 등장했고, 자신들의 발등에 스스로 도끼질해 대는 범죄들과 역적 짓들을 자행하면서 양아치 김정은까지 껴안고 떼거리로 몰락하는 중이다.
* 이는 국민들이 획기적으로 의식을 향상하거나, 좋아지는 과정이라기보다

는 그간에 나라와 국민을 망치고 분열시켰던 저질·악질들이 추한 실체를 드러내면서 몰락하고, 막무가내로 이들을 지지했던 국민들이 대오각성해서 개과천선하는 절호의 기회이며, 온 국민이 반성·점검·단합하는 최고로 행운의 기회이고, 대전환점을 만들어 내는 최상의 시기라는 이야기다.

이처럼 부패하고 무능한 기존(독재, 민주화, 진보, 보수, 종북·중공몽) 세력이 계속해서 몰락함으로써 대한민국은 오히려 밑바탕이 튼튼해지는 기이한 현상 겸 기적이 해방 후로 지금까지 계속되고 있다.
다시 말해서 5천 년 내내 열악하고 열등했던 우리가 어느 날 갑자기 최고 수준의 민주주의를 모방했다. 하지만 졸지에 선진복지 국가와 민주주의로 둔갑할 수는 없었으며, 산전수전의 과정들을 통해서 갖가지 경험과 지혜와 근성을 배우고 키우면서 전혀 다른 차원의 나라와 세상을 주도해 갈 수 있는 잠재력과 저력을 축적해 왔다고 할 수 있다.

이처럼 대한민국은 다른 나라들과는 달리 실패할 때마다(망할수록) 변화(세대·인물·세력 교체)가 계속되었고, 국운과 국민에게는 새로운 기회와 미래로 연결되고 있다.
이는 우리가 현실을 감당·극복하지 못했음에도 짱짱한 국운과 지정학적 여건과 국제정세와 초강대국인 미국 덕분에 결과적으로는 계속 좋아지는 시행착오 겸 기적의 연속이었다.

실패와 악순환의 반복(전통)을 진보 세력에 대입하면 최고행운인 상황

우리가 현대사 내내 실패와 악순환의 연속인 가운데 대한민국을 장악했던 종북좌파·주사파·중공몽 세력을 보면 더욱더 최고의 행운이라는 사실을 확신할 수 있다.

만일 진보로 위장한 종북좌파·주사파 세력이 대한민국을 세습 독재자 김정은에게 바치려고 역적 짓들을 반복하지 않았거나, 강력하게 코가 꿰이지만 않았더라도 장기·영구 집권했을 수도 있었으며, 최소한 5년 만에 몰락하지는 않았을 것이다. 왜냐면 보수 세력은 대거 몰락했음에도 최소한의 반성과 원인분석조차 하지 않았고, 종북좌파·주사파에게 속수무책으로 당할 정도로 무능하고 무기력했기 때문이다.

다시 말해서 대한민국의 종북좌파·주사파들은 민족의 반역자요, 반인륜범죄자인 김일성과 그의 하수인들(김원봉·박헌영·김달삼·신영복 등)에 불과했다. 하지만 이들이 몰락함으로써 대한민국은 완전히 새로운 국면에 마주하게 되었다.

이처럼 대한민국은 기존 세력이 계속 몰락해야만 새로운 변화가 가능하고, 망해 먹을수록 오히려 행운이었다.

그렇더라도 언제까지나 이러한 연장선에서 살아갈 수는 없다.

지금부터 우리는 실패와 위기의 악순환이라는 소극적인 역사를 극복해야만 대기만성인 국운을 맞이할 자격과 더 이상의 명분과 대세를 확보할 수 있다. 이를 위해서 국민의 순수한 역량으로 획기적인 대전환점을 만들어야 한다.

4. 잔챙이 인물들과 현안들에 일희일비할 필요 없어

대한민국의 찬란한 국운과 미래를 똑바로 이해하려면 반드시 알아야 할 점이 있다.

이는 거대한 역사의 흐름(원리), 한반도의 지정학적 여건, 우리 현대사가 독재와 민주화와 진보와 보수와 종북좌파·주사파·중공몽 세력까지 진행된 이유와 과정, 독재에 이어서 보수까지 몰락한 실제 이유, 북한 인민들의 참상,

김정은·문재인의 몰락(최후), 진보의 몰락까지 제대로 파악해야 한다.

아무도 해결할 수 없고, 함부로 손댈 수 없는 한반도

한반도의 운명과 미래는,
첫째, 김정은·문재인과 종북좌파·주사파·중공몽 세력들에 의해서 결정되지 않는다.
둘째, 중공도 일본도 한반도를 멋대로 좌지우지할 수 없다.
그래서 우리는 한반도에 대한 총체적(인류사적, 거시적, 장기적, 종합적)인 관점을 확보해야 한다.
왜냐면 대한민국의 정기와 국운과 미래는 김정은과 문재인과 중공과 일본보다 훨씬 더 강하고 억세고 질기고 창창하고, 초강대국인 미국과 한 덩어리로 인류 미래로 연결되어 있기 때문이다.

미국과의 기적적인 관계(지정학적인 여건)

대한민국과 미국의 관계는 얄팍한 잔머리(술수)와 약아빠진 잇속으로는 판단할 수 없는 숙명적이고 기적적인 관계다.
그래서 미국의 대통령들과 백악관과 정부와 공화당·민주당과 의회와 절대다수 국민까지 일체가 되어서 함께하고 있다.
특히 이들 중 어느 한쪽에서 남북한의 전쟁이든, 핵 보유든, 비핵화든, 미군 철수든, 동맹 해체든 일방적으로 결정하고 실행해 버릴 수 없고, 보이지 않는 기운과 끈들이 작용 중이다.
이는 앞으로도 양국이 강력한 동맹으로 국제사회에서 다양한 역할들을 수행해 갈 필연적 관계라는 이야기다.

김정은의 운명

거의 모든 면에서 저질 망나니(쓰레기·양아치, 반인륜·반인권 범죄자, 세습 독재자)에 불과한 김정은은 북한이라는 폐쇄된 쥐구멍에 숨어 살았다. 하지만 유엔과 미국의 대북 제재와 문재인의 오판과 사기 쇼에 속아서 김정은이 대낮처럼 밝은 국제사회에 얼굴을 내밀 수밖에 없는 신세로 바뀌었다. 이는,
첫째, 우둔한 문재인이 김정은에게 충성하기 위해서 갖은 잔머리들을 동원했기 때문이고,
둘째, 문재인·김정은이 우리 국민과 미국과 국제사회를 기만하려는 사기 쇼를 잘못 기획·연출한 때문이며,
셋째, 박쥐 신세로 숨어 지내던 김정은이 영구독재와 남한까지 욕심낼 정도로 우둔하고 어리석기 때문이다.

하지만 감히 밝은 하늘을 쳐다볼 수조차 없는 악질 김정은이 지상으로 기어 나왔다는 사실은 종말이 머지않았다는 징조 겸 암시였다.
김정은은 하수인인 문재인이 대통령에 당선되자 혹시 하는 기대감으로 판문점을 넘어왔고, 그 순간에 레드라인을 넘어서 멸망의 길로 들어섰으며, 이미 망한 것과 다름없다. 왜냐면 두더지에 불과한 김정은이 깜짝 사기 쇼를 연출해 낼지라도 결국은 자유세계를 감당하기 불가능하고, 급격히 위험해지고 몰락을 앞당길 수밖에 없기 때문이다.

문재인

문재인은 대통령으로서의 지도력(통찰력, 포용력, 통솔력)과 인간다운 자질과 양심은커녕 하는 짓마다 도끼로 자기 발등을 찍어가면서 전신을 난도질

하는 수준에 불과하다. 그래서 문재인은 하는 일마다 조작과 궤변과 위선과 사기와 쇼와 눈가림이 고작이고, 갈수록 진퇴양난의 함정과 절벽이어서 이미 남은 인생은 벼랑에서의 끝없는 추락뿐이다. 왜냐면 대한민국의 대통령이 스스로 민주주의와 헌법을 부정하고 무시할 정도로 저능하고, 대통령이 할 수 있는 엄청난 권한과 기회들을 외면·포기·역행한 채 스스로 몰락하는 역적 짓들로 일관했으며, 우리의 동맹과 은인인 미국과 유엔을 기만하고 사기까지 쳐 버린 저질 사기꾼에 불과하기 때문이다.

* 문재인은 거의 모든 면에서 이해도 용서도 받을 수 없다. 모든 면이란 대통령으로서의 자질과 자격과 의무와 권한은 물론이고 개인적, 양심적, 인격적, 인간적, 상식적, 역사적, 시대적, 국제적, 인륜적, 인권적, 문화적, 사회적, 사상적, 국가적, 국민적, 현대사적으로도 절대 용서받을 수 없는 악질적인 행보의 연속이었다는 의미다.

* 그뿐 아니라 문재인은 태생부터 의혹투성이다. 태생적인 공산주의자, 김일성 장학생, 북한에 강력하게 코가 꿰인 하수인, 상황을 정반대로 판단하는 저능아, 위선과 아집과 교만과 독선으로 뭉친 좌파 독재자, 가정도 나라도 계속 망해 먹는 패륜·방탕아, 나라를 적에게 넘겨주려는 역적까지 이러한 모두에 해당하지 않고서는 절대 있을 수 없는 발언과 행보의 연속이었다.

* 문재인은 민주주의와 자본주의 국가인 대한민국 체제와 정통성에 대한 반감을 거침없이 드러냈고, 반대로 공산주의에 대한 호감과 존경심을 거리낌 없이 표출했다.

* 문재인이 안전하게 정권을 유지하거나, 최소한의 체면이라도 유지하려면

김정은이 말을 들어 주든지, 김정은이 문재인(종북·주사파)에게 불리한 지령과 협박을 중단해 주든지, 미군이 철수해 주든지, 북한의 핵 보유를 미국과 국제사회가 인정해 주든지, 중국이 문재인을 무시하지 않아도 불가능하다.
문재인은 미국에는 민주주의의 배신자요, 독재자 김정은에게는 절대 복종·충성하는 하수인 겸 숙명적인 몰락의 동반자이고, 중국에는 무기력한 사대주의자에 불과하고, 대한민국에는 국민들과 조상들을 친일파와 적폐로 내몰아 버릴 정도로 망나니 패륜아다.

* 북한 태생인 문재인은 자신을 성장시켜 준 텃밭인 대한민국에 감사하고 은혜를 갚기보다 독재·민주화·진보·보수 세력의 실패와 악순환에 기생해서 대통령까지 당선되었다. 그런데도 거의 인간 말종 짓들로 나라와 국민과 동북아정세와 인도·태평양 질서와 국제사회에 민폐의 연속이었고, 비웃음과 멸시의 대상으로 전락해서 자멸했다.

* 머잖아서 문재인은 자기 말년은 물론이고 개미 한 마리도 마음대로 할 수 없을 정도로 무능함과 조작과 위선이 드러날 것이고, 참담한 죗값들을 처절하게 치를 것이다. (실제로 그렇게 진행 중이다.)

중공

유럽 국가들은 작은 땅덩이와 인구지만 수십 개의 독립 국가들이 공존하면서 당당하게 행복과 자유와 인권과 복지와 번영을 누리고 살아간다.
반대로 중공은 거대한 면적과 엄청난 인구다. 그런데 소수민족들이 독립할 수 없고, 인간답게 살아갈 수 없으며, 무자비한 탄압과 인권유린에 시달린다. 그간에 유럽이 인류사를 주도해 왔던 동안에도 중공은 앞가림도 하지 못했다.

심지어 지구상의 모든 국가에서 전쟁했던 횟수(합계)보다 중공이라는 한 나라의 전쟁 횟수가 더 많을 정도로 역사와 문화가 잔악하고 열등하고 지저분했다.
역시 중공은 합리적인 관(觀, 세계관, 인생관, 가치관)이 없고, 여유와 힘이 생기면 무협지 수준의 영역싸움(동물 수준의 약육강식, 살벌한 중상모략, 교활한 권력 암투, 무리한 영토확장)이 고작이었다.
심지어 북한에서 탈출한 인민들을 붙잡아서 고문과 죽음의 지옥으로 내몰아 버릴 정도로 잔악하다.
그래서 중공은 북한과 남한을 질벅거릴 뿐 치명적인 피해와 결정적인 영향을 끼칠 수 없고, 그간에 북한 정권을 도와주고, 자유대한민국을 함부로 취급했던 죗값으로 통탄하는 지경으로 전락하고 있다.

우리 국민

현재로써는 우리 국민 역시도 한반도의 위기 상황에 획기적인 역할들을 해낼 자질과 자격과 능력에서 현저히 미달이다.
우리는 너와 나의 잘잘못을 가릴 것조차 없을 정도로 피차 백지 몇 장 차이에 불과했고, 독재·민주화를, 보수·진보를 따지고 비난할 자격이 없으며, 획기적으로 업그레이드해야 한다.
특히 민주화·진보·보수는 이승만·박정희를 비난·매도·평가·심판할 자격도 자질도 없다. 이는 정말 중요한 이야기다.
왜냐면 그간에 민주화도 진보도 보수도 대한민국과 국민을 위해서 특별히 해 놓은 것이 없고, 사실은 독재 덕분에 모두 잘 먹고 살면서 행복과 번영도 누렸기 때문이다.
그러면서도 민주주의와 민주화에 실패했고, 최악의 북한 정권에 비굴했으며, 북한 인민들에게는 무관심하고 몰인정했다.

실제로 우리는 처참한 인민(동족)을 방치한 채 금강산에 관광을 다녔고, 그것을 자랑스럽게 여겼으며, 악랄한 독재 세습 정권을 도와서 핵무장을 시켜준 정권과 정치인들을 계속 지지해 줄 정도로 비민주적이고 비인간적이고 반민족적이라는 사실을 인정해야 한다. (실향민들의 금강산관광은 제외다.) 조만간 문재인의 지지 세력과 일명 '진보'로 불리는 꼴통(종북좌파·주사파·중공몽·반미) 세력은 제대로 고개조차 들기 힘들 것이고, 대한민국이 민주주의 선진국이 되려면 진심으로 반성해서 선진의식으로 향상해야 한다.

한반도의 국운과 현실

한반도는 아무도 예측할 수 없을 정도로 오리무중의 연속이다.
왜냐면 대한민국과 미국과 국제질서와 인류 미래와의 연관성 속에서 국운이 결정·진행되기 때문이다. 하지만 당장은 우리 국민이 속수무책이어서 오리무중으로 보일 수밖에 없다.
어떻든 한반도의 운명은 김정은·문재인과 시진핑과 기시다·이시바 시게루에 의해서 결정되지 않으며, 오히려 지구촌(미국과 한반도 등)의 운명에 의해서 이들이 좌우된다.
그래서 문재인과 김정은과 시진핑이 아무리 못된 짓을 저질러도 미국과 한국과 국제질서와 인류 미래라는 틀에서 벗어날 수 없고, 멋대로 설쳐 본들 결국은 자기 발등 찍는 짓들에 불과하며, 자기 명을 재촉하는 짓이 고작이다.
우리 국민은 민주주의에 역행했던 독재의 몰락, 민주주의를 방해·역행해서 민주화에 실패했던 민주화 세력의 몰락, 더욱더 역행·퇴보하면서도 도도하고 교만했던 진보의 몰락, 무능했던 보수의 몰락, 대한민국을 망가뜨리는 종북좌파·주사파·중공몽의 몰락을 통해서 오히려 최고·최대·최상의 국운에 가까워지고, 행운의 기회와도 마주하고 있다.

5. 남북한의 자유·평화 통일방안

남한은 북한을 자유·평화 통일로 순조롭게 이끌어 주고, 북한은 민주주의와 자본주의에 적극적으로 흡수·동화되어야 한다.
이를 위해서 통일은 반드시 남한 국민과 북한 인민이 주체와 주인공 자격으로 추진·실현되어야 한다.
다시 말해서 '우리민족끼리'에서 '우리', '민족', '끼리'는 '떼거리'나 '더불어' 수준의 '대중과 인민'에 불과하다. 역시 '우리', '민족', '끼리'가 김정은과 문재인·이재명의 것이어서는 안 되고, 특정한 인물과 세력의 돈벌이용이나 출세용이나 명예용으로 악용되는 일은 없어야 한다.

머잖아서 진행될 남북한의 자유·평화 통일은

첫째, 햇볕정책(김대중, 노무현, 문재인)을 역으로 이용해야

※ 햇빛은 밝은 빛을 의미하고, 햇볕은 따뜻함, 온기·열기를 뜻한다.

김대중과 노무현은 '햇볕정책'으로 위장해서 김정일에게 거액을 퍼부어 줬고, 문재인은 김정은에게 가져다 바치고도 더 많이 가져다 바치려고 안달했다. 그러면서도 문재인은 비굴한 저자세와 하수인 짓과 역적 짓이 고작이었고, 결과는 국제사회로부터의 "김정은의 대변인"과 북한으로부터 "삶은 소대가리"와 대한민국에서는 "역적 짓들"이 고작이었다.
하지만 앞으로 남북통일은 '햇볕정책'을 역으로 이용해야 한다.

둘째, 북한은 햇볕이 아닌 햇빛을 우선해야

남한은 북한 인민들이 자신들의 내부와 국제사회를 확인할 수 있도록 밝은 햇빛(정보, 희망, 비전)으로 밝혀 줘야 한다. 인민들에게 햇빛(정보, 희망)부터 넣어 준 다음에 '인민들이 도저히 거부할 수 없도록 강렬한 햇볕'을 눈에 선해지도록 넣어 줘야 한다.

아마도 대한민국 정부나, 애국적인 시민단체들이나, 남한에 정착한 탈북민들이 아래처럼 햇빛과 햇볕을 동시에 넣어 주는 연속이었다면 독재 세습은 종식되었을 것이고, 남북한 통일의 시대가 열어졌을 것이며, 양아치·망나니에 불과한 김정은은 감옥 아니면 죽었을 것이다.

※ 필자는 김대중(노무현)이 '통치행위'라는 거짓으로 위장해서 악랄한 세습 독재자 김정일에게 음흉한 뇌물을 불어넣어 주는 역적 짓에 너무나 실망하고 화가 치밀었다. 김대중은 자유민주 국가의 지도자 자격이 없었음은 물론 세상 이치와 인간의 속성조차 몰랐으며, 햇볕으로 위장·은폐해서 노벨상을 도적질하는 매국과 망국의 역적 짓을 저질렀다.

그래서 필자는 김정일·김정은은 물론 김대중·노무현·문재인의 몰상식하고 비인간적이고 반민족적이고 반인륜적인 햇볕정책과는 반대로 햇빛을 통해서 남북한의 자유·평화 통일을 실현할 방법들을 고민했다.

만일 이러한 방안이 성공한다면 이후에 김일성·김정일·김정은과 김대중·노무현·문재인을 비롯한 종북좌파·주사파들에 대한 반인륜·반민족·반인권·비인간 범죄자 사전 제작을 검토해야 한다.

역시 김대중·노무현·문재인을 '전직 대통령에 대한 예우'에서 박탈해야 하고, '반민족·반인륜·반인권·비인간용 교도소'라는 상징적인 공간에 가둬 놓고, 유사한 독재자들과 위정자들과 하수인들이 다시는 생기지 않도록 조치해야 하고, 야비한 역적 짓들이 다시는 국민들과 국제사회에서 용인되지 못하도록 자손만대의 교훈으로 삼아야 한다.

자유 통일방안의 구체적인 진행 방법

첫째, '자유 평화통일위원회'(자평통위)를 구성해야 한다.
* 대한민국 국민들은 물론 북한에서 탈출해서 남한에 정착한 애국적인 국민들과 기타 전문가들로 구성해야 한다.
* 남북의 자유 평화 통일에 목숨을 바칠 정도로 굳건하면서도 순수해야 한다.
* 정치적·종교적·민족적 색채를 초월해서 참여하고 활동해야 한다. 만일 참가한 이후에 정치적·종교적·민족적·부정·비리 등 시비들이 발생하면 즉각 물러날 것을 서약해야 하고, 서약하지 않을 경우는 스스로 참여를 자제하고, 국민들도 거부해야 한다.

※ 필자는 세계적으로 잘 알려진 다양한 인물들이 순회 공연단 등에 자발적으로 참여해 줄 것으로 기대한다.
다행히 문재인(정권) 정권이 끝났다는 점에서 더욱 가능성이 커졌고, 아마도 미국을 비롯한 국제사회 역시 함께할 것이며, 감동과 감격이 넘쳐나는 남북통일이 이뤄질 것으로 기대한다.
통일된 이후에는 훌륭한 사례와 인물들을 후대에 알릴 수 있도록 박물관을 만들어서 기념하는 방법을 검토해야 한다.

둘째, 다양한 세부 조직(기획, 공연, 홍보, 지원, 부대사업 등)을 구성해서 국제사회를 순회해야 한다.
자평통위는 세계 각국을 상대로 남북통일에 실질적인 참여와 협조, 공산·독재 세력 억제를 위한 협력, 북한 인민들에 대한 사전·사후 지원방안을 구상·설계해야 하고, 국제사회를 순회·공연하면서 각국의 다양한 참여를 부탁하고 협조와 지원을 받아야 한다. 물론 활동이 끝나면 개발도상국들을 포함해서 국제사회로 무대를 넓히는 방안도 검토해야 한다.

셋째, '북한 인민들에 대한 사전·사후 지원 대책'이란 미국을 비롯한 국제사회가 통일(인민들이 김정은을 축출할 경우)을 전후로 북한 인민들을 위해서 구체적으로 무엇을 어떻게 참여·지원할지에 대한 약속이다.
이를 위해서 '자평통위'는 북한 인민들에게 실질적으로 도움이 되는 단계적인 방안들을 구상·수렴·종합해서 방안을 수립한다.

예) 남북한 통일(김정은 축출)을 전후로 북한 인민들에게 지원해 줄 내용과 통일 이후에 이주(이민)와 직장과 교육(연수)과 견학(관광)을 몇 명 받아 줄 것인지, 어떤 교육과정과 생계 대책들을 세워 줄 것인지, 암흑과 공포에 갇혀 살았던 무지와 어둠을 어떤 방법(여행, 경험, 교육 등)으로 깨우쳐 줄 것인지, 아름다운 자기 나라(국제사회)의 모습을 어떻게 전해 줄 것인지, 북한에 얼마나 어떻게 물자제공과 경제지원과 인력 파견을 약속할 것인지 실질적으로 참여해 주는 것이다.
이는 어둠에 갇혔던 인민들이 각국에 이주·방문·여행·구인·구직할 때 어떠한 혜택들(무료 초청, 경제지원, 일자리 마련, 의료혜택, 각종 할인, 교육 기회 제공 등)을 제공해 줄 것인지 역할 분담에 대한 계획과 약속과 안내다.

넷째, 이러한 순회공연 내용과 국제사회의 약속을 USB, SD 등에 저장해서 인민들에게 보내야 한다.
동시에 북한 인민들이 무엇을 어떻게 왜 해야 하는지도 알려 줘야 한다. 예를 들어서 국제사회가 보내 주는 햇빛과 햇볕을 위해서 인민들과 군인들과 간부들이 서로에게 자행했던 적대(의심, 감시, 고발, 체포, 처벌, 강탈, 살인, 도둑질 등) 행위들을 전면 중단해야 함을 알려 줘야 하고, 소식과 내용을 접한 순간부터 서로를 적극적으로 보호해 줘야 한다는 사실을 알려 준다.
역시 인민들이 김정은을 계속 추종하는 하수인들을 감당해 낼 방법들을 알려 주고, 그들에게도 인민들에 대한 적대 행위를 하지 못하게 경고해야 하며, 그래도 인민들에게 적대 행위 하는 사람은 훗날 상응하는 죗값을 치를 것임을 경고한다.

다섯째, 대한민국과 미국과 국제사회가 북한 인민들의 처참한 삶을 얼마나 걱정하고 배려하는지를 알려 줘서 인민들의 두 눈에서 뜨거운 눈물을 쏟아내게 하고, 북한에 대한 실상을 깨달음과 동시에 새로운 희망으로 벅차오르도록 해야 한다. 인민들이 김정은을 축출하면 삶이 어떻게 달라지고, 좋아지는지 알려 주는 것이다.

여섯째, 대한민국의 국민들도 국제사회에 약속해야 한다.
대한민국의 국민들은 처절했던 과거와 후진적인 문화와 불합리한 관행들을 과감하게 버리겠음을 국제사회에 약속하고, 이러한 연장선에서 대한민국이 개발도상국들의 모델이 되어 줄 것을 약속해야 하며, 남북한의 통일을 기회로 국제사회에 적극적으로 이바지할 것을 약속해야 한다.

이러한 남북한의 자유·평화·통일과 인류애적인 노력에 대해서 국제사회가 거부할 이유가 없으며, 적극적으로 분담해 주고 환영하면서 지원 대책을 약속해 줄 것이고, 국제사회에서 엄청난 관심과 기대와 상서로운 기운과 찬란한 국운으로 연결될 수밖에 없다.
왜냐면 남북한 통일에 대한 중공의 방해가 힘들어질 것이고, 미국의 북한 폭격이 불필요해질 것이며, 좌경화된 불순세력이 개입할 수 없을 것이고, 국민 개개인의 양심과 상식과 순수한 인류애와 뜨거운 눈물을 기반으로 남북통일이 진행·완성될 것이며, 직·간접적인 기대효과와 파생 효과는 환산과 상상이 힘들 정도로 대단할 것이기 때문이다.

주의

첫째, 남북한이 통일된 이후에 중국인들이 대거 북한으로 도강하는 역전 현상에 대한 방지책을 마련해야 한다.

둘째, 남북한이 통일되는 모든 업적은 우방과 동맹과 혈맹과 가족과도 같은 미국과 국제사회로 돌려야 하고, 인류 평화와 인류 미래를 위한 전환점 겸 출발점으로 삼아야 한다.

셋째, 남한은 참담한 북한 인민들이 자유로워지기 전에는 진정한 평화주의자도, 휴머니스트도, 애국자도, 민족주의자도, 인간다운 사람도 없다고 각오해야 한다.

넷째, 민족적인 비극을 없애려는 노력과 성과는 너무나 당연하고, 그때부터가 비로소 정상이며, 새로운 시작이다.
그런데 김대중처럼 민족 분단이라는 비극을 이용해서 국민들과 국제사회를 기만해서까지 혼자 명예(노벨평화상)를 도적질하는 짓은 다시는 없어야 한다.

6. 대한민국은 어떤 나라인가?

대한민국이 과연 어떤 나라인지 똑바로 이해해야만 민주화를 마무리하고, 민주주의를 정착할 수 있으며, 똑바로 현대사를 정립하고, 정통성을 확립할 수 있다.
대한민국의 장래와 국운을 가장 제대로 설명해 주는 사자성어를 하나만 꼽는다면 '대기만성'이다.

여기서는 대기만성인 대한민국을 살펴보자.

대한민국의 지정학적 특징이 의미해 주는 바

대한민국은 국토의 70%가 아름다운 금수강산이고, 사계절의 변화가 뚜렷하며, 삼면이 바다다.

첫째, 국토의 70%가 신성한 금수강산

대한민국은 국토의 2/3가 산이고, 삼면이 바다이며, 위도상으로 최적의 위치여서 사계절의 변화가 뚜렷하다. 그로 인해서 역사에서는 대륙과 해양으로 무수히 침략당했고, 참담한 연속이었다. 하지만 교류와 기술과 무역이 왕성해진 현대는 반대로 바뀌었다.
다시 말해서 대한민국은,
* 지구(우주·태양계)와 대자연의 조화와 균형을 통해서 생성된 온화한 환경과 다양한 이치가 고스란히 한반도에 반영·함축되어 있다.
* 대한민국은 지구에 함축된 다양한 기운들이 골고루 포함·반영되어 있고, 그 정도로 환경적·지정학적으로 특별한 특징을 지녔으며, 지구의 다양한 문제와 한계들을 극복해 낼 신성함과 신선함이 농축되어 있는 상서로운 나라다.
* 우리는 지구(우주)의 다양한 기운과 이치를 조화롭게 머금고 있고, 무한한 우주 이치와 인류 미래에 합당한 무엇인가를 위하고, 어딘가를 향해서 부단히 발전해 가야 하는 핵심적인 국가다.

둘째, 삼면이 바다라는 특징에 담긴 의미

삼면이 바다라는 점은 지구(면적)의 2/3가 바다인 것처럼 한반도는 2/3가 해양으로 연결되고, 인류의 보고(寶庫)인 대양으로 뻗어 나갈 수 있는 천혜의 조건이다.

이는 대한민국이 대륙의 특성(1/3)과 대양의 장점(2/3)을 동시에 발판 삼아서 국제사회로 활기차게 뻗어 가면서 활약하는 이치와 운명이라는 의미다.

셋째, 대한민국은 인류사의 축소판

* 대한민국은 헐벗고 굶주렸던 최고 빈국이었지만 전례를 찾을 수 없을 정도로 최첨단 정보통신의 문명국으로 발전했고, 오랜 인류사를 최단기간에 가장 잘 압축해 낸 경이로운 나라다.
* 이러한 원리와 근성과 저력을 바탕으로 국제사회에 획기적으로 공헌함으로써 지구촌이 대한민국처럼 획기적·긍정적으로 변화·향상·발전할 것이라는 상징적인 의미와 비전과 저력과 가능성을 내포한다.

넷째, 지구상의 거의 모든 종교와 학문과 사상이 공존

대한민국의 국토는 겨우 22만㎢이고, 인구는 5천만에 불과하다. 그런데도 갖가지 종교와 사상과 학문을 모두 수용·공존할 정도로 다양하면서도 자신만만하다.

반대로 중국은 지구상에서 가장 거대한 대륙임에도 제대로 된 종교가 없다. 역시 종교가 들어가도 탄압당할 정도로 밴댕이 국가에 불과하고, 이방인이 적응할 수 없을 정도로 폐쇄적이고 배타적이고 소심하다.

일본 역시 다른 종교들이 먹혀들지 않으며, 세계를 지배하려는 천황 사관으로 세계관이 삐뚤어져 있다.

이는 대한민국이 지구상의 모든 문명과 종교와 역사와 철학과 정치와 사상과 학문과 제도를 함축·종합·여과해 낼 수 있는 나라이고, 새로운 미래에 합당하도록 총정리해서 국제사회를 안내해 줄 최적의 조건(자질, 자격)과 환경이라는 이야기이기도 하다.

물론 지금까지는 다양한 장점들을 살려 내지 못했고, 오히려 망국적인 대립과 분열의 원인이었다.

하지만 국민들이 단합해서 지혜를 모으면 무엇이든지 해낼 수 있는 역량이 충분함을 뜻한다.

다섯째, 첨단 정보통신의 첨병

온 나라가 신속한 교통망과 첨단의 정보통신으로 연결되어서 국내외의 정보와 다양한 의견을 신속하게 종합할 수 있고, 효율적으로 정리·반영해 낼 수 있는 천혜의 조건이다.

여섯째, 초강대국인 미국의 보호와 인류사의 주도

대한민국은 독재와 민주화와 진보와 보수가 연거푸 실패·몰락했음에도 인류 역사에서 전례가 없었던 초강대국인 미국과 함께하고, 산전수전을 치르면서도 계속 발전해 왔으며, 무한한 가능성과 잠재력을 축적해 왔다.

이는 이웃 나라(중국, 일본)로부터 수없이 괴롭힘당하면서 나라까지 빼앗겼던 대한민국을 지구 반대편의 미국이 도와주고, 지켜 줄 정도로 기이한 현상 겸 기적의 연속이다.

일곱째, 마지막 분단국가

* 지금 대한민국은 인류사에서 최고의 저질·악질인 북한의 공산·사회주의와 최고 수준의 민주주의를 동시에 마주하고 있고, 이를 지혜롭고 현명하게 해결(자유 평화 통일)하면서 국운이 본격적으로 탄력을 받게 될 것이다.
* 대한민국은 북한의 독재 세습 정권을 추종할 정도로 망국적인 위기 상황이다. 그런데 사실은 민주주의를 방해해 온 불순세력이 몰락하는 과정이고, 동시에 순수한 국민의 협력과 역량으로 국가적인 대전환점을 만들 수 있는 행운의 기회다.

여덟째, 국제사회에 공헌하면서 인류의 정신문화를 주도

대한민국은 남북통일을 계기로 국제사회로부터 무한한 신뢰와 부러움을 받을 것이며, 머잖아서 국제사회에 획기적으로 이바지할 것이고, 인류의 정신문화를 새로운 우주관으로 주도하는 주역이 될 것이다.
아마도 대한민국의 국운이 본격적으로 시작되면 그간에 멋대로 활개 치던 가짜들이 급격히 무너질 것이다.

7. 남한 덕분에 버티다 남한(문재인·주사파·노조) 때문에 몰락 중인 북한 정권

※ 여기 주제부터 no. 10('통일부의 북한방송 허용 발표에서 얻을 교훈')까지는 대한민국의 좌경화된 좌파(민주화·진보·대깨문·개딸·개아들) 세력에 의해 국민들이 무수히 받았던 스트레스와 불면증과 우울증과 울화통을 조금이라도 풀어 주기 위해서 준비한 내용이다.

필자는 본문(책의 뒷날개에 소개된 3권, 제13장의 내용 중)에서 공산·사회주의는 초기 자본주의(산업화)의 부작용에 기생해서 생겨났다고 정리한 바 있다. 마찬가지로 북한의 세습 독재정권 역시도 대한민국 덕분에 명맥을 유지해 오고 있었다.

극악무도한 김일성이 북한을 장악한 것, 독재 세습을 계속해 왔던 것, 핵무장을 시도해도 몰락하지 않고 버텨 올 수 있었던 이유는 바로 자유대한민국 비굴함·열등함(김영삼·김대중·노무현·문재인·종북 주사파들) 덕분이었다. 왜냐면 미국이 북한(핵, 정권)을 몇 번이라도 공격해서 무너뜨릴 수 있었음에도 남한이 조금이라도 피해당할 것을 우려해서 자제했고, 동북아정세와 세계평화를 고려해서 북한 정권을 계속 지켜보는 연속이기 때문이다.

좀 더 깊이 들여다보면 남한 덕분이었음이 더욱 확연해진다.
* 김일성은 대한민국이 미국과 가까워지고, 민주주의를 실시한 것을 이유로 소련·중공을 등에 업고 북한을 장악했다.
* 미국이 영변 핵시설 폭격을 계획했을 때 적극적으로 만류했던 것도 남한 (김영삼 덕분)이다.
* 김정일은 다 망한 상태에서 김대중이 거액을 지원해 줘서 기사회생했고, 심지어 초호화 사치와 함께 핵무장을 가속했다.
* 김정은도 그런 상태에 머물렀다면 그럭저럭 버텨 갈 수 있었을 것이다.
그런데 김정은은 하필이면 삶은 소 대가리 문재인을 대통령으로 밀어줬고, 문재인은 김정은·시진핑을 노골적으로 칭송·충성·복종했으며, 생사람들을 줄줄이 감옥에 보냈고, 무고한 사람들을 죽음으로 내몰았으며, 사기 쇼와 위·불·편법과 거짓말과 허풍까지 총동원해서 김정은에게 퍼부어 줬다.
그때만 해도 김정은은 문재인이 삶은 소 대가리인 것을 깨닫지 못했고, 덕분에 핵 완성이라는 3대째 꿈을 실현하는 단계에 이르렀다. 그에 그치지 않고 쥐구멍 신세였던 김정은은 문재인 일당의 한반도 운전자론에 놀아나서 대낮처럼 밝은 국제사회에 모습을 드러냈고, 그를 전후로 미국과 국제사회는 북한과 중공에 대한 제재에 이어서 더욱 강하게 압박했다.

그런데 운명의 절정기(극점)에서 오락가락하던 김정은은 문재인(이재명)으로 인해서 핵무장이라는 꼭짓점에 기어코 도달해 버렸고, 급격히 추락할 수밖에 없는 비극이 예약·확정되었으며, 파멸의 늪에서 허우적거리면서 발악하는 지경이다.

이는 김일성·정일·정은이는 물론이고 김대중과 노무현과 문재인과 그 일당들의 예상·기대와는 정반대로 이러지도 저러지도 못하는 외통수로 내몰려 버린 것이다.

한 마디로 김정은은 하필이면 문재인이라는 삶은 소 대가리를 하수인으로 잘못 둔 탓으로 망해 버렸고, 깨달았을 때는 이미 늦어 버렸다.

* 필자가 그러한 세상 이치를 예상·확신해서 오래전부터 정리해 놓았고, 본문에 소개되어 있다.

필자는 "남한으로서는 불행 중 천만다행이다. 왜냐면 문재인 일당은 우리가 가만 내버려둬도 해대는 쪽쪽이 자기들 발등에 도끼질해 대면서 자멸할 정도로 참담한 수준이고, 그런 문재인이 만일 대한민국을 위해서 애국하고 충성하려고 작심하고 덤볐더라면 지금쯤 우리는 완전히 국가 부도였거나, 파멸 중일 것이다. 그런데 문재인은 시진핑과 김정은의 하수인으로 충성했고, 가장 먼저 자멸하는 역적 짓이 고작이었으며, 그들이 모두 함께 몰락하는 지경에 이르렀다."라고 안도했다.

* 김일성을 추종하던 남한의 원조 불순세력은 독재(이승만, 박정희)를 상대로는 자신들이 곧 민주주의처럼 위장해서 비난·공격했다.

하지만 불순세력은 국민들에게 민주주의를 위한 민주화 세력으로 착각되었다. 왜냐면 당시에 남한은 독재만 아니면 모두가 민주주의를 위하는 민주화로 인정받았기 때문이다.
그래서 불순세력이었던 노동당과 노조와 전교조를 민주주의 세력으로 착각했고, 이는 지식인들부터 국민까지 민주주의가 무엇인지, 어떻게 해야 하는지 제대로 몰라서였다.
심지어 이후에 민주화에도 실망했던 국민 중에는 훨씬 더 위험하고 무능한 노동당·노조 세력을 지지해서 국회의원에 당선시켰을 정도로 한심했다.

* 전두환·노태우 정부 때는 김영삼·김대중에 이어서 노무현·문재인까지 '민주화'로 행세했고, 대통령이 되어서는 김정일 세습 독재자에게 저자세로 비굴했고, 지원해 주는 연속이었다.
이런저런 이유로 북한의 독재 세습은 탄력받았고, 핵 개발과 핵무장을 가속하면서 건재했다.

* 사실상 문재인은 민주화 축에 제대로 끼지 못했고, 당시만 해도 불순세력의 축에도 제대로 끼지 못한 채 이것도 저것도 아니었다. 그래서 문재인은 민주주의에 역부족인 일반 국민들과 보수 세력과 진보 세력을 상대로 인권으로 위장했고, 민주화 과정에서 한계에 빠진 불순세력이 똘똘 뭉쳐서 조작·선동했던 덕분에 대통령에 당선되었으며, 반인권·반인륜·반미·반일·몰상식·비양심·반국가·반자유·반헌법·반법치·비인간 등 말종 짓들의 연속이었고, 공산주의자들과 김정은을 노골적으로 두둔·칭송·충성·복종했고, 삶은 소 대가리 수준으로 인해서 급격히 몰락했으며, 이제는 줄줄이 쇠고랑을 확정·예약한 채 죽지 않으려고, 죽더라도 조금이라도 늦게 죽으려고 발악하는 지경이다.

8. 김정은의 파멸에 일등 공신은 삶은 소 대가리 문재인과 그 세력

문재인(이재명)이 충성할수록 오히려 죽어나는 머저리 김정은

문재인은 쥐구멍에 숨어 살던 악질 김정은을 대낮처럼 밝은 개활지로 끌어냈다. 그런데 그곳은 국제사회의 시선과 매서운 눈초리들 겸 칼날들을 피할 수 없는 도마 위였다.

덕분에 국제사회는 주제넘으면서도 신기할 정도로 우스꽝스러운 풋내기 김정은에게 관심을 집중하게 되었고, 자기 몸뚱이도 제대로 가누지 못한 채 뒤뚱거리면서 숨을 몰아쉬는 망나니 독재자와 머저리 문재인의 사기 쇼를 온 세상이 똑같은 마음과 시선으로 구경하고 비웃고 단속하고 견제하는 공감대가 일치·형성되었으며, 파멸이라는 완전히 새로운 국면으로 접어들었다.

다시 말해서 문재인은 김정은의 핵무장을 국제사회의 중요한 이슈로 만들어서 트럼프와 담판하려고 했다. 하지만 김정은이라는 망나니 독재자와 하수인 노릇에 여념이 없는 문재인이 감히 국제사회로 나와서 미국과 자유 진영에 맞설 정도로 같잖은 촌뜨기에 불과함을 노출했을 뿐이다.

이미 산전수전을 모두 치러 낸 자유 진영이 풋내기·망나니 독재자와 하수인(문재인)에게 놀아날 리 만무했고, 국제사회가 똘똘 뭉쳐서 대응·견제하도록 화만 키운 꼴이었으며, 어떤 경우에도 국제사회가 김정은과 문재인을 묶인하면 안 된다는 구실만 제공해 준 꼴이었다.

그런데도 미국과 국제사회는 대한민국 국민의 자존심과 체면을 고려해서 노골적으로 무시하지 않은 채 그럭저럭 대처했다.

* 이런저런 와중에서도 가장 억장이 무너지고, 미치고 환장해서 폴짝 뛰고도

부족해서 뒤로 나자빠질 수밖에 없을 정도로 참담해진 놈은 바로 김정은이다. 김일성부터 수십 년째 인민들을 가둬 놓고 속여 먹고, 예수의 십계명을 도둑질·사칭해서 인민들을 세뇌하고, 노예처럼 부려서 착취하고 굶겨 죽이고, 남한의 주요 인사들을 미인계로 넘어뜨려서 하수인들로 만들고, 하수인 놈(문재인)을 지원해서 권력까지 장악했다. 그런데 3대째 노력과 막대한 비용에도 불구하고 삶은 소 대가리 문재인으로 인해서 물거품이 되어 버렸고, 설상가상으로 멸망과 비극의 종말이 눈앞에 어른거리게 되었다.

심지어 엊그제까지만 해도 "남한을 거의 다 먹었다."라고 환상에 젖었었고, 그러던 모습이 아직도 김정은의 눈에 생생한데 삶은 소 대가리 문재인(이재명)과 그 일당이 불과 5년 만에 망쳐 버렸고, 정권도 빼앗겨 버렸으며, 더구나 자신(김정은)이 하수인들을 총동원해서 이명박과 박근혜를 무너뜨렸는데 문재인 일당은 이명박·박근혜보다 훨씬 더 두둑한 배짱과 막강한 실력을 지닌 최정예 윤석열을 키워서 대통령까지 만들어 놓았다.

더구나 김정은은 10조라는 천문학적인 거액이 한국을 빠져나가서 중국 등으로 유출되었다는 보도를 접했고, 뒤통수도 뺨따귀도 불이 나도록 얻어터지는 충격과 분통이 치밀었을 수밖에 없다. 왜냐면 상당 부분은 배달 사고가 확실했기 때문이다. 남한 언론에서 10조 원에 육박한다는 보도가 나가자마자 김정은이 간부들을 숙청했다는 소식에 이어서 끝 모를 고문과 숙청과 죽음이 계속될 듯하다.

아마도 김정은은 금고에서 충성 서약자 명단과 미인계에 걸려든 명단과 각종 증거를 꺼냈다 넣기를 반복할지도 모른다. 어떤 놈부터 작살낼지 뒤적거릴지도 모른다.

* 주인님(김정은)의 참담한 처지를 이해하고, 행여라도 주인님이 명단과 증거를 공개할지 두려운 놈들은 당연히 남한의 하수인들이다. 그래서 하수인들로서는 주인님의 억장 무너지는 심기를 살펴서 조금이나마 위안을 드려야

하고, 일말의 희망과 기대감이라도 보여 드리려고 안달할 수밖에 없다.
당연히 윤석열과 김건희를 상대로 잘못된 선입견 날조와 적반하장의 헛소리와 허위 조작으로라도 김정은에게 성의를 표시하는 것이 백골난망의 도리일 것이며, 뭔가를 열심히 시늉이라도 해야만 자살하는 꼴들을 당하지 않고 살아남을지 걱정이다.

* 어떻든 하수인들은 자신들의 막강한 절대무기인 권력(대통령)을 빼앗겨 버렸다. 그래서 김정은에게 충성하는 시늉이라도 하기 위해서 자유대한민국에서 "뻔뻔한 놈", "미친놈"으로 취급당하는 저질·악질 노릇들을 서슴없이 경쟁한다. 사실 이는 문재인 일당이 정권을 잡자마자 시작된 김정은을 향한 충성 경쟁의 연장선인 셈이다. 그래서 이제는 또다시 체제 전복을 시도하거나, 시늉하는 모양새라도 취하느라고 혈안이다.
그런데 얼마 전에 북한방송에서 아예 공개적으로 총궐기해서 탄핵하라는 명령이 떨어졌다.
그래서 도저히 불가능한 속에서도 노동계와 학계와 시민단체와 정치권과 언론계와 종교계 등에서 금방이라도 윤석열을 탄핵할 듯이 설쳐 대는 뻔뻔함과 무모함은 국민들의 상식도 상상도 뛰어넘는다.
하지만 국민들은 한 번(박근혜 탄핵 때) 속지 두 번 속을 리 없고, 반응도 관심도 없다.
물론 탄핵 몰이를 해 본들 자기들 발등에 도끼질해 댈 수밖에 없는 수준들이어서 더욱더 파멸을 앞당길 것이 자명하다.

* 민주주의에서 정상으로 성장해 온 국민들은 양심의 가책을 느끼면 곧바로 지위에서 물러나고, 다니던 직장에 사표를 제출한다. 역시 명예와 자존심이 심하게 짓밟히면 목숨까지 포기해 버리기도 한다.

설사 어영부영 버텨 보려고 해도 함께하는 동료들조차 용납해 주지 않고 사퇴시켜 버린다.

그런데 충성 경쟁에 혈안이거나, 죽지 않고 버텨 보려는 저질·악질들은 앙천 대소할 거짓·궤변·조작·변명·주장을 해 대면서까지 버티느라고 진땀 흘린다. 아마도 감옥이 무서운지, 또다시 대통령이 탄핵당하길 기다리는지, 주인님으로부터 사퇴하라는 지시가 떨어지지 않았는지 기어코 자리를 지키면서 처량할 정도로 발악한다.

이는 모두가 죽어나는 전장과 전투에서 물러서거나 돌아서면 주인님에게 찍혀서 곧바로 모든 것을 잃을 수밖에 없고, 죽기로 버틸 수밖에 없는 막다른 신세이고, 그런 줄 알면서도 적들(대한민국)을 향해서는 적반하장의 큰소리를 침으로써 똘똘한 사람으로 귀여움이라도 받길 기대할지도 모른다. '아직은 저희가 살아 있어요.', '조금만 기다려 주세요.', '제발 어여삐 봐주세요.'라는 비굴한 막장 쇼의 연속이다.

이들 불순세력은 이미 우리 사회 곳곳에 위장·침투해서 여당·야당도 언론계·종교계도 노조와 전교조와 시민단체까지 전 분야에 광범위하게 분포했고, 자기 조직에 내부 총질하기에 혈안이다.

이미 체면도 이성도 상식도 양심도 팽개친 지 오래여서 더는 지킬 것도 없다.

불순세력의 수법은 주도권 장악, 분위기 장악, 선빵 날리기

북한 정권이 유지해 가는 첫째는 주도권 장악이고, 둘째는 분위기 주도이며, 셋째는 속된 말로 '선빵'날리기다.

'선빵'이란 누군가와 시비가 붙거나, 싸울 때 상대방에게 갑자기 주먹을 날려서 기선을 제압하고, 싸움에서 유리한 입장을 차지한다는 의미의 속어.

이는 다음 주제에서 다시 다루고, 여기서는 자유를 예로 들어서 주도권의 원리를 쉽게 이해해 보자.

첫째, 자유를 누리거나 지키려는 입장은 수세적이고, 빼앗으려는 사람은 공세적이다. 그래서 빼앗으려는 쪽이 주도권을 잡게 된다.

둘째, 반대로 빼앗긴 자유를 되찾으려는 사람은 억울한 피해자이고 공세적이어서 주도권을 쥐고 갈 수 있고, 도둑질한 자유와 노획물을 지키려는 쪽은 가해자이고 수세적이다.

북한의 핵무장에서의 주도권

첫째, 북한이 핵을 개발할 때는 북한이 주도권을 잡고, 분위기를 좌우하게 되고, 핵 개발을 포기시키려는 쪽은 북한의 상황과 동향에 맞춰서 대응해야 한다. 그래서 김정은이 핵을 개발하는 동안에는 주도권을 장악해서 유지해 갈 수 있다.
예를 들면 북한이 핵 개발을 포기(북한이 주체)하겠다는 입장과 조건일 때는 국제사회에서 경수로를 지원해 주는 등 달콤한 곶감이 제공되었다. 그런데 국제사회가 북한에게 계속해서 사기를 당하면서 이후로는 더 이상 통하지 않았다.

둘째, 북한이 핵을 완성하면 북한은 지키려는 수세 입장으로 바뀌고, 핵무장을 해체하려는 국제사회가 주도권을 잡게 된다.
이런 원리를 김일성도 김정일도 김정은도 문재인과 그 일당도 몰랐고, 핵을 완성하면 주도권을 장악할 줄로 착각했다.

북한이 수세로 내몰려서 주도권을 잃을 수밖에 없는 이유

* 북한은 미국처럼 강대국이 아니고,
* 북한은 NPT(핵확산금지조약) 회원국이 아닐지라도 어떻든 핵무장은 규정 위반이며,
* ICBM은 UN 안보리 결의에 위반이고,
* 핵은 쉽게 사용할 수 있는 무기가 아니며,
* 만일 김정은이 핵을 사용하면 상대방에 피해를 줄지라도 북한은 완전히 궤멸이고,
* 핵을 발사해서 요격당하면 완전히 물에 빠진 쥐새끼 신세로 전락해 버린다.
* 그보다 더 우선은 핵이든 미사일이든 잠수함이든 탄도탄이든 정상으로 작동될 가능성조차 희박해 보인다.

그래서 핵무장은 국제사회로부터 흥정 대상이 아니라 빼도 박도 못하는 불법이고, 핵이 있는 동안은 어떤 시도도 제대로 할 수 없다.
하지만 북한은 무조건 핵을 지켜야 하고, 당연히 주도권을 빼앗긴 채 국제사회에서 동네북 신세로 전락했다.
이런 원리를 몰랐던 머저리 김정은과 김대중·노무현·문재인과 그들 일당이 었기에 핵무장을 완성해 버렸고, 자기들 발등에 도끼질해 대는 짓이었으며, 그나마 '북한의 비핵화'도 아닌 '한반도의 비핵지대화'라는 김일성의 해묵은 계략으로 국제사회에 사기 치려다가 개망신만 당했다.

문재인이 충성하면 오히려 망해

만일 문재인이 대한민국을 위해서 충성하려고 했다면 벌써 대한민국은 망했을지도 모른다. 그런데 문재인은 김정은에게 충성하려고 했고, 김정은은 급

격히 몰락 중이다.

아마도 문재인은 김정은이 핵무장만 하면 국제사회가 양손을 번쩍 들고 모셔 줄 것으로 착각한 것 같다. 그러한 어리석음은 김일성·김정일·김정은과 김대중과 노무현도 마찬가지였다.

그래서 엉덩이에 뿔 난 놈들이나, 잔재주 술수로 일관하는 약아빠진 놈들이나, 하나를 알면 둘은 무시하고 망동을 부리는 망나니들이나, 팔에 안장을 차거나(문재인) 손에 무기라도 하나 들면(김정은) 하늘 무서운지 모르고 설쳐 대는 졸장부 양아치들은 항상 자기 꾀에 자기가 넘어가고, 자기가 파 놓은 함정에 결국은 자기가 빠지기 마련이다.

예를 들면 조적조·문적문·추적추나, 3대째 지상낙원을 외치면서 인민들을 몽땅 굶겨 죽이는 김일성·정일·정은이가 대표적이다.

악순환에 휘말리고 휘둘리면 돌아오는 것은 저주뿐

실제로 국제사회는 김정은과 문재인의 생각과는 정반대였다.

그랬음에도 문재인에 이어서 이재명과 그 일당까지 김정은의 비위를 맞추느라고 불법으로 거액을 전달했고, 그런 이재명 일당이 윤석열·김건희와 정부 정책을 마구잡이로 비난하고 공격하면서 존재감이라도 내보이려고 혈안이다. 그로 인해서 그동안 문재인·이재명과 김정숙·김혜경과 가족과 측근들이 저질렀던 비리들과 월권과 실정과 사치와 거짓말과 이적 행위들까지 몽땅 비교당하고 부활당해서 무수한 죄들이 드러나고 많아지고 파멸을 앞당기고 있다. 왜냐면 이들의 주인님은 김정은이고, 직접적으로는 김정은의 비위를 맞춰야 하고, 간접적으로는 김정은을 위기에 빠뜨려서 열받게 만든 자신들이 위기를 모면해야 하며, 하수인들로서는 뭔가라도 시도·시늉할 수밖에 없기 때문이다. 이는 문재인·이재명의 인생이 태생과 유소년기부터 거짓으로 뒤범벅된 저질·악질 사기꾼들의 당연한 결말이기도 하다.

만일 문재인이 거짓과 궤변으로 살아오지 않고, 옳고 바르게 살았다면 출세할 능력도 업적도 가능성도 없었다. 그런데 나름대로는 잔재주 술수로 무척이나 영리하게 살아온 셈이며, 당연히 거짓과 위선과 술수를 현명한 지혜로 여겼을 법하다.

이는 문재인·이재명이 순서와 크기의 차이뿐이고, 너도나도 얽히고설켜서 끌려들어 갈 수밖에 없는 스크럼 구조로 얽혀진 카르텔 세력의 한계다.

하지만 자유대한민국을 바로 세우려는 윤석열을 상대로 헛소리를 아무리 지껄여 본들 그럴수록 그간에 자기들이 저질렀던 비리와 불법과 은폐와 역적 짓들을 긁어 부스럼 내면서 화만 키울 수밖에 없고, 종말이 멀지 않았다.

민주주의 체제를 대폭 강화해야

지금의 대한민국은 문재인이 망해 먹으려던 애당초 의도와는 정반대로 오히려 충성한 셈이 된다. 왜냐면,

* 악질 김정은의 몰락에 1등 공신은 문재인이 분명하고,
* 대한민국은 불순 세력의 실체·수준·조직·뿌리·배후까지 몽땅 드러남으로써 발본색원할 수 있게 되었으며,
* 국민들은 민주주의가 얼마나 소중한지 깨닫게 되었고,
* 동맹인 미국과 대한민국을 획기적으로 변화·발전시킨 인물들과 수많은 애국 국민의 헌신과 희생이 얼마나 소중한지 실감·인정·존중하게 되었으며,
* 다시는 불순세력이 얼씬거리지 못하도록 민주주의 헌법·체제를 대폭 강화해야 함을 깨달았고, 그렇게 될 것이기 때문이다.

물론 아직도 뼈아픈 대가를 치러야 하고, 더욱 긴장해서 슬기롭게 대처해야 한다.

위기를 절호의 기회로 만들어야

이처럼 돌고 도는 것이 세상 이치라지만 적어도 악순환은 여기서 끝내야 한다. 이제는 우리 국민이 대전환점을 만들어야 하고, 그래야만 악순환의 고리를 끊어 내면서 동시에 물꼬를 근본적으로 바꿀 수 있다. 비로소 우리 대한민국이 나라다운 나라, 국민다운 국민, 동맹다운 동맹으로 제대로 역할·관계·공헌하면서 국제사회에서 우뚝 설 수 있다.

반대로 우리가 절호의 기회를 놓치면 또 다른 암적 존재들에게 기회를 제공해 주는 악순환을 반복할 수밖에 없다.

그래서 항상 위기가 기회이고, 때로는 위기가 반복될수록 최고·최상의 기회다. 그런데도 위기를 기회로 만들지 못하면 치명적인 대가 겸 죗값을 치러야 한다. 이미 우리는 빈손이었던 해방과 6.25남침을 겪고서도 여기까지 왔고, 오늘날 우리는 해내지 못할 것이 없어야 한다.

9. 불순세력의 '선빵' 날리기 수법

북한이 남한과 미국에 써먹는 야비한 수법

북한의 저질·악질 정권과 그 졸개들은 남한과 국제사회를 상대로 어떠한 상황에서도 적극적·공세적으로 주도권을 장악하고, 최소한 존재감이라도 알리고 유지하려고 안달해 왔다.

그래서 몰상식하고 비양심적인 행위와 충격적인 사건들을 통해서 기어코 이목을 끌어왔다. 또한 자신들이 저지른 잘못에 대해서도 적반하장의 책임전가와 막가파식의 협박·맹비난과 엉뚱한 궤변과 허풍으로 위기를 모면했고, 자기 인민들에게는 권력의 존재감과 체제의 우수성으로 선전했다.

그처럼 본질을 왜곡·호도하는 저질·악질 집단에 대해서 남한과 국제사회는 상대할 가치가 없다고 생각했고, 곧이곧대로 대응하지 않았으며, 그러한 틈새에서 북한은 수십 년째 독재정권을 유지해 왔다.

불순세력이 국내에서 승승장구했던 저질적인 수법들

남한에서 좌경화된 불순세력은 소련·중공·북한(레닌, 스탈린, 모택동, 김일성)의 야비한 수법들을 배우고 터득했다.

그런데 남한은 독재가 계속되었고, 불순세력은 자신들을 민주화 세력으로 위장할 수 있는 절호의 기회였으며, 당시에 어설펐던 민주주의의 약점들을 틈타서 승승장구하기 시작했고, 대한민국에서 가장 막강한 세력이 되었다. 하지만 나라와 국민을 민주주의 선진국으로 안내하거나, 민주화에 전념할 능력과 자질이 전혀 없었다.

심지어 대한민국의 현대사와 민주주의 정통성을 집요하게 방해해서 실패를 유도했고, 대통령을 선동과 조작과 불법으로 무력화했으며, 탄핵으로 끌어내려서 정권을 탈취했다. 하지만 온갖 비리와 월권과 편법과 불법과 역적 짓들로 5년 만에 정권을 잃었다.

불순세력(문재인·이재명 등)은 지금도 윤석열과 김건희를 상대로 도저히 이해·용납·용서할 수 없는 음모·조작·날조·선동으로 악마화해서 시비를 걸고, 함정에 빠뜨리고, 물어뜯기에 혈안이다.

물론 이는 자신들이 다시 정권을 차지하고, 김정은의 비위를 맞춰 주는 일거양득인 망나니 역적 짓들에 불과하다. 왜냐면 국민들은 이명박·박근혜 때 당해 봤고, 다시는 속아 넘어가지 않기 때문이다.

불순세력의 어리석은 생각으로는 만일 윤석열을 대통령으로 인정하거나, 가만두고 지켜보거나, 점잖은 언행들로 관계하면 김정은의 눈 밖에 날 것이 훤하고, 자칫하면 자신들이 용도 폐기될 수도 있다고 생각하고, 시늉이라도 적극적으로 할 수밖에 없는 처지라고 할 수 있다.
하지만 공산주의의 종주국인 소련은 이미 오래전에 몰락했고, 중공 역시도 이미 대세와 명분에서 벗어난 지 오래이며, 남한의 불순(공산주의)세력도 깊은 수렁으로 빨려 들면서 종말을 재촉하고 있다.

대한민국의 불순세력이 선빵을 날리는 목적과 효과는 다층적이고 복합적

첫째, 불순세력이 윤석열·김건희에게 선빵을 날림으로써 '혹시나' 기대했던 국민들은 "윤석열도 역시나?", "아니 땐 굴뚝에 연기 나랴?"라고 선입견을 갖게 되어 존중·존경·신뢰·기대·관심에서 멀어지고, 오히려 실망·혐오·외면·무관심으로 바뀐다.
이를 통해서 불순세력은 흑심을 정당화하고, 야욕을 키우면서 호시탐탐 기회들을 노린다.
실제로도 김건희는 영부인이 되어서도 서민으로서의 자세를 잃지 않으려고 작심했고, 인연들과도 소박한 관계를 유지하려고 했던 행위들이 모두 약점들로 악용되었고, 김건희는 최소한의 활동(자유)마저 제약받게 되었으며, 일거수일투족에 시비가 걸릴 정도로 내몰렸고, 봉사활동조차 못할 정도로 대한민국의 국민 중에서 가장 자유롭지 못하다.

둘째, 악의적인 선빵을 반복함으로써 국민들을 날조된 선입견으로 세뇌하고, 자기 내부는 분열과 이탈을 방지하면서 결속력을 확보·유지한다.
그러면 정상적인 국민들은 대통령 부부를 향한 기대와 관심을 접어 버리게 되고, 불순세력의 일차 목표는 달성된 셈이 된다.

셋째, 일차 목표가 달성되면 국민들이 떠나 버린 공간·여백을 비난·매도·공격·조작·선동에 혈안·달인인 불순세력과 추종자들이 나라 분위기와 민심을 좌지우지하면서 집요하게 악화시킨다.

반대로 자신들(문재인·이재명·일당들)의 범죄는 적반하장으로 왜곡·호도·은폐·축소·전가하고, 국민의 관심사와 나라 분위기를 무지·분노·저질로 유도해서 상황을 만회·역전할 기회를 노린다.

이어서 불순세력은 자신들이 장악한 분야(국회, 언론, 여론 등)에서 더욱더 열심히 선빵을 날림으로써 또다시 대통령을 탄핵으로 몰아붙일 기회들을 모색·날조한다.

넷째, 국민들이 대통령 부부의 활약상과 순수함과 능력과 업적 등 정보들에 접촉되기 전에 매번 이미지를 먼저 오염·훼손·망가뜨려 놓는다.

예를 들어서 사사건건 선빵을 날려서 윤석열의 유엔에서의 명연설, 영국 여왕 장례식 참석에서 김건희의 우아한 모습, 미국 방문 시에 의회 연설과 뜨거운 환영, 더욱 굳건해진 동맹관계 및 투자유치와 MOU 체결 등에 미리 잿가루를 뿌린다.

다섯째, 대통령 부부의 일거수일투족을 훼손함으로써 문재인·김정숙이나 이재명·김혜경과 비교되는 것을 원천 봉쇄한다.

이 역시도 참담한 비리와 범죄들을 저지르고도 당당했던 김정숙·김혜경과는 정반대인 적반하장의 대표적인 본보기다.

여섯째, 윤석열의 지지자들은 그들의 의도를 훤히 알면서도 너무나 어처구니는 조작과 공격에 대응할 수도 없고, 무시해 버릴 수 없으며, "뭔 개소리 개수작인가?" 하면서도 몰상식한 수작(공격)들에 어떻게 대응할지 애매할 수밖에 없고, 빠듯한 일정과 중요한 국정에 소홀·미룬 채 복잡한 사안·본질에 충실·나열·설명하기 곤란한 입장이 된다.
그렇게 잠시 주춤함과 동시에 기정사실이 되어 버리고, 상황은 지나 버리며, 또 다른 상황을 마주하게 되고, 분위기는 걷잡을 수 없게 된다.

일곱째, 이에 익숙한 불순세력의 하수인들은 재미를 붙여서 막무가내로 공격하고, 방방 뜨면서 나라와 국민을 좌우한다.

여덟째, 김정은은 남한의 하수인들이 사실상 쓸모없는 소모품들에 불과하고, 결국은 언제라도·또다시 자신(김정은)을 배신할 놈들로 취급한다. 그래서 하수인들이 남한에서 몰상식·몰염치로 낙인찍히든, 저지른 범죄들이 드러나서 감옥에 가든 조금도 개의치 않는다.

아홉째, 김정은이 남한의 하수인들이 결국은 배신할 것이고, 일회용·단기용 소모품들로 취급하는 이유는 간단하다.
* 하수인들이 자신(김정은)의 존재를 부각·뻥튀기해 줌은 물론 대한민국의 체제를 약화·악화시키는 것이 사실이고,
* 남한의 하수인들은 최악의 악질인 자신(김정은)을 칭송하고 아첨할 정도로 구제 불능한 머저리들이 분명하고, 더구나 천상의 민주주의에 몸담고서도 나라와 국민에게 배은망덕할 정도로 저질·배신자들이라는 사실을 누구보다 잘 알고 있으며,
* 자신(김정은)이 미인계와 돈봉투 등으로 덫을 놓았을 때 환장해서 걸려들던 꼬락서니들로 보면 말로 표현하기조차 부끄러운 인간 말종들이 분명하다고 확신하고,
* 자신(김정은)에게 걸려들었을 정도로 참담한 하수인들이지만 어떻든 남한

에서는 정의도 인권도 공정도 공공연하게 지껄일 정도로 비양심적이고, 그러한 모습들을 보노라면 인간으로 취급해 주기도 아까울 정도이며, 그래도 소모품 정도로는 써먹을 가치가 있다고 생각하기 때문이다.

이처럼 김정은이 남한(정부·국민)과 국제사회를 상대할 때나 김정은의 하수인들이 대한민국에서 활동할 때 항상 다층적이고 복합적인 노림수들을 숨긴 채 망국적인 짓들을 저지른다.

김일성 주사파들은 물론이고 양정철이 "중국 공산당과 정책 연대한다."라고 선언했듯이 불순세력은 이런 방법들을 우리 현대사 내내 써먹었고, 이미 이명박과 박근혜를 무력화해서 감옥까지 보냈다. 다시 말해서 허약한 민주주의와 부실한 국민성을 악용해서 거짓과 조작과 선전·선동과 사기로 승승장구했고, 순진한 국민들을 속이는 것에 익숙해지자 악랄한 수법들로 정권까지 장악했다.
그런데 이렇든 저렇든 이미 수없이 써먹었던 수법들의 반복이고, 수많은 시간과 기회들이 있었음에도 결국은 저런 지경으로 전락했으며, 이미 자신들이 저지른 범죄들과 파 놓은 구덩이들이 너무나 많고 깊어졌고, 윤석열은 국제사회에서도 부러워할 정도로 청렴하고 우수하고 유능한 인재군이며, 그처럼 불순한 저질·악질 집단에 당할 리 만무하고, 국민들 역시도 이미 당해본 수법들이어서 더는 먹혀들지 않는다.

"김정은 운명의 절정기는 핵을 개발할 때이고, 비극으로 꺾이는 변곡점은 핵의 완성이며, 남한 불순세력의 절정기는 승승장구할 때이고, 변곡점은 권력에 올랐을 때다. 하지만 국민들은 의식과 자질이 미달이었고, 김대중에게 속았고, 노무현에게도 속았으며, 그래도 정신 차리지 못해서 문재인에게 또 당했고, 이제는 이재명이 날뛸 정도로 무대책이고 무기력하다. 하지만 어떻든 악당들과 영웅들은 운명이 절정기에 도달하면 비극과 영광으로 정반대로 바뀌게 된다."

10. 통일부의 북한방송 허용 발표에서 얻을 교훈

얼마 전에 대한민국의 통일부에서 "북한방송을 개방하겠다."라고 뜬금없이 발표했던 일이 있었다.
만일 북한방송을 실제로 개방한다면,

첫째, 우리 아이들의 무의식과 존엄성과 잠재력이 위험해져

선진국의 부모들은 자녀와 함께하다가 충격적인 사건이나 비인간적인 모습을 목격하면 곧바로 손바닥으로 아이의 두 눈을 가려 준다. 왜냐면 아이의 의식과 무의식이 아름답고 좋은 기억들로 채워지도록 도와주되 나쁜 것들에는 접촉·익숙해지지 못하도록 보호하기 위해서다.
그런데 대한민국의 아이들은 학교와 학원과 피아노 등에 시달리고, 틈이 생기면 휴대폰·컴퓨터·드라마·K팝·스포츠·게임·여행·유행 등으로 소일한다. 그래서 청소년들이 교훈적인 것들을 보고 배울 시간이 턱없이 부족하다.
그런데 청소년들의 존엄성에 방해되고, 사고할 기회조차 빼앗아서 망가뜨리는 사극이나 드라마를 어린 자녀들과 당연하게 함께 시청하는 부모들이 있다. 예를 들면 무자비하고 교활하고 냉혹하고 비굴하고 천박한 막장 드라마나, 권모술수와 중상모략과 당파싸움으로 얼룩진 사극 등을 주말에 어린 자녀들과 함께 시청하는 부모들을 말한다. (인간으로서 절대 그러면 안 되는 짓들로 가득한 대한민국의 사극과 막장 드라마는 우리 국민 의식을 저해하는 주범 중 하나이고, 이를 공영 언론들이 앞장서서 방영해서 시청률을 확보하는 연속이었다.)

필자는 언젠가 우연한 기회에 젊은 부부에게 "자녀의 무의식은 얇고 투명한 필름과 같다. 그래서 나쁜 모습들이 자주·많이 기록·저장되면 평생 그에 영향받을 수도 있다. 그래서 어렸을 때라도 반사적·즉흥적인 감각·감정·자극에 노출되지 않도록 부모가 보호해 줄 필요가 있다. 특히 잔악하고 비열한 모습들로 가득한 사극과 통속적인 드라마와 유행보다는 아름답고 훌륭한 인물들을 많이 접해 보고 익숙해지도록 환경과 여건을 조성하는 것을 고민해야 한다."라고 이야기했다.

그런데 그 부모는 "좋은 것도 나쁜 것도 많이 보고 알아야 나쁜 짓을 하지 않고, 좋은 일을 하는 것 아닌가요?"라고 반문했다. 그래서 필자는,

"만일 아이가 보고 들어서 익숙해진 것들을 경험·재현하려고 하면 어떻게 하려는가? 사람들은 맹모삼천지교를 훌륭한 부모상으로 여기고 본받으려고 하지 않은가? 아이가 어려서부터 자주 많이 보고 들어서 익숙해진 그대로가 곧 그 아이(실체·수준·인생) 아닌가?

우리 어른들도 무의식적으로 형성된 성격과 습성과 습관으로 살아오지 않았는가? 운동선수들은 엄청난 반복 훈련을 통해서 자기 몸이 어떤 상황에서도 즉각적으로 반응하도록 반사신경을 단련(습관화)시킨다.

그러한 무의식적 습관들이 인생에 영향을 끼치고, 공통적인 정서와 관행과 문화로 형성되어서 전해진다. 그런데 어린이들이 잔악하고 교활하고 도도하고 쌀쌀한 인간 말종 짓들과 분위기들에 무작위로 노출되고, 무의식에 익숙해지면 대한민국이나 인류 미래가 어떻게 되겠으며, 무엇이 얼마나 어떻게 좋아지겠는가?

한때 '미군 부대 앞의 구두닦이(shoeshine boy)가 영문학 전공자들보다 말을 잘한다.'라고 했다. 언어도 무의식에서 반복·익숙해지면서 습성화·습관화된 것이고, 어렸을 때부터 보고 들었던 것을 일일이 기억해서 말하거나, 되살려서 살아가지 않는다. 왜냐면 한번 무의식에 저장되면 자기도 모르게 순간에 그렇게 생각하고 표현하고 관계하게 되기 때문이다.

우리 인생(만남·관계·생활)의 대부분은 생각과 머리가 아닌 무의식적인 영향들(습성·습관·관행·문화·전통·감각·감정 등)로 살아간다.

물론 사람에 따른 차이는 있겠지만 의식이 성장하지 못했을 때는 충격적·자극적·본능적·감각적·감정적인 것들이 무의식과 성격과 습성을 지배하고, 인생 전반에 지대한 영향을 끼친다.

'부모에게 수시로 음주폭행 당한 아이가 부모를 지독히 혐오하면서도 훗날 부모가 되면 또다시 음주 폭행하기 쉽다.'라는 이야기나, '그 어미·아비에 그 자식이다.'라는 이야기는 아이의 무의식이 자기도 모르게 보고 들어서 익숙해진 습성과 습관에 지배받기 때문이다."라고 말해 줬다.

이를 구분하지 못해서 우리는 역사 내내, 자자손손 후진성에서 벗어나지 못했고, 현대사 내내 민주주의를 실시했음에도 우리(실체)를 극복하지 못했으며, 결국은 불순세력을 감당·극복하지 못한 채 장악당했다.

그런데 아직도 정신 차리지 못한 사람들이 너무 많고, 무작정 북한방송을 개방하면 우리 내부는 더욱더 분열하고 악화하게 된다.

둘째, 필자의 대학 시절에 판금 당한 불온서적을 예로 들면

필자의 대학 시절에 불온서적으로 판매 금지당한 서적들이 있었다.
리영희(한양대)의 《8억인과의 대화》, 《우상과 이성》은 판매 금지당한 서적이었다. 그런데 필자는 서점의 단골이었고, 특별히 직원에게 부탁해서 책을 구했다.

그런데 도저히 읽기 힘들었고, 몇 차례 시도하면서 여기저기 뒤적거리다가 포기했다. 왜냐면 어느 구석도 와닿지 않았고, 시대와도 부합하지 않았으며, 배울 것 전혀 없었고, 생각 장난과 말장난 수준의 궤변들로 생각되었기 때문이다.

물론 훗날에는 판금(판매금지)에서 해제되었다. 아마도 그러한 불온서적은 개척·도전 정신이 충만하거나, 질적인 가치관과 인생에 대한 열정이 가득한 사람들은 아예 읽지 못했을 것이며, 인성이 망가지고 마음이 음기와 냉기로 가득한 사람들은 야욕 달성을 위한 도구로 삼았을 것이다.

그런데도 우리 국민 중 일부에게는 그처럼 한심한 내용이 먹혀들었고, 민주주의가 역부족인 대한민국에서 그러한 부류가 설쳐 대면서 승승장구했으며, 결국은 불순한 세력에 의해서 나라가 장악당하는 지경이 되었다.

더구나 천상의 민주주의와 무한한 혜택으로 살아가는 대학생들과 지식인들과 언론인들과 종교인들은 물론이고 노동자와 농민들도 말종·말단의 공산·사회주의에 너무 쉽게 매몰되었다. 심지어 김일성·정일·정은이가 최악의 악질이라는 사실조차 알아보지 못한 채 절대 복종·충성하는 연속이었다.

그런데 북한방송을 일방적으로 개방해 놓으면 추종자들이 우리 국민이 상상도 할 수 없는 짓들을 통해 곳곳에서 엉망진창을 만들 것은 불 보듯이 훤하다.

셋째, 정부가 일방적으로 계획하고 발표하고 추진하는 문제를 바로잡아야

이는 개방을 빙자한 대립·분열·선전·선동의 공식적인 허용·노출의 시작이고,

표현의 자유로 위장한 국민의 저질화이며, 자유를 빙자한 강제이고, 자율을 빙자한 타율이다.

이런 수준이었기에 논의도 공론화도 장단점도 절차도 무시하고 단시간에 일방적으로 검수완박(검찰 수사권 완전 박탈)을 강행했고, 고스란히 당할 뻔했다.

더는 우리 국민을 국회와 정부와 언론에 끌려다니거나 관망하는 머슴들이나, 구경꾼들로 취급하면 안 된다.

넷째, 대다수 국민들은 북한방송과 북한에 무관심해

민주주의·자본주의 체제에서 살아가는 국민의 대부분은 나라와 국민을 사랑하고 충성하는 애국자들이다.

이들은 생활 속에서 열심히 살고, 한가할 때는 몸도 마음도 휴식하면서 재충전한다. 그래서 특별한 사건이 아니면 북한에도 정치에도 별로 관심을 기울이지 못한다.

그래서 이런 점을 이용해서 불순세력은 불평불만이 많거나, 정치에 무관심하거나, 뭐가 뭔지 모르는 순진한 국민들을 멋대로 기만하고 이용하면서 나라를 좌지우지해 왔다.

그런데 북한방송을 개방해 놓으면 자기 삶에 충실하지 못한 불만 계층이나, 불순한 사람들이 방송을 시청하고, 북한의 세뇌와 공작이 광범위해질 수밖에 없다.

왜냐면 북한은 위협적이고 충격적이고 자극적이고 감각적이고 충동적인 분위기를 만들어 갈 것이고, 때로는 공개적으로 지령도 내려보낼 것이기 때문이다.

청소년들은 나뭇잎이 떨어지는 것만 봐도 절로 웃음이 나오고, 어른들은 가을에 떨어지는 낙엽에도 센티멘털해진다고 한다.

그래서 북한의 방송이 개방되면 영향받는 사람들이 많을 수밖에 없고, 대한민국은 분열·갈등·대립이 많아질 것이며, 협력·존중·단결은 요원해질 수밖에 없다.

다섯째, 더욱 망가지는 것은 우리 국민뿐

남한에서 북한 독재정권의 참상을 알리기 위해서 북한방송을 개방한다고 해도 당장은 시기상조다. 그런데 일방적인 흑색선전과 막무가내 비난과 선동으로 가득한 북한방송을 개방하자는 이야기는 그야말로 개소리다.
그간에 자유세계에 몸담고서 대학에 다니고, 졸업까지 했던 놈들이 불순세력에 물들었으며, 남한의 공영방송들을 장악해서 앞잡이 노릇에 안달이었고, 이처럼 국민의 의식 수준이 참담한 것이 대한민국의 실상이다.
그런 동안에 우리 국민들은 스트레스를 엄청나게 받았고, 순수하고 양심적이고 충성심에 불탔던 사람들은 불면증에 시달리고, 없던 우울증이 생겨나서 화병으로 도지고, 수명까지 짧아질 정도로 심하게 고통받는 연속이었다.
그런데 북한방송까지 곳곳에서 울려 퍼지면 그야말로 대한민국은 화합도 신뢰도 변화도 불가능하고, 누구도 믿을 수 없게 되고, 정상조차 유지할 수 없게 된다.
심지어 국가보안법조차 유명무실하게 만들어서 불순세력이 멋대로 활개 치는 지경이고, "국가보안법 완전 폐지"를 주장할 정도로 불순세력이 떵떵거리는 연속이다.
그런데 북한방송을 개방해 놓으면 국민들은 건전한 삶과 양심과 상식조차 유지하기 힘든 막장으로 내몰릴 것이 뻔하다.

여섯째, 양아치도 대통령을 해 먹을 정도로 한심한 대한민국이 증거

그간에 "사람이 먼저", "사람 사는 세상"을 외쳤던 선동꾼들·위정자들·공산주의자가 대한민국의 대통령을 해 먹었고, 심지어 양아치·사기꾼 범죄자조차 대통령을 해 보겠다고 난장판을 만드는 지경이다.

그뿐 아니라 대통령이 끝났음에도 자신을 상왕으로 착각하는지, 시진핑 황제에게 임명된 속국의 왕으로 착각하는지, 신격화된 김정은 주군님의 남쪽 사령관을 자처하는지 헷갈릴 정도다. 왜냐면 대한민국의 헌법 기관인 감사원을 향해서 "무례하다."라고 엄포했을 정도로 개판이기 때문이다.

이런 놈들조차 제대로 해결·감당하지 못하면서 북한방송을 개방해 놓으면 그야말로 게나 오징어나 꼴뚜기도 꼴불견 노릇들을 할 것이 자명하다.

대한민국의 주역은 북한방송의 개방을 주장하는 망측한 사람들이 아니고, 북한방송이 개방되었을 때 마냥 시청할 정도로 한가하고 무능한 불평분자들이 아니며, 바쁘면서도 안정되고 아름답게 살아가거나, 살아가려고 노력하는 선량한 국민들이라는 사실을 알아야 한다.

불순세력에 놀아나면 또 당해

일본을 적대시하는 불순세력이 일본을 향해 막말을 쏟아 놓으면 일본의 극우파 역시 목청을 높여서 일본 국내의 분위기를 좌지우지한다.

이에 대해서 "적대적 공생관계"로 표현하는 사람이 있었다. 그런데 그는 지극히 무책임하고 선동적인 체 게바라를 영웅처럼 띄웠다는 점에서 극렬한 좌파 선동가가 아닌지 의심된다.

물론 필자도 오래전에 그의 저서를 정독했고, 그때만 해도 체 게바라를 나름 괜찮게 생각했다. 그런데 세상 이치를 알게 되면서 체 게바라는 선진국들이 잘사는 모습을 보고 배가 아파서 저주하는 공산·사회주의자에 불과했다는 사실을 깨달았다.

※ 필자는 공산·사회주의에 전염된 사람들과 애매모호한 사람들을 근본적으로 깨어나도록 해 주려는 취지로 살아왔고, 여기 내용들이 그러한 노력의 일부다.

보수우파와 진보좌파가 적대적 공생관계로 연결되면 안 돼

만일 지금 당장 진보좌파가 모두 하늘로 증발했다고 해 보자.

그러면 보수우파 중에 상당수는 당장 할 일이 없어져 버린다. 왜냐면 매일 진보좌파의 부정·비리·범죄·역적 질들을 상대(비난·공격)하는 것이 실체라고 해도 과언이 아니기 때문이다. 그런데 갑자기 진보좌파가 모두 증발해 버리면 보수우파의 상당수는 닭 쫓던 개처럼 더 이상 할 일과 할 말을 잃게 된다. 그래서 우리 국민과 보수우파와 순수한 진보 세력은 진보좌파와 적대적 공생관계를 유지하면 안 된다. 그러한 모양새가 계속되면 교활하고 야비한 불순세력의 몰상식하고 몰염치한 놀음에 끌려다니고 놀아나면서 장단을 맞춰 주는 꼬락서니에서 벗어날 수 없고, 진정한 실력과 능력과 열정과 인간미를 갖출 수 없게 된다.

물론 망국적인 불순세력(진보좌파)의 역적 짓들을 상대로 보수우파가 발끈하고 불끈한 것은 당연하다. 하지만 대한민국은 진보좌파가 없어지는 것으로 끝나지 않고, 훨씬 더 이상의 실질적인 방안과 다양한 정책과 시도들이 필요하다.

어떻든 적대적 공생관계가 반복되면 대한민국은 참신한 인재들과 훌륭한 인물들을 발굴·육성할 수 없고, 수시로 주도권 놀음에 휘둘리고 놀아나다가 결국은 또다시 악순환에 휘말리고, 절대 새로운 가능성과 전환점을 만들어 낼 수 없다.

따라서 대한민국과 미래 세대를 사랑하고 염려하는 애국 시민들은 당장은 불순세력에 대항하더라도 장·중·단기적으로 국민이 할 수 있는 일과 반드시 해결해야 할 일들을 계획해서 체계적으로 진행해야 한다.

"평균 수준 이하의 머저리들은 이렇든 저렇든 마찬가지다. 왜냐면 기껏해야 하수인 노릇이 고작이기 때문이다.
반대로 대한민국의 국민처럼 영리하면 하수인 노릇들로만 끝나지 않는다. 왜냐면 영리한 머리를 이용해서 악질적인 범죄자도, 살벌한 독재자도, 구제 불능한 망나니도, 교활한 사기꾼도 얼마든지 생겨날 수 있으며, 이런 점에서 보통으로 심각하지 않다.
그간에도 이런 저질 패거리들로 인해서 대한민국은 성장을 멈췄고, 지겹도록 당하는 연속이었다."

"오래전 시대에는 나쁜 짓만 하지 않아도 좋은 사람일 수 있었고, 적어도 나쁜 사람은 아니었다. 그런데 현대는 좋은 일을 해야 좋은 사람이거나, 그래도 정말 좋은 사람인지 장담할 수 없다. 왜냐면 개인에 의해서가 아니라 사회문화와 국가경쟁력과 국제질서라는 전혀 다른 관점에 의해서 모든 것이 좌우되고 결정되기 때문이다. 그래서 현대인들은 좋은 일들과 나쁜 일들을 적극적으로 찾아서 실천하고 해결해야 한다.
앞으로 미래는 개인과 소수의 적극성으로는 정상을 유지해 갈 수 없고, 다수가 합리성과 효율성을 갖춰서 열정과 집중력을 발휘해야 한다. 왜냐면 악과 불의 역시 더욱 노련해지고 교활해지기 마련이고, 국민들이 적극적으로 좋은 마음씨와 인간애와 인류애를 일치시켜야만 문제아들과 부작용들을 감당·극복하면서 향상·발전·차원을 높여 갈 수 있기 때문이다.
좋든 싫든 이것이 우주의 적극적인 이치고, 우주에 몸담은 자기 자신과 우리 인간과 모든 인류의 진화이기도 하다.
시국이 시국이니만큼 책의 마지막 주제들을 노파심과 위로와 격려를 위주로 장식했다."

16세기에 신부였던 조르다노 브루노는 '우주는 무한한 영역일 수 있다.'라고 주장했고, 교황청에 의해 화형당했다. 이후에 코페르니쿠스와 갈릴레오 등도 고난을 겪었다. 필자의 이러한 연구로 억울하게 희생당한 수많은 영혼이 조금이나마 위로받았으면 좋겠다.

08

자유와 자율

1. 부모와 국가가 자유를 보장하면 안 되는 경우

자유는 인간에게 중요한 기본권이다. 하지만 사실은 수준 높은 최고급 개념들이며, 자유의 활용은 쉽고 간단하지 않으며, 자유가 당연해질수록 다양한 문제들과 한계들이 생겨난다.
여기 주제는 부모가 어린 자녀에게 곧바로 자유를 보장하기보다는 한동안 관찰하고, 합당한 조치(견제·감시·상담)를 해야 할 경우다.

첫째, 약자(동생, 친구, 이웃)를 도와주지 않고 무시하거나, 업신여기거나, 때리거나, 물건을 빼앗거나, 훔치는 자녀다.
둘째, 공중 질서와 주위(사람들, 분위기)에 아랑곳하지 않고 싸우고, 소리치고, 멋대로 행동하는 자녀다.
셋째, 가족과 이웃에게 까탈(말썽)을 부리거나, 성질(감정)을 지겹고 고약하고 난폭하게 쓰는 자녀다.

넷째, 감정의 기복이 심해서 좋을 때와 나쁠 때의 편차가 크거나, 짜증(화) 내는 기회와 횟수가 불규칙하고, 횟수가 빈번한 자녀다.
다섯째, 기분이 상하면 고래고래 소리 지르고, 자기표현을 감정(짜증, 울음, 우는 소리, 칭얼거림)으로 대신하고, 멀쩡한 물건들을 함부로 집어 던지는 경우다.

타고난 환경과 인연이 어떻든 잘못되면 자기 인생·잘못·책임

만일 자녀가 타고난 인연과 환경에 크게 영향받으면 험난한 세상과 복잡한 인생을 똑바로 살아가기 힘들고, 수시로 터덕거릴 수밖에 없게 된다. 그렇게 되면 결국은 서로의 인생과 관계가 잘못·책임·손해다.
더구나 자신이 환경과 인연을 잘 타고났거나, 누군가에게 은혜를 입었더라도 매일 매시 상대에게 감사하고 좋아할 수는 없다.
역시 자신이 환경과 인연을 잘못 만났더라도 매일 매시 불평하고 원망하고 불만을 표출하면 안 되고, 정신을 바짝 차리고 환경과 인연을 바꾸고 개선해야 한다.
그래서 자녀가 부모와의 인연에 의해서 인생이든 좋고 나쁨이든 크게 좌우되거나, 휘말리지 않도록 자유롭고 편안한 관계를 유지하는 것이 바람직하다.

자녀를 생소하고 낯선 환경과 분위기로 유도

위에서처럼 자녀의 자유를 곧바로 보장해 주기 어려운 부모는,

첫째, 자기 자녀가 전혀 다른 환경과 생소한 분위기(현실, 생활 등)를 경험해 보도록 환경과 분위기를 동시에 바꿔 놓고, 새로운 상황에서 자녀가 어떤 행

동과 태도를 보이는지 살펴봐야 한다.

부모가 자녀를 이곳저곳으로 데리고 다니면 자녀는 새로운 환경과 상황이 신경 쓰이거나, 집중할 것이다. 부모는 자녀에 대한 걱정과 고민과 노력을 동시에 보여 주면서 자녀의 성질과 습성이 어떻게 나타나고 반응하고 변화하고 노력하는지 살펴봐야 한다.

그 과정에서 자녀가 전혀 다른 태도와 집중력을 보인다면 크게 걱정하지 않아도 될 것이다. 자녀가 환경과 분위기가 바뀌면 좋아질 수 있기 때문이다. 그러면 새로운 환경을 꾸며 주거나, 맹자처럼 동네를 이사하거나, 새로운 생활로 유도해 보는 것이 좋은 방법일 수 있다.

둘째, 만일 아이에게 반응과 변화가 전혀 없거나, 함께 다니지 않으려고 발버둥 치거나, 통제가 어려우면 상담 기관을 찾아야 한다.

국가에서 자유를 강력하게 억제하고 통제해야 하는 대상

첫째, 인간성이나 사회성이나 판단력이 심하게 떨어져서 수준 높은 민주주의에 제대로 적응할 수 없는 심신 미약자, 정신병자 등이다.

둘째, 생각을 똑바로 활용하지 않고 계획적·고의적·악의적·악질적으로 범죄를 저지르는 사기꾼들, 흉악 범죄자들, 폭력배들, 중독자들과 상습적인 음주 운전과 음주 폭행 등이다.

셋째, 민주주의 체제 몸담고서도 공산·독재·사회주의를 추종하고, 민주주의를 해치거나, 위협하는 사람들이다.

왜냐면 첫째는 자기 자신조차 감당하지 못하고, 둘째는 아예 생각을 나쁘게 하고, 셋째는 인간성이 망가질 대로 망가진 악질들에 해당하기 때문이다.

2. 산만하고 난잡한 자녀를 위한 대처

여기서는 자녀가 성질을 무의식적으로 바로잡으면서 동시에 인성과 정서가 안정되도록 도와주는 방법을 소개한다.
자녀가 수시로 음악(클래식)을 듣도록 해 주면 자신도 모르게 무의식적으로 성질을 바로잡아 갈 수도 있다.

첫째, 부모가 클래식 음악을 들려주기

만일 부모가 가요를 들려주면 자녀의 관심사가 연예인(스타)들과 유행으로 바뀌어 버릴 가능성이 있고, 차라리 시도하지 않음만 못할 수도 있다. 그래서 여기서는 클래식을 권장한다.
클래식은 유행에 상관없이 감상할 수 있고, 곡명이나 작곡자나 배경을 접하는 정도여서 안전하고 부담이 없다.
클래식은 장르가 다양해서 맑고 우아하고 경쾌하고 씩씩하고 은은하고 잔잔하고 우렁찬 분위기를 모두 만끽할 수 있다. 역시 사랑과 기쁨과 슬픔과 용기와 울분과 편안함과 아름다움과 씩씩함 등 인생의 많은 부분이 고스란히 담겨 있다.
그래서 자녀는 타고난 성질, 자기도 모르게 익숙해진 환경, 적응된 습성, 성장과정, 주위의 인연들로부터 받은 영향과는 비교할 수 없을 정도로 우아하고 정겹고 흥겹고 격정적이고 차분하고 서정적인 분위기들을 두루 맛볼 수 있다.
그뿐 아니라 클래식은 비용 부담이 없고, 쉽게 자주 오래 평생 함께할 수도 있다.

둘째, 볼륨의 크기가 중요하다.

아이가 음악 소리에 자기도 모르게 제압당할 정도로 볼륨을 약간 크게 틀어 놓되 이웃에는 시끄럽지 않아야 한다. 볼륨이 커야 하는 이유는 아이가 익숙해져 있는 생각과 말과 행동과 습성에 은연중 제약·방해 받도록 하기 위해서다.
크게 들려오는 음악으로 인해서 아이는 평소 생각, 표현, 행동, 패턴에 방해받기 시작하고, 그간에 익숙했던 연결 고리들이 계속 끊어지게 되며, 멈칫거릴 수밖에 없다.
자녀가 평소에 쉽게 짜증을 냈다고 해 보자.
그런데 아이는 음악의 볼륨에 제압당해서 짜증을 내려고 해도 지장을 받고, 자기도 모르게 멈칫거리게 된다. 설사 아이가 자신을 표현하더라도 어떻든 지장을 받게 되고, 익숙했던 표현·반응·생각 등 연결 고리 등이 무의식에서 끊어지게 된다.
아마도 아이는 지장 받는 것을 저절로 받아들이거나, 몇 번 반복되면 지장 받는 것이 당연해질 것이며, 음악을 접하는 시간이 많아지면서 새로운 환경과 분위기에 익숙해진다. 이는 계속해서 자녀가 자신(생각, 언행, 습성 등)을 양보하게 되는 셈이다.
만일 쉽게 짜증 냈던 자녀가 음악을 받아들였다면 머잖아서 부모의 말들도 받아들일 가능성이 크다고 봐야 한다. 물론 부모가 아이에게 접근(대화, 표현, 관계)할 때는 평소의 부모나 성질이 아닌 음악처럼 아름답고 우아하고 점잖게 접근·관계해야 한다.
반대로 부모가 신경질적으로 반응·관계하면 아이는 또다시 익숙해진 과거·분위기·습성으로 돌아가 버릴 위험이 크다.

셋째, 부모는 모른 척, 무관한 척 대응해야

자녀가 음악을 듣기 싫어하거나, 볼륨 소리에 짜증을 내기도 할 것이다. 그렇더라도 부모는 자녀의 짜증을 모른 척하거나, 못 들은 척해야 한다. 음악 때문에 자녀의 짜증과 투정을 듣지 못한 것처럼(무관심한 척) 시치미 떼는 것이다.
그간에 자녀는 성질대로 되지 않았을 때 곧바로 짜증 내기 일쑤였다. 하지만 이제는 부모가 모른 척해 버림에 따라 어떻게 할 것인지 또다시 멈칫거리게 만드는 효과다. 자녀가 다시 한번 생각하거나, 투정을 멈추고 다시 음악을 듣도록 유도해 주는 셈이다.

넷째, 자녀가 "소리가 너무 커서 시끄럽다."라고 분명하게 의사를 밝힐 때

자녀가 짜증과 투정을 포함해서 "너무 시끄럽다."라고 분명하게 자기 의사를 표현할 때는 정식으로(인격적으로) 말을 받아 줘야 한다.
대신에 "엄마는 너무나 좋은데?", "엄마가 화나는 일이 있었는데 음악으로 풀고 있으니까 조금만 참고 들어 주면 안 되겠니?"라고 말해 준다. 지금 엄마는 음악 청취가 중요하고 간절하다는 사실을 짤막하게 전달하고 반응을 살펴야 한다.
그래도 투덜거리면 "네가 줄여라."라고 말한다. 그럼 자녀가 소리를 줄일 것이다. 그러면 자녀가 보지 않을 때 다시 볼륨을 키워 놓으면 된다. 그때는 원래보다는 볼륨을 살짝 줄이는 것이 좋다. 엄마도 자녀를 존중하는 모습을 보여야 하기 때문이다.
설사 자녀가 음악을 꺼 버리더라도 모른 척했다가 얼마 후에 다시 틀어 놓으면 된다.

하지만 자녀가 일방적으로 음악을 꺼 버릴 때도 있을 것이다. 그때도 잠시 내버려뒀다가 다시 켜 놓으면 된다. 엄마가 음악을 다시 켰을 때 자녀가 "음악을 또 켰어?"라고 투덜대면 "나도 음악을 듣고 있는데 네가 나에게 묻지 않고 그냥 꺼 버렸잖니?"라고 말한다.

이는 다음에는 음악을 함께 듣는 부모에게 미리 의사를 타진하거나, 양해를 구해야(알려야) 한다는 주문(암시)이며, 미리 말해서 허락·동의를 받는 것이 정상이라는 것을 알려 주는 것이다.

자녀가 부모에게 허락받기 싫으면 그대로 켜 둬야 하고, 계속 음악을 들어야 한다는 이야기다. 이는 자기 멋대로 해 왔던 버릇에 제동이 걸린 것은 물론 타인을 배려하는 습관으로 유도하는 것이다.

다시 말해서 자녀가 부모나 타인을 고려하고 배려해서 생각하고 행동하고 교류하도록 유도해 주는 것이다.

다섯째, 자녀가 직접 볼륨을 줄이면

자녀가 직접 볼륨을 줄이면 부모가 자녀의 말투와 표정과 행동을 무관심한 척(실제로는 유심히) 살펴봐야 한다. 과거에 비해서 화가 얼마나 줄었는지, 똑같은지, 이랬다저랬다 하는지 등을 파악하고, 그에 맞춰서 이후를 예상하고 대처하고 조정하고 응용해야 한다.

여섯째, 자녀가 줄여 놓은 볼륨의 크기를 알아야

자녀가 방해받는 크기가 어느 정도인지 알아야 하고, 다음부터는 그보다 약간 더 크게 틀어 놓는다. 자녀가 볼륨을 줄일 경우는 잠시 간격을 뒀다가 다시 키워 놓고, 음악을 꺼 버리면 잠깐 시간을 뒀다가 다시 켜 놓는다.
대신에 아름다운 음악을 놓고 자녀와 직접 충돌하거나, 다투고 화를 내면 안 된다. 왜냐하면 음악이라는 아름다운 대상을 옆에 두고 싸우는 것은 잘못이기 때문이다. 그래서 부모는 최대한 밝고 맑은 표정으로 대처하고, 의견이 충돌하더라도 무반응이나, 무관심이나, 모르고 못 들은 척 대응하고, 끈질기고 집요하게 음악을 틀어 놓고 청취해야 한다. 아마도 웬만한 자녀들은 여기까지 오지 않고도 효과를 보게 될 것으로 생각한다.

일곱째, 다양한 장르를 틀어 줘야

다양한 장르(교향곡, 협주곡, 피아노, 바이올린, 첼로, 소나타, 아리아, 서곡, 행진곡 등)를 들려주는 것이 좋다.
클래식의 다양한 장르는 맑고 경쾌하고 웅장하고 씩씩하고 조용하고 차분하다. 그래서 클래식의 선율과 리듬과 박자에 자녀(감정, 성질, 생각, 분위기 등)가 장시간 제압(압도)당하기에 완성 맞춤이다.
초반에는 행진곡과 서곡 등 경쾌하면서도 웅장한 곡들을 위주로 감상해도 좋다.
기상 시간에, 낮에, 취침 전에, 날씨와 계절과 컨디션에 따라 약간의 변화를 주는 것이 좋다. 가령 평일에 자녀가 잠에서 깨어나기 전후로는 바이올린(협주)곡이나, 피아노(협주)곡 등 맑고 선명한 선율이 좋다.
휴일 아침 눈을 뜨기 전후에는 경쾌한 행진곡과 서곡이 좋다. 물론 장르에 제약은 없으며, 장르가 불규칙하면 오히려 지루하지 않아서 감상하기 편하고 좋다.

여덟째, 자녀보다 음악이 한 발짝 빨라야

음악은 항상 자녀보다 한 발짝 빨라야 한다. 아이가 잠에서 깨어날 때도, 놀고 있을 때도, 집에 들어올 때도 틀어져 있어야 한다. 그래야 아이가 곧바로 자기 습성을 꺼내 들지 못하고 간섭을 받거나, 제압당하거나, 저절로 음악에 맞추고 심취되거나, 자연스럽게 음악과 동화되거나, 집안 분위기와 부모에도 익숙해지고 따르게 된다.

정리

첫째, 음악 감상 초반에는 아이의 생각과 표현과 행동 등을 방해하고 제지하는 것이 목적과 효과다. 물론 부모가 음악을 좋아해서 듣는 것처럼 해야 한다.
둘째, 다행히 아이의 기분이 좋아지거나, 어느 정도 적응되면 교향곡과 협주곡을 전체 악장으로 들려줘도 좋다.
셋째, 음악이 켜져 있어도 아이가 신경을 쓰지 않거나, 하는 일이나 게임 등에 열중할 수도 있다. 그렇더라도 무의식에서 영향(도움)을 받도록 계속 틀어 놓아야 한다. 그렇게 시간이 흐르면 아이가 음악에 익숙해지고 동화되어 갈 것이다.
넷째, 자녀가 음악을 전혀 몰라도 결국에는 익숙해지고 동화되지 않을 수 없다. 이미 고정관념으로 딱딱하게 굳어져 버린 어른들과 어린이는 전혀 다르기 때문이다.
다섯째, 클래식 음악은 극도로 어렵던 시대와 열악한 환경에서 천재 작곡가들이 사랑과 행복과 진취적인 기상과 인생의 애환 등을 승화시켜서 아름다운 선율과 리듬에 고스란히 담아 놓은 훌륭하고 위대한 작품이다.
여섯째, 만일 자녀가 음악에 심취하거나, 익숙해져서 콧노래를 흥얼거리면 상당한 효과를 거둔 것이다. 왜냐하면 아이가 자신의 습성(짜증, 화 등)을 양보하고 포기함과 동시에 무의식과 정서에는 긍정적인 영향을 받고 있기 때문이다. 그때부터는 볼륨을 알맞은 크기로 틀어 놓으면 된다.

"클래식은 어느 정도 지식이 있어야 한다."라는 말에 대해서

"클래식은 어느 정도 지식이 필요하다."라는 사람들이 있다. 세상만사 지식이 있으면 당연히 좋을 것이다. 하지만 클래식은 자주 듣는 것이 훨씬 더 중요하다.
사실 클래식은 장르가 다양하고 형식과 흐름과 분위기가 비슷한 곡들이 많아서 곡명이 헷갈린다. 실제로도 입으로 흥얼거리면서 지휘를 흉내 낼 정도로 익숙해지는 곡들도 많아진다. 그렇다고 익숙한 곡을 제대로 안다고 말하기는 어렵고, 모른다고 말하기도 어렵다.
(이에 관해서는 뒤에서 필자의 사례를 하나 소개한다.)
어떻든 클래식은 곡명, 작곡가, 작곡 배경, 얽힌 사연, 악단, 지휘자, 악기, 오디오, 음질, 감상 등 끝이 없다. 그래서 "지식이 있어야 한다."라는 당연하지만 단편적인 점들에 연연할 필요는 없다.

클래식은 지식이 우선인가 감상이 우선인가?

일반인들에게 클래식은 감상이 우선이다. 일부 안타까운 사람들은 클래식 이야기가 나오면 명품 오디오를 들먹이거나, 고급 음반을 이야기다. 그것도 가격을 위주로 화제 삼는 사람들이 있다.
심지어 "좋은 오디오가 아니면 음악을 듣지 않는다."라는 사람들도 있다. 역시 순수한 음악 애호가들을 은근히 비하하기도 한다.

또는 자신이 소장한 명품을 자랑하는 등 유리한 것들로 화제 삼기도 한다. 하지만 오디오 기기와 명품 악기와 고급 음반 등 외양과 지식에 연연할 필요는 없다.

태아 때부터 클래식을 들려주면

엄마가 임신했을 때 다양한 클래식을 생활 속에서 열심히 청취하면 태아에게 지대한 영향을 주게 되고, 정서적으로나 심리적으로나 인간적으로나 걱정할 필요가 없을 정도로 편안하게 성장할 수도 있다.
어떻든 부모가 클래식을 태아부터 아동기까지 열심히 들으면 태아에게도, 자녀의 고질적인 성질도, 정서발달에도, 가정의 분위기에도 도움이 될 수 있다.

"하나만 알면 사실은 아무것도 모르는 것이다."라는 말의 의미

필자는 악기를 전혀 다루지 못한다. 대신에 중학교 때부터 LP 디스크를 구매해서 클래식을 감상하고 모으는 것이 취미였다. 물론 당시에는 클래식이 광범위하게 보급되지 않았고, 오늘날처럼 유튜브 등을 통해서 감상할 수단이 많지 않았다.
어떻든 클래식을 꽤 많이 듣고 알았고, 어딘가에서 클래식이 나오면 아는 곡이 꽤 많았으며, 나름대로 클래식을 많이 안다고 착각했다.
그러다가 중장년에 20기가 바이트를 훌쩍 넘기는 분량(2천 곡 이상)의 클래식을 저장·감상하게 되었고, 수시로 반복 감상했으며, 상당 부분은 콧노래로 흥얼거리고, 지휘도 가능할 것처럼 느껴지기도 했다.
그런데 기이한 일이 생겼다. 언제인가부터는 제대로 아는 곡이 거의·전혀 없다는 사실을 깨달았고, 너무나 의아했다.

도대체 어떻게 된 영문인지 생각하고 또 생각하던 중에 깨달았다. 필자가 클래식을 많이 안다고 생각했을 때 사실은 제대로 아는 것이 전혀 없었다는 이야기다. 귀와 입으로 익숙해진 곡들도 사실은 극소수에 불과했고, 그래서 익숙해진 곡들을 들으면 당연히 곡명도 알았던 것이었다.

그런데 엄청난 분량의 곡들을 저장·반복해서 청취함으로써 귀에 익숙해졌고, 이런저런 곡들이 뒤섞여서 짬뽕이 되었으며, 이 곡 같기도 하고 저 곡 같기도 하고 온통 헷갈린 것이다.

예를 들어서 과거에 피아노 협주곡을 들을 때는 곡명과 작곡가와 악장을 알 수 있었다.

그런데 언제인가 이후로 지금은 악장은커녕 협주곡인지 교향곡인지, 베토벤인지 모차르트인지, 다른 작곡가의 곡인지 알지 못하고, 청취만 하는 곡들이 훨씬 더 많다. 비로소 필자는 클래식에 대해서 제대로 아는 것이 없었음을 깨달았다.

왜냐면 음악을 전공하고, 직접 연주하고, 수없이 연습하고, 연주회에서 발표하는 전공자들과 전문가들이 제대로 음악을 아는 사람들이기 때문이다.

3. 자녀를 위한 자유의 양면성과 완벽한 자유

만일 개발도상국(후진국, 독재국)들이 갑자기 민주주의로 전환해서 국민들에게 자유를 보장했다면 어떻게 될까?

아마도 오랜 세월 후진적이었던 국민들은 최고급 개념 중에서도 고난도인 자유를 똑바로 이해·활용하기는 쉽지 않다.

역시 국가(지도자)는 국민들에게 좋은 말보다 비판받을 일이 많다. 왜냐면 지도자가 어떠한 철학과 의지와 목적으로 자유를 보장했든지, 또는 자유의 참다운 가치가 무엇이든지 국민들은 자신들의 생각과 입장과 주장을 표현할 것이고, 자유롭게 요구·반대·불평할 것이기 때문이다.
만일 부모가 자녀에게 전적으로 자유를 보장하면 어떻게 될까?
이때도 자녀가 부모를 훌륭하게 여겨 주거나, 깊은 뜻을 헤아려줄 것으로 기대하면 안 된다. 왜냐면 '자유는 당연히 보장되어야 하고, 원래부터 내 것'이라고 여길 것이기 때문이다.
물론 자녀가 자기 자유를 당연하게 여기는 것은 지극히 정상이다.
이는 폭력을 당하고 살아온 사람이 폭력에서 벗어나면 비로소 정상이고, 안정적인 삶을 위해서 최선을 다해야 하는 것과 같다.
그래서 국민들이든 자녀들이든 보장된 자유라는 새로운 환경에 잘 적응해야 하고, 그전에 당했던 핍박이나 폭력에 연연해서는 안 되며, 적극적으로 앞을 보고 미래로 나아가야 한다.

인간관계에서 자유의 애매한 양면성

그래서 국민들도 자녀들도 보장된 자유를 똑바로 활용하지 못할 가능성은 항상 있으며, 오히려 부모와 가족을 힘들게 할 수도 있다. 그렇더라도 부모가 자유를 빼앗고 통제하면 훨씬 더 큰 잘못(범죄)이고, 장기적으로는 모두에게 손해이고 해롭고 위험하다. 왜냐면 자유를 통제하면 인간의 존엄성을 부정하는 것이고, 민주주의를 거부하는 것이며, 국민과 자녀의 독자적·독립적인 성장과 미래를 동시에 망치는 짓이기 때문이다.
반대로 국가나 부모가 국민과 자녀의 자유를 무작정 방치하면 자칫 방임과 방종이 되어 버릴 수도 있다.
이것이 자유와 인간관계의 애매한 양면성(모순)이다. 인간은 반드시 애매한 양면(모순)성 속에서 스스로 철이 들어야 하고, 자율적·적극적인 선택을 통해서 책임 있는 인생을 살아야 한다.

"쇠창살에 갇힌 죄수는 하늘을 자유롭게 날아가는 새를 부러워한다."라는 말처럼 속박(구속)된 사람은 자유를 흠모할 것이다. 속박에서 막 벗어난 사람은 자유가 고마울 것이다. 하지만 이미 자유가 주어진 사람에게는 자유의 흠모와 감사와 향유는 무의미하다. 왜냐면 존엄한 인간으로서 적극적으로, 열정적으로, 도전적으로, 우호적으로, 협력적으로 가치 있게 자유를 구현해 가는 방법과 실현에 집중해야 하기 때문이다.

또한 몸이 약한 환자는 건강이 중요하다. 하지만 건강한 사람이 건강을 최고로 여기는 것은 바람직하지 않다.

역시 돈을 가진 사람이 돈을 최고로 여기거나, 폭력배가 주먹과 칼을, 권력자가 권력을, 법조인이 법을, 지식인이 지식을, 미인이 미모를 앞세우면 한편으로는 가엾고 가소로운 사람이고, 이런 사람들을 지도자로 뽑아 놓으면 더 이상의 능력과 다양성과 존중은 기대하기 어렵다.

왜냐면 자기에게 유리한 카드를 위주로 살아왔고, 지도자로서도 그러한 연장선일 가능성이 높기 때문이다.

자유의 완벽한(100%) 보장에서의 문제

부모가 자녀에게 완벽한(100%) 자유를 보장하면 어떨까?

자유는 '완벽한 보장'에서 더 많은 어려움을 겪을 수 있다. 자녀에게 완벽한 자유가 보장되면 오히려 부모·가족의 자유에 상당한 마이너스가 초래될 것을 각오해야 한다. 왜냐면 자녀들은 자유를 마음껏 즐기거나, 방치해 버리거나, 멋대로 사용할 수도 있기 때문이다. 그래서 자녀에게 크고 작은 실수와 잘못이 생기면 부모는 뒤치다꺼리를 해 줘야 할 수도 있다.

역시 100% 자유를 보장받은 자녀가 자기 부모를 외면, 무시, 침범, 빗나갈 수도 있다. 이렇게 되면 오히려 부모가 자기 자유조차 침해받거나, 자녀의 뒷감당에 시달리거나, 심하면 인생이 불행과 고통으로 바뀔 수도 있다. 그래서 앞에서처럼 '자유 보장의 예외'에 입각해야 부작용과 피해를 줄일 수 있다.

어떻든 부모는 자녀의 자유를 보장하는 순간부터 더 많은 신경을 쓰게 되거나, 힘들어질 수 있다.

그래서 자녀에게 100% 자유를 제공하지 않으려는 부모들이 있다.

이런 부모는 가정의 평화, 가족의 화목, 자녀의 안전한 성장, 원만한 대인관계, 주위로부터의 평판, 성공적인 인생을 중요하게 여길 수도 있다. 그래서 자녀의 완전한 자유를 별로 반기지 않거나, 어느 정도 간섭하는 부모들이 있다.

물론 자녀로서는 부모의 걱정이 기우에 불과하거나, 실질적으로 도움 되지 못하거나, 불편부당하게 생각될 수도 있다.

물론 부모의 간섭이 지나치면 오히려 과잉보호가 될 수도 있다.

그렇더라도 자녀는 부모의 걱정을 존중하는 자세가 필요하고, 자유를 100% 누리려는 태도는 자제해야 한다. 왜냐면 자기 위주의 막무가내(일방적인) 자유는 가족과 타인의 자유와 평등과 인권과 행복을 해칠 우려가 있기 때문이다.

다시 말해서 자유의 부족(결핍)은 자신에게 불행이지만 자유의 과잉과 남용은 가족과 이웃과 사회까지 힘들게 한다.

그래서 자유를 보장하는 쪽에서는 100% 자유를 적극적으로 보장해야 하고, 보장을 받는 쪽에서는 자유의 상당 부분을 자제(절제)해야 한다.

그래야만 자유에 이어서 상호 평등으로, 사회 정의로, 인간다운 인권과 복지로, 인류 평화와 번영으로 계속 발전할 수 있다.

완벽한(100%) 자유 보장은 물론 더 이상으로 지원하고 존중해야 할 자녀

부모가 자녀의 자유를 100% 보장해야 함은 물론 적극적으로 지원·존중해야 하는 경우가 있다.

만일 자녀가 남들이 해내기 어려운 과제(연구, 개발, 도전, 개척, 사명, 임무)에 열정을 발휘하는 중이라고 해 보자.

이때는 일반적인 부모 자식 관계와 흔하디흔한 일상과 전통문화에 자녀를 꿰맞추면 안 된다. 오히려 부모는 자녀에게 100% 자유는 물론이고 자녀의 능력(생활, 인생)을 적극적으로 존중하고 밀어줘야 하고, 자녀가 최선을 다하도록 잡다한 주변으로부터 보호해야 한다.

4. 자율과 자유와 책임의 관계

세상에 존재하는 수많은 의미 중에서 '자유', '자율', '책임'은 최고 수준의 고급 단어다. 왜냐면 자율과 자유와 책임은 세상과 인생을 자기 주도 아래 살아가는 실질적인 밑바탕과 원동력이기 때문이다.

그래서 '자유', '자율', '책임'이라는 고귀한 의미들은 적극적인 의미로 존중·사용되어야 하고, 겨우 실수나 잘못에 연관시킬 정도로 부정적이고 소극적이고 수동적이고 부수적으로 취급하면 안 된다.

특히 '책임'은 자율과 자유를 활성화해 주고, 극대화해 주고, 보완해 주고, 실현해 주는 최상의 원동력과 동반자다.

자유에는 책임이 따른다?

'잘못은 인지상정이고, 용서는 신의 본성'이라는 말이 있다.

그래서 인간은 누구나 고의든 자의든 우연이든 실수하고 잘못할 수밖에 없다. 하지만 어른들은 실수하고 잘못하면 망신이거나, 손해이거나, 실패이거나,

망해서 불행과 고통으로 직결될 수 있다.
그런데 어린이(청소년)들은 실수하고 잘못해도 심각하게 잃고 버리고 손해 보고 망할 것까지는 없다.
역시 어린이들은 실수와 잘못을 기회로 순수하게 자신을 살펴보고, 자신과 세상에 진지해지고, 생각이 깊어지고, 몸과 마음과 인생이 좀 더 건강해지고 성숙해질 기회가 될 수 있다.
그런데 이런저런 과정에서 "자유에는 책임이 따른다."라는 조건(부담)이 붙은 경우들이 있다.
이처럼 자유에 책임이라는 부담과 조건이 붙으면 어린이들은 적극적인 자유를 구현하기 힘들어진다. 왜냐하면 아이가 책임이라는 잡념을 의식하면 할수록 마주한 상황에 대한 집중력과 적응력과 순발력과 순수함이 떨어지고, 실수(잘못)하지 않으려고 조바심을 갖거나, 불안해서 눈치를 살피고 요령을 피우고 변명하거나, 일찌감치 포기하는 등 자유(생각·행동·관계)를 활발하게 사용하기 힘들기 때문이다.
물론 아이들은 책임이 무엇인지, 어떻게·얼마나 책임져야 하는지 알기 어렵다. 그래서 어른들의 눈치를 살피거나, 자기 판단을 유보한 채 누군가에게 맡기거나, 어른들의 처분에 따르려고 할 수도 있다.
하지만 어른들의 처분에 따르더라도 그것이 얼마나 어떻게 책임인지 알지 못하고, 앞으로 더 이상 무엇을 어떻게 해야 할지 터득하기 어려우며, 자기 체계와 질서를 잃게 된다.
이때 만일 아이가 가혹한 처분을 받거나, 좋지 않은 상처와 아픔을 지니게 되면 눈치 살피는 현상이 심해지거나, 더욱 소심해지거나, 책임(사람, 현실, 상황)을 외면하거나, 아예 일과 사람을 두려워하거나, 이쁨(귀여움)을 받으려고 고분고분해질 수도 있다. 왜냐하면 어른들의 개입과 통제로 자기 질서와 체계를 방해받아서 자신감을 잃었거나, 혼란해졌거나, 아예 자기 의지를 포기·양보하고 어른들에 따르거나, 지시를 받으려고 할 것이기 때문이다.

이처럼 "자유에 책임이 따른다."라는 말은 무모하고 위험하다. 마치 엉뚱한 사람이 남의 자유에 침입해서 주인 행세하면서 책임과 잘못을 따지는 심판자로 나서는 횡포다.

이는 후진적인 사회와 봉건적인 문화에 젖어 살던 사람(부모, 어른)들이 자유의 참다운 개념과 가치에 무지해서 생긴 현상이고, 그에 의한 부작용이다. 실제로 우리는 '거룩한 자유'를 책임으로 연결해서 '따끔한 훈계나 징벌'로 행사할 정도로 답답했다.

특히 미숙할 수밖에 없는 '초기 자유'는 주위에서 이해와 위로와 격려와 안내가 필수적이다. 따라서 자율적이고 적극적인 자유의 구현에서 실수와 잘못은 책임질 일이 아니라 반드시 거쳐야 할 과정이고, 인생의 튼튼한 밑바탕이고, 성공과 도약의 발판 겸 원동력이다.

특히 어린이들은 어른들이 말하는 책임을 똑바로 이해할 수 없고, 이행할 수도 없으며, 오히려 실수와 잘못과 시행착오가 자신들이 활동하는 무대라고 할 수 있다.

다시 말해서 어린이들은 실패와 손해와 고통의 대가를 크게 치르지 않고도 실수와 잘못 덕분에 많은 것을 배울 수 있는 최고의 조건과 시기다.

다만 철부지 어린이(미성년자)가 저지른 계획적·고의적·악의적으로 저지른 범죄를 촉법소년이라는 이유로 용납하면 절대 안 된다. 왜냐면 인간은 평소에 적극적으로 생각하고, 행동 하나하나에 주의를 집중해야 하고, 평소에 성심성의껏 열정과 정성을 다해도 인생이 쉽지 않기 때문이다. 그런데 순진한 철부지가 잘못된 범죄임을 알면서도 고의로 저질러서 피해를 줬다면 이미 심각한 상태라고 봐야 하고, 절대 쉽게 용서해서는 안 된다.

자율에 의한 파생 효과

자유는 최고급 개념이지만 한편으로는 지극히 보편적이고 인간적이고 사회적인 의미이며, 인간의 생각·표현·행동·관계·생활·활동·인생 등에 직접적으로 영향을 끼치는 중요한 의미다.
그래서 자유가 보장(제공)된 사람들은 법을 어기지 않으면 문제 될 것이 없다. 평생 부모에게 의존하든, 오락실에서 게임하든, 도박하든, 술 마시든, 남에게 얻어먹으면서 거지로 살아도 어쩔 수 없다.
하지만 자율이 동반된 사람은 자유를 적극적으로 활용한다.

특히 최초에 '자유'라는 개념은 자율적·적극적으로 인간다운 사람들에 의해서 생겨났고, 합리적으로 체계를 잡아서 법과 제도로 연결·제도화·정착시켰다.
물론 암울한 시대와 험악한 난세에서도 자율적·적극적으로 인간다운 사람들이 버텨 줬고, 또다시 존엄성을 발휘해서 올바른 방향으로 이끌어 갔다.
따라서 위대한 학문과 산업과 문명의 개척은 물론이고 인간다운 삶의 질 향상은 자기 자유를 마음껏 누린 사람(수혜)들에 의해서가 아니라 자기 자유를 최대한 절제하고 아끼고 모아서 더 나은 뭔가에 집중했던 사람들에 의해서 진행되고 체계화되었다.
다시 말해서 학문과 문명과 인간다운 삶이 가능해졌던 이유는 자율적·적극적으로 인간다운 사람들의 삶이 본보기가 되었다. 다시 말해서 그들이 자기 자유를 가치 있는 일들에 자율적·적극적·열정적으로 집중해서 구현함으로써 자기 사명과 책임을 완수했던 훌륭한 사람들의 피(희생)와 땀(열정)이 종합·누적된 결실이다.
이처럼 자율이 전제된 자유 덕분에 다양한 파생 효과(존엄성, 철학, 과학, 산업의 발달)들이 계속되었고, 양적·질적 발전에 이어서 삶의 질 향상으로 이어졌다.

그래서 자율적으로 자유를 구현하는 사람들이 존경받고 빛을 보면 선진국이고, 자율이나 자유가 위축되면 후진국이며, 자유와 자율을 빼앗기면 독재 국가다. 장차 이에 대해서,

첫째, 인류사에서 획기적으로 공헌했던 자율적인 모델들,
둘째, 자유를 빼앗고 탄압했던 독재자들의 명단,
셋째, 북한처럼 아예 자율도 자유도 모두 말살한 악랄하고 교활한 악당들을 분류해서 인류 공통의 교과서로 채택할 필요가 있다.
넷째, 인류의 문화유산인 피라미드와 만리장성 등 상당수는 인간의 자유를 100% 빼앗아서 노예 삼았던 저주의 상징물들이며, 생지옥의 현장과 증거들이다. 만일 그것들이 정말 가치 있고 보존해야 한다면 지금까지 존재했던 폭군들이 저질렀던 악랄한 범죄와 잔혹 행위와 IS의 유적들 파괴와 크메르루주의 킬링필드도 보존할 것인지 따져 봐야 한다.

어떻든 자유는 반드시 부모 자식의 관계에서 탄력을 받아야 한다. 반대로 자유보다도 가족의 화목과 가풍을 중시한다면 전통적인 가부장제의 권위적인 사회(위계질서)나 봉건왕조나 독재로 회귀하려는 것과 다르지 않다.
이는 인류가 자율과 자유 덕분에 누리고 사는 수많은 파생 효과를 부정하는 것이고, 인간의 존엄한 가치와 무궁무진한 가능성과 잠재력을 외면하고 방해하는 것과도 같다.
따라서 겨우 자유에 만족해서 인생을 즐기려고 하거나, 인생을 쉽고 편하게 살려고 하거나, 자유를 이념과 사상에 가둬 놓고 비난·투쟁하거나, 사후세계와 초월 세계를 위주로 사용하거나, 조상들을 답습하는 사람들에게는 자유도 민주주의도 평화도 행복도 사랑도 과분할 수밖에 없다.
만일 자율적·적극적·도전적·개척적·열정적·진취적·희생적인 사람들이 없었

다면 지금도 인류는 독재와 폭정에 시달리면서 가혹행위를 당하거나, 노예로 전락해서 비참한 삶의 연속이었다고 봐야 한다.

성인군자들도 활용하기 쉽지 않은 자유

자유를 제대로 활용하는 것은 부모들도, 성현들도, 위인들도, 천재들도 쉽지 않다. 역시 자유를 통해서 원하는 것을 이뤄 낸다는 것은 신(조물주)도 어려운 일이다. 왜냐면 주어진 자유만으로는 세상도 인간도 완전해지고 완벽해질 수 없으며, 합리적인 사회문화를 꾸려 갈 수 없기 때문이다.

따라서 만일 인간에게 자기 자유를 얼마나 어떻게 활용했는지 세세하게 따진다면 제대로 된 사람은 한 명도 없을 수도 있다.

사실 어른(부모)들도 자유를 적극적으로 활용하기보다는 끼리끼리 어울려서 놀고, 먹고, 마시고, 잡담하는 경우가 허다하다. 그러면서도 자녀들에게 "열심히 살아라.", "최선을 다해라.", "책임이 따른다."라고 재촉한다. 이는 당연히 어른들의 잘못이고, 오히려 어른들이 반성해야 한다.

자율적인 자유를 위한 체계적인 기회를 제공해야

아이들에게는 자율적으로 보고 듣고 느끼고 행동하고 추구하고 실현해 갈 수 있는 생각의 기회, 판단의 기회, 선택의 기회, 고민과 갈등의 기회, 반성의 기회, 도전의 기회, 시행착오의 기회, 재도전의 기회들이 제공되어야 한다. 또한 아이들이 어른들의 이해심과 인내심, 본받을 수 있는 교훈과 사례들, 훌륭한 과학자들과 위인들의 자율적인 삶을 배우고 깨우치고 본받도록 충분한 사례들과 기회들을 제공해야 한다.

자유에 대한 자녀와의 약속

자녀들에 대한 자유 보장의 전제조건으로 부모가 중요하게 생각하거나, 필요하다고 여기는 약간의 규정, 서로의 약속은 요구할 수도 있다. 하지만 자녀가 규정과 약속을 위반할 때도 그대로 자유를 보장해야 한다. '부모는 자녀에게 모르고도 속지만 알고도 속는다.'라는 말이 그런 의미다. 왜냐면 부모와의 '약속'과 '규정'보다 '자유'가 훨씬 더 본질적이고 소중하기 때문이다. 그래서 자녀가 자율적인 자질과 분위기를 확보하도록 유도해 주고 지켜봐 주고 기다려 줘야 한다. 그래야 자녀가 자율적으로 자기 자유(생각, 감정, 생활, 인생 등)를 관리하고, 인생(현실, 사회, 문화, 인간관계 등)을 주체하고, 적극적으로 운영·개척해 갈 수 있다.

"국민의 자유를 통제하면 독재다. 국민들의 생각과 표현과 행동을 방해·봉쇄해 놓고 엉뚱한 것을 주입해서 길들이면 세뇌(우상화·신격화)다.
이는 인간과 현실(삶)을 사소한 것들(신분, 나이, 계급 등)로 낱낱이 쪼개 놓고 갖가지(차별, 착취, 학대, 폭력)로 행패를 부렸던 미개한 후진 문화의 연장선에서 생겨나고, 가능해지고, 악화했던 일(행위, 사건, 인물)들이다.
대한민국은 민주주의 나이가 팔순을 바라보지만 지금도 특권과 기득권은 물론이고 갑질들이 저질러지고, 좀처럼 근본을 바로잡기 어렵다.
따라서 대통령은 '총체적인 대전환점 마련'을, 국민들은 '진정한 반성을 통한 의식 향상'을 동시에 추진해야 하고, 그렇지 않으면 복지선진국도, 진정한 민주주의도, 참다운 개혁도 전시(구호, 당선)용 구호일 뿐이다."

5. 자유의 종류

자유가 없었던 시대에 인간 특히 다수 대중은 사회문화와 신분과 지위보다 하위개념이었다.

그런데 각 개인에게 자유가 보장되면서 개인(자신)에게 사회와 문화와 신분과 지위와 대등한 자격이 확보(인정)되었다.

대한민국을 예로 들어서 실상을 좀 더 확인해 보자.

국민들은 단기간에 학교에서 자유주의 사상가와 저서들, 역사적 사건들, 삼권분립 제도, 헌법과 정부 기구 등을 배웠다.

이는 엄청난 역사와 시대적 배경과 처절한 과정과 다양한 가능성이 종합·함축된 '자유'를 단순하게 교실에 앉아서 책으로 배우고, 머리로 암기하고, 시험을 치르고, 순위를 매기고, 당락을 결정하고, 사회로 진출하는 방식이었다. 이는 개인의 생계와 사랑과 행복과 입신양명과 부귀영화라는 일직선상의 목표 곧 이익과 성공과 출세를 실현하기 위한 수단과 과정의 연속이었던 셈이다. 물론 그처럼 단순하고 천편일률적인 자유와 교육과 지식과 자질과 준비로 복잡다단한 인생과 나라와 세상을 해결할 정도로 간단했다면 오죽 좋았으련만 사실은 전혀 그렇지 못했다. 왜냐면 수많은 사람이 각자의 자유와 서로의 자유와 모두의 자유에 대해서 과연 무엇을 위하고, 얼마나 구현하고, 어떻게 응용하고, 발전시킬 것인지에 대해서 진지하게 논의·협력하는 생생한 과정들이 결핍되었기 때문이다.

그로 인해서 자유로운 현대에서 풍요로운 여유와 인생을 만끽하면서도 산적한 현실 문제들에 소홀하거나, 오히려 참담하고 암울했던 과거 시대의 왕족(왕·왕비·왕자·공주)을 흉내 내거나, 자식들에게 보장해 주려는 사람들이 있다. 그래서 몸은 현대인이지만 의식구조와 의식 수준은 후진적인 민족성과 인간성인 사람들이 없지 않다.

이런 사람들은 자기 자유를 제각각 추켜들고 복잡다단한 인생과 사회문화와 세상 속으로 대충·무작정·막연히 뛰어들었던 셈이고, 이는 자유의 밑바탕에 현저히 미달일 수밖에 없으며, 민주주의에 합당한 자질의 결핍일 수 없다.

그래서 여기서는 자유를 타율적인 자유, 일반적인 자유, 자율적인 자유, 적극적인 자유로 나눠서 살펴본다.

1) 타율적인 자유

타율적인 자유란 후진성(왕권주의, 민족주의, 독재주의, 공산·사회주의, 전체주의, 후진국, 개발도상국 등)에 머물다가 국제정세와 강대국에 의해서 자유를 공짜처럼 쉽게 얻은 경우다.

예를 들어서 자자손손 노예들로 살아가면서 가난과 굶주림과 핍박에 찌들었거나, 머슴처럼 죽도록 일하면서 지겹게 힘들게 연명했거나, 전쟁에서 싸우고 죽이고 살았던 사람들이 어느 날 갑자기 자유를 보장받은 경우다. 여기서는 가난과 굶주림에 시달리면서 머슴처럼 일만 해 주다가 갑자기 자유를 얻은 사람들이 자유를 어떻게 사용하는지 살펴보자.

첫째, 죽도록 일했기 때문에 일하기 싫어서 거지처럼 얻어먹는 사람들이 있을 것이다.

둘째, 평생을 시키는 일만 하고 살았거나, 주는 것만 먹고 살았기 때문에 자유가 주어져도 무엇을 어떻게 할지 몰라서 오히려 굶어 죽거나, 병들어서 고통받는 사람들이 있을 것이다.

셋째, 일하지 않고 빈둥대면서 남에게 빼앗거나, 훔치는 사람들이 있을 것이다.

넷째, 열심히 살아서 부자가 되는 사람들이 있을 것이다.

다섯째, 중독과 향락과 쾌락과 유행과 사치와 범죄로 타락해 가는 사람들이 있을 것이다.

여섯째, 한 맺혔던 호의호식과 출세와 부귀영화를 위해서 비리와 범죄를 저지르는 사람들이 있을 것이다.

일곱째, 가해자(지배계급)들에게 보복하거나, 그들을 처단하려는 사람들이 있을 것이다.

여덟째, 어떻게 살아야 할 것인지, 남들은 어떻게 사는지 살펴보고 고민하고 반성하고 변화하면서 계속 발전해 가는 사람들이 있을 것이다.

이상에서 공짜로 얻어진 자유지만 넷째와 여덟째는 '자율적인 자유'에 가깝다.

아홉째, 대한민국은 1980년대 중·후반에 교육부(문교부)에서 '두발 자유화'와 '교복 자유화'를 일방적으로 시행했다. 하지만 갖가지 부작용을 감당하지 못하고 철회했다. 이 역시 타율적인 자유의 사례다. (이는 '자유와 자율의 관계'에서 다시 다뤄진다.)

이처럼 사람들이 오랜 세월 후진성에 머물렀거나, 어려움(배고픔, 추위, 차별, 착취, 전쟁, 불행, 고통)에 시달렸거나, 탄압과 차별에 길들어지면 자유의 진정한 가치를 이해하기 어렵고, 보장된 자유를 제대로 활용하기가 쉽지 않다.

2) 일반적인 자유

일반적인 자유란 인간이면 당연히 생각하고 표현하고 관계하고 살아가는 일상의·당연한 자유이고, 타율적인 자유와 자율적인 자유와 적극적인 자유를 제외한 거의 모든 자유를 포함한다. 일부나마 정리하면,

첫째, 생계(생존)용 자유

인간이 생존하고 생계를 해결할 수 있는 자유다. 누구든지 일하고 돈을 벌어

서 근심·걱정 없이 안전하고 편안하게 살아갈 자유가 있다.

둘째, 본능(감각)과 정서(감정)에 충실한 자유

이는 성적인 욕구, 먹을거리, 볼거리, 놀거리를 찾거나, 사랑, 행복 등을 누리는 자유다.

셋째, 편의를 취하는 자유

인생을 편의대로 취향대로 살 수 있는 자유다.

넷째, 공짜(덤)를 쫓는 자유

정당한 몫(원가·정가·급여·이익)을 보장하기보다는 헐값과 공짜를 얻으려는 자유다. 노점상이나, 재래시장이나, 리어카상에게 제값을 주지 않고 깎거나, 덤(공짜)까지 얻으려는 경우다. 이는 누군가의 인간다운 삶과 안정적·발전적인 생활은 안중에 없이 이익을 위주로 살아가고, 인간관계 하는 등 인류애와 사회의식이 결핍된 인색하고 빈약한 자유다.

다섯째, 능력에 상관없이 명품으로 치장하는 자유

고가의 물품들로 자신을 꾸미고 가꾸는 자유다. 이는 자신의 관심과 여유를 세상과 인간을 위해서 가치 있고 보람 되게 사용하지 않는다는 점에서 결국에는 자기 인생과 몸담은 사회문화에 치명적인 단점이 될 수도 있다.

여섯째, 경쟁 대열에 합류하거나, 군중에 묻혀 사는 자유

이는 다수의 사람에 보조를 맞춰서 살아가는 자유다. 남들이 줄을 서면 같이 줄 선다. '와'하고 소리치면 같이 외친다. 남들처럼 자녀를 유치원에 보내고, 학원에 보내고, 친구들과 경쟁하도록 경쟁 대열에도 밀어 넣는다.

일곱째, 책임을 전가하고 변명하는 자유

문제나 잘못이 생겼을 때 다른 뭔가나 누군가에게 책임을 전가하거나, 변명하거나, 합리화하는 자유다.

여덟째, 남의 잘못을 기회로 자신의 정의감, 존재감을 드러내는 자유

사건·사고(범죄, 재난, 참사 등)가 터지면 흥분하고 비난하고 성토하는 자유다. 평소에는 자기 위주로 살다가 참담한 사건이 터지면 그를 기회로 자신의 존재감, 정의감, 인간미를 마음껏 드러낸다. 그러다가 사건이 잠잠해지면 다시 자신으로 돌아간다. 이런 현상을 즉흥적으로 펄펄 끓는 냄비 증세와 곧바로 잊어버리는 망각 증세라고 하기도 한다.

3) 자율적인 자유

자율적인 자유란 스스로 동기(사명·가치 등)를 부여해서 적극적으로 살아가는 자유다.
자신이 세상과 인간과 상황과 현실과 미래를 위해서 생각하고, 표현하고, 생활하고, 행동하고, 관계하고 살아가는 자유다.

이는 진지하고 진실한 자기 과정이 필수다.

첫째, 통제와 간섭에서 벗어나는 자유

부모가 "숙제했니?", "손발 씻었니?", "책상 정리했니?", "방 청소했니?"등을 묻는다고 하자. 부모가 물을 때마다 자신이 "예. 했어요", "지금 하고 있어요.", "곧 할 거예요."라고 대답한다면 부모는 더 이상 확인·간섭하지 않을 것이다. 이는 가장 가까운 부모에게 신뢰받은 것이 된다.

이처럼 자신이 할 일을 자발적으로 하거나, 찾아서 한다면 자율적인 사람이다. 자율적인 사람은 자기 앞가림을 시작으로 더 나은 것을 생각하거나, 또 다른 것을 실천하거나, 월등한 것을 시도할 수 있는 여유와 기회와 행운으로 연결될 수 있고, 주위로부터 신뢰와 존중과 협조와 지원을 받을 수도 있다.

둘째, 자기(인생)에 맞도록 기회와 완급을 조절하는 자유

인간도 문화도 사회도 인생도 다종다양하고 천차만별하다.
* 어릴 때나 젊을 때 심한 고생과 실패를 겪는 사람이 있고, 철없는 경험부터 하는 사람이 있으며, 자의 반 타의 반으로 사고를 치거나, 범죄를 저지르는 사람도 있다.
* 단 한 번의 실수(잘못)로 범죄자가 되거나 치명상을 입은 사람이 있고, 많은 잘못과 범죄를 저지르고도 사건화되지 않은 사람이 있다.
* 실수와 잘못을 통해서 크게 반성하거나, 인생에서 중요한 교훈을 얻는 사람이 있고, 변명과 원망과 요령만 많아지는 사람도 있다.
* 자신의 얄팍한 잔머리와 술수가 먹혀들면 가족과 동네와 직장과 국가를 망치면서 더욱 망가지는 사람이 있다.

* 어려서부터 자신의 미래를 충실하게 준비하는 사람이 있고, 조숙한 사람이 있으며, 넘치는 끼를 잘 활용하는 사람이 있고, 끼를 주체하지 못해서 빗나가는 사람도 있다.
* 일찍 두각을 나타내는 사람이 있고, 대기만성형인 사람이 있고, 평생 완만한 길을 걷는 사람이 있고, 평생 굴곡진 삶의 연속인 사람도 있다.
* 자기 인생의 주특기가 머리인 사람도, 성실함인 사람도, 체력인 사람도, 용기와 도전과 모험인 사람도, 초월적인 인내와 끈기인 사람도, 상냥하고 고분고분한 사람도 있다.

물론 이러한 성향과 가능성과 인생은 타인이 판단해 줄 수 없고, 자신이 직접 깨닫기도 쉽지 않으며, 그래서 많은 잘못과 오랜 경험과 합당한 대가들을 치르게 된다.

물론 부모나 선생이 해결해 주기도 쉽지 않다.
그래서 자신이 어떠한 인생을 살아갈 것인지, 어떻게 자기 가치를 발휘할 것인지 등에 대해서는 스스로 고민해야 하고, 충분한 시간과 과정과 시행착오와 반성과 용기와 끈기와 열정과 의지가 필요하다. 왜냐면 잘못되어도 자기 인생이고, 잘되어도 자기 인생이며, 행복도 불행도 고통도 모두 자신이 감당할 수밖에 없고, 책임질 수밖에 없는 것이 인생과 우주의 기이하고 심오하고 정교한 이치이기 때문이다.

셋째, 더 크고 넓은 사회로 일찌감치 첫발을 내딛는 자유

선진국에서는 빠르면 중학생 때, 늦어도 고등학교 때부터 아르바이트를 시작한다. 집안이 부자여도, 부모가 유명 인사여도, 자신이 공부를 잘하든 못하든 예외가 없을 정도로 보편화된 성장 과정이다.

그래서 학생 때부터 용돈 해결은 물론 대학 입학금을 마련해 둔다. 물론 사회 구조와 국민 의식과 인간성이 '인존치자향'('인'류애·'존'엄성·자율적인 가'치'관·자율적인 '자'유·미래 지'향'점의 줄임말)처럼 합리적이고 체계적이어야 가능하다.

이처럼 선진국일수록 국민들이 어렸을 때부터 사회의 구성원과 인생의 주체와 실질적인 참여자로서의 공통된 경험 속에서 자기 사회와 현실에 뿌리를 내린다. 이는 모든 국민의 첫 경험이 몸담은 사회의 생생한 현장이라는 점에서 장·중·단기 효과와 파생 효과가 대단하다. 왜냐면 국민들이 가정을 벗어나서 내딛는 인생·사회생활의 첫걸음이고, 밑바탕에 깔린 최초의 공통 정서가 일치하며, 모든 사람이 자기 인생과 몸담은 사회 현장·현실의 주체이고 동시에 객체·고객이며, 국가(사회)와 인간(인생)과 생활(관계)의 어엿한 주인공이고, 다양하면서도 공통된 추억이기 때문이다.

이는 각자의 생각과 생활(실천)과 사회(현실)와 인생을 자연스럽게 출발·연결하는 상식적이고 순조로운 출발과 과정과 인생이다. 역시 아르바이트는 학창 시절의 발자취여서 자기 사회(현실, 밑바닥, 인생)에 대한 애정과 추억으로 간직된다.

그리고 얼마 지나지 않아서 '사회생활'과 '국제사회'라는 무대에서 만나게 되고, 밑바탕의 일치된 정서와 상호 신뢰가 기초로 작용한다.

넷째, 미래를 설계할 수 있는 자유

선진국의 학생들은 아르바이트를 계기로 인생의 출발과 미래를 자신의 계획과 준비로 시작한다.

자신이 비축해 둔 여력(아르바이트 비용)으로 원하는 일을 계획할 수 있고,

친구들과 프로젝트를 계획·추진해 볼 수 있다. 설사 버겁고 과분한 계획도 외부에서 약간만 보조받으면 실행에 옮길 수 있다. 이처럼 각자가 몸담은 사회와 문화와 인생의 주체이고, 계획의 당사자이며, 실행하는 주인공이다.

그래서 학생들일지라도 인생의 시작부터 여유가 있고, 미래를 구체적으로 설계·실천하는 기회로 연결되며, 충실한 자기·서로의 과정을 통해서 자연스럽게 경험과 추억과 자신감과 확신으로 연결된다.

잠시 대한민국 청소년들을 언급하면

* 청소년들은 정부의 프로그램(제도, 정책)을 일방적으로 따라가고, 그것도 부족해서 또다시 학원에서 공부하고, 평생 함께하게 될 친구들과 이미 서양에서 만들어 놓은 단순 지식을 암기 경쟁하고, 승부를 겨뤄서 승리하고 패배하는 시스템과 사고방식으로 살아간다.
* 청소년들은 과거에 죽도록 일만 했던 머슴들처럼 밤낮없이 공부한다. 정부와 학교에서 제공하는 커리큘럼에 맞춰서 제각각 막연히·대충·열심히·죽도록 공부한다.
* 그런데 대학과 대학원을 마치고도 변변한 직장을 구하지 못하는 학생들이 부지기수다. 심지어 원시시대 이후 인간이면 누구나 해 왔던 결혼조차 하지 못하거나, 결혼해도 아이를 낳지 않으려고 한다. 왜냐면 자식·인간을 돈으로 키워야 하고, 돈이 없으면 자신감이 상실되고, 인간과 인생에 중요하고 근본적인 문제들에는 무지·무관심하고. 국가 역시도 국가 재정으로 저출생 문제를 해결하려고 한다.
* 학생들이 무려 16~23년을 공부(투자)하고도 어느 하나(학문연구, 전문 분야 종사, 직장 해결, 결혼, 안정적인 인생 등)도 제대로 해결하지 못하는 경우가 수두룩하다. 심지어 팔팔한 젊은이들이 놀고먹거나, 부모에 의존하거

나, 다단계에 빠져서 소중한 젊음과 인생의 호시절을 허비하거나, 게임과 마약과 투기에 빠져서 존엄성의 밑바탕을 망치거나, 사이비 종교에 빠지기도 한다. 이는 국민들이 어려서부터 자기 인생을 통해서 도대체 누구를 위하고, 무엇을 위해서 살아야 하는지에 대한 진지한 고민과 질적인 가치관이 제로이거나 마이너스라는 증거다.

* 이는 마치 열심히 공부해서 인생에서 가장 필수적인 것들조차 해결하지 못할 정도로 오히려 무능해지고 무기력해지는 거꾸로 교육과 엇박자 인생인 셈이다. 이 모든 것이 국민성과 사회 구조와 문화가 합리적이지 못해서 생기는 일들이다.
* 학생들은 시계추처럼 학교와 학원을 왕복한다. 잠시라도 한가하고 자유가 주어지면 게임과 유행과 놀이에 빠진다. 그런 수준으로 평생을 보장받으려고 하고, 인기를 누리고, 성공하고, 입신양명하고, 부귀영화까지 꿈꾸기도 한다.
* 학생들은 알아주는 직장이나, 편안한 직업을 선호한다. 그래서 공무원으로, 고시로, 대기업으로, 전문자격증으로, '신의 직장'이라 불리는 공기업들로 몰려든다.
* 일부 공기업들은 빚더미에 빠져서 국민들과 국가 경제에 민폐를 끼치기 일쑤다. 그리고도 돈 잔치(고액의 성과급, 갖가지 복지 혜택)를 벌이는 등 국민의 혈세를 축내고, 국가경쟁력을 갉아먹기에 여념이 없다.
* 열심히 변화하고 발전하면서 미래를 주도해 가야 할 젊은 인재들이 희망과 포부에 넘쳐서 국제사회로 뛰어들어야 함에도 전혀 그렇지 못하다.

설상가상으로 일부 젊은이들은 사회에 첫발을 내딛기도 전에 과다한 지출과 중독과 유흥과 무리한 투자로 신용불량자로 전락한다.

이처럼 어른들이 어린이들의 코 묻은 용돈과 청소년들을 볼모로 삼아서 이자 놀음을 하거나, 부자가 되려는 나라는 장래가 밝을 수 없고, 대한민국이 이런 수준과 교육의 연속인 부작용으로 전교조라는 집단이 생겨나고, 학생들과 학부모들이 전교조에 쉽게 먹혀들었으며, 정상적인 인생과 국가의 행로에서 벗어남으로써 좌경화로 빗나가는 원인 겸 죗값들을 치르고 있다.

이제는 대한민국의 학생들도 당연히 아르바이트한다. 그래서 조그마한 여력이라도 아끼고 모아서 미래에 집중해야 한다. 각자 미래를 설계하고, 서로 협력해야 넓은 사회와 국제사회와 미래를 똑바로 마주할 수 있고, 축적된 힘이 있어야 변수들에 대처하면서 나아갈 수 있다.

4) 적극적인 자유

적극적인 자유란 개인들이 적극적으로 좋은 마음씨들을 발휘·협력해서 더 나은 사회문화와 아름다운 세상과 미래를 구현(추구·실현)하는 것을 말한다. 이는 포괄적인 인류애 확보, 인간의 존엄성 신장, 더 나은 뭔가를 위한 질적 가치 추구, 자기 자유의 자율적인 구현, 모두가 지향해야 할 공통의 미래 지향점 설정·추구·실현을 의미한다.
그래야 서로의 자유를 통한 상호 존중·평등·협력, 사회적 정의·인권, 국가의 복지·안보·평화, 훌륭한 인물과 유능한 인재들의 발굴·육성·지원을 통한 새로운 도전·개척·탐험·난제 해결, 더 나은 가치와 미래를 위한 구성원들의 열정·헌신·희생·책임 등 월등한 개념들과 차원을 창출해 가게 된다.

6. 자율과 자유의 관계

자율은 자유를 받쳐 주고 이끌어 주고 함께해 주는 부모이고, 선배이며, 스승이고, 친구이며, 안내자이고, 동반자다.

첫째, 자율과 자유의 만남

자율은 국가가 제공해 주는 자유의 질과 인생의 질과 관계의 질을 동시에 대폭 높여 주는 순수하면서도 적극적인 마음씨다.

민주주의(자유, 평등, 정의, 인권, 복지)는 기나긴 인류사에서 순수하면서도 적극적인 마음씨들이 오랜 세월 누적되어서 생겨난 결실과 보람이다.

자율적인 사람(적극적으로 순수하고 인간다운 마음씨)들은 기존의 삶과 관행과 질서보다는 더욱 바람직한 사회문화와 미래와 후대를 위해서 고민하고, 자율적인 동기 부여와 사명감으로 승화·발전하게 되고, 자유롭게 모여서 논의하고 협력함으로써 인류에게 중요한 개념과 정치제도와 구체적인 실현 방안들을 도출해 내게 된다.

그래서 당초에 인류는 무지와 어둠으로 시작했지만 순수하면서도 적극적인 마음씨를 발휘했던 사람들에 의해서 개인적인 한계와 국가적 위기와 인류사적인 난제들에 대해서 승화·감당·극복할 수 있는 민주주의를 구상·실현했다. 반대로 위아래를 따지는 어른 공경이나, 비현실에 현실(여력)을 낭비하는 조상 모시기나, 불과 몇 년 차이의 선후배(상하)를 따지는 계급·차별이나, 고압·강압의 권위적인 습성 등은 순수한 만남과 자연스러운 관계와 진지한 논의를 저변(무의식, 인간관계)에서 차단·방해한다. 그래서 앞으로 한동안은 이러한 문제점을 제대로 인식·개선해도 비약적으로 좋아질 수 있다.

따라서 자유는 반드시 자율적인 과정을 진지하게 거쳐야 진정한 효과와 참다운 보람을 거둘 수 있다.

둘째, 자율은 진지한 내적 과정이 필수

자유는 개인과 사회(국가, 제도, 정책)에 동시에 중요하다. 하지만 개인의 자유는 각자 자율적 과정을 진지하게 거쳐야 한다.

진지한 자율적 과정이란 개인의 순수한 양심, 고민, 갈등, 인생의 동기, 진심, 진실, 반성, 인간애, 인류애, 승화, 향상, 열정, 가치, 보람, 책임에 관계되는 최고급 개념들로 원초적인 자신(본능·감각·감정·생계 등)을 대폭 변화·향상 하는 과정을 말한다.

자율에는 이것들이 모두 반영(고려)되어 있어서 자율적인 자유를 구현하는 사람은 갈수록 세상만사에 긍정적이고 우호적이고 협력적이고 더욱더 인간 적·적극적으로 살아가게 간다.

셋째, 자유를 빙자한 타율(권위, 억지, 강요, 강제)

자유와 자율과 민주주의는 결과가 아니라 진지한 과정을 통해서 생겨나는 다양한 변화·향상·발전과 연속적으로 발생하는 파생 효과라는 사실은 누누 이 강조했다.

그런데 과정도 없이 자율과 자유를 빙자해서 학생들에게 일방적으로 강행·강요되었던 부끄러운 사례를 소개한다.

1982년에 문교부(교육부)에서는 '두발 자유화'와 '교복 자유화'를 발표했다. 이는 자유의 주체인 학생들에게 자율적인 과정이 전혀 없이 일방적으로 자 유가 주어졌고, 사실은 타율(억지, 강제)이었다.

학생들은 갑자기 주어진 자유(자율)를 똑바로 소화하지 못했다. 왜냐면 갑작 스러운 조치와 변화에서 발생하는 다양한 상황과 문제들에 전혀 준비되지 않았기 때문이다.

실제로도 갖가지 사건·사고들이 빈발했고, 사람들의 눈살을 찌푸리게 했으며, 결국 두발도 교복도 자유화 조치를 철회했다. 물론 철회 역시도 학생들의 의견은 전혀 반영되지 않았던 정부의 일방적인 발표였고, 타율(강제)이었다.

이후에 두발과 교복이 학교장의 재량에 맡겨졌다. 하지만 이 역시도 타율이다. 왜냐면 자유화 조치 이후에 갖가지 문제들이 불거졌음에도 당사자인 학생들에게는 부작용에 대한 논의도, 반성도, 개선 방안도, 의견을 개진할 기회도 주어지지 않았기 때문이다. 이는,

* 민주주의를 국민이 만들지 못하고, 공짜로 모방해서 흉내 냄으로써 자유와 자율의 원리와 밑바탕이 근본부터 결핍되었기 때문이고,
* 국민을 주권의 주체가 아닌 통치 대상과 자유의 수혜자로 취급했기 때문이며,
* 정부도 국민도 학생들도 자유를 위해 갖춰야 할 필수 과정과 자질에 무지했기 때문이다.

물론 1차 책임은 정부와 교육 당국에 있고, 2차는 관계자(학교, 교사)들에게 있으며, 3차는 자율적인 태도와 동떨어진 학생들에게 있고, 4차는 후진적인 국민성과 문화와 관행에 있다.

역시 간접적인 책임은 후진성이 1차이고, 학생들이 2차이며, 관계자와 교육 당국이 3·4차다.

이를 종합하면 학생(국민)들은 민주주의에 몸담았을 뿐 자기 자신, 자기 인생, 자기 변화, 자기 사회에 대한 주체가 아니라 일방적으로 보장받거나, 억지로 끌려다니는 연속이었다.

넷째, 사병들의 계급과 동기의 축소와 폐지에 대한 논의

한동안 사병들의 계급과 동기 구분에 대한 축소와 폐지 논의가 있었다. 하지만 이 역시 방향과 과정을 제대로 밟지 못했고, 엉뚱하게도 하급 사병들의 반대로 무산되었다. 왜냐면 하급자들은 "갑자기 계급·차별을 없애면 선임병들을 어떻게 상대해야 할지 막연하고, 오히려 두렵다. 그래서 원래대로 계속 유지하면 좋겠다."라는 이유 때문이었다.

이 역시 자유와 자율에 대한 진지한 과정과 자질과 밑바탕이 결핍된 후진성과 민주주의의 사례이고, 대한민국에서 사실상 평등 관계가 불가능했던 사례 겸 증거다.

절반(50%)의 자율이라도 주어진 자유

만일 각급 학교의 교장이 학생들에게 두발(교복) 자유화가 왜 필요한지, 다양한 관점(개인, 가정, 사회, 국가, 장래)에서 장단점이 무엇인지, 예상되는 문제와 방지 대책에 대한 의견을 수렴하고 토론했다고 해 보자. 이 경우 학생들은 50%의 자율적 과정이 확보된 셈이다.

100% 자율이 전제된 자유

* 만일 학생들이 두발과 교복에 대해서 오래전부터 자체적으로 논의하고, 의견을 수렴하고, 시행 여부와 정도와 시기와 방법을 협의해서 직접·간접으로 건의(진행, 토의)해 왔었으며, 그러한 연장선에서 교복과 두발이 자유화되었다고 해 보자.
이때의 자유는 100% 자율적인 자유다.

* 또는 정부와 교육 당국과 학교에서 '두발·교복 자유화'의 필요성과 중요성과 문제점에 대해서 다양한 의견과 부작용과 방지 대책과 단계적인 자율화 조치(방안)에 관해서 물어보고 논의했다고 해 보자.
아마도 학생들이 다양한 의견을 내놓고, 토론하는 등 공감대가 조성되었을 것이고, 반대 의견들도 정리되었을 것이다.
이때는 학생들이 자율적인 과정을 거쳤기 때문에 100% 자유를 누릴 자격이 확보되어 있다.

이는 서로의 두발 및 복장 상태를 다양한 관점에서 접근해 보고, 자율적으로 관리(자제, 조절)할 수도 있다는 점에서 자율이 전제된 진정한 자유이고, 각자에 맞춰서 변화도 발전도 응용도 가능해지는 자율적이고 능동적이고 적극적인 자유다.

이처럼 자율적 과정이 수반되었다면 예기치 못한 문제와 변수들이 발생하더라도 서로에 대한 신뢰와 존중을 통해서 대처할 수 있게 된다. 이렇게 되면 학생들의 의식이 향상하게 되고, 존엄성을 인식·확보하게 되고, 부작용은 줄어들고, 장점은 살아나고, 사회문화는 탄력을 받게 된다.

이러한 과정에서 남들보다 월등하거나, 지혜롭거나, 적극적인 사람들이 돋보이게 되고, 동료들에게 기대와 지원을 받게 되고, 지도자로 선출·활약하게 된다.

만일 대한민국이 해방 후로 분야마다 이처럼 자율적인 과정들을 진지하게 거쳤다면 모방 민주주의에서의 흉내 내기와 투쟁적인 민주화와 고위직에 대한 낙하산 인사를 극복했을 것이며, 이미 오래전에 선진복지 국가로 발돋움했을 것이다.

이처럼 성숙하고 자율적인 과정에 무지·소홀했던 대신에 그간에 대한민국을 좌우했던 것들이 무엇이었는지 꼼꼼하게 따져 봐야 하고, 국민들이 이를 바로잡아야만 수준 높은 민주주의 정착이 가능하다.

7. 자유의 진정한 가치와 고질적인 후진성

공산주의자들이 착각·선전하는 자유로운 자본주의

다수가 함께하는 사회에서는 언제 어디에나 타인의 자유를 해치거나, 공공질서와 사회문화를 어지럽히는 사람들이 있기 마련이다.

그래서 공산·독재자들은 민주주의 국가의 자유로운 사람들을 난잡하고 무질서한 것으로 매도하고, 결국은 망할 것처럼 착각·선전한다.

자유민주주의 선진국인 미국을 무시했던 대한민국의 국민들

공산·독재자들만 자유로운 자유민주주의를 매도·비난하는 것은 아니다. 대한민국은 6.25남침 전쟁이라는 망국적인 위기에서 미국과 국제사회 덕분에 어렵사리 나라를 되찾았다. 그랬음에도 국민들은 미국을 적극적으로 존중하지 않았고, 통기타·청바지·장발족을 보면서 "나라의 운명과 장래는 젊은이들을 보면 안다. 그런데 미국은 벌써 싹수가 노랗다."라고 원색적으로 매도·비난했다.

이처럼 우리는 현명·지혜롭지 못했고, 자기보다 월등한 상대방을 존중하지 않았으며, 이해하려고 노력하지도 않았다. 단지 자기·우리 수준·기준에 맞춰 놓고 무시·시기·질투·비난·공격했고, 그러한 수준으로 천상의 자유민주주의와 첨단 문명을 꾸려 왔으며, 이는 우리가 절대 성공할 수 없었던 이유다.

역사에서는 더욱 심각해

역사에서도 우리는 '사돈네가 논밭을 사면 배가 아프거나', 남들을 부정적·비관적으로 매도·폄훼했고, 우리보다 훨씬 더 저속·비열·잔악했던 중국을 상전으로 모시려는 짓들이 지금까지 진행·반복되고 있다.

교육·지식·학위·출세·지위·교양·양식·지성이 제구실하지 못해

교육·지식·학위·출세·지위·교양·양식·지성이 제구실하지 못한 것은 똑같다.

이들은 미국과 민주주의에 감사하면서도 실제로는 후진 문화와 민족성을 답습·고수했다. 그로 인해서 민주주의에 적응·실현·정착하지 못한 채 독재로 삐뚤어졌고, 민주화 세력은 민주화를 망쳤으며, 진보는 시대와 역사를 과거로 퇴보·역행해서 진보를 망쳤고, 보수는 뚜렷한 초점·목표·방향을 잡지 못한 채 무능·무기력했으며, 현대사 내내 악순환을 반복하면서 결국은 좌경화 세력에게 장악당했다.
오늘날도 이러한 사례들이 없지 않다. 태국인들이 한국 입국을 거부당하면서 발생했던 반한 여론이 사례다.

지금의 대한민국은 더욱 심각해

지금의 대한민국은 더욱 심각하다.
중공·북한의 영향(지령 등)으로 대기업과 재벌들을 매도·비난·해체·빼앗으려고 하거나, 모두에게 부를 분배하자는 저질·악질 세력과 머저리 하수인들이 존재한다. 이들은 수십 년째 일차원적인 수준에 머물고 있다.

대한민국은 역적들이 최후의 발악·파멸하는 끝물 시대

한때 서슬 퍼렇던 봉건왕조도 폐하도 황제도 천황도 폭군도 독재자도 모두 무너졌음을 명심해야 한다.
그에 비교하면 시대를 역행하는 정도가 아니라 아예 세상과 인간의 존재 가치조차 외면·무시·짓밟아 버리는 무지몽매한 노조·전교조·민주당 집단은 '새 발의 피'에 불과하고, 이제는 대오각성·석고대죄·개과천선해야 한다. 이유는 그간에 지은 죄와 악행이 너무 많고, 웬만한 방법들로는 좋아질 수 없기 때문이다.

지구촌 시대니만큼 우주 이치를 알아야 해

오늘날은 좁아지고 빨라지고 가까워지고 밀접해진 지구촌 시대다. 이는 우주는 말이 없지만 이치가 심오하다는 사실을 알 수 있다.

심오한 세상·우주 이치로 보면 공산·독재는 물론 종북좌파·주사파·중공몽 사대주의자들처럼 심각하게 망가진 저질·악질들은 참으로 답답하고 한심할 수밖에 없다. 왜냐면 그래 본들 결국은 자기 자신과 자녀들과 후대가 치명적인 죗값들을 치르기 때문이다. 그래서 인과응보, 사필귀정, 자업자득이라는 말이 설득력을 지닌다.

우주는 138억 년을 통해서 생각하는 인간을 출현시켰다. 하지만 우주의 138억 년 역사·미래에 비교하면 인간·문명·권력의 수명·활동·전성기는 찰나에 불과하다.

그래서 인간은 찰나에 불과한 인생이지만 세상과 인간을 위해서 아름다운 결실과 보람을 창출해야 하고, 그래야 지구촌과 인류의 삶과 미래가 좋아지게 된다.

반대로 만일 세상과 인간을 망치고 해치면 차라리 생각이 없는 동물들보다 더 무가치하고 위험하다.

자유 중에서도 가장 진정한·최고의 가치

공산·독재에서는 창의력도 자유도 자율도 불가능하고, 자유가 말살된 인민들은 도전도 개척도 열정도 최소한의 진실조차 표현하기 어렵고, 일방적인 명령과 복종과 충성을 강요당한다.

그런데 민주주의 국가들은 방만하면서도 광범위하게 자유가 보장되고, 그로 인한 문제들이 수두룩하게 발생한다. 하지만 소수·극소수일지라도 자신에게 보장된 자유를 자율적·적극적으로 활용해서 남들이 쉽게 해낼 수 없는 훌륭한 업적을 세운 사람들이 있다.

이들이 업적을 이뤄 내면 가족은 물론 이웃도 사회도 나라도 후손들도 광범위하게 도움을 받고, 나라가 부강해지며, 인재들은 지원받아서 또 다른 연구에 도전하고, 계속해서 좋아진다.

이처럼 최초에 지식과 산업과 학문과 문명과 민주주의와 자본주의를 구상해서 실현했던 주역들은 비록 극소수에 불과할지라도 자신에게 허용된 자유를 자율적이고 적극적으로 활용해서 훌륭한 업적을 세웠던 사람들이다.

따라서 우리 국민들이 자신에게 광범위하게 보장된 자유를 방만하게 누리기보다는 최대한 아끼고 모아서 가치 있는 일에 집중하고, 더 나은 뭔가에 도전·개척·개발·성공해서 결실과 보람을 모두 함께 공유하고, 모두 함께 더욱 발전하는 것이 자유의 진정한 가치다.

그래서 세월이 흐르면 자유 국가는 몰라보게 발전하면서 앞서가고, 공산·독재 국가와의 격차가 현저히 벌어진다.

유행화·통속화로 방만해진 자유는 모두를 망치는 독약

인류 역사에 공헌하고, 인간다운 삶을 실현했던 주인공들은 자유를 활용해서 다양한 발견과 발명과 업적들을 세워 준 사람들이다.

이들은 일반인들처럼 너무나 당연하고 사소한 일들에 자기 자유를 소모하지 않고, 자신의 권한과 인생과 여유·기회를 오남용하지 않으며, 가치 있는 일에 자율적·열정적·집중적으로 인생을 쏟아붓는 삶을 살았다.

특히 오늘날은 개방화, 대중화, 국제화, 표준화, 세계화가 주류인 지구촌 시대다. 그래서 다수 대중이 너무나도 당연하고 흔한 삶을 반복하기보다는 똑바로 눈을 뜨고, 시야를 넓히고, 매사에 깊이 있고 신중해야 한다.

물론 과거를 지키고 현실과 현상을 유지하는 것도 중요하다. 역시 목숨을 건 분신과 간단히 머리에 띠만 두른 투쟁이 필요할 때도 있다. 하지만 그런 인물들과 행위들이 자주·오래 반복되면 안 된다.

기득권·특권·세습은 곧 퇴보·역행·퇴물·도태나 다름없어

우리가 인생을 살아갈 때 이미 누군가가 이뤄 놓은 것들(지식·학문·발견·발명·사상·제도·진리·관행·기술·문화·전통·개혁·이익 등)에 편승하거나, 대중적인 인생(유행·흥행·취미·관행 등)에 합류하면 비교적 쉽고 안정적으로 살아갈 수 있고, 성공과 출세가 빠를 수도 있다.

하지만 이러한 태도와 인생은 한계가 뚜렷할 수밖에 없다. 왜냐면 남의 것을 머릿속에 가득 채워 넣는 방식은 일차적인 목적이 달성되면 더는 나아갈 지향점을 잃게 되고, 동력이 약해지며, 한계에 봉착하기 때문이다.

하지만 최초로 학문과 문명을 개척했던 개척자들과 이를 뒷받침해서 훌륭한 작품으로 만들었던 선진국의 석학들·전문가들·지식인들은 자신이 공부한 것 이상으로 또 다른 과제나 분야 등을 탐구·도전·개척하면서 부단히 나아간다. 그래서 그렇게 사는 사람(석학·지식인·전문가)들은 엉덩이가 무겁지 않다. 왜냐면 자신이 해야 할 일과 하고 싶은 일들이 많아질 수밖에 없고, 이미 앉았던 자리에 오래 머물 필요가 없으며, 또 다른 일들을 찾아서 전념하기 때문이다.

그래서 장래가 창창하고 유능한 사람들에게 기득권과 특권과 세습은 곧 퇴보와 역행과 퇴물이나 도태나 다름없다.

09

자유와 민주주의

1. 민주주의와 민주화가 하나로 일치·병행된 선진국들

오래전 시대일수록 지구촌 대부분이 부족민이거나, 민족주의이거나, 왕조국가이거나, 신권국가이거나, 후진국이거나, 사회·전체라는 이념에 구성원들을 몰아넣고 지배하는 전체·전제주의(독재·공산·사회)였다.
그러한 가운데서도 인류사를 통틀어서 최고급 개념들(자유·평등·정의·인권·복지 등)을 통해서 수준 높은 법과 제도와 정책들로 구성·진행되는 민주주의를 최초에 직접 구상·구현해 낸 선진국(사상가, 상류층, 국민)들이 있다.
그래서 민주주의는 인류사에서 적극적으로 훌륭하고 인간다운 사람들이 협력해서 만든 최고의 합작품이고, 지극히 인간적·상식적·민주적으로 진행·실현되는 종합 시스템이다.

선진국들이 민주주의를 만들어 낼 수 있었던 이유

유럽의 근대시대 특권층·상류층들은 자신들의 자유로운 생활을 이용해서 세상에 관련된 신지식을 배우는 것이 유행이었다.

그래서 새로운 지식과 학문을 연구하고 발표하는 뉴턴과 같은 과학자들은 오늘날 연예계의 스타처럼 인기가 높았다.

덕분에 지구촌의 거의 모든 분야(철학·정치·문학·건축·음악·예술·산업 등)가 유럽에서 생겨나서 발달했고, 시대사조 역시 고전주의·자연·낭만·심미·현실·초현실·추상·계몽주의 등 변화했으며, 민주주의라는 시스템을 최초로 구상·실현할 수 있었다.

그래서 유럽의 상류층들은 국민들에게 존중·존경받았고, 국민들은 민주주의를 신뢰·지지·뒷받침했다. 다시 말해서 선진국들은 국가·정부·민주주의·정치의 주체와 후원자와 뒷받침을 훌륭한 사상가들과 상류층과 국민들이 함께 실현한 셈이다.

대한민국은 양반·관리·상놈들에 상관없이 백지장 차이에 불과해

대한민국의 특권층·상류층(왕족·양반·관료, 지식인·전문가·고위직 등)은 호의호식·입신양명·부귀영화를 위한 수신제가·치국·평천하가 인생의 관심이었다. 그래서 백성들은 수혜의 대상이 아니라 극심한 가난·차별·착취·학대에 역사 내내 노출되었고, 서양과는 근본적으로 다른 점이다.

그렇게 해서 대한민국은 어렵사리 민주주의를 모방·실시했다. 하지만 민주주의 권력자와 주체는 대통령들과 정부와 고위공무원들과 정치인들이었고, 일부 대통령과 정치인들은 '국민 주권'이라는 입발림을 앞세운 채 포퓰리즘으로 국민들을 기만했고, 국민들은 고스란히 넘어갔으며, 악질 김일성에게 기만당해서 죽음과 감옥과 지옥의 노예들로 전락한 북한 인민들이 대표적인 증거다.

따라서 선진국의 민주주의는 민주화라는 어중간한 과정은 필요가 없었고, 굳이 민주화를 연관시킨다면 오랜 세월 다양한 분야의 끊임없는 변화를 통해서 세상과 인간에 대한 안목과 자질을 확보·축적했던 과정이라고 할 수 있다.

2. 자유가 갈수록 난해·방만·위험해지는 이유

오래전 구시대에는 동서양을 막론하고 극심한 가난·차별·착취·학대·폭정·탄압·통제에 시달렸고, 자자손손 노예이기도 했다.
하지만 숱한 과정을 거치면서 자유는 인간이 하늘로부터 부여받은 천부인권이라는 자유주의 사상이 생겨났다. 이후 국가로부터 생각·사상·표현·언론·직업 선택·종교·주거이전·교육·학문의 자유가 보장되었고, 국제질서와 국제 평화와 인권 보장의 중요한 주류였다.

초기 자유와 이후의 자유

독재와 폭정에 시달리던 사람들에게 자유가 보장되자 긍정적인 효과들이 생겨났고, 자유는 계속 확대·강화되었다.
하지만 자유는 당연해졌고, 더욱더 광범위해지고 방만해졌으며, 자유 역시도 과거의 폭정(칼과 총)처럼 위험해지고 사악해지는 현상들이 생겨났다.
더구나 폭정(칼·총)은 외부(세력)로부터의 위협이었지만 방만해지고 무분별해진 자유는 자기 자신 스스로 인생을 망치고, 가족과 이웃과 사회까지 해롭게 했으며, 오히려 속박과 불행과 고통과 환락의 원인인 경우들도 많았다.
예를 들면 자유를 빼앗겼던 사람들(노예·굶주림)이 잘 먹고 살게 되면 영양·건강 상태가 좋아진다. 하지만 일반적인 사람들이 잘 먹고 살게 되면 그중에는 과식, 소화불량, 영양 불균형, 비만, 면역력 저하, 각종 성인병 노출, 다양한 고질병과 암 등 부작용과 질병과 불치병이 생겨난다.

그래서 식생활도 적당량의 음식과 운동, 다양한 영양소의 섭취, 충분한 수면과 휴식, 꾸준한 건강 관리가 필요하고, 과도한 스트레스와 무리한 생활을 자제해야 한다.

자유를 가치 있고, 보람되게 활용·구현하려면

자유도 마찬가지여서 국가가 자유를 보장하더라도 스스로 자유를 절제·자제해야 한다.
첫째, 본능적·감각적·감정적·충동적·소모적·관행적인 인생·생각·생활·행동·관계·놀이·유행은 자제하고, 한동안에 그쳐야 한다.
둘째, 원시시대부터 인간이 누구나 할 수 있고, 당연히 해왔고, 해도 그만이고 안 해도 그만인 흔하디흔한 관심사와 일상은 가급적 자제·축소·생략하고, 하더라도 최소한에 그쳐야 한다.
셋째, 가능하면 자기보다 월등한 것들에 관심과 애정을 쏟아야 하고, 자기 수준 이하의 것들에 시간·관계·인생을 소모하지 말아야 한다.
넷째, 특히 자신과 가족과 건전한 사회·풍토를 해치는 호화 사치·향락·도박·마약 등 중독과 범죄 등은 금지해야 한다.

국민의 자유가 위협받거나 위험해진 경우

자유주의 국가들은 헌법과 법률에 근거한다. 하지만 자유가 규정으로 정체(명문화·규격화)되고, 오랜 세월이 흐르면

첫째, 처벌 규정과 형량을 미리 연구해서 저지르는 계획적·고의적·악의적·지능적인 악인들과 범죄들이 생겨나기 마련이다.

둘째, 공산주의자와 사회주의자와 종북좌파·주사파와 중공몽 세력은 완전·완벽할 수 없는 인간·체제·국가·정책의 약점과 민주주의의 문제점과 헌법·법률의 한계를 교활·집요하게 악용한다.

3. 민주주의·자본주의 개척자들과 생각

138억 년의 우주 역사를 통틀어서 가장 훌륭한 작품은 생각하는 인간이고, 인간의 생각에는 우주의 심오·기이한 현상들과 이치들이 모두 함축되어 있다고 할 수 있다.

민주주의의 개척자들

인류 역사에서 생각을 현명하게 하고, 적극적으로 인간답고 지혜롭게 해서 만들어진 합작품은 민주주의다.
반대로 생각을 나쁘게 해서 엉망진창으로 망가진 사람들이 만들어 낸 졸작·실패작은 공산·독재·사회주의 등이다.
민주주의는 인간이 험난하고 처절한 과정들을 수없이 거치는 동안에 어떠한 상황에서도 적극적으로 좋은 마음씨들을 발휘해서 인간(긍정·도전·개척·열정·헌신·희생)적으로 최선을 다했던 지혜와 경험이 오랜 세월 축적·농축되어서 인류의 보편적 가치로 열매 맺어졌고, 그처럼 소중한 뜻과 가치를 인식·공유·연대하는 나라들이 국제사회의 주류를 이뤘으며, 앞으로는 더욱더 그들이 세상을 주도해 가게 된다.

자본주의의 개척자들

자본주의는 자급자족과 물물교환을 시작으로 상업·교역과 산업화(대량 생산, 무역)와 자본주의 시장경제와 자유무역과 시장개방을 거치면서 최첨단의 문명(정보통신)으로 발전했다.

여기서 지식과 학문과 발명 등 첨단 문명은 천재들과 석학들이 각자의 자유와 생활과 인간관계와 인생을 최대한 아끼고 모으고 집중해서 이뤄 낸 소중한 결실과 보람이다.

천재(天才)의 사전적 의미 : 선천적으로 타고난 뛰어난 재주. 천부의 재능. 또는 그런 재능을 가진 사람

석학(碩學)의 사전적 의미 : 학식이 깊고 많은 사람

이때 중요한 점은 천재들과 석학들은 심오한 이치(우주·지구)에 의해서 태어난다는 사실이다. 왜냐면,
첫째, 뛰어난 천재들이 알아서 천재로 태어난 것이 아니기 때문이다.
둘째, 부모(유전자)에 의해서 천재들이 태어나는 것도 아니기 때문이다.
셋째, 천재들은 일반인들이 관심·접근·이해하기 불가능한 영역(현상·이치)에 파고들어서 규명하기 때문이다.
넷째, 천재들이 수천수백 년 전에 세워 놓은 업적인데도 오늘날 현대인들은 설명을 듣고 또 들어도 이해와 접근이 쉽지 않을 정도로 고난도이기 때문이다.

과학 문명을 통틀어서 가장 위대한 업적

과학 문명을 통틀어서 가장 위대한 발견·업적은 물질의 최소 단위인 원자의 발견이라고 한다. 원자의 발견 덕분에 전자공학과 양자 역학 등 다양한 학문과 연구와 분야들이 생겨났고, 인류는 최근 100년여 만에 급속도로 발전했

으며, 인류 미래 역시 상상하기 힘들 정도로 차원과 시스템이 달라질 것이다.
또 어떤 이는 "20세기의 가장 위대한 발견은 우주의 배경복사"(팽창적 우주론의 근거)라고 한다. 이 역시도 원자의 발견과 원리를 통해서 가능했다.
이러한 과학 문명은 우주의 특별한 이치에 의해서 태어나는 천재들과 석학들이 세상에 도전·개척·협력해서 만들어 낸 최고의 걸작품이다.

인류는 우주에서 가장 소중하고 대단한 존재

만일 인간이 없다면 우주는 있으나 마나다. 왜냐면 '우주'를 인식해 줄 존재 자체가 없기 때문이다. 따라서 인류의 완전한 종말이나, 과학 문명의 완전한 종말은 당장이나 한동안은 있을 수 없다.
그래도 만일 종말이 온다면 이미 외계 어딘가에 인류와 문명의 대안이 있음을 뜻한다.
이는 미시·양자(量子) 세계의 기이한 현상처럼 평행우주나 다중우주가 있을 수도 있고, 우리가 몸담은 우주는 가상 현실이라는 발상도 가능하며, 그 밖에 인간의 생각·상상하는 모든 것이 그대로 우주의 실체와 재료와 가능성을 의미한다.

4. 천재와 수재(영재·인재)의 차이

'선천적으로 타고난 뛰어난 재주', '천부의 재능'이라는 천재(天才)는 사실상 영재(英才, 穎才), 수재(秀才), 인재(人才)를 총칭하는 의미라고 생각된다. 왜냐면,

첫째, 누군가가 이미 해 놓은 것을 잘하는 사람을 천재라고 설명하면 안 되기 때문이다.

둘째, '뛰어난 재주', '천부의 재능', '재주를 가진 사람'에 대한 기준과 구분은 애매하고, 주관적이기 때문이다.

셋째, 천재는 남들이 생각하지 못했던 뭔가를 상대로 자기만의 특별한 동기 부여와 사명감을 발휘해서 스스로 업적을 이뤄 내기 때문이다. 다시 말해서 천재는 자기만의 고민과 사명과 의지와 도전과 개척과 열정과 인내와 희생과 집중력과 책임 의식과 독자적인 과정과 업적 등이 동반된다.

넷째, 지능지수(IQ)가 250인 아이가 있다면 지능만으로도 천재라고 할 수는 있다. 하지만 사실은 특별한 지능과 장래 가능성을 지닌 영재·인재이며, 스스로 의지와 사명을 발휘해서 인류에게 획기적으로 공헌했다면 천재이고, 설사 현실적으로는 성공하지 못한 채 획기적인 연구를 진행해서 다음 세대에서 해냈다면 선후배가 모두 천재에 해당할 수 있다.

그래서 천재에 대한 정의를 여기서는,
"아무도 상상·발명·발견하지 못했던 뭔가를 최초로 실현하거나, 기존의 것을 획기적으로 업그레이드한 사람"으로 한다.

천재들은 일반인들과 달리 자신에게 보장된 자유·여유·일상(생각·관심사·시간·생활·인간관계·능력·비용·인생)을 당연한 것들(외모·격식·사치·유행·게임·유흥 등)에 소모하기보다는 최대한 아끼고 모으고 집중해서 남들은 불가능한 뭔가를 해낸다.
최초에 바이올린이나 피아노를 구상해서 실제로 만든 사람들을 예로 들어 보자.
그런 사람들은 오랜 세월 자발적·자율적·적극적으로 자신에게 허용된 인생에서의 자유를 통해서 자기만의 동기와 연구와 고민과 시도와 시행착오와 의지와 인내와 열정과 집중력을 쏟아부었고, 그러한 결과 바이올린이나 피아노라는 훌륭한 작품들을 작곡했다. 역시 그것들을 잘 조합해서 최초에 오케스트라를 구상·구성·시도한 사람도 천재이며, 최초에 오디오 시스템을 만들어서 대중에게 보급한 사람도 천재다.

그래서 최초에 뭔가를 해내는 천재들은 평범한 일반인들과 전문가(음악가)들과는 달리 최초에 아무 보장이 없었고, 성공·실현 가능성은 더욱 불투명했다. 그런데도·그럴수록 자신에게 허용된 역량과 인생을 총집중·초집중해서 훌륭한 업적들을 세웠다.

이런 점에서 이미 존재하는 악기를 열심히 배우고 연습해서 성공한 연주자들과 최초에 무에서 유를 창조해 낸 천재들은 근본적으로 다르다. 또한 음악적인 재능과 감각을 타고남으로써 열심히 노력하거나, 연주를 잘해서 입상하거나, 지능지수(IQ)가 높은 사람들은 인재라고 할 수 있다. 왜냐면 누군가는 할 수 있고, 누군가는 더 잘할 수도 있고, 또 다른 누군가와 경쟁이 가능한 사람들이기 때문이다.

천재들만큼 대단하고 소중한 사람들

자기 인생을 바쳐서 모두에게 소중·간절한 문제들에 도전·해결함으로써 세상과 인류에게 혁혁하게 공헌했다면 천재만큼 대단할 수 있다. 왜냐면 평범하게 태어났음에도 부족할 수밖에 없는 자신의 대부분(관심·시간·생활·인생)을 바쳐서 세상과 인류에게 이바지했기 때문이다. 이들은 타고난 것에 상관없이 자신의 인생을 순수하게 투자해서 갈수록 지혜로워지고 현명해진 사람들이라고 할 수 있다.

앞에서도 언급했듯이 이런 사람들에 의해서 자유와 평등과 정의와 인권과 복지 등 민주주의가 만들어졌다.

이런 사람들 역시 천재들처럼 누구나 당연하게 살아가는 대중적인 삶(유행·관행·인연 등)을 자제하고, 세상·인류·후대를 위해서 자신을 투신·희생한 훌륭한 사람들이다.

당연히 이런 사람들은 순간이나 단기간에 자신을 희생하는 투사·열사 등과는 차원과 능력과 업적이 전혀 다르거나, 정반대다.

따라서 평범한 다수 대중은 천재들과 현명한 사람들을 절대 모방할 수 없고, 비교될 수도 없다.

그래서 평범한 사람들은 몸담은 사회문화를 보조·보완하면서 건전하고 아름다운 분위기를 조성해야 하고, 그래야 이웃과 나라와 세상이 더욱더 좋아진다.

인류 공통의 필수·교양 교과서를 편찬해야

조만간 국제사회는 민주주의와 과학 문명을 개척하고 획기적으로 공헌했던 훌륭한 선각자들에 대해서 인류 공통의 필수·교양 교과서를 제작해서 가르쳐야 하고, 그에 관련되는 인물들을 발굴하고, 검증하는 방법을 개발해야 한다.

왜냐면 다수 대중은 자기 능력 이상의 수준에 접근하기 어렵고, 그런 인물들이 있어도 발굴해서 키워 주고 밀어줄 수 없기 때문이다. 그와는 반대로 자기 수준 이하의 것들(비난·투쟁·공격·타도·공산주의·유행 등)은 쉽게 물들고, 한번 선입견을 잘못 가지면 그대로 받아들이게 되며, 인간성과 국민성으로 고착되기 때문이다.

그래서 다수 대중이 엉뚱한 방향으로 삐뚤어지지 않고, 세상과 인류를 명확하고 명료하게 보고 살아가도록 의식 향상과 함께 다양한 대책들을 개발해야 한다.

5. 민주주의와 자본주의가 병행해야 하는 이유

민주주의와 자본주의는 현대 시대·국가·국제사회를 이끌어 가는 쌍두마차다. 이때 민주주의는 과정(절차, 공정성, 투명성 등)에 중점을 두게 되고, 자본주의는 결과(이윤)에 중점을 두게 된다.

결과보다는 과정이 더 중요한 민주주의

민주주의는 헌법과 법률과 정부와 정책과 재정 등 일련의 절차와 과정에 충실(투명, 공정)해야 한다. 그래야 국민들이 안정을 찾아서 자유, 평등, 정의, 인권, 복지 등 혜택 속에서 계속 발전해 갈 수 있다.
반대로 과정에 충실하지 않으면 갖가지 변수와 유혹과 압력과 비리와 다툼과 편법과 술수와 변칙을 감당할 수 없고, 더는 좋아질 수 없으며, 경쟁력을 잃게 된다.

결과가 더 중요한 자본주의

물론 자본주의도 과정이 중요하다. 하지만 자본주의는 반드시 결과가 좋아야 한다.
만일 결과가 좋지 않으면 수요와 공급이라는 시장경제, 국가경쟁력, 기업 간 경쟁에서 살아남을 수 없고, 결과가 좋으면 경쟁력을 유지하면서 계속해서 발전·선도·개척해 갈 수 있다.
그래서 자본주의는 민주주의의 투명하고 공정한 과정 덕분에 생산과 유통과 소비와 회계와 매출과 세금과 연구와 투자 등에서 효율적인 경영과 다양한 성과들(수익, 경쟁력 확보, 신제품 개발, 장·중·단기 목표 등)을 수확하면서 나아갈 수 있다.

이처럼 자본주의는 민주주의의 과정(공정·투명) 덕분에 최선을 다해서 결실(수익)을 창출하고, 민주주의는 과정에 충실한 대가를 자본주의로 수확하게 된다. 그래서 양자가 동시에 병행되어야 한다.

6. '자유·평등·정의·인권·복지'의 관계

첫째, 자유

개인의 자유가 지나치면 방임·방종, 남용·월권, 자유 지상·방만, 타락·범죄 등 남의 자유와 사회문화를 침해하기 쉽고, 지위와 빈부와 남녀와 성격 차이 등을 해소하기 어렵다.

둘째, 평등

만일 국가에서 자유만을 보장하면 누군가는 자유를 남용하고, 상대방의 자유를 침해하기 마련이다.
그래서 국민들이 자유로운 삶을 살기 위해서는 상호 평등이라는 개념이 추가되어야 한다.
하지만 무조건적·산술적·수량적인 평등이 아닌 각자의 천성과 노력과 열정과 능력과 공헌도 등이 반영된 실질적인 평등이어야 한다. 다시 말해서 서로의 취향과 선택과 능력과 성패와 업적에 맞춰서 평등해야 하고, 서로의 평등(권리)을 침해하지 않는 전제 아래서 자유와 평등이 보장되어야 한다.

셋째, 정의

자유는 개인의 권리이고, 평등(권리)은 개인 간의 관계다.
그래서 개인·관계에 불과한 자유·평등에 치중하면 사회적 안정과 체계와 질서에 소홀·무질서해진다. 그래서 자유와 평등은 사회적 정의(법, 정책, 절차, 질서)에 합당하도록 누려야 한다.
이때 개인에게 보장된 자유·평등의 문제점을 사회적 정의로 해결하려는 방식으로 악용하는 경우가 있다.
이는 전체·사회를 하나로 묶으려는 시도 곧 우월성을 강조하는 이념화된 전체(사회·공산)주의, 다수 대중을 선동하는 폭동, 다수결주의라는 원칙·합법을 가장해서 패거리 집단으로 전락시키는 포퓰리즘 등 저질적·악질적인 현상들을 말한다.
그래서 이러한 불순물들이 인간의 약점과 민주주의의 한계에 파고들지 못하도록 국민들이 적극적으로 좋은 마음씨들을 발휘해야 하고, 승화된 인류애와 뜨거운 열정과 더 나은 가치와 미래 지향점으로 각자 밑받침되고, 서로 뒷받침해야 한다.

넷째, 인권

사회(정의)를 주관하는 주체는 정부다. 그래서 정의의 주체인 권력기관의 힘이 막강해지게 되고, 잘못하면 국민의 자유와 평등이 위축·침해될 수 있다.
그래서 사회(정의)의 주체인 정부와 권력기관은 주권자인 국민의 인권을 적극적으로 존중·보장해야 한다.

다섯째, 복지

국민의 자유와 평등한 관계와 사회 정의와 인권이 존중·보장되고, 합리적으로 정립되면 국민이 더 나은 삶을 살아가도록 복지를 증진해야 한다.

이것이 자유와 평등과 정의와 인권과 복지의 관계다. 그런데 대한민국의 역사와 문화와 민족성은 정반대였고, 민주주의를 직접 만들지 못했으며, 법과 제도를 위주로 공짜로 얻고 모방해서 시늉하기 시작했다.
민주화에서도 권리의 상관관계가 명료하게 정리·체계화·이해조차 하지 못했고, 민주주의는 허술·허약할 수밖에 없었으며, 그나마 주변의 공산주의 국가들의 유혹·술수에 넘어간 내부의 불순세력(저항·투쟁·반대·방해 등)에 의해서 민주주의 정착은 불가능했고, 민주화조차 엉망진창이었다.

7. 인간도 과정(2비트 이치)에 충실해야

첫째, 아인슈타인이 처음부터 특수상대성이론과 일반상대성이론을 목적했거나, 시작부터 성공을 알았던 것은 아니다.
그는 갖가지 궁금증으로 세상에 깊이 파고들었고, 자기 인생에서 하고 싶은 일이나, 해야 할 일(삶의 동기)을 찾았으며, 자율적·능동적·적극적으로 열정과 집중력을 발휘해서 성공했다.

둘째, 퀴리 부인이 액체 상태의 불안정한 다이너마이트를 안정시킬 방법(공식, 과정)을 알고 연구한 것이 아니다. 그녀는 다이너마이트가 액체 상태에서 얼마나 불안정하고 위험한지 잘 알고 있었고, 이를 해결하기 위해서 위험을 무릅쓰고 연구(과정)에 전념했으며, 공교롭게도 실험 중에 치명적인 실수를 통해서 규조토를 발견·성공했다.
이는 그녀가 성공과 명예와 보상이 아니라 자기만의 과정(자유, 동기 부여, 가치 추구, 열정의 발휘, 집중력 등)에 충실했고, 위험을 각오·감수했던 무수한 과정에서 다이너마이트를 발명했으며, 공교롭게 치명적인 실수가 혁혁한 업적과 기적적인 행운으로 연결되었다.

셋째, 세상에 가치 있고 훌륭한 업적 대부분은 자기 나름의 동기 부여와 자기 인생에서 질적 가치 추구와 순수한 사명과 끝없는 열정과 무한한 집중력과 남모를 희생과 월등한 책임 의식과 적극적인 의지를 발휘하는 등 자신·인생의 가치를 적극적으로 발휘하는 과정의 축적(진실함·진지함·충실함)으로 이뤄진 결실과 보람이다.

8. 2비트 이치에 무지·역행하는 공산주의 등

공산주의·종북좌파·주사파들의 공통적인 특징은 자기가 직접 세상과 인류를 위해서 순수하게 열정을 쏟고, 인생을 바치고, 생활을 집중해서 이뤄 놓은 업적이 없는 것은 물론이고 그러한 능력과 열정과 순수함과 집중력은 상상에도 없다는 사실이다,
대신에 완전·완벽할 수 없는 인간과 사회와 민주·자본주의의와 법과 제도와 정책의 약점과 문제들에 기생(비난·공격)하는 방식으로 활동했고, 출세해서 장악·독재하려고 안달·무리하고, 나라도 미래도 자신들도 망치면서 망가진다.
대한민국을 예로 들면 똘똘 뭉쳐서 당당하게 거짓과 궤변과 조작으로 국민을 기만했던 사기꾼들에 불과한 종북좌파·주사파·중공몽 등 공산주의자들과 그들을 지원하고 빌붙어서 이권에 개입하고 쏠쏠하게 재미를 보고 살았던 '강남좌파들'이라고 할 수 있다.

이들은 반미 운동하면서도 자식들은 미국으로 유학 보내고, 미국에서 출산하고, 미국의 영주권과 시민권을 얻으려고 한다.

또한 입으로는 '친일파 청산'과 '친일파 몰이'와 죽창가를 외치면서 자신과 자녀는 일본의 극우파 학교를 보내거나, 사소한 생활용품과 과자까지도 일본 제품들을 이용하고, 일본의 다도(茶道)를 배우는 등 일본의 사무라이 정신과 예법을 배울 정도로 모순의 극치와 적반하장이다.

이러한 거짓과 궤변과 조작과 선전·선동과 포퓰리즘에 선동·동조하는 사람들 역시도 자신만의 진지하고 진실하고 충실한 삶이 결핍됨으로 인해서 오히려 스톡홀름 신드롬 증상으로 악화했다고 할 수 있다.

이들은 자신에게 충실하지 못함으로써 가진 것의 크기를 비교하고, 남의 것이 더 크고 좋고 많게 보이고, 남이 잘되는 것을 배 아파하며, 열등감과 피해의식과 보복심리에 붙들리고, 남의 잘못을 들춰내고, 악마화하고 공격해서 자신을 합리화·돋보이고, 결국은 남을 끌어내려서 그것들을 차지하려고 무리하고, 감투를 쓰거나 팔에 안장이라도 두르면 양아치들처럼 안하무인으로 쌀쌀하고 혹독하게 인간 말종 짓들을 자행한다.

하지만 그처럼 비열한 방식들로 자기 입지를 넓히고, 특권 놀음하면 자신들이 몰락·비참해진다. 그런 머저리 졸장부들은 인류 역사와 폭군들을 들먹일 것조차 없이 당장 눈앞에 널려 있다.

이처럼 완전·완벽할 수 없는 세상과 인간과 사회제도의 한계와 잘못과 약점에 기생(비난·매도·왜곡·확대·공격)하는 공산주의·독재·세습과 그들의 추종자들은 오래전에 몰락했고, 동구 공산국가들 대부분은 이미 민주주의 체제로 전환했다.

그럼에도 민주주의 선진국들은 몰락한 공산주의 국가들에 대해서도 민주화를 기대했고, 적극적으로 경제를 지원했다.

그렇게 살 만해지고 부유해진 공산국가들은 또다시 삐뚤어졌고, 주변국들은 물론 민주주의 선진국들까지 침투·유혹·위협·공작·해킹·전쟁하는 등 또다시 몰락으로 치닫고 있다.

9. 민주주의와 자본주의의 장점과 매력

민주주의와 자본주의는 개인의 존엄성과 다양성과 자유와 개성과 능력과 창의력과 사회적·잠재적 가능성까지 존중·보장·활용해서 부단히 발전해 간다.
따라서 자유분방한 국가들에서는 모자란 놈, 나쁜 놈, 미친놈, 오락가락하는 놈, 타락한 놈, 역적 놈들도 인간 이하의 굶주림·고문·노예 꼴은 당하지 않고 살아간다.
역시 대다수 국민은 인간다운 사회문화와 아름다운 세상을 위해서 앞을 보고, 능력을 발휘하고, 인재들과 인물들을 발굴해서 키워 주고, 도전·개척·협력·발전하고, 당연히 각종 문제와 사고 치는 문제아들을 해결하는 등 얼마든지 인간답게 살아갈 수 있다.
물론 그간에 대한민국은 악전고투·산전수전·백병전까지 치르면서 별별 일들을 겪었다. 하지만 이제부터는 민주주의에 대해서 거시적인 안목과 장기적인 비전과 국민적·국가적인 전열을 갖춰야 하고, 매사·만사에 적극적으로 진심·진실·진지·충실해야 한다.
당연히 그만큼의 결실과 보람과 파생 효과가 생겨날 것이고, 국민들이 성실하고 우수한 만큼 번영을 누리면서도 지혜와 능력을 발휘해서 앞서 나가면서 국제사회와 인류 미래에 획기적으로 이바지할 수 있다.

"우둔하게 영리한 사람들은 시작은 해 보지도 않고 성공을 점치거나, 이익부터 저울질한다.
하지만 성공과 이익이 보장되거나, 확신할 수 있는 일은 거의 없고, 그러한 인간성과 자세에서는 제대로 된 시작조차 쉽지 않으며, 설사 한동안 돈을 벌고 성공하고 지위가 올라가도 가치 있는 인생과 보람된 결실은 실현 불가능하다.
그간에 대한민국에는 고학력의 지식인들과 전문가들이 많았다.
그처럼 대단한 신분과 유리한 조건에도 불구하고 '안 된다. 박사들', '못한다. 박사들', '잘 안다. 박사들'이 많았다.
그래서 대한민국은 근본적인 한계들과 현대사의 문제들이 세월이 흐르면서 병폐와 부작용이 심해졌고, 더는 좋아질 수 없다."

"그간에 '자신'과 '우리'의 중심·위·아래·앞·뒤·좌·우를 포장(치장·위장·무장·합리화)했던 그럴듯한 것들(국회의원·판검사·의사·변호사 등)과 잡다한 것들(명함·권력·지위·권위·재산·법·혁명·신·진리·종교·이념·신분·지위·계급 등)에 안주하지 말아야 하고, 적어도 '인류·인간'과 '민주주의'나, 우주·이치에 강조·언급할 때는 위처럼 그럴듯하고 잡다한 것들을 앞세우지 말고, 적극적으로 순수하고 진실하고 진지하게 인간으로서 접근·관계·협력해야 한다."

10. 민주주의 국민들은 질적 가치관으로 향상해야

모두가 그랬던 것은 아니지만 봉건시대에 살았던 조상들은 하늘과 땅에 의존해서 '세월 따라, 구름 따라, 바람 따라' 살다가 말년에는 '인생무상', '인생유수', '허무한 인생', '덧없는 인생', '별것 아닌 인생' 등 스스로 하찮은 인생이었음을 실토·한탄했다.
이와는 반대로 세상·문명에 직접 도전·개척·발전을 주도해 왔던 민주주의 선진국들은 노년에 이르면 "가치 있는 인생이었다.", "인생이 보람 있었다."라고 뿌듯해한다.
이는 동서양인들이 자신들의 삶을 진실하게 평가한 것이다.

역시 모두가 그런 것은 아니지만 오늘날은 '자유', '사랑', '행복', '인권'을 중시하고, 편리해지고 편안해지고 여유로워졌으며, 일부는 호화로워졌다.
그래서 이제는 국민들이 세상과 인생에서 자기 가치를 추구·발휘·실현하는 삶으로의 변화·향상·도약을 진지하게 고민·연구해야 한다.

그렇지 않으면 방만해진 자유를 제대로 활용·구현하지 못하는 사람들로 인해서,

첫째, 꼴불견들과 꼴사나운 사건들이 쏟아지기 마련이고, 잠시도 편안하고 조용할 날이 없을 것이며, 갈수록 불안해지고 피해당하고 고통받는 사람들이 많아질 수밖에 없다.

둘째, 급속도로 발전하는 물질문명과 앞서가는 첨단 문명과 복잡다단한 사람들과 지저분한 사건들과 다양한 변수들을 개인들도 국가들도 국제사회도 제대로 감당·극복할 수 없게 된다.
그래서 현대인들은 전통적인 가치관이 아닌 질적인 가치관으로 향상해야 한다. 여기서는 가치관으로 향상할 수 있도록 인생의 소중함을 세 가지로 함축한다.

질적인 가치관으로 향상하기 위한 인생에서의 중요한 세 가지

첫째, 인간에게 주어진 인생·일생이라는 시간과 기회

인간의 일생 겸 수명을 100년으로 가정해 놓고 구체적으로 계산해 보자.
인생의 1/3인 33년은 수면(하루 8시간, 33.3/100년)해야 한다.
세면과 화장실(매일 1시간, 합 4년), 세 끼 식사와 휴식(약 2시간, 합 8년),

왕복 교통(1시간 30분, 50년 동안, 합 3년), 유치원·학교·학원·직장 생활(8시간, 60년 동안, 합 20년), 애경사·기념식·회식·취미·모임·회의·여행·티타임(대략 1/100년), 휴식·TV·모바일·게임(합 1~2년), 데이트·종교·독서·연극·영화·스포츠·연주회 관람(1~2년), 병원·사건·사고·소송(0.5년) 이를 합하면 100년 중 73~4년이다. 여기에 영·유·아동기와 노년기(80세 이상)를 포함하면 인생이 거의 소모된다.

이를 아끼고 줄여서 자기만의 시간과 생활(독서, 명상, 휴식)을 적극적으로 만들어서 활용·집중한다면 하루 1~2시간에 불과하고, 100년 중 4~8년에 불과하다.

하지만 이러한 인생의 대부분은 인간이면 누구나 당연히 살아갈 정도로 천편일률적이다.

그래서 이런저런 것을 모두 고려·판단·선택할 수 있는 인간은 유사 이래 누구나 살아왔던 당연한 인생보다는 적극적으로 가치 있는 인생으로 전환해야 한다.

둘째, 자신이 평생 함께하는 인연

인간은 서로 인연이 맺어지면 정분이 생겨나고, 만남과 경험을 통해서 추억을 간직하고, 현실적인 관계 속에서 비교 의식과 경쟁의식과 이해관계와 동정심과 선심과 안타까움과 정의감과 열등감과 피해의식 등 갖가지 감정과 정서를 공유하게 된다.

자신이 인생이라는 여정에서 함께하는 사람들의 숫자를 대략 계산하면 얼마나 될까?

세계 인구 80억과 대한민국 5천만 중에서 자신과 한동안 함께하는 사람은 최소 몇백 명에서 최고 몇천 명 정도다.

예를 들어, 초·중·고·대학에서 학급·학과의 정원이 각 50명이라면 16년 동안 약 800명을 만나게 된다. 여기에 유치원과 군대와 직장과 이웃과 동호회를 추가하면 1,000~2,000명 정도의 만남과 교류와 기억과 추억을 지니게 된다. 하지만 이들 중에서 친하게 지낸 사람은 소수나 극소수일 수도 있다.)

1,000, 2,000명을 각각 세계 인구 80억 명에 비교하면 1/8백만, 1/4백만이고, 국민 5천만에 비교하면 1/5만, 1/2.5만에 해당한다.
이러한 만남과 인연에 대해서 국민들이 너무나 당연하고 흔한 정분과 처세와 유대관계보다는 서로의 존엄성을 위주로 진실하고 진지하고 충실하게 함께해야 하고, 그를 위해서 무엇을 어떻게 바꿔야 하는지 고민해야 한다.
특히 군에 입대한 젊은이들은 서로 인간이고, 국민이고, 국가와 국민을 보호하는 동료들이다. 그런데 이처럼 굵직한 명분들은 안중에 없이 지극히 짧은 입대 일자와 계급과 지역과 감정을 이유로 괴롭히고 무시하지 않았는지 살펴봐야 한다. 왜냐면 인간답기 위해서는 적극적이어도 부족할 수밖에 없기 때문이다. 그런데 우연히 만나서 한동안 함께하는 동료·인연끼리 비인간적·비민주적인 짓들을 했다면 그러한 자세로는 가치 있는 인생과 인간관계와 사회문화는 불가능하다.
여성들 역시 미미한 차이점을 기어코 따져서 시기·질투하고, 따돌리고, 흉보고 미워하지 않았는지 점검해 봐야 한다.
그런 수준으로 민주주의가 가능했겠는지, 지금은 가능하겠는지, 앞으로는 가능할 것인지 진심으로 고민·점검·반성하고, 적극적이고 우호적이고 협력적인 인간관계를 고민해야 한다.

셋째, 인류 역사에서 혁혁한 업적을 남겨 준 사람들

인류 역사가 최단 2만 5천 년에서 최장 25만 년이고, 인간의 평균 수명이 50세였다고 가정해 보자.
이는 인류사에서 인간의 삶과 죽음이 최하 400번에서 최고 4,000번 연결·반복되었다고 할 수 있다.
그간에 인류 역사에서 혁혁한 업적을 남긴 사람은 얼마나 될까?
당연히 극소수에 불과하다.
그들은 극도로 열악했던 시대와 환경과 조건에서도 자신에게 허용된 인생을 최대한 아끼고 모아서 연구에 전념했고, 그것으로도 부족해서 식사할 때도, 길을 걸을 때도 연구(생각)에 집중해서 결국은 해냈다.

위의 세 가지를 각자 자기 능력과 공헌도와 인생에 적용하면

첫째, 자신(인간)이 얼마나 나약하고 초라하고 무능한지 알아야 하고, 그런데도 잘 먹고 산다는 점에서 얼마나 행운아이고 동시에 빚쟁이인지 알아야 한다.

둘째, 모든 면에서 험난하고 힘겨웠던 구시대에 위대한 업적들을 세워 준 훌륭한 인물들에게 감사함과 존경심과 죄송함을 가져야 한다.

셋째, 감사함과 존경심과 죄송함을 기반으로 자기 존엄성을 극대화한 사람들과 국가들은 다섯 가지 과정으로 보답과 보람을 일궈 냈음을 알아야 한다.

넷째, 자신도 단순한 생계나, 일방적인 이익이나, 소모적인 게임·흥행이나, 사후까지 욕심을 내는 정신적인 허영심을 내려놓아야 하고, 진정으로 가치 있는 인생이 되도록 본격적으로 방향을 잡아서 협력해야 한다.

11. 인·존·치·자·향의 연속 과정

'인존치자향'이란 인류애(인)·존엄성(존)·질적 가치관(치)·자율적인 자유의 구현(자)·공통의 미래 지향점(향)의 줄임말이다.

'인존치자향'은 후진적이었던 대한민국의 역사·문화·관행의 해결, 민주주의에 역부족(부적합·부적격)이었던 현대사의 잘못 보완, 한계에 봉착한 국제사회와 민주주의 체제와 질서의 강화, 급격히 발전해 가는 과학 문명과 인류 문화의 격차 해소, 인간 존엄성의 체계 정립 등에 총체적으로 접근·해결하기 위한 밑바탕 겸 실질적인 원동력이다.

그래서 개인이든, 인간이든, 조직이든, 민주화든, 민주주의든, 국가든, 국제사회든, 인류 미래든 걱정이나 문제가 생기면 아래 다섯 가지(인존치자향)에서 원인을 찾아야 하고, 다섯 가지를 통해서 검증·치유·개선해야 하며, 이에 소홀하거나 체계가 정립되지 않으면 민주주의와 민주화에 성공하기 어렵다.

인존치자향

1) '인'은 모두에게 적용되는 포괄적인 **인**류애(휴머니즘)를 발휘하는 과정
2) '존'은 각자(인간)에게 잠재된 **존**엄성을 인식·확보·신장하는 과정
3) '치'는 국민 각자가 더 나은 질적 가**치**를 추구·확보·실현해 내는 과정
4) '자'는 국민 각자가 **자**율적으로 자기 **자**유와 인생을 구현해 가는 과정
5) '향'은 모두가 협력해서 실현해야 할 인류·미래의 공통 지**향**점을 위한 과정이다.

1) 모두에게 적용되는 포괄적인 인류애(휴머니즘) 확보

포괄적인 인류애란 모든 인간에게 골고루 적용되는 휴머니즘을 뜻한다.
이는 국민들이 개인적으로 당연한 삶(정분, 인연, 생계, 행복, 사랑)보다는 좀 더 나은 사회문화와 더 넓은 국제사회와 인류 미래로 관심사를 확대해서 협력·향상·발전하는 질적인 가치관의 밑바탕 겸 원동력이다.
그래서 국민들이 인류애로 향상하고, 일반화하려면,
첫째, 자신이 누군가와 특별히 돈독·절친·끈끈해지는 정분·인연·이익·유흥 등 감각·감정·놀이·관계·처세를 최대한 자제·축소해야 한다.
둘째, 세상과 인류를 상대로 항상 감사함과 죄송함을 지녀야 하고, 세상과 인간에게 긍정적·적극적·우호적·협력적·자율적·열정적인 태도로 살아가야 한다.

2) 인간 존엄성의 인식·확보·신장

존엄성이란,
첫째, 인간의 특징인 '생각'을 자율화(극대화·간소화·사회화·효율화·체계화)하는 과정이다.
존엄성 덕분에 각자 타고난 조건(본능·감각·감정·천성·인연과 역사·문화·사회·관행·환경 등)을 극복할 수 있고, 사회·문화 역시 합리적으로 관리(감당·극복)하고 발전시키게 된다.
둘째, 인간의 지적 영역과 가능성을 극대화해서 합리적이고 효율적인 사회문화의 주체로 향상·도약하는 민주주의의 필수 자질이다.
셋째, 존엄성이 결핍된 인류애는 자칫 위선이 되기 쉽다. 왜냐면 '인류애'가 존엄성으로 뒷받침되지 않으면 각자의 자유를 자율적으로 실천·실행·실현해 낼 능력과 의지와 분위기에서 멀어지기 때문이다.

넷째, 존엄성에서 멀어지면 '성질', '관념', '관행', '진리', '유행', '전통', '이념' 등 고질적·개별적·타성적·의존적·소모적·배타적·부정적·공격적인 비난·습성 등을 반복·고수·극복할 수밖에 없게 되고, 근본적인 접근과 원인분석과 대안 마련은 불가능에 가깝다.

3) '더 나은 질적 가치관'의 추구·확보·실현

'더 나은 질적 가치'란 개인적인 삶(행복, 사랑, 성공, 인생, 현재)에 국한(만족·안주)하지 않고, 존엄한 인간으로서 좀 더 나은 사회문화와 아름다운 세상과 인류 미래 등에 유익하고 유용한 가치를 추구·실현하는 삶을 말한다.

여기서는 질적인 가치관을 예로 들어서 설명한다.

암은 초기에 불치병이었고, 암을 진단받은 환자들은 사형 선고로 받아들였으며, 죽음을 각오·준비했다.
그런데 암을 판정받은 이후에 한국인들과 서양인들이 죽음을 각오·준비하는 태도와 남은 인생은 정반대였다.
첫째, 한국인들은 직장에 사표를 냈고, 맛있는 음식을 먹고, 여생을 편안하게 즐기다 죽으려고 했다.
둘째, 서양인들은 직장에서 더욱 열심히 일했다. 왜냐면 인생에서 자기 가치를 발휘할 시간이 얼마 남지 않았기 때문이다.

한국인들은,
첫째, 인생의 목표나 주요한 관심사가 생계·수신제가·입신양명·부귀영화·호의호식·치국평천하 등 개인적·양적·외적·팽창적인 가치관이었다.

둘째, 실제로도 지금의 60~70대가 비교적 젊었을 때(30~40대) 훗날 은퇴하면 한적한 교외에 별장(전원주택 등)을 지어 놓고 지인들과 교류하면서 노후를 보내겠다는 사람이 많았다.

질적인 가치 추구·실현에 의한 인류의 발전

'질적인 가치를 추구·실현'하는 사람은 개인적인 관심보다도 세상과 인류와 이웃을 위하고, 더 나은 뭔가를 위해서 실천하며, 복잡한 문제와 병폐들을 해결하고, 자기 존엄성과 자율적인 자유를 통해서 가치 있는 인생을 영위한다. 예를 들면 더 나은 사회나 문화나 미래나 인류를 위해서 고민하고, 스스로 사명을 찾아서 짊어지고, 난해한 문제들에 협력·도전하고, 미지의 분야를 개척하고, 새로운 뭔가를 발견·발명하는 일에 협력·지원·집중하고, 더 나은 세상이 되도록 노력한다.
그래서 사람들이 시도하지 못하는 위험한 일이나, 회피하는 난제에 관심과 열정을 쏟고, 진행 과정에서 손해와 불행과 실패와 위험과 죽음을 마주했을 때 오히려 초롱초롱해지고, 용기와 집중력을 발휘해서 과감하게 실천하고, 더 나은 방향과 방법을 찾는다.
이러한 자세와 실천과 열정과 의지의 작용이 없으면 가치 있는 인생은 쉽지 않다.

민주주의 체제에서 국민이 질적 가치에 소홀하면

국민이 질적 가치를 무시·소홀하면,
첫째, 사회문화를 건전하게 주도·유지할 수 없게 되고, 오히려 무지·욕심·무능·무기력·타락·유행으로 살아가거나, 공산주의 등에 먹혀들고 피해당하게 된다.

둘째, 이런 사회는 민주화·자유화·선진화라는 껍데기 명분으로 위장해서 시늉과 비난과 위선과 모순과 타율과 독선과 독단과 통제와 독재와 술수와 선동이 행해진다.
이는 대한민국은 물론 국제사회 곳곳에서 너무 오래 많이 심하게 겪었던 문제들이다.

4) 자율적인 자유의 구현

'자율적인 자유의 구현'이란 각자에게 보장된 자유(시간·비용·정신·관계·여유)를 아끼고 모으고 집중해서 스스로 동기를 부여하고, 소중한 가치와 사명과 열정과 책임을 짊어져서 최선을 다해서 실현해 내는 것을 말한다.

인간이 자율적인 자유를 구현하지 못하면

인간이 존엄성의 신장과 질적인 가치관을 확보하지 못하거나, 각자의 자유를 자율적으로 활용하지 못하면 복잡다단한 세상과 인생과 현실에서 자기 체계를 정립할 수 없고, 자기 정화 기능과 체제 정화 기능을 동시에 잃게 된다. 왜냐면 인간이 마치 동물들처럼 자연적·존재적·유물적·숙명적·인과적인 삶이나, 막연한 욕구와 허영심이나, 자기 합리화에 머물게 되기 때문이다.

'동물들처럼 자연적·존재적·유물적·숙명적·인과적인 삶'이란 인간의 생존·본능·감각·감정, 생로병사, 적자생존, 생존경쟁, 약육강식, 길흉화복, 희로애락에 의존·급급한 삶을 의미한다.
'막연한 욕구와 허영심'이란 인간이 조심해야 하는 물질적·육체적·정신적인 세 가지를 말한다.

첫째, 물질적인 허영심과 욕구는 물질에 대한 분수 이상의 소유와 사치와 욕심을 뜻한다.

둘째, 육체적인 허영심과 욕구는 나태·안락·환각·쾌락·중독 등이다.

셋째, 정신적인 허영심과 욕구는 현실에 최선을 다하고, 그것으로 만족해야 함에도 초라한 현실(신앙)의 대가로 비현실적·추상적인 사후세계·해탈·천국·영생까지 뻥튀기해서 욕심내는 것을 말한다.

이는 생각하는 인간이 개인으로 인생을 시작해서(태어나서), 평생을 개인으로 살다가(위하다가), 개인으로 끝나 버리고(죽어 버리고), 그것으로도 부족해서 죽을 때도 기어코 자신을 붙들고 가면서 극락과 영생과 천국을 욕심내는 극단적인 이기심과 황당한 뻥튀기에 불과하며, 자기 스스로 진정으로 가치 있게 살았다면 홀가분하게 떠나야 하고, 그것만으로도 행복·행운으로 여겨야 한다.

역시 위 세 가지가 종합·일치된 수신제가·치국평천하, 호구지책·입신양명·호의호식·부귀영화, 시기·질투·욕심·야심·야욕, 영웅·호걸, 사후세계 등이 모두 개인의 야심과 야욕 위주의 좁다랗고 편협한 가치관과 인생관과 세계관이다. 역시 이런 사람들은 자기를 강화하고, 약자들을 괴롭히고, 영토를 확장하고, 공공질서를 무시·혼란하게 하고, 질적인 사회문화를 망치고, 현실에서 주도권을 장악하려고 잔악해지고, 결국은 저질·악질적인 공산주의조차 감당하지 못할 정도로 가정도 사회도 나라도 몰락하게 된다.

인간이 보장된 자유를 자율적으로 구현하면

인간이 휴머니즘과 존엄성 확보와 질적 가치관을 통해서 자율적인 자유를 구현하기 시작하면 다수 대중의 취약점(포퓰리즘, 선동 등)에 놀아나지 않게 되고, 누구에게나 당연한 일상들을 자제하게 되며, 스스로를 동기 부여해서 사명감을 도출하고, 끝없는 열정을 쏟아붓고, 진행과 결과와 잘못에 책임질 정도로 열정과 끈기와 집중력을 발휘하게 된다.

5) 모두 함께 추구·실현해 갈 인류 공통의 미래 지향점

여기서는 공통의 지향점을 과거와 현재와 미래라는 세 가지로 다룬다.

첫째, 지금까지는 모두 함께 추구해서 실현해 낼 인류 공통의 미래 지향점은 민주주의와 자본주의였다.
이는 민주주의를 통해서 국민의 자유·평등·정의·인권·복지를 실현하는 과정이었다.
역시 자본주의를 통해서 국민의 생계와 안정과 행복과 번영을 보장·증진하는 과정이었다.

둘째, 이제는 민주주의를 통해서 한 차원 업그레이드된 인류 공통의 미래 지향점의 설정·추구·실현을 고민해야 한다.

셋째, 하나뿐인 세상·우주에 합당하도록 인류에게 공통으로 일치·적용되는 세계관 겸 우주관을 모색해야 한다.
이는 누구도 감히 부정하고 부인할 수 없을 정도로 상식적인 이치여야 하고, 원자 이하의 미시 세계(양자 역학 등)를 새로운 세계관 겸 우주관으로 밑바탕이 되어야 한다.

자신·인간·인류는 제각각의 환경과 인연으로 세상에 태어나서 존재하고 생각하고 생활하고 관계하고 살다가 재합성되어서 다시 태어나는 한시적·반복적·영속적인 존재다.

다시 말해서 자신·개인은 한시적 존재이고, 인간은 반복적 존재이고, 인류는 영속적인 존재다.

그런데 모두가 공통으로 추구·지향·실현해 갈 미래 지향점이 없으면 개인과 인간과 인류가 서로 흩어지고, 사사건건 쪼개지고, 문제가 생길 때마다 갈등하게 되면서 합치점과 일치점을 찾기 어렵다.

그래서 일치점을 잃으면 엔트로피법칙처럼 무질서나 부작용이나 복잡함이나 쓰레기들이나 악질들이 생겨나고, 동시에 복잡한 것들과 잔악한 악인들에 의해서 인류의 훌륭한 결과물들이 점령당하게 된다.

그래서 인연(혈·학·지연), 이해관계, 계파, 파벌, 이념, 사상, 종교, 다양한 변수를 감당·극복할 수 있는 공통의 지향점이 필수다.

※ 인류 공통의 세계·우주관은 《하나뿐인 세상에 합당한 인류 공통의 세계·우주관》(최익주, 지식과 감성, 제4권)으로 대신한다.

10

개발도상국들의 민주화를 위하여

1. 개발도상국에서 '민주화·자유화·선진화'의 힘겨운 여정

"공산국가나 개발도상국에 햄버거와 콜라가 들어가면 자유화 물결이 일어난다."라는 말이 있었다.
하지만 오늘날은 공산·사회주의가 오히려 민주주의 국가들에 침투해서 세력을 뻗치는 지경이다. 이러한 현상과 원인과 해결 방법에 대한 심도 있는 연구와 가치 공유와 체계적인 연대가 필수다. ('독재국', '개발도상국', '후진국'을 같은 의미로 사용한다.)

'민주화·자유화'의 힘겨운 여정

"개발도상국에서 자본주의 시장경제에 어느 정도 성공한 경우는 있어도 민주주의에 성공한 나라는 거의 없거나, 아예 없다."고들 말한다. "동양 문화권에서는 민주주의가 보편적 가치로 일반화되기 어렵다."라는 주장도 있다. 최근에는 "중진국의 함정"이라는 말도 있다.

이는 개발도상국들이 선진국은 물론이고 민주주의와 민주화조차 쉽지 않다는 이야기다. 다시 말해서 개발도상국들은 선진국의 민주주의와 법과 제도를 공짜로 모방하는 방식으로는 정착·적응이 어렵다.

첫째, 개도국들은 민주주의가 불가능할 정도로 과거(역사, 문화, 국민성 등)가 엉망이었거나, 국민들이 아픔과 상처와 원한과 무지와 불신으로 가득하거나, 심하게 망가졌을 수 있다는 의미다.

둘째, 개도국들은 자신들의 치부(과거·무지·실체·실상)를 외면·방치·무관심·미화하기 쉽고, 마치 민주주의만 실시하면 만사가 해결될 것처럼 단순하게 생각한다는 의미다.

셋째, 개도국들은 민주주의는 당연하게 받아들이고, 자본주의가 더 관심이며, 자본주의보다도 개인적·가정적으로 잘 먹고 사는 것이 우선이고, 살 만해진 사람들은 과거(빈곤·열등감·피해의식·출세욕·부의 축적·자자손손 부귀영화 등) 한풀이에 급급할 수도 있다.

넷째, 민주주의의 진지한 과정과 자질이 결핍된 다수 대중은 자유를 손에 쥐고도 단지 먹고살기 위해서 일하거나, 대충 먹고 대충 일하고 살거나, 습관적으로 먹고 놀고 마시고 놀거나, 외모를 가꾸고 외양에 치중하거나, 호화·고급·고가 명품으로 사치·과시하려고 하거나, 향락·마약·도박·타락하거나, 각종 범죄를 저지르는 등 비인간적이고 비민주적이고 반사회적인 수준에 머무는 등 남녀노소·지위고하, 빈부, 유·무식에 상관없이 민주주의에 역부족일 수밖에 없다.

다섯째, 이렇게 민주화에서 오래 터덕거리면 사악한 위정자들이 선전·선동과 포퓰리즘 정책으로 더욱 망치고 망가질 수도 있다.

다시 말해서 개발도상국들은 선진국의 법과 제도를 모방해서 외형과 외양은 바뀔지라도 원래의 실체·근본·내부·내면은 똑같거나, 억지로 끌려가듯이 일부만 바뀌거나, 살 만해지면 자신들을 합리화하면서 더욱 강해지려고 한다는 이야기다.
'원래의 실체·근본·내부·내면'이란 고유한 전통과 문화와 관행, 관심사, 종교, 고루한 세계관, 전통적인 인생관, 가치관, 정서, 습성, 인간관계 등을 말한다. 그래서 개발도상국들은 민주주의를 최초에 만들어 낸 선진국들(시대사조의 변화와 민주주의)과는 근본적으로 다르거나, 전혀 다르거나, 정반대다.

개발도상국들의 민주화·자유화·선진화

개도국들은 '민주화·자유화·선진화'라는 전 단계 과정(과도기)을 거치게 된다. 하지만 개도국들은 민주화조차 쉽지 않다. 왜냐면 민주화란 기존의 자신들(국민성·인성·관행·습성 등)을 대대적으로 점검·반성하는 인간적으로 성숙하고 충실한 과정이어야 하기 때문이다 물론 이는 아무도 가르쳐 주지 않고, 대신해 줄 수도 없으며, 순수한 자력으로 진행해야 한다.

> ※ 휴머니즘 : 인간의 존엄성을 최고의 가치로 여기고 인종, 민족, 국가, 종교 따위의 차이를 초월하여 인류의 안녕과 복지를 꾀하는 것을 이상으로 하는 사상이나 제도

민주화의 세 가지 형태

민주화 국가들에서 '독재 종식'이나, '민주화의 진행 정도와 속도'는 국민들의 의식 수준에 의해서 세 가지 중 하나로 전개된다.

첫째, 저항단체들이 결성되어서 활발하게 투쟁하거나, 국민 의식이 뒷받침해 주는 경우다.
이때는 독재자들의 무자비한 진압(인명 살상, 고문, 투옥)에 대해서 선진국들이 인권 보호 등의 명분으로 개입해 줄 수 있고, 단기간에 성공할 가능성도 있다. 역시 유엔과 미국과 유럽에서 저항군과 시민군을 적극적으로 지원해 주거나, 직접 개입해서 독재자를 축출하기도 한다.

둘째, 시민군과 저항단체들이 결성되지 않거나, 활동이 미약하거나, 국민 의식이 뒷받침해 주지 못하는 경우다.
이때는 선진국들이 직접 개입하기 곤란하고, 개입해도 성공은 쉽지 않다. 그래서 선진국들이 독재자에게 경고하면서 상황을 살피거나, 동향을 분석하거나, 저항 운동가들의 망명을 도와서 보호해 주는 등 시간이 오래 걸리고 피해도 커진다.
그래서 결국은 선진국이 개입하더라도 내란을 겪거나, 전쟁에 버금가는 희생을 대가로 치른다. 이런 나라들은 지금도 정부군, 반군들, 지역수비대, 갱단 등으로 혼란하다.

셋째, 시민군과 저항 세력이 아예 없거나, 국민 의식이 전혀 뒤따라 주지 못한 경우다.
이런 나라들은 선진국들이 도와주기 어렵다. 만일 북한처럼 통제와 감시가 심하거나, 인민들이 세뇌되어 있거나, 국제사회에서 북한의 내부 상황 파악과 정보들이 부족한 경우는 더욱 어렵다.
이처럼 국민의 자질과 태도에 의해서 선진국의 개입 여부, 개입 시기, 개입 방법, 개입 정도(크기), 성공 여부가 모두 좌우된다.

독재의 멸망 역시도 선진국들 때문

위에서처럼 선진국의 개입(감시, 견제, 지원, 참전) 없이 국민들의 역량으로 무너진 독재자는 없다고 봐야 한다.
독재국의 국민이 '자유'를 인식하게 된 계기도, 월등한 문화에 접촉해 볼 기회도, 독재 체제와 악랄한 통치자에 대한 깨달음도, 독재에 맞서서 투쟁할 수 있는 실질적인 밑받침도, 독재가 무너지기까지의 동력도 선진국(미국과 국제사회)의 뒷받침이 절대적이다. 왜냐면 체제(독재)가 망해도 자신들을 지원해 주는 선진국들이 있음을 알고 있고, 국민들은 독재자만 무너지면 훨씬 더 살기 좋아질 것이라는 확신과 기대감이 일치하기 때문이다.

자신들에 대한 뼈저린 반성이 참다운 민주화

개발도상국들은 국민들이 뼈저리게 반성하는 것부터가 참다운 민주화이고, 민주주의를 위한 최소한의 밑바탕과 공감대를 만든 것이 된다. 그래서 반성이야말로 암울했던 과거의 후진성과 병폐들과 잔재들에서 모두 함께 자유로워지는 시작이다.
예를 들면 탈북민들이 남한에 정착할 때 북한에서의 자신(사고방식, 인간관계, 관행, 습성 등)을 고수할수록 적응이 힘들고, 기어코 자신을 고집·고수하면 손해와 불이익과 따돌림을 당할 수도 있다.

그래서 일찌감치 북한에서의 모든 것을 내려놓고 남한을 적극적으로 존중해야 하며, 이해되지 않는 점들은 집요하게 묻고 배우기로 작정해야 한다. 그러면 적응·정착이 빠르고, 점차 남북한에 대한 비판력·이해력·소화력을 확보하면서 계속 발전해 갈 수 있다.

특정 사건과 세력이 '주체'로 나서면 민주화조차 불가능해

민주주의와 민주화는 누군가가 희생했거나, 불행한 사건이 터져도 국민 모두의 것으로 소화·승화해야 한다.
반대로 만일 국민들이나 특정 세력이 '민주화'의 주역이 되거나, '혁명'의 주체로 착각하거나, 5.18처럼 과정에서 겪게 되는 크고 작은 일들에 붙들려서 자신들을 성역화·성벽화해 버리면 민주화에 성공할 수 없고, 또다시 민주주의에 역행할 수밖에 없다.
그래서 민주주의는 모두의 것이어야 하고, 민주화는 모두의 의식 향상이 전제되어야 한다.
하지만 대한민국은 선진국에서 멋진 밥상과 밥그릇을 얻었을 뿐 그릇 속은 양질의 식재료들로 채워 넣지 못했다. 왜냐면 반항과 투쟁 수준으로는 수준 높은 민주주의와 물질문명을 똑바로 감당·소화·적응하기 어렵고, 비인간적·비민주적인 권력·황금만능과 부정·비리와 모략·술수를 근절할 수 없으며, 추악한 사람들과 사건들로 또다시 악화하면서 위기와 혼란을 반복하기 때문이다.

2. 개발도상국의 법치주의와 그 한계

뭔가(법·황금·지식·머리·연줄·폭력·신분·권력 등)에 구체적으로 집중·집착하는 지상주의 국가들은 민주주의와 민주화에 어림없다.

역시 개발도상국에서 법 종사자들과 정부 관계자들은 법(규정)에 대해서 세 가지 태도를 보인다.

첫째, 법(규정)이면 무엇이든지 할 수 있다고 착각하는 법치 만능이다.
법치 만능은 법만 가지면 무엇이든지 할 수 있다고 착각하고, 권력에 집착하고, 권력을 휘두른다.
그로 인해서 개발도상국들은 법치의 주체여야 하는 국민들의 수준(의식과 양심과 상식 등) 향상에 소홀해진다.

둘째, 법치 만능과는 반대로 법치 무능 역시 성행한다.
복잡한 문제들에 대해서는 자신들의 의무와 책임을 최소화하면서 부처(부서)끼리 잘못과 책임을 떠넘기는 법치 무능이다.
법치 무능은 법이 있는데도 할 수 없다고 거절하거나, 검토가 필요하다고 지연하거나, 보완이 필요하다고 보류하거나, 소관이 아니라고 핑퐁 치거나, 권한 밖이라고 발뺌한다. 다시 말해서 존엄한 인간이 법과 규정에도 불구하고 자신들의 의무와 책임을 회피하고, 잘못을 변명한다.

셋째, 법과 규정의 빈틈을 방치하고, 교묘하게 악용한다.
법과 규정이 허술하고 빈틈이 많을수록 관계자들은 책임을 모면하기 좋고, 그것을 빌미로 부정·비리를 저지른다.
심지어 법과 규정이 구색을 맞히기 위한 장식용이거나, 국제사회에서의 체면 만회용(대외 전시용)이거나, 담당자들의 책임회피(변명, 모면)용으로 사용된다.
그러다가 심각한 사건이 터지면 담당자에게 법규 미비나, 관리 감독 책임을 물으면 그만이다.

이런 사회는 인간 됨됨이가 부실해서 법과 규정과 정책이 있어도 인간다운 사회문화는 실현될 수 없다.

권력과 돈이면 불가능한 것이 없고, 부정·비리와 위·불·편법이 난무하며, 갈수록 상식과 양심이 무너지기 시작한다.

이는 마치 철부지들이 헐거운 양복(민주주의, 자유) 안에 갑옷(지식, 학별, 흑심, 인연)과 장전된 권총(법, 지위, 권한, 연줄)을 숨기고 활개 치는 셈이고, 엉뚱한 사람들이 희생될 수밖에 없으며, 심지어 자기가 쏜 총탄에 자신·동료·가족이 맞아 죽거나, 치명적인 불명예로 패가망신하게 된다.

후진국에서의 법치주의 병폐

후진국에서 국민 의식이 낙후하고 정체되면 법에 대한 의존도가 심해진다.

그럴수록 존엄성과 인류애와 상식과 양심이 무시되고, 나라도 국민도 초점과 방향을 잃어 가고, 불신과 혼란이 심해진다.

반면에 부정·비리와 범죄는 법과 정책을 이용해서 지능화되고, 흉악해지고, 조직화하고, 세력화하고, 기교까지 부리면서 세련되고 진화한다. 당연히 피해자들이 많아지고, 피해액은 천문학적으로 늘어나며, 국민의 자긍심과 사기는 위축되고, 정치를 혐오하거나 무관심해지며, 국가경쟁력이 약해진다.

이런 나라들은 너와 나와 그와 우리를 따질 것 없이 사실상 약간의(인연, 배움, 환경, 개인, 성향, 입장, 시기상) 차이뿐이다. 그래서 갈수록 한계에 봉착하고, 엉망으로 망가질 수밖에 없으며, 최소한의 반성조차 결핍되었던 모방(흉내, 시늉) 민주주의의 대가를 치를 수밖에 없다.

대한민국의 대통령들과 최고위층과 그의 자식들과 일가친척과 평생 동지들이 거액의 부정·비리를 저질렀고, 심지어 권력을 장악했던 정권과 정당의 수뇌부들이 떼거리로 범죄자들로 전락했으며, 죽기 살기로 발악할 정도로 심각하다.
그래서 그간에 국민들의 밑바닥(문화)과 밑바탕(무의식)을 형성·좌우했던 너저분한 보따리들을 낱낱이 풀어 헤쳐 놓고 총체적으로 점검하고 단속하고 손질하면서 하나씩 다시 추슬러야 한다.

법치 만능과 법치 무능에서 호황을 누리는 사람들

여기서는 대한민국의 법조계를 예로 든다.
대한민국은 역사에서도 현대사에서도 우리 앞가림조차 하기 힘들었다.
이승만과 박정희는 민주주의에 실패·역행했고, 김영삼·김대중은 민주화를 망쳤으며, 노무현은 진보를 망쳤고, 보수는 자신조차 지탱하지 못한 채 붕괴했으며, 대깨문·개딸·개아들들은 대한민국을 참담했던 역사로 돌려놓거나, 역사에서의 사대주의처럼 중공·북한의 하수인 노릇에 혈안이다.
이는 법조계도 마찬가지다. 법조인들은 유전무죄와 전관예우와 이념 집단으로 전락했고, 법체계를 망쳐 놓은 주범들이다.
다시 말해서 나라와 국민이 엉망이 될수록 법조계(법원, 검찰, 경찰, 변호사 등)는 풍년과 호황의 연속이었다. 왜냐면 국민들이 법과 질서를 무시·위반하거나, 법과 규정에 무지할수록 각종 사건·사고와 민·형사 소송이 몇 배로 많아지고, 거액이 오가기 때문이다.
역시 법 종사자들이 파렴치한 범죄자들에게 은덕(솜방망이 처벌)을 베풀수록 범죄자들이 쉽게 풀려나서 또다시 사고치고, 사건·사고가 세 건으로, 다섯 건으로, 열 건으로 계속 늘어나고, 그때마다 성공보수(사례금)까지 챙길 수 있다.
다시 말해서 법이 법조인들과 범죄자들을 위해서 필요한 셈이고, 범죄자들의 인권이 강화되었다.

그렇게 되면 법치의 은덕을 받은 범죄자들이 사회를 엉망으로 만들어서 멀쩡한 사람들을 계속 사건에 끌어들인다. 그럴수록 법조인들에게는 범죄자들이 반가운 고객과 단골손님이고, 덕분에 법조계는 고수입과 부수입으로 호황과 번영을 누리는 모순과 궤변과 악순환이 반복되었다.

이처럼 법조인들이 사건들(명예훼손, 정당방위, 고소·고발, 위증, 음주 운전, 보상과 배상)을 몽땅 소송(형사·민사) 사건으로 받아 주면 수많은 국민이 재산을 털어 넣고, 인생도 나라도 피폐해질 수밖에 없으며, 법조인들은 법(생각과 말과 문장)으로 유전무죄·무전유죄와 전관예우 등 짜고 치는 고스톱처럼 일확천금과 부귀영화도 가능하다.

대한민국은 그간에 대통령들이 바뀌었고, 인물들이 무수히 교체되었으며, 갖가지 정책이 시행되었고, 막대한 재정을 쏟아부었으며, 강산이 몇 번이나 바뀌고 변했다. 하지만 국민성과 관행은 반성도 변화도 없었고, 과거와 크게 달라지지 않았다.

법치주의에서 준법정신의 강조

선진국들은 자력과 협력으로 직접 법과 제도를 만들었고, 당연히 계속해서 보완(제정, 개정, 폐지)해 간다.

개도국들 역시도 표면(제도, 헌법 등)으로는 선진국과 다를 바 없다. 한때 대한민국의 성문헌법이 명문상으로 전 세계에서 가장 좋았다는 이야기도 있었다. 하지만 대한민국 역시 최악으로 빈곤했던 개도국이었고, 민주주의 시민과 법치국가에는 자질미달이었다. 왜냐면 국민의 본심과 역량이 엉뚱한 곳들(돈, 부자, 출세, 애경사, 계 모임, 사치, 도박, 게임, 유행, 여행 등)에 집중되어 있었기 때문이다.

그래서 준법정신이 강조된다. 하지만 법을 지켜야 한다는 법치와 준법정신은 사후약방문에 불과했고, 이미 썩고 허약해진 뿌리(근본)는 방치한 채 아름다운 꽃을 기대하거나, 맛있는 과일을 수확해 보자는 무지와 욕심과 기만과 위선이었다.

오늘날 법조계는 최고의 인재군이 모여 있는 우수 집단이다. 그래서 스스로 자정 운동을 진행해야 한다. 그렇지 않으면 불체포 특권 등으로 처절하게 망가진 국회와 더불어서 외부의 간섭과 감시에 의한 개혁이 강행되어야 한다. 어떻든 법조계는 이념 판사·판결부터 근본적으로 해결하고, 전관예우를 끔찍할 정도로 가혹하게 단속·조치해야 한다.

3. 국민들이 대통령을 똑바로 판단·선출하는 분별력

드라마나 영화나 사극에서 실화 속의 인물을 흉내 내는 탤런트들은 실제 상황과 인물들보다 훨씬 더 멋지게 사건(상황, 순간)을 재현해 낸다. 하지만 탤런트가 아무리 연기를 잘해도 실존 인물들과는 완전히 다르다.
민주주의도 마찬가지여서 최초에 민주주의를 만든 선진국들이 실제 사건의 주인공과 실존 인물들이라면 이를 모방한 개도국들은 흉내 내는 드라마와 탤런트들이라고 할 수 있다.
그래서 선진국들을 모방·흉내·시늉하는 민주주의는 문제가 터지고 커져도 누구도(탤런트들이) 감히 책임질 수 없고, 오히려 책임 전가와 축소와 왜곡과 은폐와 변명과 궤변에 급급하다.
왜냐면 모두를 위하자는 민주주의의 법과 제도와 규정을 직접 만들지 못함으로써 책임질 것이 없고, 책임을 질 수도 없으며, 잘못을 책임지는 자신을 억울하고 부당하게 생각하고, 원래부터 민주주의와 자본주의를 흉내 냄으로써 자기 이익(성적, 순위, 직업, 부자, 출세)이 관심과 목적이었기 때문이다.

대다수 국민들도 마찬가지다.
* 공직자들은 무사안일, 복지부동, 무소신, 눈치 보기, 모나지 않게 적당히, 찍히지 않도록 무난히, 두루뭉술하고 원만하게 살아간다.
* 부의 축적과 출세에 혈안인 사람들은 이권 개입, 청탁·압력, 인맥, 연줄, 상납, 위·불·편법, 세력 형성으로 빗나간다.
* 머리가 영리한 사람들은 자신이 최고인 줄로 착각하거나, 남들을 자기 이상으로 존중·경청·협의하지 않고, 자기 목적 달성으로 줄달음치며, 연장선에서 기득권에 합류하고, 특권을 확보하고, 권력을 차지한다.
* 이러한 관행에 의존해서 윗선에 잘 보이고, 기용·발탁되고, 특정한 세력·목적에 이용당하기도 한다.
* 전문가들은 독재 권력에 시녀 노릇을 해 주고, 과도기에는 어용 노릇을 해 주고, 불순세력의 하수인 노릇도 마다하지 않는다. 단적인 예로 북한의 3대째 독재 세습은 영리하고 교활하고 잔악한 하부 조직의 극단적인 아부·아첨과 노예·머슴 수준인 인민들의 절대 복종·충성으로 가능했다.

국민들이 지도자를 뽑을 때 반드시 알아야 할 점

폭력배가 수시로 자기 주먹을 들이밀거나, 칼을 내밀면 사실은 양아치에 불과함을 스스로 입증하는 셈이다.
김정은이 수시로 미사일을 쏘아 대거나, 핵을 과시하면 양아치 졸개에 불과하다.
국회의원들이 국민의 대표라는 명분으로 군림하면서 입법 독재·횡포로 일관하면 양아치들의 망동·반란에 불과하다.
왜냐하면 내놓을 것이 고작 그것뿐이라는 증거이기 때문이다. 그런데도 부끄러운 줄 모르고, 아무 때나 협박하고, 동족과 최강국인 미국까지 위협한다는 점에서 비극적인 종말이 훤하고, 이미 코앞에 닥쳐 있음을 알 수 있다.
그래서 국민들은 아래에 소개된 사람들은 절대 대통령으로 뽑아 주면 안 된다. 왜냐면 자신에게 유리한 카드를 내미는 현상은 다른 자질과 준비가 모두 결핍되었음을 뜻하고, 자기 카드를 제외하면 치명적인 약점과 문제가 많음을 스스로 무의식에서 폭로하는 것이기 때문이다.

* 지도자가 '민심', '여론', '국민의 눈높이'를 수시로 들먹이면 국민·서민을 입으로 팔고, 비위를 맞춰서 한동안 이용할 뿐 참다운 능력과 실질적인 개혁안이 없다는 증거다.
이런 사람이 사용하는 방법은 선전·선동·포퓰리즘이고, 사람들에게 먹히면 독재로 빗나갈 위험성이 농후함을 알아야 한다.
* 돈 많은 부자로서 돈의 중요성을 강조하거나, 돈의 위력을 자랑하거나, 돈 번 이야기를 수시로 화제·자랑삼거나, 돈을 무기로 정치에 뛰어드는 경우도 무능하긴 마찬가지다.
* 기업가가 성공을 내세워서 경제 활성화를 강조하거나, 일자리 창출을 장담해도 마찬가지다.
* 법조(판검사·변호사) 출신이 부정부패 없는 나라, 범죄 없는 사회, 법질서와 공정과 정의, 기준과 원칙, 법치주의, 헌법 정신 등을 카드로 내밀면 법을 만사 통사로 여긴 채 더는 내놓을 것이 없다는 증거다.
* 법조 출신이 여차하면 명예훼손이나 손해배상 청구 등 법적인 고소·고발을 빈발해도 마찬가지다.
* 평생 저항과 투쟁으로 살아온 사람이 걸핏하면 상대방과 상대 세력을 독재자나, 수구 세력이나, 부정부패나, 적폐 청산 대상으로 악마화하거나 적대시하는 경우다.
* 지식인이 전문지식과 학력과 보직을 앞세워도 마찬가지다. "경제를 알아야

한다.", "역사를 모르는 민족에게 미래는 없다."라는 등 자신에게 유리한 것을 강점으로 내세우면서 동시에 그렇지 못한 상대방과 대중을 얕잡아 보고 깔보는 경우다.

물론 이럴 수도 있고, 저럴 수도 있다고 치자. 그렇더라도 이러한 부류의 사람들은 결국에 별 볼 일 없고, 오히려 나라와 국민과 정치를 망치면서 망가질 것이라는 사실 정도는 국민들이 미리 알아야 하고, 국민적·국가적인 비극과 실패는 방지할 수 있어야 한다.

4. 민주주의와 민주화를 어렵게 만드는 요소들

개발도상국들과 후진국들과 독재국들은 민주주의를 모방·흉내·시늉하는 것조차 버거울 수밖에 없다. 왜냐면 자유는 인간에게 중요한 권리이지만 대략 네 가지 특징을 지니기 때문이다.

첫째, 자유를 제대로 잘 사용하면 자신과 가정과 이웃과 나라와 세상과 미래에 긍정적인 영향들을 끼치면서 좋아질 수 있다.
하지만 자유를 제대로 활용·구현하려면 자율적인 과정을 거쳐야 한다.
자율적인 과정이란 포괄적인 인류애와 인간 존엄성 확보와 질적인 가치 추구와 공통의 미래 지향점이 자유를 앞뒤에서 받쳐 줘야 한다는 이야기다.
그런데 선진국·후진국, 유식·무식을 가릴 것 없이 이는 쉽지 않다.

둘째, 자유를 자율적으로 구현하려면 개인적인 인연·정분·인간관계 등을 자제해야 한다. 이것들에 연연하거나, 자제하지 못하면 일·이차원(본능·감각·감정)적인 생계나, 시청각적인 유행·생활이나, 유흥이나, 사랑·행복이나, 비교·질투·경쟁에 급급하기 쉽기 때문이다.

그래서 자율적인 자유를 구현하려는 사람은 일·이차원적인 시간·생활·관계·인생·비교·소유 등에 대한 낭비를 최소화해야 하고, 그래야 생산적·건설적·긍정적인 방향으로 접근할 수 있다.

이처럼 자유를 참답게 구현하려면 스스로 자유를 자제·절제하는 것이 필수이고, 이 역시도 쉽지 않다.

셋째, 보장된 자유를 적극적으로 활용·구현하지 못하면 자신은 물론이고 함께하는 사람들과 사회문화와 세상과 후대에 부정적으로 작용하고, 갈수록 망치게 된다.

넷째, 세상사와 인생사란 적극적으로 최선을 다해도 쉽지 않다.
실제로도 세상과 인생은 개인의 자유와 권리로 해결될 수 없고, 민주주의는 최고급 개념들(자유, 평등, 정의, 인권, 복지)로 구성·진행되며, 그에 합당한 의식과 밑바탕과 자질을 갖추지 못하면 자유방임과 자유 지상주의와 향락과 타락과 부패와 투기와 범죄와 실패와 몰락으로 대가를 치르게 된다.
하지만 개도국들은 남녀노소·지위고하·유·무식·빈부를 따질 필요조차 없이 이처럼 수준 높은 과정과 자질과 밑바탕을 확보하기는 불가능에 가깝다.

자유가 보장될수록 오히려 민주주의는 난해·위축·공격까지 당하는 이유

여기서는 적극적인 자유가 광범위하게 보장되고 있음에도 그럴수록 민주주의가 위축되거나, 난해해지거나, 공격까지 당하는 내외적인 요인들을 살펴보자.

첫째, 태생적인 요소들

인간은 미완성의 존재 : 인간은 미완성인 갓난아기로 태어나서 서서히 성장한다. 하지만 어른이 되어도 완전해지고 완벽해질 수 없고, 전성기가 지나면 늙어 가고 허약해지고 질병에 노출되고 죽게 된다.
그래서 짧은 세월 동안 복잡다단한 세상·인생을 통해서 자유를 제대로(지혜롭고 현명하게) 활용하기가 쉽지 않다.

인간은 미약한 존재 : 인간은 작은 신체와 미약한 본능과 감각과 감정과 생각을 밑천으로 세상에 태어나서 인생을 시작한다. 그로 인해서 본능적·감각적·감정적인 본성과 그러한 영향과 정서와 관계에서 자유롭기조차 쉽지 않다.

인간은 한시적인 존재 : 인간은 한시적인 수명으로 태어나서 복잡다단하고 심오한 세상과 역사와 문화와 인생에 적응하고 감당하고 극복해야 한다. 그래서 세상과 인간에게 중요한 밑바탕과 자질을 갖추거나, 터득하기조차 쉽지 않고, 민주주의에서의 고급개념들과 사회의식을 확보하고 실천하기는 더욱 힘들 수밖에 없으며, 처절한 과정들을 겪은 이후에야 뒤늦게 깨닫게 되고, 그로 인해서 장기적으로는 한 인생과 한 몸조차 가누기 쉽지 않다.

인간의 생각은 한계가 뚜렷해 : 생각하는 인간은 보고 듣고 배우고 경험하는 것을 기억하는 장점이 있다. 하지만 그러한 경험과 방식에 국한·습성화되기 쉽고, 자신이 생각·경험·기억하지 못했던 것들에 대해서는 무지·백지·바보·천치일 수밖에 없다.

둘째, 역사·문화·사회적인 요소들

개발도상국들은 역사적으로 신분·차별·봉건·왕권·귀족·관료·독재·공산·사회주의·권위·부정·비리·위법·불법·편법·관행 등 반사회적이고 비민주적이고 비인간적인 문화와 습성의 영향들을 선천적·인간적·사회적·현실적·무의식적으로 받게 되고, 그럴수록 최고급 개념들과 수준 높은 민주주의에 적응이 쉽지 않다.
대한민국을 예로 들면,

* 원시·고대·중세에 행해졌던 답답한 조상들의 비인간적인 조상 모시기, 비민주적·차별적인 어른 공경 등 불합리한 문화들을 답습 중이다. 그래서 수준 높은 민주주의를 모방했음에도 근본을 바꾸지는 못했다.

* 역사에서 전쟁, 기아, 빈곤, 차별, 학대, 착취, 재난, 자연재해 등에 오래 시달렸다. 하지만 점검과 반성과 분석과 정리가 없었고, 자율적인 과정이 결핍되었으며, 사소한 차이에 불과한 국민성과 인간성으로 민주주의·민주화·공산주의, 보수·중도·진보를 따지는 것 자체가 애당초부터 무의미했다.
그래서 갈수록 갈등과 대립과 분열을 조장·악화할 뿐 진정한 변화와 발전은 쉽지 않았다. 아마도 대한민국과 민주주의가 저항과 시위와 투쟁과 대립과 분열로 좋아질 수 있었다면 이미 살기 좋은 최고의 선진국이 실현되었을 것이다.

셋째, 천차만별할 수밖에 없는 개인적인 요소들

인간은 완전·완벽할 수 없고, 인간에 의한 역사·사회문화도 완전·완벽할 수 없으며, 인생에서 천차만별한 사람들과 별별 일들을 겪게 된다.
그래서 국민들이 이런저런 것들에 휘말리고 시달리면 합리적인 사회문화와 바람직한 인간관계와 정상적인 인생조차 유지하기 힘들다.

실제로도 사업 실패, 건강 이상, 신체장애, 불성실, 무책임, 무능, 질병, 사건, 사고, 실수, 범죄, 처벌, 사치, 비교, 유흥, 타락, 시기, 질투, 경쟁, 시행착오, 배신, 이별, 이혼, 피해의식, 가난, 비리 등 사람들은 헤아릴 수 없는 일들을 당하거나, 정상에서조차 벗어나는 사람들이 부지기수다.

그래서 개인의 자유와 국가의 민주주의가 방해받는 요소들은 정말 많다.

넷째, 세상도 인간도 갈수록 복잡 난해해져

세상도, 시대도, 문명도, 유행도, 국가도, 법과 제도도, 인간의 양적·질적 삶도 급속도로 변화하고, 끊임없이 발전하면서 더욱더 복잡해진다. (무질서도가 증가하는 엔트로피법칙처럼)

더구나 자유는 업그레이드되지 않았고, 오히려 방만해졌으며, 민주주의 역시 당연하게 여길 뿐 변화와 위기와 위협과 유혹에 노출이 심하고, 그럴수록 자유와 민주주의에 무관심·소홀해지기 쉽다.

다섯째, 악인들과 범죄들은 진화해

민주주의를 진행·유지하는 근간인 헌법과 법률과 규정들을 능동적이고 적극적으로 손질하기는 쉽지 않다.

반면에 악인들이 저지르는 범죄들은 법을 연구해서 갈수록 지능화된다. 그래서 빠져나갈 구멍을 만들어 놓거나, 가볍게 처벌받거나, 더욱더 지능적으로 범죄를 저지른다.

그래서 법으로 인간다운 사람들을 육성할 수 없고, 민주주의를 지탱해 주는 법규는 범죄가 행해졌을 때 처벌하는 사후약방문에 불과하며, 건전하고 아름다운 사회문화와 미래를 만드는 것 역시 불가능에 가깝다.

여섯째, 공산·사회주의자들의 침투·파괴 공작

민주주의는 헌법과 법률과 규정이 명문화됨으로써 공산·사회·독재 주의자들은 갈수록 치밀해지고 교활해지고 잔악해진다.
그래서 웬만한 사람들은 그들의 악의적이고 망국적인 유혹과 침투와 파괴 등을 판단하기 어렵고, 국민의 일부는 그들에게 오염되거나, 민주주의를 위협·파괴하는 데 이용당한다.

5. 민주화의 다섯 가지 대분류

민주주의의 전 단계인 민주화는 인간적·국민적으로 진지·냉정하게 진행하는 수고로운 과정이어야 한다.
왜냐면 개발도상국들의 구성원들은 남녀노소와 지위고하와 빈부와 유·무식에 상관없이 대부분 후진적이고, 독재적이고, 왕조적이고, 봉건적이고, 차별적이고, 열등한 역사와 문화와 관행들에 익숙해져 있고, 당연히 자유와 민주주의에 부적합하고 부적격하기 때문이다.
그래서 민주화가 인간적·국민적으로 성숙(순수·진지·냉정)하게 진행되는 수고로운 과정과는 반대로 투쟁적인 경우가 대부분이다.
여기서는 민주화를 크게 다섯 가지 형태로 나눈다.

첫째, 후진성의 연속인 나라 : 후진성의 연속인 나라는 민주주의(법과 제도)를 모방할 뿐 자신들의 후진성을 점검·반성·변화하지 않는다. 이런 나라는 민주주의는커녕 민주화도 성공할 수 없다.

둘째, 민주주의의 전 단계인 민주화에서 멈춘 나라 : 민주주의의 전 단계인 민주화 과정은 기존의 체제와 질서에 반발·저항·투쟁하는 당연한 과정이다. 하지만 민주화(저항과 투쟁과 시위)는 단기간에 효율적으로 끝내야 하고, 그렇지 못하면 오히려 민주화가 국민성을 망가뜨리고, 나라와 후대를 망치게 된다.

왜냐면 국민 간에 반항심·적대감·대립·분열이 당연해지면 수준 높은 민주주의에서 멀어지고, 역행할 수밖에 없기 때문이다.

셋째, 민주주의에 접근·정착 과정 : 개도국 중에서 민주화를 시작해서 민주주의를 수월하게 정착시킨 나라가 있다고 해 보자. 이런 나라가 성공하게 된 이유는 기존의 자신들과는 차원이 전혀 다른 민주주의를 적극적으로 존중하고 배우는 것은 물론 후진적인 자신들의 실체와 참담했던 과거를 적극적으로 버리고 바꾸는 등 새로운 시스템에 올인했기 때문이다.

그래서 선진국을 적극적으로 보고 배운 것은 물론이고 이미 익숙해진 후진성과 병폐들을 점검·원인분석·반성·승화·포용·용서·처벌·화합·단합하는 진지·성숙·엄숙하면서도 인간답고 존엄한 과정에 충실함으로써 거두는 결실과 보람이다.

넷째, 민주주의에 역행(독재, 부정·비리, 이념 대립, 포퓰리즘) 과정 : 민주화를 통해서 오히려 민주주의에 역행하는 나라들은 대통령도 국민들도 전문가들과 지식인들도 수준 높은 민주주의에 합당한 밑바탕(문화·성장 환경)을 갖추지 못한 경우가 대부분이다. 그래서 정도만 다를 뿐 봉건적인 요소들, 독재적인 요소들, 민주화에서의 투쟁적인 요소들, 오랜 부정·비리와 기득권·특권 의식의 관행들, 주도권 장악과 이념의 갈등·대립·분열과 패권 다툼을 위주로 빗나가면서 망치고 망가지게 된다.

다섯째, 실패와 대립과 분열로 인간성이 망가지고 망국으로 치닫는 과정 : 민주화가 장기간 계속되면서 실패와 혼란과 대립과 분열이 반복되면 불신이 깊어지고, 국민 간에 악감정이 고조되고, 이편저편으로 뭉쳐서 갈등·분열하게 되고, 힘들어질수록 포퓰리즘이 먹혀든다.
이런 경우는 민주주의가 아니라 비민주적이고 비인간적인 현상들과 위기들이 반복될 수밖에 없고, 갈수록 상식과 양심과 체면과 염치가 망가지면서 망국으로 치닫거나, 공산·사회주의와 독재에 먹혀든다.

이러한 다섯 가지에 모두 해당하는 국가가 바로 대한민국이다.
이에 익숙해진 국민들은 과연 어떤 상황이고, 어떻게 해야 하는지 뼈저리게 반성하고 획기적인 전환점을 만들어야 한다.
특히 대한민국은 침략적인 국가와 패도적인 국가와 위험한 국가에 둘러싸여 있다.
그래서 국민들이 훨씬 더 적극적이어야 하고, 지혜로운 마음씨를 발휘해야만 복잡한 국면을 감당·극복해 낼 수 있고, 제대로 감당·극복해 내면 그것을 계기(밑바탕, 원동력)로 엄청난 저력을 발휘할 수 있으며, 지금이야말로 5천 년 역사에서 국가적·국민적인 대전환점을 만들어 낼 수 있는 최고·최대·최상의 기회다.

6. 민주화로 위장해서 민주주의를 방해·악용하는 경우

민주화가 장기간 진행되었음에도 상대방을 청산(적폐, 궤멸, 불태워버릴) 대상으로 적대시할 정도로 비민주적이고 비인간적이고 반민족적이고 잔인한 나라와 사람들이 있다.
위에서 넷째와 다섯째는 민주주의를 방해하는 세력이 민주화를 빙자·위장·

악용해서 나라를 망가뜨리고, 자신들도 망가지는 경우다.

특히 대한민국처럼 민주화 세력이 외부(세습 독재·공산·사회주의)로 밀접하게 연결된 경우는 보통으로 심각하지 않다. 왜냐면 국내외의 불순세력이 뭉쳐서 온갖 지위와 권한과 이권을 차지·개입하게 되고, 참신한 인재들과 훌륭한 인물들이 빛을 볼 수 없으며, 국민은 좌절과 무기력과 실패와 분노와 무관심에 익숙해지고, 외세의 지원을 받은 사람(세력)들이 승승장구하면서 상식과 양심을 무너뜨리고, 나라와 국민은 대립과 분열과 증오와 적대시로 망가지기 때문이다.

어설픈 민주화가 방해·불순 세력에게 악용당한 경우(특징)

여기서는 민주화를 빙자한 불순세력으로부터 민주주의가 공격당하면서 야금야금 먹혀들 때의 현상들을 살펴보자. (대한민국의 경우)

첫째, '민주주의', '자유', '선진국'이라고 감히 표현하지 못하고, '민주화', '자유화', '선진화'라는 말들이 사용된다. 이는 '민주화'와 '자유화'와 '선진화'로 위장해서 오히려 '자유'를 저해·위축·삭제·통제하거나, 변형 민주주의(대중·민중·인민 민주주의, 낮은 단계 연방제, 고려연방제 등)를 주장한다. 그로 인해서 불안해진 국민은 일부러 '민주주의', '자유대한민국', '자유 평화 통일' 등 애써서 '자유'를 추가한다.

둘째, 민주주의에 자질미달일 수밖에 없는 서로(독재·민주화, 진보·보수)의 실체·과거를 점검·반성하지 않고, 상대방의 약점(잘못, 한계, 무능)을 트집 잡아서 끌어내리고, 유능·순수한 사람이 제구실하지 못하도록 악마화하고, 오히려 '민주화', '공정', '정의', '인권', '적폐 청산'인 것처럼 왜곡·선전·선동한다.

셋째, 민주화로 위장한 방해·불순 세력이 결정적인 상황마다 국민과 나라를 비관적·부정적·공격적인 분위기(헬조선, 3포·4포, 적폐 등)로 왜곡·침체시킨다.

넷째, 국민들이 정치·정부를 불신·혐오·실망·포기해서 등을 돌리도록 유도하고, 정치인들을 속물과 거짓말쟁이와 사기꾼들로 매도·전락시킨다. 반대로 악의적인 범죄자들과 역적들의 인권을 강조·보장하면서 처벌법(국가보안법 등)을 폐지·축소하거나, 솜방망이로 처벌해서 쉽게 풀어 주려고 안달한다. 그렇게 시간이 흐르면 저질·악질들이 콩 치고 팥 치고 북장구 치면서 모두 해 먹는다.

다섯째, 민주주의에 필수적인 최고급 개념들과는 반대로 '사람', '민중', '사람 중심', '사람 먼저', '사람 사는 세상', '우리 민족(끼리)', '한겨레 한민족', '한 핏줄', '우리는 하나' 등 대중적·말초적인 선전·선동용 구호와 포퓰리즘 정책을 남발하면서 자신들의 부정과 비리와 불법과 조작은 철저히 은폐하고 두둔한다.

여섯째, 장기(영구) 집권을 목적으로 기존체제와 질서와 세력을 무력화시키고, 반대로 적대 세력을 만들어 내고, 외부 세력을 끌어들여서 이용하고, 국내 여론과 지지율을 조작한다.

일곱째, '모두가 평등하고 공정한 세상'이라는 산술적인 평등과 추상적인 공정과 위선적인 정의와 선심성 포퓰리즘 등 눈속임용 궤변(주장)들을 동원해서 국민의 판단력과 질적 수준과 비판 능력과 문제의식을 떨어뜨린다.

여덟째, 국민이 정상과 비정상, 상식과 몰상식, 염치와 몰염치, 진짜와 가짜, 진실과 거짓, 민주(국민)와 공산(인민)을 구분하지 못하도록 어중간한 의미

(민중)와 적반하장의 궤변과 위선과 거짓과 은폐와 조작과 억지로 일관하면서 지저분한 방식들을 동원해서 나라 분위기를 망쳐 놓고, 결국은 장악한다.

7. 민주주의에 역행했던 대한민국을 참고해야

자기 앞가림을 못한 채 망국의 연속이었던 사례

대한민국은 생산적·건설적·긍정적·희망적·고무적·진취적인 시도나, 서로에 대한 신뢰·존중이나, 참다운 능력 발휘나, 인재들의 발굴·육성은 불가능에 가까웠을 정도로 한심한 민족성과 암담한 사회문화였다.

그래서 왕권·양반·관료·백성들·역사·문화·민족성이 극도로 허약·부실해졌고. 백성들은 희망이 없었으며, 양반·관리들의 차별·착취·학대에 반발하다가 희생당한 사람들과 사건들이 많아지고 반복되었다.

그로 인해서 백성들은 양반·관리에게 반발하는 사람들을 대단하게 생각했고, 저항·봉기·의거·의인·투사·열사 등은 미화하고 영웅시했다. 하지만 저항과 봉기와 의인과 열사가 쏟아져도 없던 능력과 발명품이 생겨나거나, 나라가 발전하고 부강해질 수는 없다.

더구나 대한민국은 현대 민주주의에서도 어른 공경과 조상 모시기 등 후진적인 사회·문화·관행 등 조상들을 답습했고, 민주주의를 최초에 도출해 낸 선진국들의 인간다운 모습은 극소수·일부분·한동안에 불과했으며, 인간적·국민적·근본적·질적인 변화는 사실상 관심조차 없었다.

따라서 대한민국은 마치 나막신과 치마저고리와 상투로 살던 사람들이 어느 날 양복과 넥타이와 구두로 껍데기가 바뀌었고, 여전히 머릿속에는 과거(양반·관리·백성들)처럼 원만·무난한 인간관계와 처세와 겸양을 미덕으로 여겼으며, 이는 환란과 역경에서 살아남기 위한 합리화였다.

대한민국의 민주화(현대사)를 참고하면

첫째, 대한민국은 최악의 빈곤 국가였다. 역시 해방과 6.25남침 전후에는 주변국들이 온통 공산·사회주의였고, 국민의 75%는 공산주의자였다. 이는 국민들은 남녀노소·지위고하·유·무식·빈부를 따질 것 없이 오히려 민주주의에 정반대였다는 이야기다.

둘째, 그러한 연장선에서 현대사를 시작한 대한민국(대통령·고위직·지식인들·전문가들·언론인들·종교인들·일반 국민)은 민주주의에 합당한 공감대 조성과 공통의 지향점조차 없었다. 그래서 고학력과 고위직에 상관없이 과거 관행(접대·향응·돈봉투·선물)을 고수했고, "국가 재정은 눈먼 돈이어서 먼저 보고 먼저 먹은 놈이 임자다."라는 말이 당연하게 여겨졌으며, 지금까지도 어떠한 인물도 분야에서도 암울·무지·참담했던 우리의 과거·실체를 점검·반성하자는 목소리는 나오지 않았다.

셋째, 심지어 이승만은 미국 명문대학의 박사학위 학력이었다. 하지만 이미 이승만의 무의식에 익숙해진 밑바탕(무의식·관행·사고방식·문화)은 봉건왕조와 그 후손이었고, 법과 제도와 정책으로 민주주의가 가능할 것으로 착각했다. 그래서 이승만은 그간의 문화와 관행과 민족성과 국민성과 인간성에 대한 점검과 반성과 변화는 언급조차 하지 못했다.
그래서 당시에 대한민국은 남녀노소·지위고하, 빈부, 유·무식, 직종·직업, 종교·진리에 상관없이 민주주의에 밑바탕 결핍과 자질 부족이었고, 수준 높은 민주주의에 절대 성공할 수 없었다.
이는 구한말에 나라가 위태로웠을 때 백성(상놈)들이 매관매직과 족보 위조로 양반 신분으로 둔갑했던 것도 망국적인 증거이고, 실제로 나라를 망해 먹고 급기야 빼앗겼으며, 똑같은 악순환의 원리가 계속되었다.

넷째, 실제로도 현대사 80년여 중 42년은 독재였고, 투쟁·시위로 일관했던 민주화가 28년이며, 특히 5년은 종북좌파·주사파·중공몽·반미 세력·정권이 나라를 장악해서 급격히 망쳤고, 정권이 바뀌었음에도 최근 2~3년은 심한 후유증과 함께 이념으로 갈라져서 극단적으로 대립·분열 중이다.

다섯째, 애당초 조상들은 극심한 가난과 굶주림에 한이 맺힌 상태였고, 국민들은 민주주의보다는 자본주의의 빵과 돈과 부자와 성공이 관심이었으며, 수준 높은 민주주의나 인간다운 민주화와는 정반대로 시위·투쟁·타도·처단·대립·혼란·분열의 연속이었고, 갈수록 부작용들이 누적되면서 불순세력을 추종하는 양아치·범죄자들이 민주주의를 심각하게 위협하고 망치는 연속이다.

여섯째, 대한민국의 민주주의와 사회 정의의 상징과 법치의 표상으로 여겨졌던 대법원장이 자기 양심과 사회 상식과 법조차 속이고 좌경 세력의 하수인으로 전락했고, 조직도 나라도 망치면서 뻔뻔하게 거짓말했으며, 거짓말이 들통 났음에도 끝까지 버티면서 임기를 채웠고, 임기 내내 민주주의와 대한민국을 망치려고 혈안인 세력과 범죄 정치인들의 눈치를 살피면서 오히려 역적 범죄자들을 감쌌으며, 대법관들이 사기꾼에게 매수당해서 유죄를 무죄로 바꿔 버렸을 정도로 나라를 망치고, 자신들은 더욱더 망가졌을 정도로 한심했다.

일곱째, 참담한 사실은 양아치 쓰레기 수준의 저질·악질 사기꾼들 겸 불순한 극좌파 세력이 대한민국을 마음껏 농락하는데도 지위고하·남녀노소·유식 무식을 막론하고 속수무책으로 당하는 연속이고, 심지어 그들을 지지하는 국민들이 많다는 사실이다.

동족인 북한도 마찬가지

이는 남한과 동족 관계인 북한도 마찬가지다.
남한은 인류사에서 가장 수준 높은 민주주의에 똑바로 적응·정착하지 못했고, 민주화에서 터덕거리다가 결국은 극좌파·불순 세력에게 장악당했다.
역시 북한은 인류사에서 가장 수준 낮은 저질 공산·사회주의조차 제대로 정착·적응하지 못했고, 쓰레기·양아치·악질들에 불과한 일가족(김일성·정일·정은) 독재 세습 정권에 인민들이 절대 충성·복종했으며, 최악의 노예·감옥·죽음·지옥으로 전락했다.
이미 역사에서도 대한민국은 신분 차별과 당파와 당쟁 등으로 나라를 망해 먹다가 결국은 빼앗긴 전력이 있었다. 다만 대한민국이 역사와 현대사가 다른 점은 미국과 국제사회가 함께하고 있고, 역시 미국과 국제사회가 북한·중공을 강력하게 견제하는 등 과거와는 국제질서가 완전히 다르다는 사실이 대한민국과 국민에게는 행운과 기적이다.
따라서 개발도상국들은 민주주의·민주화를 시작하기 전에 반드시 대한민국을 참고해야 하고, 여기 내용을 참고하면 미국과 국제사회의 직접적인 관계가 없더라도 진정으로 소중하고 가치 있는 결실과 보람이 있을 것으로 기대한다.

8. 대한민국의 국민들이 과거·실체를 반성했다면

만일 대한민국이 자신들의 과거·실체·수준을 반성·점검·승화·용서·처벌·포용·단합했다면 어땠을지 살펴보자.
반성·점검·승화·용서·처벌·포용·단합이란 후진·잔악·열악·열등했던 문화와 역사와 관행과 민족성과 국민성과 인간성과 인간관계와 사회 풍토와 누적된 아픔을 서로 치유해 주고, 참다운 인류애로 승화해서 더 나은 사회문화에 협력·실현하는 것을 뜻한다.
실제로 그랬다면 대한민국은 획기적인 대전환점이 마련되었을 것이다.
대전환점이란 국민적·국가적인 용서·승화와 재발 방지를 위한 처벌·화합, 국민의 의식 향상과 적극적인 비전을 의미한다. 왜냐면 당초에 대한민국의 국민들은 운명을 스스로 결정할 수준이 되지 못했고, 외세의 영향을 지대하게 받을 수밖에 없었으며, 무엇보다 국민들이 의식을 향상하는 것이 최우선이었기 때문이다.

대한민국이 민주화에 완전히 실패·역행한 이유와 증거

이처럼 인간답고 성숙한 과정이야말로 참담했던 과거에 대한 진정한 극복·청산·정리이고, 민주화에도 성공할 수 있었다. 이러한 밑바탕과 인류애와 국민의 의식 향상이 병행·동반되어야 민주화에 성공하고, 민주주의를 실현해 갈 수 있다.
반대로 대한민국은 참담했던 과거(문화·차별·착취·학대·빈곤·인간관계·전쟁 등)와 서로의 실체를 반성·점검하지 않은 대가 겸 죗값을 현대사 내내 치러야 했다.
대한민국의 국민들은 서양의 지식·제도·법·정책을 쉽게 모방·암기·정답·성적·순위·시험·합격·취업·승진·성공·출세라는 천편일률적인 목적·달성을 우선했고, 수많은 부작용과 병폐들을 쏟아 냈다.
그로 인해서 대한민국은 민주화(5.18)에서 멈췄으며, 어떤 인물과 세력도 책임지지 않았다.
왜냐면 평생 조상 답습과 서양 모방이 고작이었고, 책임질 수 없었으며, 투쟁과 비난과 대립과 분열의 연속이었기 때문이다.
더구나 민주주의를 위한 민주화의 한 조각(일부)인 5.18만 성역화되었고, 그에 그치지 않고 성벽화까지 해서 민주주의의 각종 자유를 침해하는 해롭고 위험한 무기가 되었으며, 국민들에게 으름장을 놓고, 실제로 감옥에 가두고 있다.
이처럼 대한민국의 민주화는 복마전 속에서 사실은 민주주의를 포기한 셈이었고, 모든 것이 뒤섞여서 잡탕밥이 되었으며, 이를 바로잡아야 할 정치인들이 "5.18을 헌법 전문에 수록해야 한다."라고 주장할 정도로 분간을 못하고 있다.

질적인 가치관이 결핍된 영리한 인재들이 오히려 나라를 망치는 연속

영리한 인재들이 나라를 망친 사례는 대한민국에서 민주화 세력이 오히려 민주주의에 역행하고, 민주화를 망쳤던 그대로다.
그래서 경제적으로 살 만해진 국가가 선진국에 진입하려면 반드시 국민들이 질적인 가치관으로 향상해야 한다.
그런데 대한민국은 실체와 실상을 점검·반성하지 않음으로써 최고의 인재들에 속하는 법조계가 역사 내내 저질러졌던 망국적인 관행들(유전무죄·전관예우)조차 해결하지 못했다.
다시 말해서 고학력의 인재들이 호의호식과 입신양명과 부귀영화라는 저질적·전통적인 의식구조에 매몰되었고, 사실상 민주주의와 민주화를 망친 주범들이다. 왜냐면 민주화 세력이 수십 년째 활개 쳤고, 유능한 인물들과 참신한 인재들이 제대로 빛을 보지 못했기 때문이다.
설상가상으로 민주주의가 80여 년인 대한민국은 파렴치한 범죄자·사기꾼 수준의 정치꾼들이 대거 국회를 장악했고, 정부와 사법부(경찰·검찰·법원)와 민주주의와 헌법을 막무가내로 농락 중이며, 국민들은 대책 없이 무작정 지지하고 놀아나고 반발하면서 극단적으로 대립·분열 중이다.
이는 판검사들이 임기·성적·시험·합격이라는 단순한 삶을 살았던 잘못과 한계다. 물론 중공·북한 정권의 유혹에 코가 꿰여 버렸거나, 천문학적인 부정·

비리와 청탁·압력에 연쇄적으로 연루된 대가 겸 좆값이기도 하다.
여기서는 개발도상국들의 민주화와 민주주의를 위해서 대한민국의 참담한 사례들을 좀 더 나열한다.
아래서는 개도국들이 민주화를 진행하기 위해서 알고 있어야 할 점을 소개한다.

* 대한민국의 대법원장은 얄팍한 보여 주기 쇼(대중교통으로 첫 출근)로 국민 앞에 등장했고, 임기 시작과 동시에 관사부터 불법·편법으로 호화롭게 장식했다. 역시 정치의 하수인으로 전락했고, 문제가 되자 엄연한 사실을 거짓말로 부인했으며, 녹취를 통해서 거짓말이 들통났음에도 끝까지 자리를 지켰고, 임기 동안에 좌파 판사들로 법원의 요직을 모두 장악했다.

* 대법관은 파렴치한 잡범 수준의 범죄자 언론인과 사기꾼 정치인에게 놀아나서 거액(50억)을 수수했고, 그 대가로 저질·악질 파렴치범·정치인의 판결을 유죄에서 무죄로 뒤집었으며, 관계자들도 여럿이 코가 꿰어 버린 분위기가 역력하다.

* 함께하는 판사들이 양심고백 하거나, 반성하자거나, 실태와 진상을 파악하자거나, 재발 방지 방안을 마련하자는 목소리는 없다. 아마도 어쩌면 지금도 거액의 금품이 거래용 미끼로 제시되길 학수고대하거나, 이념이나 지역에 매몰된 판사들이 호시탐탐 또 다른 기회들을 엿볼 수도 있다.

* 어떤 판사는 파렴치한 범죄자·정치꾼의 구속과 판결과 재판 진행을 지연했다, 하지만 더는 재판도 판결도 미룰 수 없게 되었다. 그러자 옷을 벗고 법원을 떠나 버렸고, 사건은 다른 판사가 원점부터 다시 시작하는 지경을 만들어

놓았다. 해당 판사는 자신이 나라와 국민을 위해서 중요한 재판을 마무리하지 못한 사실과 장기간 지연시킨 잘못에 대해서 판사로서의 송구함과 아쉬움을 표현하지 않았고, 오히려 "내가 조선시대 사또도 아니고 나보고 어쩌라고", "이제 나는 자유다."라고 말했을 정도로 자질도 인성도 양심도 최악이었다.
이는 그간에 자신이 직업만 판사였을 뿐 사실은 졸렬하고 열등한 속물이나 겁쟁이에 불과했음을 무의식에서 실토한 셈이다. 역시 장바닥에서 놀아먹던 시정잡배가 아니고서는 도저히 불가능한 망동과 망발이며, 지금도 앞으로도 좌경화된 판사들이 어떤 짓들을 자행할지 예측할 수 없다.

* 만일 판사가 법복을 벗으면서 "대한민국의 민주주의와 정의와 양심이 심각하게 위협·침해받는 상황에서 부족하나마 국가와 국민과 미래 세대와 정의와 진실을 위해서 판결했다."라고 심경을 피력했다면 어땠을까?
물론 양심에 근거해서 소신껏 판결하는 판사들도 있다는 점에서 법원의 체계와 질서가 근본적이고도 신속하게 바로잡아질 것을 기대한다.

* 대한민국의 검찰총장이라는 사람은 임기 내내 아무것도 하지 않았다. 심지어 "연필만 깎다가 임기를 마쳤다.", "총장이 조사부장 역할에 그쳤다."라는 평가를 받았을 정도다. 해당 총장은 이전 대통령·아내와 야당 대표·아내와 야당 정치인들의 추악한 범죄들에 대한 숱한 고소·고발 사건들(불법, 비리, 역적 행위)과 불거진 의혹들을 적극적으로 수사·기소·구속하지 않았고, 오히려 지연시켰다는 의혹 속에서 임기를 끝냈다.
그러면서도 현직 영부인은 특별 수사단을 꾸리라고 지시하고, '무혐의' 수사 결과를 무시하고 또다시 심의위원회로 사건을 넘겼으며, 북한 간첩에 대한 수사심의위원회의 답변이 나올 때까지 영부인에 대한 '무혐의' 결론을 보류하라고 지시했다. 사실상 정치꾼에 불과했다. 다시는 이런 인간이 고위직을 수

행하는 일이 없도록 철저한 시스템이나 대안을 만들어야 한다.

* 심지어 검사장 출신의 국회의원은 자신이 13개월이나 직접 수사 지휘해 놓고도 기소는커녕 제대로 출석 요구조차 하지 못했던 사건(주가조작)을 검찰들(자기 부하와 동시에 후배 검사들)이 사건을 조작했다고 특검을 발의했다. 이처럼 저질적인 판검사들은 퇴직 후에 출세(국회의원)가 관심이거나, 어쩌면 이념(공산·사회·독재·세습) 세력으로부터 금품과 미녀 등의 유혹에 넘어가서 코가 강력하게 꿰였을 수도 있고. 그렇지 않고서야 도저히 불가능한 처신들로 나라를 망치면서 스스로 망가질 수는 없을 것이다.

* 독재 때는 정권에 비위를 맞췄던 판사들을 '어용'으로 맹비난했다. 그런데 오늘날은 돈이나 이념의 도구로 전락한 채 민주주의를 무시·역행하는 불순한 저질·악질 판사들이 수두룩하고, 그런데도 떳떳하고 당당하다.

* 대한민국은 머리가 영리하고, 명문대를 졸업한 인재들이 많다. 이들 중에서도 고시에 합격하고, 판검사로 임용된 사람들은 특출난 인재들이 분명했다. 하지만 이들은 무전유죄·유전무죄·전관예우를 자신들의 출세를 입증하는 증거처럼 자행했다.
고시에 합격해서 민주주의와 정의와 양심을 수호한다는 판사·검사·변호사들이 이런 수준에 머물렀고, 대한민국은 민주주의는커녕 과거 시대에 탐관오리들을 닮아 가는 현대판 쌍놈들을 수두룩하게 배출했던 꼴이다.
이런 지경인데도 국제사회와 개발도상국에서 대한민국을 '민주주의 성공 사례'나, '민주화의 모범 사례'로 연관시키는 것은 심대한 착각이고, 언어도단이다.

* 만일 개도국들에서도 대한민국에서처럼 유사한 상황이 벌어진다면 무엇보다 국민 여러분이 손해이고, 자자손손 치명적이며, 머리가 좋고 능력이 뛰어나고 열심히 일해도 절대 선진국이 될 수 없고, 민주주의 역시 그림의 떡이라는 사실을 알아야 한다.

대한민국 역시도 인간답고 영리한 사람들이 많다. 그래서 민주화를 제대로 진행했거나, 국민들이 좌경화된 불순세력만 제대로 견제했더라도 오래전에 선진국이 되었을 것이고, 지금쯤 국제사회에서 핵심적인 역할들을 수행하고 있을 것이다.

하지만 역사에서 겁을 심하게 먹었던 국민들은 저질·악질들의 눈치를 살피는 것에 익숙하고, 맞서 싸우는 용기는 현저히 위축되었다. 다시 말해서 학교에서 불량배들의 눈치를 살피고, 일부는 괴롭힘을 당하고, 또 일부는 심부름을 해 주면서 돈을 뜯기는 짓들에 익숙해졌을 정도로 위축되어 있다.

그러한 연장선에서 이재명처럼 조폭과 북한과 막대한 돈으로 무장한 정치인에게 대한민국을 이끌어 갈 요직들이 줄줄이 코가 꿰였고, 이러지도 저러지도 못하는 추태의 연속이다.

이러한 판과 틀을 깨기 위한 국가적·국민적인 노력이 필수이고, 개도국들은 이러한 인물들과 현상들을 철저히 이해하고 대비해야 민주화에 성공할 수 있다.

9. 개도국들은 대한민국의 장단점을 똑바로 이해해야

대한민국의 현대사를 이해하려면 밑바탕을 확인해야 한다.

대한민국은 역사에서 양반이 10%, 평민·상놈(천민·노비)이 90%였고, 양반들은 함께하는 동족을 천민(노예)으로 삼았다.

대한민국이 얼마나 잘못했는지 동시에 국민·후손들이 얼마나 깊이 반성하고 변화해야 하는지 미국을 예로 들어 보자.

물론 미국도 오늘날 문제들이 널려 있고, 근본적인 변화가 필수다. 그것은 그렇다 치고 여기서는 과거를 보자.

미국은 서부 개척 시대에 인디언들을 몰아냈고, 아프리카에서 흑인들을 데려다 노예로 삼았다. 이후에 노예를 해방해 주려고 했고, 어떻든 흑인들을 해방해 주었다.

그처럼 미국은 수많은 우여곡절 속에서도 인류애를 발휘·실현했고, 남북전쟁이 끝나면서 자본주의 시장경제와 민주주의가 급속도로 발전했으며, 전 세계를 상대·관여·지원하면서 국제사회를 이끌어 갈 정도로 초강대국이 되었다.

그런데 대한민국은 동족을 노비(상놈)로 만들어서 수천 년 동안 차별·착취·학대했고, 짐승만도 못하게 취급하기도 했으며, 여자들은 이름도 지어 주지 않았을 정도로 악랄했다.

백성들은 원성과 분노와 원한과 증오와 적개심과 저항과 투쟁과 타도와 선전·선동에 쉽게 노출되었고, 그러한 민족성과 사건들과 분위기들이 공통 정서로 뿌리를 내렸으며, 더 이상 향상·발전·도약·진화할 수 없는 치명적인 한계에 봉착했다.

이러한 연장선에서 해방을 맞이했던 북한은 악랄한 독재 세습 정권에게 놀아나면서 마치 동물들처럼 울타리에 갇혀서 배급받는 신세로 전락했다.

상대에 따라 달라지는 이중적·모순적인 인간성·민족성

대한민국의 국민들은 개인적으로는 매우 인간적이다. 그리고 서로 친해지면 정분이 넘친다. 역시 머리가 영리해서 이해관계 계산에 재빠르다.

그런데 민주주의를 실시하면서도 자기보다 강자에게는 개인의 자존심이나, 인간의 존엄성을 쉽게 포기하고, 자신의 소견을 적극적으로 표현하지 않으며, 자기주장은 아예 엄두 내질 않았다.

더구나 후진적인 문화(예의범절, 만절필동, 동방예의지국)에 영향받은 사람들과 잔머리 계산에 약아빠진 사람들은 당연하게 강자에게 굽신거리거나, 깍듯이 모시면서 아부·아첨했다.

반대로 자기보다 약자는 별로 신경 쓰지 않거나, 뇌물·접대받으려고 하거나, 하인처럼 함부로 취급하면서 군림하기도 했다.

지금까지도 근본적인 변화와 향상은 없었으며, 그나마 법조차 없었다면 또다시 과거나 북한처럼 망가질 가능성이 농후했다.

이처럼 국민들이 상대방(인연, 나이, 지위, 이익 등)에 따라 제각각·수시로 달라짐으로써 전체적으로는 복잡·혼란하고, 단합이 어려우며, 너무 쉽게 갈등·대립·분열한다.

역사 내내 저질러졌던 비인간적인 차별들

대한민국은 역사 내내 수많은 차별이 계속되었다. 신분, 직업, 나이, 지역, 남녀, 서얼, 며느리, 아들딸, 장남·차남, 선후배를 차별했고, 딸을 낳으면 버리기도 했으며, 수많은 어린이가 해외로 입양되었다, 심지어 며느리의 시집살이는 "벙어리 3년, 귀머거리 3년, 봉사 3년 도합 9년"이라고 했을 정도다.

반대로 미국과 국제사회는 대한민국을 해방해 줬고, 동족의 침략 전쟁에 적극적으로 참여해서 전사·부상·실종 당하면서까지 구해 주고 지켜 주었으며, 고아들을 입양해서 잘 키우고 가르쳤고, 모국에 데려와서 생부모와 가족들을 찾아 주었다.

민족성·국민성·인간성·인간관계가 계속 악화했던 이유

필자는 대한민국의 국민으로 살면서 깨우쳤던 사실들을 마치 진리처럼 여겨

왔다. 이를 여기에 소개한다.

"대한민국은 지금까지의 연장선에서는 절대 잘될 수 없고, 조물주도 대통령도 전문가도 언론도 천재도 국민들도 아무리 몸부림쳐도 결국에 잘될 수 없다. 필자는 이런 사실과 주장에 목숨도 인생도 명예도 모두 걸어 놓았다."

여기서 '지금까지'란 대한민국의 역사도, 문화도, 민족성도, 국민성도, 인간성도, 인간관계도, 과거도, 현재도, 관행도, 미덕도, 훌륭한 업적도 모두 포함하는 의미다.
이제는 대한민국이 역사에서 왜 잘되지 못했으며, 현대에서 한동안 급격히 발전했는데도 왜 또다시 대립과 분열과 위기를 반복하는지, 왜 앞으로도 잘될 수 없는지 살펴본다.

대한민국은 넓은 세상으로 활짝 펼쳐 나갈 수 없고, 인류 미래로 뻗어 나갈 수 없으며, 서로 믿고 존중하고 협력하기보다 서로를 가두고 갇혀 버린다. 왜냐면 지극히 사소하고 자잘한 것들에 붙들려서 서로를 힘들게 하기 때문이다.
'너무나도 사소하고 자잘한 것'이란 겨우 말 한두 마디(높임말, 호칭), 어투(조사, 어미, 말씨), 눈빛과 표정, 인사할 때 고개 숙이는 정도나 자세, 밥상(예절, 상차림), 제사상(홍동백서 등), 주법 등 무수히 많다. 또한 물(술) 한 모금도 편하고 자연스럽게 마시기 어렵다. 작은 잔 하나에 술·물을 따라 주거나, 받아 들고 마실 때도 까다롭고 어색하다.
이는 참으로 소심하고 졸렬하고 우둔한 졸장부들이 꼴값들을 떠는 셈이다. 그래서 지금까지의 연장선에서는 대한민국이 긍정적이고 희망적이고 고무적이고 생산적이고 건설적이고 미래지향적인 가능성과 지속 가능성은 불가능에 가까웠다.

현대에서는 쌍놈들이 난장판을 만들어

대한민국은 역사에서 신분상의 양반·상놈보다 훨씬 더 극악무도하고 위험한 쌍놈들이 많았다.
쌍놈들이란 상놈들을 부려 먹는 것으로 끝나지 않고, 인간 이하의 짐승으로 학대·착취했던 양반놈들을 말한다. 역시 상놈들이 양반들을 등에 업거나, 양반들에게 잘 보이기 위해서 같은 상놈들을 악랄하게 괴롭히거나, 억울한 누명을 뒤집어씌우거나, 고자질했던 놈들이 쌍놈들이다.
그런데 대한민국은 현대에서도 쌍놈들이 부지기수로 많다.
만일 대한민국이 현대사에서 제대로 될 나라와 국민이었다면 양반·상놈의 신분제도를 근본적으로 없앴어야 했다.
그런데 구한말에 그런저런 이유로 나라를 망해 먹었고, 결국은 빼앗겼다.
상놈들은 나라가 망한 틈을 이용해서 족보 위조와 매관매직으로 대부분 양반·관리로 둔갑했다.
이는 서민들이 양반·상놈보다 더 극악무도하고 망국적인 쌍놈들로 둔갑·가세해서 악화한 증거다.

10. 개발도상국들이 오랜 인류사에서 얻어야 할 교훈

대한민국은 해방되면서 민주주의를 시작했다.
하지만 연거푸 독재가 행해졌고, 독재자들의 말년은 좋지 못했다.
그럼에도 대한민국과 국민들은 민주주의와 자본주의 체제로 근본적으로 바뀌었고, 5천 년의 암울한 과거에서 벗어났으며, 국민들의 삶은 획기적(양적·질적)으로 좋아졌다.
하지만 아이러니하게도 지금도 공산화나 망국을 걱정하는 국민들이 많고,

위태위태 아슬아슬한 연속이다.

인류 역사도 마찬가지였다.
그간에 무소불위의 권력자들이 존재했지만 모두 몰락했다. 네로도, 진시황도, 칭기즈칸도, 히틀러도, 서슬 퍼렇던 각국의 독재자들도 모두 몰락했다.
만일 그들이 몰락하지 않고 지금까지 세상을 지배했거나, 통일했다면 인간의 상당수는 노예나 병졸이나 죽음이나 감옥이었을 것이다.

국제사회도 마찬가지였다.
그간에 수많은 침략 전쟁, 영토 전쟁, 종교 전쟁, 1·2차 세계대전, 이념 전쟁, 민족 분쟁 등 국제사회는 잠시도 조용할 날이 없었다.
그때마다 많은 사람이 나라의 운명과 후손의 장래를 걱정했고, 사이비 종교들과 사기꾼 교주들은 지구·인류의 종말론으로 교세를 확장하고, 천문학적으로 부를 축적했다.
그처럼 다양한 시대와 위급한 상황에서 수많은 사람이 걱정하고 희생당했음에도 지구도 인류도 몰라보게 좋아지고 발전했고, 당분간 지구는 똑같은 원리로 진행될 것이다.
물론 갈수록 지구와 인류의 대재앙과 대재난의 우려가 커지고 있고, 기정사실처럼 확정적인 상황들이 노골화되고 있으며, 설상가상으로 기후 위기나 탈원전 등을 빙자해서 세력 확장이나, 돈벌이에 혈안인 사기꾼들도 부지기수로 많다.

지구와 인류에 대해서 명심해야 할 사실

첫째, 지구는 빙하기 등 대멸종이 몇 차례 반복되었다.

둘째, 인류사 역시 갖가지 자연적·인위적인 재앙과 재난과 참사가 반복되었다. 그때마다 수많은 사람이 희생당했다. 하지만 그러한 이치 겸 현상은 우주 이치이며, 인간이 근본적으로나 결국에나 예방하거나, 해결하기는 쉽지 않다.

셋째, 그럼에도 오늘날 세상과 인류는 과거에는 상상하지 못했을 정도로 발전했고, 행복과 번영을 누리고 있으며, 상대적으로 불행과 고통과 가난과 억압에 노출된 사람들도 많다.

넷째, 그렇든 저렇든 몇천몇백 년 전의 과거로 돌아가서 살려는 사람은 없다. 그러면서도 아이러니하게 여전히 졸장부들이 쥐꼬리 같은 권력이라도 쥐거나, 어깨에 안장을 두르거나, 부를 확보하면 과거 시대 폭군들처럼 안하무인처럼 행세하는 등 졸장부들과 양아치들이 하늘 무서운 줄 모르고 설쳐 대는 것도 똑같다.

다섯째, 독재자들을 그런다 치고 지구나 인류의 종말은 어떨까?
현재로써는 생각하는 인간이 없어지면 우주는 있으나 마나가 되어 버린다. 왜냐면 생각하는 인간이 멸종되면 우주를 인식해 줄 존재 자체가 없기 때문이다. 만일 외계인이나 외계 문명의 존재가 입증되면 그때 가서 다시 생각할 일이고, 어떻든 인류가 없어지면 우주 역시 무의미해질 정도로 인류는 소중하다.

여섯째, 우주는 존재(빅뱅) 이후 한순간도 똑같지 않았고, 더 나은 미래를 향하고, 또 다른 완성을 위해서 부단히 나아가는(진화하는) 연속이었으며, 대재앙과 대멸종 등은 당연하면서도 필수적인 과정일 수 있다. 왜냐면 그런 덕분에 인류가 출현했고, 생존할 수 있기 때문이다.

일곱째, 우주(지구와 인류)의 천지개벽과 흥망성쇠와 길흉화복은 필연적(숙명적·운명적·인과적·개척적)인 이치이고, 인간은 우주 이치에 적극적으로 부합해서 부단히 변화하면서 나아가야 한다.

여덟째, 인간은 생각을 훨씬 더 적극적·인간적으로 해야 하고, 미래를 위하고 향해서 생각을 집중·협력해야 하며, 지금까지처럼 현재와 과거에 연연하다가 자연적·인위적인 재앙·퇴보·몰락을 자초하지나 않도록 겸손하고 조심해야 한다.

아홉째, 우주와 인류의 존재와 생존과 운명과 미래는 인간·자신의 의지와 선택 사항이 아니고, 인류가 존재한 이래 자기 뜻대로 살았던 사람은 단 한 명도 없었으며, 부처도 예수도 소크라테스도 왕들도 자기 뜻과는 전혀 다른 운명과 인생을 살았음을 명심해야 하고, 지극히 미약하고 초라한 자신부터 잡다한 것들에 놀아나지 않도록 의연해지고 화통해져야 한다.

열째, 종합하면 그간에 인류는 몸담은 지역과 국가와 지구가 고작이었고, 시대마다 그만한 세상과 인생을 살았던 셈이며, 앞으로 개발도상국들은 우주의 무한하고 심오하고 기이한 이치들과 현상들로 살아가도록 진화해야 하고, 그래야 지금까지 인류 역사와 국제사회가 겪었던 문제들과 부작용들에 휘말리지 않고, 적극적인 인생과 미래를 살아갈 수 있다.

"인류는 우주의 핵심 이치 중 하나인 양자(量子, Quantum)의 기이한 현상에 근거한 전자공학과 양자 역학에 이어서 AI와 양자컴퓨터 등 물질문명을 급속도로 발전시키는 중이다.
하지만 그간에 인류의 정신문화는 우주 이치가 전혀 이해·반영되지 못했고, 여전히 수천 년 전 수준들에 머물고 있으며, 인류도 역사도 지구촌도 진리들도 총체적인 한계에 봉착했고, 지금까지의 연장선에서는 절대 잘될 수 없고, 앞으로도 마찬가지다.
이에 인류는 앞으로 심오한 우주 이치와 미시 세계의 양자 현상을 '하나뿐인 세상에 합당한 인류 공통의 세계·우주관'으로 보완·적용하고, 한 차원 향상·도약해야 하며, 그렇지 않으면 물질문명을 절대 감당·극복할 수 없고, 치명적인 죗값들을 대가로 치러야 한다."(필자)

11

참담했던
역사·문화·민족성에
대한 반성

1. 세상·국가·인류·인간·자신·개인들이 계속 좋아지려면

세상·국가가 좋아지려면 세계관이 합리적이어야 하고, 세계관은 올바른 인생관·가치관으로 뒷받침되어야 한다.
인류·인간이 좋아지려면 인생관이 올발라야 하고, 인생관은 합리적인 세계관·가치관을 동력으로 삼아야 한다.
자신·개인이 좋아지려면 가치관이 질적으로 형성되어야 하고, 질적인 가치관은 효율적인 세계관·인생관으로 밑받침·뒷받침되어야 한다.
그래서 세계관·인생관·가치관은 유기적으로 형성되어야 한다.

첫째, 세상·국가·인류·인간·자신·개인에게 내재하는 선천성과 후천성을 제대로 발휘할 수 있고,

둘째, 서로에게 보장된 자유(인생·시간·관계)를 제대로 활용·극대화할 수 있

으며,

셋째, 참신한 인재들과 유능한 인물들이 무한한 세상·우주·인류의 심오한 현상들과 기이한 이치들에 열정적으로 집중·도전·개척·실현해 낼 수 있고,

넷째, 어리석은 대중이 비교·시기·질투·싸움·부작용을 최소화하면서 더 나은 사회문화와 인생과 미래를 향하고 위해서 부단히 향상·발전·진화해 갈 수 있다.
그런데 그간에는 세상·국가도, 인류·인간도, 자신·개인도 절대 잘될 수 없었고, 설사 잘되었더라도 한동안에 불과했으며, 이미 오래전에 총체적인 한계들이 드러났고, 지금까지의 연장선에서는 현상조차 유지하기 어렵다. 왜냐면 그간에는 세계관이 잘못 설정되었고, 인생관·가치관 역시 제대로 형성·진행될 수 없었으며, 엄청난 소모전들을 겪었기 때문이다.
결정적인 증거는 현존하는 세계관들은 예외 없이 세상과 인류에 관해서 까막눈이었던 구시대의 미개한 조상들에 의해서 만들어지고, 전해지는 것들이라는 점이다.
역시 우주·대자연의 이치에 깊이 파고든 물질문명은 급격히 변화·발전했고, 불과 몇십 년 전의 것들을 찾아 보기 어려울 정도다.
그런데 사람들이 지닌 세계관이나 인생관이나 가치관은 수천 년 전의 것들을 머릿속에 고수·보호한 채 기어코 합리화·미화·강화하려는 본능 겸 속성에 머물고 있다.
그로 인해서 세상·국가·인류·인간·자신·개인의 진화(반성·변화·향상·발전·도약)보다는 악화(무관심·무기력·퇴보·역행·몰락·도태)하는 현상들에 시달리는 연속이다.
따라서 생각하는 인류가 존엄성을 발휘해서 현존하는 세계관들에 연연하지 말고, 새로운 우주관으로 도약해야 하며, 각자 스스로 전환점을 만들어야 한다.

2. 인간에 관련된 세계관(종교·진리)들과 자유의 한계

※ 이 주제는 차분한 시간과 맑은 정신을 집중해야 하는 내용이다. 그래도 순서상 이곳에 정리했으며, 만일 읽다가 집중력이 떨어지면 다음 기회에 다시 도전·정독하길 권유한다.

인간에 관련된 세계관(종교)들의 한계와 위기

인간은 완전·완벽할 수 없고, 그러한 인간이 만든 것들은 더욱더 완전·완벽할 수 없으며, 당연히 인류와 지구가 잘될 수 없었고, 지금까지의 연장선에서는 앞으로도 잘될 수 없다.

그래서 여기서는 세계관을 살펴본다. 왜냐면 현존하는 세계관들은 우주·지구와 이웃 나라들을 거의 몰랐던 구시대에 미개한 조상들이 믿고 따르던 것들이기 때문이다.

오늘날은 문명과 문화와 인간의 삶이 급격히 변화·발전하고, 덕분에 인간이 무수한 혜택들을 누린다. 하지만 사람들의 머릿속은 수천 년 전의 것들(종교·진리·전통·문화·관습 등)로 가득하고, 이미 한계에 봉착했다.

이에 여기서는 인류가 종교·진리에 의해서 긍정적이었던 점과 광범위하게 일반화되었던 점과 치명적인 한계·위험이었던 세 가지로 압축한다.

첫째, 매우 긍정적·획기적인 발상의 전환이었던 점

오래전 시대에 사람들은 극심한 가난과 차별과 질병과 고통의 연속이었고, 인생도 현실도 미래도 막막한 채 희망이 없었다.

그런 상황에서 누군가에 의해서 제시되었던 사후세계(종교·진리)는 암담한 현실의 탈출구였다. 현대적인 방식으로 표현하면 획기적인 발상의 전환이었던 셈이다.

왜냐면 현실이 암담했던 사람들로서는 믿음(생각)만으로도 사후세계(낙원)를 보장받는 횡재였고, 그나마 누워서 떡 먹기일 정도로 수고할 필요가 전혀 없었기 때문이다.

둘째, 광범위하게 일반화되었던 점

그런데 사실은 사후세계라기보다 암담·막막했던 현실의 일부가 둘로 부서지고 쪼개지는 고정관념의 파괴와 탈피였다.

이는 '사후세계'라는 전혀 다른(비현실·추상적) 세상(현실)이 쪼개진 틈에 자리 잡았고, 사람들에게는 전혀 다른 세상(생각·인생) 겸 안식처 겸 도피처가 펼쳐졌으며, 사후세계라는 종교적 진리와 세계관이 광범위하게 일반화되었다.

다시 말해서 돌덩이처럼 딱딱하게 굳어 있었던 사람들의 현실·생각·관심사에 사후세계가 끼어들었으며, 고정관념이 깨지면서 인간의 생각·사고가 확대되었고, 관심사와 생활 내용과 인생은 탄력을 받았으며, 신앙(믿음·집회·예배)으로 단합·함께했고, 서로의 어려움과 인간미를 이해하고 나누게 되었다.

셋째, 치명적인 한계와 위험으로 작용했던 점

종교는 신성한 신과 절대 진리로 무장한다.

반대로 자신들과는 다르거나 반대인 대상은 악마화·적대시(사탄, 이단, 적그리스도 등)하게 된다.

그렇지 않으면 세상·현실·진리·자신들의 무능·잘못을 모두 설명·감당·해결할 수 없으며, 대신에 누구도 구제 불능한 사악한 악마로 만들어서 합리화한 셈이다.

더구나 자신들이 믿는 신과 진리는 완전·완벽하고, 절대 잘못하지 않으며, 그래서 절대 반성하지 않고, 수천 년 변화하지 않은 상태로도 존속하고 번성하고 확장하고 세력화하는 본능적·욕망적·세속적인 인간의 속성 겸 한계를 벗어나지 못했다.

그래서 신성한 종교들이 서로 만나면 양보나 합의점을 찾기 어렵고, 대립·충돌할 수밖에 없으며, 결국은 전쟁 등 비극적인 참화는 받아 놓은 밥상이고, 전쟁에 패배해서 몰락·쇠약해도 살아남은 사람들과 진리는 절대 반성·변화·발전이 불가능하고, 결국은 세상과 인류가 단순한 선악과 원론적인 잘잘못에 붙들려서 악순환을 반복한다.

인간에 관련된 자유의 한계·위기

인간이 폭정·폭압·독재·탄압·차별·착취에 시달릴 때 최초에 제시되었던 초기의 자유는 모두에게 대환영이었고, 대단한 위력을 발휘했다.

아무리 맑았던 물도 흐름이 끊겨서 한곳에 오래 고이면 갈수록 식상·혼탁·변질된다. 이는 물리학에서 무질서도가 증가하는 엔트로피법칙 때문이며, 뒤에서 다시 다뤄진다.

오늘날처럼 사람들이 문명과 유행에 도취해서 소유·비교·경쟁·욕심 등으로 삐뚤어지거나, 자유가 분주해지고 방만해지면 범죄·타락·실패·나태·오염·이념 등을 감당하지 못하거나, 악질적인 사기꾼들과 공산·독재 추종자들이 난장판을 만들기 때문이다.

그뿐 아니라 살 만해진 공산·독재 국가들은 막대한 부를 형성하고, 자유세계와 약소국들을 교활하고 집요하게 위협·회유·공격하는 등 세력을 확대하고, 반대로 인간의 피난처 겸 안식처였던 자유와 종교와 진리는 현상 유지조차 버겁다.

종교(세계관)들이 자유보다 위험한 점

인간이 주도했던 역사·사회·문화는 잘못되어도 세상과 인류 전체에게는 치명적이지 않다. 왜냐면 세상과 인류가 몰락하기 전에 수명이 짧은 폭군들과 독재자들이 먼저 몰락하기 때문이다.
하지만 종교(진리)가 잘못되면 세상과 인류에게 치명적일 가능성이 높다. 예를 들면,

첫째, 선량한 사람들이 만나서 함께하면 상부상조하면서 화기애애하게 살아가기 좋고,

둘째, 참신·유능한 인물들이 만나면 훌륭한 작품이나, 난제 해결이나, 더 나은 사회문화를 만들거나, 국제사회에 이바지할 수도 있으며,

셋째, 악인들(불량배들, 폭력배들, 사기꾼들, 중독자들)이 만나서 함께하면 파멸이 앞당겨진다.
물론 이를 그대로 방치하면 온 사람과 세상이 위험해진다.

넷째, 종교들이 만나서 함께하면 평화는 불가능하고, 서로 충돌하다가 결국은 전쟁하게 된다. 설사 전쟁이 끝나도 또다시 그러한 습성과 악순환을 반복하게 된다.

이러한 모든(이치·인류·우주·미래) 해결은 생각으로 가능하다.
왜냐면 인간의 가장 큰 특징·장점·공통성은 생각이기 때문이다.

※ 생각에 관해서는 책의 앞뒤 날개에 소개된 필자의 저서 중 제4권《하나뿐인 세상에 합당한 인류 공통의 세계·우주관》참고

3. 총체적인 한계를 극복할 대안은 인류 공통의 우주관

"양자 역학을 아는 사람과 모르는 사람의 차이는 양자 역학을 모르는 사람과 원숭이의 차이보다 더 크다."라고 했고, "양자 역학을 모르는 사람은 금붕어와 조금도 다를 바 없다."라고도 했다. (머리 겔만, 노벨물리학상)

양자(Quantum, 量子)란 원자(물질의 최소 단위)보다 더 미세한 소립자(전자·양성자·중성자·쿼크 등)를 총칭하는 의미다.
양자 역학의 역사는 불과 150년여다. 하지만 인류는 전자공학과 양자 역학 덕분에 급속도로 발전했고, 양자통신과 양자컴퓨터와 인공지능 등 천지개벽 수준으로 둔갑하는 연속이다.
이는 세상과 인간의 양극화가 더욱 심각해진다는 이야기다.
그래서 각자의 자유와 인생을 적극적으로 활용해서 끊임없이 진화(반성·변화·향상·발전)하는 사람들은 그간에 인류가 알고 있었고, 믿고 살았던 모든 인물·존재·진리보다 훨씬 더 똑똑(위대·훌륭)해지게 된다.
반대로 보장된 자유를 진지·진실·충실하게 활용하지 않거나, 자기 양심조차 속이고 사회 상식을 무시하는 사람은 스스로 악화(퇴보·역행·몰락)하게 된다.
이는 구시대에 미개했던 사람들이 만들고 믿고 따랐던 세계관들의 연장선에서는 지구도 인류도 절대 잘될 수 없는 이유이기도 하다.
그래서 이 책에는 물질의 최소 단위인 원자보다 훨씬 더 작은 미시 세계의 이치들을 근거해서 민주주의와 공산·사회·독재주의를 쉽게 정리했고, 지금까지의 토양과 씨앗과 뿌리와 뼈대와 줄기와 이파리와 열매까지 대대적으로

보완·보충했다.
따라서 이후에 국제사회가 현존하는 세계관들을 실질적인 우주관으로 업그레이드해야만 낡은 과거를 쉽게 극복할 수 있으며, 동시에 인류의 역량을 차원 높은 미래를 향하고 위해서 집중할 수 있다.

첫째, 앞에서처럼 우주의 근본 이치를 상식처럼 이해·적용하면 인간과 세상에 관련된 것들이 마치 상식처럼 명료해진다.
예를 들면 어떤 시대나 국가나 사람 중에도 흥하게 하는 사람들이 있고, 반대로 힘들게 하면서 결국에 망하게 하는 저질·악질·양아치·범죄자들도 있기 마련이다.
하지만 흥하게 하는 사람도 저질·악질들도 사실은 소수·극소수에 불과하고, 결국에는 흥망성쇠를 좌우할 수 없다. 왜냐면 다수 대중의 의식이 깨어나야 제대로 뒷받침해 줄 수 있고, 그렇지 않으면 결국은 몰락하기 때문이다.

둘째, 만일 절대다수인 국민들이 참신·총명·유능·현명·지혜로운 인물들을 알아보지 못하거나, 뒷받침해 주지 못하면 갈수록 저질·악질·역적들이 설치기 시작하고, 국민들이 놀아나면서 나라는 쇠락해지고 몰락하게 된다.
반대로 다수인 국민들이 참신하고 유능한 인물들을 알아보고 지원하면서 저질·악질·역적들을 견제하면 발전·번영하게 된다.

셋째, 나라의 운명과 국민의 삶을 유지·책임지는 주체는 절대다수 국민 곧 인간이고, 절대다수인 국민들이 적극적으로 인간다워야 하며, 민주주의 자질·자격·체제·연대를 대폭 강화해야 하고, 자유세계의 구성원들이 지구촌을 살기 좋은 민주주의와 아름다운 낙원으로 만들고 발전시키고 지켜 나가는 용맹한 전사들로 나서야 한다.

그래야 공산·사회·독재주의와 사기꾼들과 흉악범 등 저질·악질들이 꿈틀거리지 못하도록 철저히 조치하면서 향상·발전해 갈 수 있다. 예를 들면 공산주의는 인민들을 약탈하려는 독재자들과 하수인들이 권력과 탐욕에 적극적이다. 하지만 민주 국가의 국민들은 자유와 문명(유행 등)에 취해서 방만해지고 나태해졌다. 그래서 지금부터는 문명과 자유의 혜택을 누리는 민주주의의 모든 구성원이 적극적으로 인간답고 지혜로워야 하고, 적어도 지구촌에서 민주주의에 기생하는 공산·사회·독재가 사라질 때까지는 모두 함께 적극적으로 민주주의 전사들을 자처해야 한다.

넷째, 그간에 이념에 놀아났다가 짐승만도 못하는 굶주림·아사·노예·고문·감옥·죽음·지옥의 연속이었던 인민들을 구해 내야만 인류도 지구도 우주도 모두 함께 인간다운 삶이 가능하고, 한 차원 도약할 수 있다.

※《하나뿐인 세상에 합당한 인류 공통의 세계·우주관》참고

4. 후손들이 역사를 똑바로 이해하고 풀어 가는 핵심

대한민국의 국민(후손)들이 참담했던 과거(역사·문화·민족성)와 그에 영향받은 현실(관행·인간성·국민성)을 똑바로 이해해서 풀어 가지 못하면 인류사에서 가장 수준 높은 천상의 민주주의는 물론이고 민주화조차 마무리할 수 없고, 또다시 조상들처럼 비극의 악순환을 재현할 수밖에 없다.

역사에서의 조상들을 좀 더 살펴보면

우리의 뿌리(조상)는 크게는 양반·상놈이었고, 양반은 평범한 양반과 일반

관리와 탐욕스러운 탐관오리로 나눌 수 있으며, 상놈들은 아전·백성·머슴·백정 등이 해당하고, 우리의 조상들이며. 그들 중에는,

첫째, 양반과 상놈에 상관없이 좋은 사람들이 있었고, 나쁜 사람들도 있었다.

둘째, 양반과 상놈이 서로 바뀌었다고 해도 마찬가지다.
왜냐면 양반·상놈이라는 신분(가해자·피해자)이 달랐을 뿐 보고 듣고 알고 겪은 것은 후진 문화와 불합리한 관행·관습과 차별적인 인간관계와 악습들이었기 때문이다. 그래서 양반도 상놈도 열악한 문화 민족성에 의해서 생겨난 똑같은 무의식에서 생겨난 희생자(가해자·피해자)들에 불과하다.

우리가 과거 시대로 돌아간다면

만일 오늘날 우리가 과거로 돌아간다면 양반·상놈에 상관없이 나쁜 놈들은 반성해야 하고, 그래도 안 되면 처벌받아야 하며, 좋은 사람들은 칭찬과 존중과 존경을 받아야 마땅하다.

오랜 세월이 흐른 현대 시대에서는

자기 조상이 양반이었든 상놈이었든 좋은 사람이었든 나쁜 사람이었든 어쩔 수 없다. 왜냐면 당시 역사와 문화와 민족성이 원인이고, 지금에 와서 어떻게 할 수 없으며, 이를 현실에 반영하면 대립·분열·전쟁할 수밖에 없고, 더 나은 사회문화와 미래는 불가능하기 때문이다.
특히 민주주의라는 인간적·민주적·현대적 관점이나, 장기적·거시적·종합적인 안목으로 보면 양반이었든 상놈이었든 도토리 키재기에 불과했을 정도로 무지·답답했다.

과거의 잘못에 대한 후손들의 태도

그래서 과거(잘못 등)에 대해서 후손들이 지녀야 할 태도는,
첫째, 그처럼 비인간적·비민주적인 잘못들이 생겨난 원인(시대·정세·문화·관행·민족성)과 그로 인해서 망가진 점들과 민주주의에 부적합한 점들을 점검해야 한다.
둘째, 버릴 것과 바꿀 것과 보완·개선할 것을 정리해야 한다.
그래야 인간적·민주적인 과정을 통해서 국민의 의식이 향상되고, 합리적인 문화와 바람직한 사회가 가능해진다.

반대로 조상들의 잘못을 개별적으로 문제 삼으면

무지·빈곤했던 역사에서는 당연히 폭군들도 난봉꾼들도 역적들도 도적들도 거지들도 많았고, 그로 인해서 생겨난 사건들과 범죄자와 피해자와 악영향도 부지기수로 많았다.
그런데 후손들이 과거에 있었던 잔악함과 후진성을 개별적으로 들춰내고 따지게 되면 또다시 악순환을 반복할 뿐 근본적(인간적·민주적·국가적·국민적)인 원인(역사·문화·관행·국민성 등) 분석과 반성과 승화와 단합은 불가능하다. 이는 중국의 무협지처럼 과거(조상·부모)의 원한을 갚기 위해서 피비린내 나는 살상과 중상모략과 암투로 일관했던 잔악한 역사와 문화와 민족성이 고작일 수밖에 없다.

대한민국의 조상들과 후손인 우리들

우리(후손)는 미개한 조상으로부터 권선징악의 영향을 받았다.

그래서 양반·지주(관리·탐관오리)들을 나쁜 가해자들로 악마화했고, 상놈들은 착한 피해자들로 착각·동정했다.

역시 친일파 청산과 적폐 청산 등 타도 대상으로 만들고, 그를 주도한 자신들은 정의의 주체처럼 정당화했다.

하지만 그러한 사람들과 현상들이 수천 년 동안 반복되었던 진짜 원인(문화·관행·민족성 등)은 인식도 거론도 하지 않았다. 왜냐면,

첫째, 갑자기 민주주의와 자본주의를 받아들였을 뿐 국민의 의식이 수준 미달이었기 때문이다.

둘째, 과거의 잘못을 문제 삼아서 자신들이 주도권을 장악하는 것이 목적이었기 때문이다.

이런 점들로 보았을 때 우리는 역사도 현대사도 똑바로 풀어 가지 못했다.

5. 대한민국이 역사 내내 절대 잘될 수 없었던 이유

대한민국의 부실한 세계관

세상·국가·인류·인간·개인·자신이 모두 좋아지려면 세계관·인생관·가치관이 사실적·인간적·합리적·효율적·적극적이어야 한다. 그래야,

첫째, 세상·국가·인류·인간·자신·개인에게 내재하는 하늘의 선물 곧 선천성(자원·재능)을 살려 낼 수 있고,

둘째, 서로에게 허용된 여력(인생·시간·관계 등)을 낭비 없이 집중적으로 활용·극대화할 수 있으며,

셋째, 무한한 세상·우주·인류의 심오한 현상들과 기이한 이치들을 열정적으로 탐구·도전·개척할 수 있고,

넷째, 서로가 비교·시기·질투·싸움할 필요 없이 모두 함께 더 나은 사회문화와 인생과 미래를 위하고 향해서 부단히 향상·발전·진화해 갈 수 있기 때문이다.

그래서 세계관은 올바른 인생관·가치관으로 뒷받침되어야 하고, 인생관은 합리적인 세계관·가치관을 동력(스승) 삼아야 하며, 가치관은 효율적인 세계관·인생관으로 밑받침되어야 한다.
그런데 그간에는 세계관들이 비현실적·사후적·진리적·종교적이었고, 현실(세상·국가·인류·인간·개인·자신)과 우주를 이해·설명하지 못했다.
따라서 세상·국가도, 인류·인간도, 자신·개인도 절대 잘될 수 없었고, 설사 잘되었더라도 한동안에 불과했으며, 이미 오래전에 총체적인 한계들이 드러났으며, 이제는 현상조차 유지할 수 없다. 왜냐면 세계관·인생관·가치관 중에서 가장 중요한 세계관이 부실했기 때문이다.
이에 대한 결정적인 증거는 현존하는 세계관들은 예외 없이 세상과 인류에 관해서 까막눈이었던 구시대에 미개한 조상들에 의해서 만들어져서 전해지는 것들이라는 점이다.
역시 물질문명은 급격히 변화·발전했고, 불과 몇십 년 전의 것들을 찾아보기 어려울 정도다.
그런데 인간은 수천 년 전의 세계관들을 머릿속에서 고수·보호한 채 합리화·미화·강화하려는 본능 겸 속성에 머물고 있다.
그로 인해서 세상·국가·인류·인간·자신·개인들의 진화(반성·변화·향상·발전·도약)는 중단되었고, 악화(무관심·무기력·퇴보·역행·몰락·도태)하는 현상들에 시달리는 연속이다.
따라서 생각하는 인류가 현존하는 세계관들에 연연하지 말고, 존엄성을 발휘해서 획기적인 대전환점을 만들고, 반드시 지구와 인간과 은하계와 은하단을 모두 포함하는 심오하고 무궁무진한 우주관으로 대체해야 한다.

※ 대한민국의 세계관 겸 건국이념과 교육이념인 홍익인간과 일본의 세계관에 해당하는 '천황 사관'과 중국의 세계관에 해당하는 '황제 사관'은 '제5장. 무의식(문화·관행)에 지배받아서 형성되는 인간'에서 소상하게 다루고, 여기서는 생략한다.

중국인들이 절대 잘될 수 없는 이유

중국은 글씨 하나하나에 온갖 의미들을 부여해서 한자를 만들었다. 그래서 온갖 의미가 부여된 한자는 중국인들의 무의식과 문화와 인간성 등에 절대적으로 영향을 끼쳤다.
물론 한국인들도 중국의 한자에 지대하게 영향받았다. 그런데 중국처럼 만사·매사에 의미를 부여하거나, 의미를 당연시하면,

첫째, 마주한 순간(상황·사람·현실·사안·문제 등)에 충실(진실·진지)할 수 없게 된다. 왜냐면 인간은 동시에 두 가지 사안(마주한 현실, 의미 확인·부여)에 집중·충실할 수 없기 때문이다.

둘째, 인간다움에서 멀어지게 된다. 왜냐면 마주한 인간·관계·상황에서 가치나 해결점을 찾고 만들기보다는 의미라는 정답을 지니고 있고, 의미를 우선해서 적용하고, 상대방과 상황보다는 의미라는 기준·잣대로 평가하며, 의미(관념·습성·관계)에서 벗어나면 배타적·공격적·비인간적인 짓들을 정당화하기 때문이다.

셋째, 이해력과 판단력과 집중력과 순발력과 적응력과 협동심과 주제·개념 파악에 방해받고, 갈수록 소홀해지게 된다.

이것이 만사에 의미를 부여해서 엉뚱한 방향으로 빗나가고 삐뚤어지는 한자와 한자 문화권의 치명적인 약점과 한계다.

중국과는 정반대인 영어와 영어 문화권

영어는 사소하고 복잡한 의미들을 연상할 필요가 없다. 그래서 영어권의 사람들은 사소한 의미와 관계에 여력을 소모하지 않고, 마주한 순간(상황·사안·상대방·문제 등)에 솔직·진지·진실·충실하며, 주제와 개념과 논리로 발전할 수 있고, 논의·협력·실천·실현이 빠르다.

대한민국의 조상들과 문화와 역사와 민족성 등

대한민국은 역사·문화·민족성·관행·인간관계에서 한자·문화권에서 의미를 부여하는 것에 지대하게 영향받았다. 예를 들면,

* 조율이시(棗栗梨柿) : 대추[棗]는 씨가 하나이므로 임금을 의미하고,
* 밤[栗]은 한 송이에 3톨이 들어 있어서 3정승(政丞, 영의정·좌의정·우의정)을 나타내고,
* 배[梨]는 씨가 6개여서 6조 판서(六曹判書, 이조·호조·예조·병조·형조·공조 판서)를,
* 감[柿]은 씨가 8개고, 조선 8도를 상징한다고 의미 부여했다.

이처럼 자잘하고 너저분한 의미들에 사람들의 정신과 시간과 에너지와 존엄성과 국민적·국가적인 잠재력을 낭비했다.
이처럼 우리는 전통문화와 관행과 인간관계와 예절·예의 등에 한자 문화권

의 영향을 크든 작든 받았다.
하지만 지극히 무의미·무가치·사소한 짓들에 불과했고, 그로 인해서 부정적·고압적·강압적인 사람들이 설치게 되었으며, 역사와 문화와 민족성과 인간성이 위축·손상·악순환의 연속이었다.

세종대왕의 한글 창제

대한민국은 세종대왕과 집현전 학자들이 한글을 만들었고, 한국인들보다 한글을 더 사랑했다는 호머 홀버트(미국)와 주시경 선생이 한글 띄어쓰기를 정리했으며, 오늘날 국민들은 한글을 사용한다.
그래서 현대적인 면에서는 한자를 찾아 보기 어렵다. 왜냐면 한자보다는 한글이 훨씬 더 현실적이고 과학적이고 쉽고 편리하기 때문이다. 심지어 국제 사회에서도 한글의 인기가 급속도로 높아지고 있다.

아직도 대한민국이 애매하고 위험한 점

첫째, 대한민국이 국민들은 중국이 부국과 강국으로 부상할 때 유교와 중국 공산당 등을 흠모하고, 미국을 배척·무시하는 사람들이 많았다. 역시 일부 사대주의자들과 중공몽 세력은 일방적으로 중국을 칭송하고, 스스로 비굴해졌다.

둘째, 몇십 년 전에는 학교에서 한자(훈·음)를 가르쳤고, 일부는 지금도 열심히 배운다.
이처럼 한자를 공부하고, 지식인이 되고, 출세(과거 급제)한 사람 중에는 여전히 중국의 지배력을 자연스럽게 여기거나, 그리워하거나, 거부감이 작거나, 아예 중국이 미래를 지배할 것으로 착각한다.

셋째, 이미 중국은 한참 뒤떨어졌고, 심지어 한국을 시기·질투할 정도로 한심하며, 주변의 약소민족과 북한은 물론 대한민국(한글·김치·태권도 등)까지도 중국의 속국으로 취급하거나, 손아귀에 놓으려고 안달한다.

넷째, 오늘날 중공은 미국과 유럽 등 선진국들에 침투해서 별별 짓들을 해대는 연속이다. 하지만 갈수록 자기 수준과 한계를 드러낸 채 망국을 오락가락하는 지경이다.
그래서 민주주의 국가들은 물론이고 개발도상국들이 적극적으로 연대·협력해서 중국을 상대해야 한다.

영어권과 대한민국

중세·근대·현대(문명·정치·문화·유행 등)를 주도했던 것은 의미(한자)가 아니라 영어(개념·주제·논리)였고, 오늘날은 한글(한류 등)이 급격히 부상하고 있다.

문제는 대한민국

대한민국은 한자(의미)와 한자 문화권의 영향을 가장 많이 받았고, 지금도 국민적·민족적·개인적으로 크고 작은 영향들을 받고 있다.
물론 중국이 급속도로 몰락 중이고, 대한민국의 중공몽 사대주의자들 역시도 동시에 몰락·위축됨으로써 심각한 위협과 위험이라고 단정하기는 곤란하다.
하지만 대한민국이 중공몽·사대주의와 후진성을 근본적으로 해결하고, 이어서 인간다운 민주화를 통해서 민주주의 선진국으로 도약하려면 반드시 우리에게 남겨진 후진성 등을 이해해야 하고, 그래야 국민의 의식 향상을 통해서 제대로 빛을 보면서 국제사회와 인류 미래에 이바지할 수 있다.

다시 강조하면, 대한민국은 오늘날도 한자 문화와 그러한 영향·잔재에서 완전히 자유롭지 못하다. 그래서 이를 극복하려면 부정적인 문제들을 해결하면서 긍정적·적극적인 세계관 겸 우주관을 동시에 확보해야 한다.

그래야 질적인 가치관을 통한 국민의 의식 향상과 진정한 인류애와 적극적인 인간성·국민성·인간관계와 합리적인 사회문화를 실현하면서 민주주의 선진국으로 발돋움할 수 있고, 정신문화의 강국으로 도약할 수 있으며, 국제사회에 기여·연대하면서 중공 등 침략적인 국가들을 바로잡아 줄 수 있다.

※ 세계관 겸 우주관은 《하나뿐인 세상에 합당한 인류 공통의 세계·우주관》 참고

6. 대한민국의 뿌리·실체·실상

※ 여기는 독재·민주화와 진보·보수를 따질 필요 없이 모든 국민이 똑같은 민족성·역사·문화·관행·습성임을 입증하기 위한 내용이다.
만일 이를 솔직하게 이해·인정·점검·반성·승화하지 않는다면 민주주의와 민주화는 절대 성공할 수 없고, 진보든 보수든 악순환에서 벗어날 수 없으며, 자녀 세대와 후세대가 또다시 처절한 대가와 죗값들을 치러야 한다.

대한민국의 역사·문화·민족성에 대한 똑바른 이해

우리는 역사에서 비민주적이고 비인간적인 요소들이 너무나 많았고, 졸렬한 소인배(부정적·비민주적·비인간적인 사람)들이 사회문화를 엉망으로 만들었다. 그로 인해서 긍정적·적극적·건설적·진취적인 시도들과 인간다운 사회문화와 훌륭한 인물들과 참신한 인재들이 활성화될 수 없었고, 내부적인 문제들이 심각했다. 예를 들면,

* 우리끼리 신분·서열·지역·직업·계급·남녀·나이·며느리·아들딸과 장남·차남까지 심하게 차별했다. 이는 의미를 부여·집착했던 한자 문화권의 영향이었고, 오랜 세월 반복되면서 무의식과 문화와 인간관계와 인생관으로 굳어졌다.

* 어린 시절부터 버르장머리·건방진·싸가지 등 부정적으로 매도·취급당했고, 덕석몰이, 비민주적인 어른 공경, 비인간적인 조상 모시기, 유교와 사대주의, 당파와 당쟁, 중상모략·권모술수, 봉건주의, 쇄국정책, 세도정치, 탐관오리, 가렴주구, 아부·아첨, 친일파 등 낡은 관습이 헤아릴 수 없이 많고 심했다.

* 조상들은 자손들에게 조상 모시기와 어른 공경을 가르쳤다. '뿌리 있는 집안은 조상을 잘 모신다.', '뼈대 있는 집안은 가풍이 있다.', '조상을 잘 모셔야 인생이 잘 풀린다.', '자식은 부모를 정성껏 받들어 모셔야 한다.'라고 했다.

* 스승의 그림자는 밟지 않았고, 선비는 손에 흙을 묻히지 않았으며, 왕가의 권위와 법도 앞에서는 고개조차 들지 못했고, 숨도 편히 쉴 수 없을 정도로 권위적이고 엄격하고 까다로웠다.

* 밥상이 차려지면 아랫사람들이 먼저 와서 어른을 기다려야 했다. 어른이 오면 모두 일어섰다가 어른이 앉은 다음에 앉았다. 숟가락도 어른이 먼저 들었다. 밥그릇의 뚜껑을 여는 것도 어른이 먼저다. 찬물도 위아래가 있었다.

* 어른에게 술병·술잔과 물병·물잔을 양손에 하나씩 들고 동시에 내밀면 상놈으로 취급받았다. 작고 가벼운 빈 술잔조차 두 손으로 받쳐서 건넨 다음에 술병을 들어서 두 손으로 따라야 한다. 어른이 술잔을 권하면 두 손으로 공손하게 받고, 한 무릎이라도 꿇고 술을 받고, 고개를 약간 숙여서 술을 받는

다. 받은 술잔을 마실 때는 고개를 옆으로나, 뒤로 돌려야 한다.
가벼운 잔 하나를 받거나, 물(술) 한 모금을 마시는데도 복잡하고 까다롭고 소심하고 부자연스럽고 답답하고 어리석었다.
그뿐 아니라 신분과 나이가 어린 약자들은 '상놈의 자식', '불효자식', '가정교육이 잘못된 놈', '홀어미·홀아비 자식', '버르장머리 없는 놈', '건방진 놈', '싹수없는 놈', '덕석몰이' 등 별별 비난을 감수해야 했다.

7. 힘겹게 살아가는 후손들을 무수히 괴롭혔던 조상들

조상들은 죽은 조상(귀신)들에게 도리를 다해야 한다는 명분으로 살아 숨 쉬는 사람들을 무수히 착취하고 무시하고 괴롭혔고, 대표적인 문화가 조상 모시기다.
이는 죽어서 썩고 없어진 조상들조차 갖가지 의미들을 부여해 놓고, 도리를 다해야 하는 한자와 한자 문화권이 우리에게 끼쳤던 잔악하고 치명적인 점이다.

비민주적·비인간적이었던 '조상 모시기' 문화

우리가 매년·평생 조상 모시기와 어른 공경에 쏟아붓는 여력(시간·비용·정신·체력)을 모으고 집중해서 생산적·건설적·진취적인 일들에 집중했다면 어땠을 것인지 생각해 보길 바란다.

양반들은 묘를 만들고, 제단과 비석을 세우고, 잔디를 심고, 벌초하고, 성묘하고, 제사 지내고, 제 각을 짓고, 시제 모시고, 족보를 만들었다. 굶주림과 추위에 떨던 양민들을 방치·착취한 채 자랑스럽게 조상에게 도리를 다했다. 오래전에 죽어서 썩어 버린 뼛조각·흙더미·풀더미에 음식을 거나하게 차렸고, 조상에 대한 후손의 도리와 미덕으로 미화·합리화했다.

거나하게 차려진 음식과 제사상에 부여된 자잘·복잡한 의미들

* 건좌습우(乾左濕右, 마른 것은 왼쪽, 젖은 것은 오른쪽), 접동잔서(摺東盞西, 접시는 동쪽, 잔은 서쪽), 좌반우갱(左飯右羹, 밥은 왼쪽, 국은 오른쪽), 남좌여우(男左女右, 제상의 왼쪽은 남자, 오른쪽은 여자), 고비합설(考妣合設, 내외분일 경우 남자 조상과 여자 조상은 함께 차린다), 시접거중(匙楪居中, 수저를 담은 그릇은 신위의 앞 중앙에 놓는다), 반서갱동(飯西羹東, 밥은 서쪽, 국은 동쪽), 적접거중(炙楪居中, 구이는 중앙에), 어동육서(魚東肉西, 생선은 동쪽, 고기는 서쪽), 동두서미(東頭西尾, 머리는 동쪽, 꼬리는 서쪽), 배복방향(背腹方向, 닭구이나 생선포는 등이 위로 향하게), 면서병동(麵西餠東, 국수는 서쪽, 떡은 동쪽), 숙서생동(熟西生東, 익힌 나물은 서쪽, 생김치는 동쪽), 서포동해·혜(西脯東醢·醯, 포는 서쪽. 생선젓과 식혜는 동쪽), 좌포우혜(左脯右醯, 포는 왼쪽, 식혜는 오른쪽), 홍동백서(紅東白西, 붉은색 과일은 동쪽, 흰색 과일은 서쪽), 동조서율(東棗西栗, 대추는 동쪽, 밤은 서쪽)

이런 제사를 후손들은 일 년에 몇 번씩, 평생을 반복했다.
멀쩡하게 살아 있는 사람들이 죽어서 썩고 없어진 조상(귀신)들과 흙무덤과 풀더미를 찾아가서 도리를 다하다가 예초기에 다치고, 뱀에게 물리고, 벌에 쏘이고, 교통사고 당하고, 응급실에 실려 가고, 죽는 등 후손들이 당한 피해와 불행과 고통이 이만저만 아니었으며, 그를 모두 합하면 엄청날 것이다.
조상들은 그처럼 답답하고 우둔한 행위들로 양반·상놈과 유식·무식을 구분했고, 민족성·역사·문화·국민성·인간성·인간관계 등이 좁쌀처럼 소심해지고 졸렬해지고 잔악해질 수밖에 없었으며, 현대 문명사회에 몸담은 국민들도 좀처럼 헤어나지 못했고, 위기와 망국을 초래한 직간접적인 원인이기도 하다.
다시 말해서 현대사회의 특징은 촌분을 아껴서 열심히 노력해도 쉽지 않다. 그런데 개인적·국가적·국민적으로 엄청난 여력을 엉뚱한 비현실과 과거와 귀신들에게 쏟아 버리는 괴상망측한 현상은 세상과 인생에 대한 기초부터 잘못되었다는 증거다.

과연 무엇이 어떻게 잘될 수 있었겠는가?

이러한 수준의 연장선에서 수준 높은 민주주의가 가능했겠는가?
민주화(투사·열사·투쟁·시위·혁명)가 제대로 진행되었겠는가?
대통령이 아무리 유능하고, 개혁을 시도해도 좋아지겠는가?
이러한 연장선에서 기어코 고집부리면서 망치면서 망가질 것인가?

8. 어른 공경으로 망가진 민족성·역사·사회·문화

인간은 평생 사람들과의 만남과 사귐과 헤어짐을 반복하는 사회적 존재다.
그래서 언제 어디서 누구와 어떤 일로 만나고, 얼마 동안 함께 하든지
첫째, 서로 편안해야 하고,
둘째, 서로 동등해야 하고,
셋째, 서로 진심을 솔직하게 표현할 수 있어야 하고,
넷째, 이러한 분위기와 관계를 자연스럽게 유지·지속해야 하고.
다섯째, 이를 통해서 사회·문화가 합리적으로 진행되어야 한다.
하지만 우리는 '어른 공경' 문화로 인해서 인간의 기초 자유인 생각·표현·행동·관계의 자유에 제약받고, 약자들은 윗사람들에게 굽실거리는 등 비굴해지고, 부정·비리·인맥·연줄 등 부작용과 악순환에 시달렸다.

'어른 공경'문화의 실상

인간을 긍정적으로 보느냐, 부정적으로 보느냐에 의해서 어른 공경 문화 역시 장점·단점으로 나눌 수 있다.

만일 인간을 부정적으로 취급한다면 공자의 '유교'와 '어른 공경'은 매우 중요해진다. 왜냐하면 권위·계급·서열·격식 등이 없으면 가정도 나라도 질서도 문란해지고, 위험해질 것이기 때문이다.

반대로 인간을 긍정적으로 신분·서열·권위·격식 등이 자유를 침해하고, 존엄성을 망치고, 인권을 위협하고, 건전한 인간관계와 바람직한 사회와 합리적인 문화를 해치는 등 무기처럼 위험하고 해롭다.

어른 공경 문화로 인한 참상

어른 공경 문화가 어른보다도 신분과 지위를 위한 것이었다는 명백한 증거가 있다.

역사에서 할아버지·할머니는 양반집 꼬마에게 '도련님', '따님'이라고 불렀고, 젊은이가 과거에 급제하면 할아버지·할머니들이 '나으리', '나리님'으로 불렀으며, 자식이 '왕'이면 부모도 높임말을 썼다.

이처럼 어른 공경은 신분(계급)사회 정착이 우선이었고, 어른 공경이 가미되었으며, 약자에게 무조건 손해였다.

해방 후에 우리는 민주주의(제도)와 법과 제도를 공짜로 얻었다. 하지만 서양에서 최초에 민주주의를 만들었던 문화와 의식구조는 얻을 수 없었다. 그래서 불과 40년여 전만 해도 고시에 합격한 젊은이는 '영감님'으로 호칭했다.

이는 우리가 현대사에서 민주주의였을 실시했을 뿐 국민성과 무의식과 관행과 관습과 인간관계는 원래대로였음을 말해 준다.

그래서 특권층(고위직, 재벌가, 고용주, 지휘관 등)에게는 깍듯이 높임말, 고개 숙이는 인사, '님'으로 대우했다. 가관인 것은 상급자들이 당연하게 받아들였다.

심지어 과거에 최하 말단이었던 노동자·노조들도 오늘날은 특권과 세습을 당연하게 여긴다. 이는 자신들이 맹비난했던 양반·지주들과 탐관오리들과 다를 바 없고, 오히려 훨씬 더 잘못되었다는 증거다.

그러한 민족성과 문화로 인해서 북한은 악랄한 김일성 일가의 독재와 우상화와 신격화와 3대 세습까지 행해졌다.

이는 국민들의 열등의식과 피해의식이 우월감과 출세욕과 특권의식으로 악화했고, 인간성과 국민성이 얼마나 멍들었는지를 보여 주는 증거다.

'어른 공경' 문화의 핵심 요약

첫째, 위에다 맞춰 주는 하수인들 양성 문화

어른 공경은 상대방의 계급이 높거나, 나이가 많거나, 돈이 많거나, 권한이 세면 아랫사람이 고분고분 비위를 맞거나, 눈치를 살피면서 조심하거나, 자기 진심과 의견을 피력하지 못하는 등 하수인들을 양성·양산하는 문화다.

둘째, 존경받는 인물들이 나올 수 없는 문화

윗사람은 특별히 노력하고 고민할 필요가 없다. 왜냐면 아랫사람들이 윗사람을 당연히 따르고 모셔야 하고, 윗사람에게 찍히면 엿 먹이고, 괘씸죄를 적용할 수 있기 때문이다.

아랫사람들은 자기 진심과 진실을 표현하기 어렵고, 표현과 행동이 관계를 위주로 치우쳐서 비위 맞추기에 급급하며, 주제와 개념과 상황에 충실하기 어렵다.
그래서 인맥을 형성하거나, 배경을 동원하거나, 압력을 행사하거나, 연줄을 찾아서 청탁하거나, 아부·아첨하거나, 결정적인 순간에 돈봉투를 전달하는 등 개인적인 처세가 잘 먹히고 유리하다.
따라서 '미덕과 도리', '어른 공경'등 미사여구에도 불구하고 국민에게 진심으로 존경받는 인물들이 생겨나기 어렵다.

셋째, 위에는 아부·아첨하고 아래에 화풀이하는 졸장부 문화

자기 위에는 만면에 웃음 짓거나, 비위를 맞추는 등 없는 인간미도 발휘한다. 하지만 자기 아래에는 거들먹거리고, 무시하고, 군림한다. 이는 동쪽에서 뺨 맞고 서쪽에서 분풀이하는 졸장부 문화다.

넷째, 위에 상납(뇌물)하고 아래서 뜯어먹는 착취 문화

국민들이 열심히 흘린 땀과 최소한의 인간다운 삶을 가로채서 용돈(유흥, 사치, 향락, 도박 밑천)으로, 재산축적으로, 비자금 형성으로 빗나간다.
이것이 역사에서 자기 위에 뇌물을 바치고, 약자들에게는 무자비하게 뜯어먹는 착취 문화이고, 서민들이 보호·지원 받지 못한 채 극한으로 내몰리고 분열하는 양극화 중 일부다.
명절이 되면 선물이나, 돈봉투를 상납하면서 관행과 인간미(미덕)라고 합리화한다. 이러한 행위들이 진짜 인간미가 아니고, 결국에는 모두에게 손해임을 잘 알고 있다. 하지만 신분과 지위가 바뀌면 또다시 관행에 편승해서 악순환에 가담한다.

북한에서 독재와 세습이 가능했던 이유 역시 인민들이 독재자에게 비굴했고, 아랫사람들에게는 비인간적인 학대와 착취를 당연시했기 때문이다. 그래서 인민들은 굶주림과 도둑질과 영양실조와 죽음과 탈북으로 내몰렸다.

다섯째, 졸장부들의 소인배 문화

겨우 한두 마디 말씨와 말투를 소화하지 못하고 토라지거나, 싸우거나, 흉보거나, 칼부림까지 하는 소인배 문화다. 전쟁이 아닌데도, 지구가 망하는 것도 아닌데, 굶주리지도 않는데, 심지어 호시절인데도 편안하고 평화롭고 우호적이고 안전하게 살아가지 못한다. 왜냐면 위아래와 일이 년과 한두 달(군대 동기)까지 따지는 등 지극히 사소한 것들에 연연하기 때문이다. 그뿐만 아니라 가혹행위를 저지르거나, 소중한 인생(생각, 관심, 시간)을 사소한 것들에 허비하거나, 법정 싸움으로 확대된다.

한번 누군가에게 속이 상하면 뒤틀린 심정을 소화해 낼 방법도, 소화하고 싶은 마음도 없다. 이는 상호 존중과 존경과 존엄성 발휘와는 정반대이고, 소심하고 비겁하고 비열한 인간성과 졸렬한 소인배들의 전형이다.

우리의 국민 의식은 언젠가부터 성장을 멈추고, 아름다움에서 멀어지고, 무책임한 변명과 책임전가와 정부 비난에 익숙해졌다.

자유와 평등과 정의와 인권과 복지의 시대에서도 높임말과 '님'이라는 호칭 사용과 고개 숙이는 인사를 적극적으로 개선하려는 시도는 없었고, 가해자와 피해자만 다를 뿐 결국에는 온 국민이, 온 나라가 말짱 도루묵의 연속이다.

여섯째, 구성원들의 사회의식과 건전 문화를 망치는 말살 문화

인생도 인간도 관계도 사회도 똑바로 모르는 초·중·고·대 학생들이 1~2년 차이의 선후배를 따짐으로써 비인간적이고 비민주적인 관행들에 당연하게 물든다. 역시 운동선수들의 선후배 관계, 감독과 선수들의 관계, 학교폭력은 차라리 열악한 환경에서 행해지는 조폭들의 수준만도 못할 정도다.

대학들은 '지성의 전당'은 뒷전이고, 출신(고등)학교와 동아리와 학과 선후배를 따져서 위아래 관계부터 형성한다.

일곱째, 책임 의식의 실종 문화

우리 문화는 조상 때부터 전해졌고, 민주주의는 서양에서 얻었다. 그래서 우리는 조상 답습과 서양 모방을 통해서 한동안 잘 먹고 살게 되었고, 더욱더 출세와 부를 향해 줄달음쳤다.

하지만 우리가 직접 만든 것은 없다. 그래서 문제들이 터지고 악화해도 잘못을 인정하거나, 반성하거나, 책임지려는 사람은 없다. 오히려 문제(사건·사고)가 터지면 "모두를 싸잡아서 똑같이 취급하면 안 된다."라고 빠져나간다. 이러한 모든 것이 바로 우리의 실체라고도 할 수 있는 후진적인 문화와 국민성이며, 후진성과 악습과 폐습을 바로잡지 못하면 민주주의는 불가능하고, 또다시 망국을 각오해야 한다.

9. 차별과 학대로 망가진 인간성과 민족성

* 여자들은 남자들과 밥상에서 함께 식사하지 못한다. 그래서 밥상 밑이나, 부엌에서 따로 먹는다. 어떤 집안의 여자들은 남자들이 식사를 끝내면 남은 음식으로 밥을 먹는다.

* 며느리들의 시집살이는 '봉사 3년, 벙어리 3년, 귀머거리 3년을 합해서 9

년'이고, 그간에는 보고도 못 본 척, 알고도 모른 척, 듣고도 못 들은 척 구박과 천대와 학대를 견뎌야 했다. 역시 본능과 감정과 감각조차 스스로 억제하고 봉쇄당한다는 점에서 오늘날 동물들보다 더 힘들고 잔악하고 끔찍하고 가혹한 관계와 처참한 인생이었다.

* 여자는 남자 것(소유)이며, 결혼 전에 순결해야 하고, 평생 남편에게 지조를 바쳐야 하고, 칠거지악과 삼종지도를 따랐다. 그러면서도 남자들은 가정의 화목, 인격과 인품, 수신제가를 들먹였다. 이를 '고유의 전통과 미덕'으로 자랑할 정도로 모순과 위선과 합리화가 심했다.

* 칠거지악 : 시부모에게 순종하지 않음, 아들 못 낳음, 불륜, 질투 많음, 나쁜 병, 말이 많음, 도둑질하면 시집에서 쫓겨남.

* 삼종지도 : 여자는 어려서 어버이께 순종, 시집가면 남편에게 순종, 남편이 죽으면 아들을 따르는 도리.

* 양반·상놈과 며느리 차별은 물론이고 자기 자식도 차별했다. 적자와 서자를 차별했다. 아들과 딸을 차별했다. 장남과 차남도 차별했다. 아들을 낳지 못한 며느리는 죄인처럼 고개를 들지 못하고 죽은 목숨과도 같다. 남편이 사고를 치거나, 일찍 죽거나, 출세를 못하면 '여자 팔자가 사나워서'라고 비난했다.

* 자기 몸도 조상에게 받았으니 자기 것이 아니다. 그래서 자기 몸을 함부로 취급하면 안 된다. 양반들은 조상의 가르침을 따른답시고 전쟁에 나가지 않는다. 전쟁에 나가면 조상이 주신 몸을 다칠 수 있기 때문이다. 그래서 전쟁(병역)에 나가서 죽고 다치거나, 나라를 구하는 일은 상놈들의 몫이다.

* 장애인을 '병신'이라고 놀려 대고 괴롭혔다. 가난한 사람을 도와주지 않고 오히려 '거지새끼', '동냥치', '문둥이'라고 놀리고 괴롭혔고, 그나마 깡통(밥통)을 발로 쪼그려서 차 버리기 일쑤였다. 자신들의 악덕을 숨기고 합리화하기 위해서 약자들을 천대하고 학대하고 인간 이하의 짐승처럼 취급했다. 그러면서도 인간 됨됨이, 예절, 예의, 도리, 인품, 인격, 겸양, 도덕, 윤리, 진리, 이치, 순리 등 그럴듯하게 포장하고 치장해 놓은 의미들이 유난히도 많았다. 인격을 찾는 양반들은 술과 가무와 풍류를 즐기면서 여자를 안주 삼아서 시조를 읊었다.

* 조상들은 천하에 몹쓸 짓을 너무 많이 저질렀다. 고작 몇십 년 세상에 머물면서 어마어마한 세상(이치)과 다양한 잠재력을 지닌 인간들을 멋대로 주물럭거려서 서열화해 놓았고, 무궁무진한 가능성을 지닌 인간을 악랄하게 학대하고 착취하고 차별하고 간섭하고 통제하고 복종시키고 길들였다.
겨우 나이 한 살이나 한두 달 동기를 위아래로 나눠서 심부름시키고 폭행했고, 말투(어감)와 말씨(존칭)와 눈빛까지 시비를 걸어서 벌을 세우고 가혹행위들을 저질렀다. 비인간적인 차별과 학대와 착취를 마치 특권(출세, 어른)의 증거처럼 저질렀던 원시인이나 악마들이라고 해도 과언이 아니었다.

* 인생이 화통 덩어리고, 고통의 연속이었다. 백성들은 체제와 권위와 규범에 순종하고 미덕을 따랐음에도 돌아온 몫은 결국 '상놈과 차별'이고, '목구멍이 포도청'이다.
'품위'와 '인격'은 양반들이 상놈들을 차별하고 우쭐대고 무시하고 기만하는 도구다. 상놈들은 양반들에게 밉보이면 폭행당하고, 빼앗기고, 심부름해야 한다. 그래서 피해 다녀야 하고, 혹시라도 만나면 굽실거려야 하고, 빨리 벗어나야 한다.
결국 단일민족, 백의민족, 한 겨레 한 핏줄, 우리민족끼리, 주인의식, 주체사상은 백성(인민)들을 악랄하게 괴롭히면서도 악덕과 악행을 합리화하기 위한 허울 좋은 기만용이고, 약자들을 등쳐먹는 사기용이다.
(북한 인민들 역시 악랄한 세습 정권에 굽실거리기에 혈안이다. 이는 무자비했던 조상들이 저지른 죗값을 후손들이 고스란히 받게 된 셈이다. 그런데 똑같은 조상의 후손인 남한은 북한과는 정반대다. 이는 어떤 의미와 가능성이 내포되어 있다고 생각하는가?)

* 개인마다 짊어진 짐이 너무나 무겁다. 어른을 공경하고, 체제에 순종하고, 권위에 복종하고, 양반·관리에게 예를 갖추고, 사회 질서에 순응하고, 죽은 귀신(조상)들까지 수시로 챙겨야 한다. 한없이 초라해진 '자신'이 이리저리 갈기갈기 찢기면서 인간의 존엄성에서 아예 멀어지고 역행해 버린다.
극도로 열악하고 열등한 문화와 사회와 전통과 신분과 계급 차별 속에서 백성들이 적응하거나, 이것들에 맞춰 살기는 모든 면(시간, 정신, 체력, 형편)에서 너무나도 버겁고 지겹고 지친다. 개인마다 짊어진 보따리들이 무거워서 고단한 인생길을 걷기도 버티기도 어렵다. 그나마 보따리들이 허술해서 이리저리 삐져나오기 일쑤고, 평생 그것들을 챙기다가 세월이 덧없이 흘러서 인생이 끝나 버린다. 그래서 짧고도 기나긴 일생을 살아놓고도 '인생이 덧없고 허무하다.', '인생 유수'라고 한탄한다. 스스로 무의미하고 무가치한 인생임을 시인하는 셈이다.

* 상놈들도 결국은 양반들을 흉내 낸다. 상놈들은 양반들에게 빼앗기고 굶주리면서도 직접 마주하면 굽실굽실 비위를 맞췄다. 그러던 상놈들이 서로를 무시하고 괴롭히는 것을 당연하게 여긴다. 자기 자식이나, 가까운 이웃에게 '멍청한 놈', '게으른 놈', '촌뜨기 놈', '썩을 놈', '모자란 놈', '구들장만 짊어진 등신 놈', '호랑이가 물어갈 놈'이라고 욕을 해 댄다. 동쪽에서 뺨 맞고 서쪽에

서 화풀이하는 셈이다.

가난과 열등감과 서러움과 피해의식이 겹치면서 인간 의식과 사회의식이 상실·굴절·왜곡되었고, 극한의 역사로 치달았다. 그럴수록 개인 팔자(운명)를 탓하거나, 조상에게 더욱 예를 갖추고 소원을 빌거나, 보이지도 들리지도 않는 하늘을 향해서 기도하거나, 천벌이 내리길(벼락 맞아 죽길) 바란다.

* 양반들은 중상모략과 당파싸움과 탐관오리 짓들로 일관했고, 끊임없이 망해 먹다가 외세의 침략을 받아서 나라를 빼앗겼다.

그렇게 나라가 허약해지자 상놈들은 매관매직과 족보 위조를 통해서 양반·관리(가해자)로 둔갑했다. 이는 상놈들이 자신들을 차별·착취·학대했던 가해자(양반) 신분으로 변신·둔갑했고, 잘만 하면 그간에 한 맺혔던 입신양명·호의호식·부귀영화도 가능하게 되었다.

이처럼 우리 조상들과 민족성과 문화는 해도 해도 너무하고, 몰라도 너무나 모르고, 위선과 억지를 부려도 이만저만 아니었다. 무지와 위선과 억지와 잔악함을 도리와 미덕으로 합리화한 채 위대한 민족으로 착각·조작했다. 역사뿐 아니라 문화, 의식, 인생, 인간에 대한 왜곡이 심각해서 근본적인 반성과 점검과 변화의 기미는 보이지 않았다.

이러한 연장선에서 대한민국은 현대사·민주주의·민주화에서도 비리와 위·불·편법과 악행들이 이만저만 아니었다.

이처럼 대한민국과 국민들은 나라를 망해 먹고, 빼앗겼던 속에서도 인류사에서 가장 최고급 수준의 개념들(자유·평등·정의·인권·복지 등)로 구성·진행되는 민주주의를 공짜로 얻고 모방해서 시작했을 뿐 절대 잘될 수 없었다.

만일 1) 자기 조상들은 위(양반·관리·양민·상놈·천민)에 해당하지 않고, 인류애와 동포애로 넘쳐 났다고 자신하는 사람은 나와 보길 바란다.

만일 2) 그러한 연장선에서 대한민국이 인류사에서 최고급 개념들로 구성·진행되는 수준 높은 민주주의와 민주화에 적응·성공할 수 있었다고 생각하는가?

만일 3) 우리민족끼리 잔악무도했던 조상들과 역사와 문화와 민족성과 인간관계 등 참상들을 외면·방치한 채 친일파·적폐 청산을 추켜들었던 저질·악질·역적들이 옳았다고 생각하는가?

만일 4) 우리 조상들과 친일파들보다도 훨씬 더 잔악무도한 김일성·정일·정은에게 감히 찍소리 못한 채 훨씬 더 순진·순박한 우리 내부를 향해서 '친일파 청산'과 '적폐 청산'을 시도했던 사람들이 옳고 잘했다고 생각하는가?

만일 5) 만일 이재명과 문재인이 깨끗한 사람이거나, 훌륭한 지도자이거나, 진행 중인 수사·재판 사건들이 무죄라고 확신·장담하는 사람들이 있는가?

만일 이런 사람들과 세력들이 있다면 현재 시점에서 자기 재산 총액의 절반을 걸고, 따 먹는 내기에 응해 보길 바란다.

아니면 목숨을 걸고 내기해도 좋다.

10. 친일파들보다 훨씬 더 비열·잔악한 친일파·적폐 청산론자들

※ 친일파 청산이라는 비인간적·반민족·비민주적인 행위들에 대해서 명료해 지길 바란다.

※ 여기 주제는 친일파 청산과 친일파 인명부 제작이 거론될 때 필자가 정리한 내용이다.

노무현 정부는 해야 할 일들이 수두룩한 상황에서 역사를 거꾸로 후퇴시키는 친일파 청산(민족문제연구소)부터 추켜들었다. 이는 자신들이 표방했던 '진보'와는 정반대로 퇴보와 역행이었다.

이에 필자는 〈친일파들보다 더 비열한 친일파 청산론자들〉이라는 제목으로 열린우리당 홈페이지와 청와대 홈페이지와 언론사들에 배포했고, 저서에도 소개했다.

노무현과 친노 세력은 대한민국에서 정말 중요하고 시급한 것이 무엇인지, 국민들이 무엇을 우선해야 하는지 모른 채 대통령에 당선되었고, 임기 동안 말장난 수준의 임기응변과 땜질식의 졸속 처방에 급급했으며, 교만함과 도도함과 안하무인의 연속이었고, 절대 잘될 수 없었다.

그런데 문재인 정권에서도 또다시 '적폐 청산'과 집요한 '친일파 몰이'와 '죽창가' 등 비인간적이고 비민주적인 만행을 반복했다.

물론 이는 노무현·문재인 정권의 잘못이지만 또다시 적폐 청산이라는 만행이 재현되었다는 점에서 무능하고 무기력한 보수의 잘못과 책임도 막중하고, 한편으로는 수십 년째 똑같은 짓들에 당한다는 점에서 보수의 잘못이 더욱더 중대하다고 할 수 있다.

※ 해방 80년을 눈앞에 두고 있다. 그런데 지금도 여차하면 '친일파·청산'을 강조·주장하는 사람·세력이 있다면 나라와 국민을 망치는 악질·역적들에 해당하고, 또다시 먹혀드는 사람은 판단력이 현저히 떨어지는 저능아가 아닌지 살펴봐야 한다.

대한민국은 민주주의 국가이고, 국민들이 적극적으로 협력·단결해야 한다. 그런데도 현대사 내내 '친일파'라는 연좌제를 통해서 민주주의를 방해·역행했다. 이는 대한민국이 민주주의 국가와 국민이라고 했을 때 '친일파 청산론자들'은 과거 친일파들이나 북한의 공산·독재 세습 정권보다 훨씬 더 비열하고 악랄한 저질·악질들이며, 정말로 연좌제를 적용받아야 할 사람들인지 머잖아서 그들의 증조·조·부모의 이력과 내력을 확인해 봐야 한다.

친일파들보다 훨씬 더 비열·잔악한 친일파(적폐) 청산론자들

중국의 무협지 수준인 친일파(적폐) 청산론자들

중국인들의 인간성과 문화를 가장 상징적으로 함축해 주는 것이 무협지와 무협영화다. 무협지와 무협영화는 엉망진창이었던 과거에 발생한 비극적인 개인사와 가족사에 인생을 내맡긴 채 피비린내 나는 보복과 중상모략이 마치 정의와 의리처럼 행해진다.

이처럼 무협지와 무협영화는 존엄해져야 할 인간이, 특히 미래를 이끌어 가야 할 젊은이들이 몸담은 현실(문제들)을 적극적으로 끌어안아서 책임지려고 하지 않고, 피비린내 나는 보복과 살육과 암투와 전쟁으로 서로를 망가뜨리고 망가지는 비인간적인 인간성과 역사 과정을 적나라하게 보여 준다.

만일 모든 인간이 중국 역사와 무협영화처럼 살아간다면 온 세상이 지옥으로 전락할 수밖에 없다. 왜냐면 좋은 점은 무시되고, 갈수록 나쁜 점들이 확대·재생산·뻥튀기되면서 죽고 죽이고 모략하는 지옥의 구성원들로 전락하기 때문이다.

무려 60년(이 글을 쓰던 시점까지) 동안 해결하지 못했던 친일(파) 청산

한일합방은 역사적·국가적 사건이다. 그래서 친일(행위)의 원인과 책임에 대해서는 허약했던 국가(조정)와 후진적인 문화와 열등했던 민족성에서 찾아야 한다.

그래서 일본이 침략했을 때 우리 조정(나라)의 상황부터 확인해야 한다. 그리고 그 이전의 사회상과 백성들의 비참한 인생과 후진적인 의식구조 등을 확인해야 한다. 그런 다음에 개인들의 친일 행위를 따지는 것이 순서다.
이어서 그간에 우리끼리 잘못하고, 차별하고, 허약해지고, 잔악했던 민족성과 문화와 관행과 인간관계와 사회제도 등 거의 모든 면을 점검하고, 반성하고, 승화하고, 화합하고, 용서하고, 단합해야 한다. 왜냐면 지나 버린 과거는 그렇다 치더라도 우리 국민의 의식이 향상하고, 사회문화가 월등해지고, 대한민국이 선진국으로 도약하는 것이 중요·우선이기 때문이다. 그래야 우리가 일본보다 강해질 수 있고, 일본을 깨우쳐 줄 수도 있으며, 일본이 나아갈 방향과 미래의 본보기가 되어 줄 수도 있다.

당시에 우리의 사회 현실과 백성들의 삶을 살펴보면

우리는 일본이 침략하기 전에 극심한 빈곤과 차별과 착취가 극에 달해서 비참한 상태였다. 백성들은 나라(조정)로부터 보호받지 못했고, 백성의 대부분이 상놈과 천민으로 전락한 채 양반·관리들에게 학대·착취당했으며, 의지할 곳이 없었고, 국가적 자긍심도 인간의 존엄성도 없었으며, 어떻게든 각자 알아서 살아남아야 했고, 나라까지 빼앗겼다.
이런 상황에서 일본은 백성들을 회유하기 시작했고, 일자리와 지위를 제공했다. 일부는 돈으로 유혹하거나, 무력으로 압박했다. 이처럼 갖가지 압력과 술책과 회유를 백성들이 이겨 낸다는 것은 차라리 죽는 것보다 더 어려웠을 수도 있다. 어쩌면 백성들로서는 일본 덕분에 차별과 굶주림에서 벗어나는 행운의 기회와 출세를 보장받는 횡재처럼 여겨졌을 수도 있다.

※ 평생 굶주리면서 대우도 인정도 받아 보지 못했는데 일본인들로 인해서 처지가 바뀌고 상황이 달라졌기 때문이다.

당시에 우리는 국가관도 가치관도 없었고, 극심한 굶주림과 차별·착취에 내몰렸다. 심지어 일본군들이 물러나면 양반·관리들에게 또 심하게 당할 것을 걱정하는 백성들이 많았을 정도로 우리끼리 혹독하고 악랄했다.
어떻든 백성들 대부분은 민족과 나라와 후손과 미래를 걱정할 수준도, 유혹과 협박과 회유를 버텨 낼 자존심과 국가관도 없었다.

※ 필자는 '내가 일제에서 태어나서 살았더라면'이라고 가정해 보았다. 그런데 필자 역시 무엇을 어떻게 했을지 장담할 수 없었다. 역시 필자는 절대 친일파가 아니었을 거라고 장담·입증할 근거가 없었다. 실제로 필자가 직장 생활을 할 때도 공무원들이 얻어먹고 뜯어먹고 괴롭히는 연속이었다.

그 당시 상황을 재조명해 보면

첫째, 조정은 무능과 탐관오리들의 부패로 극도로 허약했고, 백성은 빈곤과 착취에 방치된 채 끼니조차 힘들었다.
둘째, 백성들은 쇄국정책으로 어둠에 갇힌 상태였고, "낫 놓고 기역 자도 모른다."라고 할 정도로 무지·무식했다.
셋째, 양반·관리들은 국제사회에 무지·무관심했고, 호구지책과 수신제가와 호의호식과 입신양명과 부귀영화와 치국평천하의 일직선상에서 높은 곳만 주시했으며, 아랫것들은 무시하고 짓밟았고, 차라리 없는 것만 못했다.
넷째, 이런 지경에 나라까지 빼앗겼고, 백성들은 각자 알아서 살아남아야 했으며, 살아남는 방법도 제각각일 수밖에 없었다.

※ 오늘날은 북한 인민들이 똑같은 상황을 겪고 있다. 그런데 훗날 누군가가 인민들의 과거(신분, 행적) 행위(도둑질, 밀수, 탈영, 탈북, 월남, 체제전복, 호위대·선전대·경비대·보위부 경력)를 이유로 매국과 역적 행위로 내몰아서 명단을 작성하고, 처벌하면 어떻겠는가?

친일 행위는 받아 놓은 밥상과 같아

우리처럼 조정이 허약하고 내부가 부실한 상황에서 친일 행위는 받아 놓은 밥상과도 같았다.
우리의 역사와 민족성과 문화가 엉망진창이었다는 증거들을 살펴보자.

첫째, 6.25남침 당시에 남한에서는 지식인들이 월북했고, 북한에서는 김일성을 겪어 본 인민들이 월남했던 것도 증거다.
둘째, 임진왜란 때는 빈곤과 착취와 차별에 시달리던 백성들이 양반(탐관오리)들에 대한 반발심과 보복심리로 왜군의 침략을 수수방관했다. 심지어 백성들은 왜군들이 탐관오리들을 모조리 잡아 가두거나, 없애 주길 기대했을 정도다.
셋째, 동학 때도 조선은 백성의 반발과 저항이 극에 달했고, 당연히 백성들 역시 엉망진창이었으며, 한편으로 동학 때도 백성들은 노예와 도적 수준이었고, 잔악했던 양반·관리보다 훨씬 더 무지하고 잔인하고 구제 불능이기도 했다.
넷째, 제주 4.3사건에서 북한의 지령을 받는 남로당이 잔악무도한 짓들을 수없이 저질렀고, 6.25남침 전쟁 때 북한에 동조했던 소작농들과 머슴들이 양반·지주들을 죽창으로 찔러 죽였던 잔악성도 증거다.
이것이 우리가 다 함께 우리의 역사·문화·실체·실상에 대해서 점검·반성·승화·포용·용서·단합해서 새롭게 시작해야 했었던 이유이고, 친일파·적폐 청산론자들이 당시에 친일파들보다 훨씬 더 비인간적이고, 반민족적이고, 비열·교활·악랄한 이유다.

※ 마치 북한 인민들이 내부 변화와 개혁은 엄두 내지 못한 채 차라리 전쟁이 터지길 바라거나, 적(남한과 미국)이 김정은과 보위부 등을 제거해 주길 바라거나, 어떻게든 인민들을 살려 주고 도와주길 바라는 막다른 심리와 극한의 처지와도 같다.

따라서 친일파든 친일 행위든 근본 원인은 초라하고 허약했던 조정에 있고, 후진적인 문화와 잔악한 민족성과 관료들의 부패와 처참한 백성들의 삶과 봉건사회의 폐쇄성 등에 있었다. 그로 인해서 백성들은 스스로를 지켜 내고 버텨 낼 국가적 자긍심도, 인간의 존엄성도, 개인의 자존심도, 합리적인 사상도, 바람직한 문화도 없었다.

※ 그처럼 아픈 상처와 과거였는데 해방되었고, 오늘날에 이르렀으며, 이미 민주주의 정착은 물론 선진국이 실현되었어야 했다. 그런데 친일파 청산론자들은 역사를 퇴보·역행해서 친일파 몰이와 인명부를 제작하는 등 퇴행의 연속이었다.

친일파는 어떤 사람들이 해당하는가?

친일파를 기어코 정의한다면 나라를 빼앗겼던 36년 동안 목숨 걸고 싸우지 않았거나, 일제의 통치 아래서 막연히 살아간 당시의 왕권, 관리, 양반, 백성, 민족성은 물론이고 허약했던 역사와 문화 그리고 이를 똑바로 정리하지 못한 후손들을 총칭하는 의미여야 한다. 이런 의미에서 우리는 친일파를 적극적인 친일파와 소극적인 친일파로 나눌 수 있다.

적극적인 친일파

적극적인 친일파는 일본 편에서 나라를 팔아먹거나, 독립군들을 잡아들였거나, 독립을 방해했거나, 동족을 악랄하게 괴롭히고 착취했던 사람이라고 할 수 있다.
그런데 친일파 청산론자들의 조부모와 부모가 당시에 '적극적 친일파들'이 아니라고 장담·증명할 근거는 없다.

※ 심지어 인간적·시대적으로 친일파들보다도 훨씬 더 교활·비열·비겁한 신영복과 윤미향과 김원웅과 이종찬 같은 사람들이 오늘날에도 여전하다는 사실 역시 증거다.

소극적인 친일파

소극적인 친일파는 당시에 우리 백성(양반, 상놈 등)이 모두 해당한다. 일본에 직접·간접으로 협조했거나, 독립에 적극적으로 가담하지 않았던 대부분이 소극적인 친일파에 해당한다.
일본의 총칼에 겁을 먹었든, 가족의 생계를 위해서였든, 심한 차별과 억눌림을 한풀이하기 위해서였든, 단순한 심부름이었든, 일본 이름으로 바꿨든, 일본에서 공부했든, 일본인 기업에 취업했든, 일본말을 사용했든, 애국심이 부족했든, 적극적으로 대항하지 못했던 대부분이 소극적인 친일파에 해당한다.

※ 필자의 아버지는 최본(崔本, 다까모도)으로 개명했다. 목포 북교·목포 상고 3년 후배였던 김대중은 도요타 다이주(豊田)였다고 한다.

※ 친일파 청산론자들과 그들의 조부모와 부모 역시 당시에 소극적인 친일파들이 아니었다고 장담하고 보장할 근거는 없다.
만일 자기 조부모와 부모가 독립군이었다고 하더라도 자신도 독립군이 되었을 것이라는 보장과 장담은 더욱더 할 수 없다.

※ 지금까지도 우리는 극한에 처한 동족(북한 인민들)을 수십 년째 방치했고, 친일파들과는 비교조차 안 될 정도로 최악의 악질·말종들(김일성·정일·정은)과 그들의 노예로 전락한 북한 인민들에 대해서는 왜 언급하지 않는가?

※ 친일파 청산을 주장하면서 친일파 인명사전을 만들었던 민족문제연구소는 독립군들의 후손과 위안부(정신대) 할머니들과 강제노동 피해자들과 유가족들과 북한 인민들의 인권과 참담한 실상을 지원해 주기 위해서 그간에 얼마나 어떻게 노력해 왔는가?

친일파 청산론자들이 정말 민족주의자들인지, 애국자인지, 역사의 칼과 정의의 칼을 움켜쥘 자격과 난도질할 자격이 있는지, 도대체 어디에서 누구에게 어떻게 자격과 자질을 부여받았는가?

진정한 독립군은 누구인가?

독립군도 역시 소극적인 독립군과 적극적인 독립군으로 나눌 수 있다.

소극적인 독립군이란 일본, 일본인, 일본의 대동아 정책, 친일파들에 의해서 부상·투옥·고문·죽임을 당하거나, 저항한 사람들이라고 할 수 있다.

※ 친일파 청산론자들과 그들의 조부모와 부모들이 소극적인 독립군이라고 장담하고 보장할 근거는 없다.

적극적인 독립군이란 조국의 해방을 위해서 목숨을 걸고 직접 투쟁하거나, 독립군에게 군자금을 제공해 준 사람이라고 할 수 있다. 이는 조국의 독립을 위해서 앞장서서 활동하거나, 위험을 무릅쓰고 싸웠던 독립투사들이다.

※ 친일파 청산론자들과 그들의 조부모와 부모가 당시에 적극적인 독립군이라고 장담하고 보장할 근거는 없다. 설사 자기 부모와 조부모가 독립군이었다고 해도 자신(후손)들이 역사의 칼을 추켜들 권리와 자격은 없다.

독립투사들과 그 후손들은 친일파 청산을 어떻게 생각할까?

일제(제국주의) 치하에서 빼앗긴 조국을 위해서 목숨을 바쳤던 적극적인 독립투사들은 그럭저럭 살아가던 사람들 모두가 친일파로 여겨졌거나, 준 친일파로 생각되었을지도 모른다.

또한 기왕에 친일(파) 청산에 실패했다면 후손들이 차라리 반성하고 용서하고 포용하고 화합하고 협력해서 건강하고 아름다운 나라와 복지를 실현해 가길 바랐을 수도 있다.

실제로도 독립투사들은 우리가 일본보다 훨씬 더 부강하고 아름다운 나라와 진정한 선진국으로 도약해서 국제사회와 인류 평화에 공헌해 주길 바랄 것이다.

그런데 후손들이 또다시 '친일파 청산'으로 나라와 국민(서민)을 망치는 역적 짓들을 자행하는 만행들을 지켜보면서 통탄했을지도 모른다.

이렇게 본다면 독립투사들은 우리(후손)가 나라를 80-100년 전으로 끌어다 놓고 분열하고 대립해서 사람만 끌어내리는 짓들을 보면서 무덤에서 뛰쳐나와서 만류하고 싶었을지도 모른다.

과거에 친일파들의 악랄한 매국 행위는 무지하고 빈곤했기 때문이라는 변명이라도 가능하다. 하지만 오늘날처럼 안정되고 발전한 시대와 환경과 조건에서는 얼마든지 인간다운 협력을 통해서 월등한 사회문화를 만들 수 있다. 이런 점에서 본다면 친일파 청산론자들은 과거 친일파들과 다를 바 없고, 오히려 훨씬 더 비열하고 잔악한 짓들(발상, 인간성)이 아닐 수 없다.

친일파 청산론자들은 독립유공자들에게 언제부터 얼마나 어떻게 관심과 애정을 쏟았는지 따져 봐야!

독립유공자들과 후손(자녀)들이 비참할 정도로 어렵게 살았다는 것은 자타가 인정하는 사실이다. 그렇다면 친일파 청산론자들은 그간에 일본과 친일파들과 공산당과 남로당에 피해당하거나 맞서 싸웠던 국가유공자들과 자녀들을 상대로 얼마나 어떻게 지원해 줬는지 따져 봐야 한다.

친일파 청산을 주장하거나, 친일파를 심판할 자격을 인정받으려면 독립유공자들과 자녀들에 대해서 평소에 쏟은 시간과 관심과 지원 사실이 명백해야 한다. 반대로 독립유공자들과 후손들의 힘겨운 삶을 방치했다면 오히려 반성할 대상이고, 청산되어야 할 대상이다. 왜냐면 과거의 비극과 아픔을 정치적으로 악용하는 악질적인 말종 짓들을 저질렀기 때문이다.

※ 예를 들면 윤미향(정의연)은 잔악했던 일본군과 비열했던 친일파들보다 훨씬 더 악랄·교활하게 위안부 할머니들을 착취해 먹었다. 윤미향에 이어서 김원웅도 친일파들보다 훨씬 더 교활·야비·천박·부정한 파렴치 범죄자에 불과하다. 이런 저질·악질들이 모두 친일파 청산을 찬성·주도했던 세력이다.

친일(파) 청산은 어떻게 해야 하는가?

첫째, 한일합방은 일본과 조선의 국가적·역사적 사건이다. 따라서 우리가 왜 나라까지 빼앗겼는지 원인분석과 허약한 실체와 실상에 대한 점검과 반성이 필수다. 그리고 다양한 의견을 공론화하고 공감대를 조성해야 했다.

둘째, 우리 민족끼리 저지른 잘못들에 대한 역사적, 사회적, 문화적, 심리적, 인간적, 민주적 잘못(원인)들 곧 신분 차별, 빈곤, 무지, 양반의 횡포, 관리들의 착취, 폐쇄 문화, 봉건 의식, 부실한 세계관, 삐뚤어진 인생관 등에 대해서 샅샅이 확인해서 진심으로 반성하고 근본적으로 개선해야 했다.

셋째, 일본 제국주의 편에 서서 독립을 방해했던 사실과 그 인물들, 악랄하게 동족을 괴롭히고 착취했던 적극적인 친일파들의 잘못을 찾아내야 했다. 그리고 최대한 반성과 용서를 병행하면서 그들에 대한 법적, 사회적 후속 조치를 진행해야 했다.

과거청산은 반드시 전체 국민이 주역이 되어야

해방 후에 우리는 매번 친일파 청산을 거론하면서 사람만 문제 삼다 실패했다. 이후 친일파와 결혼하고, 친인척이 되고, 사돈네 팔촌, 선후배 동문, 직장 상사와 동료와 부하 직원, 동업자가 되는 등 갖가지 인간관계가 형성되었다. 이들에게 고용되어서 월급을 받은 사람들도 있고, 이들을 고용해서 월급을 준 사람들도 있다. 이처럼 우리는 과거와는 전혀 다른 시대와 사회와 문화와 인연과 인간관계로 살아왔고, 살아가야 한다.

달리 생각하면 '친일(파) 청산'이라는 특별한 격식과 처벌 절차 없이 서로의 부끄러운 과거와 잘못과 아픔을 조용히·적당히 묻어버린 셈이기도 했다. 왜냐하면 잘잘못의 크기야 있겠지만 피차 어쩔 수 없었다는 사실을 잘 알기 때문이다. 역시 잘못을 따지더라도 극소수 악질들을 제외하면 대부분 도토리 키 재기에 불과하고, 미래가 훨씬 중요하다는 사실을 잘 알기 때문이었다.

어떻든 적극적인 독립군들을 제외한 나머지 대부분은 과거 친일 행위와 해방 후에 친일(파) 청산에 실패했던 잘못·책임에서 면책될 사람이 없다. 한마디로 우리 모두의 잘못이었고 우리 모두의 책임이었다.

그래서 특정 세력이나, 특정 단체가 불쑥 나서서 역사의 주체와 청산의 주인공처럼 행세하거나, 청산의 칼을 추켜드는 것은 또 하나의 반민족적인 범죄다.

따라서 '친일파 청산'에 앞서서 '친일 청산'을 진행했어야 했고, 다수 국민이 동시에 반성·향상하는 기회·자격이 주어져야 했다. 그래야 국민이 부끄러운 과거든, 수치스러운 자화상이든, 친일 행적이든 똑바로 정리해 갈 수 있었다. 비로소 가해자(친일 범죄자)들을 용서하든지, 찾아내든지, 처벌하든지, 환수하든지 정당성을 얻을 수도 있었다.

때문에 '과거청산'은 반드시 전 국민이 똑같은 입장과 주체로서 서로의 과거와 잘못을 반성·용서하고, 다 함께 밝은 미래로 나아간다는 대전제 아래 진행되어야 했다. 더구나 과거(친일 청산)를 정리해 가는 주체(세력)는 이익, 손해, 감정, 편견, 정치, 정당, 이념이 개입되지 않은 공정한 입장이어야 한다.

만일 앞으로도 국민의 의식 향상이라는 인간다운 과정과 방안 없이 '친일파 청산'을 주장한다면 과거 백성의 삶을 도탄으로 몰아넣은 탐관오리들의 비열한 습성과 저주를 반복하다가 후대에 대물림했던 저질·악질들과 다름없다.

12

윤석열 대통령의 비상계엄·내란죄·탄핵·여론 몰이 및 부정선거

1) 국내외의 권위 있는 통계학자들이 대한민국의 부정선거를 주장·입증하는 내용들

* 월터 메베인 교수(미시건대)는 직접 선거 분석 기법을 개발한 세계적인 권위자이고, 이란, 터키, 러시아, 온두라스, 콩고, 케냐, 이라크, 볼리비아의 부정선거를 발견·확신했으며, 모두 부정으로 드러나서 선거 무효 선언과 재선거가 치러졌고, 당락이 바뀌었을 정도로 정확도와 명성이 높다.
그런 그가 대한민국의 4.15총선 결과에 대해서 직접 논문을 발표했다.
"첫째, 기권표·무효표를 특정 후보자의 표로 만들어 주는 행위,
둘째, 다른 후보자의 표를 빼앗아서 그것을 특정 후보자에게 넘겨주는 행위를 증거로 제공했고, 불법적인 선거 여부를 조사해야 한다."라고 결론 내렸다. 하지만 아무런 조치도 반응조차 없이 무용지물이었다.
그나마 위의 나라들은 부정선거가 들통났다. 하지만 대한민국은 저런 나라들만도 못할 정도로 선관위와 선거관리가 복마전 통속과 무소불위라는 점에

서 선관위와 법원이야말로 청산·적폐·검증·개혁의 영순위 대상이다.

* 박영아 교수(명지대, 펜실베니아대 물리학 석·박사)는 4.15총선의 결과를 "통계학적으로 분석해 보면 이런 일이 자연계에서 일어나려면, 우주가 백억 년이라는 나이 동안에 매 1초 만에 한 번씩 천 개의 동전을 던졌을 때 한 번이라도 앞면이 동시에 나올 확률이다. 이는 100% 불가능한 일이고, 선거에 인위적인 작동이 있었다."라고 결론 내렸다.

* 허병기 교수(인하대 공대)는 "선관위의 발표가 진실이라면 전 세계 고교의 수학 교과서를 모두 수정해야 한다.", "조작에 연관된 인위적 보정값을 빼면 모든 수치가 비로소 99% 신뢰구간에 들어간다.", "5개월간 꼬박 날밤 새우며 증명 또 증명했고, 학계에서 '완벽한 증명'"으로 인정했다.

* 벤자민 월커스(컴퓨터 공학자, 회로도 시스템 전문가, 전자공학, 통신공학, 컴퓨터 공학, 하드웨어, 소프트웨어, CPU, 메모리, IU 전문가, IBM의 파워 피시 팀, 인베디드 디램 팀 근무, 컴퓨터 마이크로 프로세스 시스템 개발자)는 대한민국의 부정선거 입증에 참여했다가 그의 정체와 실력을 알아본 선관위가 예정과 달리 갑자기 검증을 취소했다.

* 총선 개표가 진행 중에 눈이 빠른 참관인이 계수기가 잘못 집계되고 있음을 발견했고, 강력하게 개표 중단을 요구했으며, 재검표를 시작하는데 선관위에서 갑자기 컴퓨터를 껐다가 다시 켰고, 제대로 집계되어서 당락이 바뀌었던 사건이 있었다.
그런데 벤자민 월커스에 의하면 "작동 중인 컴퓨터를 껐다 켜면 조작이 멈추는 기법"이라고 한다.

* 장제언 박사(오리건대 전산학)는 대수의 법칙에 완전히 어긋나는 황당한 개표 결과를 보고 선관위 전산 담당 5명(전원)을 직접 형사 고발했다. 경찰과 검찰은 장제언 박사의 협조(대수의 법칙)를 받아서 부정선거 여부를 판단했고, 조사를 진행했으며, 거의 막바지였다. 그런데 이원석이 퇴임하기 불과 며칠 전에 무혐의로 결론 내려졌다.
현재 장제언 박사는 중앙선관위 과천 청사 앞에 천막을 쳐 놓고 부정선거를 밝히기 위해서 농성 겸 고생하고 있다.

* 또 다른 주장(민경욱 등 다수)은 "투표용지의 일련번호는 규정상 바코드를 사용해야 하지만 QR 코드를 사용해서 전자적인 개표 조작이 가능하게 됐고, 누구를 찍었는지 알 수 있으며, 명백한 규정 위반이다."
외에도 부정선거라는 증거들은 벌써 10년여째 곳곳에서 무수히 축적되어 있고, 관련자들은 100% 200% 부정선거를 확신하고 있다.

대한민국의 대학들에서 수학자나 통계학자 중에도 진보좌파가 있을 것이다. 그런데 이러한 주장들에 대해서 단 한 사람도 이견을 내놓거나, 선거 결과가 정상임을 언급하지 못한다.
이는 너무 바빠서인가? 능력이 부족해서인가? 사건 자체를 알지 못해서인가? 코가 강력하게 꿰어서 자칫하면 밥줄이 떨어지고 인생이 끝나는가? 부끄러움이 많아서 나서지 못하는가?
진보좌파 중에는 수학자들이 없는가? 아니면 실력이 없는가?

'학자들이 진실을 왜곡하고 외면하면 학자답지 못하고, 인간답지도 못하며, 진보·진화는커녕 퇴보·역행·악화·몰락·도태로 치닫는 중일 수도 있음을 명심해야 한다.

제발 우주와 인류에 관한 이치들에 최소한이나마 관심 가지고, 정신 차리길 바란다.

2) 윤석열 대통령의 비상계엄

선관위가 오죽이나 개판이었으면 선관위 운영과 부정선거 정보들을 대통령이 직접 보고받았을 것인지 짐작할 수 있다.
또한 법원을 통해서는 선관위에 접근조차 할 수 없는 연속이었고, 대통령이 비상계엄까지 발동했는지 국민들은 대통령을 존중해야 하고, 선관위의 참담한 실체와 실상을 판단할 수 있어야 한다.

그간에 선관위는 가장 중요한 선거의 공정·투명성 보장·검증은커녕 자기 조직만 철밥통에 이어서 특권화·성역화·세습화했다.
이는 나라와 국민에 대한 최소한의 책무와 상식·양심조차 내팽개친 집단에 불과함을 스스로 드러낸 것이다. 그동안 선관위로 인해서 수많은 애국민이 노심초사·좌불안석이었고, 용감한 애국민들이 선거 부정을 규명하기 위해서 국내외로 뛰어다녔으며, 억울하게 처벌받기도 했다.
또한 수많은 국민이 참담한 선관위와 나라 꼴을 지켜보면서 수명과 건강에 지장 받을 정도로 심한 스트레스와 우울증과 불면증에 시달렸고, 대통령은 선관위에 초점을 맞춰서 비상계엄까지 선포했으며, 계엄군의 절반 이상이 선관위를 타깃으로 삼았다.
그뿐 아니라 뭐가 뭔지 몰랐던 대다수 국민들은 갑작스러운 비상계엄에 놀라고 당황했고, 국방부 장관이 구속되었으며, 대통령까지 탄핵당했고, 국제사회도 어리둥절했고, 상황 파악에 시간이 걸렸으며, 비로소 대통령의 비상계엄을 이해했고, 동맹과 신뢰 유지를 선언·강조했다.

그랬음에도 대한민국의 정부 기관 중 하나에 불과한 중앙선관위원장 노태악은 공정성과 투명성을 검증받겠다는 선언은커녕 사과나 유감 표명조차 하지 않았고, "대통령의 자기 부정"이라고 비난할 정도로 공격적·적대적·무소불위였으며, 도대체 그들의 진짜 뒷배가 무엇이고 누구인지 의혹의 연속일 수밖에 없다.

도대체 선관위원장과 선관위원들은 누구를 위하는 공복이고, 무엇을 위해 인생을 사는지 참으로 한심·답답할 노릇이다. 그간에도 잘못이 전혀 없다는 태도였고, 도둑놈들이 재발 저리듯이 마치 완벽한 무결점처럼 시치미 떼기에 급급했다.

노태악과 김용빈 사무총장은 국민적으로든 도의적으로든 인간적으로든 기관장으로서든 공직자로서든 그러한 수준으로 대법관과 사무총장까지 올랐다는 사실이 의아스러울 수밖에 없다.

마치 김명수와 권순일과 이홍구처럼 이념과 돈조차 극복·감당하지 못하는 대법관들과 법관들과 종사자들이 한둘이 아닐 것이라는 의심은 물론이고 사실일 수도 있음을 차례대로 입증·대변해 주는 꼬락서니의 연속이다. 아마도 이들은 자기 혼자만이 아니라 여러 명이 동시에 거론됨으로써 다소 위안이 되거나, 죄책감이 감소했을 수도 있다.

그래서 고위층·상류층·특권층일수록 일차원적(학연·금품·이념·접대·연줄 등)인 것들에서조차 적극적으로 벗어나지 못하면 오히려·결국은 범죄를 저지른 범죄자들보다 훨씬 더 국가와 국민과 자녀들과 후대에 해롭고 위험하다. 다시 말해서 과거에 탐관오리들처럼 나라·국민에게 빚과 죄만 지은 셈이고, 고작 개인의 입신양명과 부귀영화를 위한 인생이었으며, 이는 하늘과 조상과 부모가 자신에게 내려 준 장점과 능력을 엉뚱한 것에 허비해서 망쳐 버린 꼴에 불과하다.

그래도 국민들이 선관위를 믿고 또 다른 선거들을 치를 것인가?
이미 선관위는 4.10 총선 전에 했던 약속을 저버리지 않았는가?
필자는 앞으로 이러한 시스템에서는 선거를 하나 마나라고 생각하고, 공정선거와 철저한 검증에 대한 보장을 확신할 때까지 선거를 거부하고 반대할 것이며, 선관위와 선거 제도를 대폭 개선해야 하고, 당연히 선관위를 해체하고 국민의 신뢰 속에서 국민투표가 완전 수작업으로 치러져야 한다고 생각한다.

우리 국민들에게

조선시대도 아닌 첨단 문명의 현대에서 자유대한민국에 몸담은 국민들이 평생 애경사와 계 모임(동창회·향우회·종친회)과 과거 답습(관행·조상 모시기 등)으로 살아가지는 않는가?
그러면서도 나라와 국민을 대표하는 대통령을 무자비하게 비난·공격해서 끌어내리는 짓들을 반복해야 하겠는가?
참담했던 역사에 이어서 현대사에서조차 또다시 이념과 원한과 저주의 악순환이 반복되는 속에서 자기 자신은 항상 깨끗하고 공정하고 아름답고 정의롭고 인간다운 사람인가?
이런 짓들이 반복되는데 나라가 잘되고, 국민들의 삶이 좋아지겠는가?
여러분은 도대체 무엇을 얼마나 잘하고 살았는가?

대한민국의 언론들은 윤석열의 비상계엄에 대해서 "내란과 내란죄와 탄핵"을 결론부터 내려놓고 선동질한다.
해외 언론들에서 자국 정부와 전문가들의 의견과 답변들에 대한 보도는 알바 아니다.
제발 앞으로는 언론들도 국민들도 민주주의와 헌법과 정치에 관심과 애정을 가져 주길 바라고, 그것이 국민과 인간의 역할·의무·권리·도리다.

3) 부정과 비리로 복마전 통속인 대한민국의 선거관리위원회와 구성원들

이미 선관위의 직원 채용과 인사 정책이 대한민국의 현대사와 다른 정부 기관들에서는 도저히 찾아 볼 수 없을 정도로 복마전 통속이라는 사실이 밝혀졌다. 그런데도 선관위와 선거관리에 대한 객관적인 투명성·공정성에 대한 담보와 점검과 압수수색은 불가능하고, 법원은 압수수색영장과 구속영장을 발부해 주지 않는다. 왜냐면 선관위원장이 대법관이고, 지방선관위도 모두 법원·법관들로 연결되어 있기 때문이다.

중앙선관위 상임위원이었던 조해주의 발언

조해주는 전자개표기를 최초에 기안했던 중앙선관위의 전산과장(2001년)을 시작으로 경기도 선관위 사무국장과 중앙선관위 연수원장과 기획조정실장과 선거실장과 상임위원(2019. 01.~2022. 01)을 거의 최근까지 지낸 핵심 인물이다.
조해주(당시 중앙선관위 상임위원)는 '선관위원장이 비상근직이어서 세부 업무와 상황들을 전혀 파악할 수 없고, 무작정 결재할 수밖에 없다.'라고, 자기 잘못과 책임으로 내몰리는 것에 반발해서 대법관들을 끌어들이려는 심산으로 자폭성의 발언을 던졌다고 생각된다.
혼자만 죽을 수 없다는 그의 자폭으로 선관위 내부의 운영·관리가 엉망진창이라는 사실과 부정선거를 폭로한 셈이며, 잠시 언론에 보도되었을 뿐 무소불위의 선관위와 법원은 해 볼 수 없었고, 선관위 전체 직원의 공개적이면서 좀처럼 찾아 보기 드문 현상이었고, 희한한 반발로 조해주가 사표를 제출하는 것으로 사건은 마무리되었다. 물론 국가기관인 선관위 공무원 전체가 반발했던 것 역시 보기 드문 현상이었고, 도둑놈 제 발 저리듯이 선관위가 얼마나 놀라고 당황했는지를 보여 준다.

조해주는 노무현 정부로부터 홍조근조훈장을 받았고, 문재인의 대선캠프에 합류한 뒤에 중앙선관위 상임위원으로 영전했다. 당시에 선거 중립성에 대한 편파성 논란이 제기되었지만 그대로 임명이 강행되었다. 그가 선관위에서 가장 핵심 요직인 상임위원으로 영전했던 사실은 선관위의 부정선거 가능성에 대한 의혹 정도에 그치지 않고, 확신과 입증까지 동시에 높여 준다.

만일 선관위가 부정투표와 부정선거의 온상이고, 북한과 중공과 러시아 등에서 마음대로 해킹 중이라고 해 보자. 이 역시도 이미 사실과 다름없다. 왜냐면 대한민국 국민들의 정보가 무수히 저장된 선관위의 비번이 '켁'라는 사실이 감사원의 감사로 밝혀졌기 때문이다. 이는 북한과 중공 등 외부에서 얼마든지 침투와 조작이 가능함을 의미한다. 왜냐면 선관위는 자신들이 직접 부정선거를 조작하면 위험하고, 외부의 해킹을 통해서 부정선거가 진행되어야만 선관위의 일차적인 잘못과 중대한 책임을 외부(해킹) 세력에 떠넘길 수 있으며, 범죄들이 드러나도 치명적인 처벌은 면할 것이기 때문이다.

4) 선관위 비번이 중국 공산당 통치시스템 번호 '12345'와 일치

보수우파로서 부정선거 규명과 소송을 위해서 적극적으로 활동 중인 박 모 변호사가 취득한 정보에 의하면 중국의 공산당 통치시스템 번호가 12345라고 한다. 다시 말해서 12345는 중국의 민원과 정보의 핫라인 번호로서 중앙정부와 지방정부의 민원과 정보를 통합하는 시스템이라고 한다.

심하게? 사실적으로? 노골적으로? 표현하면 대한민국의 선관위가 중국 지방정부의 일부이거나, 산하 기관 중 하나에 해당하는 셈이고, 중국에서 언제든지 선관위를 드나들 수 있다는 의미로 해석될 수 있다.

더욱 놀라운 사실은 이재명이 '12345'를 총선승리의 당위성을 설명하는 구호로 사용했다고 한다.

5) 국정원과 감사원의 선관위 해킹 통보와 보안 점검

국정원은 선관위가 해킹당한 사실들을 통보했고, 선관위는 해킹당한 사실이 없다고 부인했고, 국정원의 보안 점검 요청을 계속 거부했다. 하는 수 없이 국정원은 감사원에 선관위에 대한 감사를 요청했고, 선관위는 감사원의 감사 요청도 한동안 거부하고 버텼으며, 감사원은 국정원에서 넘겨받은 내용으로 선관위에 대한 수사를 검찰에 의뢰하겠음을 통보했다.

그제서야 선관위는 감사를 최소한으로(선거관리가 아닌 5%의 직무 감사만) 허용했고, 그조차도 다양한 방법으로 감사를 방해했으며, 감사원에서 선관위의 노골적이고도 집요한 방해 사례들을 털어놨을 정도다. (이런 내용을 정리하면서 선관위가 도대체 어떤 나라와 어떤 시대의 국가기관인지 이해할 수 없다.)

감사원은 선관위 직무에 대해서 2013년부터 10년만 그것도 겨우 5%밖에 확인하지 못했다. 그런데도 선관위 전체가 복마전 통속으로 운영되었던 증거들이 무수히 쏟아졌고, 수십 명이 고발당했다. (이때 감사원은 부정선거 증거들을 일부 또는 상당 부분 확보했고, 윤석열 대통령에게 보고했던 것으로 추정되고, 실제로 그런 이야기들이 나돌고 있다.)

당시에 선관위를 감사했던 직원은 "감사원 생활 24년 만에 이런 조직은 처음 본다. 중앙선관위(124차례)와 지방선관위(167차례)가 총 291차례나 동시다발적으로 특혜 채용이 계속되었고, 규정 위반이 1,200여 건"이라고 탄식했고, "헌법기관이라고 주장하는 선관위가 마치 가족회사처럼 운영될 정도로 도덕과 불법에 대한 불감증이 만연했다."라고 했다.

모 선관위 사무국장은 8년 동안 170일(약 6개월)을 무단으로 결근했고, 그동안 70차례 해외 여행했다. 역시 170일 중 절반은 병가인데 최초에 발부 받 았던 진단서의 복사본을 제출했고, 자신이 셀프 결재했다. 또한 근무 시간에 로스쿨에 다닌 사람도 있었다.

선관위가 그러한 수준과 작태라면 '하나만 봐도 열을 알 수 있듯이' 선관위의 선거관리가 상식과 정상일 리 만무하고, 역적 짓들을 무수히 저지르는 범죄 소굴일 것으로 필자는 확신·장담하고 싶은 마음이 간절하다. 물론 선관위가 무소불위의 권력을 지니게 된 것에 대해서는 필자도 연관된 사연이 있고, 죄책감도 지닌다. 그래서 이렇게 소상하게 정리하는 이유이고, 여기서 생략한다.

국정원의 보안 점검에서 선관위가 받은 보안 점수

당시에 국정원은 119개 국가기관을 보안 점검했다. 점검 결과는 전체 평균이 82.9점이었고, 최하 2위는 45점이었으며, 선관위는 35점으로 꼴찌였다. 그런데 선관위가 자체적으로 보안 점검했던 평가 점수는 100점이었다고 한다. 이것이 성역화·특권화·세습화·성벽화의 결말이 얼마나 참담한지 여실히 보여 주는 증거다.

국정원의 발표에 의하면 대한민국을 외부에서 해킹·시도하는 횟수가 일 년에 40,000건이라고 한다. 이는 매일 110여 건에 해당한다.

이런 지경인 보안 점수 35점으로 꼴찌인 선관위의 부정선거를 부인·반박하는 머저리들은 누구인가?

도대체 무엇을 위해서 학교에 다녔으며, 머리를 지니고 생각하며, 양심과 상식과 이성과 정의는 어디에 숨겨 놓았는가? 아니면 팔아 먹었는가?

아무리 컴맹이라도 최소한의 상식과 객관성만 있어도 알 수 있고, 실오라기 정도의 양심만 있더라도 부인할 수 없는 증거들이 아닌가?
대한민국의 국민이라면 선관위의 부정선거를 그래도 부정하고, 그들의 뻔뻔한 무책임과 궤변과 변명을 옹호하겠는가?

국제사회에서 부러움을 받는 자유대한민국의 국가기관인 선관위가 만일 인류사에서 최악의 저질·악질 집단인 중공·북한에 놀아난다면 멍청해서인가? 사악해서인가? 형편이 어려워서인가? 자의 반 타의 반으로 강력하게 코가 꿰어서인가? 직장 내의 팀워크인가? 과연 이유가 무엇이고, 도대체 무엇 하는 짓들인가?

6) 전직 선관위 직원들의 부정선거에 대한 양심고백

암 투병 중인 박동건(전 선관위 직원)은 황교안과 권영해 등 일행들 앞에서 마지막이라는 각오로 가쁜 숨을 몰아 가면서 힘겹게 양심 고백(2024. 1. 9., 녹슨드럼)을 했다. 그는 《전자개표기의 비밀》(2002년)이라는 저서를 발간해서 일찍이 부정투표 사실을 세상에 알렸던 인물이다.
그는 "하지만 아무도 거들떠보지 않았다. 이대로 죽을 수도 있다는 운명의 갈림길에서 소신을 밝혀야겠다고 생각했다."라는 말로 고백을 시작했다.
여기서는 큰 흐름만을 소개한다.
"법에는 전자기기를 사용하지 못하게 되어 있다. 법원도 이것은 전자개표기이지 기계장치가 아니라고 전자개표기라는 사실을 확인했었다. 그러자 선관위는 전자개표기가 아니라 투개표분류기라고 이름을 바꿨다. 그래서 내가 감정을 의뢰했고 감정 결과는 '투개표분류기는 기계장치가 아니라 전자개표기다.'라는 사실관계확인증명원을 받았다."

한성천(전 선관위 노조위원장)의 양심고백과 이재진 치과의사와 박순혁 작가 등 많은 사람이 장기간 파헤치고 투쟁하고 정리한 부정선거(시작·진행) 역사는 지면 관계상 생략한다.

7) 조작이 가능한 선거 개표기를 의뢰·제작한 업체 대표의 양심고백 보고서와 갑작스러운 사망

전자개표기를 제작한 류재화 대표
(2024. 12. 12. 19:00, 스카이데일리 보도)

부정선거의 발단과 몸통이 김대중·이해찬·박지원·신건이라는 증언을 공개했다. 스카이데일리가 입수했다는 '부정선거 카르텔 분석 보고서'는 선거 전산장비를 납품한 관우정보통신의 류재화 대표는 "김대중·이해찬·박지원·신건의 주문을 받아서 부정 전자개표기를 만들었다."라고 전한다.
류재화 대표는 2003년에 중앙선거관리위원회에 뇌물을 건넨 로비 사건으로 구속되었고, 조사 과정에서 이를 폭로했으며, 이에 대한 수사는 이뤄지지 않았고, 관우정보통신은 2004년에 폐업했으며, 류재화 대표와 선관위 전산 간부에게는 각각 징역형이 선고되었다. (스카이데일리 12월 13일 자 11~21면)

> ※ 이들 중에서 류재화를 '허위에 의한 명예훼손'으로 고소했던 사람은 한 명도 없었고, 류재화는 갑자기 돌연사했다. 그가 감옥에서 돌연사인지, 석방된 이후에 돌연사인지, 자살인지, 자살을 당했는지 아직 필자는 알지 못한다.

이번에 계엄사령부가 부정선거 실행의 주체로 중앙선관위를 정조준했고, 좌파 세력이 극렬하게 저항하는 시점에 '부정선거'라는 계엄의 본질에 초점을 맞춘 보고서인 셈이다.

부정선거의 배후로는 이들 정치인을 비롯해서 조해주·양정철·이근형·고한석·최정묵·김민석의 연결고리였고, 메커니즘을 정리해서 사건의 이면까지 파헤쳤다.

(△다산그룹과 다산인벤스트·다산네트웍스 △핸디소프트와 이상필·이상산 △SK C&C와 중앙선관위 △김대중 정부의 남북 통신망 사업 △LGU+와 유·무선 통신장비 등 좌파 정권이 특정 소프트웨어 및 하드웨어 기업에 특혜를 준 과정과 중국 화웨이 스파이칩·펌웨어 사건의 관련성을 면밀하게 추적한다. 또한 △노무현과 한틀시스템의 전자투표 분류기 △노무현 정부의 대통령 홍보실 인사들의 면면을 다뤘고, 부정선거 서막이 노무현 정부에서부터 시작됐을 가능성을 제기한다.)

전자개표시스템은 2002년 대선에서 처음 도입되었다.
관우정보통신과 SK C&C는 시스템을 구축·운영했고, 한틀시스템은 전자개표기를 납품했다. 이듬해 SK C&C·한틀시스템·관우정보통신은 선관위에 뇌물수수 혐의로 기소돼 법적인 제재를 받았다. 전자개표기의 기안을 올린 조해주 당시 중앙선관위 전산과장은 기소되지 않았고, 노무현 정부로부터 홍조근조훈장을 받았으며, 조해주는 문재인 대선캠프에 합류한 뒤에 중앙선관위 상임위원으로 영전했다고 전한다.
다산그룹이 설립한 한국전자투표 주식회사는 선관위에 'K-Voting system' 소프트웨어를 독점 공급하고, 최근에 선거 시스템은 한국의 전자투표가 해외에 수출되고 있다. 하지만 루마니아·키르기스스탄 등 부정선거 논란에 국산 장비가 원인으로 지적되었다. 앞서 미루시스템이 납품한 전자개표기도 콩고 선거 부정의 화근이 되었고, 콩고 정부가 한국 정부에 강력하게 항의했으며, 최근(2024. 12. 03.) 방한한 키르기스탄의 사디르 자파로프 대통령도 윤 대통령에게 부정선거에 대한 정보 전달 겸 항의를 했다는 소문이 전해진다.
바로 다음 날인 12월 4일 윤 대통령이 비상계엄을 선포했다.

LGU+ 무선기지국과 중계기 내 중국 화웨이 장비는 또 다른 논란을 일으켰다. 비정상적인 접속으로 선관위의 정상적인 네트워크에 개입해 조작할 수 있다고 한다. 이에 관한 증거를 찾기 위해서 서버 보전 신청 등 법적으로 소송했지만 선관위는 소송 중에 모든 서버를 교체하고 증거를 인멸해 버렸다고 한다.
화웨이는 기지국에 설치된 장비의 백도어를 통해서 가상 네트워크(Virtual Network)를 만들 수 있고, 가상 서버는 선거 데이터에 실시간 데이터를 탈취하고 명령도 내릴 수도 있다고 한다. 선관위 프로그램에 미리 원하는 조작 함수를 심어 놓고 실행시키는 방법과 선거 당일 실시간 조작 명령도 가능하고 한다. 백도어는 정상 인증 절차 없이도 컴퓨터와 암호시스템에 접근하는 스파이 장치라고 한다. 미국 주간지 블룸버그 비즈니스위크는 2018년 10월 중국군 공작원들이 좁쌀만 한 크기의 해킹용 칩을 제작해 회로기판(마더보드)에 조직적으로 이식한 행위를 적발했다고 보도했다. 스파이칩은 운영 체제의 핵(코어)을 변경하는 기능이 있어서 통화 내용을 엿듣고 문자 메시지나 메일을 복제할 수 있다고 한다.

윤 대통령은 "작년에 국정원의 보고를 받고 충격에 빠졌고, 민주주의의 핵심인 선거를 관리하는 전산시스템이 엉터리인데 어떻게 국민이 선거·결과를 신뢰하겠나"라고 개탄했다고 한다.

8) 각종 증거와 함께 부정선거를 폭로할 관계자들

머잖아서 국민투표에 관련되는 사업자들과 종사자들과 기타 관계자들은 물론이고 선관위 내에서도 부정선거 사실을 폭로하는 사람들이 많아질 것으로 예측한다. 설사 양심고백을 할 생각이 없더라도 할 수밖에 없도록 대전환점을 만들어서 동기를 부여해야 한다.
설사 일부분에 대한 양심고백일지라도 퍼즐들을 맞추면 총체적인 실상이 드러나게 될 것으로 예상한다. 해당하는 사람들은 증거들을 극비리에 준비하면서 때를 기다리길 바란다.

나라의 운명과 미래를 좌우하는 선거 제도와 국민투표가 이념이나 돈봉투나 압력에 의해서 저질러지거나, 처리되거나, 진실이 은폐된다면 그로 인해 생겨난 이익의 크기와 혜택과 장점은 무엇이고, 피해는 누구에게 돌아가겠는가? 만일 우주 이치를 이해한다면 세상을 위할 수 있는 절호의 기회에도 불구하고 진실을 외면함으로써 오히려 피해와 손해를 광범위하게 확산·방조한 채 더 이상으로 진화하지 못하는 자기 자신에게 돌아온다.

9) 대법관과 판사들까지 모두 한통속이거나 뒷배라면

부정선거가 저질러졌던 명백한 증거들에 대해서 경찰·검찰에서 구속영장과 수색영장을 신청해도 법원은 발부해 주지 않고, 심지어 대한민국을 책임져야 하는 대통령조차 괴물이 되어 버린 선관위와 법원을 해 볼 도리가 없다. 대한민국은 선관위에 외부 세력이 개입해서 당락을 좌지우지할 수 있음에도 법원이 방패가 되어 줌으로써 객관적인 검증이 불가능하고, 복마전 통속으로 운영 중인 선관위를 손댈 수조차 없으며, 국민들이 불신과 의혹 속에서 선거를 치르고 있고, 또 다른 국가 기능 역시 정상으로 작동되는지 걱정하지 않을 수 없다.

이는 성역과 성벽의 치외법권인 선관위가 자신들의 자리까지 자녀들에게 세습해 주고, 멋대로 승진·이동시켜 줘도 문제가 되지 않았을 정도로 성벽과 철밥통이며, 법원이 방패막이로 전락한 잘못이다. 자유민주주의 국가 중에서 최소한의 검증조차 담보할 수 없는 치외법권의 특권과 세습과 성역과 성벽이 대한민국의 선관위와 5.18 단체이고, 의무도 권리도 포기한 채 바람막이로 전락해 버린 사법부가 외에 어디에 있겠는가?

"하나만 봐도 열을 알 수 있다."라는 말처럼 그야말로 선관위는 대한민국을 망치는 저질·악질·역적 집단이 아닌가?

전 세계 역사는 물론이고 대한민국의 역사와 현대사와 남녀노소·지위고하·정권·정부·신문·직업·유무식·빈부 계층을 통틀어서 무소불위의 권력과 특권을 누렸던 인간과 집단이 참담하게 몰락하지 않았거나, 정상이라도 유지했던 사례가 있었는가? 기어코 법원과 검찰과 경찰도 그에 합류하겠는가?

선관위는 구차하게 헌법기관이라는 네 글자에 숨지 말고, 모든 것을 투명하고 공정하게 운영하고, 언제라도 당당하고 당연하고 여유 넘치도록 공개할 수 있어야 하지 않는가?

10) 대통령의 비상계엄을 내란죄와 탄핵으로 몰아붙이는 사람들

첫째, 감옥에 갈 것이 두렵거나 확정적인 범죄 정치인들과 마약을 밀수·매매·조장하는 정치인들·범죄자들·전과자들과 마약 유통을 통해서 수익금을 배당받는 불순세력의 하수인들과 문재인 정권에서 각종 불법에 연관된 하수인 범죄자들과 북한과 중공의 유혹(금품·접대·성상납 등)에 제대로 코가 꿰인 지식인·언론인 등과 다 망해 가는 김정은과 시진핑의 홍위병들 겸 부정선거에 연루된 범죄자들은 윤석열을 내란죄나 탄핵과 감옥으로 몰아가려고 적극적으로 안달한다.

둘째, 문재인 정권의 400조 넘는 국가 부채 덕분에 쏠쏠하게 재미 보고, 부자 된 세력들 곧 돈과 권력이면 수단·방법을 가리지 않는 일명 강남좌파들과 이권 단체들과 좌파 시민단체들이 윤석열을 내란죄와 탄핵으로 몰아서 끌어내리려고 안달한다.
문재인의 국가 부채 400조를 5천만 국민으로 나누면 1인당 8백만 원씩이고, 2인 가족은 1,600만 원씩이다. 그런데 국민들에게는 몇십만 원씩 생색내고, 나머지는 어디에 어떻게 사용했는지 감사원과 검찰과 국세청이 철저히 밝혀야 한다.
그래서 그간(김대중·노무현·문재인 정권)에 톡톡히 재미 보았던 세력들은 좌파가 정권을 잡아야 특권을 계속 누릴 것으로 착각하고, 나라가 망하든 국민이 극한으로 내몰리든 안중에도 없다.
반대로 윤석열 정권에서는 감옥행을 대기·걱정해야 한다. 그래서 총출동해서 탄핵으로 내몰고, 내란죄를 뒤집어씌우려고 길길이 날뛰면서 발악 중이고, 너무나도 가소롭고 처량하다.

셋째, 여당 내에서 수단·방법을 가리지 않고 대통령을 찬탈하려고 무리하는 위장 보수와 강남좌파 겸 가족 좌파 한동훈과 최근(총선·여당 대표 선출 과정과 가족들의 당게 사태)의 범죄들에 연루된 사람들과 뭣도 모른 채 한동훈을 지지하는 사람들이 대통령의 탄핵이든 하야든 직무 정지든 대통령의 권한·기능 정지를 통해서 끌어내리려고 혈안이다.
또한 좌파인지 우파인지 불분명한 김예지처럼 역사적·현대사적 첨예함·복잡성과 불량국가들·불순세력들의 악랄함·위험성에 대한 안목이 결핍된 채 단순히 '대중', '민심'에 무릎 꿇고 비굴해진 친한파 중에서도 답답할 정도로 막 캥이 정치인들이다.

이는 정치를 옳고 바르고 소신있게 해 달라는 국민의 간절함을 무시·외면하고, 본질과 본안에도 충실하지 못하며, 좌파에 선동당하는 민심을 명분으로 삼아서 대의를 그르치면서 어리석은 자신을 합리화하는 야합이고, 더불어범죄방탄당의 불의와 야만에 대한 방조와 옹호에 불과하다.

11) 윤 대통령의 비상계엄은 찬성하고, 야당의 탄핵 몰이는 강력히 반대는 애국자들

3권분립의 자유민주주의 체제와 질서 속에 몸담고서도 범죄자 두목을 위해서 더불어민주당이 특검법 발의와 방탄용 탄핵과 예산 삭감을 남발하고 있다. 이는 대통령과 행정부와 사법부 기능을 무력화해서 자신들이 주도권과 권력을 장악하려는 종북좌파·주사파·중공몽의 하수인들 겸 범죄 정치인들의 반헌법적·반국가적·반민주적인 횡포와 역적 짓들이다.

그러한 저질·악질적인 역적 행위들에 대한 강력한 조치·처벌과 근본적인 방지책 마련을 학수고대하는 사람들이 바로 깨어 있는 애국 시민들이다. 역시 국제적인 안목과 감각을 지닌 해외 교포들이 애국자들이다. 애국자들은 현재 상태로는 대한민국이 절대 유지·존속 불가능함을 확신하고, 비상계엄 같은 특단의 조치가 필수라는 사실을 너무나 잘 알고 있으며, 오히려 진작 발동했어야 한다고 생각한다.

12) 윤석열 대통령이 대단한 점

* 윤석열 대통령의 과감한 비상계엄 선포는 답답하기 그지없는 대한민국

(정치권·국민·현안들)을 상대로 대통령 스스로 유리천장과 유리 벽을 깨뜨리고, 난국을 극복하려는 지혜롭고도 현명하고 용감한 결단과 몸부림이었고, 참다운 시작과 전진을 위한 일 보 후퇴였으며, 사실은 진정한 첫걸음이었다. 그간에 윤석열은 대통령으로서 최선을 다해 왔지만 더 이상 할 수 있는 것이 없고, 나라와 국민을 책임져야 하는 상황에서 일방적으로 당하고 쫓기고 지켜볼 수밖에 없는 연속이었다. 그래서 막다른 골목에서 대통령으로서 가능한 권한과 능력과 수단과 방법을 총동원하는 것이 유일무이하면서도 최고·최대·최선의 노력이었고, 당연한 의무와 권한이며, 자기희생이라도 각오·감수할 정도로 국민에 대한 사랑과 나라에 대한 충성과 지도자와 인간으로서의 진정한 용기이고, 진정으로 멋진 인간이다.

* 더구나 윤석열은 대통령으로서 개인적인 사심과 흑심과 욕심이 없고, 너무나 청렴하고 결백하고 순수하다. 그래서 나라와 국민을 위해서 자신을 온통 집중·투입할 수 있었고, 국제사회에서도 막히고 거리끼고 주저하지 않고 당당·대담·인정·찬사받았으며, 대한민국에 대한 국제적 위상을 엄청나게 올려 놓았다. 예를 들어서 윤석열과는 비교 자체가 불가능하지만 어떻든 막돼먹은 문재인·이재명·조국·한동훈 등은 비양심·비리·거짓·궤변·조작·사심·흑심·위·불·편법·몰상식·적반하장으로 가득하고, 온갖 잔머리와 비열한 술수들을 동원해서 잘못과 책임을 떠넘겼고, 오직 자기만 살아남기에 급급할 정도로 비겁한 졸장부들과 소인배들과 근시안들이다.
소인배들과 근시안들과 졸장부들은 오직 자기 자신에게 빠져서 헤어나지 못하고, 윤석열처럼 나라와 국민을 위해 올 인을 할 정도의 아량과 인간미와 여유는 상상조차 하지 못한다.
윤석열은 나라와 국민을 위해서 무모하고 황당할 정도로 과감하고 단호하게 비상계엄을 선포했고, 답답한 유리 벽과 유리 천정을 깨뜨렸으며, 답답한 현실의 가림막들에 정면으로 마주하고 도전하고 무너뜨리고 진일보했고, 자기 자신도 나라도 국민도 후손들도 몇 단계, 몇 차원 도약·진화하는 대전환점을 만들어 냈으며, 누구에게도 피해 끼치지 않았다는 점에서 대통령과 계엄의 성패에 상관없이도 그런 자체만으로도 멋진 사람이다.

* 만일 윤 대통령이 좌경화된 망국적·파괴적·극단적·불순한 역적 세력의 반헌법적·불법적인 범죄들과 범죄자들의 횡포를 당하기만 한다면 국가와 국민을 책임질 의무와 권한을 지닌 대통령으로서 오히려 직무 유기와 역적 짓에 대한 방조에 해당한다.

* 윤석열은 위험한 공산·불순·적대세력을 상대로 자유 진영을 똘똘 뭉치게 했고, 대결 구도로 만들어 놓았다. 다시 말해서 비상계엄을 통해서 나라의 심각함과 운명과 장래에 대한 최종 열쇠를 국민의 손과 선택과 운명으로 옮겨 놓았고, 이는 나라와 시대와 현안의 주체와 주인공을 국민으로 존중하고 믿은 것이다.

* 대통령이라는 막강한 권한으로 비상계엄을 발령해서 계엄군을 국회에 287명, 선관위에 297명을 투입했는데 내란죄나 탄핵이라는 머저리들은 누구인가?
내란죄로 몰아가는 검찰(총장)과 특수본과 경찰청과 공수처와 공수본은 법을 아는가? 민주주의를 아는가? 상식과 양심은 있는가?

* 박근혜 대통령이 똑같은 선동과 모략으로 탄핵당했음에도 국민들은 들은 바도, 아는 바도 없이 또다시 당하려는가?
심지어 윤석열 대통령에 대한 탄핵이 의결 정족수에도 미치지 못했고, 폐기

되었다.

그런데 또다시(14일에) 탄핵을 의결하겠다고 망동을 부렸고, 실제로 탄핵했으며, 국회법(제92조) 일사부재의 원칙('부결된 안건은 같은 회기 중에 다시 발의하거나, 제출하지 못한다.')조차 무시되었다. 이는 국회의 의사 결정 효율성과 안정성 확보를 위한 규정과 제도인데 무참히 짓밟혔다.

그뿐 아니라 김건희 특검법은 계속해서 반복 발의 중이고, 대통령 탄핵 몰이도 또다시 상정해서 의결했다.

만일 노무현에 대한 탄핵이 부결되었을 때 또다시 재의결했다면 어떻겠는가? 국제사회에서도 당연히 적용되는 일사부재의 원칙조차 무시되었고, 이는 대한민국이 형식만 민주주의일 뿐 국민들의 수준은 공산화·좌경화로 망가지는 참담한 현상·증거 아닌가?

물론 이는 불순한 좌경 세력은 물론 여당의 잘못도 크다. 하지만 사실은 국민들이 어리석어서 반복되는 악순환이고, 포퓰리즘과 선전·선동에 놀아난 국민들로 인해서 선진국도 자유민주주의도 민주화조차 실패·역행·퇴보했다.

* 물론 윤석열도 김건희도 대통령으로서든 인간으로서든 잘못할 수도 있다. 하지만 반드시 법과 절차는 존중되어야 한다.

하지만 일방적으로 특검과 내란죄와 탄핵으로 몰아가는 불법적·저질적·악질적인 짓들을 저지르는 세력들은 가만 놓아둬도 자기들 발등에 스스로 도끼질해 대는 수준들에 불과하고, 자멸은 불 보듯이 훤하다.

대표적으로 대한민국의 대통령과 세력 중에서 가장 막강했던 문재인·종북좌파·주사파·중공몽·대깨문 세력은 보수에 의해서가 아니라 파렴치한 범죄들과 역적 짓들로 자멸했다.

* 이미 언급했듯이 윤석열은 제1·2 똥판지인 이승만·박정희에 이어서 제3의

뚱딴지(난세의 영웅·백마 탄 왕자)다.
윤석열 덕분에 대한민국은 최악의 위기·위험을 극복하기 시작했고, 자유민주주의는 철부지 시절을 마감하고 동시에 건강하고 발랄하고 왕성하고 성숙한 청년기에 접어들었다.

13) 우주 이치를 알면 더욱 확연해진다

우주 이치는 냉혹할 정도로 대단하고 기이하고 차원이 높다. 그런데 인간은 본능·감각·감정·무의식에 이어서 생각은 뒤늦게 가동된다. 하지만 대부분의 생각은 자신이 직접 보고 듣고 겪고 느낀 것에 국한하고, 나머지는 상상과 공상에 불과하며, 심오하고 기이한 우주·이치를 이해·접근하기는 쉽지 않다. 그래서 극소수 천재들이 장기간 집중해서 우주의 극히 일부를 이해·접근했고, 일반인들에게는 불가능에 가까운 영역이었다.

이처럼 우주는 고차원이어서 미세·미미한 저차원의 인간은 직접적인 의사소통이 불가능하다. 하지만 우주는 인류·인간·자신에게 불가능이 없을 정도로 기적을 베풀어 주는 연속이고, 덕분에 인류는 천지가 개벽할 정도로 변화·발전해 왔다.

따라서 우주는 심오·기이해서 인간들이 모여서 간절히 기도하고 발버둥 쳐도 재앙과 참화를 피할 수 없고, 반대로 행운과 횡재와 기적을 선물해 줄 정도로 마술을 부리는 요술 방망이다.

그래서 만일 누군가에게 우주와 인류의 동시 진화를 위한 참다운 대안이 있으면 기적을 통해서라도 도와주고, 아무도 대안을 내놓지 못하면 제1·2차 세계대전처럼 치명적인 죗값들을 치러 주며, 그럴 때는 피도 눈물도 없을 정도로 냉혹하고, 살얼음처럼 공정하다.

14) 구운(9運, 火)의 시대, 전쟁의 시대, 대환란의 시대를 예고하는 사람들

윤석열은 사법시험에 9수(9修)를 해서 합격한 저력이 있다.
이는 윤석열이 9운(9運) 시대에 살아남아서 건재하고 빛을 보고, 오히려 악질적인 불순세력을 해결하면서 자유대한민국의 밑바탕을 튼튼하게 다지는 이치와 운명으로 해석될 수 있는 상징적이면서도 특별한 의미를 지닌다.
그렇다면 최근의 비상계엄과 내란죄·탄핵 몰이는 윤석열이 획기적인 대도약을 위한 대전환점과 뜀뛰기의 발판과 기회로 작용할 가능성을 기대할 수 있다.

이제부터는 필자의 분위기로 내용을 전개한다.

세상 이치나 역학이나 점성술을 연구·종사하는 사람들은 2025년부터 20년 동안 천지가 요동치고, 세상이 뒤집히는 '구운(火) 시대'이고, 재앙과 재난과 전쟁이 겹치는 천재지변, 거대한 쓰나미 등 대환란으로 해석·예언·경고하고, 그에 대한 원리와 역사적 사실들을 나열한다.
물론 우주도 지구도 잠시도 똑같지 않고, 멈추지 않으며, 태초 이래 강력하게 진행 중이고, 언제 어디서 어떤 일들이 어떻게 벌어지고, 어떤 결과들을 초래할지 아무도 알 수 없다.
이는 과연 어떤 의미일까? 만일 대재앙이나 참화가 일어난다면 가장 화를 크게 많이 당하는 대상은 누구이고 어디일까?

우주 이치를 다루는 물리학에는 엔트로피법칙이 있고, 이를 검색하면 수많은 동영상과 해설들이 나오고, 이미 책의 앞 주제들에서 다룬 내용이다.
엔트로피법칙이란 "세상은 갈수록 무질서도가 증가한다."라는 우주의 핵심 이치 중 하나다.

이는 깨끗했던 방이 갈수록 먼지가 쌓이거나 잡다한 것들로 어지럽혀지고, 물컵이 엎어지면 원래 상태로 주워 담을 수 없는 당연한 이치와 상식이며, 이에 관한 원리나 사례는 헤아릴 수 없이 많다.

깨끗했던 방이 갈수록 어지럽혀지는 것처럼 우주 이치는 세상과 인류가 갈 길을 못 찾고 헤매거나 난장판을 만들면 한 번씩 대청소하게 된다. 물론 대자연은 바람과 비와 강렬한 햇볕과 사시사철의 순환을 통해서 청소하고, 덕분에 환경이 살아나고 만물이 소생해서 무럭무럭 자라난다.

하지만 간단하게 청소할 수 없는 인간 사회(고질적인 고정관념, 비인간적인 만행·관행·타성·후진성 등)는 수백수십 년 또는 수천수백 년에 한 번씩 천재지변과 지축 이동과 급격한 충격과 전쟁 등으로 세상(우주·지구)을 대청소한다. 또한 지구가 크고 작은 변화와 충격을 무수히 거치지 않았다면 인류의 출현은 불가능했다.

역시 인류가 전쟁과 폭정과 차별 같은 참담한 대가들을 치르지 않았다면 자유·평등·인권 등 인간다운 삶과 첨단의 과학 문명과 수준 높은 자유민주주의는 생겨날 수 없었다.

따라서 대환란의 시대라는 의미는 우주·지구·인류의 진화를 위한 작은 도막들의 일부라는 것이다. 하지만 엄청난 충격과 참화들을 대가로 치르게 됨으로써 생존 중인 대다수 인간에게는 치명적인 생존의 위협 곧 죽음과 재앙과 재난과 불행과 고통일 수밖에 없다. 다시 말해서 대재앙과 대환란 등은 대수 대중의 생각이나 바람과는 정반대로 진행된다는 이야기다.

오랜 인류사가 증명하듯이 대멸종은 먹이사슬에서 최상위 포식자가 대상이었고, 오늘날은 수시로 이리저리 휘말리고 선동당하는 불특정한 다수 대중이 대환란의 치명적인 피해와 희생에 노출될 가능성이 높으며, 특히 악질들과 불량 세력과 상식과 양심을 저버린 채 동조하는 하수인들과 수없이 이용만 당하는 무지몽매한 대중이 위험하다.

대한민국의 비상계엄을 예로 들면

대한민국의 악질적인 좌경화 세력과 언론들은 윤석열 대통령에 대한 내란죄 몰이와 탄핵 몰이와 무지몽매한 대중의 선동에 혈안이다. 마치 중국 문화혁명의 홍위병들처럼 역적 짓과 편파 보도로 일관하고 있다.

여기서 다시 우주 이치를 적용하면 인간에게 말이 없는 우주·세상이 속절없이 보일 수도 있다. 하지만 우주는 불결해진 악인들과 사악해진 악질들과 무지몽매한 대중의 생각·예상과는 다르거나 정반대이고, 오히려 구운 시대의 환란은 도저히 재활·구제 불가능한 악질들이 대거 쓰레기통에 처박히는 죗값의 시대인 셈이다.

이와는 반대로 무질서한 세상과 혼란·혼돈에서도 우주·세상의 질서도를 꾸준히 수호·향상·진화·증가시켰던 순수파·노력파·열정파·정통파들에 의해서 세상은 재정리되면서 새로워지게 된다.

따라서 그간에 순수하고 정의롭고 깨끗하고 성실했던 사람들은 대전환기·격변기에 더욱 향상·발전할 것이다.

15) 윤석열 대통령의 비상계엄 성공과 실패의 비교

윤석열 대통령의 비상계엄이 계획대로 성공했다면

윤석열 대통령이 계획대로 성공했다면 전적으로 윤석열의 공과 업적이고, 나라와 국민을 구한 '난세의 영웅'과 동시에 대한민국의 자유민주주의와 국제적 위상을 한 차원 업그레이드시킨 '백마 탄 왕자'로 등극했을 것이다.
하지만 그렇게 되었더라도 절반의 성공에 불과하다. 왜냐면 대한민국도 국민들도 갈 길이 멀고, 해야 할 일들이 산적하며, 비상계엄처럼 윤석열 단독으로 대한민국을 해결하기는 불가능하기 때문이다.

윤석열 대통령의 비상계엄이 실패한 지금의 상황

대통령의 비상계엄 실패로 내란죄와 탄핵으로 내몰릴 정도로 기막힌 상황이다. 그럼에도 사실로나 결과적으로는 그렇지 않다.
첫째, 그간에 누적되었던 망국적인 문제를 대통령이 직접 사건화시켰다는 점에서 일단은 절반의 성공이다.
둘째, 동시에 조만간 상황이 수습·회복되면 윤석열 대통령은 화려하게 복귀하게 되고, 남은 임기 동안에 국가적·국민적인 대전환점으로 연결 가능하다는 점에서 나머지 절반의 성공을 예약한 셈이다.
셋째, 그뿐 아니라 국제사회와 인류 미래까지 최대·최상·최고의 기회와 행운으로 작용할 희망과 비전 가능성을 남겨 두고 기대하게 되었다.
넷째, 이는 대한민국의 운명·미래·비전의 핵심축과 선택·결단과 성공이 모두 국민들의 몫과 행운과 영광으로 넘겨졌다는 이야기다.
다시 말해서 대통령의 당초 계획대로 성공하지 못함으로써 국민들에게 누적되었던 그간에 오해들이 해소되었고, 비로소 국민들이 앞장서서 대한민국을 주도·해결하는 주체와 주인공으로 승격한 셈이다.
다섯째, 더구나 공산주의 국가들은 물론이고 각국에 암약했던 불순·좌경 세력을 대청소할 수 있는 획기적인 대전환점이 윤석열과 국민의 합작품으로 가능해졌다.
이는 그간에 아무도 해결·감당하지 못했던 최저질·최악질 공산·독재를 윤석열을 필두로 대한민국이 대청소하는 기회와 행운이라는 이야기다.

16) 중국·중공과 북한과 그들을 추종하는 망나니들

자유대한민국에 몸담고 살면서도 최악의 중공·북한을 추종하는 사람들은 참으로 저질·양아치·악질·머저리·쓰레기에 불과하다. 그처럼 참담한 수준으로는 기껏해야 대한민국을 질벅거리면서 귀찮게 하고 힘들게 할 뿐이다.
왜냐면 중공·북한은 물론 추종하는 하수인들에게는 참다운 사상도 인간미도 사회의식도 형편없이 천박하기 때문이다.
또한 공산주의 저질·악질들은 자유 국가들은 국민의 생명·안전·행복을 위하고, 한 사람도 희생시키지 않으려고 최선을 다한다는 사실을 알고, 야비하게 그런 점을 이용해서 협박하고 도발하는 것이 고작이다.
하지만 그처럼 야비한 짓들은 자유세계의 누군가·어딘가를 한동안·일부분 염탐·침투·해킹하면서 괴롭히고 힘들게 할 뿐이고, 결국은 상대·비교될 수 없으며, 당연히·또다시 자기들 발등에 도끼질해 대면서 자멸·몰락·붕괴·도태가 결말이고, 자유민주주의 국가들은 훨씬 더 적극적인 변화·향상·발전·진화하게 된다.

17) 악인과 의인의 운명이 극에 도달하면

인류사를 통틀어서 최악의 말종·말단인 공산·독재와 좌파 이념과 욕망과 권력과 향락과 범죄로 사는 악인들은 운명이 극에 달하면 급격히 추락·몰락하고, 의인들은 운명이 극에 달하면 안정과 활력을 찾고 번영과 영광을 누린다. 예를 들면 네로 진시황 히틀러 김일성 김정은 문재인 이재명은 권력이 극에 도달하거나, 도달하기도 전에 자신은 물론 가족·친척과 추종하는 더불어 떼거리들까지 몽땅 파멸로 몰아 넣는다.

대표적으로 문재인은 대한민국의 거의 모든 권력을 장악했고, 20·30·50년 집권을 호언장담했다. 하지만 5년 만에 몰락했고, 감옥은 받아 놓은 밥상이다. 다시 말해서 권력이 절정에 도달했을 때 이어서 급격한 몰락이라는 사실과 바로 앞에 떨어진 자기 운명조차 몰랐을 정도로 참담한 수준들이었다.

역시 이재명과 정청래와 최민희 등은 팔에 완장을 두름과 동시에 안하무인으로 전락했다. 그들은 쥐 꼬리 같은 지위로 무소불위의 권력을 휘두르기에 혈안이었고, 온갖 몰상식한 짓들을 저지르면서 창피한 줄조차 몰랐다.

이는 '악인들이 운명의 극점에 도달하면 급격히 몰락'하는 전형적인 본보기겸 증거이고, 구제 불가능한 파멸이 대기 중이라는 사실은 알지 못한다.

따라서 악인과 악인(문재인·김정은, 김정은·시진핑, 김정은·푸틴)이 만나서 뭉치면 음침한 어둠에서 한동안 극성을 부릴 뿐 급격한 몰락과 비극과 비운이 확정되고, 의인과 의인이 만나고 모이면 희망·발전·번영이 보장·앞당겨진다.

18) 김대중의 역적 짓은 통치행위라면서 윤석열 대통령은?

여기서부터는 무순으로 정리한다.

김대중은 노벨평화상이라는 사욕을 목적으로 국가기관(국가정보원)을 동원했고, 남북 평화회담으로 위장해서 세습 독재자 김정일에게 거액을 뒷거래했다. 더구나 미국과 국제사회의 금융 정보망을 피하려고 다수의 차명 계좌를 도용해서 홍콩 은행(계좌)에 쪼개기 송금했으며, 들통나자 "대통령의 통치행위"라고 둘러댔다.

그처럼 노벨평화상 도적질과 나라·국민에 대한 역적 짓은 완전범죄처럼 끝났다. 하지만 결국은 진상이 밝혀지고 정의롭게 처리될 것으로 기대한다.

노벨평화상이 목적이었던 김대중의 사기 쇼는 당연히 헌법·법률 위반의 역적 짓이었다.

김대중을 시작으로 노무현·문재인까지 북한을 위한 망국적인 역적 짓들을 자행했고, 탄핵은 거론조차 되지 않았다. 당시에 경찰과 검찰에서 김대중을 처벌·소환·구속하려고 난리법석을 떨었는가? 탄핵을 상상이라도 했었는가? 오히려 지금 더불어역적들의 범죄방패당의 작태들이 내란 음모와 선동과 실행 아닌가? 그간에 저들에게 대한민국의 헌법과 법률과 판례들과 공직자들은 무엇을 했는가?

19) 이재명과 더불어민주당과 조국·당의 범죄·역적 짓들이 오히려 내란죄

이재명의 사당·사유화로 전락한 더불어범죄방패당과 조국·당의 국헌 문란과 헌정 질서 파괴 행위에 대해서 내란죄와 정당해산 심판 청구를 검토해야 한다. 그동안 더불어민주당은 이재명에 대한 조사와 판결을 은폐·방해·방탄하기 위해서 별별 짓들을 저질렀다. 역시 윤석열 대통령이 국정을 수행하지 못하도록 정부 인사들을 무자비하게 탄핵했고, 국가의 핵심 기관들의 예산을 통째로 삭감했으며, 국가기관과 기능을 마비시켰고, 윤석열을 식물 대통령으로 전락시키려고 혈안이었다.

윤석열은 대한민국에서 무소불위로 성역화·특권화·성벽화·세습화된 선관위의 부정선거에 관한 의혹·증거·제보·첩보들을 해결하기 위해서 유일무이한 해결책으로 비상계엄을 발동했고, 국회의 의결에 따라 곧바로 해제했다.
만일 대한민국의 대통령인 윤석열이 망국적인 현실과 파렴치하고 위험한 작태들과 범죄자들·전과자들·종북좌파·주사파·중공몽 사대주의자들 겸 저질·악질들과 이에 적극적으로 묵인·동조할 정도로 '레밍 쥐'떼거리·패거리 수준의 더불어민주당을 구경·방치한다면 어떻게 될까? 그러면 윤석열이야말로 역적 짓들을 방조하는 범죄자와 다름없다.

윤석열이 대통령으로서 가능한 모든 수단을 동원해서 망국적인 문제들을 해결하는 것은 나라와 국민을 위한 당연한 의무와 책무이고, 국민에게 부여받은 권한과 대통령만의 특권이다.

그래서 이재명도 대통령이 되어 보겠다고 무지막지한 범죄들과 양아치 짓들을 저지르면서 안달하지 않는가?

20) 심지어 이석기만도 못한 대한민국의 대통령 윤석열

통진당의 이석기는 내란 음모죄와 내란 선동죄로 기소되었다. 하지만 내란 음모죄는 무죄였고, 내란 선동죄만 적용·확정되었다. 왜냐면 내란 음모죄가 적용되려면 내란의 목적·고의가 분명해야 하고, 그로 인한 구체적인 계획과 위험성이 있어야 하며, 실현 가능성이 있어야 한다는 이유였다. 그래서 내란 선동죄만 적용·처벌받았다.

그런데 대한민국과 국민을 대표하는 대통령 윤석열은 진짜 내란죄·국가보안법 범죄자인 이석기만도 못한 취급을 받고 있고, 심지어 최근에 징역 14년을 선고받은 간첩들보다 오히려 헐값과 졸속으로 매도·공격·취급당하고 있다.

한편으로 더불어범죄방패당과 불순한 좌경 세력에게 강력하게 코가 꿰여서인지 불법 수사를 자행하는 검찰·경찰·공수처와 국회·노조·언론·좌파 지식인들과 뭣도 모르는 연예인들까지 마치 기다렸다는 듯이·경쟁하듯이·충성하듯이·조종당하듯이 일사불란하게 움직였다.

이는 대한민국과 국민이 선출한 대통령을 함부로 농락·전복·축출하려는 그야말로 망국적인 역적 짓이고, 그야말로 내란죄 적용을 검토해야 한다.

한편으로 윤석열의 비상계엄은 내란·폭동·반란과는 정반대로 애국애족의 발로였고, 위헌적·파괴적이지 않았으며, 목적 수행을 위해서 최소 인원만을 동원했다.

또한 대부분의 계엄령처럼 모두가 깊이 잠든 새벽이나 심야에 계엄을 발령하지 않았고, 어떤 사람도 체포하지 않았으며, 방송과 언론을 장악하지 않았고, 계엄군에게 실탄 사용을 명령하지 않았으며, 무력을 전혀 사용하지 않았고, 오히려 계엄군이 국회의원에게 총기를 빼앗길 뻔했으며, 계엄군이 시민들에게 폭행당해서 부상했고, 국회와 선관위 두 곳에만 고작 600여 명이 투입되었다.

설사 계엄군을 더 많이 투입했더라도 잠깐의 비상계엄을 통해서 선관위의 서버가 목적이었고, 국가 기능이 정지된 것은 아예 없다.

심지어 모든 국민이 생생히 목격할 정도로 공개적으로 진행되었고, 대통령이 비상계엄을 선포할 때도 모든 국가 기능은 정상이라고 선언했다.

다시 말해서 국민 대부분이 깨어 있는 시간에 계엄군을 600여 명 동원해서 내란을 일으키는 머저리가 어디에 있겠는가? 조만간 아니 이미 감옥에 갔어야 할 이재명이 대한민국의 수반이라는 말인가?

그런 내란과 내란죄를 인류 역사를 통틀어서 단 한 번이라도 구경이든 소문이든 들어 봤는가?

국민들이 대한민국과 자신들을 대표하는 대통령을 선출해 놓고 작살내서 만신창이를 만드는 연속이다. 도대체 이처럼 비인간적이고 야만적인 짓들을 언제까지 반복할 것인가? 국민들은 언제 어떻게 정신들을 차릴 것인가?

21) 왜 그토록 성급하고 쫓기듯이 내란 몰이와 탄핵 몰이를 밀어붙일까?

첫째, 이는 현대사 내내 앓고 곪았던 악질적인 종양이 터진 것이고, 이것이 정상이고, 이제 겨우 시작이다. 물론 다소 늦은 감이 없지 않지만 그래도 대한민국과 국민과 후손들과 국제사회와 인류 미래에는 참으로 다행이다. 왜냐면 불의·악의·저질·악질·양아치·범죄자들은 컴컴한 어둠과 사람들의 무지·무관심을 믿고 극성을 부리고, 극성을 부리면 당연히 세력을 넓히면서 절정에 도달하게 되며, 그럴수록 비운·비극의 꼭짓점·극점과 마주하게 되고, 급격한 몰락은 기정사실이고, 순진·순박했던 국민들과 나라는 홍역을 치른 대가로 체계와 질서가 잡히면서 좋아지기 때문이다. 이는 인류 역사가 진행되었던 핵심 원리다.

앞으로 국민들은 평소에는 자기 삶에 충실하다가 저질·악질들을 상대로는 적극적으로 대처해서 뿌리를 뽑아야 하고, 남북한의 자유·평화·통일 이전에 대한민국 내에서 일전을 치러야 하며, 자유를 누리는 국민들이 당연히 짊어지고 감수해야만 금수강산이라는 대한민국의 상서로운 정기와 짱짱한 국운과 창창한 미래를 펼쳐갈 밑바탕과 자질과 자격을 지닌다.

둘째, 국민들이 너무나 잘 아는 것처럼 무수한 범죄들로 감옥 대기 중인 저질·악질·양아치 범죄자 집단과 다름없는 더불어범죄방패당과 악마·괴수 이재명은 마지막 방탄용 기회로 착각·발악 중이고, 망국적인 악수·무리수·역적 짓을 저지르는 연속이며, 결국은 패거리들이 모두 몰살당할 수밖에 없을 정도로 최악과 극한·극단으로 치닫고 있다.

셋째, 북한·중공으로 연계된 불순한 극좌파·역적 세력은 윤석열로 인해서 대한민국이 안정되고 정상화되면 자신들의 죄상이 모두 드러나고, 감옥에 갈 것이 두려울 수밖에 없으며, 어차피 죽을 바에 사활을 걸고 내란죄 몰이와 탄핵 몰이에 혈안이고, 가소롭고 가여울 정도로 다급하고 초라하다.

넷째, 해방과 6.25가 끝난 이후에 대한민국이 이런 지경의 연속이었음에도 그간에 단 한 번도 적극적·획기적인 특단의 조치를 시도·모색조차 하지 못했고, 그간에 국민들은 민주화로 착각했으며, 매번 벌어진 사건과 행위에 맞춰서 맨투맨으로 솜방망이 처벌하는 것이 고작이었고, 불순세력들은 처벌과 범죄 전과를 오히려 자랑스러운 별과 영광스러운 훈장과 출세용 보증수표로 여겼으며, 대한민국은 민주주의·민주화에서 점점 멀어졌고, 계속해서 악화·악화·악순환이 반복·당연·심해졌으며, 이는 자업자득이고 인과응보이고 사필귀정이며, 결국은 천만다행이다. 왜냐면 대한민국은 국민들을 주체와 주인공으로 현대사와 자유민주주의를 똑바로 시작하는 진통을 겪어야만 제대로 국운을 펼쳐갈 수 있기 때문이다.

특히 부정선거로 나라가 난장판인데도 선관위원장과 선관위는 "헌법기관"이라는 구차한 변명만으로 일관했다.

22) 인간적·상식적으로 생각해 보자

국민들이 대통령을 선출해 놓고 존중하지도 지지하지도 기다려 주지도 않고 끌어내리는 짓들은 야만적인 습성과 천박하고 비열한 행위와 참담한 국민성 아닌가?

대통령들을 죄인들로 전락시키는 참담한 일들이 대한민국 국민들에 의해서 현대사 내내 반복되고 있다.

그렇게 해서 민주주의가 실현·정착되었는가? 민주화라도 완성·종결되었는가? 불순한 진보좌파의 좌경화된 이념·주장으로 민주주의와 민주화가 가능하겠는가?

만일 이러한 방법들로 가능했다면 투쟁과 시위와 청산과 처단으로 일관했던 대한민국은 지금쯤 가장 훌륭한 선진국이 되었어야 옳다. 하지만 그처럼 비인간적이고 천박한 방식으로는 민주주의도 민주화도 불가능하고, 참담했던 역사에 이어서 합당한 죗값들을 각오해야 한다.

그래. 좋다.

대한민국의 민주주의가 잘못된 것은 이승만과 박정희의 잘못과 책임이라고 해 보자.

그렇다면 민주화에 역행해서 오히려 민주화를 망치고, 과거로 시대와 역사를 역행하고, 좌경화로 민주주의와 민주화를 망친 잘못은 민주화·진보좌파 세력의 잘못과 책임이 아닌가? 언제까지 이승만과 박정희에게 잘못과 책임을 몽땅 떠넘길 것인가?

국민들이 불순한 좌경화 세력에게 선동당했던 짓들이 현대사 내내 반복되고 있다. 민주화의 상징으로 행세했었던 김영삼·김대중만이 비운을 모면했던 이유는 민주주의·민주화에 성공해서가 아니라 제3장에 정리되어 있으니 참고하길 바라고, 국민들이 참으로 정신 차려야 한다.

어떻든 대한민국의 역사와 현대사를 망라했을 때 국민들이 대통령들을 선출해 놓고, 적극적으로 지지하고 도와줘도 역부족인 상황이다. 그런데 또다시 대통령을 만신창이로 짓밟아서 망가뜨리는 나라와 국민이 과연 언제까지 어떻게 만수무강·수복강녕을 누릴 것인지, 유지·존속이라도 가능할 것인지 한 번쯤 고민하고 반성해야 한다.

지금까지 만으로도 대한민국이 또다시 망하지 않았고, 국민이 빌어먹지 않은 것을 천만다행으로 여겨야 하고, 무엇보다 국민들이 개과천선해야 한다. 그렇지 않으면 분야마다 애써서 죽을 쑤다가 중공·북한을 추종하는 하수인 세력들의 아가리에 몽땅 떠 넣어 주고, 호주머니에 퍼 담아 주고, 양극화는 더욱 심해지면서 포퓰리즘과 선동으로 망국으로 곤두박질칠 뿐이다.

특히 어떤 시대나 사회나 국가나 체제에서도 항상 훌륭한 사람들과 좋은 사람들이 있기 마련이다. 하지만 그들이 사회에 봉사하고 공헌하고 헌신해도 한동안이고, 일정 부분에 국한된다.

또한 언제 어디나 나쁜 사람들과 망가진 악질들도 있기 마련이고, 이웃과 사회와 나라에 해를 끼쳐도 한동안이며, 얼마 지나면 감옥에 가거나 늙고 죽으면 끝난다.

그래서 좋고 나쁘거나, 훌륭하고 사악한 사람들은 인생을 그렇게 살다 죽을 뿐 나라와 국민을 아름답게 만들거나, 근본적으로 망치기는 불가능에 가깝다. 이는 나라의 흥망성쇠는 절대다수인 국민에 의해서 좌우되고 결정된다는 이야기다.

개도국들과 공산주의 국가들도 마찬가지다. 독재자가 아무리 악독해도 국민들이 정상이면 결국은 독재에서 벗어날 수 있다. 하지만 다수 대중이 순진하고 어리석으면 사악한 독재자에게 놀아나기 십상이고, 치열한 하수인 경쟁으로 인해서 좀처럼 독재에서 벗어날 수 없으며, 갈수록 노예와 감옥과 죽음과 지옥으로 전락한다. 바로 우리의 절반인 북한과 이웃인 중공이 증거이고, 우리 국민도 중공과 북한의 뒤를 따르지 못해서 안달하는가?

우리는 이런 지경에서도 그럭저럭 버티고 있다. 하지만 미국과 국제사회가 아니었다면 이미 오래전에 망했다. 이제 대한민국 국민들이 정신을 차리고, 장점을 극대화해서 미국과 국제사회를 도와야 할 순서와 운명과 숙명이며, 중공·북한의 손아귀와 근거리에서 어물쩍거리면 그야말로 참담한 죗값들을 각오해야 한다.

23) 무지·답답할 정도로 너무나 순진하고 단순한 국민들

'꾀가 많은 사람이란 지혜롭고 현명한 사람은 아예 빠지지 않고, 기웃거릴 필요조차 없는 함정에 기꺼이 빠졌다가 힘들여서 빠져나오는 사람'이라는 서양 속담이 있다.

필자(58년생)가 살아오면서 만나 봤던 사람들 대부분은 사악·악독하지 않았고, 오히려 순진하고 순박하고 소박한 사람들이었다. 그래서 도저히 미워할 수 없었고, 그럼에도 너무나 실망이었다. 왜냐면 순진·순박·소박은 순수함과는 반대로 지극히 무능·무기력하고, 소극적·무대책이어서 적극적인 면에서는 대안 부재이기 때문이다. 그래서 그러한 태도로는 진정한 선진국과 살기 좋은 사회문화와 정의롭고 아름다운 세상은 실현 불가능하고, 작은 변화와 발전도 쉽지 않다.

역시 순진·순박·소박은 단지 개인적인 성질과 다수의 정서일 뿐이고, 나라와 국민과 후대와 역사와 우주로 시야를 확대하면 그러한 단순함이 오히려 죄악의 원인이기도 하다. 다시 말해서 순진·순박·소박한 수준으로는 이념도 위선자도 사기꾼도 모략가도 위정자도 구분하지 못하고, 각종 유혹과 함정들에 빠지기 십상이며, 수시로 선동당하면서 놀아날 수밖에 없고, 결과는 불행·고통·노예·감옥·죽음·지옥이며, 북한과 중공과 러시아 등 공산·독재국의 인민들이 증거다.

24) 문화예술계가 완전히 좌파화·좌경화되었는가?

"문화예술계가 완전히 좌파화·좌경화되었다.", "파주시의 거대한 출판계는 이해찬의 작품이어서 우파들의 작품은 취급조차 해 주지 않고, 일반 출판사들도 마찬가지다."라는 이야기는 필자도 직접 많이 듣고, 오래 겪어 보았다.

왜냐면 필자는 2018년에 자비를 들여서 네 권의 책을 출판하려고 자비 출판사를 검색해서 15군데 출판사에 견적을 의뢰했다. 그런데 대부분 거절했다. 필자는 깜짝 놀랐다. 내 돈으로 책을 출판하겠다는데도 출판사들에서 돈을 벌지 않겠다는 꼴이니 도저히 이해할 수 없었고, 이해하기도 싫었다. 그중에서 세 군데만 응답을 해 왔고, 한 곳은 내용을 상당 부분 손질한다는 조건으로 출판하겠다고 했다. 그래도 두 곳은 출판 의사를 밝혀서 직접 찾아가 보았다. 그런데 한 곳은 부도 난 상태였고, 남은 한 곳을 선택했으며, 그나마 출판사 이름을 바꿔서 자신들이 설립해 놓은 예비 출판사 이름으로 하자고 했다. 당시에 필자는 모든 면에서 막다른 골목이었고, 어떻든 책으로 남겨 놓아야 한다는 마음이 간절했으며, 출판사 이름을 달리 하는 대신에 원고는 토씨 하나도 건드리지 않기로 약속받았고, 필자가 제공한 원고 그대로 편집·출판했으며, 울며 겨자 먹기로 제값을 치르고서도 참으로 어렵사리 책으로 엮어 냈다.
필자는 60 평생을 살면서도 대한민국과 국민들이 이런 지경까지 될 것이라고 상상조차 해 보지 못했던 일이었다.
물론 이는 필자처럼 기성세대의 잘못과 책임이 크다. 하지만 방만하게 자유를 누리는 국민들의 수준(실체와 실상)은 더욱더 막막하고 암담하고 비관적으로 생각되었다.

25) 좌파들이 즐겨 사용하는 '개념', '개념 연예인'에 대해서

'개념'이라는 단어의 사용은 각자 자유다.
그런데 개념은 논리학과 철학에 관련된 용어이고, 절대 쉽고 간단하지 않으며, 여기서 간략하게 피력한다.
'개념'은 고난도와 고차원의 단어이고, 연예인들이 쉽고 속되게 사용하는 것은 잘못이고, 심지어는 개념에 대한 모독일 수도 있다고 생각한다.

필자가 대학 1학년 때 철학 서적 중에서 개념을 쉽게 설명·이해했던 책이 기억나서 필자의 의견을 약간 섞어서 소개한다.

개념을 쉽게 이해하기 위해 예를 들면

예 1) 다수의 어린이를 모아 놓고 각자 알아서 삼각형을 하나씩 그리도록 했다.
아이들은 주어진 여건과 환경에서 나름대로 삼각형을 그려서 제출했다.

예 2) 이번에는 좀 더 차원을 높여서 아이들에게 '고양이'를 생각하는 시간을 주고, 무엇이 떠오르는지 생각을 모두 종이에 적어 보라고 하자.
그러면 제각각 생각나는 것을 적을 것이다.

답변 1) 삼각형 중에서 정삼각형이 모든 삼각형을 상징·대표하는 개념이라고 할 수 있고, 나머지 삼각형들은 제각각의 관념들이라고 할 수 있다.
다시 말해서 어떤 아이가 깨끗한 종이와 연필과 자와 각도기를 가지고 깨끗한 바닥에서 정확하게 정삼각형을 그렸다면 그것을 개념이라고 할 수 있다.
정삼각형이 모든 삼각형을 공통으로 상징·함축·대표하고, 모순과 하자가 가장 적기 때문이다.
그러면 둔각·예각 삼각형은 물론 아이들이 각자의 환경과 여건에 따라 비틀거리거나 휘어지거나 울퉁불퉁하게 그려 놓은 삼각형들은 모두 관념들에 해당한다.

답변 2) 아이들이 제각각 써 놓은 고양이에 대한 이야기들은 모두 관념이다.
이때의 관념은 고양이라는 개념이 있다면 그중에 극히 일부이거나,

아예 무관하거나, 이것도 저것도 아닐 수 있다. 다시 말해서 아이들이 생각하는 고양이나, 써 놓은 고양이나, 평생 보고 듣고 키우고 경험했던 고양이들은 모두 관념이라는 이야기다.
그렇다면 고양이의 개념은 무엇일까?
이는 진화론적으로, 생물학적으로, 생태학적으로 기타 연관되는 수많은 관점을 모두 고려·반영해야 하고, 개념 설정은 불가능하다고 봐야 한다.

또 하나 예를 들어 보자.
우리 중에서 '시간'을 모르는 사람은 없을 것이고, 너무나 쉽고 간단한 것이 시간이다. 하지만 우리가 생각하는 시간은 거의 100% 관념이고, 시간이라는 개념을 정의하기는 쉽지 않고, 사실상 불가능에 가깝다.
세상에 알려진 위대한 철학자들과 천재 과학자들을 통틀어서 시간에 대한 개념을 똑바로 정의했던 사람은 단 한 명도 없다.
물론 아이들이 제각각 고양이에 관해서 피력했듯이 고대 철학자들부터 아인슈타인을 비롯한 천재들과 수많은 과학자가 시간에 관해서 나름대로 언급했다. 하지만 시간에 관해서 나름대로 이야기했다는 것은 곧 시간의 개념을 정의하지 못했다는 증거다. 도대체 왜 그토록 간단한 시간을 정의하지 못할까?
이에 대한 답변은 다음 기회로 미뤄 놓는다. 여러분도 시간의 개념이 무엇인지 고민하는 기회들을 가져 보길 바란다.

좌파들이 즐겨 사용하는 '개념', '개념 연예인'에 대해서

그렇다면 좌파 연예인들이 당연하면서도 대단한 것처럼 즐겨 사용했던 "개념", "개념 연예인"이라는 것이 얼마나 무지하고 황당한지 이해했을 것으로 생각한다.

좀 더 노골적으로 표현한다면 '개념 연예인'이라는 단어를 사용했던 자체는 개념이라는 의미를 전혀 이해하지 못했다는 증거이고, 수준 미달이라는 사실을 폭로·입증했던 것에 불과하다.

따라서 개념을 '생각하는'이라는 의미로 사용하거나, '개념 없는'을 '생각이 없거나, 부족한 정도'의 의미로 사용하는 것은 앞으로 조심하고 바로잡길 바란다.

또한 개념을 '좌파 이념' 정도로 생각하는 사람들도 있을 것으로 생각한다. 하지만 좌파 이념은 관념에도 해당하지 못함을 명심해야 한다. 왜냐면 좌파 이념은 정상적인 생각과 사고와 사상을 지닐 수 없는 비정상이나 망가진 사람들이 자기 무지를 합리화하는 것에 불과하기 때문이다.

다시 말해서 아이들이 개념과 관념을 평생 모를 수도 있지만 그렇다고 망가진 것은 아니라는 이야기다.

부탁하건대

좌경화·좌편향 이념으로 삐뚤어진 사람들을 포함해서 모든 문화예술계와 연예인들은 자유민주주의 대한민국과 미국과 유럽에서 태어나서 성장하고 공부하고, 각종 대회에서 출전해서 입상하고 유명해진다.

그런데 자유민주주의 정신과 대한민국의 혼을 내팽개친 채 이념화·좌경화 노선과 단기적인 유행과 인기에 영합하고, 돈벌이에 급급한 채 이익만을 쫓아다니면 마치 뿌리 없는 부평초에 불과함을 명심해야 한다.

문화예술계와 연예인들은 물론이고 좌경화된 좌파 지식인들·언론인들·법조인들 역시도 대오각성·개과천선해야 하고, 이 책의 내용들을 맑은 정신으로 초집중해서 정독하길 바라며, 진정한 자유민주주의 애국민으로 새롭게 다시 태어나고, 인생을 새롭게 시작하길 권유한다.

물론 머잖아서 대한민국에 특별한 대전환점을 위한 총체적이고 획기적인 조치들이 있을 것으로 예상하며, 그때라도 적극적으로 동참하길 바란다.

26) 40%대에서 변함이 없던 지지율(문재인과 이재명)이 사실일까?

필자는 과거에도 지금도 문재인과 이재명에 대한 40%대의 높은 지지율을 비정상으로 생각한다. 왜냐면 과거와는 전혀 다른 패턴이고, 대한민국이 여러 가지 면에서 이상해졌기 때문이다.

예를 들면 문재인·대깨문 세력은 박근혜의 탄핵을 조작·선동했고, 국민들은 속수무책으로 놀아났으며, 당시에 박근혜의 지지율은 형편없었다. 왜냐면 보수층과 중도층과 일반 국민들도 박근혜에 대한 지지를 과감하게 철회했기 때문이다.

이는 김영삼(IMF)도 김대중(임기 말 이빨 빠진 늙은 호랑이)도 노무현(탄핵·무능했던 임기 말)도 이명박도 예외가 아니었다.

그런데 진보좌파(문재인과 이재명)에 대한 지지율은 40%대를 유지한 채 미세한 차이뿐이다. 문재인과 이재명 일가족의 범죄들과 역적 짓들이 드러났음에도, 검찰에서 기소하고 법원이 유죄를 판결해도, 적반하장의 궤변과 뻔뻔한 거짓말들로 일관해도 40%대라는 높은 지지율은 말뚝처럼 변함이 없다.

필자의 생각에 당초에 30개였던 여론조사 기관이 문재인 정권에서 60개가 추가된 90개로 많아졌고, 표본 추출과 여론 조사 방식에 뭔가(조작 등)가 개입되었거나, 역할들이 분담되었을 가능성을 검증해 봐야 한다.

이는 여론조사 기관들과 감독기관인 선관위의 복마전 같은 문제와 한계이고, 대법원이라는 백그라운드가 든든하게 방패막이가 되어 주고, 국민들은 천편일률적으로 발표된 여론만을 보고 듣고 믿을 수밖에 없으며, 현재로써는 검증 불가능하고, 언론과 여론에 끌려다니면서 선동당하는 것이 원인이라고 생각한다.

특히 부끄러울 정도로 너무나도 무방비인 대한민국 사회와 허술한 국민성을 중공과 북한이 가만 놓아둘 리 만무하다.

북한과 중공은 인류사를 통틀어서 가장 교활하고 저질적·악질적인 나라다. 북한은 현대에서도 동족인 대한민국을 침략했고, 지금까지 헤아릴 수 없을 정도로 끊임없이 도발하고 괴롭혔다. 역시 중공은 미국과 주변국들에 침입해서 고급 정보들을 도적질하고, 국제사회에 교활하고 집요하게 침투해서 공작질·해킹질·간첩질하는 막돼먹은 패도국가다.

그래서 중국과 북한이 자유대한민국을 가만 놓아둘 리 만무하다는 사실은 당연한 상식이다.

그런데 한국인들은 돈봉투·공짜·뇌물·성 접대·유흥·향락·도박을 좋아하고, 마약이 급격히 많아지고 있다. 그로 인해서 이 책(제1장. 첫 주제)처럼 유명인들과 각 분야(노조·교수·언론인·종교인·정치인 등)가 중공과 북한의 마수와 유혹에 속수무책으로 당했고, 또 많은 국민이 불순세력의 하수인들에게 강력하게 코가 꿰였으며, 함정이라는 사실을 알았을 때는 각종 증거로 코가 꿰인 상황이었고, 벗어나고 싶어도 방법을 찾지 못하는 지경일 것으로 생각한다.

27) 이들 대부분은 구제해 주고, 핵심은 강력히 단속해야

필자는 갖가지 이유로 중공·북한의 유혹과 함정에 빠졌던 순진·순박했던 사람들을 최대한 구제하는 방안을 연구·준비해 왔고, 특단의 조치를 강조·호소해 왔으며, 벌써 20년 넘도록 무용지물이었고, 대한민국은 속수무책의 연속이었다.

그러던 중에 윤석열 대통령이 비상계엄을 선포하는 순간을 두 눈으로 목격했고, 필자는 정말? 설마? 과연? 깜짝? 놀라면서도 그와 동시에 시청 중이던 유튜브 채널의 댓글에 "윤석열 대통령 만세 만세 만만세 ♥♥♥♥♥"라고 올렸다.

물론 필자가 말하는 특단의 조치는 비상계엄과는 다르고, 어쩌면 정반대일 수도 있다. 하지만 뭔가를 적극적으로 시도해야 한다는 점에서는 의심도 이론의 여지도 있을 수 없었다.
왜냐면 필자야말로 절대 구제 불가능할 정도로 악질적인 종북좌파·주사파·중공몽 사대주의자들과 하수인들을 강력하게 조치해야 함을 연구·호소해 왔기 때문이다.
하지만 '소귀에 경읽기'였고, 결국은 이런 지경으로 전락했으며, 더 이상 방치하면 급격히 망국으로 치달을 정도로 위험한 상황이었으며, 윤 대통령에게도 이미 서신(2024. 4. 25.)을 발송했었고, 책의 맨 후반에 소개되어 있다.

문재인 이재명 백낙청 이해찬 한명숙 이석기 임종석 박선원 정청래 최민희 김민석 김병주 이성윤 김명수 권순일 유창훈 김동현 박세현 오동운 이호영 우종수 차은경 홍장원 문형배 이미선 마은혁 정계선 이순형 신한미 이상식 등처럼 자유대한민국에는 배은망덕하고, 동맹은 배신하고, 자유민주주의에 역행하는 위험 세력이 대오각성·석고대죄·개과천선해야 할 점이 있다.

첫째, 인류사를 통틀어서 자기 생각대로 인생을 살았던 사람은 단 한 명도 없었고, 당신들의 인생도 대한민국의 앞날도 절대 여러분의 생각대로 되지 않으며, 오히려 반대라는 사실을 명심해야 한다.
네로도 진시황도 히틀러도 자기 뜻대로 살지 못했다. 그들은 천하를 평정하고 호령할 정도로 권력의 절정에 도달했지만 동시에 내리막길로 곤두박질치면서 급격히 몰락했다.

둘째, 유사 이래 가장 위대하고 훌륭하다고 평가받는 부처나 예수나 소크라테스나 신들도 세상과 인간을 자기 생각대로 뜻대로 하지 못했다.

셋째, 마르크스·모택동·김일성·문재인·이재명이든, 그들을 따르는 저질·악질·양아치 수준의 하수인들이든, 좌경화된 국회의원들이든, 이념과 금품과 학연과 연줄로 살아온 법관들이든, 무소신·복지부동의 공직자들이든 인생을 자기 생각대로, 계획대로 살 수는 없고, 사실은 자기 이름 석 자도 관리하지 못한 채 불명예·치욕이 고작이고, 결국은 자기 인생조차 앞가림하기 힘든 수준들이다.

따라서 이재명과 정청래와 최민희 등 여러분들이 쥐 꼬리 수준의 완장을 마치 무소불위의 권력과 지위처럼 착각·남용·월권·역적 짓·망나니짓들을 연발하더라도 사실은 비극·비운의 정점·극점에 서성거리다가 급격한 내리막으로 곤두박질칠 뿐 절대 생각처럼 되지 않는다.

넷째, 모두 여러분과 똑같다면 세상이 존재할 가치가 없다.
만일 인간이 모두 여러분 똑같다면 세상도 인간도 존재할 가치도 필요도 없다. 다시 말해서 여러분은 너무나도 가엾고 가소롭고 초라하고 열등한 인간이고 인생임을 깨달아야 한다. 왜냐면 나라와 국민을 위해서 무엇이든지 무엇이라도 실천·실현할 수 있는 일생일대 최고의 행운과 지위와 기회까지 동시에 주어졌음에도 고작 하는 짓들이 가만 놓아 둬도 자기들 발등에 스스로 도끼질해 대면서 자멸하는 연속이었기 때문이다.
만일 인간이 모두 여러분과 똑같다면 그러한 세상은 존재할 이유도 가치도 필요도 없을 것이라는 이야기다.
실제로 여러분은 우둔하고 어리석은 바보·멍청이들도 절대 하지 않을 개망나니·양아치·역적 짓들로 일관했다.

28) 이 책을 저술하게 된 동기

※ 필자는 여기 내용을 2024. 4. 25. 용산 대통령실에 발송했다.
서신을 작성했던 이유는 시국이 난장판으로 돌아가고, 파국을 면하기 어렵다고 판단·확신했고, 철저하게 대비하자는 이유 때문이다. 하지만 아무런 응답을 받지 못했다.
그래서 만약의 사태에 대비해서 책으로 출판하기로 결심했고, 서둘러서 5월 초부터 6개월 만에 원고를 완료했으며, 출판사에서 교정을 진행 중에 비상 계엄과 탄핵 정국이 시작되었고, 필자가 예상했던 걱정이 사실로 발생했다.
아마도 헌법재판소 심판 중에 출판되어서 재판관들에게도 책을 전달할 수 있을 것으로 기대한다.

윤석열 대통령께(상소문 겸 면담 요청, 2024. 4. 25.)

"부디 본 서신이 윤석열 대통령에게 전달되길 바라고, 서신을 접하는 분께서는 신속하게 전달되도록 최선을 다해 줄 것을 당부합니다.
혹시라도 본 서신을 신문고나 타 부처로 이관하려면 차라리 소각하거나, 쓰레기통에 버려 주세요."

저는 광주광역시에 거주 중인 67세(58년생) 최익주입니다.
저는 어떠한 세력도 조직도 모임도 없으며, 서민 중에서도 최하 말단의 소시민입니다.

하지만 오랜 세월을 연구와 방안 마련에 집중해 왔고, 대통령께 상소문 겸 만남을 요청하게 되었으며, 만남이 이루어졌을 때를 위해서 필요한 내용을 이렇게 정리해 보겠습니다.
내용은 자유민주주의에 초점을 맞추되 공개되면 안 될 내용이어서 당장은 핵심을 보류하겠습니다.
가급적 차분한 시간과 맑은 정신을 할애·집중해서 정독해 주시길 부탁합니다. (원문을 건드리지 않고 그대로 소개함)

제가 상소문을 정리하는 이유

작금의 대한민국은 극단적인 분열·대립과 절체절명의 위기에 처해 있으며, 지금까지의 연장선에서는 자유민주주의를 실현하기 불가능하고, 현상도 유지할 수 없다고 생각합니다.
그래서 대통령께서는 그간에 우리를 좌우해 왔던 저변(역사·문화·관행·민족성·국민성·무의식)을 총체적(근본적·거국적·실질적·효율적)으로 포용·접근해야 하고, 반드시 그만한 가치와 보람이 있을 것으로 기대·확신합니다.
지금부터는 복잡한 절차나 격식을 배제하겠으며, 다소 두서없거나 일부 외람되더라도 널리 양해 부탁드리겠습니다.

우리 모두 방심·소홀했던 점과 시행착오들

대한민국은 역사 내내 암울하고 빈곤했고, 차별적이고 후진적이었습니다.
그래서 해방과 6.25를 전후로든 독재가 종식된 이후에라도 우리에 대한 총체적인 점검과 반성이 필수였습니다. 특히 민주화에서는 참담했던 우리의 실체와 실상(역사, 문화, 민족성, 관행 등)에 대한 원인분석과 공감대 조성과 대안 마련을 진행했어야 했습니다.

하지만 우리는 최소한의 반성도 점검도 하지 않았고, 투쟁과 혼란과 대립과 분열과 위기를 반복했으며, 민주화조차 마무리하지 못한 채 급기야 망국을 걱정하는 지경입니다.

그간에 저는 대통령들이 당선됨과 동시에 '대한민국의 자유민주주의가 성공 불가능함'을 김대중 95%, 노무현 98%, 이명박 99.98%, 박근혜 3,000%라는 부정적인 견해를 서신(내용증명)으로 발송했고, 문재인은 '성공'을 언급할 가치조차 없이 망국의 역적에 불과했습니다.

그러저러했던 세월이 벌써 20년을 훌쩍 넘겼고, 오랜만에 서신을 띄우게 되었습니다.

이제 윤석열 대통령께서는 우리의 실체와 실상에 대해서 명료하게 이해해야 하고, 명쾌하게 대처해야 합니다.

역시 대통령께서는 문재인과의 과거(관계·사연)에 연연하거나, 이재명과 정치적으로 타협하지 않아야 하고, 그래야 파국을 면할 수 있으며, 절대 그런 일은 없을 것으로 기대·확신하고 싶습니다.

대한민국은 대통령들의 실패나 비운이 당연해져

제가 연구해 온 바로 대한민국은 역사적·문화적·정치적·법적·언론·종교·시민단체·노조·지식인 등 총체적으로 한계에 봉착한 지 오래입니다. 그래서 대통령들의 실패나 비운이 전통처럼 당연해졌습니다. 물론 지구촌은 물론 국제사회도 예외가 아닙니다.

어떻든 대통령께서도 선배(대통령)들처럼 비극적인 희생양이 되느냐 아니면 근본적·획기적인 대전환점을 만드느냐를 선택해야 하는 갈림길에 처해 있습니다.

물론 대통령께서는 개인적으로 의미를 부여(변명·합리화)하거나, 성공으로 자평할 수도 있을 것입니다. 하지만 대통령의 개인 입장(성공·합리화·자평)과 대한민국(자유민주주의, 국민)의 성공은 다른 차원입니다.

이는 이승만·박정희 두 대통령조차도 불명예와 비운으로 끝났다는 점이 증거이며, 대통령께서도 절대 간단치 않으며, 그것이 우리의 총체적 실체와 실상이고, 역사와 현대사의 한계입니다.

우리 현대사(자유민주주의)를 두 개로 압축하면

77년의 우리 현대사를 극단적으로 압축하면 독재와 민주화였습니다.
독재가 42년(1945~87. 6. 29. 선언 직전)이고, 민주화는 35년(1987. 6. 29.~2022.)이며, 좀 더 구체적이고 부정적인 관점으로 살펴보겠습니다.
우리 현대사는 독재(42년)에 이어서 민주화가 등장했습니다.
민주화는 기나긴 세월(인생)을 저항과 투쟁으로 일관했던 인물들(노태우·김영삼·김대중·노무현)이 16년을 집권했고, 이어서 독재의 후배·자식이라고 할 수 있는 이명박·박근혜가 9년이었으며, 진보로 위장했을 뿐 실제로는 종북·좌파·주사파 노릇에 혈안인 채 자유민주주의 체제와 헌정 질서를 급격히 망치면서 자멸한 문재인이 5년이었습니다.
물론 비극적인 현대사의 잘못과 책임이 국정의 총책임자인 대통령들에게 있었다고 하더라도 결국은 국민들이 죗값을 치러야 하고, 악순환이 후대로까지 전가됩니다.
따라서 해결 방안 또한 우리 국민과 대통령의 몫이며, 뼈저리게 반성해서 모두 함께 새롭게 출발해야 하고, 그렇지 않으면 어떤 인물과 시도도 무용지물입니다.

윤석열 대통령도 지금까지의 연장선에서는 절대 성공 불가능해

저는 사회생활을 하던 중에 대한민국이 또다시 망할 수밖에 없음을 뼈가 저리도록 실감했고, 망국의 악순환을 두 눈으로 훤히 그려보고 확신하게 되었습니다.

우리는 자유민주주의에 온 국민이 올인해도 부족할 수밖에 없었습니다. 그런데도 우리는 처세·접대·뇌물·공짜·청탁·압력·리베이트를 당연시했고, 은근히·노골적으로 요구했으며, 괘씸죄를 적용해서 불이익을 줬습니다. 이처럼 망가진 짓들을 수치스럽게 여기지 않았고, 마치 출세의 증거와 기회로 여겼습니다.

그로 인해서 수많은 희생자와 피해가 계속되었고, 세월이 흐르고 세대가 바뀌어도 근본은 변하지 않았으며, 갈수록 불신과 냉소와 악감정이 심해졌고, 통속화(포퓰리즘화)되고 허약해졌습니다.

저 역시도 우리 사회문화와 인간관계에 적응하려고 노력했고, 우여곡절을 겪으면서 뼈저리게 반성했으며, 기어코 바로잡아 보기로 작심했습니다.

불행과 고통의 상징이었던 '서민'에 대한 올바른 이해와 접근

자유민주주의와 자본주의는 서민을 양적·질적으로 동시에 업그레이드했습니다.

그런데 우리는 역사가 열악했고, 백성들은 빈곤과 차별로 열등감과 피해의식이 심각했으며, 인간의 존엄성과 국민의 자긍심과 각자의 무의식과 인간관계가 위축·손상되었습니다.

그러한 영향으로 우리는 최상의 자유민주주의와 자본주의를 탈 서민하는 도구로 삼았고, 과거에 한 맺혔던 호구지책·입신양명·호의호식·부귀영화의 기회로 여겼습니다.

그래서 우리는 서로(수준·실체)를 똑바로 이해하지 못했고, 서로가 지대하게 영향받고 지배받는 요인들(무의식·관행·타성·관계)에 무지·무관심했습니다.

이런 점에 비춰 보았을 때 대통령께서도 서민을 제대로 이해하지 못한 아쉬움이 있습니다. 더구나 대통령께서는 남부럽지 않은 환경과 인연 속에서 성장했고, 나름대로 우여곡절을 겪었겠지만 그래도 사회생활 내내 상류층·특권층에 속했습니다.

그래서 대통령께서는 '민생'을 강조해 왔고, 서민들을 통치 대상으로 여기는 듯한 인상과 아쉬움이 없지 않았습니다. 물론 어느 정도는 당연합니다.

어떻든 서민들은 대한민국의 실질적인 버팀목이며, 자유민주주의에 합당한 의식과 자질의 확보가 중요하고 시급합니다.

따라서 앞으로 서민들에 대해서는 훨씬 더 근본적이면서도 체계적인 접근이 필요하며, 여기서는 생략하고, 바로 아래에서 요점을 피력하겠습니다.

인류사에서 가장 수준 높은 의식과 자질이 필수적인 자유민주주의

자유민주주의는 인류 역사에서 가장 수준 높은 제도이며, 최고급 개념들로 구성·진행됩니다. 그래서 합당한 밑바탕과 수준 높은 의식과 자질이 필수적입니다.

그런데 우리는 자유민주주의(사상, 초기, 발전)에 공헌·참여한 바 없었고, 자유·평등·인권은 감히 상상조차 하지 못했으며, 아무런 밑바탕도 과정도 준비도 자질도 반성도 없이 시작했고, 사실은 공짜로 얻고 모방해서 암기와 성적과 합격에 급급했으며, 제대로 흉내 내기도 버거웠습니다. 특히 우리처럼 원만·무난·적당함을 인품으로 착각했던 소심하고 소극적인 민족성·인간성·인간관계로는 적극적이어야 하는 자유민주주의가 어림없었습니다.

따라서 우리의 자유민주주의는 적극적인 휴머니즘(포괄적인 인류애) 확보, 존엄성의 확보·신장, 자율적인 자유의 구현, 질적인 가치의 발휘, 모두 함께 추구해서 실현해야 하는 공통의 미래 지향점을 체계화해야 하고, 이를 전후로 국민의 의식향상이 필수입니다.

그래야만 도박과 마약과 폭력과 음주 등 고질적인 문제들이 근본적으로 개선되고, 아름다운 사회문화가 가능해질 것입니다.

망국의 연속일 수밖에 없었던 이유와 참담했던 우리의 실체

우리는 역사 내내 변화를 외면·거부한 채 조상 답습으로 일관했습니다.
무려 5천 년을 단순하기 그지없는 봉건 왕조, 관료주의, 신분·남녀·나이·지역·아들딸·장차남·며느리 등 차별, 착취와 학대, 농경사회, 조상 모시기, 어른 공경, 아부 아첨, 중상모략, 당파싸움으로 일관했고, 현대에서는 특권·기득권, 부정부패, 유유상종, 전관예우, 유전무죄·무전유죄로 엉망이었습니다.
그래서 나라를 빼앗겼고, 외세 덕분에 기적적으로 해방되었으며, 또다시 전쟁을 치렀습니다.
하지만 우리는 정신 차리지 못했고, 자유민주주의를 표방해서 80년여 만에 파렴치한 범죄자들이 대거 국회로 진입했고, 이러한 환경과 분위기로는 전환점도 돌파구도 불가능합니다.

주변의 저질·악질 국가들을 추종하는 불량 세력

우리는 주변의 저질·악질 국가들로부터 지대하게 영향받았고, 지금도 마찬가지입니다.
우리는 북한·중공·독재에 기반을 둔 불량(종북·좌파·주사파) 세력이 자기 조·

부모들과는 비교할 수 없이 월등·대단했던 이승만·박정희의 혁혁한 업적과 생애를 송두리째 왜곡·폄훼했고, 오직 독재자·친일파로 조작·매도해서 타도 대상으로 삼았으며, 지식인들과 전문가들도 속수무책이었고, 심지어 전문가들과 지식인들과 공무원들이 수수방관하거나 오히려 앞장설 정도로 비민주적·비이성적·비인간적이었습니다.

설상가상으로 그토록 야비한 짓들이 국민들에게 고스란히 먹혀들었고, 그로 인해서 우리는 원칙·양심·상식이 손상·허약해졌습니다.

이처럼 불량 세력은 '민주주의'와 '민주화'로 위장해서 우리 사회에 깊이 뿌리내렸고, 출세 가도를 달리면서 세력을 확장했습니다.

심지어 문재인(이해찬)은 "20·30·50년 집권", "보수 궤멸"을 호언장담했습니다. 하지만 사실은 이승만·박정희·전두환·노태우(42년)보다 훨씬 더 지독한 장기독재의 야욕을 무의식에서 노출해 낸 망발과 망동의 연속이었습니다.

실제로도 불량 세력은 수단·방법을 총동원해서 행정·사법·입법과 지방정부까지 장악했고, 우리 현대사(대통령들)를 통틀어서 가장 막강한 권력을 장악했었으며, 보수는 유명무실 붕괴·궤멸 상태였습니다.

하지만 그토록 막강한 힘과 기회에도 불구하고 임기 내내 궤변·조작·거짓·선동·실정·포퓰리즘과 북한·중공에 대한 비굴한 저자세와 사기 쇼와 역적 짓들을 반복했으며, 국제사회의 비웃음 속에서 자멸함으로써 불과 5년 만에 권력을 빼앗겼습니다. 그런데도 잘못과 책임에 대한 인정과 사죄는 상상에도 없습니다.

그렇더라도 그들은 대한민국의 자유민주주의와 헌정 질서를 집요하게 약화·무력화·적화·망국화로 망가뜨렸고, 우리는 급격히 허약해지고 대립·분열됨으로써 그들의 의도가 상당 부분 이루어진 셈이 되었습니다.

그뿐만 아니라 우리 국민들도 살 만해지면 올챙이 시절을 망각한 채 구시대의 전통·가치(호의호식·입신양명·부귀영화)와 관행들(인연, 청탁, 압력, 비리,

상납, 리베이트 수수)에 급급·안주했고, 자유민주주의 자질에 무관·반대·역행했으며, 자신들이 그토록 저주·비난·공격했던 왕족이나 귀족들을 흉내 내면서 특권과 세습을 도모했고, 자기 자식들을 왕자·공주처럼 키우려고 무리했습니다.

대한민국이 완전히 망하지 않은 이유

대한민국은 당초에 제가 우려했던 것과는 달리 완전히 망하지 않았고, 지금은 긍정적인 면들과 부정적인 면들이 극단적으로 공존할 정도로 첨예하고 급박합니다.
어떻든 우리가 완전히 망하지 않았고, 앞으로도 완전히 망하지는 않을 것이라는 점에서 저는 안도했습니다. 하지만 고민은 깊어졌고, 연구와 방안에 더욱 집중했습니다.
결과적으로 대한민국은 인류사에서 중요한 사명을 수행해야 하는 나라이고, 악전고투·산전수전의 과정을 대가로 치러야 하며, 빈곤했던 인류의 과거부터 첨단 문명까지 두루두루 겪음으로써 잠재력과 저력을 축적해 가게 되고, 조만간 국제사회와 인류 미래를 선도해 갈 것으로 기대하고 확신하게 되었습니다.
물론 우리는 독재 세력도, 민주화(보수·진보) 세력도, 종북·좌파·주사파들도 변화와 개혁은 어림없고, 오히려 우리가 계속해서 몰락할수록 대한민국은 후진성이 무너지게 되고, 결국에는 획기적으로 변화·도약하게 될 것입니다. 반대로 대한민국이 결국에 망할 나라였다면 벌써 다른 나라들처럼 독재와 민주화에서 몰락했을 것입니다.
하지만 우리는 대통령들이 비운을 치르면서도 수많은 시행착오를 경험과 저력으로 축적하면서 유지되었습니다.

따라서 윤석열 대통령께서는 실패의 악순환과 비극의 전철을 마감해야 하고, 완벽하진 못할지라도 작금의 상황을 최고·최상의 조건과 기회로 삼아야 합니다.

반성·책임·양심·상식에서 멀어지는 전문가들

대한민국은 현대사 동안에 수많은 정당(정치인)과 정부(관료)와 법조계(인)와 언론계(인)와 종교계(인)와 학계(지식인)와 재벌(기업인)과 시민단체와 노동계와 농어민과 정책들이 존재·활약했고, 특히 전문가들은 마음껏 목청을 높여서 자신들의 주장과 이익을 요구·관철했습니다.

또한 대통령 선거·당선·임기 중에는 주변에 측근들과 전문가들과 운명 철학자들이 문전성시를 이뤘습니다. 하지만 대통령이 레임덕에 빠지고 비운에 직면하면 기어코 외면·배신했고, 대통령이 잘못과 책임을 몽땅 떠안았습니다. 그로 인해서 우리는 현대사 정립과 자유민주주의의 정통성을 확립하지 못했고, 오히려 자유민주주의가 약화했습니다.

한편으로는 각 분야의 전문가들이 공짜와 접대와 뇌물과 특권에 매몰되었습니다. 심지어 지식인·정치인·법조인·언론인·종교인들이 불량 국가(세력)의 마수(유혹, 공작)에 놀아났고, 너무 쉽게 코가 꿰였으며, 원칙과 상식과 양심마저 포기·역행한 꼴이었습니다.

이에 대통령께서는 이런 일들이 다시는 반복되지 않도록 특단의 대책을 수렴·수립해야 하고, 자의 반 타의 반으로 코가 꿰여서 이러지도 저러지도 못하는 사람들을 최대한으로 구제·보호함으로써 새로운 전환점과 기반을 마련해야 합니다.

아마도 머잖아서 유능한 인물들과 참신한 인재들이 아름다운 사회문화의 주체와 주역으로 맹활약할 것입니다.

더는 믿고 기대할 것이 없고, 거국적(근본적·총체적)으로 접근해야 하는 이유

대한민국에는 12명의 대통령이 있었고, 현재는 윤석열 대통령입니다.
그뿐 아니라 "하늘을 나는 새도 떨어뜨린다."라고 말할 정도로 서슬 퍼렇던 권력기관과 최고로 우수하고 막강한 서울대와 육사와 명문고와 고시와 세무대와 경찰대 출신들이 우리 사회를 주도해서 이끌었습니다.
하지만 역사적·문화적·민족적·시대적·인간적인 한계들을 극복하지 못한 채 끼리끼리 유유상종하는 등 갖가지 비리와 부작용들을 초래했고, 오히려 명문고 등을 "폐지하라."라는 주장이 제기되었을 정도로 실망의 연속이었으며, 폐지해 본들 또 마찬가지였습니다. 왜냐면 우리의 밑바탕과 무의식이 똑같았으며, 수준 높은 자유민주주의(자질)에 비교하면 백지 몇 장 차이에 불과했기 때문입니다.

국가 지도자로서 윤석열 대통령의 선택과 결단

* 독재자는 강력한 힘(무력, 법)을 수단 삼아서 개인의 권력 강화로 빗나갑니다.
* 무능한 지도자는 국민의 삶(양적·질적) 중에서 전자(양적 삶)에 치중해서 민생에 국한하거나, 포퓰리즘으로 망쳐 버립니다.
* 일반적인 지도자는 너무나 당연한 법과 원칙이나, 상식과 질서를 강조합니다.
* 현명한 지도자는 참담하고 암울했던 과거(문화, 관행, 후진성, 무의식, 상처)를 뜨겁고 냉정하게 분석·점검·포용·승화·용서하고, 모두 함께 나아가야 할 미래 지향점과 비전(대안)을 제시하면서 근본적인 변화를 통해서 개혁·도약으로 안내합니다.

윤석열 대통령께서는 막강한 권한을 지니고 있고, 지금의 위기를 최고·최상의 기회로 만들어 내야 하며, 해내지 못할 일이 없습니다.

난세의 영웅은 더 이상 필요 없어

오래전 과거일수록 대중이 무지몽매했고, 현실에 어두웠습니다.
그래서 서민들은 어두운 현실과 불의를 감당·대처하기 어려웠고, 속수무책으로 당하면서 불행과 고통의 연속이었습니다. 그러다가 극한에 내몰리면 '난세의 영웅'이나 '백마 탄 왕자'를 염원했습니다. 물론 오늘날도 일부 사람들은 마찬가지일 것입니다.
하지만 오늘날은 세상이 대낮처럼 밝아졌고, 이웃처럼 가까워졌으며, 자신의 부당함과 의견을 얼마든지 표현·협력해서 좋아질 수 있습니다.
그래서 앞으로 대한민국에서는 영웅이 필요치 않으며, 국민을 나라의 주인으로 만들어야 하고, 국민들의 의식향상이 필수입니다.
또한 반성과 변화가 절실한 대중을 상대로 "사람 사는 세상", "존경하는 국민"처럼 상투적인 입발림을 삼가야 하고, 국민(인간)을 겨우 생계(민생, 배급) 대상으로 취급하는 저차원의 인식과 포퓰리즘 정책들도 사라져야 합니다.

윤석열 대통령이 아쉬웠던 점

작금의 위기에서 국민들로서는 윤석열 대통령에 대한 아쉬움이 없지 않습니다. 아마도 윤석열이라는 인물이 개인이라면 필자가 국민의 의식향상과 대전환점 마련을 요구하거나, 책임을 전가하거나, 잘못까지 추궁하기는 부적합할 것입니다.
하지만 대한민국의 대통령이라는 이유로 필자가 아쉬움을 피력해 보겠습니다. 왜냐면 그것이 우리의 현실이고, 새로운 가능성이며, 대통령의 적극적인 경청·수용이 희망의 청신호이기 때문입니다.

대통령께서는 대통령 출마를 전후로든, 대통령 취임을 전후로라도 총체적(역사적·문화적·국민적·사회적·미래지향적·시대적)인 개혁에 대한 준비와 명분을 준비했어야 했고, 그를 통해서 대세를 확보·주도해야 했습니다. 그랬다면 대통령께서 추진하는 정책과 개혁들이 거국적으로 지지와 탄력을 받았을 것이고, 국민들도 야당의 공작(선전선동, 매도)에 먹혀들지 않았을 것이며, 대한민국은 지금과는 완전히 다른 모습으로 전개되었을 것입니다.

물론 대통령께서는 극한의 위기에서 출마를 결심·출정했고, 단시간에 명분과 대세까지 준비·확보하기는 무리였습니다. 하지만 이제라도 그러한 점들을 진솔하게 국민에게 인정·협조를 구하고, 완전히 새로운 다짐과 분위기로 출발해야 합니다.

그래야만 대통령께서 국민에게 묻고 듣고 존중하면서 특단의 대책들을 수렴·추진·성공할 수 있습니다.

물론 지금 당장은 대한민국도 국민들도 막막하고 막연합니다. 하지만 국민들에게 진심으로 호소하면서 함께하면 깊은 수렁이든 바늘구멍이든 헤쳐 나가게 될 것입니다.

결국에는 나라의 주체와 주인인 국민에게 나라의 운명을 맡겨야

대통령께서는 현 시국이 워낙 중차대하고도 절박하다는 점에서 주인인 국민이 나라의 운명을 선택·좌우하도록 여건을 조성하고, 적극적으로 뒷받침해야 합니다.

세계사에서도 탁월한 지도자들은 암울함으로 가득했던 위기 속에서 적극적으로 국민을 존중했고, 국민을 주체와 주인공으로 내세우고 진심으로 격려했습니다.
반대로 북한의 김일성처럼 망국적인 지도자들은 존엄한 인간을 생계용·배급용으로 전락시켰고, 마치 우리에 갇힌 동물들로 취급했으며, 인민들도 당연하게 놀아났습니다.
우리도 역사와 현대사에서 백성과 국민을 존중하지 못했고, 나라가 망하는 등 절박해야 서민들이 뒤늦게 나섰습니다. 하지만 위기가 끝나고 평안해지면 무사안일해졌고, 또다시 위기를 초래하면서 망국을 오락가락했습니다.

모두 함께 특단의 대전환점을 마련해야

대한민국은 보수나 진보 중 어느 한쪽이 몰락하고 죽어나거나, 보수와 진보가 동시에 몰락하고 죽어나더라도 지금까지의 연장선에서는 근본적인 변화가 불가능하고, 자유민주주의는 절대 성공할 수 없습니다.
또한 보수도 진보도 지금까지 우리와 함께 살았고, 앞으로도 함께 살아가야 하는 국민입니다. 그래서 보수와 진보가 분열·대립하는 분위기로는 정상(상식, 인간미)조차 유지하기 어렵습니다.
이에 국민으로부터 막강한 권한을 위임받은 대통령께서는 누구도 감히 생각·발휘하기 힘든 특단의 대전환점을 마련해야 합니다. 물론 완벽하진 못할지라도 지금이야말로 변화의 가능성과 조건이 두루 갖추어진 절호의 시기와 기회로 삼아야 합니다.
아마도 대통령께서 특단의 대책을 수렴·수립한다면 대한민국은 부진하고 부실했던 문제들이 드러날 것이고, 해야 할 일과 하고 싶은 일들이 많아질 것이며, 비로소 대한민국은 궤도에 오를 것입니다.

대한민국에서 변화·개혁·도약이 가능한 이유

한편으로 대한민국은 참다운 변화와 개혁과 도약이 확실하고 쉬울 수도 있습니다. 왜냐면 그간에 실패와 시행착오의 경험이 오래 많이 축적되었기 때문입니다.

예를 들어서 대한민국이라는 험준한 산을 도전해서 정복한다고 가정해 보겠습니다.

험준한 산을 성공적으로 정복할 수 있는 등산로는 한두 코스뿐이라고 가정하겠습니다.

그런데 산을 오르는 입구는 100여 곳이고, 대부분의 등산로는 실패(죽음, 부상)로 연결됩니다.

그런데 공교롭게도 그간에 정상 정복에 도전했던 등산객들이 모두 실패했고, 이제 남겨진 등산로는 한두 곳뿐입니다. 그렇다면 남겨진 등산로는 성공 가능성이 높을 것입니다.

이처럼 우리는 실패와 시행착오를 오래 반복했고, 이제는 성공할 수 있는 코스만 남겨진 셈입니다. 물론 실패했던 등산로(방식, 전철)가 아닌 새로운 코스로 도전해야 합니다.

이를 위해서는 윤석열 대통령의 확신과 의지가 필수적이며 밑바탕 마련에는 오랜 시간과 많은 사람이 필요치 않을 것입니다. 역시 방안이 수립되면 순수하고 건전한 다수 국민들이 주체와 주인공으로 나설 것이며, 탄력을 받아서 국제사회와 인류 미래를 선도해 갈 것입니다.

이를 통해서 대한민국은 자유민주주의에 진입·성공할 것이며, 대통령께서는 국제사회와 인류 미래를 선도하는 탁월한 지도자 반열에 오를 것입니다.

다시 한번 우리 현대사를 되돌아보면

한심하기 그지없었던 우리 현대사(80여 년)의 실상

대한민국은 최고의 두뇌와 인재군에 속하는 서울대 그것도 법대 출신들은 자유민주주의 선진국들을 훤히 볼 수 있었고, 똑바로 배울 수 있었으며, 당연히 그랬어야 했습니다.
그런데 자유민주주의를 똑바로 적응·이해조차 하지 못했고, 사회주의·공산주의의 도구(주구) 노릇이 고작이었습니다.
그뿐만 아니라 살만해진 국민들도 유유상종하면서 호의호식과 입신양명과 부귀영화와 특권·기득권 대열에 합류·안주했고, 갖은 병폐와 비리와 범죄를 쏟아 냈습니다.
심지어 이제는 파렴치한 정치인들과 범죄자들이 당당하게 국회의원 선거에 출마하고 당선되는 지경이고, 이는 우리 사회와 국민이 속수무책으로 통속화된 증거입니다.

민주주의로 위장해서 망쳐 버린 저질 민주화

대한민국의 목표는 민주화가 아닌 자유민주주의입니다.
하지만 우리 국민들은 민주화(저항·투쟁·시위)와 민주주의(진지함·성숙함)를 똑바로 구분하지 못했고, 상당수 국민들은 지금도 마찬가지입니다.
그래서 수많은 나날을 게임장과 도박판을 전전하는 사람들도 대통령들과 정치인을 너무 쉽게 매도하고 비난합니다.
그로 인해서 우리는 민주화에 관련된 수많은 구호·투사·열사·투쟁·세월에도 불구하고 혼란과 분열과 대립과 악감정조차 벗어나지 못했습니다.

더구나 우리는 민주주의 과정에서 당연히 거쳐야 할 민주화를 성역화했고, 성벽화(처벌)까지 해 버릴 정도로 빗나가고 망가졌습니다. 그래서 웬만한 인물과 개혁과 시도들은 신뢰조차 받기 어렵고, 그만큼 국민들이 선전선동에 익숙해졌고, 포퓰리즘이 잘 먹혀듭니다.

윤석열 대통령의 임기와 대한민국을 재조명해 보면

대통령께서는 지금까지 많은 사람을 만났고, 함께해 왔으며, 앞으로도 마찬가지일 것입니다. 하지만 지금쯤은 우리를 재조명해 볼 필요가 있습니다.

* 대통령께서 그간에 발휘했던 리더십·포용력·외교력에도 불구하고 대한민국은 긍정적이고 고무적인 조짐들로 연결되지 못했습니다.
더구나 대한민국의 버팀목인 대통령께서도 한계가 드러나는 모양새이며, 많은 국민이 불안감에 사로잡혀 있습니다. 그에 대한 원인과 과정이 어떻든 결국은 대통령의 잘못과 책임으로 귀결되고, 국민들이 고통받게 됩니다.

* 대통령께서는 법치를 강조해 왔습니다.
하지만 그간에 법과 제도가 없어서 이런 지경이 된 것이 아닙니다.
역시 많은 나라들이 개발도상국 대열에 올랐지만 결국은 민주화의 벽을 넘지 못한 채 나락으로 떨어졌고, 법이 있었음에도 똑바로 기능하지 못했습니다.
더구나 우리는 불순세력이 법을 무시·파괴하려고 혈안이었고, 자유민주주의 체제와 헌정 질서를 망가뜨리는 연속이었습니다.
역시 불순세력은 법치의 파괴와 감옥살이를 영광스러운 훈장과 출세를 보장받는 별자리로 여겼으며, 이들에게 법치는 잿밥에 불과합니다.
그래서 반드시 국민을 머리에 이고, 등에 업고, 가슴에 품어서 거국적인 명분과 대세를 확보·주도해야 합니다.

* 최근에 대통령께서는 "박정희 대통령을 벤치마킹했다."라고 말씀하셨습니다. 하지만 이승만·박정희 대통령을 벤치마킹하는 방식으로는 대한민국도 대통령도 성공 불가능합니다. 왜냐면 이승만과 박정희 역시도 우리를 근본적으로 점검·반성·정리하지 못했고, 우리는 남녀노소·지위고하에 상관없이 보고 듣고 겪고 자랐던 역사와 문화와 환경이 똑같거나, 백지 몇 장의 차이에 불과하기 때문입니다.
이는 우리가 다른 개발도상국들에 대해서 지위고하에 상관없이 그들의 차이를 도토리 키재기처럼 똑같은 수준으로 평가하는 것과 같습니다.

* 오늘날 언론들은 양아치·범죄자들과 파렴치한 정치인들과 그들의 잔악함과 궤변과 거짓과 조작과 선동은 패널들을 동원하고 장시간을 할애해서 적극적으로 취재·보도합니다.
반대로 청소년들이 본받아야 하거나, 우리 국민이 반성·단합해야 하거나, 모두 함께 협력해야 할 지향점이나, 훌륭한 본보기와 교훈적인 프로그램에는 지극히 인색합니다.
이처럼 부정적이고 소극적인 근성과 분위기를 근본적으로 개선하지 못한다면 국민도 나라도 미래도 좋을 수 없고, 정상을 유지하기도 어렵습니다.

* 최근에 대통령께서는 도저히 상종할 수 없는 파렴치한 중범죄자인 이재명에게 직접 전화해서 만남을 기약·예정(?)했습니다.
따라서 대통령께서는 온 나라와 국민을 상대로도 총체적인 접근과 특단의 대책을 시도하지 못할 것이 없고, 저와의 만남 역시 주저할 것이 없으며, 신속하게 만남이 이루어져야 한다고 생각합니다.

* 우리의 만남을 통해서 그간에 대한민국이 소홀·간과했던 것들(역사, 문화, 시대, 관행, 교육, 저출산, 학교폭력, 국민 의식 등)을 두루 포용하고 동시에 어떠한 조건도 제약도 없이 진지한 만남이 이루어지길 바라겠습니다.

* 본 상소문과 면담 내용에 대해서는 봉투(인비친전)처럼 비밀을 유지하겠습니다. 하지만 저(만남)의 요청이 결국에 무위로 끝난다면 적당한 시점에 일반에게 공개될 수도 있음을 미리 양해 부탁드리겠습니다.

끝으로 대한민국의 최고 책임자인 윤석열 대통령께서 밑바닥 서민과의 만남을 통해서 우리 국민과 대한민국을 과거부터 미래까지, 후진성부터 무한한 미래 가능성까지를 모두 수렴·승화·포용하는 담대한 결단을 내려 주실 것을 간곡하게 요청하면서 마무리하겠습니다.

2024년 4월 25일

광주광역시에서 최익주 드림

윤석열 대통령께(미완성의 2차 서신의 서두)

※ 여기 내용은 2차 서신의 서두로 준비했다. 하지만 작성 중에 중단했고, 대통령실 관계자들에게 준비했던 서두를 소개한다.

저는 광주광역시에 거주하는 최익주(66세)입니다.

1. 여기 내용은 지난번에 발송해 드린 상소문(2024. 4. 25.)에 이어서 두 번째(2024. 5.)입니다.

이번에는 좀 더 솔직하고 냉정하게 표현할 것이며, 다음에 발송할 마지막 내용(세 번째 상소문)에는 노골적인 표현들로 경고할 것임을 미리 양해를 구해 놓겠습니다.

2. 저는 대한민국을 총체적으로 연구해 온 사람으로서 현실적인 욕심과 사심이 전혀 없고, 오랜 세월 동안 순수한 자세로 세상을 적극적으로 존중했고, 인류와 미래를 위한 연구에 최선을 다해 왔습니다.

3. 용산 대통령실의 핵심적인 분들에게 말씀드립니다.
아마도 여기 내용은 대통령에게 전달되지 않고, 참모들 손에서 걸러질 것으로 생각합니다.
이에 맨 처음 이 서신을 접하는 담당과 윤석열 대통령을 보좌하는 핵심적인 참모진에게 당부하고 싶습니다.
대한민국은 13명의 대통령이 선출되었고, 대통령들을 보좌했던 핵심 측근들과 관계자들이 많았습니다. 하지만 국민들에게 진심으로 존경받는 대통령은 없습니다.
특히 이승만과 박정희는 참담했던 우리 역사와 국민성으로는 감히 상상조차 불가능했던 자유민주주의와 자본주의를 도입해서 실시했고, 덕분에 우리는 5천 년 역사에서 가장 획기적인 변화 속에서 행복과 번영이라는 호시절을 보냈으며, 두 대통령의 역할과 공로는 지대합니다.
그럼에도 결과는 독재와 독재자가 고작이었고, 개인적으로는 비운이었습니다.
그렇다면 지금 윤석열 대통령을 보좌하는 여러분은 대통령들의 실패와 비운의 이유가 무엇이고, 무엇을 어떻게 해야 한다고 생각합니까?
이는 여러분도 지금까지의 연장선과 방식들로는 절대 성공할 수 없으며, 전혀 다른 차원의 접근이 필수적임을 명심해야 한다는 이야기입니다.

따라서 여러분이 충실히 모시는 윤석열 대통령이 반드시 성공할 수 있도록 이 서신을 반드시 전달해 주사길 정중히 간곡히 부탁합니다.

※ 이상으로 비상계엄과 내란죄 및 탄핵 몰이와 이 책을 출판하게 된 동기까지 마무리한다.

29-1) 헌법재판소 재판관들에게 1차 서신(2024. 12. 5)

안녕하세요.
저는 광주광역시에 거주하는 최익주(58년생, 67세)이며, 전남 목포 태생입니다.
제가 이렇게 상서하는 이유는 윤석열 대통령에 대한 국회 탄핵이 7일에 진행될 것이고, 탄핵에 실패해도 또다시 시도될 것이며, 그에 대해서 미리 대비하기 위함입니다.
윤석열 대통령의 탄핵에 대비해서 국민의 한 사람으로서 헌법재판소장님을 비롯한 헌법재판관님들에게 이렇게나마 간절한 심경을 피력하고 싶었습니다. 왜냐면 탄핵 재판이 시작되면 재판관님들께서는 매우 바빠지실 것이고, 저의 서신은 전달 자체가 어려울 수도 있다고 생각되었기 때문입니다.
저는 우리 현대사를 살아온 기성세대로서 안타까움이 너무나 많았습니다. 그래서 이런저런 내용들을 종합해서 2025년 2월 초순에 책(제목: 인민 만세, 총 600쪽)으로 출판할 예정이며, 원고는 출판사에서 교정을 진행 중입니다.
책의 제목인 '인민 만세'에서 '인민'은 138억 년 우주 역사를 통틀어서 가장 정교한 걸작품은 인류의 출현이라는 의미에서 '인'이고, 수십수만 년의 인류 역사를 통틀어서 가장 훌륭한 합작품은 '민주주의'라는 의미에서 '민'이며, '만세'는 '자유민주주의'의 주체와 주인공인 국민(개발도상국·공산국·독재국의 인민·민중·군중 포함)에 대한 위로·격려·응원·분발과 의식향상을 통해서 살기 좋은 세상과 지구촌을 만들어 가자는 취지입니다.

이에 내용 중에서 윤석열 대통령에 관한 부분을 출력해서 문형배 헌법재판소장님과 헌법재판관님들과 사무처장에게 상서하게 되었습니다.

물론 법적인 부분은 재판관님들께서 현명하게 판단해서 심판하리라 믿고 존중하겠습니다. 하지만 나라와 국민과 후손에게 동시에 중차대한 의미를 지닌 대통령 탄핵인 만큼 법적인 관점 외에도 다양하고 중요한 요소들을 참고해 주시길 기대하고 기원하면서 국민의 한 사람으로서 두 손을 모아서 진심으로 상서합니다.

부디 헌법재판소장님과 헌법재판관님들께서 조속한 심판을 통해서 국회의 탄핵을 기각해 주시고, 재판관님들의 현명한 심판 덕분에 윤석열 대통령이 대한민국을 진정한 자유민주주의 선진국으로 도약시킴으로써 최초의 성공적인 대통령으로 역사와 인류사에 길이 빛나도록 다시 한번 기회를 제공해 주실 것을 간절히 기대하고 기원하겠습니다.

이하는 책(인민 만세)의 원고 중에서 윤석열 대통령에 관련된 내용을 첨부했습니다.

시간이 급하다는 이유로 저의 용건만을 일방적으로 정리한 점 널리 양해해 주시길 바랍니다.

그럼. 항상 건강하시고 내내 평안하세요.

첨부 : 필자의 출판 예정인 저서 《인민 만세》 중 제2장

2024. 12. 05.

광주광역시에서 최익주 드림

29-2) 헌법재판소 재판관들에게 2차 서신(2025. 1. 10., 출판 대기 중)

2025년 새해를 맞이함과 동시에 중차대한 탄핵 정국의 중심에서 수고가 많으십니다.

저는 2024년 12월 5일 여섯 분의 헌법재판관님들과 김정원 사무처장님에게 1차로 서신을 발송했던 최익주(58년생, 광주광역시민)라고 합니다.
헌법재판소에서 심판이 진행 중에 저의 책이 출간될 예정(2월 초중순)이고, 이번(2차) 서신까지 책(후반부)에 추가·소개될 것이며, 재판관님들께도 책을 발송할 예정입니다.

이에 문형배, 이미선, 김형두, 정정미, 정형식, 김복형, 조한창, 정계선 헌법재판관 여러분과 김정원 사무처장님과 김용호 사무차장님과 구성원들에게 대한민국의 국민 겸 60대 후반으로서 한탄·통탄하는 심정으로 간곡하게 호소 겸 탄원합니다.

제가 헌법재판소에 1차 서신을 발송할 때(2024. 12. 5.)만 하더라도 설마설마하는 가운데서도 재판관님들에 대해서 실오라기 같은 존중과 기대감이 있었습니다.
그간에 국회는 인류 역사에서도 전무후무한 탄핵을 무수히 남발했고, 필수적인 정부 예산들을 전액 삭감했으며, 이는 난동 이상으로 대통령과 정부의 무력화였고, 무자비한 내란과 반란과 만행과 역적 짓이었습니다.
하지만 헌법재판소는 국가 기관·기능이 마비되든 말든 방치·방조하는 연속이었고, 지금까지 제대로 처리한 사안이 하나도 없을 정도로 속수무책이며, 차라리 좌경화된 불순 세력보다 훨씬 더 위험하고, 최종 보루 겸 배후라는 생각이 지배적입니다.

이는 자유대한민국과 국민을 위해서 존재하는 헌법재판소라고 말하기가 너무나도 부끄럽고 못마땅하고, 도저히 납득·용서될 수 없는 무책임과 직무 유기라고 생각합니다.

다시 말해서 헌법재판소에 중요 사안들이 접수되었음에도 탄핵 심판도, 각하·기각도, 가처분 신청도, 권한쟁의도 함흥차사·감감소식·오리무중인 망국적인 모습들의 연속입니다.

심지어 대한민국과 자유민주주의의 최후 보루여야 하는 헌법재판소가 망국적인 더불어민주당의 눈치를 살피는 현상들이 역력하고, 민주당에서 신청한 건들에는 사무처까지 즉각 나서서 놀랍고도 신속하고 적극적으로 맞춰 주었으며, 이는 헌법재판소와 헌법재판관들이 좌경화된 불순 세력이라는 의혹·의심이 확신으로 바뀌었습니다.

이에 대한민국 국민의 한 사람으로서 그리고 산전수전 겪은 60대 후반으로서 종합적·함축적·상징적으로 심경을 피력하겠습니다.

첫째, 헌법재판관님들은 끝물과 마중물 중 하나만을 선택해야 하는 극단적인 갈림길

윤석열 대통령에 대한 내란죄·탄핵·체포 몰이 정국은 헌법재판소 재판관님들이 끝물과 마중물이라는 두 가지 운명 중에서 하나만을 선택해야 하는 중요한 운명의 갈림길입니다.

끝물에 대해서

대한민국에서는 윤석열 대통령과 방통위원장·장관들·감사원장·이재명 수사

검사들에 대해서 내란죄와 탄핵 몰이라는 위헌적·불법적·초법적·망국적인 역적 짓들과 월권들이 자행 중입니다.

만일 헌법재판관들께서 그처럼 무자비한 횡포와 역적 짓들을 똑바로 심판하지 않거나, 오히려 편승(국회의 탄핵 소추를 인용)한다면 파멸 중인 그들과 함께 망국·비극의 끝물로 전락할 것이며, 두고두고 만시지탄의 대상이 될 것입니다.

마중물에 대해서

역적 세력의 최후 발악·몰락·붕괴는 곧 정체되었던 대한민국·국민·자유민주주의가 윤석열 대통령을 중심으로 대전환점을 마련·추진하는 최고·최대·최상의 기회와 행운이 될 것입니다.

이때 만일 헌법재판소가 역적 세력의 위헌적·불법적·초법적·망국적인 탄핵 소추 등 무자비한 난동을 만장일치로 각하한다면 대한민국의 획기적인 대도약을 위한 마중물(원동력)이 될 것입니다.

이처럼 대한민국도 국민들도 헌법재판소도 극단적인 운명 중 오직(적극적으로) 하나만을 선택해야 하고, 최종 결과에 책임질 수밖에 없는 갈림길에 처했습니다.

물론 지금까지로는 헌법재판소가 끝물일 가능성이 높고, 설사 재판관님들께서 탄핵으로 방향을 잡더라도 어떤 것도 뜻대로 되지 않을 것입니다.

둘째, 헌법재판소가 설립·존재하게 된 이유·취지에 반대·역행하는 재판관들

헌법재판소를 설립한 취지는 대법원이 정치에 휘말리면 안 된다는 이유였고, 독립된 기관에서 첨예한 정치적 사건들을 공정하게 처리하자는 취지였습니다.

그런데 헌법재판소는 박근혜 대통령에 대한 불법적·악의적인 여론조작·선동·마녀 사냥으로 시작된 국회의 탄핵 소추를 인용했던 전과가 있고, 어떤 형태로든 사죄도 재발 방지도 원인 분석도 최소한의 유감 표명도 없었습니다. 그런데 윤석열 대통령에 대해서도 똑같은 방식의 만행(탄핵)이 반복되고 있습니다.

만일 헌법재판소가 국가적으로 중차대한 사안들이나, 결정적인 순간에 자유민주주의에 소홀·무관·역행한다면 아예 존재할 가치와 필요가 없을 것입니다.

셋째, 윤석열 대통령에 대한 내란죄·탄핵·체포·여론 몰이

윤석열 대통령은 2024년 12월 3일 밤에 선관위의 부정선거를 주요 목적·대상으로 비상계엄을 선포했습니다. 그런데 더불어민주당과 경찰·검찰·공수처와 언론들이 윤 대통령에 대해서 내란과 탄핵을 미리 약속·준비·대기 중이었다는 듯이 신속하게 결론 내렸고, 경쟁하듯이 내란죄·탄핵·체포·여론 몰이에 앞장섰으며, 법원은 물론 헌법재판소까지 가세하는 참담하고 망국적인 작태들의 연속입니다.

이와는 반대로 경찰·검찰·법원·공수처·언론들은 이재명·조국 등과 북한 간첩들에 대해서는 무죄추정의 원칙과 죄형법정주의를 적용했고, 그들은 시간을 질질 끌면서 온갖 술수로 일관했으며, 노조가 경찰들을 폭행해서 부상해도 영장을 발부하지 않았고, 범죄자 국회의원들은 임기를 모두 마친 이후에야 유죄가 확정되었습니다.

그런데 나라와 국민을 대표하는 대한민국의 대통령인 윤석열 부부에게는 법도 원칙도 절차도 통째로 무시했고, 언론들이 홍위병 노릇에 가세해서 내란죄·탄핵·체포·여론 몰이·거짓 뉴스에 혈안이었으며, 유언비어 날조와 악마화까지 저질러졌고, 대한민국은 불법은 합법이 되고 합법은 불법으로 바뀌었습니다.

따라서 그간에 경찰·검찰·공수처·법원·언론들·헌법재판소가 보여 준 천인공노할 작태들은 무엇을 위해 필요하고, 누구를 위해 존재하는지조차 망각·무시·역행하는 역적 짓이며, 특히 헌법재판소는 한술 더 떠서 성급한 변론준비기일 지정, 대통령의 답변서 유출, 수사 자료의 불법적인 요청, 불법적·일방적·독단적으로 결정·통보한 일괄 변론 기일 5회 지정 등 온갖 불법을 자행 중입니다.

넷째, 대한민국은 법치와 자유민주주의가 훼손된 지 오래

대한민국은 민주화로 위장했던 종북주사파·중공몽 사대주의 세력에 의해서 자유민주주의가 약화·변질·훼손되었고, 좌경화된 정치인들로 인해서 민주주의가 정상으로 기능·작동하지 못하며, 법치를 책임져야 할 법조인들도 위·불·편법과 조작·선동의 앞잡이들로 전락했고, 헌법재판소까지 대한민국을 무법천지로 만든 공범들에 불과하다는 의혹이 확신으로 바뀌는 지경입니다. 물론 그간에도 대한민국은 법도 법조인들도 있었습니다. 하지만 인간의 됨됨이(밑바탕·근본)가 엉망이면 법과 법조인들이 오히려 나라와 국민과 정의에 해로운 무기와 독약입니다.

왜냐면 인간은 머리가 영리하고, 많이 배우고, 대학에 다니고, 학위를 취득하고, 나이와 경험이 많고, 지위가 높아도 됨됨이가 삐뚤어지면 오히려 사기꾼 범죄들과 역적 짓들로 가족과 이웃과 국민과 나라와 자신들을 망치기 때문입니다. 이는 역사에서도 수없이 저질러지고 반복되었던 짓들입니다.

이재명을 예로 들면 머리는 잔재주 술수로 발달했고, 배움은 야비한 음모·사기·조작으로, 경험은 적반하장의 책임 전가로, 지식은 남에게 죄를 뒤집어씌우고, 지위는 함께했던 사람들을 죽음과 감옥과 파멸로 몰아넣고, 막강한 권한은 나라와 국민을 망치고 해치는 위험한 흉기로, 수많은 기회는 파렴치한 범죄들과 망국적인 역적 짓들이 고작이고, 인생은 패륜·패가망신·파멸입니다. 이는 탐관오리들에게 착취당하던 상놈들에게 힘이 생기자 아예 쌍놈들로 망가져서 저주받을 짓들로 살아가는 꼴이고, 헌법재판소까지 이런 지경이면 대한민국은 지능과 지식과 배움과 대학과 자유가 결국은 해롭고 위험한 독약과 흉기에 불과하다는 본보기 겸 증거입니다.

헌법재판관들도 서양에서 수백 년 전에 이뤄 놓은 지식을 주입식으로 암기했고, 공부만 잘해도 칭찬받았으며, 일류대 입학이나 고시에 합격하면 자신이 최고인 줄 착각할 정도로 의식과 인생이 단순·답답했습니다.

다섯째, 우리 현대사에 등장한 윤석열 대통령이 의미하는 바는

대한민국에서 가장 영리한 인재군에 속하는 법대 출신들이 이해관계로 얽히고설켜서 유유상종했고, 영리한 머리와 배움과 지식과 지위로 무장해서 위·불·편법과 유전무죄·전관예우에 이어서 유권무죄·좌파무죄까지 안하무인들로 전락했습니다.

그러한 지경에서 윤석열이 대한민국의 대통령으로 등장했고, 그간에 선후배·동료들이 저질렀던 수많은 잘못과 병폐들을 몽땅 짊어진 기이한 운명과 해결하는 사명을 동시에 진행 중인 기적적인 인물입니다.

이에 대해서 저는 1차 서신(책의 제2장 첨부)에서 윤석열은 제1·2의 풍딴지인 이승만·박정희에 이어서 제3의 풍딴지라고 피력한 바 있습니다.

이처럼 윤석열 대통령은 민주주의가 도입된 초기에 등장·활약했던 철부지들과 망나니들에 이어서 불순한 역적들이 난장판으로 만들어 놓은 대한민국을 정상화하는 중입니다.

물론 윤석열의 주변에는 배신자들이 너무나 많고, 이에 대해서 국민들은 "지지리도 인덕이 없다."라고들 말합니다.

하지만 윤석열이 인덕이 없는 덕분에 곳곳에 스며들어서 암약 중인 위장 세력들이 총출동해서 모습을 드러냈고, 대한민국이 얼마나 한심하고 위험했는지 국민들이 속속들이 보고 겪고 알게 되었으며, 이들을 정리할 수 있는 최고·최대의 기회로 연결되었고, 대한민국은 윤석열을 필두로 대도약을 위한 발판 구축에 이어서 힘찬 웅비를 위한 날갯짓을 시작할 수 있게 되었습니다.

여섯째, 국민들이 깨어났고, 똘똘 뭉쳤음을 명심해야

헌법재판관님들께서는 이제 국민들이 대거 깨어났고, 똘똘 뭉쳤으며, 활화산처럼 폭발력을 발휘할 것임을 명심하고 바짝 긴장하고 정신 차려야 합니다. 만일 대한민국이 망할 나라와 국민이었다면 이미 몇 번이나 망했어야 합니다. 하지만 우리는 인류사를 통틀어서 초강대국인 미국과 굳건한 동맹 관계이고, 국제사회의 중요한 일원으로 저력을 발휘하면서 잠재력을 축적해 왔으며, 중공·북한으로 연계된 위험한 좌경 세력과 운명적·숙명적·필연적으로 치를 수밖에 없는 전쟁 중이며, 진작에 진행·해결했어야 할 홍역을 이제야 치르고 있고, 거침이 없을 것입니다.

이런 상황에서 김형두 재판관은 송년의 밤에 참석해서 서영교와 활짝 웃는 모습이 카메라에 찍히는 구설수·불신을 초래했고, 이진 공보관은 대통령에게 불리한 내용들을 시시콜콜 언론에 홍보함으로써 거짓말과 정치 선동과 직권 남용의 의혹·비난·빈축을 샀습니다. 또한 수명재판관인 이미선은 헌법재판관으로 추천·임명 당시부터 자질·자격에 대한 시비·의혹·말썽이 많았고, 탄핵 심판이 제대로 진행되기도 전에 형사소송법에서 금지하는 답변서를 유출했으며, 변론 기일 5회를 일괄 지정하는 불법·월권을 저질렀고, 불공정·내통·의심·망신·번갯불에 콩 볶아 먹는 빠듯한 변론 기일 일괄 지정으로 헌법·법률 위반 논란을 자초했으며, 내란죄 철회라는 내통에 대한 심각한 의혹·문제가 반복 중입니다.

이런 점들이 바로 "헌법재판소 역시도 가만 놓아둬도 자기들 발등에 스스로 도끼질해 대는 참담한 수준"에 해당하는 이유 겸 증거이고, 이는 좌파 판사들이 법은 물론 양심과 상식을 저버린 채 이념에 매몰된 현상 겸 증거들이라고 생각합니다.

하지만 이제는 국민들이 절대 속고 당하지 않을 것이고, 헌법재판소가 그간에 잘못했던 죗값들을 몽땅 혹독하게 뒤집어써야 할 수도 있음을 명심해야 하고, 이를 기회로 정반대로 바뀌어야 합니다.

일곱째, 이런 기회를 통해서 헌법재판소와 재판관님들이 자유민주주의의 보루 겸 선봉임을 천명·입증해야 할 당연하면서도 절호의 기회

저는 김대중(동교동계)·노무현(친노)에 이어서 문재인(대깨문)과 이재명(개딸들·개아들들) 세력에 대해서 "가만 놓아둬도 자기들 발등에 스스로 도끼질해서 자멸할 정도로 참담한 수준들이고, 감히 대한민국을 망해 먹을 수조차 없을 정도로 무능하다."라고 오래전에 결론 내렸고, 줄기차게 강조·경고해 왔으며, 실제로 그렇게 몰락 중입니다.

더구나 이들을 뒷받침해 주는 핵심 세력은 잘 아시다시피 좌경화·황제화된 노조입니다. 심지어 노조는 지구상에서 최고의 저질·악질 집단인 북한·중공으로 연계되어 있고, 단순히 지령받는 이상으로 자유민주주의에 위배·위험·불순한 망국적인 간첩질과 역적 짓들을 그것도 당당하게 저지르는 연속입니다.

그처럼 참담한 수준과 천박한 방법들로는 인류사에서 가장 수준 높은 천상의 자유민주주의에 적응할 수 없고, 이해조차 불가능하며, 수많은 세월과 기회와 권한과 여유에도 불구하고 이런 꼬락서니입니다.

이런 지경에서 헌법재판소는 위험한 불순 세력에게 장악되지 않았음을 증명·선언함은 물론이고 자유민주주의를 적극적으로 수호하는 보루 겸 선봉이라는 사실을 국민들에게 적극적으로 천명·입증해야 하고, 지금 같은 난국에서는 더욱더 확고하고 투철하고 적극적이어야 합니다.

여덟째, 윤석열 대통령에 대한 탄핵 소추를 당연히 각하해야

재판관님들께서는 윤석열 대통령에 대한 황당무계한 내란죄 및 탄핵 몰이에 대한 불법과 국회의 불법과 절차 위반과 하자투성이인 탄핵 소추를 만장일치로 각하해 주시고, 이진숙 방통위원장과 장관들과 감사원장과 검사들에 대한 탄핵 역시 거국적인 차원에서 통째로 그것도 신속히 각하·기각해 주시길 바랍니다.

물론 좌경화 세력은 그간에 법도 이성도 양심도 상식도 내팽개친 채 절대 충성·복종한 덕분에 요직에 발탁되었다고 생각합니다.

하지만 이제부터는 대한민국이 새롭게 출발하는 대전환점에서 헌법재판소 재판관님들이 신선한 마중물이 되어 주길 바라고, 국제사회와 후세대에 이름이 기억되고 명예가 빛나도록 용기를 발휘해 주시고, 그동안 두 발 동동 구르면서 무수히 애간장을 끓이고 녹였던 국민들에게도 모처럼 뿌듯함과 새로운 희망을 선물해 주시길 바랍니다.

아마도 재판관님들의 만장일치 각하는 혹시 모를 과거의 잘못과 또 다른 문제들까지도 머잖아서 모두 용서받는 기회가 될 수도 있고, 시점 또한 멀지 않을 것이라는 희망 겸 보답을 전하고 싶고, 확신도 드리고 싶습니다.

제가 다소 외람되었더라도 널리 양해해 주시고, 헌법재판소 재판관님들은 물론 구성원들과 가족 모두 새해 복 많이 받으시고, 내내 건강하고 행복하고 평안 하시길 빌겠습니다.

공교롭게도 책의 출판 시기가 맞아떨어졌고, 재판관님들에게 발송 서신을 1차와 2차까지 나란히 발송하게 되었으며, 책이 출판되면 곧바로 발송해 드리겠습니다.
부디 책이 출판되어서 재판관님들에게 발송할 시점에는 이미 탄핵이 각하·기각된 이후이기를 빌겠습니다. 감사합니다.

첨부 : 필자의 저서 《인민 만세》

2025년 1월 10일

광주광역시에서 최익주 드림

30) 박정희 대통령 당시와 윤석열 대통령의 비교

북한·중공으로 연결된 불순한 극좌파들은 박정희 대통령 당시나 지금이나 똑같고, 오히려 오늘날이 훨씬 더 심각하게 망가지고 위험하다.
이는 북한·중공 역시도 그때보다 지금이 훨씬 더 망가지고 위험한 것과 같다.

박정희 대통령의 토로(1969년)

"내가 해 온 모든 일에 야당은 반대만 했다. 야당으로부터 한 번의 지지도 받아 보지 못한 채 극한의 반대에서 막중한 국정을 이끌어 왔다. 한일 국교 정상화는 '매국노' 욕을 먹고, '월남 파병은 젊은이의 피를 판다.'고 악담했다. 경제건설을 위해 돈을 빌리면 '차관 망국', 국토방위를 위해 예비군을 창설하면 '정치적 이용', 고속도로 건설은 '국토 해체'라 중상모략하며 결사반대했다. 만약 내가 굴복하거나 타협했다면 대한민국은 어떻게 되었을까? 내 일생 조국과 민족을 위하는데 반대를 위한 반대를 일삼는 야당이 독재자라고 비난한다면 그 대통령이 진정 국민을 위한 대통령일 것이다."

이들이 존재하는 한 대한민국도 국제사회도 지구촌도 인류·우주의 미래도 자유민주주의도 번영도 평화도 행복도 자유도 불가능하고, 제대로·똑바로 할 수 있는 일이 없으며, 되는 일도 없다.
지금부터 대한민국과 국제사회는 똘똘 뭉쳐서 이들을 정리해야 한다.

대한민국에서 자유민주주의 혜택을 누리는 국민의 서약

① 서약인 : 최익주   ② 나이 : 68(58년생)   ③ 성별: 남

④ 거주지(시·군·구, 해외) : 광주광역시

나는 자유민주주의의 혜택을 누리는 국민으로서 자유대한민국의 국민임을 자랑스럽게 생각하며, 아래 사항들에 대해서 나의 양심과 인생과 명예를 걸 것이며, 내 가족·동료·선후배·이웃·후대와 국제사회와 하늘·땅에 맹세한다.

1) 나는 대한민국의 민주주의 체제와 헌법 질서를 진심과 충심으로 존중·수호하겠다. (O)

2) 나는 국내외의 불순(종북좌파·주사파·중공몽 등)세력이 대한민국의 민주주의 체제·질서와 우리 국민과 기업들을 위협·유혹·분열·해킹·회유하지 못하도록 철저히 조심·단속·보호·협력하겠으며, 이를 위한 국가적인 조치와 국민적인 노력과 국제적인 협력에 적극적으로 찬성·동참하겠다. (O)

3) 나는 국가적·국민적인 대전환점을 통해서 그간에 불순 세력에게 코가 꿰인 사람들이 대오각성·개과천선한다는 전제 아래 최대한으로 포용·용서하겠으며, 도저히 묵과·용서할 수 없는 악질들은 가혹하게 조사·처벌·격리·감시해야 한다고 생각하고, 그간에 우리 국민들이 겪고 당한 아픔과 상처를 신속하게 치유·극복함으로써 모두 함께 아름다운 사회문화와 인간다운 삶을 영위해 가도록 노력·협력하겠다. (O)

4) 나는 대한민국을 동족상잔의 비극(6.25남침 전쟁)으로 망쳐 놓고, 자기 인민들을 짐승들보다 못한 노예 생활과 굶주림과 강제 노동과 고문과 감옥과 죽음과 지옥으로 내몰았던 김일성·정일·정은이가 반인륜·반인권·비인간·반민족적인 악질 범죄자라고 확신하고, 공산독재·세습 정권의 몰락에 협조하겠다. (○)

5) 나는 최악으로 악랄한 북한의 김일성·정일·정은 독재 세습 정권을 향해서나, 최악으로 비참한 인민들을 위해서 감히 '찍'소리조차 못 하면서도 대한민국의 국민들을 상대로나, 오래전 시대의 인물들·사건들에 대해서는 '친일파 청산 몰이', '적폐 청산 몰이'하는 공산·사회주의자·김일성 주체사상파·중공 사대주의자들은 물론 하수인들을 계몽하겠으며, 우리 국민의 인간다운 삶을 계획적·악의적으로 해치려는 불순세력과 범죄자들을 색출하기 위해서 강력한 법규 제정과 제도보완 등 실질적인 방안 마련에 적극적으로 찬성함은 물론이고 불순세력이 석고대죄·대오각성·개과천선해서 재출발하도록 '국민적인 용서와 국가적인 대사면 방안'을 요청·동의·협조할 것이며, 다시는 이 땅에서 불순세력이 생겨나지 못하도록 책임과 의무와 권한과 열과 성을 다할 것이고, 대한민국이 지구촌의 미래를 주도해 갈 수 있도록 최선을 다해서 협조하겠다. (○)

6) 나는 우리 국민이 외부·불순 세력에게 너무 쉽게 코가 꿰이는 이유는 뇌물과 공짜와 향응과 접대를 좋아하기 때문이라고 생각한다.
이에 나는 어떠한 이유로도 뇌물·접대·상납·향응·선물·리베이트·부정·비리·위·불·편법·청탁 등을 저지르지 않겠으며, 건전한 사회 풍토 조성을 위한 지혜와 제도·정책 마련에 적극적으로 동참·협조하겠다. (○)

7) 나는 독재·민주화와 진보·보수라는 낡은 프레임을 근본적으로 깨뜨리고 벗어날 정도로 대한민국의 민주주의가 확고하게 정착·실현되도록 앞장서서 노력하겠다. (○)

8) 나는 대한민국에 상서로운 정기가 짙게 서려 있고, 뒤늦게 발현하는 대기만성형의 국운임을 확신하며, 지금부터 우리 국민과 대한민국의 현실과 미래를 부정에서 긍정으로, 불신과 체념을 믿음과 확신으로, 무능과 무기력을 용기와 실천과 협력과 가능성으로 바꿔 가도록 노력하고 앞장서겠다. (○)

9) 나는 대한민국과 우리 국민에게 무한한 가능성과 잠재력과 저력이 축적되어 있음을 확신하고, 이를 주도할 수 있는 참신한 인재들과 유능한 인물들이 발굴·육성되도록 협력·지원·봉사하겠다. (○)

10) 기타(국민들이 추가 가능)

2025. 01. 01.

위 서약인 : 최익주

책을 마치면서

오늘날 국제사회에서는 한류 열풍이 대단하고, 국민들은 자긍심이나 국뽕이 벅차오르는 것이 사실이다.

하지만 한류 열풍이 절대적이거나, 영원하다고 말하기는 시기상조다. 왜냐면 K-팝과 K-드라마 등은 유행이라는 한시적인 측면이 있고, K-푸드는 필수적·본능적인 식생활과 기호식품의 일부여서 선택 사항이라는 한계를 지니기 때문이다. K-방산 역시 국제사회가 냉전 관계나 긴장 관계에 돌입하면 각국에서 무기들을 양산·고도화하면서 경쟁이 치열해질 것이고, 반대로 평화 무드로 바뀌면 K 방산은 위축되거나, 성장이 더딜 것이다.

물론 그간에도 인류사는 문명과 문화의 흥망성쇠가 반복되면서 더욱 개방화·국제화·일반화·평준화되면서 성장·발전해 왔다.

그래도 대단하고 훌륭한 점은 한글의 국제화·표준화다. 과학적인 한글을 통해서 대한민국은 다양한 분야와 함께 국제사회의 중심 국가로 도약할 수 있다. 이 책도 급격한 물질문명의 발달에 맞춰서 인류 공통의 정신문화를 주도하면서 인류 미래에 모범과 교훈이 되어 주자는 배경과 취지다.

따라서 이 한 권의 책으로 대한민국도 민주주의도 민주화도 이념도 공산·사회주의도 국제사회도 모두 해결하고, 지구촌이 나아갈 미래로 유도·안내하

는 밑바탕을 정리했다. 요약하면

첫째, 원래는 순진·순박했던 인간은 갈수록 사악해지고, 사회는 무질서해지고, 국가나 시대나 문명은 몰락하게 된다.
그 이유는 부처·예수·소크라테스, 천재들·발명가들, 부자들·정치가들·전문가들 등 현명·위대·성공·똑똑한 인물들이 없어서가 아니라 사회·문화·정서를 지배·주도하는 다수의 국민들이 마주한 현실과 인생을 똑바로 감당·극복·대처하지 못하기 때문이다.

둘째, 인간은 '응애'하고 세상에 태어나서부터 무의식에 영향받기 시작한다. 책에서는 무의식이 형성되는 동·서양의 차이, 자기도 모르게 무의식적으로 인성과 인생이 망가지거나 존엄성으로 연결되는 원리 및 과정, 선·악을 시작으로 정의·불의를 통해서 민주주의·공산주의로 진화·악화하는 원리(토양·씨앗·뿌리·줄기·결말까지)를 인간적이고 상식적으로 쉽게 정리했다.

셋째, 질적인 세계관·인생관·가치관인 홍익인간에 대해서 팽창적 세계관·인생관·가치관에 해당하는 일본의 천황 사관과 중국의 황제 사관과 비교해서 상식처럼 정리했다.

넷째, 국민들이 분발하도록 중요 주제들(남북한의 자유 평화 통일 방안 등)을 필자의 저서들에서 발췌해서 다시 소개했다.

다섯째, 자유세계가 인간·국민의 존엄성 확보와 민주주의 자질을 대폭 향상하도록 자녀 교육과 학교 커리큘럼과 직업 교육과 전문가·지도자 양성에 기본적·필수적인 내용들을 정리했다.

여섯째, 개발도상국·민족주의·후진국·공산·독재 국가 등이 조만간 민주주의·민주화를 시작할 때 반드시 알아야 할 자유·자율, 민주화·민주주의 등을 정리했고, 산만한 자녀들의 정서 안정과 집중력 향상과 무의식을 바로잡아 주는 방법을 소개했다.

일곱째, 마지막 당부는 이미 오래전에 총체적으로 한계에 봉착한 지구촌을 근본적·획기적으로 감당·극복·차원을 높이려면 '인류 모두에게 공통으로 적용되는 우주관'으로 인간 의식의 도약·진화가 필수적이다.
따라서 그동안 자신이 보고 듣고 배우고 겪어 보았던 인물들이나, 선입견이나 고정관념에 의존하지 말길 바라고, 여기 내용을 시작으로 각오와 자세를 새롭게 가져 주길 바란다.

※ 양해 사항

이 책의 총 113개 주제(제11장까지) 중 아래 나열된 22개는 책의 앞뒤 날개에 소개된 1~4권의 주제와 일치하거나, 흡사한 내용이다. 이점 미리 양해·참고해서 책을 주문·구매해 주길 부탁한다.

이 책의 장과 주제 no. (앞뒤 날개의 1~4권, 장, no)

제5장. no. 1~3, 11, 12 (1권 1장 no 3·11·4)   5개 주제
제7장. no. 1~5 (2권 8장 no. 1-4·8)
　　　 no. 6 (2권 9장 no. 1)
　　　 no. 7·9·10 (3권 14장 no. 24·29·30)   9개 주제
제8장. no. 5, 6 (2권 11장 no. 10·11)   2개 주제
제9장. no. 5 (2권 11장 no. 3)   1개 주제
제10장. no. 1, 4~6 (2권 11장 7·12~14)   4개 주제
제11장. no. 10 (1권 4장 no.1)   **1개 주제**

앞뒤 날개에 소개된 1~4권

제1권(제1~6장, 총 48개 주제 중 4개 겹침)
제2권(제7~11장, 총 47개 주제 중 13개 겹침)
제3권(제12~14장, 총 52개 주제 중 3개 겹침)
제4권(제15~20장, 총 112개 주제는 없음)